행정법의 개혁

행정법의 개혁

선정원 지음

경인문화사

머리말

행정법의 작용형식에 이어 행정법의 연구 두 번째 시리즈로 행정법의 개혁을 내놓는다. 2차 대전 후 우리나라뿐만 아니라 세계적으로 행정은 경제사회발전의 추진동력으로서 중추적 역할을 수행해왔다. 필자가 행정법학의 연구를 시작한 1980년대 이래 행정법판례와 학설 발전의 주요 성과를 담은 것이 행정법의 작용형식론이었다. 이와 대비하여 행정법의 개혁론은 1980년대 이래 미국과 유럽대륙을 휩쓴, 행정법학과 다른 사회과학의 성과를 융합시킨 행정법 개혁론의 성과를 수용하면서, 법치주의의 기본철학, 행정조직, 행정과정, 그리고 공익소송 등을 중심으로 우리나라에 필요하고도 절실한 내용을 담아 행정법의 개혁을 위해 썼던 논문들을 포함하고 있다.

이 책에 실린 논문들에 나타난 주제들과 접근방법의 다양성이나 창의성 등에서 저자는 대학원시절부터 젊은 학자로서 방황하던 시절에 이르기까지 끊임없이 격려를 해주셨던 여러 선배 교수님들로부터 도움을 얻었다. 고 김도창 교수님, 고 서원우 교수님, 고 최송화 교수님, 김동희 교수님, 그리고 김남진 교수님, 홍정선 교수님, 박정훈 교수님께 감사를 드린다. 특히, 고 서원우 교수님께 이 자리를 빌어 다시 한번 머리 숙여 그 학은에 깊이 감사드린다.

21세기에 우리 사회는 다양한 도전에 직면할 것이고 복잡하고 갈등잠재력이 매우 큰 과제들을 처리하지 않으면 안될 것이다. 선진외국들의 행정법개혁론의 성과를 정리하고 우리 사회의 국정과제들의 처리를 위해 필요한 법적·제도적 대안과 아이디어들을 담은 이 글들이 우리 사회의 문제해결에 기여하고 다른 연구자들의 논문들을 통해 더욱 발전되기를 바란다.

우리 사회에서 호흡이 길고 장문의 페이지를 필요로 하는 논문들은 발표할 공간도 드물고 양적 평가가 압도하는 사회적 분위기속에서 환영받지도 못한다. 그에 반해 우리 사회에서 해결하기 어려운 문제들은 미로처럼 복잡하게 얽혀 있는 경우가 많아 문제의 복잡성을 보여주고 분석하며 해결의 실마리를 줄 수 있는 글들에 대한 수요는 매우 크다고 할 수 있다. 점점 더 열악해지는 학문토양에 대해 반전을 이룰 수 있는 사회적 계기가 마련되기를 간절히 희망한다.

2020년 1월
저자 선정원 씀

차 례

머리말

제1장

법치주의와 행정개혁

Ⅰ. 한국사회의 재형성의 과제

1. 주목하는 세계사적 경험과 논의의 범위

법치주의와 행정개혁에 관한 경험은 현대세계사에서는 보편적인 것이면서도 한국에 특유한 부분도 있다. 우리의 논의가 개방적 합리성을 획득하기 위해서는 한국의 특수한 역사발전경험을 다루되 세계사에서 주목해야 할 경험들을 통하여 보편적 기초를 가져야 한다. 또, 공법학의 이론과 핵심개념들이 정부와 사회영역에서 일어난 현실과 법령을 그대로 설명하는 것이 될 수는 없다. 사회현실과 과제의 변화에 특징적인 것들을 포착하여 이론화하여야 한다.[1] 이 논문에서 주목하고자 하는 세계사적 경험은 세 가지이다.

첫째, 1980년대 초반 소련과 중국에서 자본주의시스템을 도입하는 과정에서 전면적 시장경제와 '보이지 않는 손'을 신뢰한 소련과 특구제도를 통하여 관리가능한 시장경제, '보이는 손'을 통한 질서와 자유의 조화를 추구한 중국의 차이는 오늘날 극명하게 대조되는 두 나라의 경제발전속도가 잘 보여주고 있다.[2] 소련과 중국의 차이는 우리에게 중요한 두 가지의 교훈을 제공한다. 객관적 제도의 중요성과 단계적 사고의 중요성이다. 그 동안 경제학에서는 정부의 과제인가 아니면 시장영역에 맡

---

1) Peter Badura, Verwaltungsrecht im liberalen und im sozialen Rechtsstaat, 1966, SS.5-12.
2) 중국의 주석이었던 강택민 주석은 이른바 5·31 연설에서 중국의 지속적인 발전을 위하여 '양개창신(兩個創新 : 두 가지 방향의 창조적 혁신)', 즉, '제도창신'과 '기술창신'이 필요하다고 하고 있다. 중국이 당면한 현실을 능동적으로 타개하기 위해서 기술뿐만 아니라 제도의 창조적 혁신이 필요하다는 인식을 하고 있는 점을 통해 볼 때, 등소평의 경제특구구상이후 중국정부는 적절한 제도의 필요성을 잘 인식하고 있음을 알 수 있다. '13억의 견인차' 상아탑의 경제학자, 신동아 2002년 9월호.

거야 하는가와 같은 2분법적 접근에만 몰두하여 과도기의 과제 그 자체
에 중요한 비중을 두고 이야기할 수 없었던 문제점이 있었다. 현실과 이
상을 고려하되 절충적으로 실천가능한 현단계의 과제들과 아이디어들이
진정으로 중요한 쟁점임을 인식하여야 한다.

둘째, 중세와 근세유럽에서 오랫동안 국가사회의 분열을 경험하고 현
대에는 분단국가의 경험까지 한 독일에서 현대한국과 마찬가지로 사회
갈등의 조정과 통합, 국가발전은 사회전체구성원의 공통된 과제이어 왔
다. 동독이 서독과 통일국가를 이룬 후 "법치국가쇼크"로 인해 동독지역
에서 법치국가에 대한 회의가 번져가면서 법치국가의 가치와 유용성에
관한 논쟁이 벌어졌을 때, Dresden의 장관이었던 한 학자는 서구민주주
의에서 어떤 국가사회의 모델도 민주적 법치사회의 모델만큼 사회의 평
화와 번영, 자유와 정의, 그리고 사회전체의 합의를 오랫동안 보장한 것
은 없었다고 평가하고 있다.[3] 어떤 국가사회의 모델도 사회제력간의 충
돌을 권력적 억압에 의존하지 않고 이익조정을 통해 자유와 책임의 조
화를 달성하는데 성공하지 못했던 것이다. 이런 관점에서 볼 때, 민주적
법치사회의 건설과 정착은 현재의 사회갈등의 해결과 지속적 사회발전
을 위해서뿐만 아니라 통일국가를 위해서도 대안을 찾을 수 없이 중요
한 과제라는 것을 알 수 있다.

셋째, 아프리카, 남미 및 아시아국가들 중에서 선진국들로부터 경제원
조를 받거나 미국이나 유럽에 유학갔다 돌아온 지식인들에 의한, 경제와
민주주의의 발전노력으로 성공한 나라는 매우 드물었다. 그 핵심적 이유
는 갈등과 분쟁의 극복실패에 있었다. 민주주의와 시장경제의 병행추구
는 평등원칙에 기초한 다수결주의의 지배를 받는 민주주의와, 금액의 다
과가 결정적으로 중요한 다액주의에 지배되는 시장경제로 인해, 갈등의
소지를 원천적으로 안고 있는데, 종족간 갈등이나 노동자와 자본가간 갈

---

3) Steffen Heitmann, Rechtsstaat und Rechtsbewußtsein — die besondere Situation in
den "neuen" Ländern, Recht und Politik, 1995. 3, S.123.

등, 또는 종교집단간 갈등 등을 극복하지 못했다.[4] 선진국의 지원시스템
의 형성과 해당국가의 엘리트들의 경제발전정책의 주요한 이론적 무기
로 이용되었던 '법과 발전'론은 사회발전을 위한 도구로서 법을 이용하
고자 했는데, 그들의 실패원인은 바로 사회적 합의의 중요성에 대한 경
시, 특히, 최소한 개혁자 및 집행자들간의 합의의 중요성을 경시한 도구
주의적 관점에 있었다.[5]

　　현대사에서 많은 나라들이 개혁에 관심을 가져왔고 한국도 지난 반세
기동안 개혁의 시대를 살아왔다. 하지만, 한국정부에서 법치주의는 국정
의 핵심의제가 되어본 적이 없다. 제3공화국이래 지배적 모델이었던 적
극적 발전국가모델이 한계를 맞이하고 있으나 인문사회과학이나 정치인
들은 한국사회가 지향해야 할 새로운 모델을 찾지 못하고 있다. 이로 인
해 정부도 얼마나 오랫동안 똑같은 실패를 반복하고 있는가? 중앙행정
이 권력을 독점하던 적극적 발전국가의 타성을 벗어나기가 왜 그리 어
려운가? 대안을 찾지 못하고 있기 때문이다. 민주적 법치사회의 비전에
대한 확신이 부족하고 그 구체적 내용과 실현방법을 모르기 때문이다.
중국과 독일의 경험은 적극적 발전국가모델의 쇠퇴이후 그 동안 줄기차
게 사회에서 전개되었던 윤리혁신운동과는 달리 객관적 제도와 법에 대
한 중요성을 부각시키고 있으며 현단계에서 실천할 수 있는 단계적 과

---

4) 현재까지도 지속되고 있는 '법과 발전'('law and Development')운동에 참여했던 학자
　 들과 실무자들이 서구선진국들로부터 경제발전을 위한 이론과 자본의 지원을 받고도
　 발전에 성공하지 못하고 있는, 아프리카, 남아메리카, 아시아 여러 나라들의 실태를
　 조사한 결과, 다수결주의와 다액주의간의 근원적 갈등이 발전의 최대 장애요인임이
　 발견되고 있다. Amy L. Chua, Markets, Democracy, and Etnicity : Toward a New
　 Paradigm for Law and Development, The Yale Law Journal 1998, pp.1-107.

5) 도구주의적 관점을 취한 초기의 문헌들로는 Thomas M. Franck, The new Development :
　 Can american Law and legal Institutions help developing Countries ?, Wisconsin
　 Law Review 1972, pp.767-801.; David M. Trubek, Toward a social Theory of Law
　 : An Essay on the Study of Law and Development, The Yale Law Journal 1972,
　 pp.1-50 참조.

제에 관한 논의의 필요성을 절감시키고 있다.

변화와 개혁이 필요하다고 하더라도 이제 변화와 개혁 자체보다 중요한 것은 변화와 개혁의 방향과 방법이라 할 것이다. 막연한 주관주의적 개혁이 아니라 객관적 제도와 법시스템의 개혁에로 개혁적 관심이 이동될 필요가 있다.

많은 다른 사회과학들과 철학이 한국사회의 새로운 비전제시에 실패하고 있는 상황에서 민주적 법치사회의 시스템을 한국사회에서 합의할 수 있는 새로운 사회비전으로 정착시키는 것은 공법학에 부여된 소중한 임무라 할 것이다. 민주적 법치사회의 정신이 제3공화국이 표상하는 적극적 발전국가를 대체하여 등장한 문민세력들이 지향하는 한국사회의 새로운 정신이 되도록 노력하여야 한다. 이 시점에서 법학자들 스스로도 자기 자신에게 우리는 과연 한국사회에서 '사람에 의한 지배가 아닌 법에 의한 지배'가 이루어져야 한다고 진지하게 믿고 있는지, 그것이 21세기에 반드시 정착되어야 한다고 믿는지 자성해 보아야 한다. 왜냐하면 우리 스스로도 법학자이기 전에 한국인으로서 한국사회의 다른 구성원들의 말과 신문기사 등을 매일 듣고 보면서 영향받으며 살아가고 있기 때문이나.

새로운 시대상황에서 인치적 지배, 윤리혁신운동중심의 문제해결방식을 극복하여 제도와 법시스템에 의한 문제해결방식을 발견하는 것은 단지 외국의 문헌에서 죽어있는 문자들을 읽고 번역하는 것으로 해결되는 것이 아니라, 창조적으로 문제를 정의하고 새로운 아이디어에 의해 해결책을 발견하는 과정이다. 공법학자들은 이러한 비전과 과제가 국민들에게 구체적 신념이 될 수 있도록 포괄적·추상적 비전과 구체적 실현가능한 계획안을 동시에 제시해야 한다. 또, 다른 인문사회과학자들이나 언론기관 또는 국민들이 일반적으로 친숙한 용어들을 이용하여 구체적이고 실질적인 내용을 가지고 설명하고 주장해가야 한다.

이 글에서의 논의의 범위와 관련하여 행정개혁의 개념을 이해하는 것이 필요하다. 유신헌법시대에 절정을 이루었던 적극적 발전국가는 불균형성장론과 발전행정론을 양대 이론축으로 삼아 존속하였는데, 불균형성장론은 자본을 집적시켜 신속한 경제발전을 이룩하기 위하여 사회의 불균등성장이 불가피하다고 보았고, 발전행정론은 "의식적인 정책에 의하여 경제적 및 사회적 변동을 공적으로 관리하는 것"을 그의 과제로 삼았는데, 여기에는 행정에 의한 행정자신의 발전과 행정에 의한 사회발전이 모두 과제로 포함되었다.[6] 따라서, 발전행정론의 입장에서 행정개혁은 행정자신의 개혁과 행정에 의한 사회개혁을 모두 포괄하는 것으로 이해하게 된다. 한국에서는 아직도 발전행정론의 사고와 관행이 적어도 행정자신과 관련하여서는 매우 지배적인 영향을 미치고 있기 때문에 행정개혁도 광의의 의미로 사용하여 행정자신의 발전을 위한 개혁과 사회발전을 위한 행정주도의 개혁을 모두 포괄하는 의미로 사용하기로 한다.

2. 덕치, 법치와 한국사회의 자아상(아이덴티티) 재형성필요

1) 덕치와 법치의 관계

적극적 발전국가시대의 권위주의적 법시스템을 극복하는 과제는 매우 근본적이고 체계적으로 접근해야할 한국사회의 본질적 성격변화의 과제라고 할 수 있지만, 한국사회에 권위주의가 정착하게 된 것은 북한체제를 보더라도 단지 남한의 최근의 고유한 경험에 기인한 것으로만 환원시킬 수는 없다. 어떤 종교를 가지고 있는가와는 상관없이 아직도 일상

---

6) 발전행정론은 경제발전이론과 행정이론이 결합된 것으로 협의 발전행정(Development Administration)의 개념은 오히려 경제발전에 가까운 의미를 가지고 행정조직자신의 발전을 의미하는 행정발전(administrative Development)의 개념을 제외시키기도 하지만 보통은 광의로 양자를 다 포괄하는 의미로 발전행정개념이 이용되었다. 이에 관해서는, 오석홍, 행정학, 1998, 86-88면 참조.

적인 가치관과 실행의 차원에서는 한국인의 91.7%가 유교인이라는 설문조사결과가 보여주듯이,[7] 한국사회에는 여전히 유교적 가치관이 강력한 영향을 미치고 있다. 이로 인해 유교적 문화가 지닌 권위주의적 속성과 연고주의는 법앞의 평등과 추상적 일반적 규범의 차별없는 적용을 그 내용으로 하여 인치주의를 극복하고자 하는 법치주의에 대한 중대한 장애요인이 되고 있다.[8] 이러한 문제들은 유교문명의 현대화의 관점에서 볼 때 한국만의 문제가 아니라 동아시아의 유교문명권의 공통의 과제라고 할 수도 있다.[9]

조선왕조에서 법이란 주로 형법을 중심으로 이해되어 도덕이나 예를 실천하는 데 필요한 보조 혹은 강제장치로 이해되었는데, 동양사회에서 오랫동안 믿어졌던 '법치는 하책이고 덕치가 상책이다'는 사고는 아직도 현대한국사회에 광범위한 영향을 미치고 있다.[10]

첫째, 현재의 한국사회에서 '법과 원칙'에 따른 행정을 지지하는 사람은 기득권층이자 보수주의자라는 인식을 갖는 사람들이 많다. 이상적인 사회의 실질적 가치와는 거리가 있는 수단적 기준에 집착하는 것은 지

---

7) 윤이흠, 한국종교연구, 1988, 88-89면.
8) 양건, 한국의 법문화와 법의 지배, 법철학연구 제5권 제1호, 2002, 198-199면. ; 최봉철, 한국의 법문화와 법치주의의 과제, 법학연구(연세대학교 법학연구소), 제11권 제1호, 2001, 88-89면.
9) 중국전통법은 군주의 의지가 法源이 되는 왕권지상주의, 가족을 본위로 하는 가산제국가, 형법위주의 법체계, 행정 입법 사법의 국왕독점이 그 특징이었는데, 결국 권력자의 입장에서 법률의 엄격함을 강조하고 법을 형식화, 수단화하게 되었다. 이광윤, 중국의 딜레마 법치주의, 토지공법연구 제17집 2003. 2, 69-70면.
10) 조선시대에 있어 덕치주의와 법치주의의 관계, 법문화에 관한 설명은 다음의 논문을 참조함. 박병호, 법치주의 실현에의 역사적 교훈, 법제연구 제1호, 1991, 13-19면. 최종고, 법치주의와 덕치주의 : 한국의 관점, 저스티스 제27권 제2호, 1994, 303-318면. 양승두, 한국의 역사적 단절과 법문화, 법학연구(연세대학교) 제9·10권, 2000, 13-25면. 劉恒煥, 중국정치법률사상의 발전패턴, 저스티스 제27권 2호, 1994, 309-318면. 특히 311-312면에서 中山大學校 교수인 劉恒煥은 중국의 法家는 잘못된 명칭이므로 刑治思想이라고 불러야 한다고 한다. 왜냐하면 법가사상가들이 말하는 법이란 대부분 형법을 두고 한 말이었기 때문이다.

키고자 하는 이익을 많이 가지고 있고 사회의 발전과 개혁을 원하지 않기 때문이라고 보고 있는 것이다.

둘째, 법을 신념의 표현이나 사회적 합의의 표현이 아니라 경제발전을 위한 수단으로 인식한 결과 실정법을 위반하더라도 1-2년이 지나면 대폭적인 사면을 하거나 실정법을 바꾸어 법위반자들을 구제해주는 경우가 많았고 그것이 엄격한 법기준의 준수보다 더 정당한 것으로 생각했다. 이로 인해 현실적으로 교통법규를 위반하거나 신용불량행위를 하는 사람도 그 위반의 댓가가 그리 크지 않다고 생각하기 때문에 기초질서의 확립이 매우 어렵다.

셋째, 법의 내용을 다루는 학문은 정책을 다룰 수 있는 학문들이고 법학은 법의 형식과 기술만을 다룬다는 인식이 학문이기주의에 편승하여 고착화의 위험을 보여주고 있다. 이로 인해 입법과정에서 입법의 내용에 대해서는 법학의 대상이 아니라는 인식이 고위공무원들에서 자주 확인되고 있다.

넷째, 사회적 갈등이 자주 나타나 국민들사이에 불안과 고통이 가중되면서 한국사회의 장래에 대한 신뢰도 상실되어가고 있으나, 가장 근본적인 해결책은 '위정자의 마음가짐'의 개혁에 있다는 처방을 내리는 지식인들이 매우 많다는 것이다. 사회의 복잡성과 전문기술성이 이미 막연한 마음가짐의 개선으로는 해결할 수 없는 사회가 되어버렸음에도 불구하고 복잡성과 전문기술성의 부족으로 야기된 문제에 정면대응하여 대안을 찾아 법시스템을 개혁하려는 시도를 하는 사람은 극소수이다. 정부도 사회적 에너지를 여기에 집중하지 못하고 단순윤리혁신 중심의 행위자지향적인 처방만을 되풀이하고 있다.

2) 한국사회의 자아상(아이덴티티) 재형성필요

아이덴티티는 "인간의 자기정의"(human self-Definition)를 강조하기 위

하여 탄생된 용어라고 할 수 있는데,[11] 전통사회에서 아이덴티티문제가
전혀 인식되지 않았다고 할 수는 없지만 인간과 사회가 아이덴티티를
인식하고 주목하게 된 것은 현대사회에 들어오면서부터이다. 한국사회
는 농경사회에서 급속한 산업화와 도시화과정을 거치며 전통적인 게마
인샤프트사회에서 현대의 게젤샤프트사회로 변했는데, 이 과정에서 개
인도 아이덴티티의 혼란을 겪고 있지만 사회의 아이덴티티혼란은 매우
심각한 문제로 나타나고 있다. 사회의 개혁노력은 윤리혁신이나 부정부
패자처벌과 같은 특정 개인의 주관적 측면에 집중되고 있지만,[12] 행위
자 개인이 아니라 사회전체 구성원들의 공통적인 의식상태나 태도를 분
석하여 주관주의적 개혁노력들을 통합시켜 체계적으로 접근하지도 못했
다. 이런 점에서 한국사회의 구성원들의 지배적인 마인드나 태도의 관점
에서 문제를 제기하고 앞으로의 주관적주의적인 개혁노력들을 체계화시
키는 것은 의의가 있다고 할 것이다.

왜 어떤 사회는 동일하거나 유사한 상황에서 발전을 지속하고 성공적
으로 변화하는 환경에 대처하는가? 부패극복이라는 차원에서 사회개혁
에 접근하는 것이 끝없는 소모적 노력에 불과할 뿐 근본적인 대책이 아
니라는 인식을 주는 것과 마찬가지로, 인적자본[13] 관점에서 행위자중심
적으로만 사회발전을 이해하는 것도 한계를 갖는다. 이미 한국사회의 대
학진학율이 선진국에 비하여서도 결코 낮지 않고 유아나 어린이들에 대
한 한국사회의 교육열도 극성스럽다는 평가를 받을 정도이지만, 아직도
한국사회를 선진사회라고 부를 수는 없다는 점에서 분명한 한계를 가지

---

11) Gecas, V./Burke, P.J., Self and identity, in ; Cook/Fine/House,(Ed.), In Sociological
    Perspectives on Social Psychology, 1995, pp.41-67.
12) 대형재난이 발생하거나 국가정책에 대한 집단적 저항이 격렬해질 때 흔히 특정 공무
    원이나 정책집행자의 부패행위나 태만행위를 조사하여 처벌하는 현상이 반복되는 것
    에서 잘 나타나고 있다. 이러한 처방에 대하여 '근본적 처방이 아니다'는 인식은 언론
    기사들이나 시민들의 냉소적 비판에서도 확인되고 있다.
13) Becker, G.S., Human Capital, 1964.

고 있는 것이다. 인적 자본의 효율적 활용을 위한 사회적 인프라로서 "아이덴티티자본"(Identity Capital)[14] 과 사회자본의 재형성에 관심을 가져야 하는 이유이다.

사회는 현재 있는 그대로만이 자신의 모습은 아니고 스스로 만들어가고 있는 변화과정을 포함한다. 자기의 의식적인 재조직화(Reorganization of the Self)[15]는 사회 스스로 바람직한 자기 모습을 일관되게 재형성하려는 근본적인 비전과 이상을 가질 때 이루어지는 것으로 자기이해는 현재의 자기모습과 지향하는 이상에 기초하게 된다. 과거로부터 미래로 흐르는 시간속에서 사회의 경로는 현실적인 자아로부터 이상적인 자아로 나아가야 하는데, 전통사회가 해체되면서 발전인자들은 다양하고 산만하게 흩어져 있어 그것들을 발견하여 조직화하는 것은 지극히 어려운 일이 된다. 이러한 장애들을 극복하여 지속적으로 발전하기 위해서는 현대사회에 맞도록 아이덴티티가 재형성되지 않으면 안되고, 아이덴티티의 재형성을 위하여 우리 사회는 투자를 하지 않으면 안된다.

현대 한국사회의 수많은 문제들은 우선 깊은 철학적 성찰로부터 문제가 제기되고 나서 여러 응용학문들의 지식들을 통합하여 해결책이 발견되어야 하는데, 한국사회의 아이덴티티는 현재 매우 불확실하고 불안정하여 사회의 불안과 혼란의 큰 원인이 되고 있을 뿐만 아니라, 많은 문제들에 대한 해결책을 발견하는데 큰 어려움을 주고 있다. 정부정책과 그 자원이 현대 한국사회에 필요한 아이덴티티자본의 형성을 위해 시급하지도 않은 곳에 투자되거나 오히려 파괴하는 방향으로 투자되는 경우

---

14) James E.Côté, Sociological perspectives on identy formation : the culture-identity Link and identity capital, Journal of Adolescence 19, 1996, pp.417-428. Côté는 후기자본주의사회에서 인적자본개념만으로는 교육수준이 동일한 사람들이 왜 사회에 적응하거나 발전을 하는데 있어 중요한 차이를 보여주는지 설명을 해주지 못한다고 하면서, 아이덴티티자본이라는 용어의 사용을 제안한다.

15) Anthoney Giddens, Modernity and Self-Identity, in ;Malcolm Waters(ed.), Modernity Vol.II, 1999, pp.175-187.

도 있었다. 사회의 '바람직한 계속성의 기초'를 강화하여 불안과 혼란의 확산에 대한 안전장치를 확보하고 사회구성원들의 발전노력들을 조화시켜야 한다.

사회의 아이덴티티는 개인의 그것과 마찬가지로 우선 자신의 역사와의 관계에서 정의될 수 있는 것16)으로 한국사회의 아이덴티티는 한국인들이 과거에 어떤 경험을 통해 한국사회를 어떻게 인식하고 있는가 하는 점에 의하여 크게 영향받으므로 아이덴티티형성에 있어 역사적 경험은 핵심적 요소이다. 그러나, 어떤 사회의 아이덴티티는 그 사회가 갖는 이상, 비전 또는 가치나 목표 등에 의하여서도 강하게 영향을 받는데, 이러한 이상을 통해 자신의 제한된 자원과 주어진 시간을 조직화하여 일탈하려는 힘들을 통제하고 장애를 극복하려 노력하게 된다. 정부도 민주적 법치사회에 적합한 아이덴티티를 갖게 됨으로써 추진하는 정책들이 "원칙과 질서없는 실용주의의 위험성"으로부터 벗어날 수 있게 된다. 여기서 미래는 위험과 기회를 동시에 제공해주는 것으로 가치와 현실사이에서 적절한 균형을 필요로 하고 사회는 자신의 아이덴티티에 대한 위험요인을 명확하게 의식하여 극복하여야 하므로 위험요인들에 대한 자기진단이 계속 필요하게 된다.

3. 유학사상의 사회발전기획과
　　법치주의의 사회발전기획의 통합필요

민주적 법치사회의 기능성을 확보하기 위하여 **유학사상의 사회발전기획과 법치주의의 사회발전기획**이 통합될 필요가 있다. 유학사상은 소집단내에 강력한 '기본관계'를 형성하고 그것을 연결시켜 사회의 통합과

---

16) Anthoney Giddens, a.a.O., pp.176-177.

안정적인 발전을 목표로 하였는데, 이러한 관계문화는 그 동안 사회에 필요한 양대 요소, 즉 계속성과 변화 중 하나인 계속성의 과제를 담당해 왔으나, 정부와 사회가 변화요소에만 집중하여 현대화노력을 수행해온 결과 관계문화와 관계의 구조가 전통적인 농경사회의 원형에서 크게 벗어나지 못하고 있다. 관계문화는 대가족이라는 비교적 소수의 집단들사이에 강한 결속을 강조하고 그것을 연결시켜 사회안정의 지주로 삼았으나, 이것은 이제 정책결정자들이나 이에 대한 반대세력에 있어 소수의 비공식적 구성원들간의 배타적 결속력으로 나타날 뿐 다수의 국민들을 정책과정에서 익명의 객체로 전락시켜버리게 되었다. 또, 개인의 인식범위와 관심영역을 기본적인 인간관계에 한정시키고 있어 정책결정자나 국민들은 매우 구체적이고 개인화된 문제에 관심을 집중시키는 경향이 고질적으로 나타나게 되었다. 집단의 핵심구성원들인 소수자들사이에 보이는 지나치게 "강한 결속력과 감정적 유대"는 부패와 비리의 온상이 되고 있으며, 적극적인 소수의 행동주의적 비토집단앞에 무력성을 노출하고 있다. 이로 인해 사회의 계속성과 아이덴티티가 심각하게 위협받고 있으며 이제 한국인들 스스로 한국사회에 대한 혐오와 탈출의 붐을 보여주고 있다. 이 시점에서 진정으로 중요한 현대화과제는 사회의 계속적 요소의 현대화라고 하겠다.

민주적 법치사회의 핵심아이디어는 사회계약에 의한 국민주권의 대리행사, 권력분립, 일반추상적 법률의 지배를 내용으로 하기 때문에, 입법부의 일반추상적 기준정립권과 행정감시권, 행정부의 구체적 집행권, 그리고 사법부의 일반추상적 기준의 보호의무와 행정감시권에 의해 권력남용을 방지하고 사회발전을 이룩하려는 것이다. 이에 따라 여러 국가기관들에 국민들의 기대와 관심이 균형있게 분산되고, 국민들의 지속적 통합을 달성하기 위하여 여러 국가기관들과 국민들의 행동을 함께 규율하는 일반화된 정책과 법률에 대해 국민들의 관심이 집중되는 경향을 낳게 된다.

소집단내의 관계문화와 구체적 경험을 강조하는 유학사상에 잠재적으로 익숙한 한국인을 포함한 동아시아인들은 이성과 보편의 지배를 내용으로 하는 법의 지배에 적응하기가 어려운 면이 있게 된다.17) 법치주의가 아니라 인치주의에 친숙하고 가장 중요한 사회개혁방안도 매우 개인윤리적인 동기와 태도의 개혁에서 찾는 경향이 강하다. 하지만, 이미 도시화되고 원자화된 익명의 인간들이 모여사는 한국사회에서 우리는 어떻게 유학사상에서 물려받은 유산인 기본관계중시와 경험지향성의 장점을 유지하면서 일반의사로서 민주주의와 법치주의를 결합시킨 서구사상의 장점을 결합시킬 수 있는가? 주권을 위임받은 대표나 대리인에게 헌법의 일반추상적 규정을 통해 임무와 권한을 부여하고 개인의 친소관계를 중시하지 않는 일반적인 법률관계에 의해 사회를 통합하고 발전시킬려는 민주적 법치사회의 사회발전기획을 한국인들의 심성에 맞도록 정착시킬 수 있는가? 일본은 행정이 주도하고 기업과 민간이 그에 따르는 관민협조체제를 발전시켜 경제발전과 사회발전의 과제를 종합적으로 추구하면서 관료조직이나 기업내에 개인의 충성심을 유지하고 조직내의 기본관계속에서 인간이 안정감을 갖는 유학사상을 일본적으로 수용한 것으로 보인다. 지역사회에서 수많은 지역사회단체들이 결성되어 행정과 협력하여 환경보전과 사회적 약자보호임무를 자발적으로 수행하는 모습은 이러한 모델의 장점을 잘 보여준다. 하지만, 권력분립을 핵심으로 하는 민주적 법치사회의 사회발전기획이 일본사회에 완벽히 정착되었는가는 의문을 제기하지 않을 수 없다. 지나친 행정부우위의 시스템은 지속되고 있는 것으로 보인다.

한국의 경우 경제발전과정에서 지역사회의 공동체로서의 연대감은 크게 상처받고 약화되었고 이기심과 불신의 문화가 많이 침투해 있다. 이점은 일본에 비하여 커다란 약점으로 등장하고 있다. 하지만, 민주주의

---

17) 남경희, 한국 전통의 규범관 및 법의식에 대한 비교연구, 법학연구(연세대학교) 제9·10권, 27-74면에서도 같은 취지의 언급을 하고 있다.

와 권력분립의 핵심정신인 권력에 대한 비판과 불신[18]의 정신은 동아시아국가들 중 가장 활성화되어 있다. 한국이 놓여 있는 역사발전단계에 비추어 다음과 같은 입장이 타당할 것이다.[19]

첫째, 유학사상의 현대화과제로서 사회계약사상을 적극적으로 수용해야 한다. 일반의사의 형성문제로서 민주주의와 법치주의의 결합방식을 현대화하는데 많은 노력을 기울여야 한다. 이런 점에서 경제성장과정에서 수없이 등장했던 정책들을 다루는 학인 정책학에 대하여 주류정책학이 민주주의와 가치문제를 무시하고 정치인들이 제시한 목적을 가장 합리적으로 달성할 수 있는 도구와 수단에만 집착한 결과, "전제정치의 정책학"(A policy science of tyranny)으로도 기능할 위험에 이르렀다는 비판과 함께, 정책학은 복수의 가치의 존재, 가치관과 이익들의 충돌, 합의영역의 점진적인 확대, 분권적인 정책결정과 그들의 협력 등의 문제를 다루어 민주주의와 정책학을 결합시켜야 한다는 비판은 타당하다 할 것이다.[20]

둘째, 권력들의 분리, 분리된 권력간의 견제와 협력의 시스템을 구축하여 증가하고 있는 정책과제들과 사회문제들을 처리해나가야 한다.

어떤 정부의 정당성은 세 가지에 기인한다고 볼 수 있는데,[21] 첫째는 국민들에게 복종을 요구할 수 있는 권위(Autorität)를 가지고 있는가, 둘째, 어떤 정책과제(Aufgabe)를 얼마만큼 잘 처리하고 있는가, 셋째, 나타나는 문제나 과제를 처리할 수 있는 시스템과 구조(Struktur)가 잘 기능

---

18) John Hart Ely, Democracy and Distrust, 1980.
19) 한국의 공법학은 한국적 문제의식에 근거한 한국의 법학으로 거듭남으로써 정체성을 확립해가야 한다. 최송화, 한국 행정법학 50년의 성과와 21세기적 과제(초출은 법학(서울대) 제36권 제2호, 1995), 법치행정과 공익, 2002, 145-146면.
20) John S. Dryzek, Policy Sciences of Democracy, The Science of Public Policy II, 1999, pp.408-428.
21) Wilhelm Hennis, Legitimität－Zu einer Kategorie der bürgerlichen Gesellschaft-, in; Peter Graf Kielmansegg (hg.) Legitimationsprobleme politischer Szsteme, 1975, SS.24-26.

하고 있는가에 달려 있다. 모든 정부는 이상과 같은 세 종류의 정당성기초를 모두 필요로 하지만, 특히, 적극적 발전국가에 있어 정부는 대통령의 권위와 경제발전이라는 정책과제를 통해 정당성을 확보하려 하였다. 하지만, 민주적 법치사회에 있어 정부는 권력을 분리하고 권력들간에 견제와 협력의 시스템을 구축하여 그것에 의해 정책과제와 사회문제를 처리함으로써 정당성을 확보하게 된다. 한국사회도 이러한 시스템을 정착시키고 그의 기능성을 확보하기 위해 노력하여야 할 것이다. 대통령과 중앙행정에 의해 계획된 질서가 아니라 여러 조직들이 경쟁하고 견제하면서 법의 지배아래 자발적으로 형성하는 질서를 지향해야 한다.22)

셋째, 소집단내에서 이성과 감정을 융합시킨 긴밀한 인간관계와 신바람조직문화라는 강점을 살리기 위해, 대통령과 중앙행정에 지나치게 집중된 일원적 권력시스템을 입법부와 사법부, 지방자치단체, 그리고 기업들에 배분하여 더 많은 조직들에서 내부의 소집단관계가 활성화될 수 있는 근거를 마련하는 방향으로 사회시스템을 변화시켜가야 한다. 이기주의에 기인한 에너지와 문제가 동시에 존재하는 현장으로 결정권과 통제권이 이양되어, 결정권을 갖는 수많은 작은 조직단위들이 기능적으로 작동되면서도 서로 조화될 수 있는 사회를 지향해야 한다.

---

22) Savigny는 국민정신은 점진적으로 진보하는 것이기 때문에 절대주의적인 구체제의 부활이나 시민혁명에 모두 반대하고 계획된 이성에 의해 기본법을 제정하여 사회를 근본적으로 뜯어고치려는 시도에도 반대한다. Von Savigny, Friedrich Carl, Über den Zweck dieser Zeitschrift, in: Zeitschrift für geschichtliche Rechtswissenschaft, 1815, S.6f.

II. 적극적 발전국가의 한계와
민주적 법치사회의 계속적 기초로서 법시스템

1. 적극적 발전국가의 법시스템에서 행정의 특징과
윤리혁신을 통한 행정개혁노력의 한계

1) 적극적 발전국가의 법시스템에서 행정의 특징과 사회문제의 처리방식

국가주도의 경제성장, 엘리트에 의한 발전유도의 강조, 권력의 집중과 같은 특색을 갖는 적극적 발전국가의 법시스템은 실정법을 국가지도자의 정책을 위한 수단으로 이해하였다. 이에 따라, 마치 행정규칙이 발령자는 구속하지 못하고 수범자만 구속하는, 편면적 구속력을 갖는 것과 유사하게, 입법자는 실정법을 필요에 따라 수시로 개폐하는 것이 가능하여, 법률구속으로부터 입법자의 자유가 중요한 특징을 이루었다. 더 나아가 입법자는 실정법을 몰라도 되는 것으로 인식하는 풍조까지 생겨나 현재까지 국회의원들이나 중앙행정부처의 고위공무원들 사이에서 실정법을 지극히 경시하거나 몰라도 전혀 반성하지 않는 풍조를 고착시켰다. 이로 인해 경제발전이후에도 엘리트사회에서 도덕적 해이와 부패 그리고 수범자인 국민들의 인권을 경시하는 태도가 고쳐지지 않는 원인이 되고 있다.

적극적 발전국가는 한국사회 전체를 관료화된 중앙집권사회로 고착시켰는데, (거대한 관료사회로서의 한국사회의 위험성!) 이로 인해 한국사회는 수도권집중의 심화와 대통령을 정점으로 하는 수직적 서열문화가 강화되었다. 한국사회 자체가 거대한 단일조직처럼 관료화하여 관료제의 병리라고 부를 수 있는 '한국병'을 앓아 왔다. 사회구성원들은 노사문제이든 지방현안사항이든 모두 청와대와 중앙집권적 시스템에 의해 처리하려는 의존성향을 보여주었고, 기업들이나 지역사회의 자율적 문제처리능력은 현저히 약화되었다. 또, 관료화된 중앙집권사회에서 중앙행정은 지방행정에 대해 포괄적 지배권과 제재권이라는 특별권력과 유사한 권력을 가지고 있었고 양자의 관계는 전형적인 특별권력관계의 모습을 보여주고 있었다. 처리해야 할 행정과제와 관련하여 중앙행정이 수시로 개별 구체적 지시를 하고 지방은 중앙으로부터 구체적 지침이 내려오지 않으면 복지부동상태에서 주도적으로 일처리에 나서지 않고 주민들에 대해서는 지침이 없다거나 사후에 감사에 지적당할 위험을 지적하며 업무태만을 정당화하기도 했다. 한편, 지방행정은 일처리의 내용을 수시로 보고하고 사후감사를 받아야 하기 때문에 막대한 양의 보고업무와 감사업무에 시달리게 되었다. 중앙행정도 매우 복잡해진 사회문제들에 대하여 전국의 다양한 많은 자치단체들에 매우 구체적인 지침을 내리고 보고를 받아 처리하느라 지나치게 분주하게 되었다. 그 결과 정책의 중장기적 효율성을 높이기 위한 연구에 시간을 투입할 수 없어 복합적 전문성의 부족으로 정책설계능력이 점점 낮아지게 되었다.

이미, 50년대에도 법치행정의 원리는 법률의 법규창조력, 법률의 우위와 법률의 유보를 그 내용의 핵심으로 한다고 이해되어 행정에 대한 국회와 법의 우위가 법치행정의 핵심으로 이해되었다.[23] 60년대에도 적극적 발전국가는 국민주권원리를 형해화하고 통치기능까지 행정부가 전담함으로 인해 행정우위가 현저해져 권력분립원리를 해체시키며, 행정의 전문성과 기동성 그리고 행정입법의 증가 등으로 인해 법치행정의 원리를 공동화시킬 위험이 크다는 강력한 비판이 제기되었다.[24] 하지만, 이러한 흐름을 막을 수는 없었다.

오랫동안 공권력행사자들에 대해 기대되었던 '군자'를 지향하는 문화

23) 강문용, 법치행정의 원리-특히 법의 지배와 법치주의를 중심으로-, 법조 제8권 제8호, 1959. 8, 2-3면.
24) 서원우, 행정국가와 법치국가, 고시계 1969. 7, 14-22면.

의 흔적으로 인해 대통령, 정치인 및 공무원에 대한 강한 기대는 사회도 처에서 너무나 과도하고, 경제건설이외에도 격화되는 국제경쟁에의 대 응과 위험사회, 정보사회에의 대응의 필요가 새로운 국가과제로 등장하고 있으며, 통일에의 과제도 국가와 사회에 여전히 과중한 부담을 지우고 있다. 때문에 영미국가들에서 지배적인 '작은 정부'의 도입이 아무리 주창되어도 한국사회는 실제에 있어서 적극적 발전국가시대의 업무처리 방식을 쉽사리 버리지 못하고 있다.

2) 적극적 발전국가에서의 행정개혁의 한계

국가지도자의 정책을 위한 수단으로서의 법만을 알던 적극적 발전국가시대에는 마치 독일에서 절대왕정시대에 절대주의적 정책(Policy)과 마찬가지로 대통령의 정책이 헌법과 법률에 앞서 규범력을 갖는 것이었는데, 독일의 경우에는 자유주의적 법치국가로 전환되면서 행정은 권력분립원칙과 법치행정의 원리에 구속받게 된다.25)

우리의 경우, 적극적 발전국가시대의 법시스템은 이미 시대에 뒤떨어진 것이 되었으나 현재에도 여전히 정부가 일을 처리하는 일상적인 방식으로 존재하여 완강하게 사회의 활력을 제약하고 있다. '제도화된 행정국가'26) 로 인해 불균형하게 강화된 대통령과 비대화한 관료기구는 민주주의 발전에 대한 제약요인이 되고 있다. 대통령과 중앙행정의 능력과 국민적 지지 그리고 자원이 이미 현저히 약화되었음에도, 낡은 제도들은 거대정부를 전제로 하여 존재하고 있는 것이다. 그리하여, 과거 실체적 정당성의 발견과 구체화를 대통령과 중앙행정이 독점하던 타성을

---

25) Peter Badura, Verwaltungsrecht im liberalen und im sozialen Rechtsstaat, 1966, SS.8-12.
26) 홍준형, 제도화된 행정국가와 법치주의, 행정논총 제38권 제2호, 2000, 301-318면. 치유책으로 입법, 행정, 사법의 관계를 역동적인 견제와 균형이 이루어지도록 재구축하여 법치주의를 강화하는 방안을 제시하고 있다.

실정법을 통해 여전히 뒷받침해주고 있다. 권력분립의 원리가 법치주의
의 제1의 핵심원리[27]이지만, 여전히 대통령과 중앙행정 지향적으로 생
각할 뿐 권력분립의 사상을 전혀 수용하려 하지 않는다. 대통령이 더 이
상 모든 권력을 독점하고 현명하게 행동하는 초인이 아니라 권력을 분
점하고 있는 사람들 중의 일인으로 행동하고자 하여도 대통령에게 의존
하고 싶은 사람들은 그것을 받아들이려 하지 않는다. 대통령과 중앙행정
이 경제의 세부적인 문제들까지 수많은 개입법령을 근거로 때로는 초법
적으로 개입해가서 지시하던 타성에 젖어 기업내부의 갈등문제까지 정
부가 해결해주기를 기대하고 그것을 위해 극한투쟁을 전개한다. 관료조
직뿐만 아니라 사회에까지 대통령과 중앙행정에의 과도한 의존성과 이
로 인한 창의성부족이 현저한 문제로 등장하고 있다. 강력한 대통령에
의하여 경제가 발전되고 인권이 개선된다고 믿는 한국사람들에게 기본
권이 권력분립에 의하여 보장된다고 생각하는 비율이 얼마나 될지 지극
히 의심스럽다.

한편, 중앙행정조직과 관료들도 과거 경제발전의 주도능력과 그에 필
요한 국민적 지지 그리고 자원동원능력을 여전히 유지하기 위하여 명시
적으로 또는 묵시적으로 완강하게 저항하고 있다. 사회가 민주화되면서
대통령으로부터 실질적으로 중앙부처에 대폭 위임된 정책형성권은 부처
간 갈등이 발생하거나 특정 이해관계집단의 반발이 나타나면 조정할 수
없어 기약할 수 없을 만큼 정책결정과 그 집행을 지연시키는 경우도 나
타나고 있다.

하지만, 국회와 사법부를 경시하고 지방행정과 사회를 대통령과 중앙

---

27) 이러한 평가는, Steffen Heitmann, Rechtsstaat und Rechtsbewußtsein−die besondere
Situation in den "neuen" Ländern, Recht und Politik, 1995. 3, S.125. 사회체제의
격변과정중 행정현장에서 일하는 사람에게 법치주의는 법의 우위나 법률의 유보이전
에 권력분립의 원리가 핵심이라고 이해된다는 점은 격변기의 한국사회에서 민주적
법치사회의 법시스템을 이해하는데 중요한 열쇠를 제공한다.

행정의 의지에 종속시키는 적극적 발전국가는 현대 민주사회에서 무엇보다 민주적 정당성의 부족이라는 근원적 약점을 가지고 있다. 또, 개방사회로의 급속한 변화로 인해 명령과 통제를 오직 대통령과 중앙행정에서만 가능하도록 한 구제도는 사회문제들의 복잡성과 다양성에 대한 신속한 응답능력을 상실했다. 대통령과 중앙행정이 법률상의 권한과 형식적 권력을 과거와 같이 유지하는 것처럼 보이더라도 실질적인 측면에서 적극적 발전국가시대만큼 권력을 갖지 못하기 때문에 사회는 끊임없이 적나라한 이익투쟁으로 혼란과 정체를 반복하고 있다. 더구나, 대통령과 중앙행정의 개입은 또 다른 반대세력의 격렬한 저항을 불러와 정치행정체제 자체의 안정성을 크게 위협하게 될 가능성도 높다.[28]

적극적 발전국가를 대체하는 새로운 제도는 사회적 갈등을 줄일 수 있도록 자유와 질서를 새롭게 균형잡아 정부의 신뢰성, 정당한 법시스템에서 살고 있다는 믿음, 그들의 노력에 대하여 정당한 대우를 받고 있다는 믿음을 키워 법시스템에 대한 국민의 순응정도를 높이고 소중한 국민들의 발전의지를 적절히 관리하여야 한다. 이를 위해, 중앙에 의해 계획된 질서가 아니라 권력을 분배받은 여러 기관들이 견제하고 협력하거나 작은 조직단위들이 경쟁하면서 법의 지배아래 자발적으로 형성하는 질서를 지향해야 한다.[29]

중요한 정책일수록 복잡한 이해조정을 요하고 잠재적 분쟁가능성이 크기 때문에 특정인이 실체적 내용의 형성을 독점하는 업무처리방식은 폐기되어야 한다. 정치인들이나 중앙부처의 공무원들, 시민단체의 구성원들이나 지방공무원들이 민주적 법치사회로의 전환의 사상적 배경, 목

---

28) Rüdiger Voigt, Grenzen rechtlicher Steurung, 1986, S.13f.

29) Savigny는 국민정신은 점진적으로 진보하는 것이기 때문에 절대주의적인 구체제의 부활이나 시민혁명에 모두 반대하고, 계획된 이성에 의해 기본법을 제정하여 사회를 근본적으로 뜯어고치려는 시도에도 반대한다. Von Savigny, Friedrich Carl, Über den Zweck dieser Zeitschrift, in: Zeitschrift für geschichtliche Rechtswissenschaft, 1815, S.6f.

적과 기본원리, 그리고 그 기능방식에 대하여 적절한 인식을 획득하여 국민들을 설득하고 의사결정과 그의 통제에 관한 시스템을 개혁시켜나 가야 한다. 정책이 부처간 갈등에 무력하고 이익집단에 자주 포획당하는 현상을 극복하기 위하여 정책의 형성과 집행과정에서 절차적 정당성을 갖추고 적절한 이론의 뒷받침을 받기 위해 노력해야 한다.

다만, 새로운 제도와 법시스템의 형성과 정착의 과정에서 적극적 발 전국가의 유산 중에서도 현재의 한국사회를 위해서 꼭 필요한 것들도 있다는 점은 확인해두고자 한다. 사회구성원들과 정치인들이 한국사회 의 '발전에의 의지'를 보호해야 하고 그의 적절한 관리가 중요하다는 인 식과 국가정책의 중장기적 효율성에 대한 관심(불균형성장론의 정당화 근거인 전후방파급효과에 대한 고려)은 반드시 공유되고 승계되어야 할 것이다.

3) 윤리혁신을 통한 행정개혁노력의 한계와 법시스템속에서의 적절한 역할인식의 중요성

발전행정의 논리에 따를 때, 정치인과 고위관료의 리더쉽은 많은 예 측할 수 없는 발전의 장애들을 극복하는데 있어 결정적인 역할을 하는 것으로 인식되고 있는데,[30) 법과 관련하여서도 법의 형식이나 내용보다 는 법을 집행하는 자의 마음자세가 중요하다고 생각한다. 이러한 생각은 비교적 단순한 사회인 농경사회를 배경으로 하여 무엇이 옳은 것인지는 약간의 상식만 있으면 누구나 알 수 있고 오직 실천이 중요하다는 인식 에서 나오는 것이다. 해방이후 지금까지 북한지역에서 지도자의 영웅적 능력에 대한 환상이 사회를 뒤덮고 있는 것과 유사하게, 남한의 지식인 들 사이에서도 대통령 한사람의 능력에 대한 환상에 의하여 사회발전을

---

30) George F. Gant, Development Administration—Concepts, Goals, Methods, 1979, p.16.

달성하려는 단순윤리중심의 행위자지향적 사고가 거의 변하지 않은 채 만연해 있다. 예를 들어, 대중들에 대한 영향력이 가장 큰 언론기관에서, 특히, 여러 종류의 수많은 신문칼럼들에서, 대통령의 언행에 대한 코멘트는 군사정권이 끝나 대통령에 대한 비판이 자유로워진 이후 가장 많이 다루어지는 주제이다. 지식인들은 이 칼럼들에서 구체적인 시스템의 설계와 보완에 관한 공론장을 개척하지 못하고 '윗물맑기운동'과 '솔선수범운동'등을 통해 막연한 행위자의 윤리만 혁신하면 많은 사회적 문제들이 해결될 것처럼 되풀이하여 주장해 왔다.

하지만, 복잡성으로 특징지워지는 현대사회에서는 복잡성에 대응할 수 있는 법의 내용이 중요하고, 그러한 법에 대한 막연한 마음가짐이 아니라 법시스템내에서 개인에게 부여된 복잡하면서도 전문적인 역할을 수행할 수 있는 지식과 의지가 중요하다. 즉, 시스템속에서의 정확한 역할인식이 필요하지 농경사회와 같은 단순한 선한 마음에 기초한 막연한 윤리라는 것은 지극히 무력하다. 때문에 행위자지향적 사고도 법시스템 속의 행위자로 관심이 이동되어야 한다. 부패방지 그 자체도 확인하기도 어려운 개인적인 신비스러운 결단이 아니라 정책과정의 투명한 공개를 통해 보장되어야 한다.31)

더구나 현대사회는 행위자들의 불신과 갈등의 격화로 인해 행위자중심의 행태론적 이론을 통한 개혁안의 발견은 점점 한계가 드러나게 된다. 행위자의 윤리적 태도가 문제해결의 절대적인 관건이라고 인식하고 주장하면서 명시적으로나 묵시적으로 객관적 제도와 법시스템에 대한 불신과 낮은 연구필요만을 인정하는 입장에서는 특정한 사회문제에 대한 원인분석과 처방의 제시에 있어서 대부분 부패자의 발견과 그의 형사처벌이라는 행위자중심적인 개혁안의 제시에 큰 관심을 가지게 된다.

---

31) 박정훈, 행정부패와 행정법적 집단분쟁－병리적 행정현실에 대응한 법윤리적 행정법학 방법론의 모색－, 법학 제39권 1호, 1998, 104, 105면. 폐쇄성·비밀성은 행정부패와 법치주의의 왜곡을 야기하므로 국가내의 행위가 모두 개방·공개되어야 한다.

이것이 현재 우리사회의 대체적인 모습으로 정부와 지식사회의 리딩그룹들이 배타적 그룹으로서 행위자중심적인 대안제시에만 몰두하면서 새로운 법시스템의 건설을 위한 전문인력의 양성이나 객관적인 법시스템의 설계에 대해서는 관심도 낮고 이를 위한 투자도 지극히 소홀하게 취급한다. 때문에 한국사회의 엄청난 교육열에도 불구하고 새로운 법시스템을 건설할 전문인력이 한국사회에는 아직도 극히 부족하다.

교육행정전산망을 둘러싼 갈등이나 재난관리실패가 반복됨에도 불구하고 사회현실의 잠재적 분쟁당사자들이 갈등하는 원인과 그 해결방법을 새로운 법시스템속에 구체화시키려는 노력을 못함으로 인해 다음번에도 유사한 경로를 밟아 문제가 재발하고 있는 것이다.

시민운동가들도 그 운동방향의 설정에 있어 이러한 한계를 여실히 보여준다. 사회와 행정개혁, 사회적 갈등의 해결을 위해 필요한 과제와 방법을 인식함에 있어 개혁자들은 잠재의식적인 마인드와 교육적 배경 등에 영향받아 지나치게 윤리적 측면에만 관심을 가지고 있다. 단순윤리혁신 중심의 행위자지향적 행정개혁노력은 이미 조선시대에 실학자들이 윤리문제만 논하는 성리학자들에 대하여 허학이라고 통렬히 비판했었음에도 현대사회에 들어와서까지 우리는 그러한 실패를 되풀이하며 특정인에게 영웅적 윤리관을 강조하거나 체념적인 포기상태에서 비판을 위한 비판에 몰두해온 것은 아닌지 자성해보아야 한다. 인간의 주관적 윤리라는 지극히 변화시키기 힘든 것에만 몰두하지 말고 과학적으로 분석하여 해결책을 찾을 수 있도록 보다 객관적인 원인과 개혁대상을 찾아나서야 한다. 행위자의 카리스마나 윤리성과 같은 신화적인 요소로부터 객관적으로 분석할 수 있는 제도로 관심을 변화시켜가야 한다. 극단적으로 말해 민주주의나 시장경제질서를 지지하는 윤리규범이 없으면 민주주의나 시장경제를 혹시 어렵게 할 수 있지만 법치주의 없이는 오늘날의 민주주의나 시장경제는 아예 불가능하게 된다.32) 행위자들만이 한국사회를 규정지을 수 있는 것이 아니라 객관적인 제도와 법시스템도 행

위자를 구속하여 한국사회를 규정지을 수 있고 제도자체의 내재적 논리
가 새로운 정책의 성패를 결정짓는 경우가 더 많은 것이다.

2. 사회의 계속적 기초로서의 법시스템

1) 사회집단의 극단주의와 부처이기주의의 급격한 확산의 가능성과 위험성

개인들은 집단이나 조직을 이루게 될 때 극단적인 주장이나 견해에
동조를 하는 경향이 강하다. 하나의 집단이나 조직내에서 법이나 정책에
관한 어떤 정보나 평가가 제기될 때 처음에는 소수의 지지가 존재하다
가도 갑자기 폭포수가 흘러내리는 것처럼 동조화경향이 전염병처럼 퍼
져나가는 현상인 폭포효과(Cascade Effect)가 나타나고 그 지점이 극단적
인 곳에서 형성되는 양극화(Polarization)현상이 두드러진다.[33] 건강보조
식품에 대한 구매열풍이나 원전폐기물유치장에 대한 결사적 반대의 급
격한 확산 또는 특정한 법의 개정운동이나 개정반대운동의 급격한 확산
은 자주 볼 수 있는 사회현상이 되고 있다. 특정한 법과 정책에 대한 부
정적인 평가가 특정 집단이나 조직내에서 급격히 확산되고 그 반대를
실현하기 위해 분신자살을 감행하는 극단적인 시위가 발생하거나, 사회
전체의 공익증진에 유익한가와 상관없이 자기조직의 생존이나 영향력과
관련되는 어떤 하나의 법을 국회에서 통과시키기 위하여 조직내의 대부
분의 공무원들이 로비활동에 나서는 부처들도 나타난다. 그것은 정보의
부족으로 개인은 누구나 정확한 정보를 얻기가 어렵고 조직의 다른 동

---

32) 최대권, 선한 사회의 조건 : 법치주의를 위한 담론, 법학(서울대학교) 제40권 제3호,
   1999, 74면.
33) Cass R. Sunstein, Deliberative Trouble? Why Groups go to Extremes, Yale Law
   Journal 2000, pp.71-119.

료로부터 좋은 평판을 얻고 싶은 욕구가 작용하여 같은 집단의 타인들의 견해에 급격히 동조하는 경향이 있기 때문이다. 때로는 극단적인 위험을 감수하는 사람들이 늘어간다. 특정한 법이나 정책에 관한 처음의 아이디어는 보다 온건한 것이었다 할지라도 점점 극단적인 내용을 담은 것으로 변해간다. 이 과정에서 견해의 차이는 점점 사라져간다.

한국 사회와 정부는 이익집단들의 도전에 직면해 있다. 1997년의 외환위기가 주로 외부 충격에 의해 촉발되었다면, 지금은 내부균열에 의해 국가의 질서에 대한 신뢰가 크게 약화되고 있고,[34] 지역간 갈등에 더하여 노사간 갈등과 세대간의 갈등, 그리고 보수와 진보간의 갈등이 심각한 양상으로 나타나고 있다. 국민전체의 공익과 부분집단들의 이익간의 관계가 명확하게 확립되지 못해 많은 사회적 갈등과 혼란이 생겨나고 있다. 집단이기주의가 사회질서전체를 마비시키는 사례가 빈번하고 각종 권력형 비리와 정책혼선으로 인해 정부기관과 한국사회에 대한 국민의 신뢰는 떨어지고 있지만, 여전히 인치주의는 극복되지 못하고 법과 원칙보다는 특정인과의 사적인 관계가 더욱 중요한 역할을 담당하고 있다. 실정법들 상호간에도 일치와 조화에 대한 배려소홀로 도처에 가치충돌이 존재하고 있어 사회적 갈등과 부처간 갈등의 중요한 원인이 되고 있기도 하다. 법령의 제정과 집행과정에서 각 부처는 서로 독립하여 존재하는 기업들처럼 자기 부처가 관련된 부분적 공익만을 보호하려 함으로써 집단이기주의에 빠져 있는 사회집단들과 비슷하게 사회전체의 공익을 침해하고 있다.

하지만, 다른 관점에서 볼 때, 개인이나 집단이 자기이익을 추구하는 것은 민주적 법치사회에서 사회발전의 원동력으로서 당연한 것이고 그 과정에서 이익충돌은 항상 발생할 가능성이 있다. 개인들사이에 그리고

---

34) 김상겸, 법치국가의 실현가능성에 관한 고찰, 공법연구 제28권 제4-2호, 2000. 6, 150면 이하는 내부적 안전의 상실과 법의식의 실종이 법치국가의 위기를 가져오고 있다 한다.

집단들사이에 첨예하게 이해가 대립하는 사안들이 많이 나타나고 있고, 억압적 사회와 달리 갈등과 분쟁의 내용이 그대로 알려진다는 것이 우리 사회전체의 이익이 증가하고 있고, 또, 우리 사회가 자유로운 사회라는 것의 반증이기도 하다.

2) 사회의 계속적 기초로서 법시스템의 의의

(1) 신제도주의와 제도보장론의 문제의식의 비교
    ─사회의 계속적 기초와 정당성요구에 대한 관심의 통합필요

사회는 계속성과 변화에의 개방성의 두 측면을 가지고 있는데, 제도와 법시스템은 사회의 계속성을 지탱하는 구성요소이고 개혁은 사회변화에 주체적으로 대응하려는 노력이라 할 수 있다. 개혁의 수요와 개혁가능성을 알기 위해서는 먼저 현존하고 있는 한국사회의 계속성의 요소를 발견하여야 하므로 제도와 법시스템에 대한 이해가 긴요해진다. 또, 사회를 갈등과 긴장으로 몰아가고 있는 사회구성원들사이의 정당성요구간의 충돌을 이해하여 합의된 정당성의 기초를 확대시켜나가야 한다.

법과 문화 등을 망라한 제도개념의 이해는 제도이론의 창시자인 모리스 오류나 현대의 신제도주의자들[35]에게 공통된 특징이다. 이에 따를 때, 제도는 지향하는 정신과 그것을 구체화한 원칙 및 법, 그 정신을 실현하기 위한 조직화된 권력, 그 정신과 원칙을 실현하기 위한 제 수단들 이외에, 문화, 전통과 의식 등 사회의 계속성과 관계되는 요소들을 망라하고 있는 것으로 사회의 계속적 기초를 이루는 것이다.[36] 신제도주의

---

35) 신제도주의자들에 대한 소개는, 정용덕외 저, 신제도주의연구, 1999. ; 하연섭, James G. March와 Johan P. Olsen의 신제도이론, 행정학의 주요이론, 647-655면 참조.
36) 제도는 모리스 오류(Maurice Hauriou)에 따를 때, 국가와 같은 인적 제도와 법규범을 중심으로 하는 물적 제도로 나눌 수 있는데, 국가와 같은 물적 제도는 지향하는 정신 (Idée), 그 정신을 실현하기 위한 조직화된 권력, 그 정신을 구체적으로 실현하기 위

자들은 제도를 제도보장론자들보다 더 넓게 이해하고 있으면서, 제도는 그것이 바람직하든 않든 현재 사회의 계속적 기초로서 존재하고 있는 것을 의미하는 것으로 이해한다. 선진국을 제외한 다른 나라들의 제도분석에 있어 제도는 당해 나라의 역사발전의 산물로서 정책의 성공을 제약하는 특유한 경로라는 의미에서 부정적인 인식을 내포하고 있다.(특히, 역사적 제도주의)

하지만, 한국 공법학에서 제도는 독일공법학의 영향을 받아 제도보장론으로 논의되어 왔다.37) 제도보장론은 국민개개인의 자유와 권리의 신장에 기여하거나 또는 그 전제가 되는 역사적 전통을 지니고 있는 기존의 제도를 합법적으로 보장하는데 목적이 있는 것으로 정치인들의 자의적인 권력행사에 의한 제도의 변경을 불가능하게 하는 현상보장의 의미를 가져 제도의 핵심을 불변의 것으로 유지하기 위한 것이다. 따라서, 공동체를 위하여 바람직한 사회의 계속적 기초를 유지하기 위한 것이다.

민주적 법치사회의 계속적 기초로서 법시스템을 건설하려는 입장에서 볼 때, 신제도주의자나 제도보장론자들의 주장은 한국사회의 과제를 위하여 한계를 갖는다. 우선, 신제도주의자들이 제도개념을 넓게 이해한 점은 적절하다고 하겠지만 제도를 경로의존성을 가져오는 고착되고 변경할 수 없는 것으로 본 점은 부적절하다. 이것은 숙명론에 빠질 위험이 매우 크다. 제도보장론은 제도형성과 제도설계의 필요성을 명확하게 중요한 과제로 파악하고 있지 못한 점에 문제가 있다. 사회개혁을 위한 실

한 공통된 징표들로 이루어진다. Maurice Hauriou, La Théorie de l'Institution et de la Fondation: Essai de Vitalisme social, Cahiers de la Nouvelle Journeé, 4, 1925, pp.1-45. 원문을 구할 수 없어 독일의 유명한 제도이론가인 Roman Schnur에 의해 다음의 책에 번역된 논문을 참조했다. Roman Schnur, Die Theorie der Institution und der Gründung, Die Theorie der Institution, 1965, SS.34-36.

37) 정극원, 제도보장론의 성립과 현대적 전개, 헌법학연구 제4권 제3호, 1998. 10, 241-263면 참조.; 김대환, 제도보장에 있어서 핵심영역의 보호-기본권의 본질적 내용보장과 관련하여-, 헌법학연구 제6권 제4호, 2000, 63-85면 참조.

용적 개념으로서 제도개념을 다룰 수 있어야 한다. 왜냐하면, 서구사회
에서와는 달리 민주적 법치사회의 가치는 한국사회의 전통으로 확고하
게 뿌리박혀 있는 것이 아니라 이제 점차 국민적 합의를 넓혀 한국사회
에 정착시켜나가야 할 과제이기 때문이다. 하나의 법률의 제정이나 개정
과 같은 문제가 아니라, 전체적 시야를 가지고 사회구조를 바꾸고 사회
문제를 다루기 위해 필수적 개념인 제도개념을 활용하는 데 있어, 제도
보장론의 시각에서의 제도이해만을 고집하는 것은 실용성을 상실할 위
험이 크다.

　적극적 발전국가에서 민주적 법치사회로 성공적으로 전환하기 위해서
는 현존하는 제도의 특성이나 합헌적 제도의 유형들을 열거하는 것이
중요한 것이 아니라 현존제도를 분석하여 합헌적 제도를 어떻게 설계해
갈 것인가, 다시 말해 새로운 법시스템을 설계하고 그것의 계속적 기초
를 강화하고 확대하는 것이 중요하다. 바람직한 제도의 형성과 설계라는
관점을 견지할 때, 사회의 계속적 기초와 정당성요구에 대한 국민들의
관심을 통합시켜 개혁의 방향을 파악하고 그것을 구체화시키는 사회적
과제에 학문적 노력의 방향을 맞출 수가 있다. 우리나라뿐만 아니라 후
진국에서 선진국으로 발전해가는 다른 나라들에 있어서도 구제도들이
새로운 사회에 맞지 않을 만큼 낡고 경직적이며 무력하게 되면 개혁운
동이 시작되고 구제도를 현대화하여 새로운 "제도형성"(Institution
Building)에 나서게 되고 그것은 사회의 중심과제가 되고 있다.[38]

　사회의 계속적 기초의 재형성의 문제는 법, 조직, 문화 등 여러 복합
적 요인을 종합적으로 살필 때 가능한 것으로 전통적인 법해석학적 고
찰방식과는 다른 방식으로 접근하는 것이 필요하다. 하지만 신제도주의
자들과 같이 매우 포괄적으로 이해된 제도개념보다는 법령들을 중심으
로 다루기 위해 법시스템이라는 용어를 사용하여 논의를 진행하려고 한

---

38) George F. Gant, Development Administration－Concepts, Goals, Methods, 1979,
　　p.15.

다. 다만, 아이덴티티의 재형성과 관련된 문제에 관한한 법의식이나 법
지식 또는 문화적 측면까지 포괄하여 다룰 것이다.

(2) 사회의 계속적 기초로서 법시스템의 의의

한 사회에는 많은 실정법들이 존재하기 때문에 특정 분야의 법을 검
토하지 않고 법시스템전반에 관한 일반적이고 포괄적인 논의를 한다는
것이 어떤 의미를 가질 수 있는지 회의가 들 수도 있다. 하지만, 현재의
한국사회와 같이 사회의 성격이 변하고 각 분야의 실정법들이 변해가고
있는 시대상황에서는 각론영역에서 개별법들에 대한 논의를 하는 것 못
지않게 일반적 논의가 중요한 의미를 갖는다. 일반적 논의는 우선 지식
사회에서 그리고 최종적으로는 국민들사이에 나아가야 할 지향점의 안
정을 가져와 학문적 논의의 활발한 생산적 의사소통을 가능하게 해주고
사회개혁의 전체적인 비전과 방향을 국민들이 정부와 공유하게 함으로
써 개혁의 효율성을 높이는데 기여한다.39)

법시스템이란 "모든 법제도들과 법적 규율을 커다란 통일체로 결합시
기는 내직 결합"40)으로서 개별석인 구성요소들사이에 통일적인 질서를
갖추게 해준다. 법시스템과 제도는 현대의 위험하고 불안한 사회에서 점
점 중요성을 더해가고 있는 사회질서안정화기능과 통합기능을 수행하여
사회의 계속성유지의 기초로 작용한다.41) 갈등하고 있는 행위자들의 갈
등을 완화시키고 그들의 노력이 통합될 수 있게 행위자들의 행위를 구
조화시켜 질서를 형성시키고 안정되게 한다. Niklas Luhmann은 법시스템

---

39) Harald Kindermann, Orientierungssicherheit durch einen Allgemeinen Teil des
    Rechts?, in : Schäffer/ Triffterer(hg.), Rationalisierung der Gesetzgebung, 1984,
    SS.71-80.
40) Von Saviney, Friedlich Carl, System des heutigen römischen Rechts, Bd.1, 1840,
    S.214.
41) Axel Görlitz, Politische Funktion des Rechts, 1976, S.60ff.

의 계속성을 현대사회와 국가의 가장 중요한 존속기초로서 이해하는데,[42] 이것이 구성원들에게 학습의 기회와 시간을 제공하여 적응하고 순응할 수 있게 하며 사회와 국가에 대한 기대를 안정시키게 된다고 본다. 법시스템의 계속성의 중요한 기초인 사회구성원들의 신뢰는 우선 지향하고 있는 법시스템의 내용이 무엇인지 알고 있어야 가능하다. 인식과 이해의 범위가 넓어질수록, 공유의 범위와 강도가 커질수록 법시스템의 계속적 기초는 강화되게 된다.

(3) 사회의 계속적 기초와 정당성요구의 결합강화의 필요

제3공화국이 표상하는 적극적 발전국가를 대체하여 등장한 문민세력들이 지향하는 한국사회의 정신, 즉, 민주적 법치사회의 정신을 명확하게 하는 것이 필요하다. 실정법들중에는 사회가 지향하는 정신을 구체화한 원칙들도 있고 정책목적실현을 위한 수단들도 있는데, 그 동안 법에 대한 이해에 있어서 한국사회는 법을 규제수단과 같은 수단으로서만 보아왔을 뿐 정신을 구체화하여 합의된 원칙과 기준으로서 이해하지 못했다. 민주적 법치사회로서 한국사회가 정체성을 확립하고 계속적으로 발전하기 위해서는 특히 지향하는 정신과 그것을 구체화한 원칙들과 합의를 확대심화시켜 나가는 것이 중요하다. 이를 위해 사회의 성격변화에 따라 법규범에 기대되는 기능변화방향에 대응하여 법치주의의 과제와 내용을 새롭게 파악해야 한다.

민주사회라고 해서 다수결원리에 따라 다수의 합의만 얻으면 어떤 법시스템이라도 정당한 것으로 볼 수는 없다. 그 합의는 민주적 법치사회의 핵심적 가치를 기초로 한 것이어야 한다. 지향해야 할 가치로서 합의를 얻어 법속에 구체화된 것만이 사회구성원들의 지향점에 안정성을 부

---

42) Niklas Luhmann, Grundrechte als Institution, 1965. ; ders, Legitimation durch Verfahren, 2.Aufl., 1975.

여한다. 규범적 기대와 예측에 안정성이 보장될 때, 사람들은 타인과의 관계에서 자신의 권리영역과 의무영역에 대한 안정적 기초를 획득할 수 있게 된다. 즉, 합의된 객관적 법시스템의 계속성이 주관적 권리의무관계를 안정시켜 사회적 갈등을 예방하고 극복할 수 있는 기초가 된다. 합의가 자신이 예측할 수 없는 방식으로 자신에게 손해가 발생하지 않도록 해주고, 다른 사람이나 정부의 대응을 예측할 수 있게 해준다.43) 사람들사이의 합의범위가 확대되어 안정적인 가치지향점이 존재하게 되면 점차 세부적인 법시스템들도 계속적으로 존속하는 구조를 갖게 되어 사회문제의 해결이 점점 더 사람이 아니라 법시스템에 맡겨지게 된다.

하지만, 법시스템의 안정지향적 성격은 적극적 발전국가에서 민주적 법치사회로의 전환을 막는 보수적 역할을 할 위험성도 높다. 입법과정에서 기존의 권력구조는 변화에 저항하려 할 것이고 이해관계있는 사회집단들도 변화를 방해하려 할 것이며 그 동안에 형성된 입법주도집단의 권위주의적 마인드도 변하기가 쉽지 않을 것이다.44) 기존 질서의 변경은 자신들의 미래를 예측할 수 없게 하고 현재의 지위를 잃을 수도 있다고 생각하는 사람들은 현존시스템의 변화를 바라지 않고 그 골격이 되는 실정법의 변경을 반대할 것이다.45) 그러나, 필요한 개혁과 현대화의 태만은 사회적 갈등의 심화를 가져와 결국 사회의 침체와 혼란을 초래하게 할 것이다.

사회적 혼란과 혁명의 발생은 실정법의 개혁을 통한 지속적 개혁에 의해 극복할 수 있다. 때문에 민주적 법치사회는 현행 실정법의 변경을 위한 정당한 절차를 갖추고 있을 것이 요구된다. 현재의 어떤 실정법이나 결정의 정당성에 대한 의문은 법시스템이 스스로 준비한 입법의 개

---

43) Anna Leisner, Kontinuität als Verfassungsprinzip, 2002, SS.102-109.
44) Joachim Wege, Positives Recht und sozialer Wandel im demokratischen und sozialen Rechtsstaat, 1977, SS.132-136.
45) Christoph von Mettenheim, Recht und Rationalität, 1984, SS.75-76.

정절차나 의사결정절차를 통해 이해관계인들간의 이해조정을 통해 새로운 법이나 결정을 창출하여 해소할 수 있게 된다. 실정법의 변경이나 기존 결정의 변경을 위한 절차는 "평화로운 변화"(peaceful Change)의 중요한 수단으로서 계획적으로 그리고 질서정연하게 사회변화과정을 관리하기 위한 핵심적 도구이자,[46] 민주적 법치사회의 계속성과 정당성간의 충돌을 조정하는 갈등해소의 용광로가 되므로 절차는 여러 측면을 고려하여 다양한 아이디어를 흡수하여 명문화되고 실정화되어야 한다.

3) 법시스템의 설계에 있어 객관성과 주관성의 적절한 고려

법시스템은 객관성과 주관성의 양면적 특질을 갖는데, 입법과 법집행의 현장에서는 일반적 객관적인 법의 의지를 우선해야 하는가 아니면 개별적 구체적인 타당성을 위해 특정 개인이나 특정 집단의 주관적 인식을 고려해야 하는가 하는 긴장이 항상 존재하게 된다. 민주적 법치사회의 계속적 기초를 적절하게 형성하고 보장하기 위하여 시스템설계자들과 연구자들은 법시스템에 있어 객관성과 주관성의 요소를 충실히 그리고 균형있게 고려하여야 한다.

(1) 법과 법시스템의 객관성 및 일반성

서로 다른 사람들이 다양한 생활환경에서 하나의 사회를 이루어 조화롭게 살기 위해서는 법의 일반성과 객관성은 필요불가결의 요소이다. 법의 객관성과 일반성 때문에 법은 공정성을 확보할 수 있어 이해관계가 다른 사람들사이에 이해조정이 가능해지고 사람들의 행위를 효과적으로 조종하고 통제할 수 있는 정당성을 확보하는 것이 가능해진다.[47] 때문

---

46) Joachim Wege, Positives Recht und sozialer Wandel im demokratischen und sozialen Rechtsstaat, 1977, S.127f.

에, 법은 법준수자들이 주관적으로 그것을 어떻게 평가하는가, 지킬 의사가 있는 것인가의 여부와는 상관없이 적용되어야 하고, 또 법앞의 평등원칙에 따라 사람들사이에 차별없이 보편적으로 적용되어야 한다. 법의 일반성과 객관성 때문에 법은 특수한 상황과 특정한 사람들로부터 독립성을 유지하며 질서를 유지하고 법적 안정성을 확보할 수 있게 된다. 그리고 사회구성원들에게 자신의 사회와 타인에 대해 기대할 수 있는 것과 없는 것을 인식시켜 미래를 예측하고 준비할 수 있게 해준다.

법과 법시스템은 공익을 보호하는 객관적 목적을 가지면서 정부활동이 효력을 발생하기 위한 길(Bahn)과 방법을 제공하며, 사회구성원들이 하나의 국가내에서 공동생활을 하면서 발생하는 일과 문제를 처리하기 위한 기준, 형식과 질서를 제공한다. 집단과 개인, 조직과 조직 그리고 정부와 시장의 관계를 규정하며, 특정 조직의 권한한계와 개인의 권리한계를 규정한다. 객관적 기준과 절차가 법의 형식으로 존재하기 때문에 정부는 자신의 활동을 조직화·체계화할 수 있어 기능적인 합리성과 실질적 합리성을 확보할 수 있게 된다.[48]

하지만, 법의 객관성과 일반성에 대한 지나친 강조는 불가피하게 이해관계가 달라 충돌할 수밖에 없는 사람들과 현실의 다양성을 무시하여 현실적인 규범력을 갖지 못하게 한다. 추상적 이성에 기초한 법의 객관성과 일반성은 사람들의 마음이나 환경의 차이로부터 독립적인 기초를 사회에 제공해주려 하지만, 사람들의 마음이란 불가피하게 변하는 것이고 미래에 불확정적으로 열려 있는 것이며 사람과 사람의 상호작용속에서 변할 수 있는 것이다. 개별성과 특수성 그리고 잠정성은 피할 수 없

---

47) Martin Morlok, Selbstverständnis als Rechtskriterium, 1993, SS.1-14.

48) 더 상세한 내용은, K.Hesse, Der Rechtsstaat im Verfassungssystem des Grundgesetzes, in : E. Forsthoff(hg.), Rechtsstaatlichkeit und Sozialstaatlichkeit, 1968, S.560f. ; Albert Bleckmann, Vom subjektiven zum objektiven Rechtsstaatsprinzip, JÖR Bd.36, 1987, SS.1-27.

다. 따라서, 가변성과 개혁열기가 높은 사회에서는 영원한 불변의 가치와 같이 지나치게 추상적 이성의 기준으로부터 연역적으로 법을 말하려 하지 말고 다양한 사람들이 공통된 경험을 통해 획득하게 된 구체적 이성[49] 을 통해 합의의 기초를 마련하고 그 합의를 점차 확대시키려는 전략의 중요성을 재인식해야 한다.

(2) 법과 법시스템에 있어 주관성과 법감정에 대한 재평가와
    법연구에의 수용필요

입법과 법집행에 있어 특정 집단의 법이해는 어떤 의미를 갖는가? 전술하였듯이 많은 한국인들은 덕치주의관점에서 객관적인 법과 법시스템보다는 위정자의 마음가짐의 개혁이 근본적인 문제해결방식이라는 믿음이 강하다. 이러한 입장에서 행위자의 주관적 측면은 사회문제해결을 위한 중요한 자원으로 다루어져왔으나, 그것을 법학적 측면에서 제대로 포착하지도 못했고 법시스템속으로 편입시켜 다루지도 못했다. 왜냐하면, 전통적으로 사적 자치가 지배하는 사법의 영역과 달리 행정법의 영역에서 개별법들이나 행정작용에 대한 개인이나 집단의 주관적 인식과 평가 또는 법의 주관적 해석내용은 법의 객관적·일반적 성질때문에 위법판단에는 영향을 미치지 못하는 것으로 이해되어왔기 때문이다.

오늘날 급속한 사회변화의 시기에 많은 사람들이 변하는 법시스템에 적응의 어려움을 겪고 있고, 개인이나 집단이 입법이나 법집행과정에서 상이한 견해를 나타내는 것은 사회발전과정에서 사회가 경제적으로나 문화적으로 차별화되면서 나타나는 불가피한 현상이기도 하다. 직업도 다양해지고 취미나 문화도 다르게 되면서 개인들의 경험의 넓이가 점점

---

49) Martin Laclau, The Genesis and Limits of abstract Reason in juridical Thought, in : Eckhoff/Friedman (hg.), Vernunft und Erfahrung im Rechtsdenken der Gegenwart, 1986, pp.57-66(66).

협소해지고 있어 세대간, 도농간, 그리고 연령간에 사고의 차이가 존재할 뿐만 아니라 공유되는 부분도 점점 줄어들고 있다. 이러한 차이들이 사회의 부분영역들사이에 구조적인 차이를 고착시켜 집단과 집단간의 잠재적 갈등이 특정한 사회이슈만 제기되면 예측할 수 없는 강도로 확산되곤 한다.

후진국뿐만 아니라 선진국에서도 사회적 갈등이 심각한 사회이슈가 되면서 개인이나 집단의 아이덴티티, 자아상 또는 자기이해(Selbstverständnis)는 그들의 목적, 주장과 행위들을 이해하여 공동체와 조화되도록 하기 위하여 공법학의 중요한 주제가 되었다. 자기스스로에 대한 견해이자 자기와 관련된 상황과 자기행위들에 해석으로서 자기이해(Selbstverständnis)[50]는 다원화된 사회에서 법의 역할을 이해하고 민주적 법치사회의 발전을 촉진하는데 있어 매우 중요한 관점을 제공한다. 민주적 법치사회에서 개인들의 의사와 관점은 종합되어 주권자인 국민의 의사로 되어 법과 정책의 내용을 형성하는 것이므로 법이 개인의 의사와 평가로부터 무관하게 존재할 수는 없다. 법주체들사이의 관계를 규율하는 질서로서 법질서는 개인이나 단체와 같은 법주체들의 개별적 의견이나 특수한 상황을 고려하여 구체적 정당성을 보장하여야 한다.

개인이나 집단은 다른 사람이나 다른 집단과의 관계에서 자아가 처한 위치나 정당성을 자신의 관점에서 이해하게 된다. 테러리스트나 양심범에 있어 법에 대한 자기이해(Selbstverständnis)는 대다수의 다른 사람들의 인식 및 판단과는 전혀 다르게 된다. 이와 같이 극단적인 경우가 아니더라도 집단적으로 법과 정책의 집행을 반대하거나 현행법을 무시하는 사람들은 다른 사람들이나 집단들과는 동일한 법에 대하여 상반된 인식과 평가를 한다. 최근 인터넷의 발달로 많은 사람들이 신속하고 편리하게 자신의 의사를 타인에게 표현하고 다른 사람들은 그것에 대해 즉각 반

---

50) Martin Morlok, Selbstverständnis als Rechtskriterium, 1993, S.15.

응을 보여준다. 정부의 특정 정책이나 법에 대한 계획은 학자들이나 시민단체 또는 이해관계있는 이익집단에게 즉각적 대응을 불러일으키기도 한다. 이익집단의 극단적인 이기주의나 정부의 사려깊지 못한 정책과 입법의 추진이 빈발하면서 집단들의 이기적인 자아상의 극복과 입법과 정책의 설계와 관련된 정부역할에 대한 재정의가 시급한 한국사회의 과제가 되고 있다.

특히, 가족내에서 자식의 부모에 대한 효도와 제한된 숫자로 구성되는 임금과 신하들사이에서 충성을 강조하는 유학사상의 영향으로 소집단내의 강고한 관계문화를 유지하면서 이러한 기본관계를 맺고 있지 않은 타인이나 타집단에 대해서는 배타성(표현된 말과 진심을 구별하고 있는 일본이나 혈연이나 학맥의 영향을 많이 받는 한국 또 사업활동에서 관계와 인맥에 집착하는 중국을 상기할 것!)을 유지해왔던 동아시아국가들에서 집단의 자기이해는 민주적 법치사회의 정착과 발전을 위하여 각별한 연구대상이 되어야 한다. 추상적 이성을 표현하고 합의에 기초하며 정책을 구체화는 일반추상적 법(형법을 제외함!)이라는 것은 우리들의 문화에서는 이해하기가 어렵고 수용하기도 쉽지 않은 측면이 있는 것이다.

III. 민주적 법치사회를 위한 법시스템의 형성

1. 민주적 법치사회를 위한 현행 권력구조의 개편과 재배분

1) 핵심정책과제에의 집중, 중앙행정권력의 제한과 삼권분립정신의 강화

(1) 현행법시스템의 정당성과 합헌성의 강화방향

과도하게 집권화된 상태를 전제로 한 적극적 발전국가는 실정법을 대통령과 중앙행정의 의지를 단순히 반영하는 수단으로밖에 인식하지 않고 있기 때문에 정부와 사회에 존재하는 여러 이익주체들의 힘과 의지를 비례적으로 반영하거나 대표하고 있는 것이 아니다. 사회 제세력들의 현실적인 역학관계를 일정한도 변형시켜 실정법의 제정과 집행의 과정에서 과도하게 대통령과 중앙행정의 우위를 보장하고 있다. 하지만, 이러한 과도한 우위는 민주적 법치사회에 들어와서 적나라한 사회갈등앞에 무력화되어 제대로 기능하지 못하고 있으므로, 국가영역내에서의 권력배분의 재조정과 정부와 사회사이에서 사회중심적으로 거버넌스를 변경시켜 이익대표과정이 재조정되도록 하여야 한다.

선진사회란 시스템에 의해 작동되는 사회를 말하고, 현존하는 질서가 이익주체들의 힘과 의지를 비례적으로 반영하여 나타난 자발적 질서에 가까울 때 사회적 갈등은 최소화하고 발전속도도 최적일 수 있는 것이다. 이를 위해, 민주적 법치사회는 권력을 재분배하여 정당성과 합헌성을 강화시킨 새로운 법시스템을 형성해내야 한다.51) 하지만 민주적 법치사회에 적합한 법시스템이란 무엇을 말하는가?

독일 공법학에서 2차대전 후 법시스템의 변화방향과 관련하여 형식적 법치국가에서 실질적 법치국가로, 그리고 자유주의적 법치국가에서 사회적 법치국가로의 변화에 관해 전개되었던 논리는 한국학자들에게 매우 익숙하다. 하지만, 적극적 발전국가에서 민주적 법치사회로의 변화에 맞추어 법시스템의 정당성과 합헌성을 어떻게 강화시킬 것인가 하는 문제를 다루는데 있어서는 새로운 각도에서 법치주의의 문제를 보는 것이 요구된다.

미국의 유명한 공법학자인 Sunstein52)은 독일학자들이 법치국가의 성

---

51) 민주적 법치사회에서 권력분립과 인권존중은 사회발전의 핵심적 지향점으로서 다른 동아시아국가들도 이 방향으로 점차 발전해가고 있다. 김광수, 동아시아 행정법의 발전과 법치주의 전망, 공법연구 제29집 제3호, 2001. 5, 327-345면.

52) Cass. R. Sunstein, Constitutionalism after the New Deal, Havard Law Review

격변화에서 다루었던 것과 유사한 문제의식을 가지고 뉴딜정부가 각인한 법시스템의 변화방향을 다음과 같이 요약하며 주장을 전개하고 있다. 뉴딜정부에 의해 초래된 행정국가는 입법, 행정 및 사법간의 권력들의 견제와 균형을 거부하였고, 전통적인 보통법이나 사법상의 사권에 포함되지 않은 실질적 권리를 널리 인정하게 하였으며, 연방과 주사이에 배분해놓았던 규제권들을 연방에 크게 유리하게 재배분시켰는데, 시대적 상황이 변한 이제는 권력의 견제와 균형의 원리를 원래의 정신대로 환원시키고, 지나치게 연방에 집중되어 있던 권한들을 지방으로 재배분함으로써 시민들이 지역사회에서 자신들의 생활조건의 형성에 관한 논의에 참여할 기회를 제공해야 한다고 주장한다. 하지만, 뉴딜정부의 두 번째 특징이었던, 사권에 포함되지 않는 많은 공권들을 보호대상으로 확대시켰던 것에 관해서는 더 발전시켜 아직도 사권지향적인 측면이 남아 있는 법원의 태도들이 극복되어야 한다고 한다.

현 단계의 한국에서 민주적 법치사회를 위해 법시스템의 정당성과 합헌성의 강화에 핵심적으로 필요한 것들에 대해서는 논하는 사람에 따라 그 내용에 차이가 있겠지만 필자는 다음의 세 가지가 중요하다고 본다. 첫째, 대통령과 중앙행정부처에 집중된 권력과 자원이 권력분립의 정신과 원칙에 따라 견제와 균형이 가능하도록 재분배되어야 한다. 법률의 내용이 실질적인 합의에 기초하여 형성되고 그것이 행정을 통제하고 시민들의 위법행위를 통제할 수 있도록 하는 것이 필요하기 때문이다. 이를 위하여, 법률의 유보절차의 혁신이 필요하고 법률의 우위를 확보하기 위해 사법적 통제가 강화되어야 한다. 둘째, 중앙행정부처와 지방사이에 권력이 재분배되어야 한다. 셋째, 적극적 발전국가시대이후 비대해진 행정권력의 민영화와 규제철폐, 그리고 새로운 규제 등 정부와 사회간에 권한영역과 책임영역이 재설정되어야 한다. 여기서 인식되어야 할 것은

---

vol.101, 1987, pp.421-510.

정부도 불완전하지만 시장도 불완전하므로 정부규제에 대하여 지나치게
편향된 시각에서 과잉규제의 일방적인 철폐의 필요만을 주장해서는 안
되고 과소규제로 인해 초래되는 공익침해의 방지에도 관심을 공평하게
가져야 한다는 점이다. 기업과 시민중 어느 일방만을 일방적·편향적으
로 지원하는 법시스템이어서는 안되기 때문이다.

(2) 핵심정책과제에의 집중, 중앙행정권력의 제한과 삼권분립정신의 강화

권력분립의 정신과 원칙에 따라 대통령과 중앙행정부처에 집중된 권
력과 자원이 재분배되어야 할 방향을 간략히 제시해보기로 한다.

첫째, 대통령과 중앙행정부처는 핵심정책과제에의 집중을 통해 국제
적 경쟁과 사회의 가변성에 대한 중장기적 비전의 개발과 그의 구체화
능력을 키워나가야 하고, 정책집행활동은 독립행정기관이나 지방자치단
체로 이전하여가야 한다.[53] 다만, 대통령과 중앙행정부처가 핵심과제에
집중하는 경우에도 조직, 재정, 업무 중 어떤 것을 지방과 시장으로 이
전하고 어떤 것을 유보해둘 것인지 대상에 따라 그 범위가 달라질 수 있
고, 중앙행정이 권한을 이전하는 경우에도 사전 동의권을 유보하는 방식
을 취할 것인지 아니면 사전적 개입은 하지 않으면서도 감독권만을 행
사할 것인지 검토하여 권력을 재분배하면서도 사회문제해결을 위한 협
력적 조정자로서의 유지능력은 확보하여야 할 것이다.[54]

부처이기주의가 심화되면서 부처간의 갈등을 조정하고 통합력을 높이
기 위하여 대통령직속이나 국무총리소속하에 규제개혁위원회, 부패방지
위원회, 국가인권위원회 등 여러 위원회를 설치하여 대응해가고 있다.

---

53) Jobst Fiedler, Aufgabenkritik und Konzentration auf Kernaufgaben, in : Blanke/
von Bandemer/Nullmeier/Wewer (hg.), Handbuch zur Verwaltungreform, 1998,
SS.93-106.
54) Gunna Folke Schuppert, Rückzug des Staates?−Zur Rolle des Staates zwischen
Legitimationskrise und politischer Neubestimmung−, DÖV 1995, SS.761-770.

규제개혁위원회는 미국의 OMB에 상응하는 것으로 행정부소속이기 때문에 실질적으로 입법안작성을 주도했던 행정내부의 정보획득이나 전문인력의 확보에 유리한 측면이 있지만, 국회에 비하여 국민에의 개방성도 부족하고 국민으로부터 유리되어 있으며 규제의 피해자와 수혜자중 특정기업들에 부당하게 유리한 방향으로 규제철폐를 하는 경향이 있어왔다는 비판을 받을 수 있다.55)

입법부나 사법부가 아니라 대통령의 부처통제권을 강화하여 관료제의 병리를 극복하려는 시도는 한국에서 많은 사회과학자들이나 시민단체들이 주요사회문제해결을 위하여 대통령직속으로 여러 위원회를 신설시키려는 노력을 통해 알 수 있듯이 최근 가장 주목받고 있는 변화방향중의 하나이다. 대통령은 관료들과 달라 국민에 대한 책임을 지기 때문에 대통령의 통제권과 조정권을 강화하는 것은 전문기술성과 책임성을 결합시키는 것으로 상당히 효과적인 방법이기는 하다. 하지만, 중요한 사회문제일수록 국민의 대표기관인 국회에서 제정하는 법률에서 규정하도록 하고 있어서 입법사항에 대한 개혁은 가능하지 않기 때문에 행정부와 입법부의 관계가 악화된 상황에서는 대통령직속의 위원회들이나 행정부처들이 사회변화를 위해 새로이 시도할 수 있는 활동범위도 매우 좁아지게 된다.

둘째, 국회는 의원입법활동을 활발히 전개하거나 법률을 제정하면서 구체성을 높이거나 법집행을 위한 단계나 시기 등을 명시하거나 일몰규정을 도입하는 등의 방법으로, 또는 집단소송이나 주민소송 등을 통해 원고적격을 확대하거나 징벌적 배상소송 등을 인정하여 시장의 불법행위제재능력을 강화시키는 방법으로 행정통제를 강화해가야 한다.

셋째, 헌법재판소와 법원은 전통적인 사법문제뿐만 아니라 공법문제들에 관해서도 적극 개입하여 합헌성심사의 정신과 원칙을 행정과 사회

---

55) 미국의 OMB에 대해 유사한 비판이 제기되고 있다. Cass R. Sunstein, Constitutionalism after the NEW DEAL, Havard Law Review 101, 1987, pp.455-459에 소개되고 있다.

에 확산시키고 행정입법이나 권력적 사실행위 등에까지 소송대상이나 원고적격을 확대하여 명확한 정신과 원칙도 없이 행정에 의해 일방적으로 주도되던 과거의 관행을 통제하여야 한다.

2) 중앙과 지방의 관계의 재조정

관료화된 중앙집권사회에서 중앙행정은 지방행정에 대해 포괄적 지배권과 제재권이라는 특별권력과 유사한 권력을 가지고 처리해야 할 공적 과제와 관련하여 수시로 개별 구체적 지시를 하고 지방행정은 일처리의 내용을 수시로 보고하는 방식에 의하여 업무를 처리하여 왔다.[56]

또, 수도권으로 발전에너지가 집중되는 것에 대한 반작용으로 지역의 균형발전에 대한 열망이 전국으로 번져가면서, 참여정부는 지방분권을 중요한 국정지표로 제시하고 있다. 지방분권은 주민에 의한 자기결정영역을 확대하고 한국사회에 다양성을 높이며 지역경제발전에 이바지할 뿐만 아니라 중앙과 지방간 수직적인 견제와 균형이 작동하여 거대정부의 폐해를 극복하고 권력남용을 방지하는 데에도 중요한 의미를 가질 수 있다.[57] 법학은 지방분권을 강화하면서도 이로 인해 지방재정부실이나 난개발과 같은 도덕적 해이를 야기하지 않고 생활현장으로 권력과 책임을 안정적으로 이전할 수 있는 경로를 찾아내야 한다. 지방분권과정에서 모든 행정영역에서 똑같은 비율로 지방분권이 진행될 수는 없다. 규모의 경제가 작용하는 산업의 육성을 위해서는 중앙정부와 기업들이 직접 협력하면서 진행하는 것이 필요할 것이다. 또, 자치단체는 지역발

---

56) 이러한 권위주의적 시스템은 분당상황에서 "지방자치는 곧 분열과 혼란이며 강력한 중앙집권만이 살 길"이라고 중앙정부가 인식한 결과 당연하게 나타난 현상이기도 했다. 오동석, 지방자치제의 형성과정-해방 후부터 지방자치법 제정까지-, 공법연구 제31권 제4호, 2003. 5, 49-75면 참조.

57) Cass R. Sunstein, Constitutionalism after the NEW DEAL, Havard Law Review 101, 1987, pp.504-508.

전에 집착하는 경향이 있을 수 있으나, 기본권보장이나 사회적 약자의 보호 그리고 환경보호같은 것은 전국적으로 동일한 기준에 의해 보호될 필요도 있다. 하지만 이러한 법익들의 보호를 위한 방법에 관해서는 자치단체가 합리적인 범위에서 특유하게 설계할 수도 있을 것이다. 자치단체는 이러한 실험공간을 이용하여 다양한 아이디어들을 활용함으로써 기본권신장을 위해서 사회에 새로운 활력을 제공할 수도 있다. 예를 들어, 일본의 구조개혁특구나 한국의 지역특화발전특구와 같은 규제자유특구제도들은 과거 경제적 규제와 사회적 규제로 이분하여 규제개혁에 접근하던 방법을 버리고 규제개혁 자체가 다양한 아이디어를 필요로 하며 자치단체들의 개성과 다양성, 그리고 발전의지를 활용하여 지역발전을 달성하려는 시도라 할 수 있다.58) 사회적 규제의 영역, 예를 들어, 교육이나 복지 등의 영역에서도 자치단체의 실험공간은 확대되고 있는 것이다.

중앙에 의한 지방의 일방적 지배를 인정하며 법이 침투하지 않는 내부관계로 보던 내부관행은점차 중앙과 지방이 상대방에 대하여 적절한 권한과 의무를 갖는 법관계로 전환되어가야 하고 이를 위한 법의 기준을 합리적으로 설계하기 위해 노력해야 한다. 따라서, 법령의 기준설계에 있어 중앙일방적인 제정방식에서 지방과의 협력, 학계와의 협력이 더 확대되어야 한다.

지방자치단체와 지역사회단체들도 지역사회를 스스로의 권리와 책임에 의해 발전시키고 재난을 극복하려는 주체적이고 자기책임적인 마인드를 키워나가야 한다. 수많은 시민단체들이 활동해도 대부분 지역시민단체들인 일본과 비교하더라도, 한국의 시민단체는 중앙행정지향적이고 전국적 이슈에만 민감하다. 지역사회운동이 지역사회에도 활발하게 전개되어 개인적인 직장생활과 시민운동을 병행하면서 지역사회의 생활현

---

58) 졸고, 일본의 구조개혁특구제도의 분석과 규제자유특구제도의 한국에의 도입방안, 법제 제549호, 2003. 9, 4-28면.

안들에 집중하는 풍토가 조성되도록 정부와 자치단체 그리고 국민들이 함께 노력해가야 할 것이다.

3) 정부와 사회(시장)의 관계의 재조정

적극적 발전국가시대에 경제발전은 정부와 사회의 제1의 과제이었으므로 기업문제는 정부에게 가장 중요한 관심사이었다. 이러한 관행이 남아 기업이 부도나거나 사람들이 실업상태에 빠지면 정부가 나서서 기업문제를 직접 해결하려는 태도가 중앙공무원들에게도 남아 있고 부도위기에 몰린 기업들도 온갖 로비와 불법적인 정치헌금 등을 통해 기업의 수명을 연장시키려 한다. 노동자들도 정부의 직접적인 개입을 강력히 촉구하면서 실업방지를 위한 정부책임을 추궁하려 한다. 이러한 관점에서 증시침체의 경우에도 정부가 인위적인 증시부양정책을 추진해주도록 촉구한다.

하지만, 보호무역주의가 국제적으로 규제받고 기업의 규모가 커져가면서 기업이 부도나거나 노동자들이 실업상태에 빠지더라도 정부가 기업들의 문제를 직접 나서서 해결할 수 없게 되어가고 있다. 이로 인해 시장에서 기업들과 개인들은 위험에 대한 책임부담능력을 점차 신장시켜가야 하고 사회전체적으로는 정부에 의타적인 문화가 아니라 자기책임적인 문화를 확대시켜나가야 할 기로에 서있다. 위험에 대한 정부책임의 범위가 과거와 같이 광대하게 유지되어서는 결국 시장의 자율성은 확장될 수 없게 된다. 이러한 상황에서 한국사회와 정부가 취할 수 있는 길은 무엇이어야 하는가?

적극적 발전국가시대이후 비대해진 행정권력의 민영화와 규제철폐문제, 그리고 새로운 규제필요의 문제를 다룸에 있어 인식되어야 할 점은, 정부도 불완전하지만 시장도 불완전하므로 정부규제에 대하여 지나치게 편향된 시각에서 과잉규제의 일방적인 철폐의 필요만을 주장해서는 안되고, 과소규제로 인해 초래되는 공익침해의 방지에도 관심을 공평하게 가져야 한다는 점이다.59) 규제철폐는 표현 그대로 무규제상태를 의미하는 것이 아니라 공법적 규제의 형식을 변경시키거나 공법적 규제를 사법적 규제로 전환시키는 것에 다름 아니다. 사법적 규제상태에서도 정부는 생활관계에서 사기나 강박에 의한 계약의 형성과 강자에 의한 불공정한 계약의 형성을 방지하고 계약의 안전한 이행을 보장하기 위하여 개입하게 된다. 때문에 언제나 규제설계의 과제가 중요한 문제가 된다.60) 과소규제방지에 관심갖는 태도를 하이에크의 주장을 빌려 반자유주의적·반시장적 정서라고 매도해서는 안된다. 왜냐하면 민주적 법치사회의 법시스템은 기업과 시민중 어느 일방만을 일방적·편향적으로 지원하는 법시스템이어서는 안되기 때문이다.

더 나아가 미국이나 유럽각국 또는 한국과 일본 등 나라들마다 시장에서 시장의 Rule을 준수하도록 할 수 있는 제재시스템, 즉, 불법행위에 대한 제재시스템이 다르다는 점은 주의깊게 인식하여야 한다.61) 민사소송으로서 미국의 징벌적 배상소송이나 한국의 과징금부과처분은 유사한 기능을 발휘하지만 그 작동방식은 전혀 다르다. 시장에서 Rule의 준수를 보장하기 위하여 어떻게 불법행위자들을 실효적으로 제재할 수 있을 것인지 입법자들과 법학은 논의를 통해 적절한 준비를 해가야 할 것이다. 또, 사회적 안전에 관한 규제나 인근주민의 재산권보호를 위한 규제 그리고 환경보호를 위한 규제 등은 인구가 밀집해서 살고 있는 현대 도시사회에서 불가피한 규제로서, 이것은 전통적인 사법이 아니라 공법에 의해서 보호되고 있으므로 이와 관련하여서는 사권과 유사하게 좁게 이

---

59) Cass R. Sunstein, Paradoxes of the regulatory State, University of Chicago Law Review 1990, p.407.
60) 졸고, 규제개혁과 정부책임-건설산업의 규제개혁실패와 공법학의 임무-, 공법연구 제30권 제1호, 2001. 12, 391-392면.
61) 졸고, 패러다임의 변화와 기업의 불법행위에 대한 제재시스템의 현대화, 법제 제545호, 2003. 5, 30-64면 참조.

해되고 있던 행정소송의 원고적격은 크게 확대될 필요가 있다 할 것
이다.62)

　한편, 공법학은 정부와 시장, 또는 정부와 사회를 엄격히 구분하여 그의
역할을 설정하는 고찰방식을 변화시켜 거버넌스의 공유(shared Governance)
현상에 주목하여 사인들의 공공역할에 대해서도 그 의의를 해명해야 하
고, 정부의 역할도 협상의 중개인, 의사소통의 연결고리, 감독자, 집행자,
공공업무의 공동파트너 등 과거보다 훨씬 다양해지고 있는 역할을 이론
속에 포함시킬 필요가 있다.63)

2. 법시스템의 조정능력의 강화와 법률의 유보절차의 혁신

1) 법과 법시스템의 조정능력과 그의 강화

　수많은 인구가 잠재적 분쟁가능성을 안고 살고 있고 많은 기업들이
개방사회에서 격심한 경쟁에 시달리고 있는 상태에서 제도와 법시스템
을 변화시키는 것이 불가피하다 하더라도 그 과정에서 가능한 한 시행
착오를 줄여야 한다. 이를 위해, 행위자들의 욕망과 갈등을 법시스템의
설계과정에 적절히 반영하고 관리하여야 한다. 제도설계와 제도학습이
중요한 것이다.

　생활현장에서 지방공무원들, 기업과 노동자들, 그리고 주민들이 법시
스템에서 부여한 권리와 책임을 이행하기 위해서는 먼저 해당 기준의
제정과정을 지켜보고 이해하여야 하며 더 나아가 법률의 변경된 내용도

---

62) Cass R. Sunstein, Constitutionalism after the NEW DEAL, Havard Law Review
　　101, 1987, pp.501-504.

63) Jody Freeman, Private Parties, public Functions and the new administrative Law,
　　Administrative Law Review 52, 2000, pp.854-858.

인식하고 있어야 한다. 즉, 법률의 제정과정과 개정과정이 합의절차를 통해 진행되어야 한다. 대통령과 중앙행정의 의지만을 집행하는 수단으로서의 법률은 생활현장의 당사자들에게는 낯선 이물질이기 때문에 순응하려는 의지가 생겨나기 어렵다. 수단으로서의 법률이 아니라 민주적 법치사회의 정신위에서 합의된 내용으로서의 법률의 제정을 위해 노력해야 하는 이유가 여기에 있다. 대통령의 권력이 약화된 상황에서 중앙부처만으로 적극적인 이익집단들의 압력을 당해내기는 매우 어렵다. 국회도 당리당략에 의해 입법의 내용과 전혀 상관없는, 부당한 이유로 입법의 내용을 왜곡시키거나 입법을 지연시키는 것을 국민들도 자주 보게된다. 이러한 왜곡과정과 불성실한 과정을 거쳐 나타난 법률은 정의롭지 못하거나 내용이 빈약한 법률이 되는 경우가 많아 다른 반대집단이 정부와 법률을 불신하고 낮게 평가하는 원인이 된다.

질서를 권력자의 의지에 의해 인위적으로만 형성하려 하지 말고 사회와 시장의 자발적 질서에 대한 관찰을 통해 그의 자생적 질서형성력을 제도설계에서 활용하여야 한다. 자발적 질서와 계획적 관리라는 일견 양립하기 어려운 것들을 적절히 조화시킬 수 있는 길을 찾아야 한다.

2) 법시스템에 있어 적절한 이질성의 배려와 절차적 정당성의 보장필요

(1) 법시스템에 있어 적절한 이질성에 대한 배려

입법과 법이론은 개인들에 대하여 일반적·객관적으로 적용되는 것을 전제로 하고 있는데, 이로 인해 필연적으로 당해 입법이 실제로 적용되는 실제생활로부터 멀어질 위험에 처해 있다. 또, 중앙행정에 규제권이 집중되어 있는 적극적 발전국가에서는 현장의 주요이해관계집단들의 자기이해로부터 유리될 위험은 더욱 커진다. 이것은 사회발전에 따라 필연적으로 집단들의 격렬한 저항을 불러일으켜 법집행의 효율성이 크게 떨어지게 된다. 그리하여 법이 제정되어도 사람들이 집단으로 뭉쳐 법을 위반하거나 특정 입법의 제정을 반대하는 것에 제대로 대처하지 못하게 된다.

사람들이 느끼는 법감정은 도덕적 판단이나 정당한 법에 대한 판단과 밀접하게 연결되어 있다.64) 입법작업이 부주의하여 불명확한 조문들이 병존할 때 갈등과 분쟁을 야기하는 집단들은 자신들에게 유리한 법조문 이외의 조문들을 무시하거나 그 조문들을 악법이라고 주장할 것이다. 또, 법을 제정하거나 법을 적용하는 과정에서 이해갈등상황을 정확하게 파악하지 못한 채 판단을 내리게 되면 대다수의 개인들과 집단들이 정당한 법이 아니라고 느끼게 되어 누구도 당해 법을 준수하려 하지 않을 것이다. 또, 현행법의 준수가 사회질서유지를 위해 긴요하다고 느끼는 사람들은 현행법위반자들에 대하여 격렬한 제재감정을 느끼게 될 것이다. 이러한 법감정의 격화는 다른 견해를 가진 사람들의 입장과 자신이 알고 있지 못한 다른 사실들에 대한 지식의 부족에서 오는 경우가 많다.

자아상이나 자기이해는 개인차원의 것일 수도 있고 조직이나 집단의 것일 수도 있는데, 한국이나 일본 또는 독일과 같이 단일민족으로서 공동생활을 오랫동안 함께 한 역사를 가진 사회에서는 사회전체가 어느 정도 동질적인 자기이해를 가지고 있는 측면이 있다. 따라서, 개인, 집단, 사회전체 세차원에서 다르게 접근할 수 있는데, 이 중 사회전체의 자기이해 내지 자아상의 혁신에 관한 문제는 이미 사회전체의 아이덴티티의 재형성의 문제로 다루었다. 개인들의 자기이해에 있어서는 다른 사람과 다른 특유한 자기이해가 문제되는데 여기서는 더 이상 상세히 다루지 않기로 한다.

사회적으로는 집단의 자기이해가 집단분쟁을 야기하는 원인이 되는 경우

---

64) Martin Kriele, Rechtsgefühl und Legitimität, in : ders, Recht Vernunft Wirklichkeit, 1990, SS.505-506. 법감정은 현행법에 대한 법감정, 이상적인 법에 대한 법감정, 그리고 현행법은 준수되어야 한다는 입장에서 느끼는 법감정 등 셋으로 분류할 수 있다.

가 많으므로 집단의 자기이해에 관한 문제는 법시스템의 설계과정에서 특별한 주의가 부여되어야 한다. 집단의 자기이해(kollektive Selbstverständnisse)는 어떤 집단에 속한 수많은 사람들에 의해 공유되는 자기이해인데,[65] 무임승차자의 문제에 빠져 있는, 집단화되지 못한 대중들에 비하여 자신들의 이익을 법령속에서 보호할 수 있는 능력에 있어 탁월하다. 집단은 일정기간 동안 공통의 목적을 추구하고 그 목적을 추구하기 위한 조직을 가지며 자기 자신들에 대한 인식과 평가, 즉, 자기이해를 공유한다. 이러한 자기이해를 바탕으로 특정목적을 실현하기 위한 프로그램을 작성하고 그것을 실행시켜나간다. 집단의 극단화위험은 자기부처의 이익이 걸린 사안들과 관련하여 정부부처들에서도 나타난다.

집단으로 뭉치면서 사람들의 주장이 극단화되는 위험은 민주적 법치사회를 크게 위협하는데, 사람들의 주목을 끌만한 사건이 발생하거나 그 극단화를 선도하는 사람들의 에너지에 의해 그것은 증폭되게 된다. 인터넷의 발달은 사람들사이의 의사소통을 촉진시켜서 여러 다른 이질적인 견해들과 사실들을 알게 될 기회를 제공하지만, 다른 측면에서는 사이버공간에서 동일한 관심방향과 생각을 가진 동호회원들끼리만 폐쇄적인 대화를 더 많이 나누게 되어 극단화위험을 더 높일 우려도 있다.[66] 민주적 법치사회는 집단에 소속한 인간들의 극단주의위험을 어떻게 극복할 수 있을까?

사람들이 법을 지키도록 하기 위해서는 먼저, 무엇이 법인지 알아야 하고 그 법을 정당하다고 느끼며 법을 지키려는 의지를 가져야 한다. 법을 사람들이 잘 지키는 경우는 대다수가 그 법이 정당하다는 느낌을 공유할 때만 가능한 것인데, 문제는 이러한 법감정도 자연발생적으로 형성되는 것이 아니라 학습과 계발을 필요로 한다는 점이다. 특히, 현대사회

---

65) Martin Morlok, Selbstverständnis als Rechtskriterium, 1993, SS.217-218.
66) Cass R. Sunstein, Deliberative Trouble? Why Groups go to Extremes, Yale Law Journal 2000, pp.100-101.

에 들어와서 법의 복잡성과 전문성의 증가가 학습의 필요를 크게 증가
시켰다.

집단의 일방적인 극단화의 위험은 당해 집단내에서 토론이 활성화되
고 다른 견해를 가진 소그룹들이 생겨나게 될 때 크게 줄어들게 된다.
하나의 집단내에서 비슷한 수의 사람들이 정반대의 견해를 가지고 있을
때에는 중간정도에서 절충적인 입장이 정해지는 경향이 존재한다.[67] 따
라서, 입법과정과 법적용과정에서 서로 다른 견해를 가진 개인들이나 집
단의 자기이해를 적절히 반영하는 절차를 만들고 실체에 관한 판단에
있어서도 그것들을 균형있게 고려함으로써 이러한 위험을 극복할 가능
성이 생기게 된다. 이로 인해 입법자나 법적용자에게는 입법의 조건이나
법적용의 조건을 더 상세히 조사할 의무가 생기지만 이러한 과정을 충
실히 거친 입법이나 법적 판단은 입법의 효율성과 정당성을 크게 높이
게 된다.

집단내에서 이질적인 견해들의 존재를 보호하여 공론장에서의 적절한
이질성(appropriate Heterogeneity)[68] 을 유지하기 위해서는 정당한 절차가
형성되어 있어야 한다. 절차속에서 서로 다른 이해관계를 가진 사람들이
자신들의 입장에 관하여 적절한 대표(Representation)기회를 확보할 수 있
도록 참여자가 구성되고 결정에 영향을 미칠 수 있는 기회가 배분되어
야 한다. 이해관계가 다른 사람들의 견해를 듣고 다른 사실을 알게 됨으
로써 극단화의 위험에 빠지지 않게 해준다. 또, 절차적 정당성을 확보한
입법은 생활에의 근접성을 가져 많은 다양한 현장아이디어들을 수용하
여 집행의 효율성을 높이고 정당성의 수준을 높이게 된다.[69]

적절한 이질성과 대표를 유지하고 참여기회가 공평하게 배분되기 위
해서는 정부가 중요사안과 관련하여 사전에 철저한 준비와 계획으로 충

---

67) Cass R. Sunstein, a.a.O., p.93.
68) Cass R. Sunstein, a.a.O., p.114.
69) Martin Morlok, Selbstverständnis als Rechtskriterium, 1993, SS.270-271.

분한 시간을 확보한 후 정책을 추진할 때 가능한 것이다. 중요정책의 결정에 있어 정부가 지나치게 형식적인 문제나 지엽적인 문제들로 시간을 낭비하거나 신속성을 지나치게 강조하여 시간에　기는 일이 매우 많은데, 현재로서는 이것이 절차적 정당성보장의 가장 큰 방해요인의 하나가 되고 있다.

(2) 절차적 정당성의 보장과 합의범위의 점진적인 확대
—법률의 유보절차의 혁신—

자유주의적 법치국가에서 사회적 법치국가로 변해온 독일에서 이제는 환경과 안전에 대한 국가의 예방적 배려책임이 중시되면서 배려국가(Vorsorgestaat)나 배려적 법치국가(Der vorsorgende Staat)로 변해가고 있다는 인식이 나오고 있다.70) 미국에서도 60-70년대 권리혁명과 시민소송 등의 확대에 의해 규제입법이 크게 증가하다가 80년대이후 작은 정부와 규제철폐운동의 영향을 받아 경제적 규제들은 물론 많은 사회적 규제들도 철폐되었으나, 90년대 중후반이후 다시 제3의 길로서 규제철폐운동과 권리혁명운동을 절충하여 기업활동을 보호하면서도 시민들의 공법상의 권리를 보호하는 임무를 효과적으로 달성할 수 있는 참여와 협력을 통한 입법제정과 규제집행운동이 전개되고 있다.71)

한국에서도 사회안전의 보장이나 실업자의 보호 등 새롭게 등장하는 많은 법률수요로 인해 새로운 정부업무들이 늘어나고 있다. 민주적 법치사회는 입법과정에서 사회문제를 예측하고 그것을 해결할 수 있는 이성72)을 발견하여 사회적 분쟁을 예방할 수 있을 때 잘 기능할 수 있다.

---

70) Christian Calliess, Rechtsstaat und Umweltstaat, 2001, SS.65-69.

71) Sidney A. Shapiro, Administrative Law after the Counter-Reformation : Restoring Faith in pragmatic Government, University of Kansas Law Review 2000, pp.689-750.

72) 법치국가사상은 Robert v. Mohl이 주장한 理性國家(Staat der Vernunft ; Verstandesstaat)

이 과정에서 중요한 법들은 사회적 갈등을 극복하기 위하여 '사회의 기본가치를 담은 사회적 합의의 표현'이 되어야 한다. 민주적 법치사회에서 법은 중앙행정이 정책의 변경에 따라 수시로 개폐할 수 있는 규칙이 아니라 사회적 합의를 담은 사회적 지향점이나 원칙의 의미를 가지는 것으로,73) 여러 세력들이 헌법적인 기본가치의 틀내에서 전문가의 조언을 받아 간신히 합의해낸 결과물이 되어야 한다. 이러한 법을 정부가 지키지 않았을 때 나타날 결과가 무서워서 정부는 지키는 것이고 사회의 여러 세력들도 다른 세력들의 눈초리가 있기 때문에 지키는 것이다. 법을 수단으로만 생각하여 정부가 법을 제정하게 되면 지도층은 솔선수범하지 않고 아랫사람만 지키도록 강요하므로 아랫사람들은 가혹한 제재가 있을 때 감시자가 보는 앞에서만 지키는 결과가 생기는 것이다. 따라서, 현재와 같은 갈등이 분출하고 있는 상황에서 잠재적 갈등의 소지를 안고 있는 정책결정과 법의 제정에 있어서는 소수의 정책결정자의 실체적 대안의 정확한 발견능력보다는 절차적 정당성과 합리성74)을 높이는 데 많은 노력을 기울여야 한다.

이를 위해 법률의 유보절차의 혁신과 합헌적 법률의 우위보장을 위한 통제가 강화되어야 한다. 절차의 형성 자체에 있어서도 형성권이 적정하게 배분되고 절차의 형성과정에서 전문가들과 주요이익집단들 그리고 국민들에게 충분한 참여기회가 보장되어야 한다.75) 절차에 대한 규율방

의 사상이나 理性法(Vernunftrecht)의 사상에 기원을 두고 있다. 이같은 기술은, Ernst-Wolfgang Böckenförde, Entstehung und Wandel des Rechtsstaatsbegriffs, Staat, Gesellschaft, Freiheit, 1976, S.66참조.

73) 합헌주의와 합법주의의 구별사고도 수단으로서의 실정법과 합의의 표현으로서 원칙을 구별하려는 입장과 유사한 문제의식을 가지고 있는 것으로 보인다. 이에 관해서는, Robert Alexy, Rechtssystem und praktische Vernunft, Rechtstheorie 18, 1987, S.405f.

74) Bernhard Peters, Rationalität, Recht und Gesellschaft, 1991, S.227f.

75) Rainer Pitschas, Verwaltungsverantwortung und Verwaltungsverfahren, 1990, SS.555-574.

식에 있어서도 다양한 대안들에 대한 검토도 이루어져야 한다. 이를 통해 결정절차와 통제절차가 재구성되어야 한다.[76] 혼란을 야기할 수 있는 위험한 힘들이 상호 균형을 이루도록 절차를 설계하여야 해야 할 뿐만 아니라 그것을 집행하는 관료들과 사회구성원들이 새로운 절차에 신속하게 적응하도록 하려는 노력이 필요하다.

하지만, 다수의 기본적 신뢰속에서 법시스템이 작동되어야 한다는 목표를 갖는다 하더라도, 법학자들은 현재 우리 사회가 많은 갈등요인으로 인해 사회구성원들의 동질성과 합의가능성이 점점 낮아지고 있다는 점에 주의해야 한다. 실정법이 사회적 합의의 표현이 되기 위해서는 먼저 사회구성원들이 민주적 법치사회의 구성원들로서 적합한 아이덴티티를 가지고 있어야 한다. 하지만, 현재로서는 국민들, 정치인들, 공무원들, 그리고 특히 지식을 전파하는 다른 인문사회과학자들 사이에 법에 관한 지식수준이나 헌법적 가치체계에 대한 신뢰가 낮기 때문에, 법지식을 확산시키고 신뢰를 점점 깊고 넓게 확대시키려는 전략을 이용해야지 이미 합의되어 있는데 왜 그것을 지키지 않느냐고 말할 수 있는 상태가 아니라는 점은 깊이 인식해야 한다.

법학은 정부에 대하여 법이 수단적 기능을 넘어 국민적 합의의 기초를 마련하고 그것을 확대시켜갈 수 있는 것이 되도록 노력하여야 한다. 이 때 법학은 길의 안내자(Wegweiser)로서 변화과정에서 변화의 목표를 제시하고 세력들사이의 새로운 권력균형점을 마련하여 변화속도를 적절히 관리하면서 '시스템에 의한 사회통합'을 달성해가야 한다. 경제학자들이나 정치학자들 그리고 행정학자들도 보다 현실에 기반을 두고 한국의 법시스템에 적합한 사고를 하도록 노력해야 하지만 법학자들도 그들을 설득할 수 있을 만큼 충분한 사상적, 이론적 근거를 제시하기 위해 노력해야 한다. 이런 점에서 최근 한국의 다른 사회과학자들이 "참여자

---

76) Stewert, Reconstitutive Law, Maryland Law Review 46, 1986, p.86.

들이 협력하도록 함으로써 공유한 목적을 보다 효과적으로 성취하도록 만드는 신뢰, 규범, 네트워크와 같은 사회조직의 특질"이나, "협력행위를 유발함으로써 사회의 효율성을 높여줄 수 있는 네트워크, 규범, 신뢰와 같은 사회생활의 특질"이라는 의미를 갖는 사회자본개념을 이용하여 사회적 합의의 점진적인 확대방안을 발견하고 실천하려는 노력은 법치주의의 발전을 위해서도 중요한 의미를 갖는다 할 것이고 법학자들도 이에 관심을 가져야 할 것이다.77) 사회자본이 중요한 이유는 그것이 개인의 사익추구의 동기에서 유발되는 집단행동의 딜레마를 극복하여 공동선의 구현을 보다 용이하게 만들기 때문이다. 비용을 지불하지 않으면서 협력의 편익을 향유하려는 무임승차의 동기에서 인간행동은 비협력으로 귀착되는 경우가 많은데, 사회자본은 이기적이고 자기중심적인 개인을 공동의 이익과 공동선을 지향하는 시민공동체의 구성원으로 탈바꿈시킴으로써 사회를 하나로 묶어주는 사회적 접착제의 역할을 수행하기 때문이다.

3. 정책법학으로서 법학의 성격상화
─다양한 정책실현수단의 준비─

1) 정책법학의 의의

정책법학은 법학에서 정책문제를 더 효과적으로 다루기 위하여 법학이론들과 다른 인접학문의 이론들을 종합시킬 필요에서 나온 것으로 입

---

77) 남궁근, Robert D. Putnam의 사회자본과 시민공동체론, 행정학의 주요이론(오석홍외 편저), 2000, 586-595면. ; 최창수, 사회적 자본의 형성을 위한 지방정부의 역할 : 미국의 예, 지방행정연구 제48호, 2000. 6, 213-230면. ; 유재원, 사회자본과 자발적 결사체, 한국정책학회보 제9권 제3호, 2000. 12, 23-43면 참조.

법학이 지나치게 입법기술적인 측면에 흘러 정당성의 문제와 입법내용의 문제를 다루지 못한 것을 반성하며 등장한 것이다. 서양학자들은 주로 법정책학(Rechtspolitologie; Law and politics)이라고 부르고 일본학자들[78]은 정책법학이나 정책법무 등으로 부르고 있는데, 두 분야 모두 일반이론이 확고하게 정착되었다고 보기 어렵고 정책과 법을 연계시켜 연구한다는 점에서는 공통적이다. 법정책학이라고 하면 공법정책뿐만 아니라 사법정책도 대등하게 다룰 수밖에 없는데, 경제성장정책이후 정부가 추진하는 수많은 정책과제들은 행정법영역과 매우 밀접한 관련을 맺고 있는 경우가 많다. 동아시아국가들은 정부정책에 의존하여 사회문제들을 해결하고 사회발전의 과제를 추진하는 경우가 많아서 서양과 사정이 다를 뿐만 아니라, 행정부가 추진하는 정책들과 관련된 법적 과제를 보다 집중적으로 다루기 위해 필자로서는 정책법학이라는 용어를 사용하고자 한다.(법경제학과 정부규제론이라는 유사한 두 학문분야 중 정부가 정부규제론에 더 적극적인 반응을 보여 규제개혁운동의 이론적 기초로 삼았던 경험을 상기할 것!)

아베교수에 따를 때, 정책법학은 정책을 합리적으로 형성하고 정책목적에 적합한 수단을 찾기 위하여 다양한 요인들을 조사하고 다양한 관점과 수단들을 종합하여 합리적인 법시스템을 설계하고자 하는 학문이다.[79] 이 때 정책법학의 주요 연구대상은 행정부가 추진하는 정책들과 관련된 법적 과제들이 될 것이다. 다만, 필자로서는 논의의 내용을 충실하게 만들기 위해 법정책학의 관련문헌들도 함께 검토할 것이다.

오늘날의 사회와 국가는 많은 과제들을 처리하기 위하여 수많은 정책들을 생산하고 있는데 이로 인해 실정법령에 대한 수요도 비례하여 늘

---

78) 何部泰隆, 政策法學の 基本指針, 1996. : 정책법학에 관한 일본의 논의동향에 관해서는, 문상덕, 정책중시의 행정법학과 지방자치행정의 정책법무에 관한 연구, 2000.(서울대 박사), 95-136면 참조.
79) 阿部泰隆, 政策法學の 基本指針, 1996, 3-7면.

어나고 있다. 민주적 법치사회에서 대부분의 정책, 특히 중요한 정책은 단순한 지침에 의존하여 추진될 수는 없고 입법절차를 밟아 입법을 근거로 하여 추진될 수밖에 없으므로, 정책과 법의 관계를 다루는 법정책은 모든 정책중 가장 우위에 있는 정책이라고 할 수 있다.[80]

정책법학의 유용성은 정책목적의 달성에 얼마나 유용한 수단들을 제공할 수 있는가에 있지만 학문으로서의 성격도 가져야 하므로 체계적 이론으로 확립될 필요도 있다. 정책은 목적의 측면도 가지고 수단의 측면도 가지는 것인데, 목적은 하나의 법률의 목적조항에 나타나거나 여러 법령에 분산되어 나타날 수도 있다. 또는 총괄적인 목적은 헌법규정에 있고 세부적인 목적들만 법령들에 규정될 수도 있다. 정책법학의 과제는 정책을 보다 합리적으로 추진할 수 있도록 여러 대안적인 법적 수단들을 준비하여 제공하여 정책을 구체적으로 실현할 수 있게 하는 데에도 있지만,[81] 기본권과 헌법적 가치를 보호하기 위하여 정책재량에 한계를 설정하는 역할도 담당해야 한다. 준비기능과 한계설정기능 중 준비기능을 수행하는 정책법학은 과거 권력자의 주관적 선택에만 법적 수단의 선택을 맡겨 두었던 방식이 사회의 복잡성증가로 실패경험이 늘어나면서 수단들에 대한 보다 체계적인 학문적 연구의 필요에 부응하기 위한 것이다. 이러한 정책법학은 법의 양 측면, 즉, 사회의 기본적 가치에 기초를 둔 합의의 표현으로서의 법과, 어떤 사회적 목적을 추구하기 위한 수단으로서의 법 중 후자에 대해 보다 체계적으로 대응하고자 한다는 점에 특색이 있다. 하지만, 합의의 표현으로서 한계설정기능을 수행하는

---

80) Axel Görlitz, Rechtspolitik als Forschungsgegenstand, in : Axel Görlitz / Rüdiger Voigt (hg.), Rechtspolitologie und Rechtspolitik, 1989, S.22.
81) Axel Görlitz / Rüdiger Voigt, Rechtspolitologie—eine Einführung—, 1985, S.8. 119-134. 체계이론의 영향을 받는 법정책자들중에는 법의 수단적 측면과 법정책학의 조정수단의 준비기능을 크게 강조하는 경향이 있다. 하지만, 필자는 적극적 발전국가가 아닌, 오늘의 민주적 법치사회에서 정책법학의 한계설절기능을 무시해서는 안된다고 생각한다.

법의 역할은 정책결정자들의 정책남발과 정책재량남용과 같은 문제들의 발생을 방지하고 법의 실효성을 높이기 위하여 긴요한 것이므로 정책법학도 이 측면을 무시해서는 안된다고 생각한다. 정책법학도 법을 수단으로만 생각하지 말고 헌법에 표현된 사회의 기본가치를 보호하고 개별실정법의 제정과정에서 나타난 사회적 합의의 표현으로서의 법의 측면을 중시해야 한다.[82]

입법에 대한 수요가 있는 경우 정책법학은 당해 입법이 사회적으로 수용될 수 있는 조건을 조사하여[83] 입법을 할 것인가의 여부뿐만 아니라 어떤 절차를 밟아야 하는가, 그리고 입법의 밀도를 어느 정도로 할 것인지를 판단하여 입법모델을 제시하여야 한다. 입법의 수용조건의 개혁문제속에는 입법을 주도하는 정치구조의 개혁, 입법의 과정과 절차의 개혁, 입법의 기능과 효과의 개선(규제영향평가나 입법의 합헌성평가, 법집행평가[84]) 등이 포함된다.[85]

2) 행정개혁을 위한 정책법학의 기여가능성

민주적 법치사회로의 변화와 정착과정에서 민주적 법치사회의 핵심적

---

82) 독일의 법정책학자들도 법과 정책의 관계에서 많은 경우 법은 정책의 수단이 되지만, 법치질서의 형성, 유지와 변경과 같은 것을 규정하고 있는 법은 정책의 목적이 된다고 본다. Dieter Strempel, Der Beitrag der Rechtspolitologie zur praktischen Rechtspolitik, in : Rüdiger Voigt (hg.), Rechtspolitologische Forschungskonzepte, 1988, S.60.

83) Ulrich Penski, Rechtsbegriff und Rechtspolitologie, in : Rüdiger Voigt (hg.), Rechtspolitologische Forschungskonzepte, 1988, SS.202-203. 법정책학의 임무는 법을 제정하거나 집행하는데 있어 당해 법이 사회적으로 수용될 수 있는 조건을 조사하여 형성하도록 하는 것에 있다.

84) 법집행탐구(Implementationsforschung)는 연구현실사회에서 제정되어 있는 법의 집행상태가 어떠한가를 조사하여 제한된 자원을 보다 효과적으로 사용하여 법집행의 효율을 높일 수도 있지만, 더불어 새로운 법을 제정하였을 때 어떻게 집행될 것인가를 평가함으로써 입법안의 개선에 도움을 줄 수도 있다.

85) Axel Görlitz, Rechtspolitik als Forschungsgegenstand, in : Axel Görlitz / Rüdiger Voigt (hg.), Rechtspolitologie und Rechtspolitik, 1989, SS.22-30.

특징은 유지하면서도 사회는 계속해서 변화요인들에 적극적으로 대처해
나가야 하므로 계속성과 변화사이에서 지속적인 조정을 통해 사회적 통
합을 유지해나가야 한다.[86] 이를 위해 다양한 정책들이 출현할 수밖에
없는데, 이 때 정책법학은 사회공학적 기술[87]로서 사회구성원들의 합의
를 도출하면서 정책과제를 추진해갈 수 있도록 역사적 맥락과 문제상황
의 특수성을 고려한 입법적 대안을 준비함으로써 민주적 법치사회가 충
분한 문제해결능력을 갖출 수 있도록 지원해야 한다.

　해석법학에 치우친 법학은 입법의 지속적인 사회변화과정을 조사하고
분석하여 점점 빨라지고 있는 법적 변화의 속도에 신속히 대응할 수 없
었다. 다른 정책수단과 마찬가지로 법적 수단도 실효성이 계속 약화되고
있음에도 불구하고, 법이 문제들을 해결하는데 있어 왜 그리고 어떠한
과정을 거쳐 실패하고 있는가를 보여주지 못했다. 입법의 변화속도가 빨
라지면서 현행법의 불명확성이 점증하여 집행체계의 혁신필요여부나 기
업이나 집단들의 입법순응태도에 대한 분석도 제공되어야 했으나 그러
한 분석도 적절히 이루어지지 못했다.[88] 경우에 따라 지나치게 이상적
인 입법목적의 추구나 입법과정에서 핵심이익집단과의 적절한 타협의
실패로 입법자체의 실패를 가져오는 경우도 많았고, 신법의 제정에 성공
한다 하여도 정부와 자치단체의 계획적 준비가 부족하고 관리능력이 매
우 약해 정책과 법적 수단의 실효성이 약화되기도 했다. 때문에 입법능
력의 개선과 법집행의 합리성증대를 위하여 정책법학의 발전은 크게 기
대되고 있는 것이다.

　정책법학은 정책과 법의 밀접한 관련성을 강조하므로 행정이 추진해야
하는 과제 그 자체의 실현에 집중하게 되고 수단으로서 기능성에 관심을

---

86) Ernst Benda, Rechtsstaat im sozialen Wandel, AöR 101, SS.515-517.
87) Christoph von Mettenheim, Recht und Rationalität, 1984, SS.76-79.
88) Michael P. Van Alstine, The Costs of Legal Change, UCLA Law Review 49, 2002, pp.790-794.

갖게 된다. 그리하여 정책법학은 정책목적, 허용되거나 금지되는 행위의 유형, 가능한 조치를 발동할 수 있는 조건, 그 절차, 필요한 추진조직, 관련 정부기관간 협력절차, 그리고 국민이 행사할 수 있는 권리나 그 구제절차 등을 논함으로써 입법을 통해 정책을 안정적으로 추진할 수 있도록 인프라를 구축할 수 있게 하는 준비기능(Bereitstellungsfunktion)을 수행하게 된다.[89]

IV. 민주적 법치사회로의 전환을 위한 법제설계능력 및 법지식의 개선

1. 법제설계능력 및 법지식의 개선필요

발전행정론자들은 전통적인 농경사회가 산업사회로 전환되는 과정을 제도화(Institutionalization)라고 부른다. 제도화는 국민들이 일을 처리하는 표준적인 방식으로서 안정성을 확보해가는 과정인데, 이것이 성공하기 위해서는 세 가지, 즉, 목적당성을 위한 효율적인 능력, 국민적지지, 그리고 필요한 자원의 획득이 필요하다.[90]

첫째, 제도는 사회가 특정 시기에 추구하는 목적을 달성하는데 효율적인 능력을 가져야 한다. 둘째, 제도는 사회에서 수용되어야 한다. 즉, 제도는 사람들이 업무를 처리하고 원하는 것을 평화롭게 달성하기 위한 길을 제공함으로써 사람들 사이에 가치와 의미를 가져 합의를 가져올

---

89) Gunnar Folke Schuppert, Verwaltungsrechtswissenschaft als Steuerungswissenschaft －Zur Steuerung des Verwaltungshandelns durch Verwaltungsrecht－, in : Hoffmann-Riem/ Schmidt-Aßmann/Schuppert(Hg.), Reform des Allgemeinen Verwaltungsrechts, 1993, SS.93-98.

90) George F. Gant, Development Administration－Concepts, Goals, Methods, 1979, pp.13-14.

수 있어야 한다. 셋째, 제도는 사회에서 처리해야 할 문제들을 처리할 능력을 가진 채 존속하기 위하여 끊임없이 필요한 인적·물적 자원을 제공받아야 한다.

현행법시스템이 민주적 법치사회에 적합한 새로운 법시스템으로 전환되고 국민들이 그것에 성공적으로 적용하기 위해서는 국민적 지지를 확보하고 인적 자원과 물적 자원에 관하여 필요한 지원을 확보하여 사회적 위기를 극복하고 발전의지를 자연스럽게 관리할 수 있어야 한다. 때문에 민주적 법치사회의 비전에 대한 국민적 지지를 확보하여 그에 적합한 아이덴티티가 형성되도록 한국사회의 정치인들이나 지식인들은 리더쉽을 가지고 노력하여야 한다. 또, 사회와 행정의 각 부문별로 입법설계능력의 강화와 법지식의 개선을 위해 지식재생산구조의 혁신과 관련된 투자를 촉진시켜야 한다.

민주적 법치사회에 적합한 입법은 매우 어렵고 복잡한 일로서 사회의 다양성과 복잡한 전문지식을 충분히 수용하여야 한다. 이미, 사회는 상충하는 이익들이 병존하고 있고 전문지식집단들의 지식도 상호교류되지 않은 채 존재하고 있으므로 그것들의 조화로운 통합은 매우 힘들다. 이러한 어려움은 지방분권화되어 가면서 국회나 중앙행정만이 아니라 자치단체들도 점차 경험하고 있으며 노동자집단이나 기업집단 또는 각종 이익단체들의 대표들도 그것을 충분히 경험하고 있다.

새로운 법시스템은 행정의 정책의제선정이나 의사결정절차의 변경을 가져올 뿐만 아니라 주요 행정문서의 형식이나 작성방법의 변경을 가져오고 정부와 시민의 관계는 물론 사인들사이의 법률관계에도 변화를 가져올 수 있다. 새로운 법은 그의 도입초기 안정성이 부족하기 때문에 많은 불확실성이 대두하여 사회구성원들의 갈등이 증폭되어도 그것을 효율적으로 처리하지 못할 우려도 있다.

또, 새로운 법률이 제정된 경우 감독권을 갖는 중앙행정부처나 광역자치단체소속의 공무원들에게 관계법들의 전체적인 구조와 맥락속에서 새로운 법에 대한 지식을 획득하기 위해 심층학습의 필요가 자주 발생한다. 이러한 체계적 지식획득노력이 없다면 각 부처들은 산발적인 수많은 입법들 중 특정 입법에만 집착하여 전체 법들사이의 조화로운 집행을 하지 못하게 될 것이다.

새로운 법에 대한 체계적 지식은 그 법의 적용을 받는 이익단체들과 시민들에게도 절실히 필요하게 된다. 일견 충돌하는 법령들속에서 새로운 법에 대한 체계적 지식은 여러 법률잡지들에 발표되는 연구자들의 체계적인 법률분석과 헌법재판소와 대법원의 상세한 판결이유를 통해 사회에 제공되지만,91) 입법과정에서의 적극적인 토론의 활성화와 법률안의 구체적인 내용에 대한 상세한 홍보도 점점 필요하게 된다.

이하에서는 특히, 민주적 법치사회로의 전환을 위해 필요한 법제설계 능력 및 법지식의 개선과제들을 제시해보기로 한다.

2. 청소년과 시민의 법률교육강화, 법학자의 입법참여활성화

1) 초중등교육과정에서의 민주적 법치사회의 기본정신과 생활법지식의 교육강화

민주적 법치사회의 법시스템은 국민들의 합의와 지지를 통해서만 유지되고 발전될 수 있는 것이다. 때문에 유치원생시절과 같이 어린 시절부터 법치사회의 기본정신, 생활의 기초질서유지 및 경제활동에 필요한 법지식을 계획적이고 단계적으로 교육을 시켜나가야 한다. 이 과정에서 막연한 도덕과목을 통해서 가르치는 것보다는 공법과 사법 그리고 다른 특별법들의 핵심적 정신과 생활인으로서 필요한 법지식을 가르쳐가야

---

91) Michael P. Van Alstine, The Costs of legal Change, UCLA Law Review 49, 2002, pp.816-833.

한다. 교통법규, 환경법규, 부부관계에서 지켜야 할 법적 권리와 의무(이혼의 급격한 증가경향!), 공익보호를 위한 참여의무(자원봉사와 NGO활동의 중요성!), 인허가의 의미, 기업의 중요성과 기업의 사회적 책임, 국가의 존재의의, 국민의 기본권과 기본의무 등을 학년이 올라감에 따라 단계적으로 반복해서 심화학습을 시켜가야 한다.

현재로서는 '법과 사회'를 고등학교 교과목으로서 가르칠 뿐이고, 이 교재도 단 한 종류이며 교재의 발간과정에 있어서 공법학자들이나 사법학자들과의 논의절차도 없으며 또는 어떤 법학회와 공동편집위원회의 구성도 이루어진 적이 없다. 법학자들은 소외되고 교육학자들 중심으로 절차가 진행되고 있을 뿐이다. 민주적 법치사회의 기본적 패러다임의 중심축에 해당되는 국민들의 아이덴티티형성의 핵심적 임무를 법학자들도 너무 소홀히 하고 있고, 교육인적자원부와 교육학자들에 있어 공공재의 사유화가 위험한 상황에까지 이르렀다.

어린 시절의 기억은 매우 오래 간다. 어린 시절부터 청소년시기까지의 법치사회의 기초적 교육과정을 계획적으로 체계화함으로써 민주적 법치사회에 대한 사회구성원들의 기본적 합의(Grundkonsensus)의 강도와 범위를 가능한 한 넓혀 많은 인구들이 갈등을 조성하면서 평화로운 협력적 생활이 가능하도록 하여야 한다.

2) 대학, 변호사단체 및 시민단체와의 협력에 의한 시민법률교육의 강화

법률이 제정되어 효과적으로 시행되기 위해서는 결국 시민들이 당해 법률에 관한 정보를 얻고 그 판단을 수용하여 지키는 과정이 필요하다.[92] 시민들은 기존의 법령은 물론 새로운 법령과 관련한 법지식이 부족한 상태에 있어, 타인과의 권리의무의 존재나 범위가 다투어지는 사건

---

92) Hermann Hill, Akzeptanz des Rechts—Notwendigkeit eines besseren Politikmanagements, JZ 1988. 8, SS.377-381.

들을 처리하는데 큰 어려움을 겪고 있을 뿐 아니라, 많은 규제법령의 존재자체를 몰라 위반하고 있다는 것을 인식하지 못하는 경우도 있다. 이로 인해 민주적 법치사회의 시민으로서 필수적인 의무인식이 생겨나지 않고 있고, 법이 문제해결과 의사소통의 기준으로 작동하지 못하고 있다. 시민들의 아이덴티티의 재형성을 위하여 언론매체나 정부홈페이지 등을 이용하여 국민적 지지와 합의를 얻기 위해 노력해나가야 한다. 한편, 이것은 입법과정에서 활발한 토론이 이루어지는 공론장이 형성되지 못한 채 임기응변적으로 법령이 등장한 것에 큰 원인이 있다. 하지만, 그러한 과정을 거치더라도 아주 구체적인 문제들과 관련하여서는 많은 의문이 제기될 것이므로, 국회, 중앙행정부처, 자치단체, 법률구조공단 등은 대학, 변호사협회 및 시민단체 등과 협력하여 입법참여와 시민법률교육을 활성화시켜나가야 한다.

3) 법제전문인력의 양성을 위한 대학학과의 개편필요

인간은 과거의 경험과 기억에 지배받기 때문에 적극적 발전국가의 사고와 관행에 젖은 한국사회의 구성원들은 민주적 법치사회에 대한 신념을 공유하고 있는지 의심스러울 때가 많다. 또, 많은 사회적 이슈들에 대하여 민주적 법치사회의 제도화를 위해 필요한 창조적 응답능력을 갖추기 위한 노력도 지극히 부족한 실정이다. 지식인사회에서 이러한 응답능력의 부족은 과거 적극적 발전국가시대에 형성된 대학편제가 과도한 문학계열학과들이나 행위자들의 행태를 분석하거나 시장의 작동방식을 연구하는 학과중심으로 편향되어 있어 지식인지도 자체에서 법과 제도 자체에 대한 분석능력을 갖추도록 키울 수 있는 인력을 충분히 제공하지 못하고 있다는데 기인하는 점이 많다.

외국의 대학들에서 경영대학을 제외하거나 또는 포함시켜 로스쿨이나 법과대학의 학생과 교수비율이 다른 인문사회과학대학의 교수나 학생들을 전부 합친 것과 비슷한 유명대학들도 많은 실정을 고려해본다면 한국의 현재의 인문사회과학대학들의 편제가 얼마나 현실의 수요로부터 괴리된 대학편제인가를 알 수 있다. 또, 민사법이나 형사법위주의 법학교육도 수많은 특별법들에 대한 입법전문가의 양성을 위해 직접적인 도움을 주고 있지는 못하다. 현재 행정법학자들의 숫자는 법학과나 법과대학에 1-2명밖에 없어 전국의 대학교에서 하나의 과를 차지하고 있는 수많은 행정학자들에 비하여 숫자가 10분의 1에도 미치지 못한 실정이다. 예를 들어, 현 정부의 현안사항인 지방분권과 관련하여서 보더라도 지방자치관련 법전문가들의 숫자가 극히 부족하여 지방분권에 참여하는 인적 구성에 있어서도 이러한 문제는 현저하다. 전문가구성의 국가적 불균형상태는 시급히 해소되어야 할 문제라 할 것이다.

하지만, 법학자들도 이러한 한국사회의 지식인지도에서는 다른 지식인집단들을 성실하게 설득해야 한다는 점이 우선 중요하고, 다른 학과의 교수나 학생들도 한국사회의 제도설계와 입법설계에 유용한 지식을 제공하는데 기여할 수 있도록 함께 노력해야 한다는 점을 인정해야 한다. 그렇지만, 입법설계에서 주도적인 입장을 양보하거나 법학자들이 망각되어지는 위치에 놓이는 것을 방치해서는 안 된다.

4) 입법과정에서 법학자의 참여활성화

구법시스템에서 법은 '수단'이자 '형식'에 불과한 것으로 법의 목적 및 내용은 대통령과 중앙행정이 독점하고 입법전문가들은 수단의 문리적 표현만을 담당하며 국회는 형식적 권위만을 부여해주는 형식적·법치주의에 기초해 있었다. 그 영향이 지금까지 강하게 남아 경제학자나 행정학자 그리고 시민단체와 달리 입법과정에서 입법전문가나 법학자는 법의 목적과 내용을 다루는 포럼에 참여하지 못하는 관행이 존속하고 있다.

구법시스템과 민주적 법치사회의 법시스템사이에 가장 달라져야 하는 점이 중요한 정책의 결정과 집행에 있어 절차적 정당성과 전문적 기술에 의존하여 문제를 해결한다는 점이다. 핵심적 이해관계인들과 공익대표자들을 참여시킴으로써 절차적 정당성을 개선시킬 뿐만 아니라, 해당 분야에 관한 과학자들의 협력을 얻고, 또, 합의점과 이익균형점의 발견은 협상과 설득, 그리고 그것을 구체화할 수 있는 전문적 기술을 필요로 하기 때문에 입법전문가들의 충분한 협력을 얻어야 한다. 사회의 기본가치를 바탕으로 하지 않고 주요 이해관계인들의 진지한 참여도 없고 전문성이 부족하게 되면 그러한 법을 정치인들과 공무원들 스스로도 지키지 않게 된다.

최근에 등장한 법령들안에는 선언적 규정들이 많이 존재하고 있는데 이러한 법령은 기본적 결단과 결정을 포함하고 있지 않아 현실행정에서 구속력을 갖지 못한다. 그럼에도 불구하고 이러한 법률들이 급증한 것은 그것이 '行政家'의 손에서 작성된 것으로 '法律家'에 의해 작성되지 않았기 때문이다.[93] 또, '行政家法律'들은 선언적 의미로 좋은 뜻을 내포하고 있다고 생각하면 관련된 많은 법령들에 동일한 취지의 규정을 반복해서 규정하는 법률들에서도 발견된다. 정보사회의 진전으로 여러 법률에 동일한 내용의 규정인 전자적 방식에 의한 업무처리와 의사소통의 근거규정을 두고 있는 것이 그 예이다. 이러한 규정들 때문에, 인접한 부처들이 매우 유사한 조문을 다른 법률에 규정하고 나서 그 업무를 자기 부처의 업무라고 주장하며 조직과 인원을 유지하는 파생적 부작용이 발생하고 있는 것이다. 법제연구자들의 전면적인 참여가 제도화되어 있지 않고 외국입법들에 대한 연구도 부족할 뿐만 아니라 입법의 절차적

---

93) 김성수, 분권, 자율, 책임－분권화시대 한국 지방재정법의 현황과 정책과제, 지방분권 추진개혁법안에 관한 대토론회(한국지방자치법학회 제6회 정기학술대회발표문), 2003. 10. 10, 128면 주20) 참조. 선언적 의미만을 가져 정책적 제안들과 유사한 '行政家法律'에 대하여 법적 구속력을 갖는 '法律家法律'을 구별하고 있다.

정당성도 크게 부족한 현재의 한국의 입법절차가 혁신되어야 하는 이유를 여기서도 발견할 수 있는 것이다. 중복유사의 임기응변적 입법을 막을 수 있는 미국과 같은 통일법전(모든 연방법률에 대해 이름에 상관없이 통일적 번호를 매기는 방식)을 제정하는 방향으로 나아가거나, 아니면, 적어도 중복유사의 짧고 내용없는 수많은 개별법률들을 행정영역이나 사회부문별로 통일시켜나가는 작업을 시작해야 한다.

수시로 교체되는 담당공무원의 인치적 판단에 따라 친소관계 등에 의존하여 막연한 평등기준으로 아마추어들을 해당법률분야 전문가로 초청하여 자문을 거치면서도 입법의 골격은 부처가 선호하는 방식으로 일방적으로 결정함으로써 입법과정을 형해화하는 한국 입법과정의 낙후된 시스템을 개혁하여야 한다. 모든 법학자들이 참여하는 독일법조인협회(Die Deutsche Juristentag)와의 투명한 협력절차를 통해 해당 분야에 전문성을 가진 외부의 법학자들과 여러 차례 협력하고 있는 독일의 입법과정은 벤치마킹사례로서 우리에게 중요한 교훈을 준다.[94]

한국행정실무상 법안설계를 담당하는 공무원들은 자문절차에 초빙한 '전문가'들에 대한 불신을 표출하는 경우가 많은데, 그것은 스스로 자신의 조직과 자기의 시간적 제약을 이유로 충분한 계획을 가지고 적절한 절차를 밟아 입법안을 성안하는 절차를 확립하지 못한 자기에게 근본적 문제가 있는 것은 아닌지 자문해 보아야 한다. 또, 법안내용과 그 골격의 결정권을 자신이 최종적으로 행사하는 것에 대해 전혀 반성하지 않으면서 그 독점적 권한에 집착하고 있는 것은 아닌지, 또, 민주적 법치사회에서 정치인들과 고위공무원들에게 요구되는 핵심적 자질 중 하나인, 합의형성을 도와주는 조정자로서의 역할에 대한 신뢰가 부족한 것은 아닌지 자성해보아야 한다.[95]

---

94) 졸고, 새로운 행정조직모델과 중앙행정조직개편의 방향, 공법연구 제31권 제2호, 2002. 12, 151-153면.

95) 입법과정을 비롯한 정책과정에서 공무원들이 중요한 정보일수록 국민들에게 공개하

이러한 이유들 때문에 입법이유서는 거의 내용이 없는, 간략하고 부실한 것이 될 수밖에 없게 되는데, 사상과 이론 및 내용이 없는 입법은 사회적 합의를 형성할 능력도 없고, 이기주의적 집단들에게 무력한 것이다. 즉, 적극적 발전국가의 입법관행은 사회적 갈등의 증폭과 밀접한 관계를 맺고 있는 것이다.

한편, 입법과정에의 공법학자들의 낮은 참여는 공법연구가 개별법률과 행정입법에 목적과 실질적 기준을 제공해줄 수 있는 능력을 갖도록 풍부한 내용을 제공하지 못해 정치인들과 공무원들을 설득하지 못했기 때문인 측면도 있다. 따라서, 한국의 공법학자들에게는 이 시대의 사회문제들에 대하여 공법의 틀속에 한국사회와 한국인들의 정서와 소망을 담아 다루어낼 수 있도록 창조적 능력을 갖출 것이 시급히 요청된다 할 것이다.

3. 국회, 행정부 및 사법부의 입법역량강화

1) 대통령직속의 제도개혁위원회설치[96]

현재의 규제개혁위원회는 기존규제들을 등록시키고 총량을 관리하며 비용편익분석을 요구하여 입법이유의 합리성을 개선시키려 노력했지만, 핵심규제와 관련하여서 부처이기주의와 집단이기주의에 막혀 규제의 질을 개선시키는데 한계가 있었다. 또, 개방사회에서 한국의 제도적 수준을 글로벌 기준으로 변화시켜야 하지만 적극적으로 규제정책을 수립하

는 것을 꺼리기 때문에 정보공개의 문제는 핵심정책일수록 기술의 문제가 아니라 정책결정자의 태도에 달린 권력문제의 성격이 짙다. 이에 관해서는, 졸고, 전자정부와 개인정보보호, 공법연구 제29집 제3호, 2001. 5, 130-132면.

96) 졸고, 새로운 행정조직모델과 중앙행정조직개편의 방향, 공법연구 제31권 제2호, 2002. 12, 160-161면.

고 제시할 권한이 결여되어 있었다. 정부의 사회에 대한 양대 개입수단인 재정수단과 권력적 규제수단 중 재정수단에 대해서는 조세권과 예산편성권을 갖는 부처가 있었지만, 이보다 훨씬 낙후되어 있는 권력적 규제수단의 설계와 정비를 담당할 총괄조직은 없고 각 부처에 맡겨진 결과 부처이기주의와 사회적 갈등에 정부전체가 무기력할 수밖에 없었다.

선진국들의 경쟁이란 것이 결국 기술혁신경쟁임과 함께 제도혁신의 경쟁이라는 것을 우리는 재인식해야 한다. 오랫동안 자신들의 제도를 발전시켜온 선진국들에 비하여 우리는 거의 투자도 않은 채 엉성한 모방만을 해옴으로 말미암아 국민들의 에너지를 대승적으로 조화시키기에는 너무나 낡고 부적합한 것이 되어 버렸다. 이 점은 서구선진국들이나 100여년 이상 서구국가들의 제도를 종합분석하여 자국의 것으로 만들었던 일본과도 다른 우리 자신의 약점이고, 대만 등 중진국들이 함께 안고 있는 문제이므로 선진국들이 적절한 모델을 우리에게 제시해주지는 않을 것이라는 점을 명심하여야 한다. 규제개혁위원회의 권한들과 기획예산처의 기획기능과 예산편성권 등을 종합하여 우리의 문제해결에 적합한 권한을 갖는 조직을 만들어야 할 것이다. 이러한 목적으로 대통령직속으로 제도개혁위원회가 설치되어야 할 것이다.

2) 국회의 입법연구역량의 강화
─입법연구원 및 지방법제연구원의 설립필요

국회는 입법부라는 명칭을 가지고 있으면서도 지금까지는 입법안의 설계를 위하여 외국법을 분석하거나 한국의 특별법들을 분석하기 위한 연구기관도 없이 사무처소속으로 소수의 법제연구인력만이 존재할 뿐이다. 국회에 **입법연구원**이 입법수요에 맞게 적절히 구성되어 행정주도의 법률안을 그저 통과시켜주는 통법부라는 오명을 벗어날 수 있는 역량을 길러야 할 것이다. 또, '**입법연구**'라는 정기학술지도 발간될 필요가 있다. 운영방식에 있어서 학자를 편집위원장으로 하는 독일의 정부기관들이나 여러 주들에서 발간하는 학술잡지발간방식을 모델로 하여 연구의 질을 높여야 한다. 박사급연구원들을 대규모로 채용하여 외국법이론을 체계적으로 수용하고 한국법들에 대한 분석도 강화하여 우리 법이론의 형성을 위해 노력해가야 할 것이다. 행정부내에 존재하는 한국법제연구원 한 곳으로는 수많은 경제연구소나 행정학관련 연구소들에 비하여 국가전체적으로도 법제연구기관이 너무나 부족하기 때문이다.

지방자치의 진전과정에서 지방에서의 법제도설계를 지원할 연구기관도 별도로 설립될 필요가 있다. 현재의 지방행정연구원, 서울시의 시정개발연구원이나 다른 광역자치단체가 설립한 연구원 등은 너무나 행정학적이거나 도시공학적인 연구에 편향되어 있기 때문이다. 행정자치부 소속으로 해서는 행정학중심의 지방행정연구원과 별로 다를 것이 없을 위험이 있으므로, 입법부를 주무부처로 하거나 그것이 곤란하면 법제처 소속으로 지방의 입법능력지원의 지원을 위한 **지방법제연구원**이 설립될 필요가 있다. 이 연구기관의 설립은 지방분권의 진전과 함께 너무나 시급한 과제가 되고 있다. 이러한 연구없이는 지방분권이 되어도 중앙행정부처에서 설계해준 조례안을 전국의 모든 자치단체들이 모방하거나, 어떤 한 자치단체가 우연히 조례안을 만들면 그것을 모방만 할 뿐 새로운 합리적인 조례안을 설계할 능력이 없는 현재의 한국지방자치단체의 현실을 타개하기가 지극히 어려울 것이다.

3) 사법부의 재판시스템의 개선 및 재판연구역량의 강화

그 동안 외국의 법제를 계수하여 판례들을 형성해가는 입장에 있는 한국은 미국이나 독일과 같은 나라나 독일과 거의 비슷한 시기인 19세기말 근대국가와 근대적 재판제도를 갖추어 외국법연구를 시작한 일본과는 전혀 다른 상황에 처해 있다. 재판에 있어 일본판례에 압도적으로

의존해왔던 과거의 관행은 이제 특히 공법분야에서 헌법재판소의 출범이나 행정소송의 구조가 일본과 달라지기 시작하면서 더 이상 과거와 같이 유지될 수는 없을 것이다. 행정부는 중앙행정은 물론 광역자치단체까지 수많은 연구기관들을 유지하면서 지식의 제공을 받고 있는 것에 비하여, 사법부는 산하연구기관 하나 갖추어지지 않고 판사들의 개인적인 지식체계에 의존하여 재판을 해왔다. 이제 대법원과 헌법재판소도 사건에 유용한 비교법지식의 보강을 위해 비교법연구원을 설치하고 학계와의 연계를 강화하여야 할 것이다.

또, 경제성장과정에서 행정부가 정책의 수단으로서 실정법들을 임기응변적으로 제정해온 결과 입법들과의 모순충돌이나 가치들의 불명확성이 법집행과정에서 일관성과 명료성을 떨어뜨리고 있어 법원이 실정법들간의 모순충돌을 해소해주어야 할 역할이 더 중요해지고 있다. 판결이유들에서 파편화된 입법들의 이익충돌을 조정하는 심층적 해석이론들이 개발될 수 있도록 대법원의 사건부담이 획기적으로 경감되어야 할 것이다.

4) 행정부내 입법안작성과정의 합리성개선

(1) 부처이기주의와 부처간 협력부족의 극복

법령의 제정과 집행과정에서 각 부처는 서로 독립하여 존재하는 기업들처럼 자기 부처가 보호하는 부분적 공익만을 보호하려 함으로써 집단이기주의에 빠져 있는 사회집단들과 비슷하게 사회전체의 공익을 침해하고 있다. 이미 제정되어 효력을 발생하고 있는 실정법들 상호간에도 일치와 조화에 대한 배려소홀로 도처에 가치충돌이 존재하고 있어 부처간 갈등의 중요한 원인이 되고 있기도 하다.

하지만, 이러한 통합적 조정능력의 부족은 국가와 사회발전에 중대한 장애요소이고 그 점은 국제사회에서도 널리 인정되고 있다. "지속가능한 발전"을 모토로 제시했던 1992년의 '환경과 발전에 관한 회의'(the United Nations Conference on Environment and Development (UNCED))이후 Agenda 21 등에서 각국에 의무부과한 가장 중요한 원칙들 중 하나는 통합적 결정의 원칙(Integrated Decision-Making)인데, 이에 따를 때, 경제발전, 노동문제와 복지문제 그리고 환경문제 등은 통합적으로 조정되어 관계법령이 제정되고 집행되어야 한다. 이 원칙이 필요하게 된 이유는 정부기관들이 각자 흩어져서 비협력적으로 사회적, 경제적, 환경적 이슈들을 다룸으로 말미암아 다른 기관의 관련업무의 내용도 이해 못해 업무처리가 비효율적이게 되어 사회의 지속적 발전에 중대한 어려움이 발생하였기 때문이다.97)

입법과정에서 부처간 갈등을 조정통합할 의무는 행정내부에서 최종적으로는 대통령이 지지만, 그 전에 해당분야의 학회와 법전문가들 사이에서 논의를 충분히 거친 후 갈등부처의 담당공무원들 그리고 국회관련위원회의 전문위원과 관련 시민단체들이 참석한 가운데 구체화해가는 과정을 밟아가야 할 것이다. 이 과정에서 정부가 프로젝트를 전문가들에게 맡겼을 때에는 학자들 및 공무원들로 프로젝트의 질과 공정성을 심사할 수 있는 평가기구를 만들어 그 결과를 지속적으로 평가함으로써 지식인들과 전문가집단들의 도덕적 해이를 방지해야 할 것이다.

(2) 입법담당부서의 강화

입법자는 철학자처럼 깊게 생각하고 건축가처럼 정교하게 말해야 한다. 따라서, 과거 적극적 발전국가시대의 관행처럼 몇 가지 정책지침만 있으면 아마추어들도 쉽게 법안을 만들 수 있는 것으로 착각해서는 안된다. 지금까지 이러한 생각이 행정부처내에서 입법을 상대적으로 힘없

---

97) John C. Dernbach, SUSTAINABLE DEVELOPMENT AS A FRAMEWORK FOR NATIONAL GOVERNANCE, Case Western Reserve Law Review, 1998, pp.50-58.

는 과단위나 계단위에서 주도하고 해당 부처에 이제 막 전보되어온 신참과장이나 계장이 입법안작성을 하고 있으며 행정학자들이나 많은 아마추어적 지식인들이 법안설계에 무턱대고 뛰어들었던 원인이 되고 있다. 또, 해당 부처의 정책지침을 정당화해주는 프로젝트는 셀 수 없이 발주하면서도 정작 핵심적 결과물인 입법안의 설계에 대해서는 거의 투자하지 않는 원인이기도 했다.

현대 한국사회에서 입법을 하나의 중요한 전문기술로서 인식해야 하는 이유는 민주적 법치사회에 적합한 철학을 가지고 전체적인 법시스템 속에서 하나의 부품으로 기능하는 해당 입법의 맥락을 알고 복잡한 이해조정을 정교하게 해낼 수 있어야 하기 때문이다. 총론적 지침만 있고 각론적 전문기술이 없는 상태에서 현실사회의 복잡성에 정교하게 대응할 수는 없다. 현재의 인력규모와 조직의 위상으로는 입법안의 설계는 행정부처에서 우선순위가 매우 낮은 일이 될 수밖에 없으므로 법제담당 부처와 각 부처의 담당조직을 크게 강화하여야 한다.98) 이러한 조직강화를 통해 잠재적인 갈등요인이 현재화하는 것을 예방하기 위해 가능한 한 넓은 합의형성과정을 거쳐 정당한 법적 기준을 선택하고 그것을 전체법질서속에 체계조화적으로 편입시켜가야 한다.

(3) 충실한 입법이유서의 작성과 입법예고과정에서의 그의 공개

중앙행정부처가 입법안을 국회에 제출하면서 각 부처 홈페이지나 법제처홈페이지 등을 통해 공개하는 법률안들의 입법이유서는 A4용지 1매도 되지 않는 경우가 많다.99) 입법이유서의 부존재나 형해화는 한국

---

98) 졸고, 새로운 행정조직모델과 중앙행정조직개편의 방향, 공법연구 제31권 제2호, 2002. 12, 149-150면.

99) 1946년에 제정된 미국 연방행정절차법의 입법이유서가 무려 27권에 달한다는 사실은 외국에서 하나의 중요법률을 만들기 위해 얼마나 많은 공론화과정을 거치는가를 명확히 보여준다. 졸고, 행정절차법상 처분절차의 개정방향, 공법연구 제30권 제4호,

에서 입법의 낮은 질, 권력자의 의사에 무력한 법률, 국회의원들의 법률 안경시풍조, 법학계 등과의 협력필요성에 대한 인식부족, 잦은 입법변경, 특별법연구의 저발전, 교육과정에서의 입법사와 입법연구의 어려움가중, 낮은 대국민설득력 등 숱한 한국병의 원인이 되고 있는 적극적 발전국 가시대의 고질적 인치주의의 적나라한 증거이다. 모든 국민을 구속할 법률을 만들면서 그 구속을 정당화할 이유도 제대로 제시하지 못하고 있기 때문이다. 더구나, 시행령과 시행규칙에 대해서는 입법예고도 잘 되지 않는다. 몇천만원이 걸려 있는 개인들간의 민사재판에서도 당사자들은 승소하기 위하여 수십페이지 또는 수백페이지 분량의 소송기록을 제출하여 판사를 설득하려 한다. 그것은 자신이 입증책임을 지기 때문이다. 행정부와 국회도 새로운 입법을 통해 새로운 권력을 얻고 그것을 행사하기 위해서는 주권자인 국민앞에 완벽한 입증책임을 진다고 하지 않을 수 없다. 입법과정은 국민앞에서 정부가 하는 설득노력이다. 몇 조원의 돈이 걸려있는 사업의 근거법령인 경우도 많다. 따라서, 간단한 민사사건과 비교할 수 없을 정도로 중요함에도 불구하고 개인들간의 민사사건의 준비정도에도 못미치는 노력을 투입하여 법률을 만드는 것은, 공공재의 비극 때문에 자기의 재산이 아닌 입법에 대해 한국의 행정공무원들이나 국회의원들이 보여주는 도덕적 해이와 직무태만의 전형적 현상이라 할 것이고, 그 심리의 근저에는 적극적 발전국가시대의 의원우위 및 관료우위의 논리와 국민위에 군림하는 관행이 남아 있기 때문이다.

많은 법령이 갑작스럽게 제정된 후 사회집단의 반발로 시행도 못하고 반대집단의 논리를 비판할 이론적 근거도 제대로 제시하지 못하는 것을

2002. 6, 409-410면 주4) 참조. 행정부내의 입법안 준비과정에서 입법의 질을 높이기 위하여 필수적인 입법평가가 제대로 실시되지 않아 입법의 이론적 실제적 근거를 충실하게 제시하기 어려웠던 것에 기인하는 측면도 있다. 박영도, 입법평가제도에 관한 연구, 법제 제531호 2002. 3, 29-33면. ; 신상환, 정부입법과정의 발전적 법제화방안, 법제연구 제22호, 2002. 6, 249면.

우리는 이미 여러 차례 목격해왔으나 입법과정이 과거와 거의 바뀌지 않고 있다. 시민이 행정에 관해 이해하고 권한과 책임도 공유하도록 하기 위해서는 행정이 먼저 주도적으로 협력을 가능하게 할 인적·물적 기반을 확보하여 제공하여야 한다. 시민도 서로를 공적 정당성의 발견과 보호를 위한 상호보완적인 협력자로 인식하여 행정에게 판단을 보조할 자료를 풍부히 제시하도록 노력해야 한다. 이를 위해 행정은 실질적으로 협력을 가능하게 할 수 있는 입법이유서와 같은 전문적 준비물과 절차를 형성해내야 한다.[100]

(4) 선거직 단체장취임예정자, 지방의회의원 및
    고위정책과정의 공무원들에 대한 법정신 및 법제교육의 실시

공무원교육에서 5급이하의 공무원교육이나 사무관승진시험에서 법학과목들이 세분화되지 못하고 있어서 사례별 심화교육을 시킬 수가 없다. 때문에 필자가 조사한 설문조사결과로는 서울시 공무원들의 경우, 예를 들어 행정영역별로 부관설계에 관한 교육을 거의 받아본 적이 없다.[101] 이로 인해 이해갈등의 조정을 위한 조정기술로서 법설계능력을 개발할 기회가 공무원들에게 주어지지 않고 있다. 법학교육이 승진에 필요한 암기지식의 테스트에 머물러 있어 행정실무에 유용한 지식을 획득할 수 없다. 이미 행정학과목들의 경우 사례학습이나 특화된 분야중심의 교육도 이루어지고 있음에 비추어 심각한 문제라고 할 수 있다.

하지만, 더 큰 문제는 입법과 정책을 직접 설계할 위치에 있는 고위공

---

100) 졸고, 행정과정의 공개와 인터넷—서울시의 '민원처리온라인공개시스템'의 분석과 함께—, 공법연구 제29권 제1호, 2000. 11, 311면.
101) 부관부분에 관한 설문조사내용의 간략한 소개는, 졸고, 민원배심원제에 관한 고찰, 공법연구 제31권 제3호, 2003. 3, 637면 참조. 더 상세한 내용은, 선정원/김건위, 민원배심원제를 통한 민원처리혁신방안에 관한 연구, 한국행정연구 제12권 제1호, 2003. 4, 117-118면 참조.

무원들의 경우 법학세미나나 법학교육은 없어서 민주적 법치사회의 법정신에 맞는 입법과 정책설계훈련을 받을 기회조차 없다. 또, 최근 지방자치가 실시되면서 각종 인허가권과 재정권이나 조례제정범위가 자치단체에게 더 확대되고 있는 상황에서 인허가비리 등이 증가하고 있기 때문에 선거직 단체장취임예정자들 그리고 의회의원당선자들에 대한 민주적 법치사회의 법정신과 정책법학에 대한 교육의 필요도 매우 크다고 하겠다.

(5) 법지식의 상호교환을 위한 온오프라인 네트워크 구축 및
   내부연구회의 활성화

일본에서 공무원들이 현장중심의 실무형 법무연구를 위하여 연구회를 조직하고 자발적으로 열성적인 참여를 하는 것은 우리 시각으로 볼 때 놀라운 것이다.[102) 여기에 참여하는 공무원들은 행정과 법을 둘러싼 현실적·구체적 문제들과 실무에서 일상적으로 직면하게 되는 문제들을 찾아, 현장의 사정을 고려하고 법이론을 응용하여 가장 적합한 해결책을 찾아내려고 한다. 현장의 실제상황을 기초로 하여 문제된 안건의 해결책을 보다 합리적으로 발견하려는 노력은 또한 학자들에게도 신선한 자극을 주고 있다.

한국에서도 인터넷이용이 확대되어 연구회상호간, 공무원상호간 경험교환의 편의성이 크게 증가하고 있으므로, 행정부처들에서 연구회들이 출현해서 전국의 공무원사회에 새로운 바람을 넣어준다면, 연구회운동 또한 일본의 경우처럼 전국의 행정현장으로 확산될 수도 있을 것이다.

---

102) 문상덕, 일본의 자치체 행정법학에 있어서 「정책법무론」일고, 행정법연구 제3호, 1998, 312-313면 참조.

(6) 공무원임용과 교육훈련을 위한 지식수요에 대한 충실한 조사와
   그의 정확한 반영필요

공무원의 선발과 승진은 능력주의에 따라야 하지만, 구체적으로 능력주
의에 의한 선발원칙을 구체화하려고 할 때 무엇이 공무원에게 필요한 전
문지식과 능력인지 일반화할 수 있는 기준에 대해서 합의하기는 어렵다.
이 상황에서는 공무원이 직무를 수행하기 전에 갖추어야 할 기초지식이
무엇인지를 판단하기 위해 직무를 분석하여 기대목록(Anforderungsprofil)
을 작성하는 것이 필요할 것이다. 또, 국가나 자치단체는 공무원의 법지
식의 발전을 위하여 임용시험이나 교육훈련제도들을 지금과 같이 상호
단절된 상태로 둘 것이 아니라 상호연계성을 강화시켜가야 할 것이다.
특히, 시험합격직후 공무원임용예정자들은 방치된 채 전혀 교육받지도
못하고 있는데, 각 행정기관들의 부서이기주의에 침식당하기 전에 새로
운 공무원임용예정자들을 대상으로 집중적인 실무교육이 이루어져야 할
것이다.
선진국들에서의 공무원임용과 교육훈련과정에서 법학과목은 과반수
이상을 차지하고 교육시간도 대부분의 시간을 차지하고 있다.[103] 행정
법총론위주의 교육을 벗어나 지방자치법이나 교육법, 정보법, 환경법 등
다양한 특별행정법들이나 헌법과 민법까지 시험과목이나 교육내용에 포
함되어야 한다.

(7) 외국의 전문서적번역을 위한 정부연구기관의 설립

개별법의 해설서와 같은 전문서적의 발간은 한국인들의 경험과 지식
만으로 단시일내에 극복할 수 있기에는 거의 모든 영역에 걸쳐 해설서

---

103) 이에 관한 소개는, 졸고, 직업공무원의 법지식의 개선과 법집행의 합리성증대, 공법
    연구 제28권 제2호, 2000. 1, 388면 이하에는 일본과 독일의 상황이 소개되고 있다.

가 없는 현 상황하에서는 불가능한 과제이다. 따라서 외국에 유학가 있거나 한국내에서 직업을 얻지 못한 많은 어학전문가들을 정부가 고용하여 외국의 관계법해설서들을 대대적으로 많이 번역하는 작업도 병행해 나가야 한다.

한국은 해방이후 맹목적으로 종합대학을 만들고 어문학과를 설립함으로 인해 이제 비정상적으로 많은 고등실업자들과 독문학, 불문학 내지 영문학을 전공한 어학전문가들이 해외와 국내에서 직업을 얻지 못해 고통을 겪고 있을 뿐만 아니라 대학의 구조조정과정에서 독문학이나 불문학은 존폐위기에 놓여 학생들의 진로와 교수들의 진로가 크게 위협받고 있다.

한국이 선진사회에 진입하기 위해서는 개별법들의 합리화와 그것들에 대한 적용능력은 반드시 필요하다. 한편 이 나라들의 법문화는 매우 높은 수준에 있으므로 우리 나라의 법발전을 위하여 그들의 전문서적을 번역하는 것은 필수적으로 요청된다. 그러나, 우리 나라의 법과대학 자체에서는 어학교육도 시키지 않았을 뿐만 아니라 대부분의 학생들이 민사법이나 형사법위주의 사법시험공부만 하고 또 변호사로서 활동해도 외국서적을 읽고 소화할 능력을 갖추지 못하고 있으므로, 가령 법학전문대학원을 설립하여도 개별법들의 전문가양성과 해설서의 발간작업은 오랜 세월이 흘러도 불가능할지 모른다. 따라서 외국의 전문서적번역을 위하여 정부연구기관의 설립이 절실히 필요하다고 본다. 더불어 번역서들의 현실적 유용성을 높이기 위하여 학자들과 숙련된 실무자들이 책임자로 참여하여 외국서번역과 한국법해석서의 발간을 유기적으로 연결시켜가야 할 것이다. 그러나 이 작업은 매우 힘들고 사회의 인지도는 매우 낮을 것이기 때문에 정책결정자들이나 정치인들과 같은 사회엘리트들이 지속적으로 관심을 갖고 적정한 보수를 주면서 관리하지 않는다면 실패할 가능성도 많다.

4. 지방행정에서의 법치행정의 강화와 공무원의 법지식의 개선

1) 지방행정에서의 법무조직의 강화

지방행정의 법제능력부족과 법지식부족이 탈법행위를 확산시킬 위험
이 지방분권운동의 약점으로 지적되고 있다. 지방행정에서의 법제인력
의 극심한 부족과 공무원의 법지식부족, 그리고 소송비용의 급속한 증가
와 자문변호사비용의 지불능력의 부족 등의 문제를 극복할 필요가 있다.
현재 사법시험합격자들이 확대되면서 변호사자격증소지자들의 취업
도 어려워지고 있으나 법전문가들에 대한 커다란 사회적 수요에 비추어
변호사시험합격자수를 더욱 늘릴 필요도 존재한다. 또, 각 대학들에서
법학석사나 법학박사인력을 많이 배출하고 있다. 지방자치단체에서도
법지식의 보강을 위하여 변호사자격증소지자와 법학석사(또는 법학박
사)이상의 학위소지자들을 공무원으로 채용할 필요가 있다. 이들을 국가
이익 또는 사회전체의 공익과 법의 보호자로서 법제자문관이나 행정심
판위원(또는 미국형의 행정법판사－비용저렴과 지역사회근접성의 두 요
건은 필수!) 등으로 임용하여 기초자치단체와 광역자치단체의 법무조직
과 감사조직내에서 독자적으로 인사이동할 수 있도록 하는 것을 고려해
볼 수 있다. 자치단체에게도 중앙행정에서의 법제처와 감사원과 비슷한
조직이 설치될 필요가 있는 것이다.

2) 지방에서의 감사조직의 인적 독립성과 전문성의 강화

자치단체장들이 선거와 관련하여 사업자들의 유혹에 말려들거나 반발
하는 주민들을 상대로 필요한 합법적 조치를 취하지 못하는 경우가 늘
어나고 있다. 그럼에도 불구하고 감사부서에 근무하는 지방직 공무원들
은 인사권자인 자치단체장에 대한 감사의지가 현저히 부족하다. 따라서,

자치단체의 자체감사능력의 강화를 위하여 감사조직의 인적 독립성과 전문성을 강화시킬 필요가 있다. 자치단체의 권한이 확대될 예정이고 지방분권의 강화에 따라 자체감독을 강화하고 국가감독을 점차적으로 축소시켜나가야 하기 때문에 이 점은 더욱 시급하다.104)

3) 공무원의 법지식의 개선을 통한 법의 보호와 정책법학의 발전과제

지방에 권한이 증가하면서 확보된 권한의 합법적인 행사를 위하여 적정한 법지식이 필요하게 된다. 이제 과거와 같이 중앙행정의 구체적 개별적 지시에 의존하려 하거나 체계적인 법해석을 못하고 특정 조문 하나만을 문언주의적으로 해석하여 집행을 강행하려 해서는 사업자들과 주민들의 반발로 지방행정은 큰 어려움에 봉착하게 될 것이다. 105) 또, 지방분권이 진전되면 자치입법이 크게 증가하고 중요해질 것이어서 입법설계능력의 보강도 중요한 과제가 되고 있다. 한국의 지방공무원들의 법지식은 일본의 자치단체 공무원들과 비교할 때 상당히 낮은 상태에 있다.

또, 지방분권과정에서 정책법학의 연구를 활성화시켜 쟁점으로 나타나는 정책들과 제도들의 조정문제들을 체계적인 분석틀속에서 조망함으로써 보다 체계적으로 준비하여 대응할 수 있어야 할 것이다.106) 지방자치관련 연구자들은 전통적인 지방행정조직기구나 상호관계 등에 관한 연구를 더 확장시켜 당해 자치단체의 주요한 정책과제수행과 관련하여 필요한 법이론과 법지식을 제공하거나 당해 지역에 특유한 법적 문제들

---

104) 김유환, 지방자치단체의 행정사무에 대한 감사체계, 지방자치법연구 제1권 제2호, 2001. 12, 72면.; 백종인, 지방분권강화를 위한 법적 과제, 지방자치법연구 제3권 제1호, 2003. 6, 46면.
105) 졸고, 공무원과 법지식, 행정법연구 2000, 161-184면.
106) 문상덕, 지방자치행정에 있어서의 정책법무의 확립-지방분권시대의 법치행정의 강화를 위하여-, 지방자치법연구 제1권 제1호, 2001. 9, 97-133면.

및 사례들이나 자치단체가 채택한 제도개혁아이디어들로서 전국적으로 확대실시될 필요가 있는 다양한 제도개혁사례들을 발굴하여 중점연구영역으로 개발해갈 필요가 있을 것이다. 이 과정에서 행정학자들이나 지역개발학과 연구자들의 연구성과도 수용하여 연구를 진행해가야 할 것이다.

4) 분쟁과 사건증가에 따른 분쟁예방과 분쟁처리예산의 확대를 통한 공익보호능력의 강화

지방행정현실에서는 최근 소송사건수가 크게 증가하고 있다. 지역주민들과 사업자들 그리고 행정간의 갈등도 심각한 경우들이 많이 나타나고 있다. 갈등과 분쟁을 미리 예방하기 위해서는, 특히, 집단갈등의 소지가 있는 민원사항들에 대해서는, 종래 일방적·단독적인 행정행위방식에 의한 결정이 아니라 합의지향적이고 원초적 상태부터 주민과의 정보공유방식을 지향하며 분쟁당사자들의 다양한 이해조정아이디어들을 부관에 의해 반영하는 민원배심원제와 같은 새로운 합의지향적 의사결정시스템을 행정절차에 도입해가야 할 것이다.[107]

힌편, 하위직 공무원늘이 마지못해 소송을 수행하다가 패소하여 보호해야 할 공익을 보호하지 못하는 경우가 증가하고 있어 자치단체들의 소송대응능력의 강화가 필요한 실정이다. 소송실무교육과 분쟁유형별 법적 분석능력의 교육이 필요하다. 또, 소송능력수행을 보강하기 위하여 자문변호사를 고용하거나 매년 소송수행비용을 예산에 적절하게 책정하여 보호해야 할 공익의 보호에 실패하는 일이 있어서는 안될 것이다. 자문변호인단을 고용할 능력이 없는 자치단체의 능력을 강화하기 위하여 매년 사법연수원을 졸업하는 변호사들을 행정공무원으로 일정 숫자 채

---

107) 졸고, 민원배심원제에 관한 고찰, 공법연구 제31권 제3호, 2003. 3, 621-641면.; 선정원/김건위, 민원배심원제를 통한 민원처리혁신방안에 관한 연구, 한국행정연구 제12권 제1호, 2003. 4, 94-129면.

용하여 소송수행을 담당하게 하는 노력도 필요할 것이다.

5) 일정 인구규모이상의 도시형 기초자치단체에의
행정쟁송기관의 설치필요

현재 인구가 60만이나 70만을 넘는 도시형 기초자치단체들은 점차 증
가하고 있다. 하지만 행정소송은 지방법원본원합의부에서만 가능하고
행정심판도 도청소재지에서만 가능해 결국 성남, 안산과 같은 인구밀집
형 수도권 도시나 전남 여수, 경북 영주, 경남 진주, 강원도 강릉과 같이
도청소재지에서 멀리 떨어져 있는 도시주민들의 경우 정보공개쟁송이나
운전면허쟁송 등 생활민원의 해결도 해당 도시에서는 가능하지 않은 실
정이다. 쟁송비용을 저렴하게 하여 서민이 이용하기에 편리하면서도 주
소지에 가까운 곳에서 쉽게 해결할 수 있는 행정쟁송기관을 설치하는
것은 국민의 재판청구권의 실효적 보장을 위해서도 반드시 필요한 일이
다. 이러한 기관의 설치태만은 필요한 조직과 절차를 마련하여 기본권을
보장해야 할 정부의 기본권보호의무를 위반한 것으로 제도화책임의 태
만이라 할 것이다.

6) 광역자치단체주도의 전문법률잡지의 발간 및 지방공무원교육의 강화

전문잡지나 전문서적에 대한 절실한 수요에도 불구하고 현재 개별법
들에 관한 해설서나 전문잡지 또는 다른 단행본들은 현저히 부족하다.
광역자치단체들은 연구원조직이 있어 전문학술논문을 발간하고는 있으
나 법률논문인 경우는 거의 없고 인적 구성도 법학논문을 쓸 수 있도록
되어 있지 않다. 때문에 서울이나 부산 등 대도시는 물론이고 다른 광역
자치단체들도 입법수요나 법해석수요 등을 충족시키기 위하여 전문법률
잡지를 발간하고 단행본의 출간도 지원하여야 한다. 강남구나 서초구와

같이 재정이 튼튼한 기초자치단체들도 특별법분야중심의 전문잡지나 아
니면 기초자치단체가 부딪치는 문제들을 중심적으로 다룰 수 있는 전문
잡지를 발간하여야 할 것이다.

이러한 책들의 발간과 이용을 획기적으로 증대시키기 위하여 실무자
들과 학자들의 협력을 강화시킬 수 있는 다양한 인센티브제가 도입되어
야 한다. 전문분야의 학자들과 당해 분야에 숙련된 공무원들이 행정현실
에 적용될 수 있는 전문지식을 생산할 때, 적절한 보상이 주어져야 한
다.108) 또 공무원들이 자체발간하고 있는, 지방행정의 홍보나 가벼운 수
필 등에 치우쳐 온 행정잡지들의 편집자를 다른 선진국들처럼 유명한
전문학자로 바꾸고 실무자들과 학자들이 행정의 실제문제들에 관하여
경쟁적으로 논문을 발표할 수 있도록 하여야 한다.

한편, 전국의 자치단체들에서 공무원교육수요의 팽창에 따라 지방공
무원교육의 강화를 위하여 공무원교육원들의 숫자를 크게 늘려가야 할
것이다. 이 때, 조례제정이나 법집행의 실무에서 부딪치는 문제들을 다
루기 위하여 가능한 한 지방행정의 업무를 분석하여 주된 문제점들의
해결에 유익할 수 있도록 교육과목의 선택에 있어 선택적 집중이 이루
어져야 한다.(예, 부관의 설계교육!)

---

108) 졸고, 직업공무원의 법지식의 개선과 법집행의 합리성증대, 공법연구 제28권 제2호,
2000. 1, 402-405면.

제2장

행정조직법의 개혁

제1절 새로운 행정조직모델과 중앙행정조직개편의 방향

Ⅰ. 정부조직개편의 역사와 적극적 발전국가의 정부조직

1. 개방사회에서의 제도혁신과 과거역사의 성찰의 필요

1) 개방사회에서의 제도혁신의 중요성과 미래의 예측곤란성

한국정부는 해방이후 격변의 와중에서 세계환경의 변화를 미리 예측하거나 신속하게 대응하여 위기를 기회로 바꾸어 급속한 경제발전과 사회발전을 이룩해왔다. 이 과정에서 한국정부는 매우 큰 기여를 하여왔는데, 21세기에도 미래예측을 바탕으로 사전준비하고 신속하게 대응하면서 국민을 설득하고 계몽하는 기능은 결코 잃어버려서는 안될 한국의 중요한 자산이라고 할 수 있다. 특히, 이것은 과거 우리 민족이 끝없는 내우외환에 시달리려온 결과 현대사에서 절치부심하며 한국사회가 지켜온 소중한 에너지라고 할 수 있다.

최근 눈부신 경제성장을 이룩하고 있는 중국의 강택민 주석은 이른바 5·31 연설에서 중국의 지속적인 발전을 위하여 '양개창신(兩個創新 : 두 가지 방향의 창조적 혁신)', 즉, '제도창신'과 '기술창신'이 필요하다고 하고 있다. 즉, 중국이 당면한 현실을 능동적으로 타개하기 위해선 제도와 기술에서 창조적 혁신이 필요하다는 것이다.[1] 우리 사회에서 그동안 사회발전을 위해 노동력에 의한 양적 성장이 아니라 기술의 근본적인

---

1) '13억의 견인차' 상아탑의 경제학자, 신동아 2002년 9월호.

진보 없이 더 이상의 성장은 불가능하다는 입장에서 기술혁신에 대한 강조는 있어왔지만, 제도혁신이란 것이 무엇인지, 왜 중요한지에 대한 인식은 매우 부족했었는데, 우리보다 후발주자인 중국에서 기술혁신과 더불어 제도혁신을 2대과제로 인식한 것은 한국인에게는 매우 놀랍고 이상하게 들린다. 그만큼 한국의 행정개혁과 사회개혁의 방향이나 행정조직의 개편은 무언가 문제가 있었다는 뜻일 것이다.

한편, 대만 기업들의 중국 이전이 갈수록 급증하는 바람에 대만 정부의 세수가 격감하는 심각한 상황에 처했으며, 중국으로 이전한 기업들이 해외시장에서 대만기업들의 경쟁력을 떨어뜨려 대만기업들의 연쇄몰락을 가져오는 '부메랑현상'도 벌어지고 있다 한다. 대만 세무당국의 잠정 집계 결과 올 들어 1-6월 중 대만기업들이 낸 기업관련 세금은 지역별로 작년 대비 22%에서 최대 58%까지 줄어든 것으로 나타났는데, 기업 밀집지역인 타이베이(臺北)시의 경우 세수가 올 들어 472억달러(1조6500억 대만달러)에 불과, 작년 같은 기간보다 36%나 떨어졌다. 대만 남부 가오슝(高雄)시는 이보다 더 비참하다고 한다. 반년 동안 세수 총액은 43억달러(1500억 대만달러)에 그쳐 작년보다 무려 58%나 떨어졌고, 이 밖에 북부·중부·남부 지역의 3개 세무서의 경우도 평균 22% 정도의 감소율을 보였다고 한다.

세수가 이처럼 줄어든 것은 많은 기업들이 지난 2000년부터 불어닥친 경기불황을 이기려고 중국으로 공장을 이전했기 때문이다. 대만은 지난 2000년 한 해 동안만 무려 6000여개 기업체들이 문을 닫았고, 이 중 상당수는 중국·동남아시아 등 저임금 국가로 옮겼다. 개혁·개방 이후 중국에 투자한 기업들만 해도 5만여개에, 투자액은 무려 1000억달러에 달한 점만 봐도 대만 내 산업 공동화 현상이 얼마나 심각한지 알 수 있다.[2]

---

2) 대만의 '二重苦' 조선일보 2002. 10. 3.

한국은 아직 대만과 같은 상황을 경험하고 있지는 않다. 그러나, 이 기사는 향후 몇 년동안 공적자금의 지출과 재정적자의 압박을 견뎌내야 하는 한국인들에게 얼마나 예상치 못하는 많은 고난들이 닥쳐올 가능성이 있는지를 보여준다. 예측실패로 인한 준비부족과 문제해결과정에서의 합의실패는 다시 한번 사회를 위기로 몰아갈 수도 있다. 한국경제의 장래는 그리 낙관적이지 않으며, 위기경험 국가의 위기재발확률이 높은 만큼 언제든지 위기가 재발할 가능성이 있고, IMF구제금융을 받은 나라가 또 다시 구제금융을 받게 되는 경우는 매우 많다는 통계도 제시되고 있다.

2) 구체적 '사회계약'으로서 대통령령선거과정과 정부의 의사결정구조의 변경으로서 정부조직개편

정부조직개편논의가 사회적 유용성은 별로 없는 상태에서 대통령당선자들과 그의 핵심참모들의 관료길들이기 수단이 되어 결국 권력의 사유화를 촉진시키는 것이 된다면 그것은 안하는 것만도 못하다.[3] 민주주의 선진국들에서 정권이 교체될 때마다 정부 부처 수준의 기구가 대폭적으로 개편되는 나라는 거의 없다. 정부조직은 유기체와 같아서 막 탄생해서 제대로 기능하기까지 많은 시간을 필요로 한다. 문제가 드러난 조직만을 중심으로 해당 부분에 대해서만 개편하는 태도가 오히려 정부조직의 생산성을 높일 수가 있다. 중요한 것은 정부조직들의 운영방식과 관료들의 의식이다. 이를 위해서는 지향해야할 공통적인 정부조직의 상과 모델이 제시되고 그에 따라 정부가 유기적으로 기능을 분담하거나 협력적으로 움직이는 것이 필요하다. 이러한 상과 모델은 현재까지 대한민국

---

3) 우리나라의 정부조직법은 1948. 7. 17. 법률 제1호로 공포된 이래 6차례의 전문개정을 포함하여 총 55번의 개정이 있었다. 햇수로만 보면 매년 한차례 이상씩 개정이 있었고 약 7~8년 만에 한차례씩 전문개정이 이루어진 셈이다.

의 정부조직이 걸어온 역사와 정신을 단계적으로 파악하여 차별적으로 제시할 수 있는 것이어야 한다.

그러나, 한편으로는 국회의 기능이 정상화되지 못해 정치기능이 제대로 작동되지 않는 나라에서 대통령선거는 국민들의 관심을 집중시키게 되고 이 과정에서 다음 5년 동안의 국정과제와 그에 적합한 정부기능 및 정부조직에 관한 논의도 활성화하게 된다. 따라서, 이 과정에서 선거 쟁점들이 적절히 형성되어 그것들이 헌법적 원칙을 구체화하도록 어느 정도 합의되고 정부조직의 골격도 합의되는 것은 매우 중요하다. 법과 정책이 단지 복종의 대상이나 지식의 대상이 아니라 국민적 합의의 표현이 될 때 진정한 사회발전의 원동력이 될 수 있는데, 대통령선거과정은 구체적인 '사회계약'이 이루어지는 과정이라 할 수 있기 때문이다.

국의 정부조직과 그의 기능을 Global Standard의 관점에서 비교할 때, 한국정부조직의 가장 큰 취약점은 그의 기능에 있다. 단순한 조직의 외양이 아니라 그 기능이 Global Standard에 맞게 개혁되어야 한다. 국가간 경계가 허물어지고 사람과 기업들의 왕래가 빈번해지면서 인간의 삶이 자기나라의 제도에 의해 영향받을 뿐만 아니라 다른 나라의 제도에 의해 영향받는 부분도 늘어나고 있다. 한국경제의 대외의존성이 늘어나면서 외국인이나 외국기업들의 한국투자를 촉진시키고 한국사회를 신뢰할 수 있도록 하는 것이 경제의 사활적인 명제가 되고 있는데, 이를 위해서는 한국의 정부조직의 기능과 법제도가 글로벌 국가(globalizing State)를 지향하여 선진적으로 개혁될 것이 기대된다.4)

정부조직의 개편은 정부의 의사결정구조의 변경의 문제로서 최근 사회과학계에서 활발히 논의되고 있는 Governance의 변경에 관한 문제이기도 하다. Governance에 관한 관점은 대개 둘로 나누는데, 첫째는, 정부

---

4) Alfred C. Aman, Jr, Proposals for reforming the Administrative Procedure Act : Globalization, Democracy and the Futherance of a global public Interest, Indiana Journal of Global Legal Studies, 1999, pp.404-412.

중심적 Governance라고 부르는 관점으로 정부가 어떤 바람직한 결과를 달성하기 위해 비전과 우선순위를 정함으로써 사회와 경제를 조종하는 것을 분석하므로 'Old Governance'의 문제라고 불리운다.[5) 둘째는, 사회중심적 Governance로서 여러 형태의 공사협력체제와 정책네트워크의 형성을 분석함으로 새로운 Governance의 문제라고 부른다. 정부중심적 거버넌스에서 중심적 문제는 정부가 어느 정도까지 정치적·제도적 조종능력을 가지고 있는가의 문제와 다른 행위주체들의 이해관계에 대하여 정부가 어떤 역할을 어떻게 수행해야 하는가의 문제이다. 사회중심적 거버넌스에서 중심적인 문제는 다양한 형태의 네트워크와 파트너관계를 통해 자율과 협력의 시스템을 형성하는 문제이다. 이 논문에서는 정부조직개편과 관련하여 ①사회위기에의 대응과 발전엔진의 발견과 추진, ②부처이기주의의 극복, ③사회적 갈등의 극복을 3대현안으로 파악하고 기술하였다. 정부중심적 거버넌스의 문제는 처음의 두 주제인 ①②와 관련되고, 사회중심적 거버넌스의 문제는 ①③의 문제와 관련된다고 볼 수 있다. 한국의 중요현안사항들에 대하여 현대사회에 적합한 의사결정구조의 형성이란 측면에서 볼 때, 두 개의 관점은 모두 유용하다고 생각한다. 따라서, 이 둘을 모두 고려하여 논의를 진행하겠다.

3) 조선시대의 정부조직개편논의의 시사점

조선 500년의 역사를 회고할 때, 정부조직과 관련하여 현재의 논의들과 연결될 수 있는 중요한 쟁점들은 다음과 같은 것이 아닌가 생각한다.

첫째, 왕이 아닌 재상중심의 정치를 역설했던 정도전의 사고방법이고 그것은 우리에게 제왕적 대통령제의 극복이 현시대의 문제만은 아니었다는 것을 상기시켜준다. 권력의 분산과 재분배가 정부조직의 효율성을

---

5) B. Guy Peters, Governance and Comparative Politics, in ; John Pierre (ed.), Debating Governance, 2000, pp.36-53.

오히려 증진시켜줄 수 있다는 것이 작은 정부론자의 믿음이기도 하다. 이를 위해서는 대통령과 국무총리의 권한과 책임의 재분배, 중앙행정과 지방행정의 권한과 책임의 재분배, 행정과 시민의 권한과 책임의 재분배가 이루어져야 한다. 이렇게 분배된 권한과 자유의 범위내에서는 자기책임원칙이 관철되어야 하며 이를 위한 제도의 개혁이 강력하게 추진되어야 한다.

둘째, 선조에게 올린 이율곡의 만언봉사에 나타난 사고인 외환의 극복과 내란의 방지를 위한 국가의 능력강화의 사고는 정부조직이 사회에 닥쳐오는 위기에 대응할 수 있어야 하며 발전에너지를 발굴하고 관리할 수 있는 능력을 가진 정부가 되어야 한다는 점이다. 사회가 매우 어렵고 국가 또한 재정능력이 크게 약해져 있던 조선말 이율곡을 크게 존경했던 정조는 조선왕조실록 정조편에 따르면 긴축정책을 강조하는 신하들에게 다음과 같이 이야기하고 있다. 정조 1년 3월 20일, "단지 재화를 아낄 줄만 알고 백성을 사랑할 줄을 모르게 되면 나라를 병들게 하지 않는 경우가 드물다." 이율곡과 정조의 태도는 사회위기와 발전에너지를 찾아야 하는 한국에게 정부가 수행해야 할 과제에 대한 분석없이 작은 정부만을 강조하는 태도는 적절하지 않다는 중요한 시사를 준다고 생각한다.

사회의 위기의 원인, 실상 및 강도를 철저하게 조사하여 그것을 정책결정자들과 지식사회의 구성원들이 명확하게 인식하여야 한다. 안이한 인식이 대책의 소홀을 부르고 그것이 민심의 이반을 초래하여 다른 정책의 형성과 집행에도 지대한 영향을 미친다. 또, 위기는 반드시 그에 감응된, 그보다 확대된 새로운 위기를 부르고, 이것이 사회의 성격을 근본적으로 변화시킨다. 이 과정을 예의주시해야 한다. 사회와 행정의 지식화를 위한 제도개혁이 필요하며 공적자금, 공공기금 및 지방재정적자 확대나 기업들의 중국진출가속화로 인한 급격한 조세수입감소의 위험성 등에 대해서 주시해야 한다. 또, 신냉전시대의 도래나 보호무역주의강화, 국내 경제특구와 같은 새로운 형태의 불균등성장전략의 추구과정에서

야기되는 사회적 갈등에 대해서도 주목해야 한다. 국내대학들의 경쟁력 상실로 인한 과다한 조기유학과 그로 인한 국제수지의 악화에 대해서도 주목해야 한다.

셋째, 정책과 법의 입안당시부터 모든 정보를 공유한 자가 정부조직 내에 있으면서 왕이나 다른 신하들로부터 독립성이 철저히 보장된 사간 원과 같은 조직이 있어서 비판자로서의 기능을 수행하였다는 점이다. 정 부조직개편에서 통합조정자의 역할에 대한 강조는 있지만 비판자에 대해 강조하는 입장은 찾아보기 어렵다. 이런 관점에서 볼 때, 현재의 정 부조직이 조선시대의 정부조직에 비해 더 나은가에 대해 회의감이 들기 도 한다. 비판자를 통해 부처이기주의와 사회적 갈등이 치유되고 결국 통합에 크게 기여하기도 한다. 복종을 통한 통합조정방식은 권위주의시 대에는 신속성의 우위를 갖고 있었으나 민주사회에서는 중요한 법과 정 책일수록 신속성의 우위도 사라지고 조변석개의 누더기 법과 정책을 출 현시키고 있는데, 특히 개방사회에서 그 폐쇄적인 특성은 치명적 약점이 되고 있다. 비판적 의사소통을 통한 합의와 절제는 개방적 성격을 갖고 일반성과 일관성의 획득에 있어 우위를 갖는다.

현재 정부내에 비판자기능을 수행하는 조직은 없으며 국회는 정책과 법의 입안이나 그 구체적 정보에 있어서 매우 취약한 위치에서 비판기 능을 수행하고 있어서 사간원보다는 권력자의 정책부실과 부패를 통제 할 능력이 훨씬 약하다. 또, 전문적 분석능력도 약해서 관료들에게 실질 적인 영향을 미칠 수 있는 비판도 하지 못한다. 기본원칙과 주장의 한계 에 대한 전문학술적 분석이 결여된 채 이해관계를 갖는 자들만의 의사 소통은 극한 대립을 부추기고 결정의 만성적인 지체만을 가져올 위험이 존재한다. 가치와 사실을 분리하는 입장에서는 정책의 목적결정의 문제 는 정책결정자의 몫으로 돌리고 도구적으로 그것의 효율적인 실현방법 의 연구만을 관심대상으로 삼는다. 기능주의 관점에서의 연구로는 한계 가 있다. 권력실패극복과 방지를 위한 민주적 법치주의관점에서의 비판이 중요하다. 이 점에서 공법학은 헌법적 가치결단이 권력자도 구속하는 것으로 이해하면서 가치와 사실을 종합시켜 전문적 입장에서 비판자의 기능을 수행할 수 있는 소중한 위치에 있다.

2. 정부조직개편의 역사와 외국의 정부조직들과의 비교

1) 정부조직개편의 역사

해방이후 우리나라 행정기능의 주된 흐름은 1950년대는 체제형성 및 유지기로 행정의 주된 기능이 치안 및 질서의 유지에 있었고 1960년대와 1970년대에는 경제성장기로 경제성장을 지원 또는 주도하는데 있었다. 현재의 정부조직은 주로 제3공화국시대의 정신에 의해 그 골격이 형성된 후 민주화와 개방화에 따른 시대적 수요를 반영해 개편되다가, 김대중 정부들어 IMF 경제위기극복을 위해 다시 한번 대대적인 정부조직개편이 이루어졌다. 따라서, 제3공화국시대와 김대중정부시대에 한국의 정부조직은 그 핵심석인 골격이 짜여졌다고 할 수 있다. 이하에서는 제3공화국이후의 정부조직의 변화에 관한 내용들을 간략히 살펴보기로 한다.

(1) 제3공화국의 정부조직과 행태

1961년 5.16으로 등장한 박정희 대통령은 경제성장을 최우선의 국가목표로 삼게 된다. 5.16 이후부터 제3공화국에서의 정부조직의 개편은 대통령의 권한강화와 경제개발을 위한 경제관계 부처의 강화로 특징지워진다. 1961년 5.16 혁명직후인 동년 7월에 경제기획원이 건설부의 계획기능, 재무부의 예산국, 내무부의 통계국을 흡수하면서 새로이 설립되었다. 또 동년 8월에는 내각수반실에 기획통제관실과 기획자문위원회를 신설하고 각 部, 處, 廳에 기획조정관실을 신설하여 국가기획제도 도입의 제도적인 토대를 마련한다. 대통령 비서실과 경호실이 구성되었으며 국가재건최고회의의 중앙정보부가 대통령 직속으로 이관되었다. 또 부총리제를 두어 경제기획원장관이 이를 겸임하게 하였는데 경제기획원은 경제계획의 작성, 예산편성권 등 광범위한 권한을 부여받으며 한국 경제성장의 핵심적인 견인차 역할을 해나가게 된다. 청과 외국의 실무부서도 대폭 신설되었는데 이 역시 능률적인 경제개발과 건설을 위한 목적에서였다.

경제성장을 위한 정부노력의 성과는 괄목할 만한 것이었는데, 이 기간중의 경제성장은 정부의 재량적 명령을 수단으로 시장에 대한 강력한 개입하에 이루어지고 있었으나, 각 산업에 대한 정부의 지원은 산업체의 수출목표 달성도에 비례하는 '중립적' 것이었고 자연히 수출산업의 구조는 전체적으로 볼 때 국제경쟁력을 반영하고 있는 것이었다. 모든 정부부서는 비경제부서까지 경제성장에 기여할 수 있는 정책의 개발에 여념이 없었다.

(2) 제4공화국 유신체제하의 정부조직

경제성장에 초점을 둔 정부조직의 능률성은 1972년 유신체제의 성립과 1973년부터 시작한 중화학공업의 추진과 더불어 그 절정에 달하게 된다. 공업진흥청(1973), 공업단지관리청(1973), 국무총리소속하의 중화학공업추진위원회(1973), 특허청(1977), 동력자원부(1978) 등이 신설되면서 중앙정부조직은 행정권의 집중과 경제의 성장을 위한 "능률의 극대화"가 정부조직 개편의 논리였다.

그러나, 경제성장과 국가안보를 위한 방위산업의 성장을 동시에 추구하려는 의도에서 추진된 중화학공업의 발전은 점차 그 경제적 효율성을 상실하였는데, 제3공화국 기간중 정부지원의 기조를 이루었던 수출목표 달성도에 따른 정부의 지원 정책은 전략적인 6개 중화학 산업에 집중되었고 산업구조는 생산의 효율화나 해외시장의 개척보다는 더 많은 정부의 지원을 확보할 수 있는 중화학 공업분야로 편향되면서 지나치게 많은 자원이 중화학산업 부분에 집중되어 과잉투자와 저조한 공장가동률을 결과하게 되었다. 경제성장을 제외한 정부의 역할은 약화되고 있었고 지나친 "발전주의"에서 비롯되는 사회적 형평의 결손 때문에 체제의 정당성은 심각한 도전에 끊임없이 직면하게 되었고, 조직능률성의 지나친 추구는 행정조직이 대통령 등 정책결정자에게 지나치게 예속되는 권위주의적 행정을 고착시켰으며, 현재까지도 반복해서 정책결정자들의 정보부족과 판단오류를 견제하지 못한 채 국가와 사회전체에 심각한 위기가 야기되는 원인을 제공하였으며, 도시화·산업화로 인해 점차 복잡해지고 개방화로 인해 가변성이 많아지는 국내외행정환경에 대한 대응능력을 감소시키는 원인이 되었다.

(3) 제5공화국의 정부조직

제5공화국시기에 환경청이 보사부 독립외청으로 신설되었으며 중화학공업추진위원회가 폐지되는 대신 사회정화위원회가 신설되었고 1981년 4월에는 노동청이 노동부로 승격되었으며 1982년에는 체육부가 신설된다. 중앙행정기관의 하위조직을 大局大課의 원칙하에 통합조정하여 그에 따른 인원의 감축및 직급의 하향조정이 이루어짐으로써 1980년까지 줄곧 증가되어 오던 정부조직과 공무원수가 처음으로 감소하였다.

그러나, 국회와 시민사회에 대해 권력적 억압정책을 지탱하기 위해 안전기획부, 검찰청, 경찰조직 및 전투경찰대, 보안사령부, 사회정화위원회 등 강제적 억압기능을 담당하는 정부조직이 비대해지고 막강한 국정 영향력을 행사하게 되었다.

(4) 노태우 정부의 정부조직

노태우 정부시대에는 환경청이 환경처로 승격하였고(1989.12) 1990년 12월에는 국토통일원이 부총리급의 통일원으로, 문교부가 교육부로, 체육부가 체육청소년부로, 조사통계국이 통계청으로, 중앙기상대가 기상청으로, 그리고 내무부 치안본부가 경찰청으로 개편되었다(행정쇄신위원회, 1993:70). 노태우 대통령하의 정부는 민주화에 상응하여 국회 및 시민사회에 권한을 부여하기 시작했으나, 경제에 대한 기획설계능력과 통합조정능력이 약화되면서 경제적으로는 혼란과 침체기였다.

(5) 김영삼 정부의 정부조직

김영삼정부는 문민정부로서 등장이후 부과된 최대의 과제는 민주화와 경제발전의 조화적 추진능력이었다. 문화부와 체육청소년부를 통합하여 문화체육부를 신설하고, 상공부와 동력자원부를 통합하여 상공자원부를 신설하였으며, 경제에 대한 강력한 통합조정능력의 확보를 목적으로 경제기획원과 재무부를 재정경제원으로, 건설부와 교통부를 건설교통부로 각각 통합하고, 환경처를 환경부로 개편하며, 상공자원부를 통상산업부로, 체신부를 정보통신부로, 보건사회부를 보건복지부로 명칭을 변경하는 한편, 종전에 경제기획원소속이던 공정거래위원회를 국무총리소속기관으로 변경하였다. 또, 해양잠재력을 개발하여 해양선진대국으로 도약하기 위한 기반을 조성하기 위하여 해운항만청·수산청·수로국을 통합하여 해양수산부를 신설하고, 그 소속하에 해양경찰청을 두었다.

그러나, 김영삼정부는 경제발전의 관리능력이 최약체로 평가받았으며 이전의 어떤 정권도 초래하지 않았던 IMF경제위기를 불러오게 되었다.

(6) 김대중 정부의 조직개편

김대중 정부는 문민정부로서 다시 한번 민주화와 경제발전의 조화적 추진능력에 대해 시험받게 되었으며 나아가 남북의 평화적 공존과 대화의 추진의 과제를 들고 나왔다. 1998년의 제1차조직개편에서는 기획예산위원회·여성특별위원회·중소기업특별위원회·공보실이 신설되었고, 재정경제원이 재정경제부와 예산청으로, 보건복지부가 보건복지부와 그 소속 식품의약품안전청으로 분리·개편되었으며, 총무처와 내무부가 통합되어 행정자치부로 되었고, 공보처·정무장관이 폐지되었다. 부총리제 폐지에 따라 재정경제원이 재정경제부로, 통일원이 통일부로 변경되었고, 과학기술처가 과학기술부로 되었다. 또, 행정조정실(차관급)이 국무조정실(장관급)로, 외무부가 외교통상부로, 문화체육부가 문화관광부로, 통상산업부가 산업자원부로 변경되었다. 또, 각 부처의 과잉규제입법들의 축소를 위하여 규제개혁위원회가 대통령직속으로 설치되어 대대적인 규제철폐운동을 벌임으로써 시장경제를 지향한 점이 제3공화국이후 추구된 적극적 발전국가와는 정부조직의 다른 모델의 추진방향을 시사했다.

1999년의 제2차 정부조직개편으로 기획예산위원회와 예산청이 통합되어 국무총리소속의 기획예산처로 되고, 국무총리보좌기관인 공보실이 폐지되고, 대신 국정홍보처가 신설되었으며, 문화관광부소속인 문화재관리국이 문화재청으로 승격되었고, 고위관료의 인사혁신을 위해 중앙인사위원회가 신설되었다.

2000년의 제3차 정부조직개편으로 장관급의 재정경제부장관과 교육부를 부총리급의 재정경제부와 교육인적자원부로 승격시키고 여성부를 신설하였다.

김대중 정부의 정부조직개편의 중심대상 중 하나는 재정경제원이었는데, 3차에 걸친 조직개편을 거치면서 기획예산처(예산편성기능), 재정경제부(재정정책), 금융감독원(금융감독권)으로 예산, 조세 및 금융감독권이 3부분으로 분리되게 되었다. 김영삼정부가 조세권과 예산권을 모두 갖는 재정경제원을 둔 것이 지나치게 막강해진 재정경제부에 대한 견제가 불가능해져 도덕적 해이를 가져왔고 그것이 경제위기를 초래하였다고 보았기 때문이다. 기획예산처는 제3공화국시대의 경제기획원의 모형으로 복귀한 것이다. 다만, 경제기획원은 적극적 발전국가를 위한 국가계획기능과 예산편성기능을 합한 것이었지만 기획예산처는 작은 정부와 시장경제촉진을 위한 기획기능과 예산편성기능을 갖는다는 점에서 그 방향성에서 차이가 났다.

김대중 정부의 조직개편은 다음 정부에 몇 가지 중요한 질문을 던져준다. 첫째, 경제발전에 대한 강조로 인해 외국정부에 비해 다수의 경제부처가 존재하는데 이것은 필연적으로 과잉규제국가를 초래할 위험이 크다. 따라서, 아직도 현재정도의 다수의 경제부처는 필요한가, 그리고, 경제부처간 조정을 위한 부총리급의 재정경제부는 필요한가 하는 질문이다. 이미, 재정경제부는 통합조정력의 강화를 명분으로 예산편성권을 되찾으려고 시도하고 민간학자들은 금융감독기관의 민영화를 주장하지만, 그 어느 주장도 문제가 있다고 생각한다. 하드웨어 측면에서 경제관련부처는 현재와 같은 형태를 유지하되 소프트웨어측면에서 지속적인 개혁이 가해져야 한다고 본다. 특히, 재정경제부는 기획예산처와 함께 공적 자금관리나 재정적자, 그리고 지방자치단체의 재정적자를 극복하고 중국으로의 기업들의 이전으로 인한 국내세금의 급격한 감소위험에 대한 정책과 입법의 개발에 전념해야 한다. 조직개편은 상당한 기간 조직구성원들의 업무집중도를 떨어뜨린다는 점에서도 새로운 개편은 타당하지 않다고 본다.

둘째, 엄청난 교육열기로 인해 과다한 대학졸업자가 양산됨에도 불구하고 산업현장에 필요한 인재가 부족한 실정을 반영하여, 역대정권에서는 처음으로 인적자원관리를 위해 부총리급의 교육인적자원부가 설치되었는데, 이 결정은 다음 정부에서도 유지되어야 하는가? 인적자원의 조정은 필연적으로 주로 대학에 대한 과잉규제를 유발할 것인데, 초중등교육문제와 대학교의 문제를 혼합한 현재의 교육인적자원부의 조직은 지나치게 이질적인 과제들로 인해 이미 적실성을 상실한 것 아닌가 하는 의문이 제기될 수 있다. 이와 관련하여 필자는 대학교행정과 인적자원의 수급의 조정문제에 대한 관료들의 권위주의적 해결방식은 한계에 직면하였으므로 고등교육위원회를 대통령직속기관으로 설치하여 대통령이 책임지고 처리하되, 교육학분야에 한정하지 말고 많은 학문분야로부터 골고루 많은 연구결과와 아이디어들을 모아 정교하게 합의를 모아가야 한다고 본다.

셋째, 부처이기주의와 사회적 갈등이 위험수위로 확대되고 있어 어떤 정책과 입법도 표류하거나 왜곡되고 있기 때문에, 현재의 사회제도를 개혁하여 개방사회에서 글로벌기준에 적합한 제도를 창출해야 할 필요도 매우 커지고 있다. 따라서, 현재의 규제개혁위원회를 확대개편하여 제도개혁위원회를 설립하되 많은 다양한 학문들이 균형잡힌 역할을 수행할 수 있도록 인력풀을 구성하고 정책과 입법에 대한 단순 억제기능에 그치지 말고 기획설계기능을 가져야 한다. 특히, 사회에 대한 권력적 규제입법과 정부조직내와 중앙행정과 자치행정간(지방자치단체나 대학 및 교육청)의 극히 낙후된 권력적 내부규제체계의 개혁과 재설계에 집중해야 할 것이다.

넷째, 여성의 지위보호와 여성인력의 고용촉진을 위한 여성부의 신설은 새 정부에서도 존중되거나 더 강화되어야 하는가 하는 문제가 제기된다. 이에 대해서는 김대중 정부의 정책방향을 계승발전해가야 한다고 본다. 더불어, 급격한 노인인구의 증가로 인한 노인의 복지와 인력활용을 위한 새로운 과제를 감당할 조직의 강화가 필요한 것 아닌가 하는 문제도 제기된다. 이와 관련하여 노인인력이나 주부인력의 활용을 위한 자원봉사활동을 지원하는 조직과 시스템의 강화가 필요하다. 현재의 보건복지부는 지나치게 약학이나 의학 중심의 인력으로 되어 있어 제도설계

능력에 매우 큰 허점을 보이고 있다. 관련연구원들도 지나치게 자연과학
적인 연구에 치중되어 있다. 제도설계능력을 가진 인력들을 대폭 충원할
필요가 있다.

2) 외국의 정부조직들과의 비교

각국의 정부활동이 최근 활발한 행정개혁으로 인해 격변하고 있고 그
운영방식도 달라지고 있으나, 미국을 제외한 외국의 정부조직에 관한 종
합적 정보는 얻기가 쉽지 않다. 행정학의 한 분야로서 비교행정론에서
개괄적 정보는 제공되고 있으나 한국의 정부조직개편의 수요에 맞추어
적실한 정보가 제공되기 위해서는 외국의 정부조직들의 내용에 관해 과
단위나 산하기관까지 조직구조는 물론 사회와의 상호작용방식을 철저히
조사하는 것이 필요하다고 생각한다. 그것이 글로벌사회에서 정부조직
개편논의의 개방적 합리성을 향상시키는데 도움이 될 것이다. 비교행정
론의 문헌6) 및 다른 문헌들과 필자가 각국대사관의 홈페이지나 외국정
부의 홈페이지를 방문하여 조사한 결과를 종합하여 파악한 외국의 정부
조직은 다음과 같다.

독일연방의 행정각부7)는 외무부, 내무부, 재무부, 법무부, 국방부, 노
동복지부, 교육연구부, 소비자보호, 생활 및 농무부, 가족, 노인, 여성 및
청소년부, 보건부, 환경, 자연보호 및 원자력안전부, 교통, 건설 및 주거
부, 경제 및 기술부, 대외경제협력부 등으로 구성되어 있다.
미국의 경우는 우선 우리의 청와대의 비서실에 해당하는 조직부터 보

---

6) 박천오외 공저, 비교행정론, 1999.
7) 독일과 일본에 대해서는, 간략하지만 신봉기, 정부조직법의 법제적 검토-최근의 총
   리서리논쟁을 보고-, 한국법제발전연구소 제5회 세미나 발표자료(2002. 8)에 소개되
   어 있다.

면 백악관, 부통령실, 퍼스트레이디실, 경제수석, 환경수석, 국방수석, 총
무, 관리예산, AIDS정책, 마약통제, 과학기술, 지지가능한 발전, 대외정
책조언, 무역대표, 여성 등의 문제를 다루는 부서들로 구성되어 있다. 대
통령을 보좌하는 기관들이 이렇게 많은 것은 세계에서 미국이 갖는 중
요성에 기인한 것으로 한국의 경우와는 사정이 다르다고 할 것이다.

미국연방의 행정각부는 농무부, 상무부, 교육부, 보건복지부, 주거 및
도시개발부, 내무부, 법무부, 노동부, 외무부(흔히 국무부로 번역됨), 교
통부, 국방부, 재무부, 재향군인부(Department of Veterans Affairs), 이외에
책임운영기관들과 위원회들이 있다.

영국의 경우에는 수상실이외에 문화, 방송 및 체육부, 교육기술부, 환경,
식품 및 농무부, 국제개발협력부(Department for International Development),
교통부, 노동복지부, 보건부, 통상산업부, 외무부, 재무부 등의 행정각부
가 있고, 이외에 전자정부(E-democracy.gov.uk)가 있다.

일본의 행정각부[8])는 내각부, 궁내청, 내각관방, 국가공안위원회, 방위
청, 금융청, 총무성, 법무성, 외무성, 재무성, 문부과학성, 후생노동성, 농
림수산성, 경제산업성, 국토교통성, 환경성 등이 있다.

외국의 정부조직을 살펴보면 재정경제부와 교육인적자원부와 같은 특
정 부처를 부총리로 하는 것처럼 다른 부처의 우위에 두는 경우는 찾아
보기 어렵다. 또, 재무부와 산업부 등 2개의 경제부처를 두는 경우가 보
통이다. 농업분야에 대해서는 환경, 식품 및 농무부 또는 소비자보호, 생
활 및 농무부와 같은 방식으로 두거나, 농무부만을 따로 두기도 한다.
그러나, 장관급의 기획예산처나 정보통신부를 두고 있는 나라는 없다.
정보통신부를 두어 정보통신정책에서 상당한 성공을 거둔 이상 이러한
시도는 일응 성공했다고 평가할 수 있을 것이다. 그러나, 산업자원부와

---

8) 일본의 행정부에 대한 설명은 박천오외8인 공저, 비교행정론, 1999, 179/182면; 조성
   한외3인, 일본의 정부조직, 1996. 12, 한국행정연구원 참조.

같은 다른 부처와의 관계에서 권한의 중복으로 인해 입법의 충돌이 많이 발생하고 있다. 통폐합을 하거나 상호간 유기적 협력을 강화할 상급의 공동위원회를 만들어 갈등사안들을 조정해가는 것이 필요한 시점이 아닌가 생각한다. 또, 다수의 중앙경제부처가 존재함으로 인해 경제관련 부처의 산하기관들이 이상 비대해 있고 산하기관의 개혁을 주도하는 부처가 기획예산처로서 경제부처이기 때문에 경제부처관련 산하기관의 개혁에서 가장 큰 문제가 발생하고 있다. 우리의 경우, 경제관련분야가 매우 비대하다는 것은 이후의 정부조직개편에 관한 연구나 개편에 있어서 주시하고 이로 인한 부작용의 위험성을 경계하여야 한다. 특히, 방대한 인력관리를 위해 규제권을 필요이상으로 가지려 하고 법의 허용한계를 사실상 넘으며 방대한 산하기관들이 계속 신설될 위험도 경계해야 한다.

독일과 미국은 연방정부이고 영국도 잉글랜드, 웨일스, 스코틀랜드, 북아일랜드 등으로 정부가 별도로 구성될 만큼 각 지방의 독립성이 강하다. 일본도 이미 지방분권법이 제정되는 등 지방자치단체가 재정권을 제외하고 해당 지역에 대한 규제권과 집행권을 대부분 가지는 방향으로 변해가고 있다. 이로 인해 각국의 중앙행정은 국제적 수준이나 국가적 수준에서 법과 정책의 목적들과 그의 실현을 위한 대안들을 발견하여 제시하는 업무, 즉, 법과 정책의 개발업무에 집중하고 있는데, 이 업무에 관하여 중앙행정은 지방행정이나 정부산하기관에 비하여 비교우위를 갖는다. 따라서, 중앙행정은 외교, 국방업무 등 몇 가지 업무를 제외하고 점차 법과 정책의 개발에 더욱 집중하고 집행업무나 규제업무는 책임기관에 맡기거나 지방자치단체 및 민간부문으로 이관해가야 한다.9) 이러

---

9) 피터 드러커는 작은 정부운동, 즉, 권력의 분산, 탈중앙화 및 탈관료화 운동의 가장 강력한 지지자인데 중앙행정에 대해 정책형성자로서의 역할을 부여하면서 여기에 집중해야 한다고 말하고 있다. James A. Gazell, Peter F. Drucker and Decentralized Administration of the Federal Government, Administration and Society 1992, pp.182-204.

한 관점에서 정부조직개편에 접근해가야 한다.

3. 정부조직의 모델로서 적극적 발전국가모델과 그 한계

1) 정부조직의 모델로서 적극적 발전국가모델

정부조직의 개편에서 아마도 가장 어려운 점은 정부조직이 지향해야 할 이념의 혼란으로 인하여 조직개편에 중요한 원칙이 무엇인지 찾기가 어렵다는 점이다. 바로 이 점이 정부조직개편에 관한 합리적인 이론의 발전을 가로막아왔다.[10] 이러한 문제점 때문에 이 논문에서는 정부조직의 모델을 제시하여 논의의 합리성을 개선시키고 이후의 정부조직개편 논의에도 기여하고자 한다.

현재까지 한국의 정부조직에 가장 중요한 영향을 미치고 있는 정부조직모델을 **적극적 발전국가모델**이라고 부르고, 새로이 지향해야 할 모델을 **민주적 법치국가모델**이라고 부르고자 한다.

한국의 정부조직에 중대한 영향을 미치고 있는 모델은 제3공화국에서 제4공화국까지 박정희대통령의 집권기간에 형성된 정부조직모델이다. 그런데, 이 모델은 전통으로부터도 영향을 받아 형성된 것이다. 동양의 유교문화, 즉, 삼강오륜의 가부장문화에서는 강화된 소집단내부관계를 사회의 존속과 발전의 원동력으로 삼아왔다. 외부인에 대해서는 친절과 예를 강조하지만 가족내부, 조직내에서는 매우 강화된 특별관계를 보여준다. 효도와 충성이 강조된 전통적 사회조직문화의 영향을 받아 정부조직내에서도 강력한 특별권력관계로 나타나 당해 조직내에서 지시·명령권과 제재권이라는 특별권력을 갖는 기관장의 권력은 거의 제어받지 않

---

10) 김광웅, 정보화사회에서의 역할 : 전자민주주의와 미래의 정부, 21세기의 정부조직 : 정부, 시장, 민주주의의 조화, 1998. 11, 한국공공정책학회 발표문 참조.

고 있다. 또 조직의 구성원들은 권력자에 과잉지배복종의 현상을 보여주고 있는데, 이러한 현상은 한국, 중국은 물론이고 경제적으로 선진국인 일본에서도 해소되지 않는 가부장적 유교문화의 핵심적 한계영역이다.

제3, 4공화국시대는 발전행정이론 및 불균형성장론이 주도하던 시대로 특징지워진다. "발전행정이란 의식적인 정책에 의하여 경제적 및 사회적 변동을 공적으로 관리하는 것"으로 행정에 의한 사회발전과 행정 자신의 발전을 함께 포함하고 있는데, 이러한 이론에 기초한 적극적 발전국가모델에서의 정부조직은 대통령과 그의 핵심참모들의 사회발전의 비전독점, 그의 구체화로서 기획기능의 강화를 위한 국가계획기구와 다수의 경제관련부처의 존재, 그리고 다른 일반부처의 경제관련부처에의 종속적 지위가 특징이어서 모든 부처들이 경제발전을 위한 협력기구로 존재하였다.

적극적 발전국가에서는 대통령을 비롯한 중앙정부의 정책결정자에게 정책형성과 변경에 대한 넓은 재량을 인정하면서 현장의 집행공무원들의 정책순응도를 높이기 위하여 매우 구체적이고 상세한 통제권을 부여하였다. 정책권력자는 광범위한 정책결정재량 및 지시재량을 가지고 있으나, 현장의 집행기관은 극히 한정된 권한과 재량을 가지고 있으며 단순행정업무에 대한 처리에 있어서만 재량을 행사하고 있었다. 법규명령이나 정책지침과 같은 행정입법은 행정내부의 현저한 권력불균형을 반영하여 정책권력자가 가장 선호하는 수단이 되고 정책결정자의 의사에 따라 쉽게 바뀔 수 있는 것으로 다루어지며, 정책결정자의 의사에 따라 법적 기초가 없더라도 규제하는 관행이 형성되어 나중에는 과도한 규제의 관행으로 고착되어 현재까지 영향을 미치게 된다. 입법설계에 관한 투자도 이루어지지 않고 합의절차도 경시되며, 입법안을 기초하는 일은 정부내의 실무자급의 공무원이 정책결정자의 의사를 충실히 반영하는 기계적인 집행으로 인식된다. 따라서, 권력남용의 위험이 가장 높은 업무임에도 불구하고 입법실무자들은 법의 형식적 측면의 검토에 관해서만 약간의 재량을 갖는 것으로 이해된다. 외부의 통제기관인 사법적 통제도 거의 미치지 않는다. 현재도 조례에 대한 중앙행정의 통제는 보장되지만 지방자치단체를 구속하는 힘을 갖는 법규명령이나 상급자치단체의 행정입법에 대한 기초자치단체의 원고적격은 인정되지 않고 있다.

2) 적극적 발전국가모델의 한계 – 부처이기주의와 사회적 갈등의 격화

90년대 이후 절대권력의 존재근거가 현저히 약화되고 사회의 복잡성, 다원성, 개방성과 가변성의 증대화로 인하여 구체적 합리성의 발견능력이 저하되면서 대통령의 구심적 역할은 현저히 약화되고 있다. 하지만, 군사문화에 젖은 권위주의적인 대통령이 존재하지 않은 상황에서도 정부산하기관과 지방자치단체는 물론이고 기업과 국민들까지 강력한 대통령이 존재하던 당시와 마찬가지로 정부가 적극적으로 사회위기를 해결하고 발전에너지를 발굴하여 관리해주기를 기대한다. 산업화, 도시화, 개방화가 상당히 진전되어 매우 복잡하고 가변적인 사회가 되었음에도 대통령이나 정치부문이 상대적으로 약화되고 아직 공공영역에서 지식사회의 싱크탱크로서의 능력도 부족한 상황에서, 정책과 입법의 형성에 가장 결정적으로 영향을 미치는 국내적 요인은 부처이기주의와 각 사회집단들의 집단이기주의다. 부처이기주의와 집단이기주의는 2차대전후 남북간의 전쟁을 거치면서 전쟁세대들이 생존의 극한 위협속에서 살아남는 과정에서 사물에 대하여 적과 아의 2분법적 흑백논리의 사고에 의해 바라보면서 살아야 했던 생존환경에서 배태되고 강화되기 시작했다. 이것이 경제성장시대를 거치면서 적극적 발전국가의 권위주의와 결합하여 한국행정의 최대문제중의 하나로 떠오르게 된 것이다. 노태우정부나 김영삼정부 그리고 김대중정부 모두 중요한 정책과 입법의 형성과 추진과정에서 부처이기주의와 집단이기주의로 인해 국정수행상의 중대한 어려움에 봉착하였다. 군사정부가 아닌 문민정부로서 새 정부의 성패의 상당

요인은 이 문제의 해결능력에 달려 있을 것이다.

　부처이기주의는 정부조직의 운영에 영향을 미칠 뿐만 아니라 조직들의 관할권다툼에도 반영되어 정부조직의 구조 그 자체에도 광범위한 영향을 미친다. 적극적 발전국가에서 관료들은 정책결정자가 원하는 정책수단과 규제수단을 얼마나 신속하고 강하게 제공할 수 있는 지에만 주로 관심을 갖는다. 대통령과 핵심참모(현지히 짧아진 임기도 그 원인임)들의 구심적 역할이 줄어들고 시간이 부족한 상황에서 공무원들은 해당 부처의 장관들이 정한 정책목적을 구체화하는 데만 관심이 집중되고 다른 부처에 대해서는 설득하여 자기 입장을 관철시켜야 할 대상으로밖에 인식하지 않는다. 이로 인해 부처간의 충돌과 밀어붙이기식의 적자생존적인 태도가 만연하게 되었다. 반대하는 부처와의 타협이나 자기 부처의 양보는 패배로 인식되어 담당공무원은 자기조직내에서 치명적인 명예의 손상을 입게 된다. 동원가능한 자원이 유일한 제약요소가 되므로 자원을 장악한 부서는 막강한 권한을 갖게 된다. 그러나, 이 조정은 주로 재정자원의 관점에서 이루어졌을 뿐이다. 그것은 권력적 규제의 방향은 그동안 대통령이 독점적 지위를 가지고 정부와 국회 그리고 국민과의 관계에서 그의 의사를 관철시켜왔기 때문에 조정할 필요가 없다는 전제위에 있었기 때문이다. 그러나, 이제 권위주의시대가 사라지면서 재정수단과 더불어 사회에 대한 정부의 양대 개입수단인 권력적 규제권의 적절한 배분은 강력한 부처이기주의와 사회의 집단이기주의 그리고 강력해진 야당 때문에 치명적인 문제를 나타내고 있는 것이다.

Ⅱ. 사회발전을 위한 새로운 정부조직모델로서 민주적 법치국가모델

1. 법과 행정조직의 관계

1) 조직법의 의의

전통적 행정조직법에 중요한 영향을 미친 관료제이론은 행정조직을 계층제조직으로 파악하여, 정치적으로 결정된 일정한 행정목적을 추구하기 위하여 관할권을 명확하게 배분하고, 조직의 통일성을 보장하기 위하여 공무원이 직무를 집행함에 있어 미리 제정된 법령을 준수하어야 하며 수직적인 감독에 복종해야 한다고 보았다. 또, 할당된 관할권의 범위내에서 문서에 따라 객관적이고 중립적으로 업무를 처리하는 것으로 묘사했다. 이러한 관료제이론은 오늘날 행정조직을 지나치게 계층제조직으로만 파악하고 수직적인 감독관계만을 중시하며, 행정과제의 성공적인 수행을 위해 중요한 수평적 협력과 다른 복합적 요소를 경시했다는 평가를 받고 있다. 특히, 조직의 과제와의 관련성을 제대로 고찰하지 않고 과제의 성격에 따라 조직도 달라져야 함을 인식하지 못했다.[11]

전통적 행정법자체가 지나치게 행정과 시민간의 외적 행위에 초점을 맞춘 결과 **전통적 행정조직법학**도 조직전체를 행정청으로 볼 뿐 불침투성이론(These von der Impermeabilität der Staatsperson)에 따라 내부의 조직문제를 내부관계로 보아 법과는 관계가 없는 것으로 다루어 왔다. 그런데, 이러한 논리는 결국 대통령, 각부 장관이나 시장과 같은 단독행정청인 행정기관장이 개인적 의지에 의해 인사, 예산, 조직, 규제설계 등의 문제를 처리하는 것을 승인하였으므로 권위주의적 행정을 소극적으로

---

11) Thomas Groß, Das Kollegialprinzip in der Verwaltungsorganisation, 1999, SS.120-126.

지지한 셈이 되었다. 조직의 구성원인 구체적인 업무담당공무원들의 역할과 의미는 거의 무시되었다. 그렇지만 현대사회가 복잡해지고 가변성이 높아지면서 높은 전문성과 신속성이 요구되었고, 이로 인해 조직구성원의 능력과 직무몰입여부가 행정의 능력을 결정지으면서 조직법의 새로운 이론흐름은 바뀌고 있다. 조직구성원들사이의 의사소통, 협력 및 행위조정의 결과로 조직의 행위가 산출된다는 점을 중시한다.

이러한 관점에서 **조직은 집단화된 행위주체로서 사람들 상호간에 의미있는 의사소통과 행위를 형성하고 유지시켜주는 행위결합체 또는 의사소통체계이자,**[12) **규범체계**라고 정의할 수 있다.[13) 조직은 구체적 인간의 교체여부와는 독립되어 존재하지만, 조직구성원들은 공통의 목적을 추구하면서 상호작용을 하기 때문에 조직은 행위결합체(Handlungszusammenhang) 또는 의사소통체계라고 할 수 있는 것이다. 또, 모든 조직은 법규범에 의해 일정한 과제를 부여받아 그것을 이행하기 위하여 구성원들에게 구체적 직무를 부여하되 그것들을 적절하게 결합시키는 법규범의 체계라고 할 수 있다. 사회에서 당해 조직에 대한 기대가 바뀌면 이 기대를 반영하기 위해 법규범들은 조직구조와 구성원의 역할을 변경시켜서 대응하게 된다.

한편, 행정학의 한 분야인 조직론에서는 법을 형식적으로 조직에 대한 제약요인으로서만 파악하여 권위주의적이고 강제적이며 외생적인 명령과 제재의 근거로서 이해해왔다. 그러나, 이러한 이해방식은 잘못된 것이라 할 수 있다. 법은 조직을 탄생시키고 변화시키며 상호 영향을 주고받고 서로를 변화시키며 재구성하기도 하므로 완전히 외생적 변수라고 할 수도 없고 또 완전히 내생적 변수라고 볼 수도 없다.[14) 현실적으

---

12) Hans-Heinrich Trute, Funktionen der Organisation und ihre Abbildung im Recht, in ; Eberhard Schmidt-Aßmann/Wolfgang Hoffmann-Riem (Hg.), Verwaltungsorganisationsrecht als Steuerungsressource, 1997, S.254.

13) Thomas Groß, Das Kollegialprinzip in der Verwaltungsorganisation, 1999, S.13.

14) Mark C. Suchman/ Lauren B. Edelman, Legal Rational Myths : The New

로도 조직개혁과 핵심규제의 개혁문제는 매우 밀접하게 연계된 주제이다. 특정 조직의 존부 및 그 관할범위에 관한 법규정은 당해 조직의 권한, 업무방식뿐만 아니라 인원과 예산까지 상당한 정도로 구조화시킨다. 이러한 구조화를 통해 정부조직은 그 업무의 지속성, 객관성 및 중립성을 보장받는다. 관계법들의 체계속에서 조직의 위치, 조직의 권한, 조직간 또는 조직구성원간의 갈등해결의 방식은 특정 조직의 존폐와 그 발전에 지대한 영향을 미친다. 반대로 조직의 구성원들의 태도와 조직의 구조는 핵심규제의 내용설계와 그의 집행에 중대한 영향을 미친다. 우리 법제정의 낙후성 때문에 짧은 법들로 분절되어 존재하는 실정법의 파편화현상이 심각하고, 법의 통일성이 부족하다보니 부처이기주의가 활동할 공간을 주게 되어, 관할의 구별이 어려운 중복유사의 업무를 처리하는 부서들이 각 부처들사이에 존재할 수 있게 되는 것이다. 이런 상황에서 각 부처의 관할은 그의 내용이 명확하고 확고하다고 할 수도 없고 실세장관들의 입김에도 강하게 영향받는 정치적인 성격도 갖는다.

한편, 그 동안 조직법학이 파악하지 못했던 지식을 조직이론이 제공하기도 한다. 즉, 조직의 구성원은 조직 내부의 문화나 규범적인 기대에도 영향받아 그 기대에 순응하기도 하고 거부하기도 한다.15) 각 조직의 문화에 따라 관계법규정들이 유사함에도 불구하고 업무를 서로 다르게 처리하는 현상은 흔히 발견된다. 어떤 조직에서는 조직내의 정치적 역학관계에 따라 당해 조직의 업무중 일부는 소홀히 취급되거나 무시되고 있으나 다른 조직에서는 유사 업무가 전혀 다르게 취급되고 있을 수도 있다. 따라서, 모든 조직은 자기 조직과 관련된 관계법들의 규정내용들에 대해 순응하는 정도를 달리 함으로써 각 규정의 내용을 재해석하고 있다고 볼 수 있다. 물론, 조직환경이 변화하면 기존의 업무에 대한 태

Institutionalism and the Law and Society Tradition, Law and Social Inquiry 1996, p.905.

15) Mark C. Suchman/ Lauren B. Edelman, a.a.O., pp.939-941.

도들을 재조정할 수도 있다.

특히 문제되는 경우는 조직간 권한들의 경합과 충돌이 존재하는 때인데, 관계 조직들에 대한 법규정의 내용이 모호하고 모순적으로 보이기 때문에 이러한 문제가 초래된 경우가 많다. 중앙행정조직간 권한의 중복과 갈등은 법과 정책의 집행이라는 명분에 의해 중복 유사의 산하기관들을 경쟁적으로 만들어내 유지시키면서도 구조조정에 필사적으로 저항하게 만드는 동인이 되기도 한다. 산하기관의 생존을 위해 국회의원들의 무관심을 이용하여 상대적으로 개정이 어려운 법률에 근거규정을 마련하려 애쓰고, 구조조정과정에서 기획예산처 등도 국회통과의 어려움을 고려하여 구조조정대상에서 제외하기도 한다. 해당 분야에서 보호해야 할 공익보다 해당 부처의 조직적 이익이 우선시되어 상호 협력과 역할 조정이 이루어지지 않으므로 제한된 정부의 자원이 분산될 수밖에 없고 결국 해당 공익에 대한 보호는 제대로 이루어지지 못하게 된다. 이러한 메커니즘이 한국에서 조직이기주의가 정부의 자원을 낭비하면서도 법과 정책의 성공적 집행을 좌초시키는 전형적인 경우라고 할 수 있다. 당해 중앙조직은 산하기관에 업무량이나 전문성과 관계없이 일률적인 최소기준에 의해 많은 직원들을 배치해두고 있는데 실질적으로는 그것의 부당함을 알면서도 경쟁하고 있는 다른 부처와의 관계 때문에 축소나 유사기관의 통폐합에 필사적인 저항을 한다. 각 부처의 이러한 실정을 잘 모르는 기획예산처나 국무조정실 또는 외부전문가들에 의한 통합적 조정이 한계가 있을 수밖에 없는 이유이다.

2) 조직법의 이중적 기능

행정조직에 대하여 행정조직법은 행정과제를 이행할 수 있도록 행정과제, 권한과 책임을 확실한 구조로 결합시켜 지속적으로 행정결정이 창출되도록 함으로써 구성적 기능과 조정기능을 담당한다.

(1) 조직법의 구성적 기능

조직법은 구성적 기능(Konstitutionsfunktion)을 갖는다. 조직법의 구성적 기능의 측면에서 볼 때 조직법은 네 가지의 중심적 요소로 구성된다.16) 즉, 조직의 구조, 조정과 협력의 메커니즘, 구성원의 선발, 내부절차인데, 이것들이 전부 규정될 때, 조직법은 비로소 기능하게 된다.

첫째, 조직법은 조직의 내부구조를 형성시키는데, 귀속규범으로서 조직구성원들에게 조직의 공통목적에 도움이 되는 전체과제를 나누어 일정한 과제와 역할을 귀속시킨다. 또, 조직내의 관할을 여러 세부부서에 분배함으로써 업무가 어떻게 처리되어야 하는지, 처리과정에서 어디에 중점을 두어야 하는지에 관한 구조를 형성하는 기능을 수행한다. 일정한 관할권과 역할의 부여를 통해 조직구성원들의 직무가 할당되고 그 일을 일정 기간 지속하게 함으로써 전문성을 촉진시키고 책임성을 명확하게 확보하려 한다. 그의 교체여부에 관계없이 직무의 계속성을 유지시켜준다. 따라서, 여러 부서가 동일한 과제를 동시에 처리하는 것은 원칙적으로 허용될 수 없다.17) 관할권의 배분의 중요한 의미는 배분된 직무담당자를 중심으로 하여 관련정보가 유통되고 저장된다는 점이다. 따라서, 특정한 직무담당자가 담당업무와 관련된 정보수집과 분석에 태만하고 전문성도 부족하다면 조직에 부여된 과제는 적절히 이행될 수 없게 된다.

둘째, 조직법은 조정과 협력의 메커니즘을 만들어낸다. 조직법의 구성적 기능에 있어 결정적으로 중요성을 갖는 것은 업무와 관할을 배분한 이후 조직전체의 목적을 위하여 각 행위들사이에 조화가 이루어질 수 있도록 설계되었는가 하는 점이다. 조직법은 조직내의 여러 부서들의 의견과 행위를 결합시키는데, 수직적으로 규칙을 제정하거나 개별적 지시

---

16) Thomas Groß, Das Kollegialprinzip in der Verwaltungsorganisation, 1999, SS.18-19.
17) Thomas Groß, a.a.O., S.12.

또는 직접 개입 등을 통해, 수평적으로는 의견전달이나 통지 등을 통해 상호간의 업무를 전체적인 관점에서 조정해간다. 부처간의 갈등이 점점 심각해지고 있는 현대행정상황에서는 조직법의 이러한 기능은 매우 중요하다고 할 수 있는데, 조직법은 조직의 목적, 조직의 세부구조, 관할권, 조직구성원의 역할 및 조직에서의 결정방법 등에 관한 것들을 규율함으로써 조정과 협력을 가능하게 하려 한다.

셋째, 조직법은 누가 어떤 지위와 직무를 담당하도록 할 것인가의 문제 즉, 직무담당자의 선발과 선택의 문제를 규율하고 있어야 한다. 전문성과 신뢰성(또는 책임성)을 갖춘 적절한 인재를 선택하는 문제는 매우 중요한 정치적 과제가 되는데, 조직구조를 아무리 잘 설계한다하더라도 필요한 사람이 그 일을 수행하지 않는다면 당해 조직은 그에 부여된 과제를 적절히 수행할 수 없게 된다. 따라서, 해당 업무의 담당자는 어떤 기준을 충족시키는 사람이어야 하고, 누가 그 사람을 선발할 것인가 하는 문제가 중요해진다. 중앙행정부처에 대하여 정책의 일관성과 개방사회에의 대응성이 부족하다는 비판이 제기되고 있는데, 그 주요원인으로 대통령에 의해 각부장관이 일방적으로 임명되고 교체되는 관행이 거론되고 있다. 이 관행으로 인해 우수하고 성실한 장관이라 하더라도 그 임기가 지나치게 짧고 대통령의 구체적인 의향에 너무 좌우될 뿐만 아니라, 대통령과 관련된 친인척들이나 측근들의 비리로 인해 대통령의 정치적 지지도가 떨어지면 그에 따라 급속하게 행정각부의 업무추진력이 함께 떨어지게 된다. 이의 개선책으로 행정각부장관의 임용시 국회인사청문회를 거치도록 함으로써 대통령이 장관의 임용과 교체여부에 대하여 신중해지고 절차적으로도 국무총리와 실질적으로 사전협의 하도록 함으로써 국무총리의 위상을 강화시킬 수도 있을 것이다.

넷째, 조직법은 조직의 내부절차를 규정한다. 어떤 결정을 내리기 위해서 다수의 사람들의 행위들을 조직화하기 위하여 어떤 단계를 밟아야 하는지, 내부절차에의 참여자들이 어떤 권한을 가지는지를 규율함으로써 내부규제가 가해지게 된다. 전통적인 단선적인 계층제에서는 기관장만이 결정권을 갖고 다른 모든 조직구성원은 보조자에 지나지 않는다고 보는데, 이 사고가 권위주의적 행정문화와 결합되어 결정권자의 강력한 내부규제가 당연하다고 생각하게 만들었다. 이로 인해 결정권자가 제한된 전문성만을 가진 채 대통령 등의 의중에 좌우되어 자의적으로 구체적 지시를 남발하거나 모순되는 지시를 하여 많은 문제를 야기하곤 했다. 따라서, 행정내부절차에 있어 보고, 협의, 승인, 감독 등의 내부규제를 현대행정에 맞게 개선시키는 것이 중앙행정조직뿐만 아니라 중앙행정조직과 산하기관, 지방자치단체와의 관계에서도 시급한 과제가 되고 있다.

(2) 조직법의 조정기능

행정조직에 관하여 조직법은 조정기능(Steuerungsfunktion)도 수행한다.18) 조직법은 조직의 구조와 조직구성원들에게 관할과 직무범위를 설정하고 협력과 조정의 메커니즘을 통해 그들의 행위에 영향을 미쳐 일정한 방향으로 유도함으로써 조정기능을 수행한다. 여기서 조정(Steuerung)이란 행위에 대한 목적지향적인 개입을 말하는데 행정은 사회에 대해서는 조정의 주체가 되기도 하지만 사회를 위한 조정의 객체가 되기도 하는데, 조직법은 행정조직이 사회가 부과한 행정과제에 적합한 것이 되도록 하기 위하여 행정조직을 조정의 객체로 다룬다. 조정기능의 측면에서 볼 때, 실체법과 조직법은 중대한 차이를 보여준다. 먼저 실체법은 외부관계에 직접적으로 개입하는 행정활동의 내용에 대해 규율하는데 비하여, 조직법은 행정활동이 이루어지는 전제에 영향을 미쳐 결과에 간접적으로 개입한다. 이에 관하여 좀 더 상세히 살펴보기로 한다.

---

18) Thomas Groß, Das Kollegialprinzip in der Verwaltungsorganisation, 1999, SS.19-25.

실체법은 직접적 조정 또는 내용관련적 조정이라고 부를 수 있는 것으로, 행위를 위한 직접적인 프로그램(조건프로그램 또는 목적프로그램)의 방식으로 입법자가 일반추상적 결정을 내리고, 그것을 행정조직이 구체화하도록 재량을 부여한다. 따라서, 실체법은 사회에 대한 예측가능성이 높고 갈등이 작아 법으로 합의할 수 있는 영역이 넓은 곳에서 적합한 것으로, 미리 목적과 수단에 대해 규정하고 행정이 그것을 이행함으로써 행정의 정당성은 확보되는 것으로 이해한다. 제한된 범위에서 법규명령이나 행정규칙을 통해 행정은 자율적인 프로그램을 만듦으로써 가변적이고 복잡한 환경에 대한 대응의 여지를 넓히려 한다.

조직법은 간접적 조정이라고 부를 수 있는데 행정활동의 결과에 대해 직접적으로 영향을 미치지는 않고 개입권만을 부여함으로써 간접적으로 영향을 미친다. 조직이 창설되거나 조직의 구조나 조정메카니즘 등의 개편을 통해, 즉, 조직규율을 변경시킴으로써 사회에 미치는 결과에 있어서 간접적인 변화가 야기된다. 이 변화는 직접적인 인과관계가 아니라 개연성에 영향을 미치는 것이다. 또, 조직의 구체적·개별적 결정이 아니라 조직의 활동전체에 대해 일반적으로 영향을 미친다. 이에 대하여 절차법은 개별사례와 관련된 간접적 조정이라는 점에서 실체법이나 조직법과 구별된다. 특히, 행정조직의 결정권의 행사와 관련하여 조직법은 공무원등의 행위들과 결정들 상호간의 질서를 형성해줌으로써 조화를 도모하려 한다. 외부와의 관계에서 정보의 흐름에 영향을 미치는 규정들, 내부절차, 관할권과 그 범위에 관한 규정들, 그리고 최종결정권의 소재, 합의방식일 때는 그 방식에 관한 규정들이 행정조직의 의사결정구조를 형성한다.

조직법은 전통적인 정형화된 계층제조직만이 아니라 계층제내에서든 아니면 그것과 전혀 다른 형태이든 다양한 조직이 있을 수 있다는 점이 밝혀지면서 최근에 와서 조정대상으로 크게 주목받고 있다. 조직에 부여된 과제의 이행과 관련한 조직의 성패는 의사결정과 관련된 복합적인 규정들이 결합하여 영향을 미치기 때문에 조직개편도 이러한 여러 측면의 하자를 찾아내어 개선시키는 작업이 되지 않으면 안된다. 조직법 자체는 조직구성원들에게 당위규범으로서 의미를 갖는데 현실적으로 그들이 그러한 당위수준을 충족시킬 수 없는 경우가 많다. 이기주의적 행태나 전문성 및 성실성의 부족으로 인해 전체적인 조화가 깨지고 공익의 발견과 보호의 임무가 방치될 수도 있다. 다른 부처와의 갈등은 물론이고 하나의 부처에서도 일정 부서는 조직법이 부과한 기대수준 내지 당위수준을 충족시키지 못할 수도 있다.

모든 법은 준수의 대상에게 의무를 부과할 때에는 그것을 불이행할 경우에 대비하여 제재수단을 마련해야 하는데, 조직법의 경우에도 조직법이 기대한 당위수준을 이행하지 못한 경우 인사의 불이익이나 예산상의 불이익 또는 조직의 축소나 폐지 또는 정체 등의 제재를 부과할 수 있다. **따라서, 새 정부의 등장과 함께 추진되는 조직개편은 업무추진성과를 근거로 하여 현행 정부조직에 인센티브와 제재를 부과한다는 의미도 갖는다고 할 수 있다.** 이 점에서 조직개편은 조직의 성과에 대한 정확한 평가를 필요로 이루어져야 한다고 할 수 있다.

관할권에 관한 규정이 중요한 것이기는 하지만 그 동안의 정부조직개편은 지나치게 관할권의 소재를 변경시키는 성질의 것이었다는 점에서 현대사회의 복잡성에 정교하게 대응하지 못했었다고 할 수 있다. 과도한 부서이기주의로 인한 모순과 갈등의 존재 또는 조직의 낮은 성과는 조직내의 의사소통절차와 같은 조직법의 내부설계나 인사의 하자에 기인할 수도 있으므로, 조직변경에 접근함에 있어서는 사전에 조직법의 네 가지 구성요소들 중 무엇에 하자가 존재하는지를 조사하여야 한다.

3) 조직법이 고려해야 할, 실체법과 다른 복잡한 요소들

행정조직은 행정과제를 처리하기 위한 도구라는 점에서 목적의 실현

을 위한 프로그램으로서의 성격을 갖는 법 및 정책과 유사하지만, 프로
그램적인 법 및 정책이 목적과의 관계에서 비교적 단순하고 단선적으로
그 성패에 영향을 미치는 데 비하여, 조직에 의한 과제이행의 성패에는
매우 복잡한 요인들이 결합되어 영향을 미친다. 즉, 조직에는 다양한 요
소들이 결합되어 있는데, 사람, 업무지식과 기술, 업무자의 동기, 예산
등이 조직에 부과된 목적의 달성여부에 중요한 영향을 미친다. 따라서
행정의 구조적 조건을 형성하는 조직법은 실체법과 달리 조직의 복잡한
특성을 고려하고 있어야 한다. 그러므로, 조직법을 단순히 특정 부처의
조직편성과 관할권 내지 직무의 배분만을 규율하는 것으로 좁게 보아서
는 안된다. 당해 부처내에서 또는 다른 행정기관과의 의사소통절차나 각
부서의 인원 및 담당공무원의 지위, 예산 및 감독관계, 사회 및 국민과
의 행정절차 등도 고려하고 있어야 한다.19)

　새로운 행정조직의 설계나 재편에 있어 고려해야 할 조직의 복잡한
요인들을 조금 더 구체적으로 살펴본다. 첫째, 행정조직은 정보처리의
체계라는 점을 유의하여야 하는데, 특히, 정보의 획득, 행정기관간 정보
의 유통, 외부전문가의 참여, 사회이익들의 균형잡힌 대표 등이 적절히
보장될 수 있는 조직이 되도록 하여야 한다. 둘째, 행정조직법은 행정조
직상호간의 관계도 규율하여야 하므로 조정체계(Koordinationssystem)로
서의 의미도 갖는데, 특정한 행정부처내에서 그리고 다른 행정부처와의
관계에서 협의필요여부, 보고의무와 지시권의 인정여부와 그 한계, 사전
승인이나 동의의 필요여부, 또는 위원회와 같은 합의제 의사결정조직의
필요여부 등이 검토되어 개선여부를 판단해야 한다. 따라서, 행정내부적
규제와 조직간 의사결정절차에 주목해야 한다. 셋째, 조직법은 조직의

19) Eberhard Schmidt-Aßmann, Verwaltungsorganisation als Steuerungsressource-
　　Einleitende Problemskizze-, in ; Eberhard Schmidt-Aßmann/Wolfgang Hoffmann-
　　Riem (Hg.), Verwaltungsorganisationsrecht als Steurungsressource, 1997, SS.19-20.
　　43-48.

편성에 관한 권한의 소재를 결정해주어야 하는데, 대통령의 조직권의 범위, 각부장관이나 산하기관장의 조직편성권의 내용, 지방자치단체의 조직편성권의 내용 등에 관해서도 개선이 필요한지가 검토되어야 한다. 넷째, 각 행정기관이 갖는 독자성과 자율성의 범위를 결정해주어야 하는데, 인원충원 및 예산 그리고 사회에 대한 권력적 규제권의 내용과 범위를 검토하여 개선이 필요한지 검토하여야 한다. 다만, 사회에 대한 권력적 규제권과 재정적 개입권은 실체법과 정책에 의해 구체화되므로 그 권한의 보유여부에 관한 것만 검토대상이 된다.

2. 행정조직의 새로운 모델로서 민주적 법치국가모델

1) 작은 정부사고, 국정현안의 딜레마상황과 사회적 갈등의 극복의 과제

(1) 작은 정부사고의 수용과 그의 한계

80년대와 90년대에 걸쳐 많은 발전된 산업국가들은 공공부문의 크기와 재정적자를 줄이기 위해 노력했었다. 특히, 영국, 오스트레일리아, 뉴질랜드, 덴마크, 스웨덴 등의 나라들은 늘어가는 재정적자 때문에 공공부문의 구조조정을 적극적으로 실시하여 공공부문을 축소하고 시장부문의 영역을 확대시켜왔다. 정책형성부문과 정책집행부문을 구별하여 후자에 대해서는 공공서비스시장을 형성하여 민간에 맡기고자 하였다. 또, 행정내에도 경쟁의 원리를 도입하고자 했다. 이를 통해 불로소득 내지 부당이득의 추구행위(이른바 지대추구행위)를 감소시켜 지속적인 경제발전과 재정건전성을 회복하려 하였다.[20]

20) Herman M. Schwartz, Public Choice Theory and Public Choices—Bureaucrats and State Reorganization in Austria, Denmark, New Zealand, and Sweden in the 1980s,

우리나라에서도 전두환대통령의 제5공화국이래 김대중정부까지 행
정개혁의 방향을 피상적으로나마 제시해온 작은 정부론은 주로 정부의
규모를 줄이려는 것이었다. 그런 가운데 정부가 꼭 할 필요가 없는 일은
민간에게 이양하고 정부의 지나친 간섭과 규제를 풀어 정부 안팎의 모
습을 바꾸는 것이었다. 이 자체 매우 바람직한 측면도 가지고 있었지만,
그 동안 작은 정부론은 정부과제의 내용이나 성격에 관한 논의없이 단
지 기능주의관점에서 정부규모의 축소만을 추구한 결과 별로 실효를 거
두지 못했다. 특히, 적극적 발전국가의 국정운용방식을 바꾸지 않은 것
은 큰 문제이었다. 목적과 방향없이 도구의 효율성과 기능의 생산성만을
중시하면 목적을 정하는 것은 정책결정자의 몫으로 남기 때문에 정부의
입법과 정책의 목적은 정치인 또는 정책결정자가 결정하는 것을 당연시
하고 그것의 효율적인 달성만을 주된 관심대상으로 삼았다. 따라서, 권
력자 자신과 관련된 문제에 대해서는 매우 취약하였고, 권력자에 밀착한
비공식적 핵심참모와 그 친인척들의 비공식적 영향력이 크게 증가하여
부패와 정경유착의 문제는 해소될 수 없었다. 이를 극복하기 위해 헌법
적 원칙과 유리된 도구적 효율성사고를 극복함으로써 제도적 행정적 능
력의 재건[21] (rebuilding institutional and administrative capacities)이 절실
히 필요하게 된 것이다.

(2) 국정현안의 딜레마상황

김대중 정부에서 재정경제부와 교육인적자원부의 장관들을 부총리로
격상시킨 것은 경제문제와 교육문제가 우리 사회의 핵심문제로서 그만
큼 비중이 높다는 것을 의미한다. 그래서 여기서는 이와 관련된 비전의

Administration & Society, 1994, pp.48-77.

21) 김광웅, 정보화사회에서의 역할 : 전자민주주의와 미래의 정부, 21세기의 정부조직 :
     정부, 시장, 민주주의의 조화, 1998. 11, 한국공공정책학회 발표문 참조.

충돌과 정책수단의 제약성을 보여주려 한다.

우선 경제문제부터 정책결정의 딜레마상황을 보기로 한다.

첫째, IMF위기당시 한국은 그동안 비교적 건전재정상태를 유지하고 있어 부실은행과 부실기업들의 정리를 위한 재정지출을 감당할 수 있었지만, 다음 정권은 재정문제와 관련하여 중대한 어려움에 봉착할 수도 있다. 정부는 증가하는 예산수요의 억제와 조세수입을 지속적으로 확보해야 한다. 공적 자금으로 인해 재정정책수단의 가능성은 크게 줄어들었는데, 외국투자자들의 중국으로의 투자처이전과 기업투자이전으로 야기된 산업공동화의 결과 조세수입감소 위험속에서 재정건정성을 중장기적으로 계속 유지해야 하는 어려운 과제와 씨름해야 한다. 지방자치단체와 정부산하기관 및 정부투자사업 등에서 재정적자확대위험도 걱정해야 한다.

둘째, 글로벌경제에서 대기업들이 그래도 국제적 경쟁력을 지닐 수 있는 업체로 발전할 가능성이 높지만 과거 중화학공업육성정책을 펼 당시와 같이 대기업을 증가시키기 위한 정책을 펼칠 수도 없는 시대이므로 정책수단이 매우 한정되어 있다. 글로벌수준에서의 대기업의 새로운 창출원으로서 정부산하기관이나 공기업의 민영화가 정책수단으로 고려될 수 있지만 민영화에 대한 저항도 크고 민영화이후 해당 기업늘의 공적 책임을 보장할 규제체계를 건설해야 할 과제도 남아 있다.

셋째, 코스닥시장에 벤처기업의 진출을 용이하게 하기 위해 진입을 매우 용이하게 했지만 퇴출이 거의 이루어지지 않고 기업들의 불법자금 운용도 심하고 국제적 경쟁력도 부족한 실정이다. 벤처기업에 의한 시장력의 강화정책이 큰 어려움에 봉착하게 된 것이다. 투자자의 자기책임원칙을 강조하면서 퇴출을 강화시키려해도 투자자들의 반발에 부딪혀 과감한 퇴출은 이루어지고 있지 않아 국내투자자는 물론 외국투자자들에게 완전히 신뢰를 상실하고 있다. 한국사회에 아직 자기책임원칙이 정착되지 않아 시장의 참여자들에 대한 권력적 규제 중 진입규제를 풀거나 강화시키는 등 진입규제에만 의존할 수밖에 없는 것이 현실적 어려움의 주된 원인이다.

넷째, 외국자본의 투자촉진을 위한 산업특구 내지 동북아물류기지의 건설정책도 사회적 갈등(예,심각한 합법적 또는 불법적 대규모파업)을 야기하여 정권자체의 정책추진력과 신뢰도에 치명적 피해를 야기할 수 있다.

결국, 경제문제와 관련하여 정부는 재정수단에 있어서는 재량의 여지가 크게 줄어들었고 시장내의 행위자들의 행위를 권력적으로 규제하는 권력적 규제의 영역에서만 어느 정도 재량여지를 가지고 있으나 경제특구의 예에서 보듯 사회적 갈등으로 인해 그것의 추진도 쉽지 않은 상황이다. 따라서, 삼성그룹에서 새로운 수종산업의 발굴이 현재의 인력으로는 어려워지자 인재확보전략으로 전환한 것처럼, 정부는 교육문제를 핵심적 경제문제로 보고 우수인재나 필요한 인재의 육성정책에 매달릴 수밖에 없는 처지에 놓이게 된다.

교육문제에 관해서 보기로 한다.

첫째, 산업의 비교우위수준에 맞는 적정임금과 적정기술을 갖고 있는 인력은 공급되지 않는다는 기업들의 어려움이 호소되고 있으나 고학력자들의 고실업문제가 병존하는 인적자원의 수요공급상의 불일치를 해소하기도 어렵다. 3D업종 등에 대한 외국노동자의 유입은 단기적인 산업수요는 충족시키겠지만 중장기적으로 많은 문제를 야기할 소지가 있다.

둘째, 글로벌기업에 맞는 우수한 인재와 적합한 인재의 육성이 요구되고, 국내대학의 경쟁력상실에 반발한 많은 학생들이 외국으로 유학을 떠나가고 있어, 특히, 국내 대학원의 위기가 나타나고 있으나, 대학들은 재정이 약해 어떤 대책을 세울 수도 없는 입장이다. 그럼에도 불구하고 정치인들은 대학재정에 대한 지원보다는 유권자로서 수가 많은 초중등학교의 학부모들의 입장을 고려하여 교육재원을 주로 초중등학교의 교원확보와 교실확충에 쓰고 있는 실정이다. 또, 권력적 규제방식을 이용

하여 대학들의 자율적인 재원확보노력도 허용하지 않고 있다. 대학제도
에 대한 개혁적 비전에의 집중력 상실로 인해 초중등교육에의 과도하고
비효율적인 개입으로 지난 5년의 세월을 보냈다.

셋째, 평등주의적 교육기대가 지나치게 높아 정부의 권력적 규제정책
의 원인이 되고 있으며, 각 가계별로 과다한 교육비가 국내는 물론이고
해외로도 지출되어 중대한 경제적 어려움을 야기하고 있지만, 고학력실
업자는 늘어나고 있어 교육열의 의미와 실익에 대한 사회전체적인 분석
과 검토가 진지하게 수행되어야 할 시점에 이르렀다.

정부는 교육문제에서 비전에 대한 집중력의 약화와 인기영합적 대중
주의에의 함몰의 위험에 빠져 있다. 핵심적 경제문제로서 교육문제는 산
업인력의 공급자로서 대학문제이지 초중등학교에서의 사교육비의 문제
가 아니다. 사교육비 등 학부모들의 교육투자가 대학을 마친 후에 적정
하게 회수될 수만 있다면 사교육비투자는 권장해야 하기 때문이다. 그러
나, 과잉지출로서 낭비라면 국가경제체제는 중장기적으로 그러한 지출
을 감당할 수 없을 것이기 때문이다.

(3) 민주적 시장경제의 발전을 위한 핵심적 장애요소로서 사회적 갈등의 문제

다수결의 원칙을 따르는 민주주의는 1인1표 원칙에 따라 인적평등원
칙이 의사결정을 지배하지만, 시장경제는 가격결정에 있어 사람이 아니
라 금액평등주의가 지배한다. 이에 따라 다수이지만 적은 돈을 지닌 사
람들(예, 다수인 피지배종족)과 소수이지만 보다 많은 돈을 가진 사람들
(예, 소수인 지배종족)간의 갈등은 민주주의와 시장경제의 병행발전을
추구하는 사회에서는 항상 존재할 수밖에 없는 근원적 위협요인으로서
많은 국가들의 발전을 좌초시켜왔다. 현재까지도 지속되고 있는 '법과
발전'('law and Development')운동에 참여했던 학자들과 실무자들이 서구

선진국들로부터 경제발전을 위한 이론과 자본의 지원을 받고도 발전에 성공하지 못하고 있는, 아프리카, 남아메리카, 아시아 여러 나라들의 실태를 조사한 결과, 다수결주의와 다액주의간의 근원적 갈등이 발전의 최대 장애요인임이 발견되고 있다.[22]

그런데, 우리사회에서도 최근 시장경제와 민주주의의 발전과정에서 폭발적이고 다양한 갈등현상들이 나타나고 있어 사회의 지속적 발전가능성에 상당한 우려를 불러일으키고 있다. 신자유주의를 비롯한 최근의 사회와 정부개혁이론들은 심각한 갈등이 존재하지 않는 서양에서 탄생된 결과 갈등의 문제를 발전을 좌우하는 핵심요인중의 하나로서 고찰하지 못했다. 민주주의와 시장경제의 전면적 채택이후 사회와 종족간의 갈등으로 분열, 정체 내지 후퇴를 보이고 있는 러시아나 많은 아프리카, 중남미국가들에 비하여, 갈등을 관리할 수 있는 능력을 보존하면서 시장경제의 발전에너지를 경제특구부터 제한적으로 투입해왔던 중국이 현재 보여주는 차이를 비교하더라도 사회의 지속적 발전을 위하여 갈등관리의 문제가 얼마나 중요한가를 알 수 있다.

21세기에 들어와서 선진국들의 국가조직내에서 조정과 총괄의 기능의 중시, 사회의 공공영역과의 토론과 합의의 확대는 공론장을 통한 이성의 발견이 현대사회에 있어 사회발전의 진정한 원동력이라는 사실을 수용한다는 점에 있다. 유교적 동양문화권은 모두 행정각부처의 기관장의 정책결정의 불합리성을 견제하기 위한 공론적 장치가 매우 취약하거나 거의 존재하지 않기조차 한다. 대통령 자신이나 행정기관장의 의사에 의해 짧은 시기에 수많은 입법안들을 만들어 내거나 대량의 행정입법들을 정리하는 권력자의존방식의 개혁이 갖는 최대 취약점은 바로 복잡한 사회를 지도하고 규율하기에는 1인의 합리성발견능력은 한계가 있을 수밖에 없다는 점이고, 그것은 바로 유교적 행정문화의 최대약점이기도 하다.

22) Amy L. Chua, Markets, Democracy, and Etnicity : Toward a New Paradigm for Law and Development, The Yale Law Journal 1998, pp.1-107.

2) 민주적 법치국가모델

새로운 행정조직은 적극적 발전국가모델이나 작은 정부론의 장점을 수용하면서도 그 단점을 극복할 수 있는 것이어야 하는데, 그 길은 무엇보다 헌법적 원칙, 특히 민주주의와 법치주의의 요청을 충족시킬 수 있는 것이어야 한다.[23] 정부의 의사결정구조를 개선시키고 사회발전의 조정능력도 향상되어야 한다. 입법과 정책은 보다 개방적인 시스템속에서 형성되어져야 한다. 이하에서는 그 내용을 보다 구체적으로 살펴보기로 한다.

(1) 행정조직의 민주적 정당성, 제도적 법률유보와 정부조직의 공론지향성

민주주의체제에서 행정의 정당성의 원천은 국민이므로 행정조직에 대해서도 정당성(Legitimation)의 보장을 요구한다. 특히, 현대사회에서 입법과 정책의 형성에 있어 행정이 주도적인 역할을 수행하는 상황에서 행정이 처리하는 핵심적 행정과제가 국민으로부터 정당성을 획득한 것이어야 한다는 명제는 민주주의의 핵심적 가치가 현대사회에서도 유지될 수 있는가를 가름하는 척도가 된다고 할 수 있다. 이런 점에서, 민주주의는 행정과제자체의 존재와 그것을 처리하기 위한 특정 행정조직 자체의 존재의 정당성을 묻는 원리이다. 대한민국은 민주주의 국가이므로 국회나 대통령과 같은 정치적 통합기능을 수행하는 정치부문에서 여론을 반영하여 조직의 본질적 내용은 결정해야 한다. 조직은 행정일상에서 수많은 개별적 결정들을 통해 부과된 업무를 안정적으로 수행할 수 있는 지속적인 물적 토대가 되지만, 조직의 유지를 위해 많은 예산을 필요로 하기 때문에 그만큼 행정이 개입해야 할 공적 정당성을 갖춘 업무에

---

23) 홍준형, 정부조직개편의 법적 문제, 고시연구 1998. 2, 48면.

대해서만 행정조직이 창설되어야 한다. 따라서, 조직의 본질적 내용에 대해서는 국민적 합의절차를 거쳐서 결정해야 할 중요한 정치적 결정대상이 되고, 국회에서 충실한 논의를 거쳐 법률로 규정되어야 할 것이다.

민주적 정당성은 국회와의 관계에서는 국회가 입법설계와 정책의 형성에 있어 적절한 역할을 할 수 있도록 부과된 과제를 감당할 수 있는 조직이 국회와 중앙행정의 양쪽에 존재하고 중앙행정과 국회가 적절한 네트워크를 형성할 것을 요구한다. 또, 예산편성권을 가지고 있는 중앙행정조직은 행정의 권력남용으로부터 주권자인 국민의 기본권과 법률상 이익이 적절히 보호될 수 있도록 사법부의 조직과 권한을 충분히 강화시키는데 노력하여야 한다. 즉, 삼권의 역할재조정을 통해 입법부와 사법부의 역할을 강화시킴으로써 국가조직 전체에 대한 국민의 불신과 사회의 제 세력들간의 갈등에 대한 대응능력을 높여야 한다. 입법부와 사법부에 대한 조직강화노력없이 중앙행정조직만의 개편과 권한집중을 통해 제기되는 많은 국가적 과제와 사회적 갈등을 해결하려 했던 권위주의적인 적극적 발전국가시대의 행정관료들의 태도는 이제 결국 대통령 한 사람의 인기하락이 나타나는 집권중반기이후 국가조직전체의 효율성 저하가 되풀이되는 중요한 원인이라는 것을 직시하여야 한다.

조직의 정당성은 권한과 예산, 조직구조와 인원의 모든 측면에서 평가될 수 있는데, 각 부분요소들은 상호 보완적이고 일정 부분 대체가능성도 있다. 또, 조직의 정당성은 조직의 성격과 역할에 따라 그 수준이 달라질 수 있는데, 모든 행정기관에 대하여 동일한 수준의 정당성이 보장될 것이 아니라, 대통령, 행정각부, 정부산하기관 및 지방자치단체에 대하여 서로 다른 수준의 정당성이 보장되어야 한다. 그 정당성수준(Legitimationsniveau)에 맞게 조직법은 적절한 조직의 구조를 창출해내야 한다.

독일에서 법률유보론은 이제 정부조직의 영역에까지 넓혀가 '제도적 유보'('institutionell Gesetzesvorbehalt')의 이론이 발전해가고 있다. 이 이

론에 따를 때, 정부조직의 본질적 사항은 법률에 유보되어 있어야 한
다.24) 과거의 법률유보론은 국가와 시민의 관계에 대해서만 주된 관심
이 있었지만 제도적 유보론은 법률유보개념의 확장을 통해 조직내부의
관계에 대해서도 법률유보의 문제로 다룬다.25) 그러한 예로는 조직법이
외에도 예산법이 있다.26)

　한편, 예측과 준비의 한계로 인한 일반성과 일관성의 적용영역은 한
계가 있을 수밖에 없다. 갈등과 변화가 많은 사회의 특성상 실체법에 의
한 사전예측적이고 일반추상적 규율이 어려운 법치주의의 한계영역은
존재할 수밖에 없다. 더구나, 남북대치상황과 작은 발전도상국가로서 국
제정치경제상황에의 강한 의존성, 사회적 갈등의 해소불가능성도 일반
성과 일관성의 적용영역에 제한으로 가하는 요인이다. 이 상황에서는 국
정현안에 대한 구체적 다수결원칙과 공론에 의해 정부역할이 정의되어
야 하고 정부조직들은 그것을 읽고 존중해야 한다. 행정조직이 국정현안
과 관련하여 사회에서 형성되는 공론에 따라 신속하게 입법과 정책이
결정될 수 있도록 국회, 행정 및 지식사회사이에 적절한 네트워크를 형
성해야 한다. 그리고, 행정조직에 대한 정당성의 요청은 사회의 제 이익
들의 균형잡힌 대표와 행정결정의 공익적합성이 보장될 것을 요구한다.
기본권에 중대한 영향을 미치는 입법, 정책 및 행정조직의 설립에 관하

---

24) Eberhard Schmidt-Aßmann, Verwaltungsorganisation als Steuerungsressource-
　　Einleitende Problemskizze-, in ; Eberhard Schmidt-Aßmann/Wolfgang Hoffmann-
　　Riem (Hg.), Verwaltungsorganisationsrecht als Steurungsressource, 1997, SS.61-62. ;
　　Thomas Groß, Das Kollegialprinzip in der Verwaltungsorganisation, 1999,
　　SS.239-279.)
25) 이런 점에서 우리 행정조직법이 행정각부의 직무범위 및 설치근거 등에 대한 규정이
　　지나치게 간략한 것은 문제가 있다고 할 것이다. 유진식, 행정조직법의 기초이론과
　　정부조직법, 법제연구 제17호 1999. 12 참조. 신봉기, 정부조직법의 법제적 검토-최
　　근의 총리서리논쟁을 보고-, 한국법제발전연구소 제5회 세미나 발표자료(2002. 8)
　　참조.
26) Armin von Bogdandy, Gubernative Rechtsetzung, 2000, SS.172-173.

여 국민들의 상충하는 이해관계가 적절히 비교형량되어 반영될 수 있도
록 국민들의 참여가 설계되어야 하고 정부조직에의 국민들의 접근가능
성이 보장되어야 한다.27) 이것은 특히 전자정부와 관련하여 중요한 의
미를 갖는다.

(2) 효율적 법치주의

법치주의는 정부조직의 구성원들이 충분한 전문지식을 갖고 있다면
일반적이고 추상적 기준들을 통한 간접적인 의사소통만으로도 사회의
복잡성과 가변성에 적응할 수 있는 답을 찾아낼 수 있을 것이라는 믿음
위에서 유지된다. 따라서, 전문적 업무담당자에게 합리적 재량을 승인하
고 그것을 부인하지 못하게 한다. 그러나, 우리 정부조직내에는 권위주
의적 인치주의가 오랫동안 지배하면서 권력적 지시와 보고·복종의 관행
이 형성되어 일반적·추상적 기준은 별 의미가 없고 구체적·직접적 의사
소통에 과도하게 의존하면서 법령과 정책들 상호간의 모순저촉은 방치
되고 조직내부에서 구체적 지시가 없으면 움직이지 못하여 공무원들간
의 의사소통도로가 심각한 체증과 과부하를 보여주고 있다. 이 체증을
해소하기 위하여 기관장에게 점점 의존하게 되어 그의 지배력은 더 높
아지지만 그의 합리성을 보완해줄 전문가는 점점 찾기 어려워지고 있다.
제왕적 지배를 극복하기 위하여 합리적인 법기준과 정책지침을 제정하
고 그에 대한 충분한 지식을 학습하도록 함으로써 수동적인 기계처럼
윗사람의 지시만 기다리는 것이 아니라 능숙한 기술자처럼 재량범위내
에서는 신속하게 업무를 처리할 수 있도록 하여야 한다.

효율적 법치주의(rechtsstaatliches Effectivitätsgebot)는 독일에서도 이에
관한 논의가 최근에 산발적으로 논의되는 수준인데,28) 종합적으로 개괄

---

27) Armin von Bogdandy, Gubernative Rechtsetzung, 2000, SS.28-33.
28) Eberhard Schmidt-Aßmann, Verwaltungsorganisation als Steuerungsressource—

하면 법의 집행과정의 효율성과, 해당 법형식(예, 공법이나 사법)을 선택한 결과가 헌법이 지향하는 가치와 목적의 실현을 위해 효율적일 것을 요구하는 법원칙으로 이해하고자 한다. 입법의 형식과 절차를 중시했던 형식적 법치주의나 법내용의 실질적 정당성을 중시했던 실질적 법치주의와는 그 강조의 포인트가 다르다고 하겠다. 투입보다는 결과와 집행의 효율성을 중시하는 효율적 법치주의는 조직법에 있어서도 조직의 법형식(예, 공법이 적용되는 공공조직과 사법이 적용되는 민간조직)의 선택의 효율성과 조직의 구조와 업무처리방식의 효율성을 요구한다.29) 전통적인 계층제조직도 행정과제의 성격에 따라 구체적인 조직형태는 과제의 최적이행을 위하여 다양해질 수 있다. 특히, 공무원의 관점의 제한성과 전문지식의 부족을 보완하기 위하여 다른 부처와 지식사회로부터 다른 관점과 전문지식을 어떻게 수용할 것인가에 따라 조직의 구조가 달라질 수 있을 것이다.

효율적 법치주의론은 조직에 부과된 목적을 달성하는 방식과 정도에 대한 문제제기와 그 개선이 관심포인트이다. 경제학적 관점에서의 효율성논의와 다른 점은 효율적 법치주의에서는 효율성의 정도를 평가하는 기준인 조직이 달성하고자 하는 목적이 헌법으로부터 나올 뿐만 아니라, 한국헌법이 보호하고자 하는 다양한 공익들의 비교형량을 거쳐 그 구체적 과제들이 도출되어야 한다고 본다. 무목적적인 경제학적 효율성논의가 오히려 사회통합을 해치고 단기적 관점에 치우쳐 정책결정자의 일관되지 못한 자의적 개입을 막을 수 없어 대형정책부실을 낳고 비공식적 집단의 집요한 로비공세에 휘말려 부패가 초래되었다는 점에서, 상충하

Einleitende Problemskizze-, in ; Eberhard Schmidt-Aßmann/Wolfgang Hoffmann-Riem (Hg.), Verwaltungsorganisationsrecht als Steuerungsressource, 1997, SS.40-41.; Thomas Groß, Das Kollegialprinzip in der Verwaltungsorganisation, 1999, SS.200-209.

29) Thomas Groß, Das Kollegialprinzip in der Verwaltungsorganisation, 1999, SS.200-209.

는 공익목적들과 이익들을 상호형량하여 시대적 상황에 맞게 구체적 과제
들을 도출한 후 그것들을 실현하는 수단들과의 관계에서 효율성을 논의하
는 효율적 법치주의논의가 한국사회에서 활성화되어야 한다고 하겠다.

특히, 경제부처(재정경제부, 기획예산처, 산업자원부, 정보통신부, 건
설교통부 등)나 자치행정의 통제조직(예,행정자치부와 교육인적자원부)
그리고 정부산하기관과 같은 일정한 행정조직이나 계선라인(기획, 총무,
인사담당부서)과 같은 행정부서는 권위주의시대의 적극적 발전국가를
뒷받침하기 위하여 과잉조직상태(Übermaßverbot)에 있는 반면에 입법을
뒷받침하는 조직과 같은 다른 행정조직은 과소조직상태(Untermaßverbot)
에 있는데, 이러한 조직불균형상태는 시급히 극복되어야 한다.30) 지방행
정조직의 경우에는 일본과 비교해보더라도 과거 중앙행정의 권위주의적
내부규제때문에, 특히 도시형 자치단체에 있어 중앙행정이나 상급자치
단체와의 연결을 담당하는 조직이나 기관장의 보좌조직은 과잉조직상태
에 있는 반면, 시민들을 직접 상대하는 민원부서나 도시사회의 복잡성을
관리하는 부서의 수가 작고 그 규모도 매우 작은데, 이것은 실제로 규제
집행의 재량이 작았을 뿐만 아니라 정책을 기획하고 자치입법을 제정할
수 있는 권한이 극히 적었기 때문에 나타난 현상이다. 지방자치의 진전
과 함께 자치단체의 정책기획능력, 규제설계능력 및 합리적 규제집행능
력을 강화시키기 위한 조직개편이 필요하다.

적정한 행정조직은 수행해야 할 행정과제에 적합한 조직이어야 하기
때문에 행정과제와의 관계를 분석하지 않고는 말할 수 없다.31) 과제를

---

30) Eberhard Schmidt-Aßmann, Verwaltungsorganisation als Steuerungsressource—
Einleitende Problemskizze—, in ; Eberhard Schmidt-Aßmann/Wolfgang Hoffmann-
Riem (Hg.), Verwaltungsorganisationsrecht als Steuerungsressource, 1997, S.63.
31) Jens-Peter Schneider, Das Neue Steuerungsmodell als Innovationsimpuls für
Verwaltungsorganisation und Verwaltungsrecht, Eberhard Schmidt-Aßmann/Wolfgang
Hoffmann-Riem (Hg.), Verwaltungsorganisationsrecht als Steuerungsressource, 1997,
S.113.

그 성격에 따라 나누고 정부부문과 사회부문으로 서로 역할을 배분하며 그 구체적 과제수행방식을 결정하는 과정에서 적절한 조직의 모습이 결정될 수 있다.

중앙행정조직의 개편과 관련하여 중앙행정조직은 개방사회의 가변성과 도시화된 산업사회의 복잡한 이익충돌상황을 조정하면서 위기에 대응하고 발전을 설계해야 하는 업무에 집중해야 한다. 이런 관점에서 중앙행정의 핵심과제는 입법설계, 정책형성 및 재정정책의 과제이어야 하고, 다른 과제, 즉, 업무의 반복성을 전제로 하는 규제집행, 정책집행 및 권익구제의 과제 등은 독립적 책임기관이나 지방행정이나 대학과 같은 자치행정조직 또는 민간부문에서 맡도록 하는 것이 타당하다. 정부부문과 사회부문으로 역할을 배분하더라도 공사법의 보완적 역할의 설계는 매우 중요하다.

(3) 협력적·개방적 계층제의 확립

부처이기주의가 고질적 병리현상으로 고착되게 된 데는 행정계층제와 법단계에 의한 행정내부적인 조정통합장치가 제대로 작동하지 않은데 제1차적 원인이 있다.

행정계층제는 막스베버의 관료제모델에 따라 합리적 지배를 목표로 근대국가의 탄생과 더불어 세계에 널리 퍼지게 되었는데, 업무의 분할에 의해 권력을 분할하고 전문성을 증진시키며, 관할의 구분과 협력은 규범에 의해 보장하고, 명령과 복종의 상하관계에 의해 부서간의 전체적 통일성을 보장하는 것을 목적으로 한다.[32] 그런데, 현대사회에 들어오면서 사회의 제세력간에 이해관계가 충돌하고 정부책임도 크게 증가하게 되면서 전문성이 크게 필요하게 되었고, 사회 제세력과 연계된 각 부처의

---

32) Wolfgang Kahl, Die Staatsaufsicht－entstehung, Wandel und Neubestimmung unter besonderer Berücksichtigung der Aufsicht über die Gemeinden, 2000, SS.437-471.

이해관계가 다른 부처와 크게 달라지면서 일반적 규범과 구체적 명령에 의해 전체적 조화를 보장한다는 계층제의 구상은 크게 흔들리게 되었다. 하나의 부처내의 결속력은 점점 더 강해졌으나 부처간의 관계를 조정해야 하는 총괄적 기능을 담당해야 하는 일반적 규범은 법안을 기초하는 주무부처의 의견이 절대적인 것이 되어가고 있고, 총괄기관의 구체적 명령권도 전문성이 뒷받침되지 않고, 크게 증가한 업무의 세부적인 내용까지 조정할 전문인력도 없기 때문에 조정통합능력이 현저히 약화되었다.

책임기관제와 정부기능의 민영화노력은 거대관료제의 전체적 효율성의 보장이 매우 어렵고 조정통합능력이 전세계적으로 약화되어가는 경향을 반영하여 전통적인 계층제로부터 이탈하려는 노력을 반영하고 있는 것이다. 그렇지만, 민주사회에서 정부는 민주적 정당성을 확보하고 그에게 부여된 과제를 이행해야 할 최종책임을 지므로 사회와 시장이 정부에 요구하는 핵심기능은 민영화하기도 어렵고 중앙부처 전부를 책임기관으로 운영할 수도 없다. 계층제를 현대행정상황에 맞게 수정하여 운용해야할 필요는 여기에서 나온다. 길은 협력(Kooperation)과 계층제(Hierarchie)의 보완관계의 형성에 있다.33) 명령의 주체와 복종의 객체를 나누는 사고를 전환하여야 한다. 형식적인 입법절차와 정책결정절차의 분리로 인한 부처이기주의적 입법과 정책의 문제를 극복하기 위하여 주요입법과 주요정책인 경우 주요기관의 전문가들과 전문학자들이 입법과 정책의 수요가 나타날 때부터 협력적 작업을 함으로써 상호이기심과 불신이 형성되는 것을 막고 관련기관들이 전체적 공공성을 지향하도록 하여야 한다. 여기서 명령권은 최종적 조정통합의 담보장치로서 주요 입법과 정책의 형성과정에서 부처이기주의를 제어하여 공공성을 보장하는 기능을 수행해야 한다. 이것을 협력적·개방적 계층제(Kooperativer und Offener Hierarchie)라고 부를 수 있을 것이다.

---

33) Wolfgang Kahl, a.a.O., S.458.

협력적·개방적 계층제에서 행정각부는 입법초안의 작성단계에서부터 다른 법과의 충돌가능성과 헌법적 가치결단과의 일치여부 및 사회적 합의에의 일치여부를 고려하여야 할 의무가 있고,[34] 이를 행정내부절차적으로 보장하여야 한다. 법과 정책의 중장기적 일관성과 다른 법 및 정책과의 관계에서 통일성의 보장은 선진국으로 향하는 길목에서 모든 경쟁력의 핵심적 사항이다.[35]

(4) 민주적 법치국가에서 법과 정책의 제정

전통적인 적극적 발전국가시대에 법과 정책[36]은 대통령 중심의 핵심 엘리트들이 독점적으로 골격을 형성하여 사후적 의견수렴절차를 거쳐 등장하였다. 강력한 대통령상에 의해서 유지될 수 있던 이러한 모델은 우선 대통령 스스로 사회가 발전하면서 다양한 이익들의 복잡성을 감당할 수 있을 정도의 전문적 능력을 갖기 어렵고, 또, 훨씬 치열한 경쟁압박을 받게된 국제경제환경앞에서 가변성과 국제적 압력에 신속하게 대응할 능력에도 제한이 있어서 과거와 비교하여 지도능력이 크게 약화되었다. 또, 현실적으로 실무관료들의 도움을 받아 정책과 법의 골격형성에 실질적인 영향을 미칠 수 있게 된 각부장관이나 대통령비서실의 수

---

34) Dagmar Felix, Einheit der Rechtsordnung, 1998, SS.360-363.
35) 졸고, 규제개혁과 정부책임－건설산업의 규제개혁실패와 공법학의 임무－, 공법연구, 제30집 제1호, 2001. 12, 377-378면.
36) 종래 정책문제는 법적 판단과는 다른 것으로 보면서 정책의 근본목적인 공익에 대해서도 그 판단을 법적 판단에서 제외되는 것으로 보아 온 정책학의 주장은 잘못된 것이라 할 것이다. 법의 목적과 주요수단들이 바로 정책이기 때문에 정책적 판단과 법적 판단은 서로 혼재되어 있고 구별할 수 없는 것이다. 이 점에서 정책판단이라 불리우는 것도 헌법적 가치결단과 헌법적 원칙에의 합치여부를 항상 검토해야 할 것이다. 최송화, 공익론－공법적 탐색-, 2002, 313-314면 참조. 문상덕, 행정법학에 있어서의 법과 정책－그 상관관계와 연구방법론을 중심으로-, 현대공법학의 과제(최송화교수 화갑기념논문), 2002, 1017-1018면 참조.

석 등은 대통령과 달리 자기 부처의 이해관계에 구속받기 때문에 정부 전체의 기획능력이나 통합적 조정능력은 현저히 낮아져 위기대응과 발전조종능력이 매우 떨어졌을 뿐만 아니라 부처이기주의 때문에 정책과 법의 내용이 전체적 공익에 합치되지 않을 위험은 점점 커지고 있다.

이제 국가의 의사결정구조의 변경문제와 발전능력의 개선문제는 서로 연결된 주제로서 함께 풀어야 할 숙제가 되고 있다. 문제해결의 실마리는 행정조직의 전문성을 보강하면서도 사회에서 이기적인 사익집단들을 지식사회의 공론을 통해 제어할 수 있도록 하는 방향에서 찾아져야 한다. 이것이 바로 민주적 법치국가에서 법과 정책의 형성방법이다. 따라서, 민주적 법치국가모델은 적어도 한국을 위해서는 새로운 모델이며 미래지향적 모델이라 할 수 있다.

① 지식정부의 핵심문제로서 제도개혁에 관한 법지식과 법제담당조직의 강화필요

과거 정부가 선도적으로 사회발전을 주도하기 위하여 시장에 개입하여 기업을 육성하는 정책은 세계각국의 반대와 국내 반대 이익집단의 반발에 부딪쳐 더 이상 허용되지 않는다. 이 상황에서 정부는 현대사회의 특성에 맞는 적절한 정부의 비전을 가져야 하는데, 그것은 선진사회에서 정부에 부과되어 있는 책임인 사회의 다양한 기대와 이익의 충돌의 조정자로서의 정부를 목표로 할 수밖에 없다. 국제적으로 지식정부를 위한 경쟁이라는 것도 그 핵심은 이해충돌의 조정원칙의 발견과 조정절차의 합리적 형성에 관한 지식을 어떤 정부가 자기 나라 실정과 글로벌 기준에 맞게 발견하여 발전시킬 수 있는가의 경쟁이다.

그런데 이러한 이익충돌의 조정은 권위주의적이고 초법적으로 대통령이나 국무총리의 지시에 의할 수는 없는 것이므로 이해관계집단들과 관계부처들의 합의를 바탕으로 한 기준과 원칙에 의해 이루어질 수밖에 없다. 간혹 이러한 합의는 이해당사자들만의 이익을 옹호하고 전체국민

의 공익에는 중대한 피해를 줄 수도 있는데, 이를 방지하기 위하여 합의를 위한 원칙으로서 헌법적 가치결단에 기초한 이해충돌의 조정이 필요하다. 따라서 실정법의 제정과정에서 상충하는 이익들을 적절하게 조정하고 보다 적정한 내용과 절차를 갖는 실질적 법치주의의 실현을 위해 노력할 수 있는 기능이 정부에게 요구되는 핵심적인 능력이 된다. 그런 의미에서 정부부처 중 제도설계와 법들의 상호충돌을 조정하는 부처는 지식정부로의 발전에 있어 가장 핵심적 부처라고 할 수 있다. 여기서 유의할 것은 행정정보화와 지식정부는 엄격히 구별해야 하는데 그것은 가공되지 않는 일차적 정보라는 것이 선진국들사이의 정부간 경쟁에서는 최소요건은 될 수 있을지 모르지만 핵심적 관건이 되는 요소라고 볼 수는 없기 때문이다.

이를 위해 법과 제도에 대한 정치인들과 사회의 기본 컨셉이 완전히 바뀌지 않으면 안된다. 선진국들의 경쟁이라는 것이 기본적으로 제도간 경쟁이라는 사실을 직시해야 한다. 어떤 나라의 제도가 자기 나라 국민들의 에너지의 대승적 조화를 통한 사회발전으로 수렴시킬 수 있는 능력이 뛰어난가의 경쟁인 것이다. 이런 관점에서 볼 때, 정부조직개편과정에서 제도설계와 법을 다루는 부처의 조직, 인력과 예산은 획기적으로 증가시켜야 한다. 여기서, 정부부처내의 법제를 다루는 공무원들은 다른 부처에 대한 소극적 지원을 벗어나 각 소관법령들에 대한 지식사회의 전문지식을 수렴하고 부처간의 갈등을 전문지식에 의해 조정할 수 있는 기능을 가져야 한다. 법치주의가 가장 발달한 선진국중의 하나인 독일의 법제담당공무원들은 학자들의 연구성과의 수용능력과 및 직능단체들의 이해충돌의 조정능력에 있어 한국의 법제담당공무원들과는 비교할 수 없을 정도의 능력을 보여주고 있다. 지식의 생산은 아이디어를 가진 사람들의 활발한 의사소통과 이해당사자들의 자제와 절충에서 나올 수밖에 없음에도 입법과정에서 소수의 행정전문가중심의 폐쇄적 입법관행은 한국의 법제도의 낙후성의 핵심적 원인이 되고 있다는 점을 인식해야 할 것이다.

또, 법제를 다룰 수 있는 우수한 인재를 확보할 수 있도록 많은 인센티브가 주어져야 하며, 그들에 대한 장기간의 철저한 교육이 이루어질 수 있도록 적절한 교육기구가 창설되어야 할 것이다. 법과 제도를 다루는 부처와 기관이 지식에 의해 권력을 제어하는 지식정부의 핵심부서로서 위상을 정립할 수 있도록 해야 할 것이다.

② 지식사회와의 정당한 협력의 확대 및 강화

현대 사회의 가변적이고 복잡한 문제들에 직면하여 민주적 법치국가에서 법과 정책의 제정은 그 골격이 정치영역에서 지식사회와의 논의를 거쳐 형성되고 그 골격의 범위내에서 행정이 구체화할 것을 요구한다. 따라서, 이제까지 핵심엘리트집단이 골격을 형성하던 관행은 바뀌어야 하는데, 이를 위해 의사결정구조의 개혁, 헤게모니의 변경이 필요하다.37) 선진국의 경우 정부의 전문성의 약화로 인해 많은 전문지식소지자들과 시민단체나 이해관계인들이 정부정책결정에 참여하고 있으므로 정부(Government) 자체만을 정책과 입법의 주체로 파악하는 방식은 더 이상 적절하지 않은 것으로 평가하고 있으며, 공공문제에 관한 한 정부와 사회가 협력하여 결정하고 집행하는 지배구조(Governance)의 건설이 시급한 것으로 인식되고 있을 뿐만 아니라 현실적으로 그러한 경향이 확산되고 있다.38) 공공프로그램과 제도의 설계에 실질적으로 기여할 수 있도록 정부의 의사결정과정에 전문가들의 능력이 통합되어야 한다는 점이 강조되고 정책결정과정에서의 활발한 의사소통도 촉구되고 있다. 이에 따라 정부와 사회간의 경계가 완화되고 전문가 집단과 민간부문도 정부의 법과 정책의 형성과 집행에 중대한 영향을 미치고 있고 그 영향

---

37) Armin von Bogdandy, Gubernative Rechtsetzung, 2000, S.47.
38) Martin Shapiro, Administrative Law Unbounded : Reflections on Government and Governance, Indiana Journal of Global Legal Studies, 2001, pp.369-370.

력은 더 커지고 있다.

한국에서도 핵심관료집단의 비밀주의, 지식사회에 대한 불신풍조와 근거없는 우월의식이 바뀌어야 할 뿐만 아니라, 제도적 인프라를 현대적으로 크게 개선해야 한다. 시대변화에 맞추어 공법학도 공공성의 보장에 초점을 맞추고 정부의 역할과 그 역할수행의 방식을 설계하는데 관심을 기울여야 한다.[39] 지식사회에서도 제도설계를 담당하는 주된 학문으로서 정책과 법의 제정에 있어 법학의 참여기회를 크게 확대하기 위해 노력해야 한다. 오랫동안 무원칙적으로 행정각부가 법과 정책의 전문성을 보강하기 위해 외부학자들에게 용역을 주고 있고 그 보고서가 행정 자신의 의견을 대변해주는 정도의 종속적 역할밖에 하지 못해 왔으나, 한국사회에서 이에 대한 비판은 좀처럼 찾아보기 어려웠다. 그러나, 다른 나라의 입법과정과 비교해보면 한국에서 이 부분이 얼마나 낙후되어 있어 부패가능성이 높은가를 알 수 있다.

예를 들어, 독일의 입법과정에서 외부의 학자들 및 집단과의 협력은 모든 입법들에서 필수적인 것으로 한번이 아니라 여러 차례 반복되어진다.(이하의 내용은 http://www.bmj.bund.de에 올라 있는 것을 참조했음.) 이것이 가능한 것은 행정부가 입법을 함에 있어 법조계의 학문석 논의에 맡겨 그 결과를 가지고 입법을 해온 오랜 신뢰관계에 기인하는 것이다. 이 과정에서 중심적인 단체는 모든 법학관련자들이 참여하는 단체인 독일법조인회(Die Deutsche Juristentag)인데, 이 조직은 입법의 필요성과 그 내용을 검토하여 입법의 발전에 기여하는 것을 목표로 하고 있다. 또, 각 부처나 주들은 입법자료의 수집과 실태조사를 위하여 전문위원회를 발족시켜 준비해간다. 이 위원회의 독립성과 자율성은 보장된다. 또, 학자들의 연구자단체인 독일연구협의회(Der Deutsche Forschungsrat)가 조

---

39) Alfred C. Aman, Jr, The Limits of Globalization and the Future of Administrative Law : from Government to Governance, Indiana Journal of Global Legal Studies, 2001, pp.396-400.

직되어 있어 입법과 행정개혁조치가 학문적 기초 위에서 이루어지는지를 검토하여 연방정부에 조언을 해오고 있다. 연구협의회의 제안은 연방정부를 구속하는 것은 아니지만 관할연방관청이 그 제안을 거부할 때에는 거부의 이유를 밝힌다. 또, 외국법조사를 위해서는 비교법연구소에 조사분석을 의뢰하기도 한다. 이해관계집단도 법안초안의 작성과정에서 자신들의 주장을 반영시킬 기회를 갖는다.

이러한 과정을 거쳐 연방 각 부처의 법제관(Ministerialreferenten)들이 작성한 법제관초안은 공개되어 입법과정에 의견을 제출하지 못했던 다른 많은 단체나 학자들로부터 전문적인 비판을 다시 받는다.

법안초안의 작성과정에서 학계, 시민단체 및 이해관계집단과의 협력과 대화의 빈번함과 충실성은 독일입법과정의 지식화정도를 보여주는 것이다. 현대사회에서 사회공학적 기술로서 입법은 매우 정교해야 하며 각 이해집단들의 이익을 다양한 장치들을 통해 조정해야 하는데 이것은 개발도상국들의 입법관행, 즉 소수의 관료주도의 초안작성 및 외국법모방적인 입법태도와는 근본적으로 다른 것이다. 입법과정에서 사회의 문제를 얼마나 정교하게 읽고 입법에 그것을 반영하는가는 정부실패와 사회적 갈등을 줄여 지속적인 사회발전을 위한 국가의 사활적 과제가 되어가고 있다. 한국에서도 각 부처의 입법과정과 법제처의 검토과정에서 외부 전문가집단과의 협력적 작업의 정착이 시급하다고 하겠다. 이를 위해서는 대통령과 정책결정자들의 법지식부족이 극복되고 법학에 대한 인식이 획기적으로 전환될 필요가 있다고 할 것이다.

한편, 법과 정책의 제정과정에 지식사회가 적극 참여하는 것은 민주주의의 관점에서 볼 때, 바람직한 것으로 볼 수 있지만, 몇 가지 비판적으로 검토되어야 할 점도 있다.

첫째, 정부와 사회의 협력강화는 입법과 정책결정의 지체를 야기할 가능성이 존재할 뿐만 아니라 오히려 잠재되어 있던 사회적 갈등을 표출시킬 위험도 있다. 따라서, 합의도출이라는 명제에 원칙없이 매달리는 것은 부패와 낭비의 온상이 될 수도 있으므로 헌법적 핵심가치들로부터 원칙들을 발견하고 구체화하며 법과 정책에 대한 전문적인 이해의 토대 위에서 협력절차가 진행되어야 할 것이다. 원칙과 전문지식의 기초위에서 의사소통과 협력이 강화되어야 한다. 그것이 무원칙적이고 아마추어적인 협상으로 인한 합리성상실의 위험을 막고 이후의 법과 정책들의 일관성도 보장하게 될 것이다. 이 점에서 학계, 특히 공법학회는 사회의 합의의 표현으로서 헌법적 핵심원칙들을 국정현안에 맞게 적절하게 구체화시키려는 태도와 다양한 대안들에 대한 조사 및 분석에 더 많은 노력을 기울여야 할 것이다.

둘째, 동양의 전통적인 정부와 사회의 협력문화, 즉, '관계문화'는 협력적 지배구조의 방식을 취하고 있었지만,(공무원도 아니었던 최익현의 상소로 대원군이 물러났던 최근세사의 역사적 경험을 기억할 것!) 부패의 확산이라는 부정적인 측면을 가지고 있었다는 점을 주의해야 한다. 그러므로, 정부와 함께 공공성의 구체화에 참가하는 전문가들이나 시민단체는 공인으로서 전문성과 신뢰성(Zuverlässigkeit)(또는 책임성)의 유지와 개선에 노력해야 한다. 전문성도 부족하면서 또는 이기적이거나 부도덕한 동기로 정부의 의사결정에 참여하여 영향력을 행사하는 것은 전통적인 동양사회의 부패사슬이 현대적으로 변형되어 나타난 것에 다름 아니다. 이러한 문제 때문에 조선사회의 선비들에게는 공인으로서의 자세와 군자윤리가 엄격하게 강조되었던 것이다. 한편에서는 서구의 프로젝트문화의 영향을 받아 지식인이 정책과 입법의 조언을 함에 있어 경제적 욕망의 추구를 당연시하는 풍토도 존재하는 바, 전통사회의 지식인상에 깊은 관심을 가지고 이를 현대적으로 계승하기 위해 노력해야 할 것이다.

(5) 글로벌화 및 지방화와 민주적 법치국가

한국사회는 여러 정권들을 거쳐 국제사회의 변화에 대응해가면서 경제발전을 위한 강력한 중앙집권체제와 상대적으로 폐쇄적인 국내지향적 정치행정시스템에서 점차 지방화와 글로벌화의 경향을 밟아가고 있다. 이러한 추세는 우리나라뿐만 아니라 미국에서도 나타나고 있는데, 이로 인해 정부의 역할 및 능력에 중대한 변화가 불가피해져,40) 정부조직의 개편과 공무원들의 선발시스템 및 교육시스템의 변화도 중요한 과제가 되고 있다. 이러한 현상을 좀 더 자세히 살펴본다.

첫째, 공공부문에의 참여자들의 역할변화가 발생하고 있다. 즉, 미국의 경우 20여 년 이상동안 민영화와 작은 정부를 추구한 결과 연방정부는 점차 정책중심조직으로 변해가고 있고 기존에 연방행정에 부과되었던 공적 과제의 이행책임을 지방이나 국제기구 또는 민간부문들과 함께 분담하고 공유해가고 있다. 공공서비스의 집행부문은 지방이나 영리 또는 비영리 민간조직에게 이전되면서 지방이나 민간영역을 활성화시키고 있다. 우리나라에서도 지나치게 중앙집권화된 계층제조직을 변화시키고자 하는 흐름을 발견할 수 있다. 정책집행임무, 규제집행임무 및 권익구제임무를 중앙행정으로부터 분리시켜 독립기관으로 재편하거나 지방행정에 이전시켜가고 있으며, 중앙행정은 다른 파트너들과의 관계에서 수직적 관계에서 점점 더 수평적 관계로 역할을 바꾸어가고 있다. 중앙행정차원에서는 정책과 법을 혼합시켜 글로벌 기준에 부합되면서도 국내적 수요와 이익충돌을 적절히 조화시킬 수 있는 입법과 정책의 설계능력의 강화가 필요해지고 있으며 이를 위해 다른 사회과학과 법학을 융합시킨 학문을 개발시킬 필요도 증가하고 있다. 또, 지방행정의 영역과 민간부문과의 협력이 증가하면서 더 많은 집행업무과 규제업무를 담당하게 된 공무원들에게 계획의 방법(예, 도시계획기법), 처분의 설계(예, 집단민원의 잠재적 대상인 건축허가처분에서 이익들의 상충을 적절히 형량하도록 설계할 수 있는 능력) 그리고 행정계약(예, 건설도급계약, 조

---

40) Donald F. Kettl, The Transformation of Governance : Globalization, Devolution, and the Role of Government, PAR Vol.60, No. 6, 2000, 488-497면.

달계약) 등에 관한 사례교육의 강화가 시급한 과제로 떠오르고 있다.

한편, 지방행정이나 민간부문으로의 규제업무나 집행업무의 이전은 이 기관들의 능력의 낙후성으로 인해 필연적으로 더욱 더 많은 시행착오를 발생시킬 것인데, 이에 대한 통제가 더욱 강화되어야 한다. 이러한 통제도 국회나 감사원의 감사처럼 중앙집권적으로 접근할 것이 아니라 감시자로서 시민단체나 주민들 스스로 나서도록 제도를 개혁할 필요가 있다. 이것이 가능하도록 기초자치단체에도 행정심판위원회가 구성되어야 할 것이며 행정소송제도도 지역적 관할이 확대되고 그 대상과 원고적격이 확대되어야 한다. 과거 정권들에서, 권익구제능력이 취약한 고충처리위원회나 조정위원회와 같은 비정식 권익구제기관들이 이상 비대해졌으나, 이들을 통폐합하고 심판위원들의 독립성이 강화된 상설의 정식 권익구제기관을 강화시키는 것이 필요하다. 이에 맞추어 공무원들에게 민원분쟁의 해결을 위한 쟁송절차에 관한 재교육이 강력하게 실시되어야 할 것이다.

둘째, 글로벌화가 진전되고 있는데, IMF나 세계은행 또는 WTO등이 정부의 정책형성에 지대한 영향을 미치는 현상이 나타나고 있다. 직접적으로 자본이용계획의 통제나 권고를 통해서 또는 각국 정부나 사회에 대한 비교평가를 통해서 기존의 정책수정에 영향을 미쳐가고 있으며, 지역경제블록의 추세도 강화되고 있다. 지방자치단체들도 외국의 자치단체나 외국기업들과 직접 접촉하는 사례들도 나타나고 있다. 시민단체들도 구제적인 NGO와 연대하여 국제적인 활동을 하는 사례도 나타나고 있다. 이에 따라 국내적 관점에서만 결정되던 정책들이 국제적인 영향을 더 많이 받게 되었다. 외국에 대한 적절한 대응의 실패는 외환위기에서 또는 미국이나 중국 등의 기업들의 압력에 의해 외국정부가 취하는 보호무역적 조치들에 서 드러나듯이 한국에 치명적 위협요인이 되는 경우가 많아지고 있다. 따라서, 중앙행정은 정책결정을 함에 있어 주로 외국에 대한 정보수집·분석의 측면에서 그리고 법적인 측면과 자본의 관리능력에서 외국정부나 외국기업들에 대한 대응능력을 강화시켜야 하며, 지방행정의 취약한 대응능력을 지원해야 할 필요도 커지고 있다. 이를 위해 글로벌사회에의 대응을 위한 조직들의 구성과 임시위원회조직 등을 통해 외부의 전문가의 전문지식을 활용하는 것이 정부조직개편에서 중요한 과제로 등장하고 있다. 적절한 어학구사능력과 국내법제 및 외국법제에 대한 전문지식과 외환관리능력을 갖춘 인력에 대한 수요에 비추어 한국사회의 공급능력은 현저히 부족하다는 점이 큰 문제로 나타나고 있다. 전통적으로 한국은 외국에 대한 대응능력이 매우 취약했고 그것이 현대 한국사회에서도 IMF 外換危機와 같은 엄청난 外患을 초래하게 된 배경이 되었었다는 점에서 심각하게 인식해야 할 문제라 할 것이다.

한편, 글로벌사회에서 한국은 다른 경쟁국가들에 대하여 제도의 우위를 확보하여야 한다. 구체적으로 글로벌사회에서 한국은 동북아의 통합을 주도하는 정부가 되어야 하며, 이를 위해 동북아에서 제도적 측면에서 글로벌 스탠더드에 가장 근접한 정부가 우선적으로 되어야 한다. 예를 들어, 동아시아의 정치·외교·행정 센터로 자리잡기 위해 노력해야 하며 중장기적인 전략과 행동계획을 세운 다음 국제기구나 다국적 기업의 아·태지역본부를 유치하는 노력을 기울여가야 한다.

중국이나 일본보다 시장규모가 작은 이상 유럽에서 독일에 인접한 네덜란드와 같이 매우 개방된 시스템을 가지는 길만이 중국에의 제조업집중에 의한 한국의 산업공동화현상과 같은 글로벌 사회가 야기할 치명적 위협을 어느 정도 극복해갈 수 있을 것이다. 따라서, 지속적으로 폐쇄적인 경제사회시스템과 교육시스템, 그리고 금융과 법률시스템을 개방체제로 바꾸어가지 않으면 안될 것이다. 또, 국민들의 조기유학열풍을 이용하여 이문화의 수용과 공존을 통한 발전에도 노력하여야 한다. 이를 위해 중단기적으로 동북아경제통합(FTA)이나 아세안과의 경제통합 등을 통해 다른 경쟁국가들보다 개방된 시스템을 건설해야 한다.

셋째, 변화된 상황에서 중앙행정이나 지방행정 또는 민간부문이 부과된 과제를 이행할 능력이 있는가 하는 문제가 심각하게 제기되기 시작했다. 공공부문 전체에 대한 국민들의 기대수준은 오히려 증가해가고 있는 상황에서 공적 책임을 이행할 능력은 오히려 약화되고 있기 때문이다. 중앙행정은 다른 파트너들에게 부족한 정책개발능력을 지원하면서 오케스트라의 지휘자와 같이 사회전체의 통합적 발전을 조종해갈 수 있는 능력을 확보하여야 한다. 또, 그 역할이 증가한 다른 파트너들과 적절한 협력의 방법도 개발해야 하게 되었다. 인사문제에 있어서도 기존의 중앙행정의 독점적 지위가 약화되어 정치부문(예, 인사청문회)이나 민간부문의 개입영역(예, 개방형 임용제나 민간위원들)이 증가하면서 적절한 협력시스템을 관리할 능력의 개선이 요청되고 있다. 민간부문이 해결하지 못할 많은 실업자들에 대한 적절한 대응책도 다음 정권의 중요과제가 될 것인데, 인력을 공급하는 대학과 그것을 필요로 하는 기업들의 수요를 일치시키기 위한 정책을 설계하여 집행해야 하는 과제가 한편으로는 학생 및 학부모들의 이익과, 대학들 및 기업들의 상충하는 이익을 조정해야 하는 극히 어려운 과제가 기다리고 있다.

(6) 네트워크정부로서 민주적 법치국가

네트워크는 중앙행정부처의 여러 부서들뿐만 아니라 사회의 여러 전문가, 시민단체 또는 이해관계집단들로 구성되는 어느 정도 안정된 임시조직이라고 볼 수 있는데, 작은 정부의 취지를 살리면서도 시장실패를 교정시킬 수 있는 방법으로 이해되며, 정보사회와 전자정부가 진전되면서 화상회의방식으로 또는 전자정부조직 내지 가상조직 등과 결합하여 더욱 발전해가고 있다. 네트워크방식은 광범위한 싱크탱크 인재풀을 조성해놓고 각 부처별로 관리자에 해당하는 소수의 정책관리자가 정책사안이나 업무에 따라 인재풀을 활용해 태스크포스팀을 구성해 문제를 해결하는 방식이다. 그곳에서는 국장, 과장, 사무관 같은 계층과 서열은 의미가 없다. 정책 이슈별로 싱크탱크의 연구원이나 관련 전문가들이 팀을 구성할 수 있는 '정책기획 네트워크'만 평소 관리하면 되는 것이다. 또 업무가 끝나면 다시 연구소나 대학, 기업, 또는 자신의 소속 부처로 돌아가면 된다.

네트워크는 어느 정도 지속성을 가지고 목적과 협약에 의해 불확실성을 감소시키고 예측가능성과 환경의 통제가능성의 범위를 넓히려 한다. 이것은 조직들간, 자원들간 상호 의존되어 있는 신뢰에 기초한 의사소통과 상호작용의 채널로서 정보와 전문가 등 다른 정책자원의 교환이 이루어지게 된다. 이 네트워크는 그것을 통합시키는 이론과 논리를 가지고 있으며 결정을 내리기 위한 규칙을 가지고 있다. 여기서 규칙은 네트워크의 구성원인 행위자들의 활동을 구조화시키고 그들의 활동범위를 한정하게 된다.41)

새 정부는 그의 핵심과제의 복잡성과 전문성 그리고 중대한 사회적 효과때문에 중요한 정책과 입법의 설계에 있어 전통적인 계층제조직에만 의존할 수도 없을 것이고 그래서도 안될 것이다. 계층제 조직은 반복적인 훈련과 통일적인 명령체계를 중시하는, 집행조직의 성격을 갖는 전통적인 군대조직에 가장 적합한 것으로 과거업무의 반복가능성이 낮은 가변적인 현대 중앙행정의 영역에서는 점점 한계를 맞이하고 있기 때문이다. 따라서, 정책과 입법의 설계에 있어 어떤 특정부처에만 의존할 수는 없고 네트워크에 의존하지 않을 수 없을 것인데, 이 경우 네트워크조직은 고정적인 정부조직의 문제라기 보다는 문제에 따라 개방적이고 임시적인 정부조직의 성격을 갖는다.

이미 상당 부분 행정문제의 전문성과 복잡성으로 인해 행정관료들은 자신들의 정책기획 업무를 외부 발주하고 있다. 각 부처의 배후에 포진

---

41) 이상의 내용은 독일의 막스 플랑크 연구소의 구성원들인 Renate Mayntz, Fritz Scharf 와 그의 동료들의 견해이다. R.A.W. Rhodes, Governance and Public Administration, in ; Jon Pierre, Debating Governance, 2000, pp.62-63.

해 있는 국책연구소들은 정책문제와 관련된 정보를 수집하고 분석하고 정책기획까지 담당하여 관료들을 지원한다. 대학교수나 전문가들도 위원회나 정책연구 프로젝트 형식으로 정책 아이디어를 제공하고 정책평가를 하며 정책 입안에도 참여한다. 이 경우 행정관료들은 정책과정에서 정책기획보다는 중간 다리 역할만을 한다.

불확정성과 불명확성이라는 네트워크의 본질적 약점에도 불구하고 가능한 한 핵심과제의 골격에 해당하는 법과 정책에 대한 적절한 설계자들을 공동의 토론장으로 모음으로써 설계의 오류를 줄여가야 한다. 공동의 토론이 활성화된다면 비전을 공유하고 대화를 통해 자기들의 상대적 역할을 서로 정의하고 학습함으로써 매우 포괄적인 과제에 대해서도 점점 더 정확하고 신속하며 유연하게 대응할 수 있게 되어 지식행정의 전진기지가 될 수 있을 것이다. 핵심과제에 관한 설계와 집행을 담당하는 네트워크는 여러 정부부처의 부서들이 서로 연결되어야 할 것을 요구할 뿐만 아니라, 프로그램의 성격을 갖는 여러 법과 정책들이 결합되고 상호 조화를 이룰 것을 요구한다.[42] 이로 인해 중앙공무원들과 정책결정자들에게는 법과 정책에 대해 더 많은 전문지식과 의사소통능력을 가지고 있을 것이 요구된다. 다른 부처의 업무에 대한 학습도 필요해지고 있다. 이를 통해 다른 부처와 겹치는 업무를 담당하는 부서들이 부처이기주의의 원인으로 작용하는 상황을 역전시켜 "서로 겹치는 네트워크" ("überlappender Netwerke")들이 상호학습을 통해 정부전체의 업무들의 통일적 조화를 촉진시키고 전체적 생산성을 높이도록 하여야 한다. 서로 다른 관점들을 드러내 토론을 통해 협약을 하여 합의기준을 만들어냄으로써 복잡한 정책과 입법사안에서 결정의 지체와 자원의 낭비를 막고 의도하지 않은 부작용을 축소할 뿐만 아니라 신속한 대처가 가능하게 됨으로써 중장기적 일관성을 확보할 수 있을 것이다. 전문성에 기초한

---

42) Karl-Heinz Ladeur, Von der Verwaltungshierarchie zum administrativen Netzwerk?, Die Verwaltung 1993, SS.160-165.

합의만이 일관성을 만들어낸다는 것을 인식해야 한다.

핵심과제의 성패는 프로그램의 설계단계에서의 하자여부에 크게 의존하는데 특히 당해 프로그램의 설계와 집행을 담당하는 조직의 선정이 적절한가 여부도 매우 중요한 성패의 요인이 된다. 모든 조직은 그 자신의 역사, 문화 및 특성을 가지고 있는 상태에서 새 정부의 등장으로 새로운 과제를 부여받게 되므로 새로운 적응과정이 필요하다. 네트워크에 참가하는 조직들이 과거 그들의 목적, 이익 및 업무의 재조정을 감수하려는 의지를 갖지 않는다면 새 정부의 핵심과제는 과거 정부의 과제들과 차별화된 것일수록 성공하기 어렵다. 기존의 조직들은 예산지원, 인력과 정보의 제공 등이 필요함에도 소극적인 태도를 취할 가능성도 있다.[43]

III. 민주적 법치국가모델에 따른 중앙행정조직의 개편방향

1. 개방사회에 적합한 민주적 법치국가의 기획설계 및 통합조정력의 강화

사회의 위기에의 신속한 대응과 발전에너지의 발견 및 관리는 국가와 사회의 공통된 목적이기 때문에 행정부 혼자서 주도적으로 다루어서는 안되는 주제이다. 대통령선거과정에서 제시되는 정책들에 의해 국가와 사회가 나아갈 방향에 관한 5년 동안의 사회계약적 합의가 도출된다 하더라도 그것이 하나 하나 입법과 정책으로 나타나는 과정에서 사회의 제세력들의 비판 및 상호의사소통을 통해 구체적으로 정치적 과정을 거

---

43) Harold Wolman, The Determinants of Program Success and Failure, in ; Tadao Miyakawa (ed.), The Science of Public Policy IV, pp.324-334.

치지 않으면 안된다. 그 동안 사회적 갈등이 제도권내에서 수용되지 않았던 것은 국회와 대통령으로 표상되는 정치적 영역의 정치적 역량이 매우 부족했기 때문이라고 할 수 있다. 행정부내에 자기완결적인 통합적 조정부처를 가져야 한다는 생각에 사로잡히게 되면 국무총리와 국무조정실을 두고도 또 기획예산처를 두고 다시 부총리제를 두는 옥상옥의 통합조정기구들을 두면서도 통합적 조정력의 부족현상을 실감하게 된다. 우리는 이 문제를 행정내부의 어떤 강력한 기구, 즉, 거의 모든 진입규제형 내부규제권을 갖는 기구를 창설하여 대응하려는 사고에 의존하여 풀려는 충동을 가질 수도 있다. 그러나, 이러한 사고는 잘못된 것이다.

1) 입법부와 사법부의 강화필요

민주주의가 인류에게 확산되기 시작한 17-8세기 후 정착된 삼권분립의 지혜의 진정한 의미를 우리는 진지하게 수용하려는 자세를 가짐으로써 부처이기주의와 집단이기주의로 인한 갈등과 혼란을 상당부분 극복할 수 있게 될 것이다. 현재의 국회에 진지한 정책과 입법토론이 불가능한 풍토가 존재한다 하더라도 그러한 절망적인 분위기를 제어하고 성실성을 발휘할 수 있는 장을 형성하여 확산시켜나가야 한다. 그것이 장래지향적으로도 바람직하다. 이런 입장에서 볼 때, 국가부문에서는 우선 입법부 및 사법부와 행정부가 역할분담을 다시 새롭게 하여 권력간의 균형(Machtbalance)을 회복해야 한다.44) 대통령이 직접 구체적인 입법과 정책의 핵심내용을 이해하여 주도적으로 국회와 대화하고 사회적인 의사소통과정에 참여해야 한다. 실무적으로는 각 행정부처와 통합적 조정부처 및 국회의 관련위원회가 적절한 의사소통망을 갖추어 대통령선거과정에서 제시된 각종 정책과제들을 구체화해가야 한다. 과거 정권들에

---

44) Ralph Alexander Lorz, Interorganrespect im Verfassungsrecht, 2001, SS.80-99.

서 행정내부의 예산권을 장악한 부처가 중앙행정조직상호간의 관계를 통합적으로 조정하는 역할을 거의 혼자서 실질적으로 수행했던 관행을 극복하여 국회에게 통합적 조정을 위한 적절한 권한과 책임을 부여하여야 한다. 미국의 클린턴 대통령이 입법과 정책의 실현과정에서 의회의원들과 활발한 의사소통을 했던 이야기는 한국에도 이미 널리 알려지고 있다. 이와 비교할 때 한국의 대통령상은 대화하고 설득하는 이미지가 아니라 군림하고 최종적으로 재가하는 이미지만을 가지고 있다. 삼권분립의 정신은 국정의 설계와 운영에 관해 거의 독점적 지위를 유지해왔던 대통령이 상대방의 권한을 존중하고 그것이 적절하게 발휘될 수 있도록 인프라와 구체적 정보를 제공할 때만 실현될 수 있는 것이다.

삼권분립의 정신은 사법부에게도 헌법상 보장된 권한이 적절하게 형성될 수 있도록 인프라를 건설해주고 실질적 권한을 부여해줄 때만 실현될 수 있는 것이다. 최근 이와 관련하여 군사정권시대에 제정되어 오랫동안 그 틀을 벗어나지 못하고 있던 행정소송법의 개정작업이 진행중인 것은 중요한 의미를 갖는다고 하겠다.

2) 민주적 법치국가에 있어 기획설계 및 통합조정력의 강화필요성

한편, 그 동안 정부에 부과되었고 현재에도 도전적으로 제시되고 있는 국정과제들은 복잡성과 가변성이 점점 높아가고 있어 고전적인 삼권분립의 정신의 수용만으로는 대응하기 어렵다. 선후진국을 막론하고 경제적 위기가 수시로 엄습하는 상황에서는 다른 선진국들에서도 행정부의 권한강화, 특히 전문적인 행정각부에 대한 대통령의 실질적 통제능력의 강화는 새로운 위기극복수단으로 평가받고 있다. 미국에서도 관리예산처(OMB)와 규제개혁실(OIRA)이 새로 설치되어 중요한 개혁기능을 수행하여 왔다.

중앙행정조직들간의 상호작용의 전체적 효율성을 높이기 위한 목적으

로 애용되었던 통합조정관점은 과거의 적극적 발전국가모델에서 유래한
것으로 위기에 대한 대응과 발전엔진의 발견 및 추진능력에 있어 강력
한 정책결정자에 의한 정책결정을 전제로 중앙행정조직의 통합조정을
과제로 한다는 점에서 소극성과 수동성이 특징적으로 드러난다. 그러나,
이러한 전제는 이미 무너져버렸으므로 헌법적 가치결단 및 헌법적 원칙
과 국민들의 여론을 구체화하여 정책과제를 발굴하는 것이 강조되어야
하므로 기획설계관점이 더 중요한 과제로 강조되어야 하는데, 기획설계
는 통합조정에 비하여 미래지향성과 일반추상성이 그 특징으로 드러난
다. 통합조정력은 기획설계능력을 뒷받침하고 지원하는 의미를 갖는 것
으로 이해할 수 있을 것이다. 사전에 의사소통메카니즘을 개혁함으로써
부처간 갈등과 사회적 갈등을 미리 예방하고 갈등요소를 줄이는 것이
우선되어야 한다. 다만, 사후적으로 정책과 입법을 둘러싼 갈등이 생겼
을 때 그것들을 해결할 수 있는 기능은 통합조정기능으로서 여전히 의
미를 가질 것이다.

　　최근 정부조직론에서 강조되는 관점은 사회와 시장이 필요로 하는 정
부조직의 핵심기능을 더 강화시키고자 하는데, 정부의 기획설계조직은
사회와 시장에 초점을 맞추어 선택과 집중을 통하여 핵심적인 정부과제
를 획정하고 그에 맞추어 조직이 형성되어야 한다. 정부조직은 시대별
정책과제에 따라 그리고 문화가 달라짐에 따라 달라져야 하는데,45) 한
국은 한국의 당면한 상황과 국정현안에 비추어 적절한 정부조직을 창출
해내야 한다.

　　정부의 기획설계조직은 새 정부가 수행해야 할 핵심과제와 밀접한 관
계가 있을 수밖에 없다. 이런 관점에서 제도개혁위원회(규제개혁위원회
의 확대발전)와 고등교육위원회(교육인적자원부의 대학교육담당조직의
분리발전)를 대통령직속으로 설치하고 이 두 조직이 기존의 기획예산처

---

45) Peter F. Drucker, Toward the New Organization, in ; Hesselbein/ Goldsmith/
　　Beckhard (ed.), The Organization of the Future, 1997, pp.4-5.

와 함께 새 정부의 정책과 입법에 대한 기획설계기능을 주도하고, 정책
과 입법의 구체화과정에서의 주요문제들에 대한 대응책을 정부전체적
입장에서 제시하고 관련부처가 그것들을 구체화하는 것이 적절하다고
본다. 국가의 핵심과제에 대해서는 대통령 직속 또는 다른 부처의 영향
을 받지 않는 작지만 강력한 기구로 두어 대통령의 책임성과 의지를 강
화시킴으로써 새 정부에 부과된 핵심과제를 효율적으로 추진하여야 할
것이기 때문이다.

3) 제도개혁위원회의 설치

현재의 규제개혁위원회는 기존규제들을 등록시키고 총량을 관리하며
비용편익분석을 요구하여 입법의 이유의 합리성을 개선시키려 노력했지
만 핵심규제와 관련하여서 부처이기주의와 집단이기주의에 막혀 규제의
질을 개선시키는데 한계가 있었다. 또, 개방사회에서 한국의 제도적 수
준을 글로벌 기준으로 변화시켜야 하지만 적극적으로 규제정책을 수립하
고 제시할 권한이 결여되어 있었다. 정부의 사회에 대한 양대 개입수단인
재정수단과 권력적 규제수단 중 재정수단에 대해서는 조세권과 예산편성
권을 갖는 부처가 있었지만, 이보다 훨씬 낙후되어 있는 권력적 규제수단
의 설계와 정비를 담당할 총괄조직은 없고 각 부처에 맡겨진 결과 부처
이기주의와 사회적 갈등에 정부전체가 무기력할 수밖에 없었다.

선진국들의 경쟁이란 것이 결국 기술혁신경쟁임과 함께 제도혁신의
경쟁이라는 것을 우리는 재인식해야 한다. 오랫동안 자신들의 제도를 발
전시켜온 선진국들에 비하여 우리는 거의 투자도 않은 채 엉성한 모방
만을 해옴으로 말미암아 국민들의 에너지를 대승적으로 조화시키기에는
너무나 낡고 부적합한 것이 되어 버렸다. 이 점은 서구선진국들이나 100
여년 이상 서구국가들의 제도를 종합분석하여 자국의 것으로 만들었던
일본과도 다른 우리 자신의 약점이고, 이 점은 대만 등 중진국들이 함께

안고 있는 문제이므로 선진국들이 모델역할을 할 수 있는 기구를 우리에게 제시해주지는 않을 것이라는 점을 명심하여야 한다. 규제개혁위원회의 권한들과 기획예산처의 기획기능과 예산편성권 등을 종합하여 우리에게 적합한 권한을 갖는 조직을 만들어야 할 것이다.

한편, 한국은 기업가, 기술자 및 공무원들의 기술혁신의 의지와 제도혁신의 의지가 매우 강해 발전의 원동력이 되고 있지만, 권력구조의 문제, 특히, 정부와 기업의 지배구조의 합리성과 투명성의 개선이 매우 시급하다. 정부와 관련해서는 대통령의 과도한 인사지배권이 사회적 갈등과 부처간 갈등의 원인이 되는 경우도 많다. 따라서 제도개혁속에는 대통령과 정부조직내의 인사시스템의 개혁도 포함시켜야 한다. 1인에게의 권력의 과도하게 집중되면서 부패가능성도 높아지고 있기 때문에 정부의 의사결정구조의 개혁은 인사시스템의 개혁과 함께 이루어져야 한다. 각부 장관과 검찰총장 및 국세청장을 임명할 때 국회인사청문회를 거치도록 하는 것이 권력의 과도한 집중과 부패의 위험을 줄이고 각부장관 등의 재량과 책임성을 확대시킬 것이며 업무처리에 있어 전문성과 정책의 중장기적 일관성도 높이는 계기가 될 것이다. 물론, 이것은 현재에 비하여 대통령의 인사재량을 축소시키는 것이 되기 때문에 새로운 대통령이 선출되어 확고한 기득권을 확보하기 전에 법규정을 바꾸어 제도를 도입해두거나 또는 대통령의 공약사항이 되어 임기시작과 동시부터 시행되도록 법을 바꾸어 두는 것이 필요하다고 본다.

4) 교육인적자원부의 교육부로의 환원과 대통령직속의 고등교육위원회설치

21세기 지식기반사회를 맞아 국가 발전의 핵심역량인 인적자원개발의 강화를 위해 대통령직속의 고등교육위원회를 설치하여 기존의 교육인적자원부의 관료적 폐습으로부터 일정하게 거리를 두고 대학에 관한 과감한 개혁을 추진해야 한다. 벤처기업의 육성이나 공기업의 민영화 또는 경제특구의 개발이 지지부진한 상황에서는 삼성그룹의 이건희 회장의 말처럼 우수한 인재의 육성이 가장 핵심적인 경제정책이 될 수밖에 없다. 대학교육의 문제는 기존의 교육정책적 관점이 아니라 우수하고 수요에 적합한 인재의 육성이라는 경제정책적 관점에서 접근해야 한다. 이 점에서 대학정책은 한국경제의 사활적 과제가 되는 것이다. 이 문제를 초중등교육문제와 혼동하여 접근했던 것이 역대 정권들의 가장 큰 오류 중의 하나라 할 것이다. 이제 오랫동안 누적된 관료주의를 타파하기 위하여 대학교육개혁은 장관이 아니라 대통령이 직접 처리해나가야 한다.

교육인적자원부를 다시 교육부로 환원하되 인적자원정책국과 대학지원국을 교육인적자원부로부터 떼어내고 교육인적자원부장관의 지위를 부총리의 지위에서 다시 장관의 지위로 낮추어야 한다. 교육인적자원부와 대학교의 관계는 행정자치부와 지방자치단체의 관계와도 다른데, 대학교들은 일단 국립대학교를 제외한 사립대학교들은 정부로부터 재정지원의 규모도 매우 낮고 전문성측면에서도 공무원들이 더 낮기 때문에 정책과 입법의 주도능력이 떨어진다. 또, 초중등교육에 대한 규제마인드를 갖는 공무원들이 순환하면서 근무하기 때문에 비현실적인 과잉규제 관행이 남아 있어 많은 갈등과 반목으로 대학의 경쟁력을 떨어뜨리고 정책의 추진력도 매우 낮다. 글로벌사회에서의 경쟁력을 고려하되 사회적 합의를 모아 정교하면서도 강력하게 대학행정을 개혁해나가기 위해서는 대통령직속으로 인적자원개발과 대학행정을 전담하는 고등교육위원회를 설치하여 대처하는 것이 타당하다고 본다.[46]

지금까지는 오히려 보통교육은 최근 교육자치제의 정착으로 행정적 분권화가 이뤄져가고 있으나 상대적으로 대학은 정책의 심의나 의결을

---

46) 허종렬, 교육부총리제와 대학의 자율성 보장을 위한 정부조직 개편 패러다임, 공법연구 제28권 제4-2호, 2000. 6, 55-76면. 다만, 위원들의 선임방법에 대해서는 좀 더 많은 검토가 필요할 것 같다.

담당하는 자치적 기구가 없어 교육부의 직접적인 통제 대상이 되고 있다. 그래서, 대학이 자율성을 갖지 못함으로 인하여 자생력과 경쟁력을 잃어버린지 오래되었다. 대학의 경쟁력 확보를 위해서는 교육관계법을 개정하여 대학 내의 재정행정, 행정조직과 인사행정, 교육과정행정, 학생선택, 연구시설 등에 관하여 고등교육위원회와 각 대학들이 협의하여 획일적인 평등주의적 관점이 아니라 대학교의 특성에 적합하게 역할과 권한들을 재조정하여야 한다. 오랫동안 교육기관으로서 성공적으로 운영을 해온 기존 대학교들에 대해서는 일단 전문성이 강하고 사회적 책임도 크므로 부작용이 예상된다고 하여 현재의 교육인적자원부와 같이 각종 진입규제로 묶어두지 말고 사후의 감독과 퇴출을 강화시키는 방향으로 과감하게 전환하여야 한다. 대학교내에서도 대학교본부가 아니라 대학단위가 교수선발, 학생선발, 교과목편성, 연구소운영 및 재정 등에 있어 지금보다 훨씬 넓은 재량권을 갖도록 하여야 한다. 대학교 내에서도 대학간의 차이가 매우 심하기 때문에 대학교본부차원의 재량권확대만으로는 별 의미가 없을 수 있기 때문이다.

다만, 여기서 주의할 것은 진입한 지 얼마 안되거나 신규진입한 대학들에 대해서는 학생들의 교육기관이기 때문에 무책임한 사학재단의 이사장들이 교수들의 연구나 학생들의 교육에 대한 관심은 거의 없고 오직 등록금만을 챙길 목적으로 대학교의 설립과 운영에 접근하는 것을 막아야 하므로 이에 대한 공공성담보장치는 반드시 갖추도록 하여야 한다.

인적 자원의 수요와 공급의 불일치, 특히, 고학력실업자의 양산과 중소기업의 인력부족을 극복하기 위하여 고등교육위원회는 각 대학교들의 기획실장 등과 함께 공동의 소위원회를 구성하여 정보를 공유하고 축적하며 아이디어들을 수집해나가야 한다. 이에 대해서는 권위주의적이 아니라 상호 협력적이고 평등한 관점에서 접근해야 하지만 최종적으로는 정부가 전체적인 흐름을 조종할 수 있는 최소한의 규제권은 가지고 있을 것이 요구된다 할 것이다.

5) 기획예산처 및 다른 경제관련부처의 개편여부

경제기구의 개편과 관련하여 여러 논의가 무성하다. 구 재무부 출신을 중심으로 한 재무관료들은 현 금융감독위원회에 재정경제부의 금융정책기능을 더한 '금융부' 또는 '금융위원회'를 만들고 기획예산처와 재정경제부의 나머지 부분을 합쳐 '재정부'로 개편하는 방안을 대부분 선호하고 있으나, 재계나 학계, 금융계 등 민간부문에서는 금융감독기구를 일원화해 완전민간기구화하는 방안들이 제시되고 있다.

그러나, 두 방안은 모두 문제가 있다. 전자는 한국의 권위주의적 행정문화에서는 IMF외환위기 당시와 같이 중요한 정보차단과 정보왜곡의 원인을 야기할 수 있다는 점에서, 후자는 금융감독의 중요한 공법적 기능을 포기할 위험이 크다는 점에서 그러하다. 필자는 현행제도의 골격이 유지되는 것이 타당하다고 본다. 그 이유로 예산권, 조세권 및 금융감독권을 서로 분리하여 각 분야의 전문성을 증진시키도록 노력하는 것이 효율성을 높일 수 있고, 상호 경쟁과 견제가 있어야 하기 때문이다. 과거 재정경제원시절 막강한 권한으로 인해 실질적인 견제를 받지 않은 상태에서, 한국의 전통적 권위주의 행정문화에 따라 재정경제원장관 한 사람이 대통령 눈치보기하는 것을 알아 챈 다른 많은 유능한 하부기관과 공무원들의 입이 막혀버렸던 전철을 밟지 않기 위해서는, 대통령이 여러 독립적 채널을 유지하면서 서로 다른 이야기를 들을 수 있어야 하기 때문이다.

기획기능과 예산기능을 묶은 기획예산처는 김대중 정부에서 정부개혁의 중요한 싱크탱크역할을 수행하였다. 예산편성권이 없는 상태에서 기획위원회는 실효적인 개혁능력이 약하다. 특히, 정부산하기관 및 공기업 등의 지속적인 구조조정과 민영화가 필요한 상황에서 기획예산처를 흔드는 것은 정부의 중요한 기획능력과 통합조정능력을 크게 약화시키는 결과를 가져올 것이다.

　　재정개혁은 매우 중요하기 때문에 조직개편론으로 경제부처를 흔들지 말고 현 제도의 장점이 충분히 살아날 수 있도록 하는 것이 중요하다고 본다. 조직을 바꾸는 일도 중요하지만 조직이 안정된 바탕위에서 국가의 중요한 현안사항인 낭비적인 예산을 절약하는 것은 물론 이를 위해 예산제도자체를 바꾸는 일에 집중하도록 하는 것이 시급하다는 점을 새삼 깊이 새겨야 할 것이다.

2. 중앙행정조직의 유형과 개편방향

　　이하에서는 중앙행정조직을 갖고 있는 권한의 성격에 따라 유형화하여 살펴보려고 한다. 장래의 정부조직개편을 위하여 이러한 유형화에 관한 연구가 더욱 진전될 필요가 있다.

1) 국무총리와 청와대비서실

(1) 국무총리실의 개편

　　국무총리에 대해서 전통적으로 국정의 통합조정기능을 수행하는 것으로 언급해왔고 국무조정실은 그 목적으로 장관급으로 격상되었지만, 현실적으로 정책조정기능을 수행하는 실무자들에게 조정과 관련하여 권한이 명확하게 규정되어 있지 않고 예산편성권이나 규제설계에 대한 통제권도 없기 때문에, 국무총리의 통합조정기능은 그렇게 중요한 편이 못된다. 또, 정부조직도 통합조정과 같은 계층제적 관점이 아니라 개방적이고 수평적인 네트워크에서의 기획과 설계의 기능이 중요하기 때문에 국무총리의 권한 강화는 매우 힘들다. 다만, 지금까지의 국무총리의 이미지와 달리 미국의 정보화정책과 전자정부를 주도했던 엘고어 부통령처

럼 국무총리가 활동적이고 전문성이 있는 사람이 임명되고 일정한 정책
분야와 관련하여 정당과 관료 그리고 학계를 연결시켜 주요 정책과 법
적 쟁점들에 관한 회의를 주관해갈 수 있다면 네트워크의 구심점으로서
중요한 역할을 수행할 수도 있을 것이다. 이 점에서 국무조정실은 이미
부총리제도가 존재하고 다른 행정각부장관들에 대해서도 전문성이나 지
위에 있어 우위에 있는 것도 아니기 때문에 그 의미를 찾기가 어렵다고
할 것이다. 국무조정실장이 아니라 국무총리 스스로가 적극적으로 정책
형성현장에서 뛸 수 있어야 할 것이다.

(2) 대통령 비서실의 개편

적극적 발전국가에서 대통령은 정책과 입법의 형성현장의 구심점이었
고 중심적 위치에 있었다. 그 이후 대통령들은 정책과 입법의 형성현장
에서 뒷전으로 물러나 골격이 형성된 후 결제하는 위치에 있게 되었다.
부처이기주의가 범람하고 사회적 갈등이 위험수위에 다다른 것은 대통
령이 정책과 입법의 형성현장에서 함께 호흡을 맞출 수 없었다는 점에
그 큰 원인이 있다. 대통령과 국무총리가 나서지 않으니 정책조정이 안
되고 그래서 다시 부총리를 만들고 하는 옥상옥의 계층제를 만들게 되
는 것이다. 민주적 법치국가에서 대통령은 정권의 핵심적인 정책과 입법
에 대해서는 지나치게 행정각부의 관할권에 구속받지 말고 기획설계의
현장에 함께 참여하여야 한다는 점에서 적극적 발전국가시대의 대통령
의 역할을 발전적으로 수용해야 한다. 대통령 비서실은 대통령의 정책에
대한 견해의 형성을 보좌하는 기능에 만족해야 한다.[47] 대통령을 제치
고 경제수석이 직접 나서서 다른 경제부처장관과 다른 언행을 하여 갈
등을 일으키는 모습에서 대통령의 전문성부족이 얼마나 심각한 위험수

---

47) 유진식, 대통령직속기관의 설치와 직무범위, 공법연구 제30집 제1호, 2001. 12, 447
면 참조.

준인가를 알 수 있게 한다. 클린턴 대통령이 중요정책과 법안의 형성과 정에서 많은 전문가들을 만나고 여야의원들과 전화통화하고 식사하면서 네트워크의 구심점으로서 미국경제의 부흥을 이끌었던 것에 비하면 한국의 대통령들이 얼마나 정책과 입법의 현장에서 멀리 떨어져 있고 사후적인 개입에 그치고 있는가를 알 수 있다.

대통령 비서실은 대통령의 정책주도능력이 떨어지면 전면에 나서서 또 다른 행정부처처럼 행동하게 된다. 과거 비서실이 중간에 개입하여 각 부처와 대통령간의 연결을 차단시키고 주요사안에 대한 부처의 입장 전달을 어렵게 하는 경우도 많았다. 인의 장막을 치고 청탁의 매개장소가 되며 국민과 대통령을 차단시키는 폐쇄적인 역할을 수행한다고 비판받아 왔다. 그러나, 이것은 한국의 대통령들의 의지와 전문성 그리고 민주적인 의사소통능력 등에 달린 문제로서 제도적 개선책이 나오기 어려운 주제라고 생각한다. 대통령선거과정에서 이러한 문제점들을 확실하게 인식시켜 대통령이 민주적 법치국가에 적합한 자아상을 갖도록 하는 수밖에 없을 것이다.

한편, 정책기획수석을 제도 및 정책기획수석으로 바꾸어 제도개혁위원회와 협력하는 것이 필요하며, 교육문화수석실내에 고등교육담당자를 두고 교육문화수석실장을 고등교육위원회와 협력할 수 있는 인사로 임명하는 것이 필요하다고 본다. 또, 역대 대통령들의 인사에 대한 비판이 많았고 인사청문회등으로 대통령이 발탁한 인사의 검증도 강화되고 있는 상황에서 대통령의 인사를 돕기 위하여 인사수석실을 설치하는 것이 필요하다고 본다.

2) 자치행정조직을 관할하는 중앙행정조직의 개편

행정자치부와 지방자치단체, 교육인적자원부와 지방교육청 및 각급 학교의 관계의 재조정이 그 주요목표이다. 특히, 행정자치부의 기획관리실, 자치행정국, 지방재정경제국, 지방세제관 등의 조직과 권한의 재편성이 문제되고, 교육인적자원부의 기획관리실, 학교정책실, 교육자치지원국의 조직과 권한의 재편성이 문제된다. 이외에도 책임운영기관과 중앙행정부처의 관계도 여기에 포함될 수 있을 것이다. 여기서는 핵심규제의 개혁과 중앙행정부처의 세부조직(예, 국과 과단위)의 개편문제는 매우 긴밀하게 관련된 문제라는 것을 인식해야 한다. 따라서, 세부조직의 개편을 위해서는 해당 세부조직이 갖는 법적 권한의 성격을 정확하게 분석하여 권한과 세부조직을 함께 개편해나가야 한다. 여기서 조직개편의 문제는 조직의 성격과 권한을 바꾸는 문제로 바뀌게 된다. 특히, 내부규제체계를 바꾸는 것이 중요해진다.

적극적 발전국가모델에서 중앙행정과 자치행정조직의 관계는 그 동안 계층제의 관점에서 명령과 복종의 방식으로 규율해왔다고 할 수 있다. 그러나, 계층제는 양 조직간의 복종관계를 전제로 하면서, 결정권을 최상상급기관에게 집중시키고 그에게 명령권과 제재권을 인정하며, 양 조직간 갈등이 발생한 경우 상급의 최상급기관에게 최종결정권을 인정한다. 그러나, 현대사회에 들어오면서 사회와 정부조직간 동질성이 많이 약화되고 국가과제가 지속적으로 확대되어 왔으며 새로운 복잡한 문제들이 많이 나타나면서 막스베버의 관료제모델에 따른 계층제논리는 적실성을 상실해가고 있다. 상급기관인 중앙행정조직이 혼자서 모든 것을 알고 상충하는 이익들을 적절하게 형량하고 판단기준을 선별하는 것이 불가능하게 되어버린 것이다.

따라서, 보다 유연하여 상황에 탄력적으로 적응할 수 있고 조직의 이기적 에너지를 활용할 수 있도록 동기유발적이며 정보의 원활한 흐름을 중시하는 조직상호간의 관계에 관한 모델이 필요해진 것이다. 또, 과거 사소한 문제까지 상세하게 보고받고 지시하던 관계에서 목표와 과제의 확정, 업무의 범위와 윤곽의 형성에만 개입하고 정해진 목적과 범위내에서는 자율적인 행정이 가능하도록 허용하는 방식으로 바뀌어가야 한다.(규제지향

에서 과제와 목표가치에의 지향으로 ; Aufgaben-und Wertorientierung statt
Regelorientierung)

그러나, 중앙행정뿐만 아니라 지방행정에서 재정부실이 국가전체의
재정상태를 심각한 위험에 빠뜨릴 가능성도 무시할 수 없고, 자치단체장
이 권력적 규제권과 인사권을 행사하는 과정에서 부패와 난개발의 사례
도 계속 보고되고 있는 상황에서 중앙행정의 계층제적 감독권은 매우
중요한 공익보호기능을 수행하여 왔고 앞으로도 그 여지를 가지고 있다.
또, 중앙행정은 자치행정과의 관계에서 행정전체의 통일성을 보장하고
국민과 국회가 부여한 과제와 책임을 이행할 의무가 있고, 우리 헌법은
무정부주의를 지지하고 있지는 않으므로 자치행정에 대한 지배권으로서
명령권과 제재권을 전혀 갖지 않도록 완전히 포기하는 것이 헌법적으로나
이론적으로 정당하다고 할 수는 없다. 협력적 조정원리와 계층제원리의
상호관계가 밝혀져야 한다. 계층제원리도 중앙행정과 자치행정을 지도하
는 두 개의 동등한 법원리 중의 하나로서 적용되지만, 협력적 조정의 원
리와의 관계에서 보충적이고 보완적 원리(Auffangprinzip, Residualprinzip)
로 이해되어야 할 것이다.

한국에서는 중앙행정은 자치행정조직에 대하여 권력적 규제권(예, 허
가권이나 인가권 등)이나 재정권(예, 지방세의 범위와 교부금의 지원) 그
리고 조직권(예, 지방행정에서의 조직신설이나 대학에서의 학과신설 또
는 입학정원의 조정 등)에 대한 개입을 통해 행정의 계층성과 통일성을
보장해왔다. 하지만, 지방자치가 진전되고 글로벌수준에서의 대학의 경
쟁력이 국가경쟁력향상의 중심과제로 바뀌면서 계층제관점에서의 지시,
승인 및 동의와 같은 억제적 지배방식은 한계를 맞이하고 있다. 계층제
와 지배복종의 논리는 하나의 행정조직내에서 적용되는 것이고 조직을
달리하는 중앙행정조직과 자치행정조직간의 관계는 서로 독립적인 법인
으로서 자율성과 동등성의 기초위에서 상호관계가 형성되어야 한다. 따
라서, 양자의 관계는 협력의 관점에서 조정을 통하여 문제를 해결해가는

것으로 바뀌어야 한다.[48) 자치단체에게 권한을 더욱 이전하는 것이 필요하며 정적이고 억제적으로 진입규제형 내부규제(예, 상급기관의 과도한 승인권과 동의권의 존재)에 의존하면서 과거지향적으로 감독하는 관계에서 진입규제형 내부규제는 풀고 자치행정과정의 감독과 자치행정의 결과에 대한 엄격한 평가를 중시하면서 미래행정에 필요한 자원과 지식의 지원을 중시하는 관계로 변해가야 할 것이다.[49)

또, 중앙행정은 과거지향적인 억제적 역할을 벗어나 지역실정에 맞게 자치단체의 자치행정유형을 다양화하고 지방재정적자확대의 위험성을 줄이기 위해 수익사업을 여러 자치단체들이 함께 수행하는 등 발전과 변화의 방향을 제시하면서도 변해가는 행정환경에서 나타나는 위험을 분석하고 그에 대한 대응책들을 제시하려고 노력해야 할 것이다. 여러 시·군이 지역간 협력에 의한 지역개발로 중복 투자를 방지하고, 공통문제를 해결하면서 지역별 경쟁력을 높여 나가야 할 것이다. 수직간 협력뿐만 아니라 여러 지역이 수평적으로 협력하여 공동으로 계획하고 공동으로 투자하여 공동의 이익을 창출하는 방식으로 전환되어야 한다. 이를 위해 국내의 지역간 교류와 협력을 촉진하는 새로운 제도적 장치들이 새로이 연구되어 도입될 필요가 있다.

3) 강제권력기구의 개편

정부조직개편에 대한 비판은 과연 누구를 위한 개혁이냐의 문제와 강제권력기구의 개혁없이 개혁을 했다고 말할 수 있느냐는 문제에 봉착하게 된다. 따라서, 강제권력기구의 민주적 정당성의 개선이 필요하다. 강제권력기구에 대한 국민들의 불신은 일반 행정을 포함한 정부 전체에

---

48) Wolfgang Kahl, Die Staatsaufsicht- entstehung, Wandel und Neubestimmung unter besonderer Berücksichtigung der Aufsicht über die Gemeinden, 2000, S.458.
49) Wolfgang Kahl, a.a.O., SS.438-440.

대한 신뢰의 저하로 이어지게 된다. 이런 점에서, 검찰총장, 국정원장, 국세청장, 경찰청장, 금감위원장 등에까지 인사청문회 대상을 확대하여, 권력이 부패하는 것을 견제할 수 있도록 해야 할 것이다.

또한, 과거 군사정권시절이래 과잉성장한 치안유지를 목적으로 한 전투경찰 등 비정상적 치안조직이나 인권억압기구들을 정비하여 그 인원을 적정한 규모로 줄여가야 할 것이다.

4) 전문행정영역을 다루는 부처의 개편

전문행정영역을 다루는 부처는 아직도 정책기능이외에 규제기능이나 집행기능을 갖고 민원부서로서의 성격도 함께 가지고 있으나 규제기능이나 집행기능을 갖는 부서나 민원부서로서의 성격을 가진 부서를 책임기관으로 독립시키거나 자치단체에게 그 권한을 이전해가는 것이 필요하다. 각 부처에 대해 간단히 살펴본다.

첫째, 외교통상부의 통상부문의 제외여부에 대해서이다. 통상부문은 현행과 같이 외교통상부에 유지하는 것이 타당하다고 본다. 그것이 개방사회에서 외국정보에 밝은 외무담당공무원들로부디 신속히 정보를 획득할 수 있을 것이기 때문이다. 다만, 통상마찰이라는 것의 본질이 대부분 법리분쟁인데, 일반공무원 한 명에 변호사 2명이 함께 와서 통상현안을 다루는 외국과 통상협상에서 빈번하게 밀리는 것은 일반공무원 중심의 협상팀의 법률문제처리능력에 문제가 있었기 때문이다. 현재와 같이 기초적인 외국법정보와 법률전문가 인재풀이 부족한 상황에서는 법률전문가가 참여해도 자료부족과 법률전문가끼리의 상호토론과 준비가 부족하여 외국법률가들을 감당할 수 없게 된다. 이러한 치명적 약점을 인식하여 외국법제와 국내법제의 비교분석 및 현안사항에 대해 신속히 법적 쟁점을 분석검토할 수 있는 법률전문가들의 대폭적인 확충이 필요하다. 이를 통해 단기적으로는 어렵겠지만 중장기적으로 특정국가 그리고 특정상품과 관련된 많은 법률지식을 구체적으로 축적시켜갈 필요가 있다고 하겠다.

둘째, 산업자원부, 정보통신부, 농림부, 과학기술부가 모두 산업정책을 다루게 되어, 특히 산업자원부와 정보통신부의 갈등이 심각하다. 산업정책의 경우 전통산업에 신산업을 융합시키고 있는 산업자원부와 정보기술중심의 정보통신부 사이에 관할이 중복되는 곳도 상당한데, 이것은 특히, 유사중복의 산하기관들을 불필요하게 존속시키는 원인이 되고 있어 산하기관의 정비가 시급하다고 본다. 중소기업인 많은 벤처기업들이 정보통신기업인 실정이므로 산업자원부와 정보통신부사이에 부처통합이 필요한 것이 아닌가 생각한다. 정보통신부도 이미 초고속인터넷망을 널리 보급시키는 등 정보하드웨어측면에서는 많은 일을 마무리지었고 정보통신정책을 기존 산업정책과 분리한다는 것이 사실상 불가능하기 때문이다. 통합이 어렵다면 상호간 유기적 협력을 강화할 상급의 공동위원회를 만들어 갈등사안들을 조정해갈 필요가 있다고 본다.

또, 연구개발이나 원자력 부문을 놓고 산업자원부와 과학기술부간에 업무가 일부 중첩되고 있는데 특히 연구와 기술개발에 관한 한 과학기술부를 강화시키는 차원에서 조직과 권한의 재편이 필요하다고 하겠다.

셋째, 여성부와 보건복지부의 정책 및 입법의 기획설계능력강화와 유기적인 협력강화가 필요하다. 여성의 지위보호와 여성인력의 고용촉진을 위한 여성부의 신설은 새 정부에서도 존중되거나 더 강화되어야 한다. 여성의 사회참여확대를 지원하기 위하여 여성이 직업과 가정을 양립할 수는 있도록 자녀양육시설의 확충, 근로시간 단축과 부부 맞벌이가 정착되도록 추진해나가야 한다. 이를 위하여 정책설계능력을 강화시켜 나가야 한다. 여성부의 여성의 취업지원강화를 위한 자녀양육지원정책은 보건복지부와의 유기적인 협력을 필요로 한다. 또, 급격한 노인인구의 증가로 인한 노인의 복지와 인력활용을 위한 새로운 과제를 감당할 조직의 강화가 필요한 것이 아닌가 하는 문제도 제기된다. 이와 관련하여 노인인력이나 주부인력의 활용을 위한 자원봉사활동을 지원하는 조직과 시스템의 강화가 필요하다.

그렇지만, 현재의 보건복지부는 지나치게 약학이나 의학 중심의 인력으로 되어 있어 제도설계능력에 매우 큰 허점을 보이고 있다. 관련연구원들도 지나치게 자연과학적인 연구에 치중되어 있다. 제도설계를 담당하는 기획조직이나 정책조직을 강화하고 전문적 기획설계능력을 가진 인력들을 대폭 충원할 필요가 있다.

이 점은 식품안전청에 대해서도 적용된다. 사회적 규제의 영역에서 규제를 강화할 필요는 일반적으로 승인되고 있다. 이런 점에서 김대중정부에서 식품안전청으로 강화된 것은 바람직한 결정이었고 그러한 경향은 강화되어야 한다. 하지만, 인력구조상으로 보면, 식품에 관한 과학적 성분분석을 할 수 있는 인력은 많아도 식품규제의 내용과 규제체계를 어떻게 설계해야 하는지를 다룰 수 있는 제도설계전문가, 특히, 법학과 경제학을 함께 다룰 수 있는 인력이 거의 없는 상황인데, 외국의 수많은 농수산물수입과정에서의 갈등은 대부분 법적 문제이고 우리의 식품의 수출에 있어서도 외국이 요구하는 규제기준을 준수해야 한다는 것을 생각해 볼 때, 이 상황은 국민의 건강보호와 관련해서 생각해보면 거의 위기상황이라고 할 수 있다.

넷째, 환경문제의 심각성에 비추어 환경부로의 승격체제도 그대로 유지되어야 한다. 건설교통부나 해양수산부 등에 흩어져 있는 환경보호기능에 대해서도 권한의 재조정이나 상호 협력시스템의 건설이 필요하다.

5) 법제조직의 강화

정부부처 중 제도설계와 법들의 상호충돌을 조정하는 부처는 미래의 지식정부로의 발전에 있어 가장 핵심적 부처라고 할 수 있다. 여기서 유의할 것은 행정정보화와 지식정부는 엄격히 구별해야 하는데 그것은 가

공되지 않는 일차적 정보라는 것이 선진국들사이의 정부간 경쟁에서는
최소요건은 될 수 있을지 모르지만 핵심적 관건이 되는 요소라고 볼 수
는 없기 때문이다. 법과 제도에 대한 정치인들과 사회의 기본 컨셉이 완
전히 바뀌지 않으면 안된다. 선진국들의 경쟁이라는 것이 기본적으로 제
도간 경쟁이라는 사실을 직시해야 한다. 어떤 나라의 제도가 자기 나라
국민들의 에너지의 대승적 조화를 통한 사회발전으로 수렴시킬 수 있는
능력이 뛰어난가의 경쟁인 것이다. 이런 관점에서 볼 때, 정부조직개편
과정에서 제도설계와 법을 다루는 부처의 조직, 인력과 예산은 획기적으
로 증가시켜야 한다. 법제처나 다른 부처의 법제관련부서를 획기적으로
강화시켜야 한다. 또한, 정부부처내의 법제를 다루는 공무원들은 다른
부처에 대한 소극적 지원을 벗어나 각 소관법령들에 대한 지식사회의
전문지식을 수렴하고 부처간의 갈등을 전문지식에 의해 조정할 수 있는
기능을 가져야 한다.

6) 권익구제청의 신설

중앙행정부처의 조직의 일부로서 또는 산하기관으로서 많은 권익구제
위원회들이 국민의 권익구제를 명분으로 창설되어져 있고 담당공무원들
의 수도 일정한 기준도 없이 배치되어 있다. 개략적으로 볼 때, 역대 정
권에서 너무나 행정의 신속성만을 강조하면서 많은 시간이 걸리는 정식
권익구제기관의 경우에는 부족하고 인원도 적다. 또한, 정식권익구제기관
중에서도 많은 구제기관들이 특별심판제도의 형태를 취하면서 담당부처
의 이익을 유지할 수 있도록 상당한 절차적 왜곡이 이루어져 있다. 이에
비하여, 대통령들마다 국민의 권익구제를 명분으로 내세우면서 실질적
권익구제능력은 떨어지는 비정식 권익구제기관들이 양산되었는데 이 기
관들은 수도 많고, 특히 부처간 갈등에 대한 대통령의 조정능력이 떨어진
90년대 이후 신설된 위원회들은 서로 관할도 중복되거나 유사하고 다루

는 사건은 극히 적은데도 최저 30-40명의 인원으로 구성되어 있다.

민주적 법치국가의 강화를 위하여 국민의 권익구제위원회들을 정식구제기관들 중심으로 통폐합하여 권익구제청을 신설하고 심사위원들의 독립성을 강화하여야 한다. 해당 부처의 처분을 해당 부처 스스로 심사하는 것은 구제의 편파성을 불식시키기 어려우므로 국민들로서는 다시 헌법재판, 행정소송이나 민사소송을 제기할 수밖에 없어 권리구제의 실효성이 높지 않다. 그리고 권익구제기관을 기초자치단체수준까지 지역적 범위를 넓히되, 인적 부담과 지리적 거리를 고려하여 몇 개의 기초자치단체를 묶어서 설치하는 것이 필요하겠다. 과도하게 서울중심으로 자기 부처내에 사건수도 별로 없으면서 권익구제기관을 두는 것은 부처의 밥그릇 챙기기이며 승진누락자의 피난처라는 비판을 면할 수 없을 것이다.

민주적 법치국가에서 강화되어야 할 정식권익구제기관으로서 대표격인 국무총리행정심판위원회를 중심으로 살펴보기로 한다. 국무총리행정심판위원회는 행정내부에서 중앙행정기관과 국민간의 분쟁 또는 광역자치단체와 국민간의 분쟁을 최종적으로 해결하는 기관으로서 민주사회에서 그 의의는 결코 과소평가될 수 없고, 현실적으로도 1년에 12,000건 이상의 사건을 처리하고 있는데, 현재인원은 1국에 55명의 인원일 뿐이다. 상임위원은 현재 두 명으로서, 수많은 행정법판사들이 독립적이고 상설적인 위치에서 행정재결사건을 처리하는 미국의 경우와 비교하더라도 한국의 행정심판기구가 많은 행정심판사건을 실질적으로 심리하는데 있어 구조적으로 얼마나 많은 약점을 갖고 있는가를 알 수 있다.

이에 비하여 대통령직속의 기관으로 탄생된 인권위원회는 탄생기부터 200명의 직원으로 탄생되었으며, 비정식적 권익구제기관인 국무총리고충처리위원회는 155명의 직원을 두고 있다. 이외에도 정식권익구제기관이지만 심판절차가 일반행정심판에 비하여 공정성이 부족한 국세심판, 관세심판 및 지방세심판을 다루는 기관들, 국가공무원이나 지방공무원 또는 교육공무원의 권익구제를 다루는 소청심사위원회, 노동위원회 등이 있다. 또, 국민건강분쟁조정위원회, 산업재해보상심사위원회,고용보험심사위원회, 국민연금재심사위원회 등 많은 특별행정심판위원회들이 있다.

비정식적 권익구제기관들은 대개 조정위원회라는 명칭을 이용하는데, 중앙행정부처의 산하기관으로 되어 있다. 이 위원회들은 규모가 작은 경우에도 직원들이 30-40명에 이르고 있다. 그런데, 이 조정위원회들의 종류와 수를 전부 파악할 수는 없으나 중복유사한 권한을 가지고 있으면서도 중앙행정부처들이 승진에서 탈락하거나 구조조정을 피해가기 위한 방편으로 유지하기 위해 조직의 존속을 위해 필사적으로 버티고 있어 통폐합이 쉬운 것은 아니다. 더구나 이 기관들의 정비를 다루는 기획예산처가 이 기관들의 업무를 실질적으로 분석할 수 없거나 같은 경제관련부처로서 구조조정에 소극적인 것도 한 이유일 것이다.

예로서, 유사한 업무들을 다루면서도 권익구제능력이 떨어지는 다음과 같은 비정식 권익구제기관들의 업무들을 비교해보기로 한다. 다만, 여기서 거론하는 것은 하나의 예일 뿐으로 이와 유사한 경우가 다른 부처의 경우에도 많다는 점을 먼저 지적하고자 한다.

여기서 거론하는 위원회들은 산업자원부와 정보통신부의 산하기관에 속한다. 산업자원부의 산하기관인 도메인이름분쟁조정위원회(http://www.ddrc.or.kr)는 정보사회가 도래하면서 도메인이름 분쟁을 신속하고 합리적으로 해결할 목적으로 도메인이름 사용권 분쟁조정 업무를 다루기 위해 만들어졌는데 사무국과 조정부로 구성되어 있다. 한편, 이와 유사한 또 다른 비정식권익구제기관으로 저작권심의조정위원회(www.copyright.or.kr)가 있는데, 이 위원회는 저작권에 관한 분쟁을 조정할 목적으로 3개의 조정부와 분과위원회를 두고 있다. 또, 정보통신부의 산하기관으로 이와 유사한 프로그램심의조정위원회(www.pdmc.or.kr)가 있는데 여기서는 소프트웨어 관련 프로그램 저작권의 분쟁조정을 담당한다. 또, 전자거래진흥원산하에는 전자거래분쟁조정위원회가 설치되어 있어 전자상거래 관런 분쟁을 조정하고 있다. 이 조직들에서 일반 직원들은 전문성이 부족해 많은 연구직원들을 채용하지만 그들의 이직률은 매우 높고 사기도 낮아 조직업무의 연속성이 크게 떨어진다. 이미 특허 등의 저작권에 대해서는 특허심판제도가 존재하고 있음에도 이와 같이 유사한 분쟁조정기관들이 우후죽순으로 생겨나는 것은 이해할 수 없는 일이라 할 것이다. 특히, 유의할 것은 국무총리행정심판위원회의 지원조직인 행정심판국의 인원이 55명인데, 이 위원회들의 지원조직의 인원이 각각 30-40명에 이른다는 것은 이 조직들의 비효율성을 단적으로 보여준다 할 것이다.

약간만 업무가 다르면 분쟁조정위원회를 새로이 만들어나간다면, 건축허가사건, 식품영업허가취소사건, 마을버스사업허가거부사건 등 처분기관과 처분내용이 달라질 때마다 새로운 행정심판위원회가 생겨났을 것이다. 수많은 행정부소속 권익구제기관들에 소속된 직원들보다 국무총리행정심판회와 법원은 훨씬 적은 인원으로 더 체계적으로 그리고 철저한 심리를 거쳐 심판업무와 재판업무를 다루고 있다. 국민의 권익구제를 이유로 생겨난 방만한 비정식 권익구제기관들과 정식권익구제기관들을 대대적으로 통폐합하여 중앙행정조직내에 권익구제청을 두되, 권익구제의 사각지대인 기초자치단체에 있어서도 몇 개의 기초자치단체를 묶어 권익구제기관을 두어야 할 것이다.

7) 중앙행정조직의 지방분산촉진

지나친 수도권집중이 국민들사이에 위화감을 조성하고 지역간 균형발전에도 많은 문제를 야기하고 있다. 이 때문에 수도이전을 공약으로 내세우는 대통령후보도 나오고 있는데, 최소한 특정 지역에 관련업무가 많이 몰려있는 정부부처는 지방으로 옮겨가는 것도 검토되어야 할 것이라고 생각한다. 예를 들어, 광주가 농업도시라면 농림부와 농촌진흥청이 따라가야 하고 부산이 해양·항만 도시라면 해양수산부나 해양경찰청이 그곳으로 옮겨가는 것을 생각해볼 수 있을 것이다.

3. 작은 정부를 위한 정부산하기관 및 공기업등의 구조조정과 민영화

　중앙행정조직의 경우는 상대적으로 우수한 인력임에도 효율성향상을 위한 지속적 개혁이 있었으나 산하기관의 경우는 각 기관마다 차이는 있으나 매우 방만하여 작은 정부를 위한 적극적인 구조조정과 민영화가 필요한 상황이다. 다만, 산하기관이나 공기업이 민영화된 이후에도 그 기업 등에 부과된 공적 책임을 이행할 수 있도록 책임성을 확보할 수 있는 규제체계를 설계하는 것도 매우 중요하다고 하겠다.[50]

1) 산하기관들의 유형파악과 구조조정 및 민영화의 강화

　일본과 우리나라는 미국이나 유럽국가들과 달리 산하단체 또는 특수법인 정리가 핵심적인 정부개혁 과제로 지목되어 왔다. 1998년 시점에서 지적되었던 사항을 요약하면 다음과 같다. 산하단체는 예산규모 및 인원이 중앙정부 보다 더 크다. 대통령직 인수위원회가 조사한 산하기관 현황에 따르면 산하기관의 수는 1998년 1월 현재 총 551개로, 38만명의 인원과 143조원의 예산을 사용하고 있는 것으로 조사되었다. 이러한 수치는 1998년도 중앙정부 공무원 수가 55만명이고 예산이 일반회계, 재특회계(순세입) 및 기타 22개 특별회계를 합산한 총계가 약 81조에 달하는

---

[50] 오늘날과 같이 다원화된 사회에서는 정부부문은 물론 그 정도의 차이는 있지만 민영화된 기업들도 공익을 보호해야 할 책임을 진다고 보아야 한다. 공익을 국가만이 독점한다고 보기는 어렵기 때문이다. 최송화, 공익론－공법적 탐구-, 2002, 10면 참조. 이 점에서 공법적 관점에서의 사법과 보완적으로 규제체계를 새롭게 설계하는 것이 필요하다.

것으로 볼 때 전체 인원은 적은 편이지만 예산은 거의 두 배에 달한다고
볼 수 있다. 중앙정부의 2000년도 예산이 138.4조원이었다.[51]

　사정이 이러함에도 불구하고 정부조직 개혁과정에서는 늘상 중앙부처
중심의 개혁안만 발표되고 산하단체는 제외되어 작은 정부로 가는 것처
럼 보이지만 실제로 산하단체를 포함할 경우 전체적으로 보면 정부의
범위가 확대되는 문제점이 있어왔다. 지속적 개혁을 위하여 산하기관에
대한 새로운 유형분류가 필요하다. 현재까지 통념적으로 산하기관이라
는 개념을 사용하여 왔지만 산하기관에 포함되는 출연기관, 투자기관,
출자기관, 보조기관, 위탁기관 등의 개념 및 분류가 모호하다. 불명확성
때문에 개혁이 주춤거리고 있는 상황이다.

　전체적으로 볼 때, 정부산하기관의 설립과 존속에 대한 진입규제의
강화가 필요하다. 기관의 신설을 가능한 억제하고 다른 부처의 유관기관
이 있는지 그 조직의 보강을 통해 신설의 수요가 충족될 수 있는지 철저
한 평가가 선행되어야 한다. 중복유사조직이 매우 많기 때문에 어느 부
처의 산하기관인지를 묻지 말고 기능의 유사성이 인정된다면 종합적으
로 통폐합해야 하는데, 각 중앙부처들의 반발과 통폐합후의 소속기관이
어디인가를 놓고 다툼이 생겨나기 때문에 통폐합이 어려워지고 있다.
또, 새로운 정치세력이 등장하면 측근 정치인들을 산하기관의 기관장으
로 내려보내면서 조직의 비효율성의 문제가 심각해져도 구조개혁의 어
려움은 더 커진다. 이 문제는 마치 재벌기업들의 부실계열사정리가 대주
주의 친인척들이 사장이거나 관련 계열기업들간의 갈등으로 오랫동안
정리되지 못해 결국 국가전체의 경제위기를 몰고 왔던 상황과 유사하다.
주인의식이 없는 대리인문제가 더 심각하게 나타나기 때문에 그 문제는
은폐되고 재정은 악화되며 정작 인력이 필요한 곳에서는 인력이 극히
부족한 상황이 지속된다.

---

51) 김병섭, 정부조직개혁의 방향과 과제, 한국행정학회 2000년 추계학술발표대회 논문
　　에서 재인용.

산하기관들의 정비를 위하여 지속적으로 업무의 중복성과 효율성에 대한 평가가 이루어져야 하는데, 이를 위해 실제 업무를 분석할 수 있는 학문의 전문가들이 참여하여 평가하는 것이 중요하다. 업무를 이해할 수도 없는 사람들이 공무원들이 제시하는 단순한 수치상의 통계만을 믿고 매우 부당한 경영평가를 하는 일이 많기 때문이다. 국민들은 물론이고 관련학자들까지 산하기관의 수가 얼마나 되는지, 이들 기관들이 무엇을 하는지, 하는 일은 제대로 하고 있는지에 대해서 정보를 가지고 있지 못하고 있다. 따라서 이들 기관들은 국민들보다는 자신들의 이익을 추구하는 경향을 보이게 된다. 산하기관의 직원수, 업무처리의 내용 등을 인터넷상으로는 확인할 수 없고 간략한 조직기구표만 나와 있을 뿐이다. 정보공개가 강화되어야 한다.

구조조정과 민영화를 주도하는 업무는 기획예산처 혼자로서는 벅찰 것으로 생각한다. 기획예산처도 산하기관들에 대한 정보가 매우 부족할 것이다. 제도개혁위원회와 함께 산하기관들을 유형화하여 적절히 역할을 분담하여야 한다. 무엇보다 업무의 내용과 성과를 정확하게 파악하여 유형화하는 것이 가장 중요한 일이 되므로 이를 위해 노력해야 하며, 이 정보를 국민들에게 투명하게 제시해야 할 것이며, 관련학계의 평가를 받아야 할 것인데, 다른 학문분야로부터 크로스평가를 받는 것이 관학유착을 통한 평가부실을 극복하는데 유용할 것이다.

기획예산처를 비롯한 정부부처들이 모두 철저한 구조조정을 하고 있다고 주장하기 때문에 예를 들어, 중복유사한 업무들을 다루면서도 구조조정되지 않고 있는 산하기관들을 보기로 한다. 다만, 이 예들도 어디까지나 정부내에 많은 유사한 사례들이 있음에도 불구하고 여러 한계 때문에 거론한 것일 뿐, 특정 부처가 특히 방만하다는 것은 아니라는 점은 주의를 요한다.

정부의 산하기관들 중에는 진흥원이라는 이름이 붙은 많은 기관들이 존재한다. 이 기관들은 소속중앙행정기관들이 다른 경우도 있고 같은 중앙행정기관의 다른 부서와 관련된 경우도 있다. 한국전자거래진흥원 (www.keb.or.kr)은 국내 전자상거래의 활성화를 지원하기 위해 설립된 기관 이다. 그런데, 이미 이와 유사한 진흥원으로 산업진흥원(www.ipiims.co.kr) 이 있어서 중소기업 및 벤처기업에 대해 창업, 경영 및 기술컨설팅 등을 지원해왔다. 한편, 매우 방대한 정보화지원기관인 한국전산원이 있음에 도 불구하고 다시 정보통신중소기업의 지원이나 정보통신연구기반을 조 성하기 위해 정보통신연구진흥원(www.iita.re.kr)이 존재하고 있으며, 정 보보호정책의 연구와 기술의 표준화 등을 위해 한국정보보호진흥원 (www.kisa.or.kr), 그리고 소프트웨어 지원, 소프트웨어벤처기업창업지원 등을 위해 한국소프트웨어진흥원(www.software.or.kr) 등이 존재한다. 이 기관들 중에는 많은 예산과 인원을 쓰는 기관들도 있는데, 이처럼 정보 통신관련 산하기관들이 방만하게 들어선 데에는 갑자기 정부에 정보화 촉진기금 등 많은 기금이 생겨났기 때문이 아닌가 생각한다.

이러한 유사기관들에 대해 막연히 각 산하기관의 예산과 인원에 대해 10-30% 감축하는 방식으로 획일적으로 접근하는 구조조정이 얼마나 부 당한 것인가는 말할 필요가 없다. 조직들을 통폐합하여 꼭 필요한 기능 은 한 두 개의 과단위에서 처리하도록 하는 것이 정도일 것이기 때문이 다. 산하기관수가 많아지면 예산만 낭비되는 것이 아니라 국민들도 이 많은 산하기관들 중 도대체 어디에 가서 도움을 얻을 수 있을지 막막하 게 된다. 이것은 부처이기주의의 전형적 폐해라 할 것이다.

2) 기술혁신 및 제도혁신을 위한 연구능력의 강화를 위한 정부연구조직의 재편성필요

많은 연구인력과 예산을 가지고 1-2년도 안되어 동일유사주제를 반복 연구하거나 정책기여도가 낮은 지나치게 거시적이거나 미시적인 주제들 에 너무 많은 연구를 수행하는 연구기관이 있는가 하면, 제도혁신을 위하여 매우 포괄적이고 중요한 주제임에도 불구하고 5-6년 전에 한번 수행했거나 많은 중요한 주제들에 대한 연구가 없는 실정이기도 하다. 이것은 형사정책을 전담연구하는 형사정책연구원을 제외하고는 제도혁신을 연구할 수 있는 연구기관이 중앙행정의 차원이든 지방행정의 차원이든 인문사회분야 연구원 중 가장 규모가 작은 한국법제연구원 한 곳밖에 없기 때문이다. 공법에 관해서는 일반법전이 없고 수많은 특별법들로 구성되어 있는 특성을 반영하여 외국의 연구소들이 많은 전문적 연구소로 특화되어 있는 것을 볼 때, 한국의 제도연구가 왜 낙후될 수밖에 없었는지 이해할 수가 있다. 또, 민법전이나 상법전이 있는 사법의 경우에도 점차 많은 특별법들이 사회의 수요에 맞추어 등장하고 있는데, 한국의 경우에는 사법제도를 연구할 수 있는 연구소는 한 곳도 없으며 학계 또한 주로 판례법적 연구에 한정되어 있을 뿐이다. 이로 인해 한국사회에는 제도설계를 위한 기초적인 연구가 너무나 부족한 실정이다. 제도개혁을 위한 연구부족은 한국사회가 민주적 법치국가로 발전을 함에 있어 중대한 위협요인이 되고 있을 뿐만 아니라 공무원들의 법지식의 부족 및 제도설계능력의 부족요인과 겹쳐 글로벌 사회에서 외국과의 경쟁체제에서 한국의 제도적 낙후성의 근원적 요인 중의 하나가 되고 있다.

연구소들에 대한 평가에 있어서는 동종학문집단으로부터의 평가만이 아니라 다른 학문집단들로부터 크로스평가를 받도록 하는 것이 한국과 같이 각종 프로젝트와 인맥으로 연결되어 공정한 평가가 어려운 나라에서는 평가의 실효성을 높이기 위해 매우 중요할 것이다. 그리고 이 평가기관은 정부로부터 독립된 전체학문들의 공동위원회에서 지정하는 것이 필요할 것이다.

3) 정부위원회의 유형화와 실효적인 구조조정

위원회를 어떻게 유형화할 것인가는 전문적 검토가 필요한 사항이다.

다만, 문제의 핵심은 위원이 아닌 직원들의 수를 얼마나 줄일 수 있고 국민을 위해 정말 필요한 위원회를 얼마나 강화시킬 수 있는가 이다. 위원들만 존재하는 유명무실한 위원회들의 통폐합은 작은 정부의 관점에서 별 의미가 없다. 특히, 업무량과 그의 기능을 고려하지 않은 채 20-30명에서 40-50명 또는 200명까지 무원칙하고 산만하게 직원을 일률적으로 배정해놓은 각종 분쟁조정위원회들을 유기적으로 통폐합하여야 한다. 이런 관점에서, 유형적으로 접근하지 않고 무조건 몇 개의 위원회를 정리했다는 방식의 기획예산처의 접근방법은 작은 정부를 위하여 큰 의미를 갖지 못한다고 하겠다.

여기서는 위원회를 정책이나 법령 또는 처분의 형성과정에서 사전적으로 참여하는 유형의 사전적 위원회와 주로 민원이나 분쟁이 생겼을 때 그 해결을 위해 비정식적으로 또는 정식적으로 참여하는 사후적 위원회로 나누어 살펴본다. 유형화를 통한 접근방법은 매우 중요하다. 법학에서 사전적, 사후적이라는 관점을 통한 구별은 매우 보편화되어 있다. 그러나, 다른 학문에서 이 구별은 매우 생소하다. 이 점에서도 법학자들이 참여하지 않은 채 진행되어온 정부의 구조조정작업이 정부업무를 분석할 수 없었기 때문에 얼마나 편향되거나 제한될 수밖에 없었을 것인가는 자명하다고 하겠다. 앞에서 예로 들었던 것처럼 그 동안 분쟁조정위원회의 통폐합을 제대로 다루지 못했던 것은 참여하는 학자들이 분쟁의 내용과 성격을 이해하지 못한 상태에서 담당공무원들의 침해된 정보에 의존하여 개혁에 접근했기 때문이다.

이러한 관점에서 볼 때, 각 중앙행정부처에서 정책결정이나 처분결정의 과정에서 전문가 및 이해관계인의 의견수렴을 위한 위원회에 대한 수요는 아직도 강하고 직원수도 대체로 그렇게 많지 않다. 또, 통폐합해서는 각 부처의 업무에 유기적으로 협력적 기능을 발휘하기 어려울 것이다. 그러나, 분쟁이 생겼을 때 분쟁을 다루기 위해 생겨난 고충처리위원회나 분쟁조정위원회와 같은 사후적 위원회는 직원수도 많고 업무도 중복유사한 경우가 많으므로 구조조정이 필요하다 하겠다.

Ⅳ. 한국사회의 개혁에 있어 공법학회의 임무와 개혁필요

한국의 싱크탱크는 대부분 정부의 산하기관인 관변 연구소들인데, 이들은 정부의 단기적인 요구에 휘둘려 독립적으로 장기적인 미래비전을 제시하고 구체화하는데 한계가 있다. 특히, 비판적 관점이 부족할 수밖에 없다. 공법학회는 국가의 미래비전과 전략을 고민하는 두뇌들의 집결지로서 미래 비전을 제시할 한국의 싱크탱크(Think Tank)의 한 축을 담당해야 한다. 뿐만 아니라, 법, 경제, 행정, 철학, 역사, 기초과학 등 광범위한 분야에서 연구집단을 조성하고 이를 지원하는 범국민적 시스템이 구축되어야 하는데 이 제도적 시스템의 형성에 있어 공법학회는 적절한 역할을 할 수 있어야 한다.

이를 위해 공법학회는 인적자원의 융합·복합화를 통해 전혀 새로운 유형의 지식을 창출해낼 수 있어야 한다. 상호융합되지 않는 독일류의 지식, 미국류의 지식 및 프랑스류나 일본류의 지식들을 한국의 독자적 사상원천들과 융합시켜서 한국실정에 적합한 지식을 창출할 수 있어야 한다. 또, 사고방식이 다른 국가들의 법지식을 통합시키는 것도 필요하지만 다른 사회과학적 지식을 융합시키는 것도 필요한 과제이다.

전문지식의 제공자로서, 특히, 한국사회에 드문 구체적 국가제도운영 과정을 전문적으로 비판할 수 있는 거의 유일한 전문적 비판기관으로서 공법학회는 민주적 법치국가의 발전에 있어 매우 중요한 의의를 갖는다. 이러한 중요한 역할에 비추어 공법학회의 운영방식이 개편될 필요가 있지 않은가 생각한다. 현재의 공법학회운영방식은 독일의 국가법학자대회와 일본의 공법학회에 영향받은 것으로 보이지만, 한국공법학회는 국민들과의 관계에서 외국과 경쟁하기 이전에 한국의 행정학회, 정치학회,

정책학회, 경제학회 및 사회학회와 경쟁관계에있기 때문이다. 공법학회의 경쟁력강화의 핵심포인트는 춘하추동의 학회에서 국정현안을 분석하여 발표하는 발표자의 수(보통 25-30명)에서 온다. 우선 운영방식을 바꿀 필요가 있다고 생각한다. 극소수의 초청발표자(예, 3인의 발표자) 방식에만 의존하지 말고 원칙적으로 지원자방식으로 전환하면서 초청자방식을 겸용하는 것이 필요하다고 본다. 다른 경쟁학회들처럼 2일에 걸쳐 20-40 주제를 발표할 수 있도록 해야 한다. 우선, 공무원들이나 정치인들은 그 주제숫자와 내용의 다양성에서 다른 학회를 먼저 주목해왔기 때문이다.

그 동안 개혁과정에서 법학은 매우 소외되었다. 제도의 설계능력이 부족한 변호사가 아닌, 법학자들에 대한 적정한 역할부여는 개방사회에서 수많은 정책과 제도를 방어하고 발전시켜야 하는 한국정부로서는 학문이기주의의 관점에서 접근해서는 안될 사활적 명제이다. 이런 관점에서 역설적이게도 사법시험확대는 중단기적으로는 법학인력의 확대에 별다른 기여를 하지 못해서 법학의 인력풀이 크게 축소되고 있다는 점은 한국사회의 치명적 약점으로 작용하고 있고 그 폐해는 더욱 극명하게 드러날 것이라는 점을 법학자들 스스로 자각하고 그 대책을 강구할 필요가 있다고 하겠다.

제2절 성장하는 경제사회에서 행정조직법

Ⅰ. 행정조직법학의 의의

1. 행정조직법의 개념

행정조직법은 '행정주체의 조직에 관한 법' 또는 '행정기관의 설치, 폐지, 구성, 권한 및 행정기관 상호간의 관계를 정한 법'이다.[1]

행정조직법의 범위에 관하여, 행정조직뿐 아니라 그것을 구성하는 인적 요소로서 공무원, 물적 요소로서 영조물과 공물까지 포괄하는 것으로 광의의 개념으로 정의할 수도 있고,[2] 공무원, 영조물과 공물을 제외하고 국가, 지방자치단체와 기타 공공단체의 조직에 관한 법으로 협의로 정의할 수도 있다. 다수설은 국가의 행정조직에 관한 법에 한정하고 지방자치단체와 기타 공공단체의 조직에 관한 법을 제외하는 것으로 최협의로 정의한다.

2. 행정조직법정주의

우리 헌법 제96조는 "행정각부의 설치·조직과 직무범위는 법률로 정

---

1) 김도창, 일반행정법론(하), 1993, 44-45면. 김남진, 행정법Ⅱ, 1996, 29-30면. 박윤흔, 행정법강의(하), 2001, 3-4면. 김철용, 행정법Ⅱ, 2009, 3-5면. 홍정선, 행정법원론(하), 2010, 5면. 박균성, 행정법론(하), 2014, 3면. 한견우, 현대행정법신론2, 2014, 235면.
2) 행정조직의 기능성확보를 위해 갖는 중요성을 고려해 조직의 인적요소인 공무원을 행정조직법에 포함시키기도 한다. 김동희, 행정법Ⅱ, 2014, 4면.

한다"고 규정하여 행정조직법정주의를 선언하고 있다. 이 헌법규정에 따라, "행정각부의 설치·조직과 직무범위"는 반드시 법률에서 규정하고 있어야 한다.3) 우리나라에서도 정치권력은 '국내외 환경의 변화', '대통령의 개혁의지의 표현'이나 '부처간 권력재분배'와 같은 정치적 목적으로 위한 수단으로서 행정조직개편을 사용하면서,4) 행정조직법정주의를 대통령의 조직권에 대한 장애로 인식하는 경향도 존재했다.

그럼에도 불구하고 우리 헌법에서 행정조직법정주의를 채택한 것은 법치주의가 갖는 장점인 조직의 안정성과 국민과의 관계에서 예측가능성을 보장하며 정치권력에 의한 불합리하고 부당한 조직개편을 견제하고자 함에 있다.5)

정치권력의 의지와 행정조직법정주의의 정신이 충돌함에 따라 정부의 조직구성의 자유와 재량을 어떤 원칙과 기준에 의해 행사하도록 유도할 것인가가 조직법학에 있어 중요한 연구과제가 되고 있다.

---

3) 행정조직법정주의를 취하지 않는 프랑스의 경우, 정부 각 부처의 명칭, 숫자, 권한, 의전서열 등은 헌법이나 법률에서 정해지는 것이 아니라 대통령이 발하는 명령(décret)을 통하여 정해진다. 성낙인, 21세기 바람직한 정부조직과 정부조직법, 법제연구 제44호, 2013, 251-252면.

4) 우리나라의 행정조직개편이 정치적 목적과 원인에 의해 계획과 준비가 부족한 채 추진되는 경우가 많았다는 비판으로는, 박우순, 김대중 정부 조직개편의 성과와 전망, 한국행정연구 제11권 제2호, 2002, 51면 ; 이창원/ 임영제, 우리나라 민주화 이후의 정부조직개편의 특성에 대한 고찰 : '작은 정부론'의 시각을 중심으로, 한국정책과학회보 제13권 제4호, 2009, 16면 ; 박천오, 한국 정부조직개편에 대한 비판적 고찰, 한국조직학회보 제8권 제1호, 2011, 15면.

5) 이재삼, 우리나라 정부조직개편에 대한 발전방안 연구, 법학연구 제49집, 2013, 205면. ; 오준근, 정부조직개편에 대한 입법정책적 고찰, 한국행정학보 제47권 제3호, 2013, 78-79면. 명확성의 원칙이 구현되어야 하며 행정입법에의 포괄적 위임은 금지된다. ; 이원우, 행정조직의 구성 및 운영절차에 관한 법원리-방송통신위원회의 조직성격에 따른 운영 및 집행절차의 쟁점을 중심으로-, 경제규제와 법 제2권 제2호, 2009.11, 99-100면.

3. 행정조직법의 기능과 특징

1) 전통적 행정법학에서 행정조직법 연구소홀의 부정적 영향

전통적 행정법학은 행정작용론, 그 중에서도 행위형식론에 초점을 맞추어 그 이론을 구성한 결과 불침투성이론에 따라 행정조직의 구성과 설계의 문제는 법과는 관계가 없는 내부관계의 문제로 다루어 행정조직에 관한 법적 연구는 매우 소홀하였는데,[6] 이로 인해 몇 가지의 중대한 문제가 나타났다.

첫째, 행정작용법 중심의 전통적 행정법학에서 사용하는 중심개념인 행정청 개념이 암묵적 전제로서 이해하는 행정조직에서는 대표적 의사표시자이자 계층제의 최상층기관인 기관장에게 행정조직의 설계와 구성에 관해 통제받지 않는 광범위한 자유를 부여하였다.[7] 행정청 개념에 영향받은 행정조직법론은 대통령, 각부 장관이나 시장과 같은 단독행정청인 행정기관장이 개인적 의지에 의해 인사, 예산, 조직, 규제설계 등의 문제를 처리하는 것을 승인하는 근거만을 제공하였을 뿐, 그것을 통제하고 지도하기 위한 원칙과 기준을 제공하는 역할은 전혀 수행하지 못했다. 더불어, 행정조직내에서 직무를 처리하는 공무원들은 "기관장의 명령의 집행자"이었을 뿐이었다. 행정조직법연구의 부족은 간접적으로 권위주의적 행정을 지지해주는 결과를 낳았다.

---

6) 동아시아에 많은 영향을 미친 19세기 독일 행정법학은 외견입헌군주국가 시대 행정조직을 국민의 '자유와 재산권'에 관계되는 사항이 아니라 해서, 법규와 법률유보대상에서 제외된 군주의 특권사항으로 간주하고, 법에서부터 자유로운 행정의 한 영역으로 간주하였다. 20세기 들어와 행정조직도 국민생활에 밀접한 관련을 갖는 것으로 인식되어 행정조직법정주의로 대체되었다. 김도창, 일반행정법론(하), 1993, 47-48면.
7) 대통령에게 권력이 과잉집중됨으로 인해 그의 권한남용은 물론 그 직속기관과 부속기관의 권한남용이 통제되고 있지 않다는 비판은, 유진식, 대통령, 권력분립, 그리고 국가행정조직법-과잉권력을 창출하는 한국대통령제의 법적 구조의 해명-, 공법연구 제31권 제2호, 2002, 411-435면 참조.

둘째, 성장발전하는 경제사회에서 국민들과 정치권은 개별적 행위에 의한 미시적 개입수단보다는 행정조직에 의한 종합적·포괄적 개입에 훨씬 더 높은 관심을 보여 정권교체기에는 반드시 행정조직개편이 있었고 집권도중에도 행정조직개편이 이루어지는 경우도 있었다. 그 결과, 행정 효율성의 증대 등과 관련이 없더라도 관료에 대한 통제권의 강화와 같은 목적을 위해 행정조직개편이 너무 빈번하게 이루어져 왔지만, 그 조직권한의 남용은 통제되지 못했다.

2) 구성적 구조화 기능

행정조직법은 행정조직이 행정과제를 이행할 수 있도록 과제, 권한과 책임을 확실한 구조로 결합시켜 지속적으로 행정결정을 내릴 수 있게 하는 구성적 구조화 기능을 수행한다.[8]

관할권과 그 범위, 그리고 최종결정권의 소재와 결정방식(단독결정인가 합의방식인가), 내부절차, 외부와의 정보소통절차 등에 관한 규정들이 행정조직의 의사결정구조를 형성하고 공무원들의 행위들 상호간에 질서를 형성해준다.[9]

조직개혁과 규제개혁의 문제는 매우 밀접하게 연계되어,[10] 특정 조직

---

8) 정부조직법의 기능과 법집행의 특징에 대해서는, 선정원, 새로운 행정조직모델과 중앙행정조직의 개편방향, 공법연구 제31권 제2호, 2002, 135-138면 참조.

9) 행정학의 한 분야인 조직론에서는 법을 형식적으로 조직에 대한 제약요인이자 외생적인 명령과 제재의 근거로서 이해하였다. 하지만, 법은 조직을 탄생시키고 변화시키며 조직의 내부문화와 행태를 재구성할 뿐만 아니라, 반대로 법적 기준의 집행이 조직의 내부관행과 문화에 영향받기도 하므로 완전히 외생적 변수라고 할 수도 없고 또 완전히 내생적 변수라고 볼 수도 없다. Mark C. Suchman/ Lauren B. Edelman, Legal Rational Myths : The New Institutionalism and the Law and Society Tradition, Law and Social Inquiry 1996, p.905.

10) 농식품산업의 촉진을 위한 부처와 식의약품의 안전을 감독하는 부처의 통합과 분리의 문제는 이명박 정부의 출범당시 정치적으로 많이 논의되었는데, 조직설계의 문제와 규제권(촉진적 규제권과 감독적 규제권)의 소재가 밀접하게 관련되어 있음을 보여

의 존부 및 그 관할권의 범위에 관한 법규정은 당해 조직의 권한과 업무
방식은 물론 인원과 예산까지 상당한 정도로 구조화시킨다. 이러한 구조
화를 통해 정부조직은 그 업무의 지속성을 보장받는다. 또, 조직법의 체
계속에서 특정 조직의 위치, 그 권한의 성격과 범위, 조직간 또는 조직
구성원간의 갈등해결의 방식은 해당 조직의 존폐와 그 발전에 지대한
영향을 미친다. 반대로 조직의 구조와 조직구성원들의 태도가 규제의 내
용과 그의 집행에 중대한 영향을 미치기도 한다.

3) 정부임무의 집행수단으로서 조직에 의한 법집행방식의 특징

정부임무의 집행수단으로서 실체법과 조직법은 그 작동방식이 다르
다. 실체법은 행정주체가 외부관계에 직접적으로 개입하는 행정활동의
내용과 방식에 대해 규율하는데 비하여,11) 조직법은 조직을 창설·폐지
하거나 그 구조를 개편함으로써 행정활동이 이루어지는 전제인 행정주
체의 존립과 능력에 영향을 미친다. 하지만, 조직법은 조직의 구체적·개
별적 결정을 다루지 않고, 행정활동의 결과발생과 관련하여 그 개연성에
간접적으로 영향을 미치므로 간접적 조정이라는 한계를 갖는다.

하지만, 조직과 조직법을 통한 사회문제에 대한 대응은 포괄적이고
탄력적일 수 있으므로 사회문제의 복잡성이 높고 그 규모가 커서 미래
에 대한 예측이 어렵고 기존 조직을 배경으로 실체적 작용법의 개정을
통한 개별적 대응만으로 그 실효성이 떨어질 때 의미를 갖는다.

준다. 점점 더 진흥과 촉진, 또는 지원과 복지를 담당하는 부처와 기업활동의 감독
또는 예산 및 공금 집행의 감독을 하는 부처의 통합과 분리의 문제가 정부조직의 설
계에 있어 중요한 법적 쟁점이 되고 있다.
11) 실체법은 직접적 조정 또는 내용관련적 조정이라고 부를 수 있는 것으로, 행위를 위
한 직접적인 프로그램(조건프로그램 또는 목적프로그램)의 방식으로 개입한다. 입법
자가 미리 목적과 수단에 대해 일반추상적 결정을 내리고, 그것을 구체화하도록 행정
청에게 재량을 부여한다. 따라서, 실체법은 사회에 대한 예측가능성이 높고 갈등이
작아 법으로 미리 예측적으로 규율할 수 있는 영역이 넓은 곳에서 적합하다.

Ⅱ. 정부조직법상 정부조직의 개편역사와 현재의 구조

1. 정부조직법상 정부조직의 개편역사

1) 정부조직의 개편절차와 개편역사의 고찰범위

대한민국의 건국이후 정부조직개편을 위한 입법절차는 거의 변화가 없다. 현행 헌법은 제40조에서 "입법권은 국회에 속한다"라고 하여 국회 입법의 원칙을 명문으로 선언하고 있지만, 제52조에서 "국회의원과 정부는 법률안을 제출할 수 있다"라고 하여 정부에게도 법률안 제출권을 부여하고 있기 때문에 대통령은 정부안을 작성하여 국회에 제출하는 방식을 취하면서 정부조직을 개편해왔다.

외교, 국방, 치안, 법무, 교육 등을 다루는 정부부처는 다른 국가와 비슷하므로 여기에서는 경제부처에 한정하여 그 개편역사를 개관한다. 경제부처의 개편역사를 시기적으로 살펴볼 것인데 그 이유는 경제발전단계에 따른 국가의 정책적 과제의 변천을 잘 살펴보기 위해서이다.

2) 정부조직개편의 역사

(1) 국가행정조직의 기본구조의 건설과 경제성장촉진적 정부구조로의 개편

우리나라 행정조직의 설치와 개편의 역사는 정부조직법의 제정과 그 개정의 역사이다. 1948년 7월 17일 법률 제1호로 정부조직법이 제정되어 2014년 8월 현재까지 66년 동안 70회의 개정이 이루어졌다. 이 중에서 1960년 7월 1일부터 1961년 8월 25일까지의 정부조직법은 "국무원과 행정각부의 조직의 대강"을 규정하여 정부조직개편사에서 유일하게 내각

책임제 정부형태를 취하였다.[12] 그 이외의 정부조직개편내용들은 모두 대통령제 정부형태를 뒷받침하는 것이었다.

1948년에서 2014년까지 11명의 대통령이 존재했는데 주요한 정부조직 개편은 대통령의 교체와 밀접한 관련이 있었다. 초대 대통령인 이승만 대통령 시대 정부조직은 11부 3처 1실 3위원회로 구성되었는데, 그 이후 정부조직은 꾸준히 팽창하여 최근의 박근혜 대통령 시대에는 2014년 8월 현재 17부 3처 17청 2원 2실 4위원회로 구성되어 있다.

건국이후의 한국 정부의 과제는 국가의 안전을 확보하고 경제발전에 성공하는 것에 집중되었다. 정부조직법 제정당시(1948.7.17) 전체 11개 부 가운데 광의의 의미에서 경제부처는 재무부, 농림부, 상공부, 교통부, 체신부로 구성되었다. 이 5개 부처에 1950년 발생했던 전쟁의 극복을 위해 부흥부(1955.2.7-1961.7.22)가 추가되었다.

부흥부는 1961년에 폐지되고 부흥부를 대체하여 경제기획원(정부조직법 제10조의2. 1961.7.22 개정)이 등장했는데, '재무부장관, 농림부장관, 상공부장관과 산업경제에 관한 학식경험이 풍부한 자 약간인'을 참석시킨 중앙경제위원회를 창설하여(정부조직법 제10조의4. 1961.7.22 개정), 효율적인 경제성장정책을 추진하고자 했다. 국토의 사회적 인프라를 건설하고 건설정책을 종합적으로 수행하기 위해 건설부가 신설(1962.6.18 개정)되었다. 경제부처 분야에서 전문적 통합조정능력의 강화를 위해 부총리제를 도입(정부조직법 제15조. 1963.12.17 개정)하되 경제기획원장관이 겸임하도록 했다.

경제성장의 촉진을 목적으로 정부조직의 기본적 구조를 결정하는 단계가 지나면서 기존의 경제부처들이 존속하는 가운데 경제사회의 발전에 대응하기 위해 정부조직에도 보다 현대적인 조직들이 추가되기 시작

---

12) 내각책임제하에서도 1961년 6월 16일, 1961년 6월 22일, 1961년 7월 12일, 1961년 7월 22일, 1961년 8월 22일, 1961년 8월 25일까지 6회의 소규모 개정이 있었는데, 이 개정들은 1961년 5월 16일 군사쿠데타로 등장한 군부세력들에 의해 주도되었다.

한다. 과학기술처가 신설되고(정부조직법 제20조의2, 1967.3.30 개정), 세계
적인 석유가격의 인상시대를 극복하고 국가의 에너지자원의 효율적인 확
보를 위해 동력자원부가 신설되었다(정부조직법 제29조. 1977.12.16 개정).

(2) 변화하는 경제사회환경에의 대응
  (사회갈등의 격화, 환경보호, 국제화에의 대응)

  경제성장정책이 지속되면서 정부자원의 집중에서 소외된 집단들과 이
익들 중심으로 정부정책에 대한 반대와 갈등이 증가하면서, 이에 대한
대응을 위해, 노동부가 신설되고(정부조직법 제29조. 1981.4.8 개정), 환
경처가 신설되었다(정부조직법 제26조의2, 1989.12.30 개정). 국제적인
석유위기가 종식되면서 동력자원부와 상공부가 통합되어 상공자원부로
통합개편되었다(정부조직법 제29조. 1993.3.6 개정)
  민주적 정통성을 갖는 '문민정부'로 통칭되는 김영삼 정부가 1992년
들어서면서 정부부처에 큰 변화가 일어났다. 환경처가 환경부로 격상되
었고, 상공자원부가 통상산업부로, 체신부가 정보통신부로, 건설부와 교
통부가 건설교통부로 통합되었다(정부조직법 제29조. 1994.12.23 개정).
무엇보다 박정희 정부시절 1963.12.17 정부조직법 개정으로 도입된 후
유지되었던 경제기획원(예산담당)과 재무부(조세담당)의 2원적 재정관리
조직에 변화가 발생했다. 경제기획원과 재무부를 폐지시키고 조세권징
수권과 예산편성권을 모두 함께 갖는 재정경제원을 설치했다(정부조직
법 제23조. 1994.12.23 개정).
  김대중 정부에서는 이른바 'IMF 경제위기'(외환부족으로 발생한 경제
위기)의 극복이 최대과제가 되었다. 재정경제원이 폐지되어[13) 기획예산

---

13) 조세징수권과 예산편성권의 통합조직인 재정경제원에 대해서는 'IMF 경제위기'의 핵
    심적 원인중의 하나로 비판받아 그 권한들을 분리하게 된다. 견제되지 않는 권력으로
    도덕적 해이상태에 빠져 위기에 대한 대응을 못한 것으로 비판받았다.

위원회(1998.2.28-1999.5.24. 그 이후 기획예산처)와 재정경제부가 설치되었고, 과학기술처가 과학기술부로 격상되었으며, 국제통상에 있어 국제적 감각이 강조되어 통상산업부의 통상권중 상당 부분을 이전받아 외무부가 외교통상부로 개편되었고 통상산업부는 산업자원부로 개편되었다(정부조직법 제29조. 1998.2.28 개정). 해양수산행정의 중요성이 부각되면서 농림수산부가 개편되어 농림부와 해상수산부로 분리 확대되었다(정부조직법 제29조. 1996.8.8 개정). 창의적인 인재의 양성이 경제사회발전의 중요한 과제로 인식되면서 교육부가 교육인적자원부로 개편되었다(정부조직법 제26조. 2001.1.29 개정).

(3) 작은 정부 시대에의 적응과 국민의 권익·복지 수요증가에의 대응

'실용정부', '작은 정부'를 표방한 이명박 정부가 들어서면서 정부조직은 그 숫자가 줄어들었다. 노무현 정부 시절 18부 4처이었던 상태에서 15부 2처로 감축된다. 기획예산처와 재정경제부가 통합되어 기획재정부가 되었고, 교육인적자원부와 과학기술부가 통합되어 교육과학기술부가 되었으며, 농림수산행정이외에 식품행정이 강조되어 농림수산식품부가 등장했고, 산업자원부와 정보통신부는 지식경제부로 통합개편되었으며, 건설교통부에 해양기능을 통합하여 국토해양부로 개편하였다(정부조직법 제22조. 2008.2.29 개정).

박근혜 정부 들어오면서 정부조직의 확대개편이 이루어져 17부 3처로 확대되었다. 지식경제부는 미래창조과학부가 되었고, 통상기능은 외교부에서 분리되어 산업통상자원부에 통합되었으며, 국토교통부에서 해양기능이 분리되어 해양수산부가 설치되었고, 식품의약품안전청은 식품의약품안전처로 승격되었다(정부조직법 제26조. 2013.3.23. 개정).

2014년 세월호 사건을 계기로 재난에 대한 대응능력을 강화하고자 작은 규모의 정부조직개편이 있었다. 17부 5처로 개편되었는데, 국민안전

처와 인사혁신처가 신설되었다(정부조직법 제22조의2, 제22조의3. 2014.
11.19. 개정).

2. 정부조직법상 정부조직의 구조와 내용

1) 정부조직법에 의한 정부조직의 구조화

(1) 법률의 규정내용

헌법은 제96조에서 "행정각부의 설치·조직과 직무범위는 법률로 정한
다"고 규정하여 행정부의 조직구성에 관한 조직권을 국회에 부여하고
있다. 이에 따라, 국회는 정부조직법을 제정하여 "국가행정사무의 체계
적이고 능률적인 수행"을 목표로, '행정기관의 설치, 폐지, 구성, 권한 및
행정기관 상호간의 관계'를 규정하였다(정부조직법 제1조).

"중앙행정기관의 설치와 직무범위"를 법률로 규정하되, 중앙행정기관
의 명칭과 그 구성은 "부·처 및 청"으로 하도록 함으로써 독임제행정관
청의 형식을 취하는 것을 원칙으로 규정했다(정부조직법 제2조). 다만,
행정기관에는 그 소관사무의 일부를 독립하여 수행할 필요가 있는 때에
는 법률로 정하는 바에 따라 행정위원회 등 합의제행정기관을 둘 수 있
도록 했다(정부조직법 제5조).

정부조직의 개편은 헌법소원으로 제기되어 두 가지 쟁점과 관련하여
법적 평가를 받았다. 헌법소원재판에서 국민 개개인이 정부조직개편의
위헌여부를 심사해주도록 청구할 기본권을 갖는가 하는 기본권관련성
여부, 그리고, 조직개편의 근거법률이 위헌인가 하는 점이 다루어졌다.

첫 번째 쟁점인 조직개편행위가 기본권과 관련되는가에 대하여 헌법
재판소는 대부분의 사건들에서 청구인들의 기본권관련성을 부인하면서

각하했다. 다만, 여성부의 설치에 대하여 남성들이 평등권과 행복추구권을 침해한다는 주장에 대해서는 기본권관련성을 인정했다.

각하된 사건들에서 청구인들의 주장은 "국가행정사무의 체계적이고 능률적인 수행"(정부조직법 제1조)을 해야 할 정부조직이 "공무원들의 기득권만을 유지하여 국가행정의 비효율과 예산낭비를 가져옴으로써 결과적으로 일반국민인 청구인의 평등권과 행복추구권을 침해한다"는 것이었다. 이에 대하여 헌법재판소는 정부조직법은 "원칙적으로 국가행정기관, 그 조직의 구성원이나 구성원이 되려는 자 등 이외에 일반국민을 수범자로 하지 아니한다"(헌재 1994. 6. 30. 91헌마 ; 헌재 2014. 4. 16. 2014헌마263)고 했다.

다만, "법률조항들에 근거한 여성부의 설치 자체로 인하여 일반국민이며 남성인 청구인의 평등권 등이 침해되었다고 주장하는바, 이는 법률의 시행과 동시에 기본권침해를 받은 경우에 해당한다고 할 것이다"(헌재 2010. 2. 23. 2010헌마64)고 하면서 정부조직개편행위가 기본권관련성을 가질 수 있다고 결정했으나, 이 사건 자체는 1년의 심판청구기간이 경과했다는 이유로 각하했다.

두 번째 쟁점과 관련해서는 형사재판의 전제로서 위헌적 수사를 담당한 정부조직의 설치근거법률이 위헌인지가 문제되었다.

이 사건에서 헌법재판소는 국가안전기획부를 국무총리소속으로 두지 않고 대통령 직속으로 두도록 규정한 국가안전기획부법 제4조 및 제6조가 헌법 제86조 제2항, "국무총리는 대통령을 보좌하며, 행정에 관하여 대통령의 명을 받아 행정각부를 통할한다"는 규정과, 헌법 제26조 제1항, "대통령의 통할하에 다음의 행정각부를 둔다"는 규정을 위반하지 않는다고 결정했다. 그 근거는 "국가가 정보기관을 대통령직속으로 하느냐 여부는 기본적으로 입법정책의 영역에 속하는 것"으로서, 국가의 공권력을 집행하는 행정부의 조직은 헌법상 예외적으로 열거되어 있거나 그 성질상 대통령의 직속기관으로 설치할 수 있는 것을 제외하고는 모두 국무총리의 통할을 받아야 하며, 그 통할을 받지 않은 행정기관은 법률에 의하더라도 이를 설치할 수 없음을 의미한다고는 볼 수 없다고 했다(헌재 1994. 4. 28. 89헌마221).[14]

(2) 정부조직법에 의한 정부조직의 구조화의 한계

정부조직법은 중앙행정부처의 명칭만 규정할 뿐 그 기구나 내부조직에 대해서는 법률에서 거의 규정하고 있지 않고, 중요한 사항들이 행정입법에 위임되어 규율되고 있어, 법률에 의한 행정조직의 구조화의 정도가 매우 낮다.[15][16]

---

14) 이 결정과정에서 소수의 재판관들은 "국가안전기획부로 하여금 그 본래의 직무내용에 비추어 과도한 수사권을 부여하는 등 법상 실효성 있는 견제장치가 없"다는 의견을 제시하거나, "국가안전기획부는 행정부의 권한에 속하는 사항을 집행하는 중앙정부기관이므로 성질상 국무총리의 통할하에 두어야 할 "행정각부"에 속하는 것이 명백"하므로 국가안전기획부법은 위헌이라는 의견을 제시했다.

15) 법률에서 규정되어야 할 사항이 대통령령 등 행정입법에 대한 위임의 폭이 너무 광범위해서 행정조직법정주의가 형해화되고 있다는 비판은, 유진식, 앞의 글, 430-431면 참조. ; 정부조직법에서 행정각부 및 중앙행정기관의 명칭만 규정하면서도 그 세부기관의 조직을 행정입법에 위임하는 대신에 법무부법, 외교부법 등과 같이 행정각부의 조직을 규정하는 개별 법률들을 제정하도록 하자는 안을 제안한 글로는, 신봉기, 정부조직법의 법제적 검토-최근의 총리서리 논쟁을 보고-, 토지공법연구 제16권 제2호, 2002, 371면. 오준근, 앞의 글(각주3), 91-92면.; 우리 법제상으로도 일부 행정조직에 대해서는 개별 법률로 그 세부적인 조직구조를 규정해놓고 있다. 예, 방송통신위원회의 설치 및 운영에 관한 법률.

16) 정부조직법과 직제의 규율범위 및 한계와 관련하여 구체적으로는 '국'의 설치에 대해서 직제가 아니라 정부조직법과 같은 법률에서 규정하도록 하여 행정조직의 구성에 대한 국회의 관여범위를 확대해야 하는 것 아닌가 하는 쟁점이 현안으로 존재한다. 정부수립후 오랫동안 국은 정부조직법의 규율사항이었지만, 박정희 대통령의 유신체제하에서 행정부의 조직재량권을 확대하기 위하여 직제에서 국을 규정하는 것으로 바꾸었기 때문이다. 이에 관한 설명은, 오준근, 앞의 글(각주3), 82면.

2) 행정입법에의 위임사항

(1) 직제와 직제시행규칙

대통령과 각부 장관은 행정입법권을 통해 행정조직개편에 대해 광범위한 재량을 행사해 왔다. 정부조직에 관한 대통령령은 '직제'라고 부르는데 해당 중앙행정기관의 명칭을 넣어 "○○부와 그 소속기관 직제"로 하며, 행정기관의 소관업무, 하부조직과 분장업무, 공무원의 계급 및 정원 등을 규정하고 있다. 부령은 직제의 명칭 뒤에 "시행규칙"을 붙인 것으로 직제에서 규정한 하부조직에 대한 보좌기관과 분장업무, 공무원의 직급과 정원, 특별지방행정기관의 관할구역, 개방형직위의 지정 등을 규정하고 있다. 직제에서는 국의 설치에 대해서만 규정하고, 과의 설치에 대해서는 직제시행규칙에서 규정한다.

직제와 직제시행규칙이 행정조직에 관한 중요사항들을 규정하고 있음에도 불구하고 그의 규율방식이나 내용에 대한 연구나 통제노력은 매우 부족했다. 그 이유에 대해 행정내에서 행정입법의 합헌성과 합법성을 심사하는 법제처 실무자는 "직제의 기술적·부분적·수단적 성격과 법령체계의 단순성" 등으로 인해 법제심사에 있어 비중있게 다루지 않았던 것에도 그 원인이 있었다고 한다.17)

(2) 특별지방행정기관과 부속기관의 설치

중앙행정기관에는 소관사무를 수행하기 위하여 대통령령으로 정하는 바에 따라 특별지방행정기관을 둘 수 있다(정부조직법 제3조).

하지만, 헌법 제118조 제2항은 "지방자치단체의 조직과 운영에 관한 사항은 법률로 정한다"고 규정하고 있고, 지방자치법에서도 지방자치의

---

17) 심현정, 직제의 체계에 대한 검토, 법제 제464호, 1996. 8, 88면.

조직에 관한 사무는 지방자치단체의 관할사무로 규정하고 있다(지방자치법 제9조 제2항 제1호). 이에 따라 중앙행정기관과 지방자치단체가 지방행정사무에 대한 관할권의 범위를 두고 다툼이 존재해왔다.[18]

대통령령의 위임을 받아 중앙행정기관은 그 소관사무의 범위내에서 부속기관으로서 시험연구기관·교육훈련기관·문화기관·의료기관·제조기관 및 자문기관 등을 둘 수 있다(정부조직법 제4조).

3. 빈번한 행정조직개편에 대한 반성

경제사회가 상당수준으로 발전하고 사회의 복잡성이 증가하면서 빈번한 정부조직개편의 합리성은 의문시되고 있다. 단지 정치인에 의한 관료집단의 장악이라는 정치적 목적만 추구하는 것이 아닌가 하는 비판을 받기도 한다.[19][20] 구체적으로 다음 문제점들이 드러났다.

첫째, 빈번한 조직개편으로 인해 조직의 안정성이 떨어지고,[21] 공무원의 신분이 불안정해지면서 각 부처들은 자기 조직을 존속시키거나 확대

---

18) 지방분권의 강화속에서도 지방자치단체의 조직팽창욕구에 대한 통제장치로서 국가의 역할은 포기되어서는 안되고 여전히 중요하다. 임도빈, 지방행정조직의 개편방향 : 전략분석 게임이론적 시각에서, 지방행정연구 제23권 제4호, 2009. 12, 3-26면.

19) 정부가 편찬한 정부조직개편백서(행정안전부, 2008, 6면)에서 정부조직의 개편은 "정부가 해야 할 일을 더 잘할 수 있을지에 대한 고민"을 반영한 것이라고 하면서도, 정부조직에 대해 "최고통치권자인 대통령의 국정 비전을 실현하는 중요한 통치수단"으로 이해하는 견해에서도 집권자의 정치적 목적이 정부조직개편의 방향과 그 범위를 결정하는데 매우 중요한 동기가 되고 있음이 드러난다.

20) 우리나라에서 새로운 정권이 행정조직개편을 주요한 정책수단으로 사용하게 된 역사적 배경에 관한 다음의 설명은 홍미롭다. "군대는 민간인보다 조직 또는 편성을 더 중시하며 이를 바꾸는 것을 덜 주저한다. 군사정권 하에서는 상위직을 자기들 사람으로 교체하고 하위직들에게 승진의 길을 터줌으로써 사기를 올리고 충성심을 확보하기 위한 수단으로 조직개편을 사용"했다. 조석준/ 임도빈, 한국행정조직론, 2010, 47면, 528면.

21) 이재삼, 앞의 글(각주3), 200-205면.

시키기 위하여 다른 부처들과 경쟁하게 되었다. 이로 인해 부처들사이에 부처이기주의가 강력하게 고착되어 중복되거나 불필요한 세부기관들을 존치시켜 관할권갈등의 원인이 되고 있다. 지방자치단체나 기업들도 업무처리에 있어 관할권의 소재를 알 수 없거나 지연 등의 문제로 어려움을 겪고 있고 심각한 재난에 대한 대응이 늦어지고 있다.

둘째, 교육훈련과 준비없는 조직개편22)은 다른 문제를 야기한다. 새로운 업무에의 숙련에는 상당한 시간이 필요한데 충분한 교육훈련없는 조직개편은 업무처리의 효율성을 크게 떨어뜨리는 요인이 되고 있다.

Ⅲ. 정부조직개편의 철학과 주요 교훈들

1. 정부조직개편의 철학과 정신

한국 행정조직의 개편에 있어 중요한 영향을 미쳐온 철학과 정신은 세 가지 정도이다. 이하에서는 그것들을 간략히 살펴본다.23)

1) '작은 정부'론

우리 사회에서 '작은 정부'(small government)론은 정부가 가지고 있는

---

22) 최근 우리나라의 정부조직개편은 치밀하고 체계적인 준비 없이 이루어지고 단지 쇄신적 분위기의 추구를 위해 부처의 명칭만을 변경하는 경우도 많았다. 조재현, 정부조직개편의 목적과 방향, 한국부패학회보 제18권 제1호, 2013, 179-180면. ; 전통적인 행정각부의 명칭과 권위를 복원시켜야 한다. 성낙인, 앞의 글(각주1), 268면.

23) 필자는 과거에 작성한 논문에서 '큰' 정부를 지향하던 시대의 정부를 '적극적 발전국가' 모델로 부르고, 현재 한국정부가 지향하고 있는 정부모델을 '민주적 법치국가' 모델로 불렀다. '민주적 법치국가' 모델에서 관건이 되는 정부조직개편의 정신과 원칙들은 '작은 정부'론, 계층제론과 네트워크론이다. 이에 관한 설명은, 선정원, 앞의 글(각주8), 130-132면, 139-157면 참조.

권한과 자원의 축소를 주장하는 입장을 지칭한다. 권한 중에는 규제권이 중요하고 자원 중에서는 예산과 인력이 중요하다.

현대 한국의 건국과 경제적 발전의 과정에서 정부는 결정적인 역할을 하면서 매우 넓은 규제권과 넓은 재량을 가지고 경제계획 등을 통하여 자원의 배분에 깊숙하게 개입해 왔다. 1990년대 이후 정부조직개편의 과정에서는 그 이전의 정부가 추구한 '큰 정부' 대신에 '작은 정부'론에 따라 규제권, 예산과 인력 등의 감축을 주장하는 입장이 상당한 영향을 미쳐오고 있다.[24]

오늘날의 시각으로 보면 정부가 경제성장의 촉진을 적극적 임무로 추구하여 외견상 큰 정부를 지향하는 것처럼 보이는 시기에도 정부는 경제사회적으로 개발도상단계이기 때문에 예산부족으로 규제권을 제외하고는 예산이나 인력 등의 측면에서는 큰 정부조직을 창설하여 유지할 능력이 되지 않았다. 반대로 정부가 작은 정부의 이념을 표방하고 이를 적극적으로 실현할 의지를 가졌던 때라 하더라도 국제적 금융위기 등으로 국제경제의 위기와 같은 긴급한 현안사항들이 발생하게 되면 현실적으로 예산은 물론 인원을 줄이지 못하였다.

그럼에도 불구하고 '작은 정부'의 철학과 정신은 하나의 이념적 지향점으로서 정부조직개편의 과정에서 심대한 영향을 미쳐왔고 앞으로도 그러할 것이다. '작은 정부'론은 국회의 법률을 통해 부처의 개편에 영향을 미쳐왔을 뿐만 아니라, 행정입법들에도 규정되어 행정조직의 내부적 세부기구의 구성에도 영향을 미치고 있다.

이명박 정부 이후 우리 사회는 민간부문의 규모가 매우 커졌고 경제위기상태도 종식되었기 때문에 변화된 경제사회환경속에서 작은 정부의 틀 내에서 국민의 권익·복지 수요증가에의 대응이라는 과제를 안고 있다.

---

24) '작은 정부'론을 가장 적극적으로 지지했던 이명박 정부에서는 부처간 통합을 기반으로 한 '대부처주의'를 추구했다. 이창원/ 임영제, 앞의 글(각주2), 11면, 13-14면.

2) 계층제론

계층제(hierarchy) 행정조직은 어떤 행정조직내에 있는 모든 행정기관이 정상에 있는 행정기관에게 차례차례로 복종하고 정상에 있는 조직의 장에게 가장 중요한 결정권이 집중되어 있는 피라미드 조직형태를 말하는데, 막스 베버의 관료제론에 의해 중심 연구대상이 된 이래 현대 사회의 가장 중요한 사회현상의 하나로 평가되어 왔다.[25]

각 층의 행정기관은 주로 직근 상급기관과 의사소통을 할 뿐이고, 행정결정과 관련된 의사소통이 계선기관들사이에서만 이루어지는 매우 폐쇄적인 의사소통체계를 가지고 있다. 그 특징을 몇 가지로 요약해본다.

첫째, 계층제 조직은 사회에 범람하는 수많은 정보들 중 행정결정에 필요한 정보를 압축함에 있어 핵심적 의사소통에 참여하는 자들의 숫자를 줄일 수 있어 정보처리비용을 줄일 수 있다. 대부분의 계층제 조직은 이 특권을 최대한 향유하기 위해 핵심적 결정과정을 비밀로 유지하려 한다. '강제적 정보축약'이 발생한다.[26]

둘째, 행정조직의 장은 결정을 내리고 그것의 집행을 위해 하위기관에 명령을 내리는 방식으로 계층제 조직을 작동시킨다. 예를 들어, 어떤 행정조직이 행정결정을 내릴 때, 결정을 내린 장관은 국장에게, 국장은 과장에게, 과장은 과소속 공무원들에게 명령을 내린다. 소속 공무원들은 명령의 복종자로서의 역할이 중요하기 때문에 특별한 전문가 보다는 여

---

25) 전통적으로 교황, 추기경, 주교와 신부로 이어지는 카톨릭 교회의 조직구조가 계층제 조직의 전형적인 예로 인식되어 왔지만, 정부는 물론 대기업들에서도 계층제 현상은 광범위하게 나타나고 있다.

26) 이 때문에 대통령과 직접 의사소통하는 '문꼬리권력'을 누가 갖고 있는지에 대해서 언론과 대중들이 깊은 관심을 갖고 있다. 또, 광범위하면서도 질높은 의사소통을 지속적으로 유지하는 것은 매우 힘들기 때문에, 대통령이 임기후반부로 갈수록 소수의 핵심적인 권력자들과만 대화하면서 국가의 중요정책을 결정하는 '과두제의 철칙' (iron law of oligarchy)이 매우 빈번하게 나타났다. 그 결과 정치권력이 교체되면 소수의 권력자들의 심각한 부패를 적발하여 형사처벌하는 것이 반복되어 왔다.

러 과의 업무를 일정 정도 알고 있는 종합적 인간(generalist)일 것이 요
구된다. 하나의 행정조직내에 있는 공무원들은 오래 근무할수록 동질화
되고 과잉동조화되기 쉬운 문화를 갖는다. '구성원간 강한 동질화'와 '전
문성의 결핍'이 나타난다.

　위와 같은 특징으로 인해 계층제 행정조직은 경제사회환경의 변화에
대한 대응속도가 느리고 사회의 다양화·다원화에 적절한 대응을 하지
못한다는 약점을 갖는다. 다른 대등한 행정기관 또는 민간기관들과 수평
적인 의사소통이 매우 부족하고, 국민들의 요구와 기대보다는 자기 조직
에 유리한 결정을 내리며, 행정기관들 사이에 업무가 중복되거나 기관간
경쟁이 심할 때에는 자기 기관의 이해관계를 앞세우는 경향이 있다.

3) 네트워크론

　최근 정부조직개편과 관련하여 우리나라에서 가장 주목을 받고 있는
쟁점은 정부조직이 전통적인 계층제를 유지하여야 하는가 아니면 네트
워크27)의 형태로 전환되어야 하는가 하는 점이다. 전면적인 개편이 적
절하지 않다면 정부조직속에 부분적으로 네트워크의 형태를 수용하여야
하는가, 수용하려 한다면 어떤 형태로 어떤 행정영역에서 수용해야 하는
가 하는 점이 2000년대 이후 거버넌스론과 함께 활발하게 논의되었다.

　행정조직에 있어 네트워크는 서로 독립성을 갖는 행정기관들이 다른
행정기관들 또는 민간인들과 대등한 입장에서 소통하고 협력하여 공무
를 처리하는 조직형태를 말한다.28) 엄밀히 말할 때 전통적 의미의 견고

---

27) 네트워크는 행위자들 사이의 관계를 의미하는데 Network의 한글식 표현이다. '수평
　　적 결합'으로 번역할 수도 있을 것이지만 부자연스럽고, 우리 학계에서는 이미 네트
　　워크라는 표현이 널리 쓰이고 있어 이 글에서도 이를 따르고자 한다.
28) 행정조직과 관련하여 네트워크는 공공네트워크로서 행정기관과 시민단체의 관계, 중
　　앙행정기관과 지방자치단체의 관계, 중앙행정기관 상호간 또는 지방행정기관 상호간
　　의 관계 모두 또는 이것들 중의 하나를 의미했다. 이것들은 다시 수직적 네트워크와

한 조직이 아니라 업무담당자들사이의 연결망일 수도 있으므로 전통적 의미의 행정조직과는 다르다.

행정조직의 성격을 판단하는 기준은 행정결정에의 참여자들은 누구인 가 하는 점과, 행정업무의 전형적인 처리의 절차가 어떠한 형태인가, 즉, 참여자들 각자는 행정결정에서 어떤 역할을 담당하는가이다. 이러한 관점에서 네트워크론이 지지하는 연결망 또는 조직의 법적 특징은 다음과 같다.29) 첫째, 특정 행정조직의 경계를 넘어 의사소통과 협력이 이루어 지므로 행정결정에 참여하는 자들이 크게 확대된다. 참여자들은 다른 행정기관이나 민간전문가들, 그리고 아웃소싱 등의 방법으로 민간기업일 수 있으므로 폐쇄적인 계층제조직과는 다르다. 둘째, 참여자들은 계층제 조직과 달리 대등한 위치에서 정보와 의견을 교환하고 결정에 참여한다.

행정조직에 네트워크의 도입을 지지하는 이론적인 근거는 다음의 것들이다. 첫째, 처리해야 할 행정업무의 복잡성이 높거나 업무들의 이질성 이 높아지는 경우 다양한 전문가들의 전문적 식견에 의존하여 판단과 결정을 내려야 하는데 네트워크가 전문가들의 참여를 활성화시키기 위해 적합하다. 둘째, 경제사회의 글로벌화와 정보기술의 발전 등의 이유로 행정이 민감하고 신속하게 대응하는 것이 필요한데, 변화의 현장에 가까이 있는 자들의 참여를 활성화시키기 위해서는 네트워크가 적합하다.

하지만, 행정조직법학에서 네트워크에 관심을 두어야 하는 보다 현실적인 이유는, 계층제 조직이 한계를 맞으면서 그의 대안 또는 보완으로 서 네트워크론의 영향을 받는 입법들도 나타나서 더 이상 법학에서도 그것을 무시하기 어려워졌다는 점이다.

수평적 네트워크로 나눌 수 있다. 오재록, 정부조직의 네트워크 실증연구 : 43개 중앙 행정기관의 수평적·수직적 네트워크 측정, 한국행정연구 제15권 제4호, 2006, 28-31면.
29) 행정학에서 사용하는 어떤 개념이 법학적 의미를 갖기 위해서는 최소한 문제상황을 설명하는 문제해명적 기능을 가져야 하고 더 나아가 문제해결적 기능을 갖추어야 한 다. 박정훈, 행정법의 체계와 방법론, 2005, 70면.

행정조직의 폐쇄성을 완화시키기 위해 민간전문가를 고위직 공무원으로 채용하도록 한 개방형 임용제, 여러 부처의 고위 공직자들의 폐쇄성과 업무이기주의적 태도를 완화시키기 위한 고위공무원단제, 상급기관에 의한 감사이외에 민간전문가들에 의한 행정기관의 업무평가제(정부업무평가기본법이 제정되어 있음), 합의제 행정기관의 확산 등이 전통적인 계층제의 폐쇄적이고 기관장 독점적인 인사구조를 약화시켰다.

지방분권이 촉진되고 행정효율을 위하여 민영화와 민간위탁이 확대되면서 국가의 계층제적 성격과 공무처리의 국가독점적 성격이 약화되고 있는 것도 행정조직개편과정에서 네트워크의 사고가 수용되는 분위기를 만들었다.

2. 정부조직의 통합과 확대·신설

1) 정부조직의 축소와 조직의 확대·신설 사이의 선택

새로운 정부가 들어서며 조직개편을 단행하려고 할 때, 조직의 축소, 기존 조직의 확대 또는 새로운 조직의 창설사이에서 어떤 원칙과 기준에 따를 것인지가 문제된다. 고려해야 할 요소가 너무 많아 과거의 경험을 분석하더라도 그것의 유용성은 한계가 있다. 하지만, 과거의 경험에서 드러난 중요한 교훈이 망각되고 새로운 조직개편에서 동일한 유형의 실수가 반복되는 경우도 있다.

아래에서는 식품의약품의 안전을 감독하는 행정기구의 창설과 확대사례와 해양교통의 안전을 감독하는 행정기구의 신설사례를 비교하여 조직의 신설과 관련된 현행법상의 원칙과 기준에 문제는 없는지 보완할 부분은 없는지 살펴볼 것이다.[30]

(1) 식품의약품 안전감독조직의 창설과 확대개편

중화학산업과 정보통신산업에 이어 21세기 들어와서 우리 경제사회의 발전을 위해 중요한 역할을 할 것으로 기대되고 있는 산업이 생명공학산업이다. 그런데 생명공학산업의 경우 다른 산업과 달리 인간의 생명과 건강의 직접적 보호를 위한 산업이기 때문에 그 제품의 안전이 매우 중요하다.

농수산물은 인간의 식량으로서 생존에 필수불가결한 것이다. 때문에 정부조직법 제정당시(1948.7.17)에도 농림부가 포함되어 있었고, 이후 농수산부(1973.3.3 개정), 농림수산부(1987.1.1 개정), 농림부와 해양수산부(1996.8.8 개정) 등으로 개편되며 식량생산을 지원하는 업무를 담당해왔다.

하지만, 소득수준의 향상과 식품가공기술의 발달로 식품산업발전의 중요성이 강조되어 이명박 정부에서 농림수산식품부(2008.2.29 개정)로 개편되었다. 박근혜 정부에 들어와서는 농림축산식품부와 해양수산부로 분리강화되었다(2013.3.23 개정).

이와 별도로 식품의약품이 생명과 인체의 건강에 미치는 중요성 때문에 그 안전성과 유효성 등을 감독할 기관으로 식품의약품안전청이 보건복지부의 외청으로 설립되었다(1998.2.28 개정. 정부조직법 제39조 제2항). 김영삼 문민정부가 등장하면서 국민의 소득수준이 향상되고 농수산물의 안전성에 대한 국민들의 관심이 증가한 것에 대한 대응이었다. 그 이후 식의약품의 국제거래가 급증하고 식의약품을 이용한 경제적 사기와 유해식품문제의 심각성이 널리 인식되면서 박근혜 정부 들어와 식품의약품안전청이 식품의약품안전처로 승격되었다(정부조직법 제26조. 2013.

---

30) 이 글에서는 식품의약품의 안전을 담당하는 조직개편은 전문성을 강화하면서 그에 상응하여 독립성도 강화했다는 점에서 비교적 성공적인 것으로 평가하고 해양치안조직의 개편은 전문성의 강화노력이 부족하다는 점에서 실패한 것으로 평가했다. 이러한 평가는 보다 긴 시간을 두고 충분한 자료를 가지고 이루어져야 하고, 그러한 과정을 거쳐도 평가자에 따라 달라질 수도 있을 것이다.

3.23 개정).

이상의 개편사에서 알 수 있듯이 식품행정의 지원과 촉진을 위한 행정조직들이 농림업무와 해양수산업무 중심으로 분리발전하는 것과 함께, 식품안전을 위한 정부조직도 강화되고 있다. 식품의약품안전처는 행정각부에 속하지 않기 때문에 국회에 법률안제출권은 갖지 않지만 수많은 고시와 지침들의 제정과정에서 민간전문가(의사, 약사, 법률가 등)들의 자문과 용역을 활성화시켜 적절한 기준을 제정하고, 상위 법령의 경우에도 사실상 그 기준의 형성을 주도하면서 단체급식에서의 식중독방지, 유해식품의 유통방지와 식품범죄의 근절이라는 과제에 성공적으로 대응해왔다.

(2) 해양치안조직을 위한 정부조직법적 대응의 실기와 조직의 부실

① 해양치안조직의 취약성

해양수산행정의 중요성은 우리 사회에서 상대적으로 늦게 인식되었다. 농산물 및 식품을 다루는 정부조직의 예에서 보듯이 산업의 지원과 촉진을 위한 정부조직과 국민의 안전을 보호하는 조직은 그 성격이 다르다.

우선 해양수산업의 지원 및 촉진을 위한 정부조직의 역사를 살펴본다. 정부조직법상 농수산부(1973.3.3 개정), 농림수산부(1987.1.1 개정), 해양수산부(1996.8.8 개정), 농림수산식품부(2008.2.29 개정), 그리고 해양수산부(2013.3.23 개정)로 개편되어 왔다.

수산식품의 안전관리를 맡은 조직은 정부조직법상 식품의약품안전청(1998.2.28 개정), 식품의약품안전처(2013.3.23 개정)로 개편되어 왔다.

우리나라에서 해양경찰임무를 띤 최초의 조직은 해양경찰대(해안경찰대편성령. 대통령령 제844호. 1953.12.14. 제정)로서 1953년 당시 '내무부 치안국경비과'에 소속된 경찰관들로 구성되어 1991년(해양경찰대직제.

1991.2.1.)까지 존속하였다.

해양경찰대는 경찰법의 제정(1991.5.31.)과 함께 해양경찰청으로 격상되게 되는데(경찰법 부칙 제3조), "경찰청장소속하에 해양경찰청"(경찰법 제2조 제3항)으로 존속하게 된다. 하지만, 해양경찰청에 관한 독자적인 조직법제인 '해양경찰청과 그 소속기관직제'는 1996년 8월 8일에 비로소 제정되게 된다. 이 직제에서는 총무이사기획업무를 맡은 경무국이외에, 경비구난국, 정보수사국과 해양오염관리국을 두도록 규정하고 있었다. 대민업무를 맡은 조직으로 경비구난국, 정보수사국과 해양오염관리국을 두는 체제가 계속 유지되다가 2005년이 되어서야 장비기술국(2005.7.22. '해양경찰청과 그 소속기관 직제' 개정)이 새롭게 추가되어 현재에 이르게 된다.

해양경찰청은 해양수산부의 탄생과 함께 경찰청소속에서 해양수산부의 외청으로 재탄생하게 된다(정부조직법 제41조 제3항. 1996.8.8. 정부조직법 개정) 2012년해양경찰청의 해양치안업무를 총괄하는 독자적인 법인 해양경비법(2012.2.22. 제정)도 제정되었다. 해양교통의 안전을 보장하기 위해서는 선박의 제조와 운행에 관한 안전기준의 제정과 집행이 중요한데, 선박안전법과 해운법은 현재까지도 해양수산업의 촉진과 지원을 주업무로 담당하는 해양수산부에서 관할하고 있다.

2014년 4월 17일 '세월호' 참사로 불리우는 해양안전사고가 발생해 약 300명이 사망하면서 해양안전을 담당하는 행정조직이 대폭적으로 개편되고 관련 법제가 재정비되었다. 정부조직법의 개정(제22조의2. 2014.11.19)으로 국민안전처가 신설되어 해양안전, 소방, 민방위 등의 업무를 총괄하여 담당하게 되었다. 이에 따라 해양경찰청과 소방방재청이 해체되어 국민안전처에 흡수되었다.

② 해양치안업무의 전문성과 어려움에 대한 경시

2014년 세월호 사건의 핵심적인 원인으로 승객의 안전을 위협하는 위

험한 선박이 합법적으로 운행되게 된 선박안전규제의 부실, 재난발생과
정과 발생후 선원들의 안전매뉴얼에 대한 무시, 해양경찰과 구조대원들
의 안이한 태도와 안전지식의 결여 등이 드러났다.

선박안전규제와 관련하여 비판받은 쟁점은 작은 정부를 추구하던 이
명박 정부의 규제완화정책이 지나치게 낡은 선박의 운행을 허용하게 한
원인이라는 점이다. 즉, 규제완화이전에는 선령제한이 원칙적으로 20년
이고 "해양수산부장관이 정하는 선박검사 결과 안전운항에 지장이 없는
것으로 판정된 여객선은 5년의 범위에서 1년 단위로 연장"할 수 있어 최대
25년의 선령까지만 운행할 수 있던 상태에서, 2009년의 해운법시행규칙의
개정(제5조 제2항. 2009.1.13.)으로 선령이 25년을 초과한 여객선의 경우에
도 국토해양부장관이 안전검사후 5년의 범위에서 1년 단위로 선령을 연장
하여 최대 30년의 선령까지 운행하게 되었다는 점이 비판받았다.[31]

행정조직법 관점에서 식품안전감독조직과 해양치안조직의 개편연혁
비교를 통해 조직의 신설과 통합에 관한 몇 가지 시사점을 찾아보기로
한다.

첫째, 해양경찰청은 경찰청 소속이다가 1996년이 되어서야 해양수산
부의 외청으로 독립하게 되었는데, 해양경찰업무는 일반 경찰업무에 비
해 매우 전문성이 높아 보다 일찍 경찰청으로부터 분리독립시켰어야 한
다. 또, 산업의 지원과 촉진을 담당하는 부처인 해양수산부의 입장과 해
양경찰청의 입장은 다르다는 점을 인식했어야 했다.[32]

---

31) 이외에도 여객운송의 안전보장여부를 감독하는 선박안전검사업무를 해운조합으로 위
    탁운영하도록 한 점, 안전관리책임자의 승선의무폐지, 선장의 사전안전점검후 보고의
    무의 폐지, 사업자들의 안전기준위반에 대한 제재의 완화와 철폐 등으로 인해 수많은
    안전보호장치가 규제개혁정책으로 사라지게 된 것이 국민들의 집중적인 비판대상이
    되었다.
32) 2014년 11월 19일 신설된 국민안전처로 인해 해양경찰청이 폐지된 것은 해양안전업
    무의 전문성 개선이나 중국 및 일본 등과의 관계에서 해양업무의 난이도나 사건사고
    가 증가함에 비추어 상당히 우려스러운 일이라고 본다. 2016년 중국어선이 우리 해
    역에 폭력적으로 무장하고 침입하여 우리 해안경비정까지 침몰시킨 사건은 다시 한

둘째, 업무의 전문성과 어려움을 고려하여 수많은 의사, 약사와 법률가들이 참여하여 식품의약행정의 전문성을 보완하듯이, 해양안전행정의 영역에서도 해양교통안전의 전문가들을 직원채용, 자문과 용역 등의 방법으로 대거 참여시켰어야 한다. 해양경찰청에는 일반경찰로서의 배경을 가진 자나 현장업무에 적합한 인력이외에 전문성을 보완해줄 인력이 부족했기 때문에 해양수산부의 산업촉진적 태도를 가진 공무원들의 규제철폐외압을 방어하고 해양경찰에게 전문적인 교육훈련을 실시할 수도 없었던 것이다.

(3) 조직의 신설·통합에 관한
    입법자의 조직재량과 통칙기준의 개선필요

식품안전감독조직과 해양치안조직의 개편연혁의 비교로부터 얻을 수 있는 교훈은 다른 정부조직의 개편, 특히, 신설과 통합작업과 관련하여 중요한 참고자료가 되어야 한다.

행정기관의 신설과 관련된 원칙에 관하여 대통령령인 '행정기관의 조직과 정원에 관한 통칙'(이하 통칙이라 함) 제6조는 세 원칙을 제시하고 있다. 첫째, 업무의 독자성과 계속성이 있을 것, 둘째, 기존 행정기관의 업무와 중복되지 아니할 것, 셋째, 업무의 성질과 양으로 보아 기존 행정기관의 기구개편 등으로 그 업무를 수행할 수 없을 만한 타당성이 있을 것.

통칙에서 제시한 세 원칙들은 조직의 신설·통합과 관련하여 중요한 의미를 갖지만 해양안전조직의 임무실패를 치유하기 위해 필요한 원칙을 제시하지는 못했다. 일반적인 기준이었을 뿐 수많은 행정조직개편의 경험에서 나오는 실질적인 교훈을 추출한 원칙은 아니었기 때문에 그동안 정부조직개편과정에서 큰 역할을 하지는 못했다.

번 해양경찰조직의 강화필요성을 재인식할 수 있게 하였다.

산업지원조직은 영리를 추구하는 기업들의 이익추구행태에도 우호적이 될 수밖에 없기 때문에 산업활동으로부터 국민안전을 보호하는 조직은 분리되어야 한다. 이 교훈이 통칙에 기준으로 수용되어야 한다. 그리고 전문성이 요구되는 업무의 경우 단순업무를 담당하는 현장인력만으로는 전문성 부족으로 임무수행에 실패하는 조직이 될 수밖에 없으므로, 조직개편과 함께 전문성보완을 위한 조치가 필수적으로 보완되도록 의무지워야 할 것이다.

어떤 행정조직이 부여된 임무를 성공적으로 수행할 수 있는가는 예산과 인력이전에 우선 사회의 문제해결을 위하여 그 조직이 갖고 있는 규제권과도 밀접한 관련이 있다. 기업성장의 지원을 위하여 국민의 안전과 건강의 보호를 위한 최저한의 안전보호기준마저 철폐시켜서는 안된다. 조직법과 작용법은 밀접하게 관련되어 있어 조직법의 성패가 실체법상의 규제권의 존부에 달려 있는 경우도 많다. 향후 조직개편과 개별 실체법의 개정시 실체적 규제의 설계와의 상호연계성을 중요하게 고려하여야 한다.

2) 합의제 행정조직의 남설에 따른 통폐합과 통합효과의 제고

(1) 행정위원회제도의 이용확대와 그 남용의 통제

계층제하에서 독임제 행정관청이 갖는 약점인 전문성부족과 신중성부족의 단점을 보완하고자 현행 정부조직법은 합의제 행정기관인 위원회를 설치할 수 있도록 규정하고 있다. 합의제 행정기관인 위원회가 처음 도입된 것은 전두환 정부에 의한 정부조직법개정(정부조직법 제4조의2, 1981.4.8 개정)에 의해서인데, "소관사무의 일부를 독립하여 수행할 필요"(정부조직법 제4조의2)에 따라 설치여부를 판단하도록 한 규정이 현재까지 이어지고 있다.

현재 우리나라에서는 수많은 행정위원회가 설치되어 있고, 그 성격이나 구성방법 등에 따라 종류도 다양하고 수도 많다.[33] 2008년에 집권했던 이명박 정부는 방만하게 설치되어 운용되고 있는 행정위원회들을 정비하고자 '행정기관 소속 위원회의 설치·운영에 관한 법률'을 제정(2009.4.1)하여, "성격과 기능이 중복되는 위원회"와 "불필요한 자문위원회"의 설치를 제한(동법 제7조)하고 정비하고자 하였다.[34] 이 법률에서는 행정위원회에 대하여 "위원회, 심의회, 협의회 등 명칭을 불문하고 행정기관의 소관 사무에 관하여 자문에 응하거나 조정, 협의, 심의 또는 의결 등을 하기 위한 복수의 구성원으로 이루어진 합의제 기관"으로 정의하면서, 의결권을 갖는 위원회를 '행정위원회'로 부르고 심의권과 자문권을 갖는 위원회를 '자문위원회'로 구별하고 있다(동법 제5조 제2항). 자문위원회는 '전문성'을 보완하고 절차의 '신중성'을 확보할 필요가 있을 때 도입할 수 있으나, 행정위원회는 이상의 두 요건이외에 다른 기관의 업무와 중복되지 않고 '독자성'이 있어야 하며 업무가 '계속성·상시성'이 있어야 도입할 수 있다(동법 제5조 제1항). 행정기관의 장은 위원회를 설치하려면 미리 안전행정부장관과 협의하여야 한다(동법 제6조 제1항).

정부조직내에서 행정위원회는 전문성을 보완하고 결정의 신중성을 높

---

33) 많은 행정법학자들이 방만하게 설치되어 운용되고 있는 행정위원회제도를 비판하고 그의 정비방안을 제시하였다. 위원회를 규정하고 있는 법령이 2012년 현재 2287개에 달하고, 2012년 6월 30일 기준으로 행정부소속 정부위원회는 총 505개에 달한다. 나채준, 정부조직법상 행정위원회제도의 문제점에 대한 재검토, 법제 2013. 12, 45면, 51면. ; 김동련, 정부위원회제도의 법리적 검토, 토지공법연구 제52집, 2011. 2, 425-443면. ; 합의제중앙행정청이나 대통령 소속 위원회의 문제점들을 다룬 글로는, 유진식, 헌법개정과 독립위원회의 법적 지위, 공법연구 제18집, 2009. 12, 205-220면. 이현수, 합의제 중앙행정관청의 조직법적 쟁점, 공법연구 제41집, 2013. 2, 51-80면. 김호정, 대통령 소속 위원회 운영과 행정조직법정주의, 외법논집 제27집, 2007. 9, 501-525면.
34) 중앙행정부처의 산하기관으로 위원회를 설치하면서 업무량이나 전문성과 관계없이 일률적인 최소기준에 의해 일정 수의 직원들을 배치해 놓고 축소나 통폐합에 저항을 하기도 한다.

이는 효과가 있지만 기관장의 결정을 지지해주는 외관을 만들어 해당
행정기관의 입장을 옹호해주는 수단으로 이용되는 경우도 있다. 후자의
효과 때문에 행정위원회는 계속 늘어나는 경향이 있어 그들의 감축이
주기적으로 반복되고 있다. 때로는 의결권이외에 집행권을 갖는 행정위
원회들도 등장하는데(예, 정보사회에의 대응과 정보기술촉진 목적의 수
많은 위원회들이 2000년대에 여러 중앙부처들에서 등장했다가 정비됨),
그 경우에는 상임위원들과 소속직원들이 늘어나 공무원들의 일자리와
기관팽창수단으로 이용되기도 했다.

(2) 국민권익위원회의 창설과 운영

① 국민권익위원회의 창설과정과 그 업무

국민권익위원회는 이명박 정부가 들어서면서 작은 정부의 취지에 따
라 기존에 존재하던 국가청렴위원회(부패방지법(2002.1.25. 제정시행)에
의해 설치), 국민고충처리위원회('행정규제 및 민원사무기본법'(1994.4.8.
제정시행)에 의해 설치)와 국무총리 행정심판위원회(헌법 제107조와 행
정심판법(1985.10.1 제정시행)에 근거를 두고 설치)를 통합하여 출범한
행정조직으로 근거법률은 '부패방지 및 국민권익위원회의 설치와 운영
에 관한 법률'(2008.2.29. 제정)이다.

이명박 정부는 행정위원회의 남설에 의한 행정자원의 낭비를 줄이고
자 이상의 3대 행정조직들을 통합하여 2008년 국민권익위원회를 창설하
였는데, 통합된 세 조직들은 국민권익위원회내에서 부패방지국, 고충처
리국과 행정심판국의 형태로 존재하게 되었다.

② 행정조직의 통합후 내부기관간 갈등의 극복과 통합효과의 제고

분리되어 있던 행정기관들이 통합되게 되면 대부분의 통합조직들에서
는 많은 문제들이 발생하게 된다.[35]

정부조직개편이 빈번하게 이루어져 왔기 때문에, 구성원들은 통합이후에도 다음의 정권교체 등을 통해 다시 본래의 행정기관들로 분리될수 있다는 생각을 하게 된다. 유사해 보이는 업무라 하더라도 기존에 익숙했던 업무문화가 다르기 때문에 상호소통과 협력은 쉽지 않다. 행정심판과 같이 주로 당사자들이 주장한 사실과 제출한 서류에 기초하여 업무를 처리하는 행정심판국과, 민원인을 직접 대면하여 상담하고 현지조사를 통해 합의에 기초해 민원해결방안을 찾는 고충처리국의 업무처리문화는 상당히 다르다. 부패방지국의 경우에는 민원인들의 권익구제가아니라 부패공무원의 적발과 처벌이 주된 업무이기 때문에 행정심판국및 고충처리국과 그 업무성격이 매우 다르다. 이 때문에 부패방지국의구성원들은 고립감과 소외감을 느끼기 쉽고 승진에 대한 우려도 하게된다.[36]

행정조직의 통합후 구성원들의 상호이해와 협력이 이루어지기 위해서는 각 영역에 필요한 지식과 경험들이 교육훈련되고 부서이동을 활성화시키며 승진을 위한 직원평가 등에서도 공정한 기준이 개발되어야 한다. 이것들은 기관장의 적극적인 통합의지가 있고 체계적인 프로그램이 마련되어야 가능한 것이므로 이를 법령에서 신설조직이나 통합조직에 의무화하는 것이 필요하다.[37]

작은 정부라는 정책목표를 세우고 기존의 행정기구들을 통합했을 때통합조직내에서 어떤 일이 발생하는지, 업무처리의 효율성을 높이기 위

---

35) 이하의 기술내용은, 박균성 외 3명, 국민권익보호강화를 위한 법적 연구, 2011, 국민권익위원회 보고서 참조.

36) 행정조직의 통합시 일반적으로 구성원들은 업무집중력의 저하, 비공식 의사소통의 붕괴, 사기의 저하, 승진누락의 불안감 증가 등을 경험하게 된다. 박천오, 앞의 글(각주2), 11-12면.

37) 2008년 이명박 정부하에서 대규모 정부조직개편이 이루어진 후, 통합부처내에서 구성원간 화학적 융합을 위하여 그 당시 행정안전부에서 「조직융합관리 매뉴얼」을 발간하기도 하였다. 그럼에도 불구하고 조직문화의 융합이 제대로 이루어지지 않아 구성원들의 통합조직에 대한 만족도는 낮았다. 박천오, 앞의 글(각주2), 20면 참조.

해 무엇을 해야 하는지에 대해 그 교훈을 정리하여 '행정기관의 조직과
정원에 관한 통칙'과 같은 법령에 규정할 필요가 있다.

3. 내부적 세부기구 구성에 있어 작은 정부론과
층제론의 적용

우리나라에서 정부조직개편은 지금까지는 부처개편 중심의 대규모 개
편이 빈번하게 이루어져왔지만 이에는 부작용이 많으므로, 이제부터는
점점 더 부처 내의 국과 과의 개편 중심으로 이루어져야 한다.[38)39)] 기존
조직의 틀을 유지하면서 필요 최소한의 개편을 단계적으로 해 나감으로
써 조직편제의 완성도를 높여나가야 한다.

1) 권한의 중복증가와 계층제 조직의 동질성의 약화

조직법에서 행정기관에게 권한을 분배할 때에는 기관간 권한의 중복
과 충돌이 발생하지 않도록 권한을 명확하게 획정하고 상호한계를 설정
해주어야 한다. 그래야 전문화를 도모하고 책임성을 확보할 수 있으
며,[40)] 기관이기주의를 방지할 수 있다.

예를 들어, 우리나라에서 식품의 안전확보는 국민들의 중대한 관심사
항인데, 식품의 안전보장임무를 집행하는 기관이 식품의약품안전처, 농

---

38) 특히 "과" 단위의 하부조직의 설계는 각 부 장관에게 위임되어 있지만, 위임의 원칙
   이나 기준이 상위법령에서 제시되어 있지 않고 담당한 기능에 대한 우선순위도 설정
   되어 있지 않다. 오준근, 앞의 글(각주3), 86면.
39) 이를 통해 국가조직의 안정성과 계속성을 유지함으로써 국민들에게 혼란을 주지 않
   고 국가신뢰도를 향상시킬 수 있다. 박천오, 앞의 글(각주2), 23면. 조재현, 앞의 글,
   186-188면.
40) 홍정선, 행정법원론(하), 2010, 17면.

림축산식품부, 해양수산부, 광역자치단체와 기초자치단체 등 다수이기 때문에, 긴급한 현안이 발생하였을 경우는 물론이고 중장기적으로 계획적이고 체계적인 대응이 필요한 경우 집행의 효율성이 떨어진다는 비판을 받고 있다.[41)]

이러한 이유로 기관간 갈등도 증가하고 있어 계층제 조직의 동질성은 크게 위협받고 있다. 현실적으로 권한의 중복을 완벽하게 방지하는 것은 어렵기 때문에 동종유사업무를 맡은 복수의 행정기관들 사이에 유기적인 협조를 확보하는 시스템과 절차를 확립해야 한다.

2) 통칙상의 주요 원칙들

헌법과 정부조직법에서 행정기관들의 대강을 규정하였지만 개별 부처 내의 세부조직의 구성에 관해서는 규정하지 않고 있다. 대통령령인 '행정기관의 조직과 정원에 관한 통칙' 제3조에서 두 개의 원칙을 선언하고 있다.[42)]

첫째, '중복방지의 원칙'을 선언하여 다른 행정기관과 기능상의 중복이 없어야 하며 종합적이고 체계적으로 편성되어야 한다는 것을 밝히고 있다.

둘째, '적정규모의 원칙'을 선언하여 담당할 업무의 성질과 양에 따라 업무수행을 위해 적정규모가 유지될 것을 요구하고 있다.

---

41) 권배근, 식품의 안전성 확보를 위한 조직법적 개선방안, 한양법학 제12집, 2007, 209면. ; 그러나, 복잡한 사회문제를 해결함에 있어서 복수의 부처가 유사한 기능을 일정부분 중복수행하는 것은 불가피한 측면이 있고,(박천오, 앞의 글(각주2), 8면) 새로운 경제사회적 과제에의 대응을 위해 기존 조직들에게 그 임무를 배분하면서 권한의 중복이 새롭게 발생하기도 한다.

42) 조직의 내부구조 구성의 원칙규정들에 대해서도 법률에서 규정하는 것이 적절할 것이다.

3) 원칙의 적용과 집행

　　정부조직의 세부적 내부구조의 구성에 있어 '중복방지의 원칙'과 '적
정규모의 원칙'은 현실에서는 다양한 요인들에 의해 그의 관철이 위협
받아 왔다.43) 첫째, 각 부처의 장 등 기관장들은 좀 더 유능한 조직과
인력을 갖고 싶어 하고 조직규모와 정원의 확대에 노력하는 경향이 있
다.44) 각 부처의 업무와 관련하여 사회의 주목을 받을 만한 대형사고 등
이 발생하면 그것을 계기로 조직과 인원을 확대하려 하므로, 여러 부처
에서 중복조직들이 신설되거나 기존 조직들의 규모가 확대된다. 둘째,
소속공무원들에게 업무에의 몰입과 충성을 확보하기 위해 그들의 승진
을 유인책으로 사용하는 결과 상위직이 비정상적으로 증가한다.

　　기관이기주의가 '중복방지의 원칙'을 침해하는 것을 막기 위해 원칙
의 적용방법과 관련된 세부기준들이 법률과 '통칙'에 규정될 필요가 있
다. 우선 '전문성'의 기준에 따라 특정 사무를 담당할 행정조직을 결정
하여야 한다. 하지만, 이 기준만으로는 충분하지 않다. 왜냐하면, 스마트
폰을 이용한 게임처럼 정보통신업무를 다루는 부처와 문화업무를 다루
는 부처처럼 부처들사이에 업무의 중첩영역이 발생하는 것은 불가피하
다. 중첩영역이 발생할 때에는, 관련된 행정부서가 상호보완하여 임무를
처리하도록 '보완성'의 기준이 함께 법령에 규정되고, 보완과 협력을 위
한 세부적인 시스템과 절차가 마련되어야 할 것이다.45)

---

43) 임도빈, 앞의 글(각주18), 12-14면. 원칙의 침해와 관련하여 학술적 연구의 공정성도
　　크게 의심받고 있다. 조직진단의 용역을 맡는 민간연구자들의 포획현상과 과학적 조
　　직진단의 어려움 때문에 대부분 조직확대를 지지하는 보고서가 발간되게 된다.

44) 이 때문에 새로운 대통령이 집권할 당시에는 일부부처를 통폐합하고 기구를 축소하
　　였다가 대통령의 임기가 지속되면서 다시 새로운 조직들이 신설되고 기구가 확대되
　　는 경향을 보여준다. 김영삼 대통령(1992-1997)과 김대중 대통령(1997-2002) 때와
　　같이 작은 정부가 강조되고 경제위기상황에서에도 이러한 패턴은 반복되었다. 주재
　　현, 사회·문화행정조직, 한국행정 60년, 한국행정연구원, 2008, 177-178면.

45) 강기홍, 정부조직법 개편의 기준과 한계, 법학연구 제21권 제1호, 2013, 7-8면, 8면.

승진을 유인수단으로 사용하여 '적정규모의 원칙'을 침해하는 것을 막기 위해, '직제'에서는 중요 직위에 임명할 수 있는 공무원의 직급(예, 1급, 2급, 3급 등)을 1명, 2명 등의 방식으로 규정하여 고위공무원의 증가를 막으려 하고 있다. '직제시행규칙'에서는 '공무원정원표'(별표로 규정함)를 작성하여 공무원의 정원증가를 제한하고 있다.

4. 행정기관간 협력의 관리―인·허가의제제도

1) 인·허가의제 제도의 확산과 행정조직법적 의의

우리나라에서 인·허가의제는 행정절차에서의 심사절차를 간소화하여 시간과 비용을 줄이기 위하여 복수의 인·허가들 상호간을 연계시켜 어떤 하나의 인·허가를 받으면 다른 인·허가를 부여받은 것으로 간주하는 것을 말한다. 예를 들어, '경제자유구역의 지정 및 운영에 관한 특별법' 제11조는 '인가·허가 등의 의제'라는 제목하에 "개발사업시행자가 제9조에 따라 실시계획의 승인 또는 변경승인을 받은 경우에는 다음 각 호의 허가·인가·지정·승인·협의 및 신고 등을 받은 것으로 보며, 제10조에 따라 실시계획의 승인이 고시된 때에는 다음 각 호의 관계 법률에 따른 허가등의 고시 또는 공고가 있은 것으로 본다"고 규정하고 있다. 이 규정에 의해 실시계획의 승인 또는 변경승인을 받으면 39개의 인·허가를 받은 것으로 의제하고 있다.

행정조직법학의 관점에서 인·허가의제 제도가 갖는 의미는 계층제적 의사결정방식이 아니라 하나의 행정기관이 복수의 행정기관들과 협력하여 행정결정을 내리는 업무처리방식을 취하고 있다는 점에 있다. 이 방식은 네트워크이론에서 설정하고 있는 참여자들이 대등한 입장에서 의사소통과 협력을 통해 행정업무를 처리하는 방식에 매우 가깝다.[46]

우리나라에서 인·허가의제제도가 본격적으로 도입되기 시작한 것은 1980년대에 이르러서인 것으로 보인다. 1970년대에도 도시계획법(1971), 산업기지개발공사법(1973), 도로법(1976), 농촌근대화촉진법(1977), 한국토지개발공사법(1978) 등에서 이 제도가 발견되지만, 80년대초 경제성장 추세가 둔화되자 성장촉진을 위해 제도개선작업을 추진하면서 다수의 인·허가의제제도가 등장하게 된 것이다.

인·허가를 의제하는 법률의 수는 1994년 5월 약 40여 개이었고,[47] 2000년에는 약 50여 개의 법률에서 인허가의제를 규정하고 있었지만, 2014년 8월 현재 약 140여개 정도인 것으로 보인다.[48] 이로 보아 우리나라에서 인·허가의제가 매우 빠른 속도로 많은 법률속에 도입되고 확산되고 있음을 알 수 있다.

2) 인·허가의제의 사례를 통해 본 행정조직내에서 네트워크이론의 적용과 그 발전

인·허가의제제도는 복합민원을 처리함에 있어 주된 관할기관이 복수의 행정기관들과 협의를 주도하기 때문에 일종의 네트워크가 제도화되어 있는 것으로서 매우 약한 형태의 집중심사제라고 볼 수 있다.

전통적인 분리심사제에서는 사업자가 단일 사업계획에 대하여 복수의 인·허가를 획득해야 할 때 별개의 관할행정청이 별도의 절차를 통해 각각의 인·허가에 대하여 분리해서 심사하고 결정해야 했다. 하지만, 경제

---

46) 인·허가의제제도의 적용과정에서 형성유지되는 네트워크는 그 성격상 수평적 네트워크와 수직적 네트워크가 모두 관련되는 경우가 보통이다.

47) 각각의 법률들과 그 내용에 대해서는 이익현, 인·허가의제제도에 관한 연구, 법제 제437호, 1994. 5, 110면 이하 참조.

48) 법제처 법령정보 홈페이지(www.moleg.go.kr)를 방문하여 법률과 법규명령을 필자가 조사하여 확인한 것이다. 대부분 법률에 규정되었지만 시행령이나 시행규칙 등 법규명령에도 소수가 규정되고 있었다. 인허가의제를 규정은 대부분의 법률은 1개의 의제조문을 두지만, 2개, 3개의 의제규정을 두는 경우도 있었다.

사회의 급속한 발전과정에서 법령의 변화도 극심하였고 이로 인해 여러 행정기관들 사이에 업무가 상호 중복·충돌하거나 관할이 불명확하여 분리심사의 한계가 명확해져 자주 인·허가지체가 야기되었다.

어떤 법률에 인·허가의제가 규정되게 되면 주된 심사기관은 자기가 심사하는 하나의 인·허가에 의해 복수의 인·허가들의 효력이 발생하기 때문에, 네트워크의 중앙에 위치하면서 관련 인·허가의 요건을 충족하는 지 다른 관계행정기관들과 협의하여야 한다. 이러한 협의는 인·허가의 제규정이 존재하는 한 1회적인 것이 될 수 없어서 동종의 사업허가를 신청하는 기업인이 등장하면 다시 해당 네트워크는 작동되게 된다. 이 네트워크는 사회에서 통용되는 인맥, 또는 인간관계와는 다른 것으로 행정기관 개념에 의해 공무원들이 교체되더라도 익명의 공무원들사이에 의사소통과 협력이 강제되게 된다. 의제규정에 따라 협의에 참여해야 하는 행정기관들은 각자의 관할권을 중심으로 대등한 입장에서 전문성을 살려 사업계획서를 평가하게 된다. 인·허가의제로 복수의 관계행정기관들의 네트워크가 강제되면서 개별적 분리심사를 하던 때와는 달리 행정기관들은 자신의 관할에만 주의력을 한정하던 태도를 벗어나 사업계획 전체의 관점을 고려하고 다른 심사영역과 관련된 문제들에 대해서도 관심을 가지게 되었다.

그렇지만 인·허가의제 규정의 해석과 적용과정에서 상당한 어려움이 발생하였는데, 판례는 이의 해소에 중요한 역할을 수행했다.

첫째, 판례는 주된 인·허가기관이 의제되는 인·허가의 관할청과 협의를 한 이상, 의제되는 인·허가의 발급을 위해 규정된 별도의 절차규정을 따를 필요는 없다고 판시했다. 그래서, 건설부장관이 관계기관의 장과 협의를 거쳐 사업계획의 승인을 한 이상 별도로 "중앙도시계획위원회의 의결이나 주민의 의견청취 등 절차를 거칠 필요는 없다"고 했다(대법원 1992.11.10. 선고 92누1162. 주택건설사업계획승인처분취소). 절차간소화를 위한 인·허가의제제도의 취지를 존중한 판결이었다.

둘째, 제도화된 네트워크에 참가하는 행정기관들의 참가범위 및 의제되는 인·허가의 범위와 관련하여 의문이 존재해 왔다. 사업자가 경제환경이 불확실하고 그 정도의 자본금도 존재하지 않는 경우, 수년간 투자할 자본중 일부에 대해서만 필요한 허가를 얻어 투자함으로써 기초공사를 해놓고자 원할 수도 있기 때문이다. 이 때, 사업자는 관련된 모든 인·허가요건을 한꺼번에 갖추어 주된 인·허가의 관할권을 갖는 기관에 신청하여야 하는가, 아니면 원하는 범위의 인·허가서류들만 갖추어 신청할 수 있는가 하는 의문이 존재했다.

대법원은 "만일 사업시행승인 전에 반드시 사업 관련 모든 인·허가의제 사항에 관하여 관계 행정기관의 장과 협의를 거쳐야 한다고 해석하면 일부의 인·허가의제 효력만을 먼저 얻고자 하는 사업시행승인 신청인의 의사와 맞지 않을 뿐만 아니라 사업시행승인 신청을 하기까지 상당한 시간이 소요되어 그 취지에 반하는 점"을 고려하여 "사업 관련 모든 인·허가의제 사항에 관하여 관계 행정기관의 장과 일괄하여 사전 협의를 거칠 것을 요건으로 하는 것"은 아니라고 판시했다(대법원 2012. 02.09. 선고 2009두16305)

우리나라에서 인·허가의제 제도는 기업과 주민들의 수요에 힘입어 아직도 변화와 발전의 과정에 있다. 최근 입법자들은 주관 행정기관 홀로 다른 행정기관들과 협의하면서 겪는 어려움을 완화시키고자 인·허가의제 규정을 둘 때 '일괄협의회' 조직을 설치하도록 의무화하기 시작했다.[49]

---

49) "해당 관계 행정기관 모두로 구성된 일괄협의회"를 두도록 규정하면서 다른 행정기관들은 소속공무원을 반드시 일괄협의회에 출석시키도록 의무화하고 있다(댐건설 및 주변지역지원 등에 관한 법률 제9조의2). 이외에도 신항만건설 촉진법 제9조의2, 전통시장 및 상점가 육성을 위한 특별법 제40조의2, 항만법 제85조, 지역균형개발 및 지방중소기업 육성에 관한 법률시행령 제23조의2, 폐광지역 개발 지원에 관한 특별법시행령 제16조의4 등에도 인·허가의제의 집행을 위한 일괄협의회가 도입되고 있다 .

IV. 결어

이 글에서는 우리나라의 정부조직개편과정에 큰 영향을 미쳐왔던 철학과 정신을 '작은 정부'론, 계층제론과 네트워크론으로 나눈 후, 적절한 경험사례를 통해 교훈을 찾고자 했다.

경제관련부처를 중심으로 정부조직의 개편역사를 개괄적으로 살핀 후 과도하게 빈번한 정부조직개편이 최근에 와서는 더욱 더 조직의 불안정성을 높이고 기관이기주의를 고착시키는 요인이 되고 있다고 비판했다. 정부조직의 축소와 확대·신설의 경험으로부터 배울 교훈을 도출하기 위해 식품의약품의 안전을 감독하는 조직과 해양교통의 안전을 담당하는 조직의 설치연혁을 비교하며 법적 교훈을 도출했다. 정부조직의 통합이후 나타난 문제점들에 대한 대응방안을 찾기 위해 행정위원회(특히, 국민권익위원회)들의 통합사례를 분석했다.

부처간 통합보다는 소규모의 조직개편이 더 필요하다고 보고 특정 부처 내부에서의 세부기구의 개편에 관한 현행 기준들을 검토하여 보완해야 할 사항들을 제시했다. 또, 최근 주목받고 있는 네트워크 이론에 관한 경험사례로서 인·허가의제 제도의 운용경험을 분석했다.(이 글은 2014년 11월 8일에서 10일까지 중국 광저우에서 열렸던 제11회 동아시아 행정법학회에서 발표한 것을 그 이후의 자료와 정보들을 기초로 수정보완한 것이다.)

제3절 입헌주의적 지방자치와 조직고권
―대법원 2004. 7. 22. 2003추44―

Ⅰ. 대상판례의 내용과 문제점

1. 사안의 개요와 쟁점

전라북도의회가 2003. 7. 25. 제196회 정례회에서 **전라북도공기업사장
등의임명에관한인사청문회조례안**을 의결하여 같은 해 7. 28. 전라북도지
사에게 이송하였고, 이에 대하여 전라북도지사는 이 사건 조례안이 법령
에 위반된다는 이유로 전라북도의회에게 재의를 요구하였다. 그러나 전
라북도의회는 이 사건 조례안을 원안대로 재의결하고 전라북도의회의장
이 이 사건 조례안을 공포하였다. 이에 전라북도지사는 지방자치법 제
159조 제3항에 따라 이 사건 조례안에 대한 재의결무효확인소송을 대법
원에 제기하였다.

이 사건에서 쟁점은 첫째, 상위법령에 의하여 기관구성원의 임명·위
촉권한이 지방자치단체의 장에게 부여된 경우, 조례로써 지방자치단체
의 장의 임명·위촉권을 제약할 수 있는가 하는 점과, 둘째, 지방자치단
체의 장이 지방공기업 등의 대표에 대한 임명권의 행사에 앞서 지방의
회의 인사청문회를 거치도록 한 조례안이 지방자치단체의 장의 임명권
에 대한 견제나 제약으로 법령에 위반되는가 하는 점이다.

대법원은 각각의 공기업 등의 사장들에 대한 규율내용을 두 유형으로
분류하여 다음과 같이 판시했다.

첫째, 대법원은 전라북도중소기업종합지원센터 본부장, 한국니트산업연구원 원장, 전라북도생물벤처기업지원센터 센터장, 전라북도여성발전연구원 원장에 대한 임명 또는 승인권한을 전라북도지사가 갖지 않음에도 불구하고 그것을 갖고 있음을 전제로 하여 인사청문회를 도입한 것은 위법하다고 판시했다. 또, 전라북도장학숙(전주, 서울) 각 원장, 사단법인 전라북도운수연수원 원장, 재단법인 전북경제사회발전연구원 원장에 대해서는 전라북도가 출자·출연한 법인체가 아닌데도 불구하고 포함시키고 있다는 이유로 인사청문회조례를 위법하다고 판시했다.

둘째, 지방공기업 사장인 전북개발공사 사장과 지방공사 전라북도의료원(군산, 남원) 각 원장에 대해서는 이들의 임명이 전라북도지사의 전속적 권한으로서 인사청문회를 실시하여 전라북도의회가 제시한 후보자들에 대한 의견에 전라북도지사가 기속되는 것은 아니라고 하더라도 지방자치단체장의 임명권에 대한 견제나 제약이어서 지방공기업법 제58조 제2항 본문, 지방공기업법시행령 제56조 제1항에 위반되고, 따라서 지방자치법 제15조에도 위반된다고 하였다.

2. 문제의식

주지하듯이 1991년 지방의회가 구성된 이후, 대법원에 기관소송이 많이 제기되고 있는데, 그 중의 상당수는 지방의회가 지방자치단체장의 집행권한을 침해한다는 이유로 위법무효판결을 받은 경우이었다.[1] 이것들 중에는 지방자치단체의 조직권갈등에 관한 판례들이 매우 많은데,[2] 대

---

1) 대법원 2005. 8. 19. 선고 2005추48 ; 대법원 2001. 11. 27, 2001추57; 대법원 1996. 5. 14. 선고 96추15 ; 대법원 1996. 5. 10. 95추87 ; 대법원 1993. 2. 9. 선고 92추93 ; 대법원 1992. 7. 28. 선고 92추31.
2) 대법원 2005. 8. 19. 선고 2005추48 ; 대법원 1996. 5. 14. 선고 96추15 ; 대법원 1993. 2. 9. 선고 92추93 ; 대법원 1992. 7. 28. 선고 92추31.

법원은 '전속적인 집행권'을 침해한다는 논리로 지방의회의 조례에 의한 조직형성에의 참여를 차단해왔다.

지방분권이 급속히 진행되고 있으므로 국가를 대신하여 지방자치단체 내부에서 권력구조를 재형성하여 견제와 균형을 통해 지방자치단체장의 권력의 절대화와 부패를 막는 것이 점점 중요한 법적 과제로 변하고 있다. 국회와 행정부의 관계와 비교할 때 지방자치단체의 장과의 관계에서 지방 의회의 지위는 상대적으로 현저히 낮고 반대로 지방자치단체의 장은 국가 에서 대통령의 지위보다 지방에서의 상대적 지위가 더 높다. 지방의회의 의원들도 명예직에서 유급직으로 전환된 상황에서는 지방자치단체의 장과 지방의회의 관계를 입법의 개정과 재해석을 통해 개선시켜 나가야 한다.

이러한 입장에서 지방자치단체의 조직권갈등을 둘러싼 기관소송판례 들 중 2004년 판례로서 지방공기업의 장에 대한 인사청문회조례안의 무 효확인청구사건(대법원 2004. 7. 22. 2003추44)은 약간 시간이 흐른 것이 지만, 새로운 문제의식을 가지고 검토할 필요가 있다고 본다.

Ⅱ. 법령의 선점과 자치입법권의 범위

1. 미국법상 선점이론

미국지방자치법상 주와 지방자치단체(카운티와 시티)의 입법권의 범위 를 조정하기 위해 발전된 선점이론 (preemption doctrine)이 일본과 우리나 라에서 상위법령의 구속범위를 판단하는 근거와 기준으로서 커다란 영향 을 미쳐왔다. 미국법상 선점이론은 다음과 같은 내용을 가지고 있다.

(1) 주가 입법에 의해 어떤 분야나 규제를 선점했다면 그 문제에 대해

지방자치단체는 개입할 수 없다. 주의 유효한 입법적 선점이 있게 되면 그 사항은 주전체에 관련된 광역적 사무인 것으로 간주된다. 즉, 주의 입법적 선점사무에 대한 지방자치단체의 개입은 자치법규의 형식이든 구체적 행위이든 허용되지 않는다. 선점이론을 적용하면 주입법과 지방자치단체의 입법이 서로 충돌할 경우 주법이 우위에 있어 주법만이 유효하게 된다. 이것은 지방자치단체를 주의 창조물로 보는 사고와 관련있는데, 대상사무가 광역적이고 포괄적일 뿐만 아니라 누구에게나 동일하게 처리될 것이 요구되기 때문이다.[3]

하지만, 주의 입법에서 선점여부가 명백히 드러나는 경우도 있지만 대부분 선점여부가 불분명하다. 이런 경우를 '명백한 선점(express preemption)'과 비교하여 '묵시적 선점(implied preemption)'이라고 부른다. 묵시적 선점의 경우는 주법의 존재여부와 그 적용범위가 불분명하고 적어도 명시적으로는 당해 사항에 관해 규율이 존재하지 않음에도 불구하고 지방자치단체의 자치법규를 무효로 만들기 때문에 미국의 지방자치실무상 상당한 논쟁을 야기하고 있다. 묵시적 선점이론에 의해 주의 선점영역이 대폭 확장되고 법원의 역할이 더 중요해졌다.

(2) 묵시적 선점여부를 판단하기 위해 미국의 법원들은 몇 가지의 기준을 제시하고 있다.

첫째, 주가 어떤 법률에서 추구하고 있는 입법목적을 지방자치단체가 좌절시킨 경우도 묵시적으로 선점이 이루어져 있다고 본다.(Goodell v. Humboldt County, Supreme Court of Iowa. 575 N.W.2d 486(1988).) 주가 규제하지 않은 다른 규제수단을 지방자치단체가 도입하면 명시적 선점에는 위반하지 않게 되지만 주의 주요한 입법목적 실현이 방해되었기 때문이다.

---

3) Osborne M. Reynolds, Local Government Law, 2.ed., pp.132-135.

둘째, 주가 어떤 사항에 대해 규율하고 있지 않은 '무규제(Non-regulation)'가 묵시적 선점으로 평가받기 위해서는 그 무규제의 의도가 밝혀져야 한다. 주가 규제를 하지 않은 것이 사기업에게 경제활동의 자유를 주기 위한 것이라면 이 자유를 규제하려는 지방자치단체의 자치법규는 허용되지 않는다. 하지만, 주의 의도가 주의 명시적 규제범위 밖의 문제에 대해서는 무관심한 것이라면 지방자치단체의 규제는 허용된다.4) 이와 같이 '적극적 무규제(affirmative Non-regulation)'와 '무관심한 무규제(indifferent Non-regulation)'를 구별하여 지방자치단체의 자치권의 범위를 판단하는 것이 미국 판례의 입장이다.(Jancyn Mfg. Corp. v. County of Suffolk, 518 N.E.2d 903, 906 (N.Y. 1987))

(3) 미국법상 법률선점론의 영향을 받아 일본과 우리나라에서도 초과조례와 추가조례의 문제로 논의되어 왔지만, 그 논의의 의도는 법령에서 규율하고 있지 않은 사항에 관하여 조례로 규율하는 것이 허용되는가를 판단함에 있어 법령제정자의 입법의도를 적극적으로 침해하는가 아니면 무관심한 영역이어서 조례제정이 허용되는 영역인가를 판단하기 위한 것이라고 볼 수 있다.

하지만, 적극적 무규제와 무관심한 무규제의 구별에 앞서 법령제정자가 규율한 법령의 내용이 헌법이 보장한 지방자치의 내용을 침해한 것인가 하는 관점에서의 검토가 선행되어야 한다.

2. 자치사무에 있어 초과조례의 허용성

초과조례의 문제는 조례가 법령과 규제목적도 같고 **규제대상**도 같지

---

4) Richard Briffault/Laurie Reynolds, State and Local Government Law, 6.ed., 2004, pp.362-365.

만 규제의 내용만이 법령의 기준을 초과하여 보다 엄격하게 규제하는 것이 허용되는가의 문제이다.5)

일본의 경우 초과조례는 특히 환경법의 영역에서 현저히 나타나고 있는데, 일본 최고재판소는 1975년 德島市公安條例事件에서 다음과 같이 판시하였다.

"특정사항에 관하여 이를 규율하는 국가의 법령과 조례가 병존하는 경우에도 후자가 전자와는 다른 목적으로 규율하는 의도를 가지고 있으며, 그의 적용에 의하여 전자의 규정이 의도하는 목적과 효과를 전혀 저해하지 않는 경우라든가 양자가 동일한 목적을 가지고 있는 경우에도 국가의 법령이 반드시 전국적으로 동일내용을 일률적으로 규율하려는 것이 아니고, 각 자치단체가 그 지방의 실정에 따라 별도의 규제를 하는 것을 용인하는 취지로 새겨지는 경우에는 국가의 법령과 조례 사이에는 아무런 모순·저촉이 없으며, 조례가 국가의 법령에 위반하는 문제는 발생하지 않는 것이다".6)

우리 대법원판례도 "지방자치단체는 법령에 위반하지 아니하는 범위 내에서 그 사무에 관하여 조례를 제정할 수 있는 것이고, 조례가 규율하는 특정 사안에 관하여 그것을 규율하는 법령이 이미 존재하는 경우에도 조례가 법령과 별도의 목적에 기하여 규율함을 의도하는 것으로서 그 적용에 의하여 법령이 의도하는 목적과 효과를 전혀 저해하는 바가 없는 때, 또는 양자가 동일한 목적에서 출발한 것이라 할지라도 국가의 법령이 반드시 그 규정에 의하여 전국에 걸쳐 일률적으로 동일한 내용을 규율하려는 취지가 아니고 각 지방자치단체가 그 지방의 실정에 맞게 별도로 규율하는 것을 용인하는 취지라고 해석되는 때에는 조례가 국가의 법령에 위반되는 것은 아니다."라고 판시하여 법령의 내용보다

---

5) 이에 대하여, 추가조례는 법령과 동일한 목적으로 규제하되, 법령과는 다른 대상으로 규율범위를 확대하는 것이 허용되는가의 문제이다.

6) 最大判 1975. 9. 10, 刑集 29권 제8호, 489면.

더욱 강화된 요건 규정을 두고 있는 조례의 합법성을 인정하였다.7)8)

3. 기관위임사무와 조례제정권

조례는·지역법으로서 지역적 한계를 갖는 것이며 또한 규율사항도 개념상 지방자치단체의 사무의 범위에 한정된다. 헌법은 지방자치단체는 "자치"에 관한 규정을 제정할 수 있다고 규정하고 있고(동법 제117조제1항) 지방자치법은 지방자치단체는 "그 사무"에 관하여 조례를 제정할 수 있다(동법 제15조)고 규정하고 있다. 한편 지방자치법은 지방자치단체의 사무범위에 대하여 "지방자치단체는 그 관할구역의 자치사무와 법령에 의하여 지방자치단체에 속하는 사무를 처리한다"(동법 제9조제1항)고 규정하고 있다. 지방자치법 제15조에 규정되어 있는 "그 사무"란 자치사무와 법령에 의하여 지방자치단체에 속하는 사무, 즉 단체위임사무를 말하며9) 따라서 자치조례의 경우 이 범위를 넘어설 수 없는 한계가 있는 것

---

7) 대법원 1997. 4. 24. 96추244.

8) 우리나라의 학설도 판례와 같은 입장에 서 있다. 당해 법률의 규제가 전국적인 최고기준 내지 한도기준을 정한 것으로 해석되는 경우와 전국적인 최소기준 내지 표준적인 기준을 정한 것으로 해석되는 경우인가에 따라 초과조례의 위법성 여부를 달리 평가하고 있다. 즉, 한도기준인 것으로 해석되는 경우에는 법령이 정한 이상으로 조례를 정하는 것은 허용되지 않으며, 이를 위반한 조례는 위법이 된다. 이에 대하여 표준적인 기준으로 해석되는 경우는 그 이상의 규제는 각 지방의 실정에 따라 지방자치단체가 자율적으로 규제하는 것을 허용하는 것으로 지방자치단체가 합리적인 이유에 근거하여 조례로 초과규제하더라도 이 조례는 법령에 위반하는 것은 아니다.(서원우, 조례제정권의 범위와 한계, 고시계, 1993. 3. 190면 ; 김남진, 조례제정의 법적 문제 : 조례제정권의 범위와 한계를 중심으로, 법제연구 제9호(한국법제연구원, 1995), 23-24면 ; 유상현, 조례의 법적 한계에 관한 연구, 경희대학교 박사학위청구논문, 1994, 68면.)

9) "지방자치법 제15조 본문에 의하면 지방자치단체는 법령의 범위 안에서 그 사무에 관하여 조례를 제정할 수 있도록 규정하고 있으므로 지방자치단체가 조례를 제정할 수 있는 사항은 지방자치단체의 권한에 속하는 전반의 사무, 즉 같은 법 제9조제1항

으로 이해되고 있다.

　지방자치법 제11조는 "지방자치단체는 다음 각호에 해당하는 국가사무를 처리할 수 없다. 다만, 법률에 이와 다른 규정이 있는 경우에는 그러하지 아니하다"고 하면서 국가사무를 열거하고 있는 바, 법률에서 국가사무를 지방자치단체의 기관에게 위임하고 있을 때, 이 사무는 기관위임사무이며 이에 대해서는 조례로 규율할 수 없고 규칙으로 규율해야 한다고 이해되고 있다. 다만, 기관위임사무에 대해서도 개별법령의 위임이 있는 경우에는 위임조례를 제정할 수 있다. 이 입장은 또한 판례의 일치된 견해이기도 하다.[10] 그러나, 이러한 판례의 입장은 헌법적 정당성과 현실적 타당성을 갖는 것일까?

III. 입헌주의적 지방자치의 보장의 의미

1. 제도적 보장이론과 이에 대한 비판의 증가

　"최소보장", "핵심영역의 보장" 등으로 불리우는 제도적 보장이론[11]

　에 규정된 그 관할구역의 자치사무와 법령에 의하여 지방자치단체에 속하는 사무에 관한 것이다"(대판 1992. 6. 23, 92추17).

10) 대법원 1992. 7. 28, 92추31; 대법원 1994. 5. 10, 93추144; 대법원 1995. 5. 12, 94추28; 대법원 1995. 6. 30. 95추49.

11) 독일 기본법 제28조 제2항 제1문과 우리 헌법 제8장의 해석을 위한 이론으로 20세기 초 바이마르 공화국당시 수많은 군소정당이 난립하며 합종연횡하는 국가혼란상황에서 입법자들이 오랜 역사와 전통속에 형성되어 국가와 국민의 삶의 계속성을 구성하는 핵심적인 요소들을 자의적으로 폐지하거나 변경함으로써 혼란을 초래하는 것을 막기 위해 등장한 것이다. 헌법재판소의 확립된 입장으로 여러 판례를 통해 확인되고 있으나, (헌재 1994. 4. 28. 91헌바15 등, 판례집 6-1, 317, 338-339. ; 헌재 1997. 4. 24. 95헌바48, 판례집 9-1, 435, 444-445 ; 헌재 2001. 06. 28. 2000헌마735, 판례집 13-1, 1431-1432.; 헌재2003. 3. 27. 2002헌마573.) 권한쟁의심판사건(헌법재판소 1998. 8. 27. 96헌라1 전원재판부【시흥시와정부간의권한쟁의】)에서는 "지방자치의

은 입법자와의 관계에서 헌법이 지방자치에 관하여 최소골격을 유지시
킨다는 점에서는 여전히 현대적 의미를 갖는다는 점에서는 비판이 없는
실정이다. 하지만, 글로벌 경제에서 규모의 경제를 배경으로 하는 집권
의 논리와 지역사회의 다양성과 정치민주화를 배경으로 하는 분권의 논
리간의 갈등과 충돌의 상황에서 헌법이 입법자에게 지방자치를 통해 헌
법의 가치를 최적으로 실현시키도록 하는 규범력을 갖도록 하는데 제도
적 보장론은 무력하다. 이 때문에 제도적 보장이론의 소극성과 무력성에
대한 비판이 독일은 물론 우리나라에서 봇물을 이루듯 쏟아져 나오고
있다.12)

2. 지방자치의 보장에 있어 헌법의 규범력의 회복

(1) 입헌주의적 지방자치론(constitutional localism ; local constitutionalism)

원리는 헌법에 의하여 보장되기 때문에 입법적·행정적인 수단에 의한 규율은 필요·
최소한에 그쳐야 한다. 중앙정부의 지방자치단체에 대한 관여를 필요·최소한으로 제
한하지 않고서는 지방자치단체의 자주성 존중, 자립적 정책의 수립·집행이 제대로
되지 아니할 우려가 크기 때문이다"고 하여 다른 견해를 나타내기도 하였다.

12) 교과서나 최근의 논문에서 발견되는 비판적 견해들은 "지방자치가 자유민주국가에서
수행하고 있는 여러 가지 제도적인 기능을 감안할 때 과연 지방자치에 관한 제도적
보장이 지방자치의 전면적인 폐지만을 금지하는 정도의 효과밖에는 나타내지 못한다
고 주장할 수 있는 것인지 의문을 가지지 않을 수 없다"는 견해,(허영, 한국헌법론,
박영사 2006, 792면.) 수백년간의 중앙집권제의 역사를 가진 우리 나라에서 지방자치
제도를 전래의 제도보장으로 보는 것은 무리가 있고,(정종섭, 헌법학원론, 박영사
2006, 766면.) 우리 나라의 경우 지방자치제도는 헌법에 의하여 비로소 창설된 제도
이어서 제도적 보장론에서 말하는 역사적 전통에 의거한 본질내용을 찾을 수 없으므
로,(조성규, 지방자치제의 헌법적 보장의 의미, 공법연구 제30집 제2호, 417면.) 지방
자치의 본질내용은 헌법 자체로부터 발견되어야 할 것이라는 견해, 폐지나 공동화로
부터 보호하기 위한 이론으로서 제도적 보장이론이라는 버팀목은 더 이상 불필요하
다는 견해(김명연, 지방자치행정의 제도적 보장의 의의와 내용, 공법연구 제32집 제5
호, 674면.) 등이 제시되고 있다.

은 미국연방헌법에서 명시적으로 지방자치단체(local government)에 관해 규정하지 않은 결과 지방자치의 발전에 문제가 있음을 인정하고 헌법의 해석(특히, the Tenth Amendment)을 통해 지방자치의 근거를 발견하여 지방자치단체와 주민의 자율영역을 보호하려는 입장이다.13)

다행스럽게 우리 헌법은 지방자치를 보장하고 있으므로 이 규정들이 집행되지 않은 헌법규정(underenforced constitutional norm)이 되게 해서는 안 된다. 현재로서는 우리나라의 지방자치가 지방자치권에 대해 침묵하고 있는 미국헌법에서와 같이 국회입법자들의 의사에만 맡겨져 있는 듯 운영되어왔으나, 헌법의 규범력을 회복하여 일정한 경우에는 헌법에 합치되는 한 지방자치단체가 법령에서 인정한 권한 이외의 권한도 행사할 수 있다고 해야 한다.

(2) 그 동안 우리나라에서 지방자치에 대한 법률의 개입범위에 한계를 가하는 헌법규정이 존재하는지 존재한다면 그 의미는 무엇인지 명확하지 않는 것으로 인식되어 왔다. 우리 헌법 제8장 제117조 제1항은 "지방자치단체는 주민의 복리에 관한 사무를 처리하고 재산을 관리하며, 법령의 범위안에서 자치에 관한 규정을 제정할 수 있다"고 규정하고 있다. 하지만, 주민의 복리에 관한 사무라는 것은 너무 막연해서 각 자치단체의 핵심적 사무의 한계를 판단하기 어려워 법률과 법규명령이 규율할

---

13) 미국에서 입헌적 지방자치론을 주장한 문헌으로는, David J. Barron, THE PROMISE OF COOLEY'S CITY: TRACES OF LOCAL CONSTITUTIONALISM, University of Pennsylvania Law Review 147, 1999.; David J. Barron, A LOCALIST CRITIQUE OF THE NEW FEDERALISM, Duke Law Journal 51, 2001.; Jake Sullivan, THE TENTH AMENDMENT AND LOCAL GOVERNMENT, Yale Law Journal 112, 2003. ; Roderick M. Hills, Jr., IS FEDERALISM GOOD FOR LOCALISM? THE LOCALIST CASE FOR FEDERAL REGIMES, Journal of Law and Politics 21, 2005.; Richard C. Schragger, CITIES AS CONSTITUTIONAL ACTORS: THE CASE OF SAME-SEX MARRIAGE, Journal of Law and Politics 21, 2005.

수 있는 한계로서 기능하지 못하고 있다. 주민의 복리 개념을 막연하게 이해하여 지도개념으로서 전혀 기능하지 못한 상황에서 법률의 우위와 법률의 유보는 지켜져야 한다는 형식적인 해석만으로는 '입법자의 독재'를 막아낼 수 없다.

오히려 지방자치법 제15조 단서, "주민의 권리제한 또는 의무부과에 관한 사항이나 벌칙을 정할 때에는 법률의 위임이 있어야 한다"는 규정(일본 지방자치법에는 없는 규정임)이 국가의 입법사항과 자치법규로 규정할 사항을 구분하는 핵심적 근거로 작용하고 있다. 주민의 복리에 관한 사무는 주민의 권리의무에 영향을 미칠 사무일 것이기 때문에 헌법상의 기준은 지방자치법에 의해 형해화되고 있다고 볼 수 있을 것이다. 이것은 현재 한국의 자치법규에서 대부분의 중요한 조례는 위임조례임을 보아도 알 수 있다. 지방자치단체에 대한 입법자의 규율내용을 지도할 보다 실질적인 기준이 헌법으로부터 도출되지 않으면 안 된다.

(3) 지방자치를 지도할 헌법의 근본정신을 단지 헌법 제8장에서만 발견하려는 태도는 잘못된 것이다. 보다 근본적으로 헌법의 본문규정들을 지도하는 정신과 원칙을 헌법전문에서 찾아야 한다. 특히, 헌법전문에 규정된 표현인 "자율과 조화를 바탕으로 자유민주적 기본질서를 더욱 확고히 하여"라고 한 부분은 주목할 만하다.

헌법전문은 1948년 7월 17일 제헌헌법에 등장한 이후 1962년 12월 26일 제3공화국헌법, 1972년 12월 27일 유신헌법, 1980년 10월 27일 제5공화국 헌법, 그리고 1987년 10월 29일 현행헌법 등 총 4번의 개정이 이루어졌다. 대부분의 표현이 제헌헌법의 전문과 동일하고 몇 개의 표현만이 수정되거나 추가되었다.

"자율과 조화를 바탕으로 자유민주적 기본질서를 더욱 확고히 하여"라고 한 부분은 현행헌법에서 비로소 추가된 것인데, 1972년 유신헌법과 1980년 헌법에서는 단순히 "자유민주적 기본질서"라는 표현만이 사용되고 있었다. 현행 헌법은 독재권력과 국민간의 극심한 대립과 갈등속에서 국가사회의 화합과 통합을 목표로 제정된 것으로 "자율과 조화를 바탕으로 자유민주적 기본질서를 더욱 확고히 하여"라는 부분은 지방분권과정에서 그리고 지방자치단체내에서 기관간 갈등이 고조되는 과정에서 입법, 행정, 사법을 지도하여 갈등해결을 가능하게 하기 위한 주요한 지도원칙이 될 수 있다고 본다. 단순히 헌법 제8장과 지방자치법 제15조 단서규정등 해당 개별 규정들만을 기초로 법령을 적용하는 것보다는 헌법상의 지도원칙과 헌법 제8장 그리고 지방자치법의 이념의 변천을 함께 종합적으로 이해함으로써 헌법의 규범력을 보다 강화시킬 수 있을 것으로 기대한다.

이러한 입장에서 볼 때, "자율과 조화를 바탕으로 자유민주적 기본질서"의 추구는 입헌주의적 지방자치를 위한 헌법의 지도정신이자 원칙이므로 헌법 제117조와 제118조의 해석에 있어서도 이 지도정신과 원칙은 존중되어야 한다. 헌법은 제117조와 제118조에서 지방자치단체의 주민복리에 관한 사무처리권, 재산관리권, 그리고 자치입법권을 보장하며 지방자치단체에 의회를 두도록 규정하고 있는데, 입법자가 이에 관해 규율할 수 있다 하더라도 그 입법은 "자율과 조화를 바탕으로 자유민주적 기본질서"의 추구원칙을 침해하지 않는 것이어야 한다.

3. 지방자치법의 이념의 역사적 변화

노무현정부의 등장과 함께 우리나라의 지방자치는 큰 변화를 맞이하게 되었는데, 2002년이후 현재까지를 지방자치법 제4기라고 할 수 있을 것이다.14) 이미, 1989년 12월 30일의 지방자치법개정으로 민주성과 능률

---

14) 우리나라의 지방자치법사에서 이승만·장면정부(1948-1961)시대를 제1기라고 부를 수 있을 것인데, 이 시기를 이끈 지방자치법의 이념은 민주성이었다. 즉, 1949년 8월

성 이외에 "지방의 균형적 발전과 대한민국의 민주적 발전"이 지방자치법의 목적으로 추가되었다. 따라서, 1-3기와 달리 지방자치법 제4기에서는 민주성, 능률성이외에 균형발전도 지방자치의 이념으로 추가하는 것이 필요하게 되었다. 2004년 1월 16일에는 "지방자치단체의 지방분권에 관한 책무를 명확히 하고 지방분권의 기본원칙·추진과제·추진체계 등을 규정함으로써 지방을 발전시키고 국가경쟁력을 높이는 것을 목적"으로 지방분권특별법이 제정됨으로써, 지방분권이 우리 사회의 중요한 화두로 대두되었다.

지방자치법의 이념의 변천사(민주성->능률성->민주성+능률성->민주성+능률성+균형발전)를 통해 드러나는 것은 지방조직형성에 있어 단지 능률성의 가치만을 추구할 수는 없는 것이고, 헌법 전문에서 제시한 지도이념인 '자율과 조화'를 방탕으로 자유민주적 기본질서를 추구한다는 취지에 맞게 민주성, 능률성 그리고 균형발전이 조화있게 실현되도록 법을

15일 처음으로 지방자치법이 제정되어 시행되었는데, "지방의 행정을 국가의 감독하에 지방주민의 자치로 행하게 함으로써 대한민국의 민주적 발전을 기함"(지방자치법 제1조)을 법의 목적으로 규정하여 제1기 지방자치법의 이념을 민주성으로 밝히고 있었다.

한편, 박정희·전두환정부(1962-1987)시대를 제2기라고 부를 수 있을 것인데, 박정희 정부시대부터 전두환정부시대(1988년 4월 6일까지 존속)까지 지방자치에 관한 법적 규율은 지방자치법보다는 1961년 9월 1일부터 시행된 '지방자치에관한임시조치법'에 의해 이루어졌다. 이 시기를 이끈 지방자치법의 이념은 능률성이었는데, '지방자치에관한임시조치법'은 "혁명과업을 조속히 성취하기 위하여 지방자치행정을 더욱 능률화하고 정상화함으로써 지방자치행정의 건전한 토대를 마련함"을 목적으로 하여 제2기 지방자치법의 이념이 능률성임을 명시하고 있다.

노태우정부시대(1988-1992) 이후 2002년까지를 지방자치법사에서 제3기라고 부를 수 있을 것인데, 이 시기를 이끈 지방자치법의 이념은 민주성과 능률성이라고 할 수 있을 것이다. 1987년 6월 시민항쟁과 6.29선언이후 한국의 민주화추세는 거스를 수 없는 것이 된다. 이것은 지방자치제도에도 큰 영향을 미치게 된다. 지방자치법이 1988년 4월 6일 전면개정되었는데, 제1조에서 "지방자치행정의 민주성과 능률성을 도모하며 지방자치단체의 건전한 발전을 기함"을 목적으로 제시하여 민주성과 능률성이라는 양대 이념을 제시하여 제3기 지방자치법의 목적과 방향을 명시하고 있다.

해석하여야 한다는 점이다.

Ⅳ. 조직형성에 있어 기관위임사무와 전속적 집행권 논리의 극복

1. 조직법의 역할과 기능

　행정조직에 대한 법적 규율은 어떤 역할과 기능을 담당하고 어떤 영향을 미치는가? 이 의문에 대한 검토없이 조직에 관해 규율하고 있는 어떤 법규정들의 위법여부를 판단하는 것은 매우 위험하다. 왜냐하면 조직 내부의 문화나 조직내의 정치적 역학관계에 따라 당해 조직의 업무중 일부는 조직의 구성원들에 의하여 소홀히 취급되거나 무시되고 있으나 다른 조직에서는 유사 업무가 전혀 다르게 취급되고 있을 수도 있기 때문이다.15)

　첫째, 행정조직에 관하여 조직법은 조직구성원들의 행위에 영향을 미쳐 조직의 활동방향을 일정한 방향으로 유도해감으로써,16) 조정기능(Steuerungsfunktion)을 수행한다.17) 지방분권을 통해 지방자치단체장이 국가의 개입영역을 배제하는 대신에 조직권을 거의 독점하는 것으로 판례는 이해하고 있는데, 그것은 과연 헌법이 지방자치단체에게 부과한 과제

---

15) Mark C. Suchman/ Lauren B. Edelman, Legal Rational Myths : The New Institutionalism and the Law and Society Tradition, Law and Social Inquiry 1996, pp.939-941.

16) 여기서 조정(Steuerung)이란 행위에 대한 목적지향적인 개입을 말하는데 행정은 사회에 대해서는 조정의 주체가 되기도 하지만 사회를 위한 조정의 객체가 되기도 하는데, 조직법은 행정조직이 사회가 부과한 행정과제에 적합한 것이 되도록 하기 위하여 행정조직을 조정의 객체로 다룬다.

17) Thomas Groß, Das Kollegialprinzip in der Verwaltungsorganisation, 1999, SS.19-25.

를 지방자치단체가 처리하는데 있어 가장 적합한 이해인지는 의문이다.

둘째, 조직법은 권한배분을 통해 내부권력의 소재를 규정해준다. 어떤 결정을 내리기 위해서 다수의 사람들의 행위들을 조직화하기 위하여 어떤 단계를 밟아야 하는지, 내부절차에의 참여자들이 어떤 권한을 가지는지를 규율함으로써 내부규제가 가해지게 된다.

전통적인 단선적인 계층제에서는 기관장만이 결정권을 갖고 다른 모든 조직구성원은 보조자에 지나지 않는다고 보는데, 이 사고가 권위주의적 행정문화와 결합되어 결정권자의 강력한 내부규제가 당연하다고 생각하게 만들었다. 지방자치단체의 장과 지방의회의 관계에서도 단선적인 계층제의 사고는 극복되어야 할 과거의 유산이 되고 있다. 지방조직형성에 있어 지방의회에 대한 관계에서 지배자로서의 자치단체장의 지위는 헌법의 조직법정주의정신에도 부합하지 않고 비교법적 정당성을 갖고 있다고 보기도 어렵다. 또, 현실적 타당성을 갖고 있는지도 의문이다.

셋째, 조직법은 업무와 관할을 배분한 이후 조직전체의 목적을 위하여 각 행위들사이에 조화가 이루어질 수 있도록 협력의 메커니즘을 만들어낸다.[18]

넷째, 조직법은 직무담당자의 선발과 선택의 문제를 규율하고 있어야 한다. 전문성과 신뢰성(또는 책임성)을 갖춘 적절한 인재를 선택하는 문제는 매우 중요한 정치적 과제가 되는데, 조직구조를 아무리 잘 설계한다 하더라도 필요한 사람이 그 일을 수행하지 않는다면 당해 조직은 그에 부여된 과제를 적절히 수행할 수 없게 된다. 따라서, 해당 업무의 담당자는 어떤 기준을 충족시키는 사람이어야 하고, 누가 그 사람을 선발

---

18) 조직내의 여러 부서들의 의견과 행위를 결합시키기 위해, 수직적으로는 규칙을 제정하거나 개별적 지시 또는 직접 개입 등을 통해, 수평적으로는 의견전달이나 통지 등을 이용한다. 국가와 지방자치단체간 갈등은 물론이고 지방자치단체의 기관간 갈등이 점점 심각해지고 있는 현대행정상황에서는 조직법의 이러한 기능은 매우 중요하다고 할 수 있다.

할 것인가 하는 문제가 중요해진다.

대상판례에서 문제된 것과 같이 지방공기업의 사장임명에 있어 지방
자치단체장이 전속적 권한을 갖도록 하는 것은 수많은 낙하산인사를 양
산하여 심화되고 있는 지방공기업의 부실을 더욱 악화시키는 원인이 되
고 있다.

다섯째, 조직법은 조직의 내부구조를 형성시켜 조직구성원들의 역할,
권한과 책임을 귀속시킨다.[19][20] 유급직으로 전환된 지방의회의원들에
대해 과거와 같이 조직형성에 있어 실질적 권한을 주지 않도록 유지하
는 것은 지방의원들이 갖는 사실상의 힘과 법적으로 부여된 힘의 괴리
를 심화시키고 실질적 권한을 갖지 못한 지방의원들의 불만을 유발시켜
지방의 주요한 정책결정에 있어 갈등만 심화시키게 될 것이다.[21]

2. 조직구성에 있어 자치단체장의 집행권한과
조례의 규율범위의 재조정필요

(1) 우리나라에 있어 지방자치단체의 조직형성과 관련하여 자치단체
장의 집행권한과 지방의회의 조례제정권의 한계의 판단에 결정적 영향

---

19) Thomas Groß, Das Kollegialprinzip in der Verwaltungsorganisation, 1999, S.12.
20) 귀속규범으로서 조직구성원들에게 조직의 공통목적에 도움이 되는 전체과제를 나누
어 일정한 과제와 역할을 부여한다. 또, 조직내의 관할을 여러 세부부서에 분배한다.
관할권의 배분의 중요한 의미는 배분된 직무담당자를 중심으로 하여 관련정보가 유
통되고 저장된다는 점이다. 따라서, 특정한 직무담당자가 담당업무와 관련된 정보수
집과 분석에 태만하고 전문성도 부족하다면 조직에 부여된 과제는 적절히 이행될 수
없게 된다.
21) 2006년 6월에서 8월경까지 전남도지사와 전남도의회사이에서 '전남도 행정기구 설치
조례 일부 개정조례안'에서 도입하려된 정무부지사의 역할축소, 경제과학환경국으로
의 개편, 별정직공무원의 증원 등을 둘러싸고 표출되었던 갈등은 그 개편계획이 대폭
축소되어 결국 지방의회가 주장한 내용을 대부분 수용하는 선에서 절충이 되었다.
연합뉴스 2006년 8월 7일 및 8월 25일 기사내용 참조.

을 미쳤던 논리는 기관위임사무와 집행권의 논리이었다. 즉, 기관위임사무에 대해서는 ① 상위법령에서 위임하지 않는 한 조례로 규율할 수 없고, ② 지방의회는 자치단체장의 고유한 집행권을 침해할 수 없다는 것이다. 이 법논리에 대해서는 몇가지 의문이 생긴다.

첫째, ①의 논리는 법률의 어떤 조문에 근거를 두고 있고 그 법률은 헌법에 의해 얼마만큼 정당화되는가, 기관위임사무와 자치사무의 구별에 따라 거의 자동적으로 도출되는 결론들은 헌법적 관점에서 정당화될 수 있는지 재검토가 필요하다. 구별의 유용성은 제한적이라고 보아야 할 것이다.

특히, 기관위임사무에 관해 법령에서 위임하지 않는 한 무조건 언제나 조례에 의한 규율이 허용되지 않는다는 것은 비교법적으로도 지지받기 어렵고 헌법적으로도 정당화되기 힘든 해석이다.

둘째, 지방자치단체의 조직형성에 관한 사무를 국가사무로 보고 그 권한도 행정자치부장관의 권한이되 그것 중 일부를 지방자치단체의 장에게 위임한 것으로 이해하는 것은 조직권이라는 것이 지방자치단체의 내부영역중 핵심에 속하는 것으로 보는 독일이나 미국 등 다른 나라의 입장과도 다르고 일본에서 인정되고 있는 자치조직권의 허용현실과도 차이가 있다. 오늘날 우리나라에서 지방자치단체장의 비리가 점점 증가하여 선거가 끝난 후 비리로 직위를 잃는 자치단체장이 늘어나는 것을 볼 때 이 해석의 현실적 정당화근거도 약하다.

(2) 독일의 공법학자들은 지방자치권에 대하여 지방자치단체의 존립의 보장(Institutionelle Rechtssubjektsgarantie), 객관적인 제도의 보장(Objektive Rechtsinstitutionsgarantie), 주관적 법적지위의 보장(Subjektive Rechtsstellungsgarantie)으로 나누어 그 내용을 고찰하는 경우가 보통이다.22)

그 동안 우리나라와 독일에서 지방자치고권이라 함은 계획고권, 인사고권, 조직고권, 조례고권, 재정고권 등 다섯 가지 고권이 존재하는 것으로 논의되어 왔는데, 이 외에도 새로운 시대에 적합한 고권을 추가하려는 시도는 계속되어 오고 있다. 문화고권,[23] 협력고권(Kooperationshoheit), 정보고권 등이 추가되어야 한다는 주장이 제시되고 있다.[24]

독일에 있어서도 지방자치단체는 고유사무에 한하여 조례를 제정할 수 있으며, 위임사무(지시사무)의 경우 개별적인 법률의 규정에 의한 위임이 있는 경우에 한하여 제정할 수 있는 것이 원칙이다. 독일의 경우 기관위임사무영역에 있어 조례제정권의 위임 및 위임조례의제정은 기본법 제80조의 규정에 의한 위임입법의 엄격한 요건의 준수를 요구한다. 이는 사무구조의 변경없이 규율형식의 변경에 의하여 행정수단에 대한 법치국가적 요건이 회피되는 것은 허용될 수 없기 때문이다.[25]

그러나 연방헌법재판소는 현재 "지방자치단체의 객관적 사무"와 "사무수행에 필요한 지방자치단체 내부영역(ein der Aufgabenerfüllung vorgelagerte gemeindeinterne Bereich)"을 구분하고 있다.[26] 조직고권, 인사고권뿐만 아니라 재정고권, 특히 고유재산의 관리가 지방자치단체의 내부영역에 해당하는데, 독일 연방헌법재판소는 "지방자치단체가 적어도 내부의 조직영역에서 지역의 특별한 요청에 대해 스스로 자신의 고유한 조직적 조치로서 대응할 수 있는 것은 배제될 수 없다"고 판결하고 있다.[27]

이러한 논리에 따라 독일에서 지방자치단체장과 지방의회의 존재 등 지방자치단체구조의 기본체계에 관한 조직사항은 주법으로 정해야 되지

---

22) Schmidt-Aßmann, Kommunalrecht, in ; Schmidt-Aßmann(Hg.), Besonderes Verwaltungsrecht, 12.Auf., 2003, SS.14-25.; Birkenfeld-Pfeiffer/Gern, Kommunalrecht, 3.Auf., 2001, SS.57-61.

23) Birkenfeld-Pfeiffer/Gern, Kommunalrecht, 3.Auf., 2001, SS.62-69.

24) Rolf Stober, Kommunalrecht in der Bundesrepublik Deutschland, 3. Aufl., 1996, SS.87-88.

25) *Alfons Gern*, Deutsches Kommunalrecht, 3. Aufl., 2003, S.188. Rn.271.

26) *BVerfG*, DVBl. 1999, 697(697f.); BVerfGE 83, 363(382).

27) BVerfGE 91, 228(241).

만, 위원회나 과의 신설과 같은 지방자치단체 조직내부의 형성은 지방자
치단체의 재량에 맡겨져 있으므로 조례의 규율사항이 된다.28) 지방자치
단체 조직내부의 형성권은 지방자치의 핵심영역(kernberich)에 속하므로
이를 전면적으로 박탈하는 것은 허용되지 않는다.

　(3) 최근 일본은 지방분권개혁으로 기관위임사무를 폐지하고 자치사
무와 법정수탁사무로 전환하였으나,29) 우리나라와 마찬가지로 기관위임
사무, 단체위임사무와 자치사무로 나누어져 있던 시기에도 기관위임사
무와 관련하여 조례제정이 가능한가에 관하여 우리나라와는 다른 논의
가 전개되고 있었다.
　즉, 기관위임사무 그 자체와 기관위임사무의 관리집행에 관한 사무는
전혀 별개의 문제로서 기관위임사무 그 자체와 집행과정 및 그 처리결
과를 분리하여 후자를 자치사무로 보고 이에 대해서는 조례의 규율대상
으로 할 수 있는 것이다. 지방자치의 보장이라는 측면에서는 기관위임사
무의 범위를 엄격히 해석하여야 하고, 그 처리절차가 기관위임사무임이
명시되어 있거나 법률의 취지가 지역의 재량행사를 금지하지 않는 한
기관위임사무를 관리·집행하는 사무는 자치사무로 해석하여야 한다는
것이다.30) 기관위임사무의 처리는 국가의 획일적인 방침을 일방적으로
강제하기 보다는 위임받은 지방자치단체의 책임으로 그 지역에 가장 타
당한 방법과 절차에 따라 재량적으로 집행되어야 하기 때문이다.31) 뿐

28) Alfons Gern, Deutsches Kommunalrecht, 3. Aufl., 2003, SS.130-131. Rn.174.
29) 현행 법정수탁사무에 대해서는 지방자치단체의 사무로 보아 지방자치단체의 조례제
　　정권이 미친다.(일본 지방자치법 제14조제1항)
30) 實井力, 行政手續法と自治體, 判例地方自治, 제123호, 1994, 1면; 小早川光郎/磯
　　部力, 自治體行政手續法, 1993, 309면.
31) 일본의 지방자치단체 정보공개조례 및 개인정보보호조례에서는 기관위임사무의 처리
　　과정에서 작성된 문서도 공개대상과 보호대상의 정보로 규정하고 있었다고 한다. 兼
　　子仁, 自治體法學, 1988, 105면 ; 阿部泰隆, 行政の法システム(下), 1992, 604면.

만 아니라 지방자치단체의 장에게 광범위한 재량권이 인정되고 있는 기
관위임사무에 대해서는 지방자치단체의 장이 그 재량권의 범위 안에서
조례의 규율을 받는 것을 선택할 수 있다고 한다.[32]

우리나라에서도 기관위임사무의 처리과정에서 얻어지는 문서의 관리
는 자치사무에 속하는 것으로 보고 정보공개조례에 의한 공문서의 범위
에 기관위임사무에 관한 문서도 포함시킬 수 있다는 견해는 일본의 논
의와 입장을 같이하는 것이다.[33]

(4) 우리 지방자치법은 권력분립주의에 입각한 대통령제와 유사하게
기관대립형을 채택하고 있어서 국회와 행정부의 관계와 같이 지방의회
와 지방자치단체의 장의 관계를 이해하고 있다. 지방자치단체의 정책결
정은 지방의회와 지방자치단체장이 견제와 균형을 통해 수행하고 정책
집행은 지방자치단체장이 관할하는 행정조직에 분담시키며 지방의회는
그 집행에 대한 사후적 감사를 맡는 구조인 것으로 이해되고 있다. 즉,
지방의회는 지방자치단체의 정책결정에 참여하며 정책집행에 대한 사후
적 감사를 맡는 것으로 이해하고 있다. 그러나, 이러한 이해는 실정법에
의해 뒷받침되고 있는 이해방식인가?

우선, 대통령령인 '행정기관의 조직과 정원에 관한 통칙' 제5조 제1항
은 행정기능의 배분과 정원의 배정에 관한 기본원칙을 밝혀놓고 있다.
즉, "행정기관의 업무중 기획·조정 또는 통제기능에 속하는 업무와 전국
적으로 통일을 요하는 집행업무는 중앙행정기관에, 기타의 집행업무는
지방행정기관에 배분한다"고 하고 있다. 이에 따라 지방자치단체는 국가
전체의 행정업무중 정책결정업무보다는 정책집행업무를 담당하고 있는
데, 지방의회는 어떤 정책결정기능에 참여할 수 있을 것인가?

---

32) 實井力/兼子仁, 基本法コンメンタール:地方自治法, 1992, 42면.
33) 서원우, 조례제정권의 범위와 한계, 고시계, 1993. 3, 188면; 박윤흔, 법령과 조례와의
    관계, 고시계, 1992. 11, 46면.

제한적인 범위에서 지방자치단체가 정책결정기능을 수행한다는 점을 인정하여도, 지방의회가 정책결정에 참여할 수 있고 정책집행에 대해서는 사전적이 아니라 사후적인 감사만을 담당하여야 한다는 전제는 문제가 있다. 이 전제는 지방의회의원이 명예직 의원으로서 1년 중 일부의 시간동안만 지방행정에 참여하여 영향을 미치고 평소에는 다른 생업에 종사하도록 되어 있던 현실이 유지될 때 타당성을 가질 수 있는 것이 아닌가? 지방의원들을 유급화하여 지방정치의 전문가를 양성함으로써 지역발전에 기여하도록 하겠다는 국가의 정책구상이 현실화한 상황에서는 변해야 하는 것 아닌가?

이러한 입장에서 관련규정들을 살펴보기로 한다.

첫째, 지방자치법 제92조는 지방자치단체의 장에게 '지방자치단체의 통할대표권'을 규정하고 있으나, '통할'이란 표현은 전근대적 권위주의의 잔제적 표현으로서 삭제수정되어야 한다. '자율과 조화'의 헌법정신에 따라 기관간 갈등이 해소되어야 한다.

둘째, 국회와 정부의 관계에서 정부조직은 헌법 제96조에서 "행정각부의 설치·조직과 직무범위는 법률로 정한다"는 조직법정주의에 따라 본질적인 내용은 법률에 규정하도록 하고 있다. 그럼에도 불구하고 지방자치단체의 조직형성과 관련하여 지방자치법에 중요사항을 규정하지도 않으면서 대통령령인 '지방자치단체의 행정기구와 정원기준 등에 관한 규정' 제3조 제1항에서는 일정한 기준에 따라 "지방자치단체의 장은 기구와 정원을 관리"한다고 규정하고, 또, 동시행령 제4조 제1항에서 "지방자치단체의 장은 기구를 설치 또는 개편하고자 할 때"라고 하고 있다.

이 규정들을 해석하면서 지방자치단체의 조직권과 인사권을 자치단체장의 고유한 집행권에 속한다는 논리로 독점하고 있는 것으로 보는 것은 지방자치단체에 있어 대통령보다 더 강한 통치권을 자치단체장에게 긍정하는 셈이 되어 국회와 행정부의 관계에 비추어 보아도 형평에 맞

지 않는다. 비교법적으로 보아도 독일의 경우 자치단체의 조직권을 지방
자치단체의 내부영역의 문제로 봄으로써 지방의회의 조례의 규율사항으
로 보고 있는 등 국제적 법현실과도 잘 맞지 않는다. 입법론으로서는 국
회와 행정부의 관계에서와 같이 조직법정주의 정신에 따라 지방조직에
대한 조례주의가 채택되어야 한다. 그 이전단계로서 법해석의 방법에 의
해 조례의 개입범위를 확대해가는 해석이 필요하다. 몇 번의 자치단체장
의 직선경험을 거치면서 점점 부패와 불법행위로 직을 잃는 자치단체장
이 증가하고 있는 것을 보아도 자치단체장에 대해 보다 강력한 내부적
통제와 주민통제가 필요하다고 할 것이다.

3. 지방공기업의 부실과 경영구조의 개혁

1) 지방공기업의 부실

우리나라에서 공기업을 비롯한 산하단체의 도덕적 해이로 인한 방만
한 운영과 부실은 통계나 여러 학자들의 논문에서 자주 지적받아 왔다.
김대중정부시절에도 부처이기주의에 의해 공기업의 개혁이 쉽지 않고
낙하산인사 등으로 부적격인사가 경영자로 등장하여 경영부실의 문제가
점점 심각해지고 있었다.[34] 또한, 정부투자기관 임원인사에 있어 낙하산

---

34) 김대중 정부의 등장과정에서 인수위원회에 참여했던 학자는 공기업을 비롯한 정부산
하단체의 개혁과 관련하여 다음과 같이 지적하고 있다.
산하단체의 개혁이 김대중 정부개혁의 핵심과제가 되어야 한다는 지적은 다음 몇 가
지 이유 때문에 제기되어 왔다. 첫째, 산하단체는 예산규모 및 인원이 중앙정부 보다
더 크다. 대통령직 인수위원회가 조사한 산하기관 현황에 따르면 산하기관의 수는
1998년 1월 현재 총 551개로, 38만명의 인원과 143조원의 예산을 사용하고 있는 것
으로 조사되었다. 이러한 수치는 1998년도 중앙정부 공무원 수가 55만명이고 예산이
일반회계, 재특회계(순세입) 및 기타 22개 특별회계를 합산한 총계가 약 81조에 달하
는 것으로 볼 때 전체 인원은 적은 편이지만 예산은 거의 두 배에 달한다고 볼 수

인사 등 정치적 임용이 남용되어 전문성이 부족하고 도덕적 해이를 야기하고 있다는 비판뿐만 아니라, 관료출신도 경영마인드의 부족으로 투자기관의 부실을 부추기고 있다는 진단이 제시되었다.[35]

중앙행정부처의 영향을 받는 공기업과 같이 지방공기업도 그 숫자가 폭발적으로 증가하고 있으나 지방자치단체장의 발전전략부재와 이기주의 등으로 인해 해마다 재정부실은 그 심각성을 더해가고 있고 통제도 잘 이루어지지 못하고 있다.

우리나라의 지방공기업은 1969년 지방공기업법이 제정된 이후, 1970년 7개에서 2000년 약 300개 기업으로 증가하였고, 2000년 결산기준으로 약 48조 4,759억원의 자산을 보유하고 있었다. 2006년 6월 30일 기준으로는 모두 358개가 운영되고 있다.[36]

하지만, 이러한 지방공기업의 외형적 성장과는 달리 2005년 결산기준으로 3,045억원의 경영적자를 나타내고 있어 경영은 내실을 기하지 못하고 있다. 비효율적이고 느슨한 운영을 하면서 중앙과의 관계에서 "종속적인 지위"를 오히려 향유하고 중앙의 유사한 정부투자기관과의 관계에서 일선집행기관적 성격을 가지고 있을 뿐 지방의 특성과 비교우위를 살려 특화하지 못하고 있다.

있다. 중앙정부의 2000년도 예산이 138.4조원임을 감안하면 산하기관의 규모가 얼마나 큰지 알 수 있다. 둘째, 산하단체가 신설되는 것은 정부기관의 기능이 이관되는 것을 전제로 해야 함에도 불구하고 정부기관의 기능은 그대로 있고 산하단체만 신설되어 정부기관과 산하단체의 기능중복이 문제되고 있다. 셋째, 산하단체는 국민과 의회의 통제로부터 한 단계 더 멀어짐으로써 공공성·책임성의 약화가 초래되고 이에 따라 당연히 제고되어야 할 효율성도 방만한 경영 때문에 문제로 지적되어 왔다.(김병섭, 정부조직개혁의 방향과 과제, 한국행정학회 2000년 추계학술대회 발표문.)

35) 이명석, 정부투자기관임원의 정치적 임용과 경영실적, 한국행정학보 제35권 제4호, 2001, 139-156면.

36) 행정자치부, 2006년 지방공사공단현황, 2006, 6면.

2) 지방공기업법상 지방공기업의 경영구조의 개혁과 장의 임명절차

지방공기업에 부과된 과제에 부응하면서도 효율성과 책임성을 확보하기 위하여 여러 차례 지방공기업법이 개정되었다. 지방공기업의 효율성과 책임성은 결국 사람에 달려 있는데, 그 중에서도 지방공기업의 지배구조에 결정적 영향을 미치는 경영자의 임면과 감독은 대단히 중요하다. 이와 관련된 근본적인 변화는 1999년 제5차 지방공기업법의 개정에 의하여 이루어졌는데, 지방공기업의 설립승인권, 정관변경인가권을 자치단체장에게 이전하고 지방공기업의 사장에 대한 행정자치부장관의 인가권을 폐지하였다. 이를 통해 종래 중앙정부에 의한 수직적 관리체제가 지방자치단체의 자율성이 보장된 수평적 관리체제로 크게 전환되기 시작했다.[37)]

현행 지방공기업법은 지방공기업의 사장과 감사는 대통령령이 정하는 바에 의하여 지방공기업의 경영에 관한 전문적인 식견과 능력이 있는 자 중에서 지방자치단체의 장이 임면한다고 하면서, 지방자치단체의 장이 사장을 임명할 때는 사장추천위원회에서 추천된 자 중에서 임명하여야 한다고 규정하고 있다.(동법 제58조 제2,3항)

사장추천위원회의 구성과 운영에 관하여는 대통령령이 정하는 기준에 따라 당해 지방자치단체의 조례로 정하고,(지방공기업법 제58조 제4항) 사장추천위원회는 그 지방자치단체의 장이 추천하는 자 2인, 그 지방의회가 추천하는 자 2인, 그 공사의 이사회가 추천하는 자 3인으로 구성한다.(지방공기업법시행령 제56조의2 제1항) 추천위원회는 사장후보를 추천하고자 하는 때에는 특별한 사유가 없는 한 2인 이상을 추천하여야한다. 지방자치단체의 장은 추천된 후보가 임원의 결격사유에 해당하거

---

37) 이러한 평가는, 이상철/성도경, 지방공기업의 책임경영을 위한 성공요건분석 : 뉴거버넌스의 관점에서, 한국행정학보 제36권 제4호, 2002, 303-320면은 지방공기업 운영 관련자들의 참여를 보장하기 위해 지방공기업운영위원회의 도입을 제안하고 있다.

나 공사의 경영을 위하여 현저하게 부적당하다고 인정되는 때에는 사장추천위원회에 사장후보의 재추천을 요구할 수 있고, 이 경우 사장추천위원회는 지체 없이 사장후보를 재추천하여야 한다.(지방공기업법시행령 제56조의3 제2,3항)

4. 지방공기업의 장의 임명에 있어 조례에 의한 인사청문회제 도입의 허용성

(1) 이 글에서 대법원의 판시내용중 문제삼은 부분은 지방공기업 사장인 전북개발공사 사장과 지방공사 전라북도의료원(군산, 남원) 각 원장의 임명이 전라북도지사의 전속적 권한으로서, 인사청문회를 실시하여 전라북도의회가 제시한 후보자들에 대한 의견에 전라북도지사가 기속되는 것은 아니라고 하더라도, 지방자치단체장의 임명권에 대한 견제나 제약이어서 지방공기업법 제58조 제2항 본문, 지방공기업법시행령 제56조 제1항에 위반되고, 따라서 지방자치법 제15조에도 위반된다고 한 부분이다.

전북개발공사는 지방공기업법 제49조, 제53조 및 전북개발공사설치조례 제1, 2, 4조에 의하여 전라북도가 출자하여 설립된 지방공기업이고, 지방공사 전라북도의료원(군산, 남원)은 지방공기업법 제49조, 제53조 및 지방공사전라북도의료원설치조례 제1 내지 4조에 의하여 전라북도가 전액 출자하여 설립된 지방공기업이다.

이 사건 조례안인 전라북도공기업사장등의임명에관한인사청문회조례안은 전라북도가 설립한 지방공기업 및 출자·출연한 법인의 대표를 원고가 임명 또는 승인하기 전에 그 대표의 인품 및 도덕성과 경영능력 등을 검증하기 위하여 피고의 그 대표의 임명에 관한 인사청문특별위원회의 구성·운영과 인사청문회의 절차·운영 등에 관한 필요한 사항을 규정

함을 목적으로 제정된 것으로서 이 사건 조례안 인사청문대상자로 전북
개발공사 사장, 지방공사 전라북도의료원 원장(군산, 남원) 등을 규정하
고 있으며,(제2조) 임명후보자에 대하여는 이 사건 조례안에 의한 인사
청문특별위원회 청문을 거쳐 임명 또는 승인 및 선임하여야 하고,(제4
조) 인사청문특별위원회가 인사청문을 마친 후 인사청문심사경과보고서
를 작성하여 의장에게 제출하면 의장은 도지사에게 이를 이송 또는 송
부하여야 한다는 것(제10조 내지 제12조) 등을 주요내용으로 하고 있다.

  (2) 지방공기업의 부실문제는 납세자인 주민들로서는 매우 큰 문제이
어서 주민감사청구와 주민소송을 통해 지방자치단체를 대위하여 직접적
인 부당이득반환청구나 손해배상청구가 가능하게 되었다. 하지만, 지방
재정부실을 막는 방법으로서 사후구제제도는 사전예방제도에 비하여 훨
씬 비효율적이다.
  1999년의 법개정으로 지방자치단체의 장에게 지방공기업의 장의 임명
에 대한 강력한 권한이 주어지게 되었다. 하지만 지방의 경우 자치단체
장과 지방의회 의원의 직선제가 정착되고 분권이 촉진되면서 지방자치
단체장들이 부패 등으로 직을 잃는 경우가 1기에서 3기로 올수록 점점
늘어나고 있다. 자치단체장의 경우 민선 1기(95-98 ; 3년)에는 23명, 2기
(98-02;4년)에는 59명, 3기(02-06; 4년)에는 60명이 사법처리되었다.[38]
  지방자치제의 확대실시이후 국가의 경우와 달리 지방에서는 구조적
부패가 증가하고 있다고 할 수 있다. 그것은 지방자치단체장 등 정치적
공무원들은 선거과정에서 많은 정치자금을 필요로 하기 때문에 선거이
후 은밀한 다양한 방법을 통해 그 비용을 충당하려 하고 있기 때문이다.
더구나 지방자치단체의 장은 지방공기업의 장의 임명에 있어 선거과정
에서 도움을 준 사람들을 임명(낙하산 인사!)하려는 강력한 유혹을 받을

---

38) 이 통계는 행정자치부, 민선지방자치 10년(www.mogaha.go.kr 발간자료), 2005, 344
   면을 참조하고 아직 공간되지 않은 민선지방자치 11년 자료를 참고한 것이다.

것이라는 것은 쉽게 짐작할 수 있는 일이라고 할 것이다.

(3) 대법원은 이 조례안에 따른다 하더라도 전라북도의회가 인사청문회를 실시하고 후보자들에 대해 제시한 의견에 전라북도지사가 기속되는 것은 아니라는 점은 인정했다. 하지만, 위 사장과 위 각 원장에 대한 행정적 감독책임을 궁극적으로 원고가 지게 된다는 이유로, 인사청문회의 도입은 자치단체장의 임명권에 대한 견제나 제약에 해당한다고 하면서 지방공기업법 제58조 제2항 본문, 지방공기업법시행령 제56조 제1항에 위반되고, 조례는 법령의 범위안에서 제정할 수 있다는 지방자치법 제15조에도 위반된다고 판시했다.

(4) 생각건대, 지방공기업 사장인 전북개발공사 사장과 지방공사 전라북도의료원(군산, 남원)의 원장 등의 임명권 행사에 앞서 지방의회의 인사청문회를 거치도록 한 위 조례는 허용되어져야 한다.

비교법적으로 볼 때에도 조직권에 대해서는 지방자치단체의 내부영역으로 인정하고 있고(독일), 기관위임사무에 대해서도 그 사무의 집행에 필요하다면 조례의 제정을 허용하였었다.(일본)

헌법학에서 합의된 헌법해석의 대전제는 국가기구와 지방자치단체는 국민의 기본권실현을 위한 수단이라는 점이다. 이에 비추어 지방자치의 이해에 있어서도 단체자치와 주민자치의 관계를 새롭게 이해해야 한다. 지방자치단체는 주민의 기본권의 구체화와 보호를 위한 도구로서 주민이 기본권에 비견되는 기본의무의 이행을 통해 확충한 지방재정이 부실해지지 않도록 함에 있어서 지방자치단체의 장뿐만 아니라 지방의회에 의한 충분하고도 철저한 검증의 보장은 당연하다고 할 수 있다.

지방자치단체에 대한 법률의 개입범위는 지방자치의 본질을 침해하지 않는 한 무제약적인 것은 아니다. 입헌주의적 지방자치는 국회에 의한 입법권의 행사의 방향이 지방자치단체의 권한범위의 실체적 측면뿐만 아니라 그 권한행사의 절차적 측면에서도 '자율과 조화를 바탕으로 한 자유민주적 기본질서'의 형성이 촉진되도록 하여야 한다. 지방의회 의원들이 유급직으로 전환되어 많은 예산을 지방의회의 유지에 투입할 수밖에 없게 된 주민들의 입장에서는 지방자치단체의 권한배분과 업무처리 방식에 있어서도 종전과는 달리 지방자치단체의 장에 대해 지방의회가 훨씬 더 적극적으로 개입하여 재정부실과 부패를 방지하고 경영의 효율성을 높이는데 기여해주기를 바란다. 이와 같은 방향에서의 법해석이 헌법에 적합하다고 본다.

기관장만이 결정권을 갖고 다른 모든 조직구성원은 보조자에 지나지 않는다고 보는 권위주의적 행정문화에 기초한 의사결정방식은 새로운 헌법환경에서 보다 수평적인 의사결정방식이 정착될 수 있도록 수정되어야 한다. 특히, 지방공기업의 장의 임명에 있어서는 최적인사가 배제되고 부적절하지만 지방자치단체의 장이 미는 낙하산 인사가 결국 선발되는 현재까지의 관행을 법원이 고유의 집행권 논리를 통해 암묵적으로 지지하는 것은 당해 지방공기업의 직원들과 주민들에게 절망의 문화와 잠재된 분노를 확산시키게 될 것이다. 인사가 만사라는 속담처럼 그것은 결국 지역사회에서 사회갈등의 확대와 낙선자들과 그 추종자들에 있어 '쪽박 아니면 대박'이라는 사생결단 선거문화 확산의 또 다른 원인이 될 것이다.

제4절 기초자치단체의 통폐합과
관련된 법해석상의 쟁점들의 검토

Ⅰ. 지방행정체제개편에 관한 현 정부의 개혁목표와 그 내용

1. 지방행정체제개편론의 연혁

지방행정구역체제의 개편에 관한 국회의 논의는 상당한 역사를 가지고 있다. 1996년 신한국당은 도 폐지와 기초 50-60개 통합을 내용으로 하는 법률안을 마련한 적이 있었다. 2006년에는 국회내에 지방행정체제개편 특별위원회가 구성되어 도폐지를 통한 자치 1계층화, 시·군 통합, 자치구의 행정구전환 등을 내용으로 하는 안을 발표하였다.

2008. 11. 3. 한나라당 권경석 의원이 대표발의한 법률안이 국회에 제출되어 있는데, 이 안은 도 존치, 50-80개 광역통합시로 개편, 특별시 4-5개 통합 자치구로 개편을 핵심내용으로 하고 있다. 2008. 12. 12. 민주당 우윤근 의원의 대표발의한 안은 도폐지, 5-7개 광역시, 70-80개 통합시로 개편하되, 특별시는 존치시키고 자치구는 통폐합하는 방식을 채택하고 있다. 2009. 3. 31. 자유선진당 이명수 의원이 대표발의한 안은 특별시, 광역시, 도를 통합하여 전국을 5개 광역주로 하는 강소국연방제를 특징으로 하고 있다. 국회는 2009. 3. 3. 국회내에 지방행정체제개편특별위원회를 구성하고 지방행정체제개편에 관한 특별법의 제정을 추진하고 있다.

2. 노무현 정부의 지방분권우선정책 및 균형발전정책과의 차이

현 정부의 지방행정체제개편작업은 노무현 정부에서의 지방분권정책에 대한 연구자들의 비판과 문제의식을 공유하고 있다. 노무현 정부의 분권우선정책이 지방분권을 사회적 핵심적 이슈로 선정하여 국민적 관심사를 환기시켰으나 국가권력의 지역적 분권과 행정분권에 치중한 결과, 지방의 경쟁력강화에는 크게 기여하지 못했다는 것이다.

지역간 균형발전정책도 노무현 정부에서 처음으로 국가의 최상위 정책의 하나로 본격적으로 추진되었지만,1) 재원과 사업이 긴밀하게 연계되지 못하고 비효율적인 추진체계에 의존하였으며, 산학 클러스터 도시를 지향한 광역시들과 몇 개의 혁신형 기업도시들의 건설과 발전을 위한 인프라의 구축에 그치고 말았다고 비판한다.2) 전국의 기초지역에 대한 발전정책으로서 지역특화발전지구정책이 출현했으나 재정지원이 결여된 규제완화조치만으로 지역경제의 활성화에는 한계가 있었다는 것이다.

3. 기초자치단체간 자발적 통합 접근방식의 목표와 내용

1) 현 단계에서 정부의 지방행정체제개편작업에서 의미있는 접근방법은 기초자치단체 상호간의 자발적 통합의 유도방안이다. 다른 개편논의는 어떤 방향으로 언제 실효적인 결과가 나올지 알 수 없는 상황에 놓여 있기 때문이다.

최근 정부의 지방행정체제개편론은 지금의 지방행정체제가 구한말 농

---

1) 조기현, 새정부 지역발전정책의 추진방향과 지방자치단체의 대응전략, 자치행정 제 248호, 2008. 11, 28면.
2) 이러한 평가는, 장재홍, 지역경제발전을 위한 새로운 정책패러다임 모색, 지역경제 제14호, 2008. 12, 57-59면.

경문화시대에 골격이 형성된 것이어서 현재의 생활권·경제권과의 불일치가 심하다는 인식에서 출발한다. 그리고 교통·통신의 발달로 인한 공간적 거리축소에 맞추어 소규모 지방단위를 통합하여 공공서비스 제공의 경제성과 효율성을 높이고자 한다.

행정안전부는 2009년 8월 26일 기획재정부, 교육과학기술부, 문화체육관광부, 농림수산식품부, 지식경제부, 국토해양부 등 관계부처 합동으로 자치단체 통합에 대한 다양한 행·재정적 지원과 통합절차를 명시한 「자치단체 자율통합 지원계획」을 발표하면서 그 목표와 구체적인 근거를 밝히고 있는데, 여기에는 현 정부가 자치단체통합의 목표를 무엇으로 파악하고 있고 그 구체적인 이유가 무엇인지 잘 드러나 있다.

자치단체 통합의 목표는 "주민자치 기반확충과 지역경쟁력 강화"이다. 통합추진의 구체적 이유는, 첫째, 도시지역은 자치기반 확충과 발전에 필요한 입지가 부족하고, 농촌지역은 인구 감소로 지역경제의 활력이 저하되고 있다는 점이다. 둘째, 확대된 생활·경제권과 행정구역 간의 불일치로 인해 광역교통망, 도시계획, 환경 및 자연보전계획 등 광역계획 등 광역적 도시행정 수요와, 쓰레기 소각장, 추모공원, 하수처리장 등 비선호시설 설치 문제 등 지역간 갈등조정이 필요한 사안에 대한 적절한 대처가 곤란하고 주민 불편과 부담이 초래되고 있었다는 것이다. 셋째, 좁은 국토를 230개로 잘게 쪼갠 현행 행정구역은 작은 규모 자치단체의 지역 발전을 크게 제약하고 지자체 간 경계를 넘는 광역적 지역발전사업에 걸림돌이 되고 있으며, 1995년 이후 청사를 신축한 54개 자치단체 중 46개(85%)가 재정자립도 50% 미만임에도 불구하고 국가재정에 의존해 청사를 신축하고, 문화·체육시설 신축과 축제성 경비의 지속적 증가('03년 3,731억 원→ '08년 7,354억 원) 등 방만한 예산운용이 나타났다.

자발적 통합접근방식은 희망하는 기초자치단체부터 자발적으로 2~3곳의 기초자치단체를 묶어 광역시급의 통합시의 형성을 점진적으로 추진한다는 것이고, 이를 위한 수단으로 과감한 인센티브를 부여한다는 것이다. 그 핵심적 사고는 경쟁력의 제고이다. 인센티브의 내용은 국가에서 교부세 추가지원 등 지역경쟁력 강화를 위한 행정·재정적 지원 확대와 지역발전 및 주민생활여건 개선 지원 등 행정특례 부여 등과 함께 50억원까지 지원하겠다고 발표하였으며, 통합시에게 교육권과 경찰권, 그리고 병무청과 보훈지청 등 지역별로 설치된 국가특별지방행정기관의 사무를 모두 지방자치단체에 넘기는 것이다. 이미, 기초자치단체의 자율통합을 지원하기 위한 목적으로 2009. 5. 11. 이범래 의원이 대표발의한 의원입법의 형식으로 '지방자치단체의 자율통합지원을 위한 특례법안'이 국회에 제출되어 있다.

지방자치단체에 대한 주민접근성이 떨어진다는 문제점의 해소를 위해 읍·면·동을 순수한 자치단체로 만들어 읍·면·동 자치를 부활하려 하는데, 읍·면·동 자치를 정부가 전혀 관여하지 않는 순수한 자치방식, 즉, 대표도 지역주민들이 직접 뽑고 공공업무를 처리하는 인물도 지역주민들이 직접 고용하도록 할 것이라고 한다.

2) 2009년 9월 30일 행정안전부는 2009년 8월 26일 발표한 「자치단체 자율통합 지원계획」에 따라 자치단체장, 지방의회, 주민으로부터 통합건의서를 접수한 결과 18개 지역의 46개 시·군을 대상으로 하는 통합건의가 접수되었다고 밝혔다.3)

이 가운데 주민에 의해 통합 건의서가 제출된 지역은 경기도 광주시 등 21개 시·군으로, 단체장(16개 시·군) 및 지방의회에 의한 건의(15개

---

3) 통합건의 대상 지역 총 18곳은 수도권 (7개 지역)①남양주-구리, ②안양-의왕-군포-과천, 안양-의왕-군포, ③의정부-양주-동두천, 양주-동두천, ④성남-하남-광주, ⑤수원-화성-오산, 화성-오산, ⑥여주-이천, ⑦안산-시흥이다. 충청권 (5개 지역)①청주-청원, ②괴산-증평, ③천안-아산, ④홍성-예산, ⑤부여-공주다. 호남권 (3개 지역) ①전주-완주, ②여수-순천-광양-구례, 여수-순천-구례, 여수-순천, ③목포-무안-신안, 목포-무안, 목포-신안영남권 (3개 지역)①창원-마산-진해-함안, 창원-마산-진해, 창원-진해, 마산-함안, ②구미-군위, ③진주-산청등이다.

시·군)보다 많은 것으로 나타났다.[4]

행정안전부는 통합건의절차가 완료됨에 따라 대상지역에서 본격적으로 지역주민, 지방의회 등의 의견을 수렴할 계획이며, 우선 주민을 대상으로 전문 리서치 기관을 통해 객관적이고 공정한 여론조사를 실시하여 주민의 통합에 관한 의사를 확인할 계획이라 한다.

정부는 건의서가 제출된 지역주민들을 상대로 통합찬반을 묻는 여론조사와 지방의회를 상대로 의견청취에 들어가고 여론조사 결과 대상지역 모두 찬성의견이 50%를 넘고 의회도 찬성하면 통합을 선언할 것이지만, 여론조사에서 찬성의견이 우세하더라도 지방의회가 반대하면 주민투표에 부쳐 통합여부를 최종 가리게 되며 여론조사에서 한 지역이라도 반대의견이 많으면 통합절차도 중단된다고 한다.

II. 기초자치단체의 통폐합절차

1. 기초자치단체의 통폐합과 지방자치제의 보장

지방자치단체란 국가 영토의 일부를 그 구역으로 하고 그 구역안의 모든 주민을 구성원으로 하여, 그들에 대하여 국가법이 인정하는 범위 안에서 자치권을 가지는 법인격 있는 단체를 말하는데, 헌법상 지방자치 제도보장의 핵심영역 내지 본질적 부분이 특정 지방자치단체의 존속을

---

4) 제출된 18개 지역의 통합건의 대상지역을 유형별로 살펴보면 통합관계 자치단체 쌍방에서 단체장, 지방의회 또는 주민에 의한 통합건의가 접수된 지역은 총 10곳으로 이 중 통합건의 대상지역이 서로 일치하는 지역은 청주-청원, 전주-완주 등 총5개 지역으로 나타났다. 통합건의 대상지역이 불일치하는 지역 외에 통합관계 자치단체 중 한 쪽에서 건의한 지역은 여수-순천-광양-구례 등 8개 지역으로 안산, 시흥, 천안(의회·주민-아산), 괴산(군수·의회·주민)-증평, 산청, 부여, 홍성, 군위, 구미, 여수 등 이 합의점을 돌출하지 못한 것으로 나타났다.

보장하는 것은 아니고, 지방자치단체에 의한 자치행정을 일반적으로 보
장하는 것이므로, 현행법에 따른 지방자치단체의 중층구조, 즉, 지방자
치단체로서 특별시·광역시 및 도와 함께 시·군 및 구를 계속하여 존속
하도록 할지 여부는 결국 입법자의 입법형성권의 범위에 들어가는 것으
로 보아야 한다.(헌재 2006.04.27, 2005헌마1190) 때문에, 기초자치단체의
통폐합도 입법자의 입법형성권의 범위내에 속하는 것으로서 지방자치제
를 침해하는 것은 아니다.

2. 기초자치단체의 통폐합과 헌법재판

지방자치법 제4조에 따를 때, 지방자치단체를 폐치·분합할 때는 법률
로 하여야 하므로 시·군통합이 이루어지려면 법률의 제정이 필요하다.
하지만, 지방자치단체의 관할구역의 경계변경과 한자 명칭의 변경은 대
통령령의 제정·개정으로 가능하다.(지방자치법 제4조 제1항)

법률의 제정에 의한 지방자치단체의 폐치·분합행위는 헌법소원의 대
상이 되고 기본권관련성도 인정된다.5) 헌법재판소는 "지방자치단체의
폐치·분합에 관한 것은 지방자치단체의 자치행정권 중 지역고권의 보장
문제이나, 대상지역 주민들은 그로 인하여 인간다운 생활공간에서 살 권
리, 평등권, 정당한 청문권, 거주이전의 자유, 선거권, 공무담임권, 인간다
운 생활을 할 권리, 사회보장·사회복지수급권 및 환경권 등을 침해받게
될 수도 있다는 점에서 기본권과도 관련이 있어 헌법소원의 대상이 될

---

5) 지방자치단체의 중층구조와 통폐합의 문제는 헌법에 규정할 사항은 아니고 입법자가
   그 당시의 필요에 따라 개편할 수 있는 재량을 가진다고 본다. 동지, 방승주, 행정구
   역개편론의 헌법적 검토, 헌법학연구 제15권 제1호, 2009. 3, 41면. 다만, 이 때에도
   지방행정구조개편은 공공복리에 적합하여야 하고 청문을 거쳐야 하며 비례원칙에 적
   합하여야 한다.

수 있다"고 한다. 또, 지방자치단체의 폐치·분합행위를 법률로 하는 것은 다른 집행행위의 매개 없이 법률조항 자체에 의하여 기본권이 직접적으로 침해된 경우라고 보아야 한다고 한다.(헌재 1994.12.29, 94헌마201.)

3. 기초자치단체의 통폐합과 행정소송

지방자치단체의 폐치·분합 또는 경계변경이 이루어지게 되면 지방자치단체간의 사무 및 재산의 승계, 소속기관의 재구성, 조정과·정비, 관계 자치단체의 예산의 변경, 폐지된 지방자치단체의 수입·지출을 포함한 통합결산과 채권·채무의 승계, 자치법규의 효력의 지속여부 등으로 인해 주민은 새로이 관할하게 된 지방자치단체의 주민으로서 권리를 향유하고 의무를 지게 되므로 종전의 권리의무에 변경을 가져오게 된다.

그러므로, 폐치·분합 자체가 헌법소원의 대상으로 보는 헌법재판소의 입장과 달리 일종의 행정처분이라고 볼 수도 있어 그 처분에 하자가 있으면 항고소송을 제기하고 집행정지를 신청할 수 있는가 하는 의문이 제기될 수 있다. 그러나, 우리나라에서 지방자치단체의 구역변경행위와 달리 통·폐합행위에는 법률의 제정이 필요하기 때문에 법률의 위헌여부만 문제될 뿐 행정소송의 대상이 되는 처분은 존재하지 않는다고 볼 수 있을 것이다. 따라서, 일반적으로 시·군·자치구의 합병행위에 대하여 시·군·자치구의 주민은 행정소송으로 취소를 청구하는 원고적격을 갖지 못한다.

다만, 시·군·자치구의 관할구역의 경계변경은 대통령령으로 정하도록 하고 있기 때문에 문제가 달라질 수 있다.(지방자치법 제4조 제1항). 대통령령의 제정·개정을 통한 구역변경행위 자체의 처분성 문제는 이른바 처분법규의 문제로서 긍정해야 한다고 본다.

4. 지방의회의 의견청취

지방자치단체를 폐치·분합할 때 또는 그 명칭이나 구역을 변경할 때에는 관계 지방자치단체 의회의 의견을 들어야 한다.(지방자치법 제4조 제2항) 행정구역은 주민의 일상생활의 편의와 밀접한 관련을 맺고 있기 때문에 주민대표기관의 의사를 반영시키기 위해서이다.

여기서 '관계지방자치단체의 의회'라 함은 중층제를 가진 우리나라의 자치제도의 특성을 감안한 것으로써 해당 지방자치단체의 의회와 그 상급 지방자치단체의 의회를 말한다(지방자치법시행령 제2조). 다만, 주민투표법 제8조의 규정에 의하여 주민투표를 실시한 경우에는 그러하지 아니하다.(지방자치법 제4조 제2항). 또, "관계 지방자치단체의 의회의 의견을 들어야 한다"는 것의 의미는 지방의회의 찬성의결을 거쳐야 폐치·분합을 할 수 있다는 의미가 아니라 국가가 법률을 제정하는데 관련된 지방의회에게 의견을 제시할 기회를 주는 것일 뿐으로 이해된다. 따라서 지방의회의 관할구역의 폐치·분합의 의견은 법률제정자에 대한 법적 구속력은 없다.

III. 기초지방자치단체의 통폐합과 주민투표

1. 주민투표권의 법적 성격

주민투표법 제5조 제1항은 19세 이상의 주민에게 주민투표권을 부여하고 있는데, 이 권리의 성격은 무엇인가? 2005년의 헌법재판소판결(헌재 2005. 12. 22, 2004헌마530)에서는 주민들의 주민투표청구권이 기본권인지가 문제되었는데, 이 사건에서 광주광역시의 주민인 청구인은 "'지방자치단체의 폐치·분합 또는 구역변경'을 주민투표의 대상으로 규정하지 않은 주민투표법 제7조 제1항 및 제8조 제1항 때문에 광주광역시와 전라남도의 통합을 추진하는 청구인과 같은 주민들이 통합추진을 위한 주민투표를 할 수 없게 되었는바 이는 주민투표에 참여할 청구인의 기본권을 침해한 것이라고 주장"하였다. 헌법재판소는 "주민투표권은 법률이 보장하는 권리일 뿐이지 헌법이 보장하는 기본권 또는 헌법상 제도적으로 보장되는 주관적 공권으로 볼 수 없다"고 하여 주민투표청구권이 기본권이 아니라고 판시했다. 이 입장은 2001년의 결정에서도 확인된 바 있다.(헌재 2001. 6. 28. 2000헌마735.)

이 결정의 의미는 무엇인가? 헌법재판소의 결정에 따를 때, 주민투표권은 단지 법률상의 권리일 뿐인데, 그의 의미는 행정소송의 원고적격을 결정하는 기준인 법률상 이익과 동일한 의미인가? 생각건대, 주민투표권은 헌법상의 기본권은 아니라 하더라도 지방자치법과 주민투표법이라는 법률에 규정된 권리로서 행정소송법상의 '법률상 이익' 개념에 포함되지 않을 이유가 없다고 본다.

2. 주민투표실시여부에 관한 결정의 법적 성격

중앙행정기관의 장은 지방자치단체의 폐치·분합에 관하여 주민의 의견을 듣기 위하여 주민투표의 실시구역을 정하여 관계 지방자치단체의 장에게 주민투표의 실시를 요구할 수 있다.(주민투표법 제8조 제1항)

주민투표의 효력에 관하여 이의가 있는 주민투표권자는 주민투표권자 총수의 100분의 1 이상의 서명으로 소청을 제기할 수 있고 이에 불복하고자 할 때에는 특별시·광역시 및 도에 있어서는 대법원에, 시·군 및 자치구에 있어서는 관할 고등법원에 소를 제기할 수 있다.(주민투표법 제25제 1, 2항) 이것을 주민투표소송이라고 부르는데, 이 소송에는 주민들이 요건을 갖추어 주민투표청구를 하였으나 지방자치단체장이 그 실시를 거부한 경우 이에 대한 소송은 포함되지 않는다.

그런데, 지방자치단체의 통폐합과 관련하여 중앙행정기관장이 주민투표를 실시하지 아니한 경우 주민들은 그 결정행위를 행정행위로 보고 취소소송을 제기할 수 있는가?

헌법재판소는 지방자치단체의 폐치·분합에 관한 헌법소원사건에서 "법률의 제정과정에서 주민투표를 실시하지 아니하였다 하여 적법절차원칙을 위반하였다고 할 수 없다"고 하였다.(헌재 1995.03.23, 94헌마175) 또, 지방자치단체의 통폐합에 관한 법률이 제정되기 전 광역자치단체장의 주민투표실시행위가 기초자치단체의 권한을 침해한다고 주장하면서 제기된 권한쟁의심판사건에서 헌법재판소는 심판대상이 되지 않는다고 했다. 즉, 기초자치단체의 통폐합과 관련하여 제주시, 남제주군, 서귀포시가 제주도를 상대로 제기한 권한쟁의심판에서 헌법재판소는 심판청구를 각하하면서 "청구인들의 자치권한이 본질적으로 침해될 현저한 위험이 있다"는 주장에 대해, "지방자치단체의 폐치는 국회의 입법에 의해 이루어지므로 앞으로 기초지방자치단체인 청구인들 시, 군이 필연적으로 폐치됨을 전제로 자치권한 침해를 다투는 청구는 아직 존재하지 않고, 입법자가 아닌 피청구인들에 의해 이루어질 수도 없는 행위를 대상으로 하므로 부적법하다"고 한다.(헌재 2005. 12. 22. 2005헌라5.)

더 나아가, 헌법재판소는 주민투표의 실시에 대해 중앙행정기관의 장이 관계지방자치단체의 장에 요청해야 하는가의 여부는 재량사항이라고 판시했다.(헌재 2005. 12. 22, 2005헌라5.) 이상의 판례들로 볼 때, 주민투표법이 제정된 현재의 시점에서도 주민투표를 실시하지 않고 통합에 관한 법률을 제정하였다고 하여 그 통폐합행위가 무효가 된다고 할 수 없다는 입장을 취할 가능성이 큰 것으로 보여진다.

대법원도 미군부대이전의 주민투표대상여부에 관한 판결에서 "주민투표의 대상이 되는 사항이라 하더라도 주민투표의 시행 여부는 지방자치단체의 장의 임의적 재량에 맡겨져 있음이 분명하므로, 지방자치단체

의 장의 재량으로서 투표실시 여부를 결정할 수 있도록 한 법규정에 반
하여 지방의회가 조례로 정한 특정한 사항에 관하여는 일정한 기간 내
에 반드시 투표를 실시하도록 규정한 조례안은 지방자치단체의 장의 고
유권한을 침해하는 규정이다”고 판시하고 있음을 볼 때,(대법원 2002. 4.
26. 선고 2002추23) 대법원도 지방자치단체의 폐치·분합에 있어 주민투
표를 실시하지 않더라도 주민들의 주민투표권을 침해하는 것은 아니라
는 입장인 듯하다.

헌법재판소와 대법원은 위에 소개한 결정과 판결들에서 지방자치단체
의 통폐합과 관련하여 주민투표의 실시여부에 관한 결정을 내리는 행위
의 법적 성격을 정면으로 다루지는 않았다.

사견으로는 주민투표의 실시여부에 관한 중앙행정기관장의 결정행위는
구체적 사실에 관한 법집행행위로 볼 수 있어 행정소송법상의 처분개념에
부합되므로 행정행위로 볼 수 있다고 생각한다.6)7) 따라서, 주민투표실시

---

6) 다만, 이 때 피고를 누구로 지정하여야 하는지가 문제되는데, 형식적으로는 지방자치
   단체장이 주민투표의 실시여부의 결정을 내리므로 지방자치단체의 장을 피고로 하여
   야 한다는 견해도 있을 수 있고, 실질적으로 볼 때 중앙행정기관의 장이 결정하여
   관계지방자치단체의 장에게 요청하면 해당 자치단체의 장은 그것을 따라 기계적으로
   실시하는 것뿐이므로 중앙행정기관의 장을 피고로 하여야 한다는 견해도 있을 수 있
   다. 주민투표의 실시여부에 관한 결정재량을 중앙행정기관의 장이 가지므로 실질적
   관점에서 중앙행정기관의 장이 피고가 되어야 한다고 본다. 피고지정이 잘못된 경우
   법원은 당장 각하하지 말고 석명권을 행사하여 보정할 기회를 주어야 할 것이다.
7) 주민투표부의결정은 행정행위로서 성질을 가지고 그 다툼은 항고소송을 통해 다루어
   져야 하지만 그 결정행위의 성질이 재량행위이기 때문에 주민투표청구권자는 하자없
   는 결정청구권만을 갖는다는 견해는, 김중권, 주민투표법안의 문제점에 관한 소고,
   공법연구 제32권 제3호, 2004. 2, 123면.
   주민투표실시여부에 관한 결정행위를 재량행위로 보는 입장에 대한 비판도 존재한
   다. 주민투표의 실시여부가 지방자치단체장의 고유권한으로서 재량행위라는 판례(대
   법원 2002. 4. 26. 선고 2002추23)의 입장을 부당한 것으로 보는 견해는, 정재황 외
   4인, 지방자치의 헌법적 보장-지방자치와 입법권의 한계, 헌법재판연구, 제17권, 헌법
   재판소, 2006. 10., 176면. ; 요건을 갖추어 주민들이 주민투표청구를 한 경우 지방자
   치단체장이 재량적으로 이를 거부한다면 주민투표청구권을 침해하는 것이므로 지방
   자치단체장의 주민투표실시여부의 결정은 재량행위가 아니라 기속행위라는 견해

여부에 관한 결정의 위법성은 행정소송을 통하여 확인될 수 있을 것이다. 다만, 주민투표의 실시여부에 관한 결정은 재량행위로 보아야 한다.

헌법재판소의 결정들과 대법원의 판결이 사유불문하고 지방자치단체의 통·폐합과 관련하여 주민투표를 실시하지 않더라도 위법한 것은 아니라는 의미로 이해되어야 한다면 그것은 잘못이라고 생각한다. 이러한 해석은 주민투표권을 법률상의 권리로서 파악한 헌법재판소의 결정이나 재량행위의 경우에도 재량권의 일탈·남용을 심사하기 위해 행정소송을 제기할 수 있다는 행정법상 재량행위에 관한 일반이론과도 배치된다. 제17대 국회는 물론 현재 제18대 국회의 지방행정체제개편특별위원회에서도 "시·군·구 통합등 지방행정체제개편은 정부가 일방적·행정편의적으로 결정할 것이 아니라 어디까지나 주민이 스스로 결정(주민투표를 통함)하도록 하여야 한다"는 입장을 취하고 있다.[8] 이것은 물론 주민이 통폐합문제에서 단순한 객체로 전락해서는 안된다는 인식에 기초한 것이다.

3. 지방자치단체의 장은 통폐합과 관련된 주민투표의 실시권자가 될 수 있는가?

1) 자치단체장이 실시권자가 될 수 있다고 볼 때의 근거

지방자치단체의 장은 지방자치단체의 폐치·분합에 관하여 재량으로 주민투표에 붙일 수 있는가? 법률에 특별한 규정이 없는 한, 자치단체의 장이 주민투표에 회부하기 위해서는 그것이 "지방자치단체의 장이 권한

도 있다. 김동권, 주민투표의 의미와 법적 문제점, 지방자치법연구 제6권 제1호, 2006. 6, 118면.

8) 더 상세한 내용은, 허태열, 지방행정체제 개편과 추진방향, 자치행정 제250호, 2009. 1, 28-29면 참조.

을 가지고 결정할 수 있는 사항", 즉, 지방자치단체의 고유사무 및 단체
위임사무이어야 하고, 국가사무 및 기관위임사무는 주민투표의 대상이
되지 않는다.(대법원 2002. 4. 26. 선고 2002추23 조례안재의결무효확인 ;
광주지법 2006.7.6. 선고 2005구합4441 청구인대표자증명서교부거부처분
취소) 따라서, 국가시설의 입지선정과 관련해서는 주민투표가 필요한 경
우에도 입지예정지의 지방자치단체의 장이 아니라 중앙행정기관의 장이
행정안전부장관과 협의한 후 관계 지방자치단체의 장에게 주민투표의
실시를 요구하여 실시해야 한다.

　지방자치단체의 폐치·분합사무의 법적 성격에 대하여 헌법재판소는
다음과 같이 판시하고 있다. "국가정책 수립에 참고하기 위한 투표이고,
중앙행정기관장의 요구에 의해 비로소 실시계기가 부여되며, 시행 여부
와 투표구역에 관해서도 중앙행정기관장에게 재량이 있는 점, 비용을 국
가가 부담하는 점(주민투표법 제27조 제1항 참조)은 이 투표사무가 국가
사무라는 주장을 뒷받침한다고 할 수 있는 측면이다. 그러나 한편 투표
할 사안이 국가정책으로서 국가사무에 대한 것이라 해서 주민의 의견수
렴인 투표실시 자체까지 반드시 국가사무라고 볼 필연성은 없다. 주민투
표법 제8조에서 국가정책에 관해서 주민의 의견을 참고하도록 하는 이
유도 그 국가정책이 지방자치단체의 자치권 및 주민의 복리에 긴밀한
연관이 있어서 주민투표제도를 활용하여 주민의 의견을 듣고 또 지방의
회의 의견도 반영할 수 있도록 하려는 것이므로 지방자치단체와 주민으
로서도 이러한 제도를 통해 정확한 의사를 전달하는 데 깊은 이해관계
를 가지고 있는 점, 그리고 지방자치단체의 폐치·분합에 관한 주민투표
에 관련된 규정들의 위와 같은 연혁이나 주민투표법의 목적에 비추어보
면 제8조의 주민투표 실시사무도 자치사무의 성격을 가질 수 있다고 판
단된다. 또한 같은 조항은 중앙행정기관장의 투표요구가 있더라도 지방
자치단체 장이 무조건 이를 따르도록 되어 있는 것이 아니라 발의 여부
에 재량이 있고, 지방의회의 의견도 듣게 되어 있는 점도 위와 같은 판

단을 뒷받침할 수 있는 측면들이다". 그래서 "제8조의 주민투표 실시사무에 자치사무로서의 성격이 없다고 단정할 수 없"다고 한다.(헌재 2005. 12. 22, 2005헌라5.)[9]

　이상과 같은 헌법재판소의 입장대로 주민투표실시사무가 자치사무의 성격도 가진다면 지방자치단체장은 지방자치단체의 통폐합과 관련하여 그의 재량으로 주민투표를 실시할 수 있다는 견해도 가능해 보인다.[10] 지방자치법 제14조 제1항의 문언상으로는 지방자치단체장이 재량으로 실시할 수 있는 주민투표사항 중 "주민에게 과도한 부담을 주거나 중대한 영향을 미치는 지방자치단체의 주요 결정사항"에 해당된다고 해석할 수도 있어 보이기 때문이다. 이러한 견해는 타당한 것인가?

2) 자치단체장이 통폐합과 관련된 주민투표의 실시권자가 될 수 없다고 볼 때의 근거

　1994.3.16. 개정된 지방자치법 제13조의2 제1항은 "지방자치단체의 장

---

9) 법령상 지방자치단체의 장이 처리하도록 규정하고 있는 사무는 판례(대법원 2004. 6. 11, 2004추34; 대법원 1993. 1. 26, 92다2684)에 따를 때 자치사무일 수도 있고 기관위임사무일 수도 있어서 규정형식만으로는 알 수 없어서 매우 불명확하기 때문에 해석자의 입장에 따라 상이한 결론이 나올 수도 있다. 이러한 판례의 입장에 대한 비판은, 홍정선, 지방자치단체 계층구조 개편의 공법적 문제, 지방자치법연구 제9권 제1호, 2009. 3, 52-53면.

10) 지방자치단체장인 각 군수가 자기 군내에서 통합여부를 묻기 위해 주민투표를 실시할 수 있다고 한다면, 그 방식은 어떻게 해야 하는가의 문제가 생긴다. 즉, 각 군수는 반드시 통합하고자 하는 다른 군수들과 함께 같은 날 주민투표를 실시하고 찬반여부 판단도 전체 투표결과를 고려하여 판단해야 하는가, 아니면 주민투표는 동일한 날 또는 다른 날 실시하든 그 찬반결과는 각 군별로 별도로 판단해야 하는가 하는 문제가 생긴다. 3개의 군들이 통폐합 관련 주민투표를 동시에 실시하였는데, 어느 한 군에서 주민투표의 요건을 충족시키지 못하거나, 즉, 주민투표권자 총수의 3분의 1 이상의 투표요건을 충족하지 못하거나,(주민투표법 제24조 제1항) 유효투표수 과반수의 득표를 얻지 못한 경우, 다른 두 군들이 통합에 찬성한 경우 그 결과 두 군만의 통합절차를 추진해야 하는가 하는 의문이 생겨날 수 있을 것이다.

은 지방자치단체의 폐치·분합 또는 주민에게 과도한 부담을 주거나 중
대한 영향을 미치는 지방자치단체의 주요 결정사항 등에 대하여 주민투
표에 붙일 수 있다"고 규정하고 있었다. 하지만, 2004.1.29. 지방자치법이
개정되면서 '지방자치단체의 폐치·분합'에 관한 부분은 삭제되고, 지방
자치법 제14조 제1항에서 "지방자치단체의 장은 주민에게 과도한 부담
을 주거나 중대한 영향을 미치는 지방자치단체의 주요 결정사항 등에
대하여 주민투표에 부칠 수 있다"고 규정되게 되었는데, 이 개정을 통해
입법자는 지방자치단체의 장이 재량으로 주민투표에 붙일 수 있는 사항
중에서 '지방자치단체의 폐치·분합'에 관한 것은 제외하려는 의도가 있
었던 것으로 보아야 한다는 해석도 가능한 것으로 보인다.

지방자치법 제14조 제1항의 내용은 주민투표법 제7조 제1항에 다시
거의 동일하게 규정되고 있다. 즉, 주민투표법 제7조 제1항은 "주민에게
과도한 부담을 주거나 중대한 영향을 미치는 지방자치단체의 주요결정
사항으로서 그 지방자치단체의 조례로 정하는 사항은 주민투표에 부칠
수 있다"고 하고 있다. 지방자치단체의 폐치·분합에 대해서는 주민투표
법 제8조에서 규정하고 있는데, 동조 제1항은 "중앙행정기관의 장은 지
방자치단체의 폐치·분합 또는 구역변경, 주요시설의 설치 등 국가정책
의 수립에 관하여 주민의 의견을 듣기 위하여 필요하다고 인정하는 때
에는 주민투표의 실시구역을 정하여 관계 지방자치단체의 장에게 주민
투표의 실시를 요구할 수 있다. 이 경우 중앙행정기관의 장은 미리 행정
안전부장관과 협의하여야 한다"고 한다. 즉, 지방자치단체장의 독자적인
주민투표부의권을 규정하고 있지 않다.

지방자치법 제14조, 주민투표법 제7조, 제8조의 문언들로 살펴볼 때,
지방자치단체의 폐치·분합의 문제는 중앙행정기관의 장이 해당 지방자
치단체장의 의사와 상관없이 그에게 요청하여 주민투표에 붙일 수 있는
사항일 뿐, 해당 지방자치단체의 장이 중앙행정기관의 장의 요청없이 주
민투표에 붙일 수는 없는 사항으로 보는 것이 타당해 보인다.

도대체 어떤 입장이 타당할까?

3) 현행법상 자치단체장은 통폐합과 관련된 주민투표의 실시권자가 될 수 없다고 보아야 한다

한나라당 허태열의원 등 63인의 국회의원이 국회에 제출한 '지방행정체제개편에 관한 특별법'안에서는 지방행정체제제개편위원회를 설치하도록 하면서 이 위원회가 지방자치단체간 통합을 해당 지방자치단체의 장에게 권고할 수 있도록 하고,(동법안 제13조 제2항) 통합을 권고받은 지방자치단체의 장, 해당 지방의회 또는 대통령령으로 정하는 일정 수 이상의 주민은 위원회에 통합에 관한 주민투표실시를 요청할 수 있다고 하고 있다.(동법안 제14조 제1항) 이 요청에 대해서는 지방행정체제제개편위원회의 심의를 거쳐 행정안전부장관에게 통보되는데, 행정안전부장관은 투표실시구역을 정하여 관계 지방자치단체의 장에게 주민투표의 실시를 요구할 수 있다.(동법안 제14조 제3항)

지방자치단체, 지방의회 및 주민들도 주민투표의 실시를 관할 행정청에 요청할 수 있도록 한 이 법안의 입장은 타당해 보인다.[11] 이 법안과 비교할 때, 지방자치단체의 통·폐합에 관한 현행 지방자치법과 주민투표법의 규율은 오직 중앙행정기관의 장만 주민투표의 실시여부를 결정할 수 있다고 새기는 한 부당하고 지방자치권에 대한 지나친 제한으로 생각한다. 때문에, 주민투표법을 시급히 개정할 필요가 있다. 하지만, 현행법의 틀내에서 지방자치단체의 통·폐합의 문제에 관해 지방자자치단체장이 독자적인 주민투표실시권을 갖는다고 해석하는 것은 통합되는

---

[11] 현행법의 구조내에서는 헌법재판소의 결정에 따를 때에도 "지방자치단체가 중앙행정기관장으로부터 제8조의 주민투표 실시요구를 받지 않은 상태에서 일정한 경우 중앙행정기관에게 실시요구를 해 줄 것을 요구할 수 있는 권한까지 가지고 있다고 보기는 어렵다"고 해석되고 있다.(헌재 2005. 12. 22. 2005헌라5 전원재판부. 제주시등과 행정자치부장관등간의 권한쟁의)

다른 자치단체와의 관계에서 여러 어려운 문제를 야기할 수 있다. 따라서, 현행 주민투표법과 지방자치법의 해석상으로는 입법연혁을 살펴볼 때 지방자치단체의 통폐합문제에 대해 지방자치단체장이 독자적으로 주민투표를 실시할 재량은 갖지 않는 것으로 새길 수밖에 없을 것이다.

4. 통폐합과 관련된 주민투표의 실시방법

기초자치단체의 통합과 관련하여 중앙행정기관의 장의 요청에 따라 주민투표를 실시하는 경우에 각 자치단체별로 별도로 실시하여야 하는가 아니면 한 번에 통합해서 실시해야 하는가? 주민투표법 제8조 제1항에 따라 중앙행정기관의 장이 요구해서 실시되는 주민투표는 국가정책에 관한 것으로서 여러 자치단체가 각각 주민투표를 실시하면 투표일과 홍보내용이 달라 주민투표의 결과에 부정적 영향을 미칠 수도 있으므로, 일괄적으로 실시하는 방안이 합리적일 것이다. 그래서 헌법재판소는 주민투표법 제8조 제1항, 즉, "주민투표의 실시구역을 정하여 관계 지방자치단체의 장에게 주민투표의 실시를 요구할 수 있다"는 규정에 대하여, 중앙행정기관의 장이 주민투표의 실시 여부 및 구체적 실시구역에 관해 상당한 범위의 재량을 가진다고 한다.(헌재 2005. 12. 22, 2005헌라5) 이에 따라, 중앙행정기관의 장은 통합과 관련된 모든 자치단체에 대하여 한번에 통합해서 주민투표를 실시할 수 있고 그 실시권자를 도지사로 하는 등 구체적 방법에 대해서도 선택할 재량을 갖는다.

5. 주민투표결과의 법적 효력

기초자치단체의 통폐합과 관련하여 주민투표의 결과는 어떤 의미를 가지는 것일까? 주민투표법이 제정되기 전으로 상당히 오래된 판례이지만, 헌법재판소는 자치단체의 통폐합과 관련된 "주민투표절차는 청문절차의 일환이고 그 결과에 구속적 효력이 없다"고 하였다.(헌재 1994. 12. 29, 94헌마201.) 대법원도 미군부대이전이 주민투표사항인가에 관한 판결(대법원 2002. 4. 26. 선고 2002추23)에서 "지방자치법 제13조의2의 규정에 의하면, 지방자치단체의 장은 어떠한 사항이나 모두 주민투표에 붙일 수 있는 것은 아니고, 지방자치단체의 폐치·분합 또는 주민에게 과도한 부담을 주거나 중대한 영향을 미치는 지방자치단체의 주요 결정사항 등에 한하여 주민투표를 붙일 수 있도록 하여 그 대상을 한정하고 있음을 알 수 있는바, 위 규정의 취지는 지방자치단체의 장이 권한을 가지고 결정할 수 있는 사항에 대하여 주민투표에 붙여 주민의 의사를 물어 행정에 반영하려는 데에 있다"고 하여 주민투표의 결과가 법적 구속력을 갖지 않는다는 입장에 서 있는 듯하다. 이에 대하여, 학설은 주민투표결과의 법적 구속력을 긍정하는 견해들이 나와 있으나,12) 부인하는 입장은 보이지 않는다.

　사건으로는 지방자치단체의 통폐합을 규정한 처분적 법률의 위헌성판단에 있어 단순히 지방의회의 의견만을 듣고 통폐합절차를 진행한 경우와 주민투표까지 거친 경우는 구별해야 하지 않나 생각한다. 단순히 지방의회의 의견만을 들어 통폐합법률을 제정한 경우 지방의회의 관할구역의 폐치·분합의 의견은 법률제정자에 대한 법적 구속력은 없으므로 헌법재판소도 통폐합법률의 공익적합성과 비례원칙적합성을 전면적으

---

12) "주민투표는 주민이 자치의 주체이며 자치운영 중요사안의 종국적 결정권자라는 것을 보여주는 증좌"라는 점(신봉기, 지방자치법 제13조의2, 지방자치법주해(한국지방자치법학회 편), 박영사, 2004, 78면)을 논거로 제시하거나, 주민투표의 실시여부에 대해서는 재량행위로서의 성격을 긍정하면서도 주민투표결과에 대해서는 구속력을 긍정하되 그 구속력이라는 것이 지방자치단체장이 투표결과에 일치하는 결정을 내리도록 구속적 영향을 미친다는 의미라는 입장이 있다. 김중권, 주민투표법안의 문제점에 관한 소고, 공법연구 제32집 제3호, 120-130면.

로 심사하여 그의 위헌여부를 판단할 수 있을 것이다.(헌재 1994. 12. 29, 94헌마201.) 하지만, 주민투표는 강력한 민주적 정당성을 가진 정치적 행위이기 때문에 주민투표 자체의 무효사유에 이를 정도의 중대한 하자 가 존재하지 않는 한, 주민투표의 결과 찬성의견이 나오면 입법자는 이 에 구속되어 법률로 통폐합을 규정하여야 하며, 그 법률에 단순한 비례 원칙의 위반사유 등이 존재한다는 이유로 통폐합행위를 위헌무효로 선 언해서는 안될 것이다.

IV. 지방자치단체의 명칭과 사무소소재지의 결정·변경

1. 법적 규율의 내용

지방자치단체의 명칭의 결정과 변경은 입법사항으로 법률로 규정하여 야 하는데, 그 명칭을 변경하고자 하는 때에는 관계 지방자치단체 의회 의 의견을 들어야 한다.(지방자치법 제4조 제1, 2항) 지방자치단체는 명 칭권을 갖기 때문에 허가없이 광고에 특정 지방자치단체의 명칭을 사용 하면 지방자치단체는 민법상 인격권의 보호규정을 통하여 명예침해와 그 보상을 청구할 수 있다.13) 명예훼손죄가 성립할 수도 있다. 자치구가 아 닌 구와 읍·면·동의 명칭의 변경은 조례로서 하고 그 결과를 특별시장이 나 광역자치단체의 장에게 보고하여야 한다.(지방자치법 제4조 제3항)

현행 지방자치법상 지방자치단체의 사무소의 소재지를 변경하거나 새 로 설정하려면 지방자치단체의 조례로 정하도록 되어 있다.14)(지방자치

---

13) 홍정선, 신지방자치법, 박영사, 2009, 105면.
14) 이와 관련하여 1950년대 군들의 폐치·분합에 관한 대법원의 판결이지만 군의 성립에 있어 기본요소로서 군의 관할구역, 명칭과 군청의 소재지가 기본요소인가를 평가한 판결이 있는데 그 논거도 매우 흥미롭다.

법 제6조 제1항)

2. 지방자치단체의 명칭 결정·변경에 대한 지방자치단체와 주민의 권리(기본권)관련성

1) 명칭의 결정·변경과 관련된 판례들의 내용

지방자치단체의 명칭의 결정·변경행위에 대해서 참고할만한 헌법재판소결정으로 다음과 같은 것들이 있다. 즉, 해양수산부장관이 부산광역시와 경상남도 일대에 건설되는 신항만의 명칭을 '신항'이라고 결정한

"원고 소송대리인 상고이유 제1점은 원판결은 그 이유 중 「대저 지방자치단체인 도의 하부행정구역으로서의 군의 성립요건으로서는 일정한 관할구역과 명칭을 필요로 할 것이며 실제 군의 행정사무를 담당하는 기관인 군청의 소재지 즉 군의 위치와 여함은 각 구체적인 실정에 순응하여 적당히 결정할 성질의 것으로서 이것을 군의 성립에 있어서의 기본요소라고 볼 수가 없다고 함이 상당하므로 군을 폐치분합 함에 있어서도 다만 그 명칭과 관할구역을 정함으로서 동 폐치분합의 기본요소를 충족하였다고 할 것이오 이에 그 위치를 정한다 함은 그 기본적인 요소는 아니다」라고 하였다. 그러나 군이란 지방행정기관의 설치가 그 해방전후를 막론하고 행정부의 전단으로서 행한 것이 아니라 오직 법률에 의거하여 행하여진 것이 엄연한 사실일진대 그 군의 성립상의 기본요소도 결국 법률에 의거함이 없이 결정될 수 없는 문제인 것은 극히 명료한 일인 것이다. 즉 군의 성립상의 요건이 명칭과 관할구역의 결정만으로서 충족되는 것인지 혹은 명칭, 위치, 관할구역의 3자가 동위적으로 충족을 요하여야 되는 것인지가 모두 입법의 내용으로서 처리될 문제이요 그 전부거나 일부거나를 막론하고 행정의 관여할 성질은 아닌 것이다. 물론 종래에 있어서 여상 군의 성소의 전부 혹은 일부를 결정함에 있어 사실상 행정이 전행하여온 외관은 있지마는 이것이 결코 행정의 고유권한에서 그런 것이 아니고 그 실은 법률의 위임에 의하여 행하여진 것을 볼 때에 군 성립상의 기본사항을 결정하는 것은 반드시 법률이 직접규정하거나 혹은 법률의 위임에 의하여 결정되는 이외에 타도가 없는 것을 넉넉히 규규할 수 있는 바 만일 군의 위치와 여함은 행정의 실정에 따라 적당히 결정할 성질의 것인 때문에 이것은 군 성립상의 기본요소가 아니라는 전제에서 논한다면 그 명칭이나 관할구역도 마찬가지로 행정의 입장에서 그 실정을 침작하여 결정하는 것이 보다 더 이유있음을 부정치 못할 것이다"고 하였다.

것에 대하여 경상남도와 경상남도 진해시가 자치권을 침해하였다고 제기한 권한쟁의심판(헌재 2008. 03. 27, 2006헌라1)에서, 헌법재판소는 "지방자치법 제11조에 의하면 지정항만에 관한 사무는 국가사무이므로 국가가 신항만을 지정항만의 하위항만으로 하기로 결정한 이상, 그 항만구역의 명칭을 무엇이라 할 것인지 역시 국가에게 결정할 권한이 있다고할 것이다"고 하면서 자치권이 침해되지 않는다고 한다.

또, 헌법재판소는 주민들이 '신항'으로 명칭을 결정한 것에 대해 제기한 헌법소원청구사건(헌재 2006. 08. 31, 2006헌마266)에서 다음과 같이 결정하여 청구인들의 기본권관련성을 부인하였다. 즉, "항만의 명칭은 단순히 항만 해상구역의 명칭에 불과할 뿐으로 항만 인근 주민들의 권리관계나 법적 지위에 어떠한 영향을 주는 것이 아니다. 구체적으로 진해시의 관할구역에 세워진 이 사건 항만의 명칭을 "신항(영문명칭 : Busan New Port)"으로 결정하였다고 하여 진해시에 거주하는 청구인들에 대하여 어떠한 기본권이나 법률상 지위를 변동시키거나 기타 불이익한 영향을 준다고 볼 수 없다. 나아가 지방자치권은 지방자치단체 자체에 부여된 것으로서 헌법에 의하여 보장된 개인의 주관적 공권으로 볼수 없고 이로써 그 구성원인 주민에게 달리 어떠한 기본권적인 권리가 보장되는 것으로 볼 수도 없다"고 결정하였다.

명칭결정과 관련하여 참조할만한 서울행정법원의 판결도 있다. 이 판결은 고속철도역의 명칭과 관련한 것인데, 아산시 주민들이 경부고속철도 제4-1공구 역사명칭을 '천안아산역'으로 결정한 행위의 취소를 구했지만 원고들은 패소했다. 하지만, 이 사건에서 서울행정법원은 역사명칭을 '천안아산역'으로 결정한 행위에 대해 항고소송의 대상이 되는 행정작용이라고 했다. 즉, 이 판결(서울행법 2004. 4. 6. 선고 2003구합35908 역사명칭결정처분취소)에서 서울행정법원은 "건설교통부장관이 고속철도역의 명칭을 정할 때 역의 명칭을 정하는 방법과 기준에 대하여 아무런 규정도 마련되어 있지 않다 하더라도 자의적으로 고속철도역의 명칭

을 정할 수는 없고, 기왕에 유사한 공공시설에서 어떠한 방법으로 명칭
을 정하여 왔는지, 역의 명칭과 관련한 이해관계인은 없는지, 있다면 그
들의 이익을 보장하고 손해를 최소화하는 방법으로 명칭을 정하였는지,
이해관계가 서로 충돌하는 경우 그 조정을 위하여 어떠한 노력을 기울
였는지를 살피고, 그 과정과 결과가 조리에 반하는지 여부 등을 따져 적
법성 통제의 대상으로 삼아야 하는 점에 비추어 보면, 건설교통부장관이
고속철도역 명칭을 결정한 행위는 우월한 공권력의 행사자로서 행한 의
사활동으로서, 항고소송의 대상이 되는 행정작용이다"고 했다.

또, "고속철도역이 위치한 행정구역 주민들은 고속철도역의 명칭에
대하여 자신들이 거주하는 곳의 지명이 역의 명칭에 전적으로 사용되거
나 주된 위치에서 사용될 것이라는 기대를 가지고 있고, 이는 구체적 권
리로까지는 인정되지 못하더라도 그러한 기대이익과 적어도 이를 침해
당하지 않을 권리는 헌법상 행복추구권의 범주 등에 포함될 수 있다고
할 것이므로 고속철도역 명칭 결정의 취소를 구할 법률상 이익을 가진
다"고 판시했다.

2) 판례들의 분석

항만의 명칭결정과 관련하여 항만법 제2조 제2호는 "'지정항만'이란
국민경제와 공공의 이해에 밀접한 관계가 있는 항만으로서 대통령령으
로 그 명칭·위치 및 구역이 지정된 항만을 말한다"고 규정하고 있으며,
지방자치법 제11조 제4호는 지정항만에 관한 사무를 국가사무로 규정하
고 있다. 이 규정을 근거로 헌법재판소는 신항만의 명칭결정행위에 대해
지방자치단체의 자치권을 침해하지 않는다고 한다. 또, 주민들의 기본권
관련성도 부인했다.

철도역 명칭의 경우 국토해양부에 설치된 중앙지명위원회가 해당 지
방자치단체의 지명위원회를 거쳐 제출한 역명을 참고로 검토하여 결정

하되 국토해양부장관이 이를 고시하여야 하는데,(측량법 제58조) 지역간 대립이 있는 경우에는 지역간 합성명칭이나 대표지역 명칭으로 결정하는 방법으로 정한다. 또, 지방자치법 제11조 제6호는 철도사무를 국가사무로 규정하고 있다. 하지만, 2004년 당시 건설교통부장관을 피고로 하여 아산시 주민들이 철도역명칭을 결정한 행위에 대해 취소소송을 제기한 사건에서 서울행정법원은 이 결정행위를 항고소송의 대상으로서 성격을 인정하고 주민들의 법률상 이익도 긍정하였다.

읍·면·동의 명칭이 아닌 지방자치단체의 명칭의 결정과 변경은 입법사항으로서 법률로 규정하여야 하므로 이 법률이 주민들의 법률상 이익을 침해하는지를 묻기 위해 행정소송을 제기할 수는 없다. 하지만, 이 법률의 위헌여부를 묻기 위해 헌법재판소에 권한쟁의심판을 제기하거나 헌법소원을 제기하더라도 그 동안의 헌법재판소의 결정례에 비추어 자치권침해도 긍정하지 않을 것이고 기본권관련성도 긍정하지 않을 것이다. 그러나, 서울행정법원은 고속철도역의 명칭결정행위가 "구체적 권리로까지는 인정되지 못하더라도 그러한 기대이익과 적어도 이를 침해당하지 않을 권리는 헌법상 행복추구권의 범주 등에 포함될 수 있다"고 판시하고 있는 것을 볼 때, 지방자치단체의 명칭은 애향심과 연결된 부분도 있기 때문에 헌법재판소가 기본권관련성을 부인한 것은 의문이다.

3. 지방자치단체의 소재지의 결정·변경

동사무소의 소재지결정에 관한 서울행정법원의 판결이 있는데, 이 판결(서울행법 2009.3.19. 선고 2008구합41328 판결)은 '서울특별시 종로구 동사무소 명칭과 소재지 및 관할구역에 관한 조례'와 관련하여 항고소송을 제기한 사건에 관한 것이었다. 원고는 "기존의 효자동 동사무소의 관할 법정동인 서울 종로구 효자동에서 1960년대 중반 경부터 현재까지

40여 년간 거주하고 있는 주민"이었는데, 원고의 청구취지는, 첫째, 이 사건 조례의 개정으로 인해 원고와 같은 기존의 효자동 주민들은 종전의 효자동 동사무소를 이용하지 못하고 멀리 떨어져 있는 통합 청운효자동 동사무소를 이용할 수밖에 없는 등으로 지방자치법 제13조 제1항이 정한 지방자치단체로부터 균등하게 행정의 혜택을 받을 권리를 침해받았다는 점과, 둘째, 피고가 당초 약속한 효자동 및 청운동 주민 설문조사를 실시하지 않음으로써 행정의 신뢰보호원칙을 위반하였고, 지방자치법 제14조가 정한 주민투표를 실시하지 않음으로써 재량행사에 있어 일탈·남용의 위법이 있으며, 합리적 근거 없이 효자동 주민과 청운동 주민을 차별함으로써 행정의 형평원칙을 위반하였다는 것이었다.

이에 대해 서울행정법원은 이 조례로 인해 "지역주민이 지방자치법 제13조 제1항에 정한 지방자치단체로부터 균등하게 행정의 혜택을 받을 권리를 침해받았다고 할 수 없고, 위 조례 규정은 일반적·추상적 규정에 불과하여 지역주민의 구체적인 권리·의무에 직접적인 변동을 초래하는 행정처분이 아니어서 항고소송의 대상이 될 수 없다"고 판시했다.

지방자치단체 소재지의 경우는 지방자치단체의 조례로 정하도록 되어 있다. 또, 동보다 그 위치가 어디냐에 따라 주민들에게 더 많은 불편이 초래될 수도 있고, 지역발전의 기대이익도 있을 것이므로, 지방자치단체의 소재지의 결정행위는 서울행정법원의 판결과는 달리 항고소송의 대상이 될 수 있다고 생각한다. 다만, 재량행위로서 상당히 넓은 재량이 인정될 것이다.

V. 결어

이 글에서는 기초자치단체간 자발적 통합이 활발하게 추진되고 있는 상황에서 통폐합에 따른 법해석학적 쟁점들을 살펴보았다. 본문의 내용을 요약해보기로 한다.

1) 판례에 따를 때, 기초자치단체의 통폐합도 입법자의 입법형성권의 범위내에 속하는 것으로서 지방자치제를 침해하는 것은 아니다.

2) 법률의 제정에 의한 지방자치단체의 폐치·분합행위는 헌법소원의 대상이 되고 기본권관련성도 인정된다. 하지만, 통폐합행위 자체가 법률에 의해 이루어지므로 행정소송의 대상은 되지 않는다.

3) 판례에 따를 때, 통폐합에 관한 지방의회의 의견청취는 필수적이기는 하지만 입법자를 구속하지는 못한다.

4) 주민투표권은 헌법재판소에 따를 때 기본권이 아니고 법률상의 권리인데, 사견으로는 행정소송을 제기할 수 있는 법률상 이익에 해당된다고 보아야 한다.

5) 통폐합의 결정을 위한 중앙행정기관장의 주민투표실시여부에 관한 결정은 헌법재판소에 따를 때 헌법소원의 대상도 아니고 권한쟁의심판의 대상도 아니다. 사견으로는 행정행위로서의 성격을 긍정해야 한다. 다만, 넓은 재량이 인정된 재량행위라고 보아야 한다. 때문에 중앙행정기관장의 주민투표실시여부에 관한 결정은 행정소송의 대상이다.

6) 현행 지방자치법과 주민투표법상 통폐합과 관련하여 지방자치단체장도 독자적으로 주민투표를 실시할 수 있는가에 관하여 찬성론과 반대론 모두 가능하겠지만, 사견으로는 법해석상 지방자치단체장의 독자적 실시권은 인정되지 않는다고 본다. 입법론으로는 지방자치단체장, 지방의회와 일정 수의 주민들이 중앙행정기관의 장에게 주민투표실시를 요청할 수 있는 권한을 주어야 한다고 본다.

7) 중앙행정기관의 장은 주민투표의 실시 여부 및 구체적 실시구역에 관해 상당한 범위의 재량을 가진다. 때문에 통합대상지역 전부를 대상으로 한꺼번에 주민투표를 실시하도록 결정할 수도 있다.

8) 주민투표는 강력한 민주적 정당성을 가진 정치적 행위이기 때문에

주민투표 자체의 무효사유에 이를 정도의 중대한 하자가 존재하지 않는 한, 주민투표의 결과 찬성의견이 나오면 입법자는 이에 구속되어 법률로 통폐합을 규정하여야 하며, 그 법률에 단순한 비례원칙의 위반사유 등이 존재한다는 이유로 통폐합행위를 위헌무효로 선언해서는 안될 것이다.

9) 지방자치단체의 명칭의 결정과 변경은 법률로 규정하여야 할 사항으로 이 법률이 주민들의 법률상 이익을 침해하는지를 묻기 위해 행정소송을 제기할 수는 없다. 하지만, 헌법재판소는 관련된 권한쟁의심판과 헌법소원사건에서 지방자치단체의 자치권침해도 긍정하지 않았고 기본권관련성도 긍정하지 않았다. 그러나, 서울행정법원은 고속철도역의 명칭결정행위가 "구체적 권리로까지는 인정되지 못하더라도 그러한 기대이익과 적어도 이를 침해당하지 않을 권리는 헌법상 행복추구권의 범주 등에 포함될 수 있다"고 판시하고 있는 것을 볼 때, 지방자치단체의 명칭은 애향심과 연결된 부분도 있기 때문에 헌법재판소가 기본권관련성을 부인한 것은 의문이다.

10) 지방자치단체의 소재지의 결정은 지방자치단체의 조례로 정하도록 되어 있는데, 그 위치가 어디냐에 따라 주민들에게 더 많은 불편이 초래될 수도 있고, 지역발전의 기대이익도 있을 것이므로, 행정소송의 대상이 될 수 있다고 생각한다. 다만, 재량행위로서 상당히 넓은 재량이 인정될 것이다.

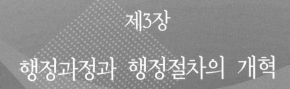

제3장

행정과정과 행정절차의 개혁

제1절 전자정부와 개인정보보호

Ⅰ. 개인정보보호의 이중적 성격과 전자정부의 발전단계

1. 한국사회의 위기와 발전

최근 몇 년 동안 IMF사태와 그 이후의 경제위기는 한국과 한국인들에게 우리 사회의 지속적 발전가능성에 대한 믿음을 근본적으로 흔들어 놓았다. 이러한 상황에서 학문은 사회의 지속적 발전실패의 원인을 철저히 분석하여 정부의 사회위기관리능력과 발전지도능력에 대한 비판과 조언을 하여야 한다.

1999년 말 매스컴으로부터 2000년에 대한 컴퓨터의 인식오류로 정부와 시장에 혼란이 올 것이라는 경고를 요란하게 들으면서 국민들은 정보사회의 도래와 그 위험성을 인식하기 시작했다. 그러면서도, 많은 학자들, 저널리스트들, 정치인들, 고위 공무원들과 기업가들이 이구동성으로 인터넷은 한국인의 기질에 너무나 잘 맞는 도구이기 때문에 21세기의 한국사회의 미래는 정보통신기술을 적극적으로 수용하면 매우 밝다는 전망을 하는 것을 들으며, 국민들은 다시는 어두운 경제침체와 위기가 오지 않을 것으로 생각했다.

그 이후 국민들과 대통령의 전폭적인 지지아래 정보사회와 행정정보화를 위한 필사적인 노력을 경주하여 세계의 정보통신강국들과 어깨를 나란히 하는 수준까지 올라갔다. 그러나, 과연 한국사회는 총체적으로 정보통신강국에 걸맞는 정도의 국제적 위치를 가지고 있는가, 그러한 위치와 가까워지고 있는가 아니면 멀어지고 있는가, 이 물음에 누구도 쉽게 긍정적인 대답을 자신할 수 없는 상황이 되어가고 있다.

이 논문에서는 한국인들의 한국사회 발전에 대한 희망의 상징인 전자정부와, 그 동안 한국사회의 좌절과 고통의 상징인 공적자금에 관한 논의를 결합시켜 검토하면서, 국가의 주요 정책으로서 그들의 공통점을 주목하여 전자정부에서의 개인정보보호의 문제를 함께 다룬다. 다만 정보통신의 기술적 문제보다는 정책적·규범적 문제들을 중심으로 논의를 진행할 것이다. 그 동안 이러한 시도는 매우 드물었는데, 그것은 무엇보다 한국사회를 총체적으로 연결시켜 이해하지 않았기 때문이다. 전자정부 논의는 전자정부에 관심있는 학자와 실무자들 중심으로 전자정부정책에 관해서만 논의하고, 국민의 기본권에 중대한 영향을 미치는 재정부실에 대한 논의는 재정학자들 중심으로만 논의하였다. 우리 사회의 위기는 어느 한 측면으로 분리해서 고찰했을 때는 그 핵심문제를 포착하여 대안을 찾기 어려울 정도로 그 문제의 성격이 종합적이고 복합적이기 때문에, 학문간 고립적이고 단절적인 논의는 한계를 가질 수밖에 없을 것이다.

2. 개인정보보호의 이중적 성격

정부와 개인의 관계에서 정부가 수집하고 관리하는 정보들 가운데 개인의 기본권과 법익에 영향을 미치는 개인정보의 보호방법은 해당 정보에 대하여 개인이 어떤 성격의 권리를 갖는가에 따라 달라지게 된다. 행정의 생산성을 강조하는 관점에 서면 정부가 정책을 결정하고 집행하는 데 있어 전문적인 분석과 심사에 의존하는데, 이 과정에서 정치집단이나 사회세력으로부터 압력을 회피하고 관료의 업무효율성을 높이기 위하여 관료에게 높은 자율성과 재량을 인정하며 상당정도 행정정보의 비밀이 유지되어야 한다고 본다. 행정의 합리성을 결정하는 것은 전문적 분석에 달려 있으므로 정책과정의 공개나 시민의 참가와 같은 가치는 상대적으

로 저평가하게 된다.[1] 또, 이 입장은 도구주의적 태도를 취하면서 비용
편익분석을 활용하는데, 단점으로는 매우 복잡한 정책문제들을 분석하
는 과정에서 분석기준이 무엇인지 모호해지고 실질적 내용과 기준을 제
시하지 못하며 분석자의 주관적 편견에 따라 통제되지 않는 대형 정책
부실을 낳을 우려도 있다. 이 입장에서는 행정과정에서 개인정보는 과잉
공개로 인해 야기되는 피해를 방지한다는 데에 초점을 맞춘다. 따라서
개인의 자기정보에 대한 권리를 방어적 자유권으로 이해한다.

 그러나, 오늘날 정보에 대한 개인의 공법상의 권리는 정보자기결정권
(informationelle Selbstbestimmung)으로 이해할 수 있는데, 그 내용은 정보
에 대한 개인의 권리를 단지 방어권으로만 이해하던 데서 벗어나 참가
권까지 포함하여 이해하는 방향으로 변해가고 있다.[2] 그것은 침해행정
이론으로부터 급부행정이론까지 포함하는 방향으로 공법의 내용이 바뀐
것과도 맥을 같이한다고 볼 수 있다. 국가에 대한 개인의 의존이 심화되
고 국가정책에 의하여 종전의 생활방식이 엄청나게 바뀌는 것을 목격하
고 있는 오늘날, 개인은 국가가 입법과 정책을 구체화하는 과정에서[3]
자신의 자유, 생명, 재산 및 환경 등의 기본권에 대한 보호의무를 충실

---

1) Robert G.Vaughn, Federal Information Policy and Administrative Law, in ;
   Rosenbloom/Schwartz(ed.), Handbook of Regulation and Administrative Law,
   1994, pp.467-484 는 추구하는 목적에 따라 정보정책의 이념형적 유형을 세가지로
   나누고 있는데, 실체법의 기준과 절차법의 준수를 강조하는 법의지배형(Rule of Law
   Ideal), 시민참가를 강조하는 민주절차형(Democratic Process Ideal) 과 공공목적형
   (Public Purposes Ideal) 으로 나누고 있다. 본문의 내용은 공공목적형(Public Purposes
   Ideal)의 내용을 요약한 것이다.
2) Rainer Pitschas, Allgemeines Verwaltungsrecht als Teil der öffentlichen
   Informationsordnung, in, ; Hoffmann-Riem/Schmidt-Aßmann/Schuppert (Hg.), Reform
   des Allgemeinen Verwaltungsrechts, 1993, S.219ff. 300. 301.
3) 국가는 새로운 입법과 정책에 의하여 개인의 기본권을 제한하기도 하지만 기본권을
   구체화하고 보호내용을 새로이 형성하기도 한다. 이 때, 국가조직과 절차는 기본권을
   보장하기 위한 담보장치가 된다. Peter Häberle, Die Wesensgehaltgarantie des Artikel
   19 Abs.2 Grundgesetz, 1972, s.180ff.

히 이행하고 있는가를 알고 감시하며 참가할 수 있어야 한다. 이를 위해서, 국가의 핵심정책들에 대한 정보가 국민들에게 충실히 공개되어 자기관련정보를 자유로이 수집할 수 있고, 정부는 개인들과 충실한 의사소통을 통해 자신들의 미래설계를 위해 필요한 정보를 조언하고 배려하여야하며, 정책과정에서 개인들의 관련정보가 충실히 수집되어 정책에 반영될 수 있도록 정책과정을 공개하고 참가시키는 것이 필요하다.

3. 전자정부의 발전단계

1) 전자정부의 개념과 목적

전자정부법이 2001년 7월 1일부터 효력을 발생한다.[4] 이 법이 제정되기 전에도 민원의 제출과 행정문서의 이송에 대하여 종이문서이외에 전자문서도 허용하는 법규정은 존재하고 있었으나[5], 집행실무에서는 종이문서의 이용관행이 거의 바뀌지 않았고 예외적으로만 전자문서가 이용되고 있었다.

전자정부는 "정보기술을 활용하여 행정기관의 사무를 전자화함으로써 행정기관 상호간 또는 국민에 대한 행정업무를 효율적으로 수행하는 정부"(전자정부법 제2조 제1호)를 말하는데, 전자정부법의 목적은 "전자정부의 구현을 위한 사업을 촉진시키고, 행정기관의 생산성·투명성 및 민주성을 높여 지식정보화시대의 국민의 삶의 질을 향상시키는 것"(제1

---

4) 본래의 이름은 전자정부구현을위한행정업무등의전자화촉진에관한법률인데 여기서는 전자정부법이라 인용한다.

　　2001년 2월 28일 국회를 통과하고 7월 1일부터 효력을 발생할 예정인데 총 7장 52조 부칙1조로 되어 있다. 동법 시행령도 2001년 7월 1일부터 효력을 발생할 예정인데 총 10장 70조 부칙3조로 되어 있다.

5) 행정절차법시행령 제8조 제1항, 사무관리규정 제8조 제1, 2항.

조)이다. 이 법에서 말하는 행정기관의 생산성은 현재까지의 제한적인 정보공동이용과 행정내부과정의 복잡성 및 종이문서의 과다사용으로 인한 행정내부비용과 민원처리의 지체와 불투명성으로 인한 행정외부비용을 축소하면서도 더 높은 성과를 올리고자 하는 것이다. 전자정부법은 행정기관의 투명성과 민주성을 그 입법목적으로 파악하고 있지만, 이러한 전자정부의 목적에 특히 전자민주주의와 정책과정의 공개 등의 책임이 포함되는지는 매우 불분명하다. 적어도 입법자가 전자정부의 주요한 과제로 파악하여 명확한 문제의식을 가지고 있었던 것 같지는 않다. 단순민원사항이 아닌 국가사회의 발전과 국민생활에 중대한 영향을 미치는 정책의 투명성과 민주성의 보장수단으로서 전자정부는 어떠한 영향을 미칠 수 있고, 입법목적을 보다 적절하게 달성하기 위하여 입법과 그 집행에 있어 어떠한 개선이 필요한지가 검토되어야 할 것이다.

2) 전자정부법상 전자정부의 유형

전자정부법을 개괄적으로 분석할 때, 첫째, 전자정부 구현 및 운영의 원칙을 제시한 부분, 둘째, 행정정보공동이용을 위한 전자문서의 작성, 발송, 전자관인, 표준화 등을 규정한 부분과, 셋째, 민원서비스의 전자화를 위하여 전자적 민원신청, 비방문민원처리, 전자민원창구, 신원확인, 행정정보의 전자적 제공 등에 관한 부분, 그리고 넷째, 문서업무감축과 전자정부사업의 계획, 평가 및 기금의 지원에 관한 부분 등으로 구성되어 있다. 이 중 전자정부의 구현 및 운영원칙부분은 그 뒷부분에 규정된 전자정부의 과제유형을 처리하기 위한 원칙이므로 과제유형에 관한 직접적인 내용을 담고 있다고 보기는 어렵다. 다만 장래에 전자정부가 지향하고 확대해야 할 과제유형에 대해서도 당해 원칙들은 적용될 수 있을 것이므로 그 한도에서는 중요한 의미를 갖는다고 하겠다. 따라서 전자정부법이 파악한 전자정부의 주요과제는 행정정보의 공동이용, 민원사무의 전자적 처리, 그리고 문서업무의 감축이라고 하겠다.

그 동안 공법학은 행정의 내부적인 업무처리방식에 대해서는 법이 규율하지 않은 행정의 자율적 공간으로서 행정에 형성의 여지를 부여하면서 그 구체화의 권한과 책임을 인정해 왔으나,6) 행정의 내부적 자율공간이 국민의 기본권에 미치는 영향이 사실상 매우 크기 때문에 점차 법의 규율대상이 되고 있는 추세이다. 정보사회가 도래하면서 행정과 사회의 엄격한 분리가 점차 허물어져 가고 정책결정자와 국민의 괴리가 좁혀져 가는 상황을 반영하여 전자정부법도 행정내부의 정보공동이용과 행정내부의 전자적 민원처리과정까지 법으로 규정하였다.7)

3) 전자정부의 발전단계

사회가 새로운 기술을 더 많이 이용하면 할수록 기본권의 보호정도와 법치사회의 실현정도도 이 기술에 더 많은 의존을 하게 되지만, 이 기술의 이용정도를 확대한다고 해서 곧바로 기본권의 보호가 확대되고 법치사회가 진전된다고 할 수는 없고 오히려 악화될 수도 있다. 헌법의 요구와 기대를 어느 정도 전자정부가 충족시킬 것인가는 새로운 기술을 어떻게 이용하는가에 달려 있다. 새로운 정보기술에 의해 국가는 시민들에 관한 신상정보를 철저히 파악하여 신속히 동원할 수 있게 되는데, 이것이 오늘날 빈발하는 국지적인 전쟁과 같은 위기상황에서 국가에 의한

---

6) 행정절차법상의 개방적 공간은 절차형성을 위한 여지를 행정에 준 것이므로 행정은 구체적 절차법을 보충적으로 결정할 수 있다. Reiner Pitschas, Verwaltungsverantwortung und Verwaltungsverfahren, 1990, S.299.

7) "행정법학에서도 행정처분 이외의 행정활동이나 행정내부적 업무처리과정으로 관심범위를 넓혀야" 하며, "행정의 전과정은 시민의 통제와 참여를 통해 진행되게 되고, 국가와 시민의 관계도 종래의 일방적·우월적 관계에서 협력관계로 진전하게" 되는 현실을 받아들여 법치행정의 원리의 변화가 요구된다. 경건, 전자행정절차에 관한 법제정비 – 전자정부법(안)을 중심으로 –, 전자정부구현을 위한 법제동향과 과제, 한국법제연구원, 2000.10.24, 49, 50면.

시민감시의 강화로 나아갈 것인가, 아니면 국가의 핵심정책과정에 대한 투명성보장으로 진행할 것인가는 권력과 시민의 상호 역학관계에 의존하고 있다.8)

전자정부법은 전자정부의 유형을 정부내의 통일된 전자네트워크 구축을 통한 행정정보공동이용과 민원 행정서비스의 전자화를 중심으로 파악하고 있다. 즉, 내부적으로는 부처간의 전자적 문서교환이나 전자결재 등을 통해 정부 업무의 생산성을 높이고, 외부적으로는 인터넷과 같은 전자통신 매체를 이용해 각종 민원서류를 전국 어디서나 온라인으로 발급해 주는 것을 전자정부의 주요과제로 보고 있다.9)

그러나, 전자정부는 현재 진화과정에 있기 때문에 전자정부법상의 주요 유형이 전자정부의 과제를 전부 포괄하고 있는 것으로는 보기 어려운 면이 있다. 이 논문에서는 정보사회의 발전에 따라 전자정부도 일정한 단계를 거쳐 발전해간다고 보고 전자정부의 추진목적, 정보기술과 정보의 활용정도, 전자민주주의와 법치행정의 구현가능성, 국민·정치인·공무원의 행태 등의 변수를 중심으로 하여 능률형 전자정부, 서비스형 전자정부, 그리고 민주적 법치행정형 전자정부로 유형화하고 발전단계도 능률형 전자정부, 서비스형 전자정부, 그리고 민주적 법치행정형 전자정부로 발전해간다고 보았다.10) 능률형 전자정부는 전자정부법상의

---

8) H.P.Bull, Telekommunikative Traum-Demokratie?−Auswirkungen der Informationstechnik auf die verfassungsmäßige Ordnung−, in ; Alexander Roßnagel (Hg.), Freiheit in Griff, S.46.

9) 김진호, 전자정부의 구현에 대하여, 인터넷법률 3호(2000. 11), 154-166면. 행정부쪽에서 전자정부법안의 제안부서이었던 행정자치부의 정보화총괄담당관인 저자도 이와 같은 인식하에 정책과정의 공개를 위한 전자정부의 과제를 특별히 인식하고 있지는 않다.

10) 방석현 교수도 이와 유사하게 전자정부를 유형화하고 발전단계를 나누고 있다. 방석현교수의 논문은 전자정부법이 제정되기 전의 것이기 때문에 상황의 변화에 맞추어 본 논문에서는 이 유형분류를 약간 더 발전시킨 것이다. 방석현, 전자정부 유형론과 한국 전자정부구상에 대한 평가, 행정논총 36(2), 1998, 12-65면도 전자정부유형을 능률형 전자정부, 서비스형 전자정부와 민주형 전자정부로 나누면서 궁극적으로 지

행정정보공동이용과 문서감축을 통하여 달성되고, 서비스형 전자정부는 전자적 민원처리에 의하여 달성되는 것으로 볼 때, 민주적 법치행정형 전자정부의 모습이 전자정부법에서는 명확하게 파악되어 있는 것 같지는 않다.

II. 능률형 및 서비스형 전자정부와 개인정보보호

1. 능률형 전자정부와 개인정보보호

1) 능률형 전자정부와 행정정보의 공동이용

능률형 전자정부는 기본적으로 정부 자체의 혁신과 정보기술의 활용으로 정부부문의 효율성을 제고하는 것을 목적으로 하고 있다.

전자정부법[11]은 특히 행정내부에서 전자문서유통체계를 확립하고자 전자문서의 작성, 발송, 전자관인, 표준화 등을 규정했다. "업무의 성격 그밖에 특별한 사정이 있는 경우"를 제외하고는 "행정기관의 문서는 전자문서를 기본으로 하여 작성·발송·접수·보관·보존 및 활용되어야" 하므로 보고, 결재 문서의 전자화를 통한 종이문서작업을 감소시켜야 한다.(제16조 제1항) 전자문서는 전자적인 수단에 의한 결재가 있으면 성립하고,(제17조 제1항), 행정기관에 송신한 전자문서는 당해 전자문서의 송신시점이 컴퓨터에 의하여 전자적으로 기록된 때에 그 송신자가 발송한 것으로 보며,(제19조 제1항) 행정기관이 송신한 전자공문서는 수신자가 지정한 컴퓨터 등에 입력된 때에 그 수신자에게 도달된 것으로 본

향해야 할 단계는 민주형 전자정부라고 한다.

11) 전자정부법은 제3장에서 행정정보의 공동이용에 관하여 '행정관리의 전자화'라는 표제하에 제16조에서 제32조까지 규정하고 있다.

다.(제19조 제2항)

중앙사무관장기관의 장은 행정기관이 전자적으로 생산·유통·저장하고 있는 행정정보를 조사하여 그 목록을 작성할 수 있는데,(제22조 제1항) 행정정보의 원활한 공동이용을 위하여 중앙사무관장기관의 장 소속 하에 행정정보공동이용센터를 둘 수 있다.(제22조 제4항) 정보통신망을 구축할 경우에는 "중앙사무관장기관의 장은 정보통신부장관과 협의하여 행정기관을 통합·연계하는 정보통신망의 구축·운영방안을 마련하여야" 한다.(제26조 제1항)

행정정보의 공동이용과제는 단순히 현행 정보뿐만 아니라 과거의 행정경험이나 자료 등도 당해 행정기관은 물론이고 다른 행정기관에게도 유용한 경우가 많으므로 정보자원관리가 필수적인 요소이다. 그러나, 전자정부법은 정보공동이용의 범위와 정보목록의 작성에 대하여 각 행정기관에 권한을 부여하고 있을 뿐 의무를 부여하고 있지는 않으므로, 어느 정도까지 행정정보의 공동이용이 이루어져야 하는지에 대한 결정은 각 행정기관의 재량에 맡겨져 있다. 현재 정부가 추진하고 있는 '공공기관간 정보공동이용시스템'이 행정정보의 공동이용을 활성화시키기 위해서는 국민생활에 중요한 정보에 대해서는 의무적으로 전자화하고 상호 연계되도록 하여야 할 것이다.

한편, 각 행정기관간에 중복된 기존의 업무 절차와 과정을 제거하기 위해 행정기관의 업무를 재설계하여야 한다.(제24조 제1항) 전자정부작업을 위해서는 표준화작업이 필요한데, 중앙사무관장기관의 장은 전자공문서, 행정코드 및 행정기관에서 공통적으로 사용되는 행정업무용 컴퓨터 등의 표준화를 위하여 필요한 조치를 할 수 있다.(제25조)

2) 능률형 전자정부와 개인정보보호

능률형 전자정부에서 행정정보에 포함된 개인정보가 우선 인쇄매체가 아니라 정보시스템에 의한 디지털 정보로 생산되거나 변환되므로, 해킹이나 바이러스 기술 등의 발달로 개인정보의 불법유출이나 파괴, 무단공개 및 위·변조 가능성을 훨씬 높이고 있다. 이로 인해 전자문서로 저장되는 행정정보망에서 개인은 전혀 알지도 못한 채 자신의 토지재산권을 상실하거나 이혼당한 것으로 되거나 악성 범죄행위자로 둔갑할 가능성이 있다. 따라서 능률형 전자정부에서는 정보시스템에 대해 국제표준에 맞는 안전기준을 설정하고 대책을 준비하여야 한다. 해킹 및 컴퓨터바이러스 방지를 위하여 방화벽 개발 등 네트워크 보안대책과 인트라넷 내부 호스트 보안대책을 수립하고, 시스템 재난방지 및 복구대책을 수립하도록 하여야 한다. 또, 각 부처에서 생산된 전자문서의 안전관리를 위해 범정부적 종합 저장시스템을 마련해야 한다.

이를 위하여 전자정부법은 정보통신망 등의 보안대책 수립·시행에 관하여 규정하고 있는데, 행정기관의 장에게 전자정부의 구현에 요구되는 정보통신망과 행정정보 등의 안전성 및 신뢰성 확보를 위한 보안대책을 마련하여 시행하도록 하고 있다.(제27조 제1, 2항) 정보화촉진기본법도 이러한 위험성을 인식하고 '정보보호'개념을 정의하여 ""정보보호"라 함은 정보의 수집·가공·저장·검색·송신·수신중에 정보의 훼손·변조·유출등을 방지하기 위한 관리적·기술적 수단(이하 "정보보호시스템"이라 한다)을 강구하는 것을 말한다"고 하면서,(제2조 제4호) 정부는 정보의 안전한 유통을 위하여 암호기술의 개발과 이용을 촉진하고 안전조치를 강구해야 한다고 규정한다.(제14조) 이러한 안전조치에는 송신자의 신분을 확인하고 송수신사실을 부인할 수 없도록 하는 조치도 포함되어야 한다.[12] "정보보호시책을 효율적으로 추진하기 위하여 한국정보보호센터(이하 "보호센터"라 한다)를 설립"(제14조의2)해야 한다. 한편, 전자정

[12) 임채호/이홍섭, 전자정부에서의 정보보호기반구축, 1998 한국행정학회 추계학술대회, 7면 이하 참조. kapa. dongeui.ac.kr(한국행정학회 홈페이지)에 실려 있는 논문의 페이지숫자를 그대로 인용했다.

부와 정보사회는 상호 연결되어 있기 때문에 종합적인 제도적 접근이 필요하여 정보통신기반보호법이 입법예고되어 이의 제정을 위한 논의가 진행되고 있다.13)

2. 서비스형 정자정부와 개인정보보호

1) 서비스형 전자정부와 전자적 민원처리

서비스형 전자정부에서는 국민을 행정서비스의 고객으로 보는 입장에서 정부부문의 향상된 정보능력을 국민과 공유하면서 국민생활에 기여할 수 있는 것을 목적으로 한다. 기존의 민원처리방식은 민원인 본인이 필요한 구비서류를 준비하여 직접 관공서에 와서 이른바 담당공무원과 얼굴을 마주 대한 상태에서만 일이 진행되었다. 서비스형 전자정부는 24시간 민원서비스를 개방하고 민원정보 종합처리시스템에 의한 원스톱 행정서비스를 실시하기 위하여, 인터넷과 무인민원발급기(KIOSK) 등 행정서비스 전달수단을 다양화하여 시간과 장소에 구애받지 않고 민원서비스를 받을 수 있도록 함으로써, 기존의 대면적인 민원처리과정을 바꾸어 행정사무실과 가정의 거리를 없애려 한다. 이러한 민원서비스에는 등기, 호적, 주민등록 등본 등과 같은 전형적인 단순민원문서들뿐만 아니라 출생, 혼인, 사망 신고 등 각종 신고, 각종 자격증명서의 교부 및 토지, 건축, 선박 등의 등기 등 현재 민간부문에서 신청하여 발부받는 거의 모든 공문서까지 포함하려고 예정하고 있다.14) 민원인들이 인터넷을

---

13) 자세한 내용은 한국정보보호센타 홈페이지인 www.kisa.or.kr을 참조할 것. 특히 국가정보원의 지위와 역할이 문제되고 있다.
14) '정부대표전자민원실'(g4c.korea.go.kr) 한 곳만 방문하여 전자적 민원처리로 가능한 모든 민원을 처리하도록 하겠다는 것이다.

통해 행정기관의 홈페이지에 접속함으로써 자신들의 많은 민원사항을
처리할 수 있게 되면 민원사무와 관련된 정보의 부족, 대기시간, 잦은
방문, 복잡한 절차, 복잡하고 많은 서류의 요구 및 불친절 등을 겪지 않
게 될 것이고, 행정기관도 수집해야 할 정보에 대하여 제출의무가 있는
시민들에게 인터넷을 통하여 전자문서로 제출하게 함으로써 정보의 수
집과 분석정리에 있어 비용과 노력을 절감시킬 수 있게 될 것이며, 또
담당공무원입장에서도 방문자들과의 대화나 전화통화에 소요되는 시간
이 줄어들고 불만제기가 줄어들어 업무집중도를 높일 수 있게 될 것이
다. 직접적인 접촉의 기회가 줄어들므로 부패의 소지도 줄어든다. 이러
한 인터넷의 특성을 적절히 활용하기 위하여 전자정부법15) 은 전자민원
신청(제33조), 비방문민원처리(제34조), 전자통지(제36조)가 가능하도록
하였다. 또, 전자적 민원처리시스템을 구축함에 있어 정보의 누출과 변
경 가능성이 있으므로 신원확인의 문제가 해결되어야 하는데, 이를 위해
전자서명을 이용할 수 있도록 했다.(제35조) 관보에만 게재되고 있던 법
령과 행정규칙을 인터넷에도 게시하도록 했다.(제37조 제1항) 이밖에 국
민들이 과태료나 수수료 등을 전자화폐 등을 통하여 납부하고 행정기관
도 국민에 대한 급부를 정보통신망을 통하여 할 수 있는 법적 근거도 마
련하였다.(제38, 39조)

2) 서비스형 전자정부와 개인정보보호

서비스형 전자정부에서 정부와 개인간에 유통되는 개인정보는 인격권
적 성격과 재산권적 성격을 모두 가지고 있다. 개인정보소유자는 일반적
으로 자기에 관한 정보를 재산적 가치로 인식하기보다는 인격적 정보로
보는데 반해, 개인정보를 취급하는 사기업자들은 인격적 성격보다는 재

---

15) 전자적 민원처리에 대하여 전자정부법은 제4장 "대민 서비스의 전자화"(제33조에서
　　제39조까지)에서 규정하고 있다.

산권적 성격을 크게 인식하므로,16) 이들에 의하여 유출될 위험이 매우 높다.

개인정보의 예로는 주민등록번호나 운전면허정보와 같은 일반정보나 출생지나 배우자 등에 관한 가족정보는 물론이고 토지소유현황이나 주식소유현황과 같은 부동산 및 동산정보, 그리고 연봉 등에 관한 소득정보도 있다. 이와 같은 개인정보들이 전자정부가 촉진되면서 사기업자와 공무원의 결탁으로 유출되는 현상이 빈번해지면 국민들은 전자정부에 대한 불만과 불신을 가지게 될 것이고, 결국 전자적 민원처리가 기술적으로는 가능하지만 국민들이 외면하는 것이 될 수도 있다.

장래에는 개인정보보호 문제가 새로운 암호화 기술이나 시장속에서 자율적인 규제기준이 등장하면서 어느 정도 해소될 수 있는 여지도 있지만, 일정 사항에 대해서는 권리를 갖는 사람의 신청이 있을 때 그에게만 공개하는 방법을 취하는 경우도 고려해야 할 것이다.17) 만약 정보공개로 보호되는 공익이 관련 사인의 프라이버시의 보호범위를 명백히 초과하는 경우에 정부기관이 통제하는 개인정보는 그의 공개에 따른 이해관계인 또는 그 정보의 제공기관의 동의가 없더라도 공개할 수 있다는 견해도 있다.18)

전자정부법은 행정기관이 보유·관리하는 개인정보는 법령이 정하는

---

16) 황철중, 인터넷과 개인정보보호의 패러닥스, 정보화저널 1999년 06권 04호, 1999. 12. 1 참조.
17) 프라이버시의 보호를 위하여 OECD가 제시한 일반적 원칙은 시스템의 설계에서 고려해야 할 것이다. OECD는 수집제한의 원칙(Collection Limitation Principle), 데이터 질의 원칙(Data Quality Principle), 목적 구체성의 원칙(Purpose Specification Principle), 이용제한의 원칙(Use Limitation Principle), 안전성 확보의 원칙(Security Safeguards Principle), 공개의 원칙(Openness Principle), 개인참여의 원칙 (Participation Principle) 및 책임의 원칙(Accountability Principle)을 프라이버시보호의 일반적 원칙으로 제시하였다. 이에 관한 설명은, 박홍윤/윤견수, 공공부문에 있어서 개인정보의 공동이용에 따른 문제점과 해결방안, 정보화저널 1999년 06권03호(1999. 9. 1) 참조.
18) 정영화, 전자정부에서의 공공정보의 접근 및 유통, 공법연구 제27집 제2호(1999. 6), 308-309면.

경우를 제외하고는 당사자의 의사에 반하여 사용되어서는 아니된다는
개인정보보호의 원칙을 선언하고 있다.(제12조) 전자정부법에 이 규정이
등장하기 전에도 이미 민원사무처리에관한법률시행령 제38조의2 제2항
은 "행정기관의 장은 제1항의 규정에 의하여 민원사무를 처리할 경우
개인정보의 보호를 위하여 보안강화 기타 필요한 조치를 하여야 한다"
고 하여 개인정보보호조항을 두고 있었다. 그러나, 이러한 규정들에도
불구하고 보호해야 할 개인정보의 목록과 보호방법 등에 관한 세부사항
에 관해서는 여전히 불명확성이 존재하는데, 이것들을 보다 상세하게 규
정함으로써 보호여부에 따른 법적 불안을 해소해나가야 할 것이다.

III. 민주적 법치행정형 전자정부와 개인정보보호

1. 민주사회 및 정보사회에서 정책과정의 성격변화

1) 사회의 성격변화와 시민들의 불만 및 기대의 증가

권위주의사회에서는 정책결정자가 정책결정권과 정책정보를 독점하
고 위에서 아래로 일방적으로 밀어붙이면 되는 것으로 이해했다. 이러한
사회에서는 어떤 정책으로 인해 불리한 영향을 받는 집단이 있어도 이
들의 반대로 정책집행이 이루어지지 못하는 일은 거의 없었다. 이는 권
위주의적인 행정환경에서는 정책에 대한 관련집단의 이해대립의 표출이
나 반대를 강압적인 방법으로 통제하고 억압할 수 있었기 때문이다. 그
러나 민주사회로의 변화와 정보사회의 도래는 정책환경을 급속도로 바
꾸어 놓았다. 민주사회에서는 이해가 대립되는 시민들과 집단들이 정책
과정에 자유롭게 적극적으로 개입할 수 있기 때문에 이들의 반대나 이
해대립이 조정되지 않으면 정책의 집행이 어렵게 된다.

정보사회에 의해 시민들에게 정부정보에 대한 접근기회가 많아지고 시민들 상호간의 토론도 활발해지면서 정부에 대한 기대수준도 올라가게 된다. 특정 정책을 둘러싸고 인터넷을 통하여 시민들 스스로 사이버카페나 사이버모임을 쉽게 가질 수도 있게 되었다. 정책과정에 대해서도 신속한 공개와 사이버토론방을 통한 참가를 보다 강하게 주장하게 될 것이고, 인터넷의 익명성으로 인해 시민들이 사용하는 언어도 점점 더 거칠어지고 공격적이 되어가고 있다. 최근 우리 사회의 직업안정성이 현저히 떨어지면서 시민들은 자신들의 현재와 미래에 대한 불안과 걱정을 가지고 있어서 정부에 대해 표출하는 불만과 저항도 매우 거세지고 있는데, 폭발적인 감정의 분출이 정책담당자와 공무원들을 매우 당황하게 하는 경우가 점점 많아지고 있다. 그러나, 정부는 이러한 사회적 감정도 명백히 정책환경을 이루는 것으로 문제해결과정에서 새로운 변수로서 점점 중요해지고 있다는 점을 인식해야 한다. 감정은 에너지를 가지고 있을 뿐만 아니라 빠르게 확산되는 전염성을 가지고 있고, 또 새로운 에너지를 만들어내어 순식간에 현실을 지배하는 경우가 많기 때문에, 감정이 정책의 장애로 돌변하게 되면 중장기적으로 긴요한 정책도 단기적인 장애를 극복하지 못해 실패하게 된다.

2) 의사소통과정으로서 정책과정

민주사회에서는 정책과정을 정부와 시민사이의 의사소통과정으로 이해하는 것이 필요하다.

정부는 정책과정에서 사회와 충실한 의사소통을 통해 시민들이 직면하고 있는 불안과 기대를 이해하고 각자가 계획에 의해 그것들을 극복할 수 있는 가능성을 열어줌으로써 미래에 대한 방향감각상실로 무작정 반대하고 저항하는 혼돈을 방지하여야 한다.

현대사회에서 정부는 어떤 정책을 전개하더라도 도시화된 산업사회가 보여주는 다양한 이해충돌현상 때문에 반드시 해당 정책에 의하여 불리한 영향을 받게 될 것이라고 생각하는 집단의 반발에 직면하게 된다. 그러나, 이러한 반발에도 불구하고 보호해야 할 공익을 위해서는 다른 다수 시민들의 지지가 매우 중요하다. 시민들은 위협적이고 부정적인 집단으로부터 공익을 방어해야 하는 정부의 중요한 지원세력이 된다. 따라서, 정부는 새로운 민주적 잠재력과 자원을 발굴하고 공익을 위해 개인적·사회적 에너지를 활성화시킴으로써 일부 집단의 기득권옹호시도들을 극복하여야 한다. 반대자들과도 적극적인 의사소통을 통해 감정적인 장벽과 개인적·집단적 편견을 긍정적인 에너지로 바꾸어 해결이 어려운 사회적 난제해결을 위한 새로운 자원으로 활용하여야 한다. 인간심리에 있어 인지적 측면과 감정적인 측면은 그 분리가 어려우므로 의사소통과정에서 감정이 문제해결에 긍정적 기능을 하고 사회의 통합에 기여하도록 노력하여야 한다. 미래사회는 이 감정에너지의 활용이 정책의 성패를 결정하는 중요요소가 될 것이다.[19]

정책담당자들은 사전에 일방적으로 결정한 정책내용을 집행하려 하지 말고 정책의 내용과 결과에 대한 합의를 증가시켜 정책집행환경의 안정성을 강화하여야 한다. 사회갈등의 조정능력과 화해능력을 중시하여야 한다. 이러한 과정을 통해 개인들은 자신의 미래를 설계하고 위험에 대비할 수 있게 된다. 이로 인해 정책내용을 사전에 구체화하기 어려운 경우가 많고 추상적인 기준을 계속적으로 조정하면서 구체화하는 것이 불가피해지더라도 그것을 받아들이고 그 상황에 대비하여야 한다.

---

19) Hermann Hill, Kommunikative Problembewältigung bei umweltrelevanten Großvorhaven, DÖV, 1994, SS.283-285.; Hermann Hill, Staatskommunikation, JZ 1993, S.335.; Reiner Pitschas, Verwaltungsverantwortung und Verwaltungsverfahren, 1990, S.372.

2. 민주적 법치행정형 전자정부

능률형 및 서비스형 전자정부도 정부의 생산성과 시민편의를 위해 필요한 것이기는 하지만, 이러한 유형의 전자정부를 위해서는 적어도 단기적으로는 재정지출이 상당 부분 증가하게 되므로, 사회경제적 위기상황에서 이러한 유형의 전자정부가 반드시 추진되어야 하는가, 추진해야 한다면 그 과제들이 전자정부가 달성해야 할 가장 중요한 기능인가 하는 문제가 제기되어야 한다. 이 점에서 우리 행정의 기본적 지향점인 민주행정과 법치행정의 강화관점에서 현재의 전자정부법에 대한 비판과 검토를 통해 전자정부가 지향해야 할 방향을 다시 검토해볼 필요가 있다.

민주행정은 현대행정의 포기할 수 없는 핵심적 과제이다. 전자정부에서 시민은 인터넷과 같은 쌍방향성 전자매체를 통해 개개의 주권자로서 능동적으로 정책과정에 참여할 수 있으므로, 정부와 시민간의 의사소통을 보다 활성화시켜 직접민주주의의 요소를 강화시킬 수 있게 된다.[20] 이러한 관점에서는 전자정부가 단순히 비용절감을 통한 생산성향상 목표에서 한 걸음 더 나아가 시민의 참여도 제고와 민주주의의 심화라는 보다 상위의 목표를 추구하는 정부개혁운동이 되어야 한다.[21] 이러한 인식하에 전자투표를 중심으로 직접민주주의의 활성화방안[22]도 다루어졌는데, 이러한 시도는 행정정보의 공동이용이나 전자적 민원처리와 같은 과제이외도 전자정부의 중요한 과제가 있음을 보여주었다.

---

20) 성락인, 인터넷과 헌법상의 과제, 법제연구 제18호(2000. 6), 12-17면 참조.
21) 방석현, 전자정부 유형론과 한국 전자정부구상에 대한 평가, 행정논총 36(2), 1998. 12-65면도 전자정부유형을 능률형 전자정부, 서비스형 전자정부와 민주형 전자정부로 나누면서 궁극적으로 지향해야 할 단계는 민주형 전자정부라고 한다.
22) 임지봉, 전자투표에 관한 법제정비에 대한 연구, 전자정부구현을 위한 법제동향과 과제, 한국법제연구원, 2000.10.24, 12면은 국회에서 선거법 등의 표결에서 전자투표방식이 이용되면서 개개인의 표결결과가 공개되어 표결에 영향을 미치고 책임정치를 강화할 수 있다고 한다.

그러나, 국가사회의 위기가 심화되고 국가사회의 진로와 관련된 핵심 정책들의 실패가 자주 목격되는 오늘날, 단순한 시민참가[23] 가 아니라 핵심정책들의 통제를 위한 전자정부의 가능성에 대한 논의는 필요함에도 불구하고 그것을 검토한 글은 매우 드물다. 현재의 국가사회의 위기상황에서 국가정책실패에 대한 보다 실효적인 비판을 위해서는 정책실패방지를 위한 정책권력의 제한과 통제를 직접적으로 다룰 수 있어야 한다. 법치행정은 우리 행정이 포기해서는 안될 기본적 지향점으로서 정책과정에 있어서 정책권력의 남용에 대한 제한과 통제를 그 핵심과제로 하는데, 전자정부도 법치행정을 위하여 정책권력의 제한과 통제, 특히, 국가정책의 공개와 투명성보장을 위하여 이바지함으로써 하여야 한다. "진정한 법치주의는 국가내의 행위가 모두 개방·공개될 때에만 실현되는 것이고, 폐쇄성·비밀성은 곧 법치주의의 왜곡"[24]과 정경유착을 야기하므로, 정책에 있어서도 밀실행정을 극복하여 투명성을 보장하여야 할 것이다.

이제 정보기술에 의해 다수의 시민들에게 대량의 정보를 신속하게 전달할 수 있게 되었다. 이로 인해 국민들에게 정책과정을 신속하게 공개하려 할 때 부딪혔던 장애가 크게 제거되었고 동시에 정책정보에 대한 국민들의 기대수준도 함께 높아졌다. 이 기술을 정책권력의 제한과 통제를 위해 적절하게 이용하여 시민의 기본권과 관련된 핵심 정책들에 있어 정책결정자의 정책정보독점과 시민에 대한 일방적 우위를 견제함으로써 국회와 시민들에게 필요한 정보가 신속하게 공개되도록 하여야 한다.

---

23) 그 동안 시민들은 자신의 자유와 생존에 중대한 영향을 미치는 정책과 입법의 과정에서 소외되어 오면서, 행정에 대한 뿌리깊은 불신을 가지고 있었는데, 전자정부법이 제정되면서 인터넷을 이용하여 직접 자신의 불만과 의견을 주장할 수 있기를 기대하고 있다.

24) 박정훈, 행정부패와 행정법적 집단분쟁-병리적 행정현실에 대응한 법윤리적 행정법학 방법론의 모색-, 법학 제39권 1호, 1998, 104, 105면. 법치주의에 대한 이해에 있어 공개성이라는 절차적·형식적 요소를 중시하던 칸트의 입장과는 달리, 독일 공법학은 입헌군주정과의 타협의 산물로서 실체적 요소를 중시하는 입장에서 구체화되었는데, 다시 공개성을 법치주의의 원동력으로 파악한 사람이 하버마스라고 하고 있다.

민주적 법치행정형 전자정부는 정책과정을 비롯한 행정과정의 공개와 시민참가를 전자정부의 주요과제로 인식하는 정부이다.25) 특히 국민의 기본권에 중대한 영향을 미치는 핵심정책들에 대한 공개와 시민참가를 중시한다. 전자정부정책이 외국의 흐름만을 무조건 추종하는 것이어서는 국민들로부터 필요한 지지를 받지 못하여 유행이 지나면 사장되거나 재정부담만을 안겨주는 정책으로 돌변하지도 모른다. 국가와 사회의 위기상황에서 핵심적 국내수요에 적극 대응하여 국내적 필요성을 담는 노력을 함으로써 여론의 지지를 받아야 한다.26)

3. 정책과정정보의 부존재에 의한 개인정보침해와 정부기록의 관리

1) 정책과정정보의 부존재에 의한 개인정보침해

개인의 기본권에 관련된 정책과정에 관한 정보의 부존재가 개인의 자기정보보호권을 침해할 수 있다. 그 동안 정책결정자들의 폐쇄성과 기록

---

25) Robert G.Vaughn, Federal Information Policy and Administrative Law, in ; Rosenbloom/Schwartz(ed.), Handbook of Regulation and Administrative Law, 1994, pp.467-484 는 추구하는 목적에 따라 정보정책의 이념형적 유형을 세가지로 나누고 있는데, 실체법의 기준과 절차법의 준수를 강조하는 법의지배형(Rule of Law Ideal), 시민참가를 강조하는 민주절차형(Democratic Process Ideal) 과 공공목적형(Public Purposes Ideal) 으로 나누고 있다. 민주적 법치행정형 전자정부는 법의지배형과 민주절차형을 결합시킨 모델이다. ; Rainer Pitschas, Allgemeines Verwaltungsrecht als Teil der öffentlichen Informationsordnung, in, ; Hoffmann-Riem/Schmidt-Aßmann/Schuppert (Hg.), Reform des Allgemeinen Verwaltungsrechts, 1993, S.296은 공개적 의사소통에 대해 국가권력의 남용을 막고 시민참가를 가능하게 하는 민주적 법치국가의 핵심적 요소라고 강조한다.

26) 정용덕, 한국적 국정관리와 국가경쟁력, 한국행정연구원/행정자치부 공동주최 국제학술회의 (건국50년 회고와 전망) 발표논문. 1998. 8.

문화의 부재가 한국사회 고유의 정책정보의 확인곤란과 부족을 야기했다. 정책결정자와 이해관계인들이 폐쇄적인 공간에서 구두대화로 논의하고 결정할 뿐 기록자체를 하지 않았었다. 정책결정당시뿐만 아니라 그후에 국회의 청문회를 하더라도 정확한 정보파악을 할 수 없고, 나중에 학자들이 그 당시의 정책결정과정을 분석하고자 하여도 기록자체가 존재하지 않은 경우가 많았다. 이것은 정책의 합리성을 개선시키고 더 나아가 역사적으로 공과를 판단하며 정확한 한국사를 기록하는 데 중요한 장애요소가 되고 있다. 또, 개인들은 어떤 정책추진과정에서 자신의 친족이 민주화운동 등의 이유로 인명을 잃거나 정치적 탄압으로 수천억원 상당의 기업주식을 소각당해도 그 당시의 정책담당자들에 대한 책임추궁을 하기가 대단히 어려웠다. 그 동안 국가에 불리하지만 개인에게는 절실한 피해정보가 존재하지 않거나 말소되어 불행한 삶을 보상도 받지 못하고 살아가는 사람들을 우리는 너무도 많이 보아왔음에도 국가권력에 의한 개인정보말소를 개인정보보호의 한 유형으로 인식하지 못했었다. 따라서 정책과 관련된 자기관련정보에 대해서는 철저하게 기록으로 남기도록 강제하는 것이 필요하다.

이러한 목적으로 공공기관의기록물관리에관한법률(이하 기록관리법이라 인용.) 제13조 제1항은 "대통령과 그 보좌기관이 대통령의 직무수행과 관련하여 생산 또는 접수한 모든 기록물은 중앙기록물관리기관의 장이 이를 수집하여 보존하여야 한다"고 규정하였고, 무단으로 폐기·훼손하지 못하게 하며,(제13조 제2항) 대통령임기종료 6월 전부터 대통령관련기록물을 수집하여 보존하도록 하고 있다.(제13조 제4항) 그리고 모든 공무원에 대하여 공공기관의 기록물을 보호할 의무를 지우고 있다.(제2조)

2) 정책과정에 관한 정부기록의 생산·관리의 법적 구조

정부가 정책과정에 관한 기록을 가지고 있지 않다면 공개는 매우 힘들게 되고, 전문가들이나 다른 정책결정자들도 해당 정책에 관한 자료를 충실히 수집하여 다른 정책의 분석을 위한 참고자료로 활용하기 어렵게 된다. 기록관리법27)의 목적은 직접적으로는 국가나 지방자치단체와 같은 공공기관의 기록생산, 기록보존과 기록정보의 효율적 활용이지만, 공개대상문서에 대한 기록의 생산과 관리를 의무지움으로써 간접적으로는 공공기관 운영의 투명성을 보장하려는 것이다. 이 법은 공공기록의 생산 강제, 기록관리전문기관의 설립, 기록관리 전산화 등의 체계적인 시스템 도입, 기록관리전문인력의 배치, 처벌조항 등을 포함하여, 단순한 기록 보존의 차원을 넘어 생산·수집·정리·평가·보존·활용에 이르는 기록의 생애 전과정을 과학적으로 관리하는 것을 목표로 하고 있다.28)

기록관리문서에는 공공기관이 작성한 것뿐만 아니라 접수한 것까지 포함하고, 기록물관리활동이란 기록물의 수집·보존·활용 및 이에 부수되는 제반활동을 말하는데, 모든 공무원은 "공공기관의 기록물을 보호할 의무를 진다".(제3조) 기록관리법시행령은 정책문서로서 기록하고 보존해야 할 문서를 규정하고 있는데, "법령의 제정 또는 개정이나 이에 상당하는 주요 정책의 결정 또는 변경"(제1호)을 할 때와 "행정절차법에 의하여 행정예고를 하여야 하는 사항"(제2호)에 대해서는 사전에 조사·연구 또는 검토서를 작성하여 보존하여야 한다고 한다.(동시행령 제7조 제1항) 조사·연구 또는 검토서에는 발단경위, 제안자 등 관련자의 소속·직급 및 성명, 기관장 또는 관계기관의 지시·지침 또는 의견, 관련 현황과 검토내용, 각종 대안과 조치의견, 예상되는 효과 또는 결과의 분석 등이 포함되어야 한다.(동시행령 제7조 제2항) 이에 따라 정책과정에 있

---

27) 법명은 공공기관의기록물관리에관한법률이다. 1999년 1월 29일 법률 제5709호로 제정되고 2000년 1월 1일부터 시행되었는데, 이와 같이 이례적으로 제정이후 시행까지의 기간을 길게 잡은 것은 그 동안 한국 행정에서 기록의 생산과 관리에 얼마나 많은 문제가 있었는가, 그 개선이 얼마나 힘드는가를 보여주는 증거라 할 것이다.

28) 김익한, 기록관리법의 시행과 국회 기록관리, 국회보 2000. 1.

어서 정책과 관련한 최초의 제안자, 그 배경 및 고려되었던 대안들과 예
상효과 등이 기록되어야 하지만, 기록관리법 제2조 제3호에 따라 기록속
에는 공공기관이 생산한 것뿐만 아니라 접수한 문서 등도 포함되므로,
민간전문가들에 의하여 제출된 의견이나 시민단체들의 항의, 외국의 유
사정책에 관하여 수집한 자료, 행정자신의 과거 유사정책에 관해 검토한
보고서 등도 기록관리의 대상이 될 것이다. 그리고 당해 정책과 관련하
여 개최된 관계공무원들의 회의로서 기록으로 작성해야 하는 것들에는
대통령 또는 국무총리가 참석하는 회의뿐만 아니라 차관급 이상의 주요
직위자가 참석하는 정당과의 업무협의를 위한 회의, 정책에 관한 심의
또는 의견조정을 목적으로 관계기관의 국장급 이상 공무원 3인 이상이
참석하여 행하는 회의 등도 포함된다.(동시행령 제8조 제1항)

   한편, 사무관리규정은 "정책실명제"를 보장하고 있는데, 제1항에서
"주요정책의 결정 및 집행과정에 참여한 관련자의 소속·직급 및 성명과
그 의견"과, "주요정책의 결정 및 집행과 관련된 각종 계획서, 보고서,
회의·공청회·세미나 관련 준비자료 및 토의내용"을 기록·보존하여야 하
고,(제34조의2 제1항) "행정기관의 장은 주요정책의 결성을 위하여 공청
회·세미나·관계자회의 등을 개최하는 경우에는 개회일시·참석자·발언
내용·결정사항·표결내용 등을 처리과의 직원으로 하여금 기록하게 하여
야 한다".(제34조의2 제2항) 또, "정책자료집"도 발간하여야 하는데, 행
정기관의 장이 주요 국정현안 사항, 대규모의 국책공사 기타 대규모의
예산이 투입되는 사업에 대해서는 정책자료집을 만들어야 하고, 이 정책
자료집에는 추진배경, 추진경과, 그리고 계획에서부터 시행·완결까지에
관련된 계획서, 관계자별 업무분담내용, 공청회, 세미나 및 관계자회의
기록, 정책 및 사업을 변경할 경우 변경경위, 관련자 및 관련기록이 포
함되어야 한다.(사무관리규정 제34조의3 제1, 2항)

   이상에서 정책과정에 관한 기록의 생산과 관리를 중심으로 기록관리
법과 그 시행령, 그리고 사무관리규정의 내용을 검토하였는데, 그 특징

은 적어도 주요 정책에 관해서는 현행법상 정부 스스로가 생산한 정책결정과 정책집행에 관한 정보는 고위 행정공무원의 것뿐만 아니라 집행공무원의 것까지도 기록으로 작성하여 보존하도록 하였다는 점이다. 또, 정부에 제출된 정책정보도 모두 기록으로 생산되고 보존되어야 한다. 따라서, 다시 군사정권이 들어서거나 인권탄압이 이루어진다고 하더라도 문제된 정책과정과 권력자들의 의사결정이 사후적으로 확인될 수 있게 하는 법적 장치는 마련하였다. 이러한 법내용으로 보건대, 현행법상으로도 주요 정책에 관한 한 정책과정에 대한 기록의 생산과 관리의 법적 구조는 상당히 충실하다고 볼 수 있다. 그러나, 이러한 법적 규율을 공공기관이 충실히 준수하고 있는가는 별개의 문제이다. 기록문화가 정착되지 않은 상황에서 기록관리를 강제하기 위하여 법이 제정되었지만 공공기관들은 이 법의 의의를 충분히 이해하고 있지도 않고, 그의 시행을 위한 충분한 노력을 기울이고 있지도 않다.[29]

4. 정책과정의 과소공개에 의한 개인정보침해와 정책과정의 공개

1) 정책과정의 과소공개에 의한 개인정보침해

개인의 기본권과 관련된 정책정보의 과소공개 내지 비공개가 개인의 자기관련 정보형성에의 참가권을 침해할 수 있다. 정부와 사회의 경제규모가 커지면서 정책의 필요여부, 그 내용 및 방향 등의 판단에 따라 개인의 기본권은 중대한 영향을 받게 된다. 정책실패는 수조원대의 재정손실을 야기하여 국민경제 전체의 침체를 가져올 뿐만 아니라 개인들의 직업과 재산에도 치명적인 영향을 미치는 것이 일상화되어가고 있다.[30]

---

29) 같은 평가는 김익한, 기록관리법의 시행과 국회 기록관리, 국회보 2000. 1.

정책과정에 있어 인치주의를 극복하기 위해 정책을 공개하고 투명성을 보장하는 것은, 정책실패에 의해 개인에게 중대한 피해가 발생하기 전에 자기관련정보를 충실히 파악하여 대비하고, 더 나아가 정책담당자에 의한 정책정보의 수집에 참가할 수 있는 기회를 갖기 위해서 점점 더 중요해지고 있다. 최근의 경제위기를 통해 수많은 실업자가 양산되고 가정파탄이 일어나면서 국민들은 이러한 과정을 뼈아프게 경험했다. 그럼에도 불구하고 핵심정책의 형성과 집행과정에서 자신의 지역이나 자신과 관련된 정책정보의 공개에 관한 논의가 드문 것은 이러한 논의가 대부분 현재의 정책결정자를 비판하여 그 권력을 제한해야 되기 때문이다. 따라서, 공무원들에게 그것을 지적하기를 기대하거나 능동적으로 수용하기를 기대하기는 어렵지만, 비판의 자유가 보장되는 민주사회에서 학자에게 부과된 고유의 중요한 임무가 되어야 할 것이다.

2) 정책과정의 공개

정책통제의 방법으로서 실체적 통제는 현대사회의 복잡성, 다양성 및 가변성 때문에 구체적 합리성여부를 판단하기 어려워 한계에 부딪치고 있다. 계량적 접근방법이 새로이 주목받고 있으나 다양한 이익들에 대한 가중치의 부여과정에서 합리성을 보장하기가 어려운 점은 마찬가지이다.31) 특정 정책이 추구하는 공익이 법규범이나 정책지침에 의하여 그

---

30) 주식시장에 참가하는 주식투자자들은 시장에 영향을 미치는 정부정책을 남보다 신속하게 아는 것이 곧바로 자신의 재산적 손익에 영향을 미친다는 것을 누구보다도 더 실감하고 있다. 우리의 경우 정보의 과소공개문제는 미국 등 선진국과 비교할 때, 정부뿐만 아니라 기업들의 경우에도 심각한 문제이다. 허위정보제공이나 지체제공 또는 비공개 등을 이용한 주가조작이 주식시장을 병들게 하고 있는 것이다.

31) Robert G.Vaughn, Federal Information Policy and Administrative Law, in ; Rosenbloom/Schwartz(ed.), Handbook of Regulation and Administrative Law, 1994, pp.467-484. 공공목적형(Public Purposes Ideal)은 도구주의적 태도를 취하면서 비용편익분석과 같은 계량적 분석을 활용하는데, 단점으로는 매우 복잡한 정책문제들을

내용이 정해진다 하더라도 그 내용은 매우 불완전하기 때문에 불문형태로 존재하는 다양한 가치와 다양한 세계관을 가진 시민들의 토론과 설득을 거쳐 형성되는 사회의 지배Ethos에 의해 구체화되고 보완되며 정당성이 인정되어야 한다.32) 이런 점에서 정책과정에 있어 적정성을 담보해줄 수 있는 절차적 통제방법은 매우 중요한 의미를 갖는다. 행정절차법은 처분절차에 있어 사전의견제출기회의 보장과 사후이유제시제도에의한 절차적 통제를 그 핵심내용으로 가지고 있다. 그러나, 정책과정에있어서는 행정예고제나 공청회이외에 뚜렷한 절차적 통제방법을 규정하고 있지 않다.

(1) 정책의 투명성보장의 의의

정책의 투명성이란 '정책정보에 대한 접근이 가능하고, 책임이 명확하며, 시민들이 정책집행에 있어서 어떤 역할을 해야 하는지를 스스로 알수 있는 상태'라고 할 수 있다.33) 행정절차법 제5조는 "투명성"이라는 표제하에 "행정청이 행하는 행정작용은 그 내용이 구체적이고 명확하여야 하며"라고 규정하여 정책과정을 포함한 행정작용의 투명성이 보장되

분석하는 과정에서 분석기준이 무엇인지 모호해지고 실질적 내용과 기준을 제시하지 못하며 분석자의 주관적 편견에 따라 통제되지 않는 대형 정책부실을 낳을 우려도 있다. 최근의 의약분업과정에서 보건복지부는 계량적 분석모델에 따라 기대효과를 설명했지만 미래에 발생할 의사, 약사 및 국민들의 저항을 비용요소로 적절히 고려하지 못했다. 보건복지부 약무식품정책과, 의약분업 종합 편람, 2000. 11. 16. 의약품의 오남용 예방, 적정사용으로 약제비 등 경감, 환자의 알 권리 및 의약서비스 수준 향상, 제약산업 발전 및 의약품 유통구조 정상화 등 의약분업의 필요성과 기대효과를 강조하고 있다. 초기의 문헌으로는 연하청(한국보건사회연구원장), 의료보장 개혁과제와 정책방향,1994년 5월 31일 발표문 참조.

32) 최송화, 공익개념의 법문제화 : 행정법적 문제로서의 공익, 법학 제40권 제2호, 1999. 8, 46-48면.

33) Neal D. Finkelstein, Introduction : Transparency in Public Policy, in ; Transpareny in Public Policy, 2000, p.1.

어야 한다고 선언한다. 정책정보에 대한 접근이 가능하더라도 그 내용이 구체적이고 명확하지 않으면 시민들은 정책집행에 있어 어떤 역할을 수행해야 하는지를 스스로 알 수 없게 된다. 또, 정책담당자와 주요 이해관계인들에 대하여 책임을 추궁할 수 없게 된다.

투명한 정책이 더 나은 정책결과를 가져오는지, 가져온다면 어느 정도로 그러한지를 평가하기란 어렵다. 그러나, 정책에 관한 정보가 드러나지 않아 발생하는 문제는 우선 정책결정자 스스로의 정책결정내용의 합리성을 떨어뜨린다. IMF외환위기나 일본과의 어업협상과정에서도 두드러졌듯이 정책을 비롯한 행정결정의 내용이 합리적이기 위해서는 정책의 기초자료를 구성하는 정보가 정책결정자들과 정책분석에 참여하는 전문가들에게 정확하고 풍부하게 제공되어야 한다.34) 또, 정책의 투명성은 국민들의 재산과 기본권에 직·간접적인 영향을 미친다. 국민들의 기본권과 생활에 중대한 영향을 미치는 정책이 자신들에게 불리한 영향을 미치는지를 알고, 또 불리하더라도 그 피해를 공평하게 최소화하여 결정되고 집행되는지를 알며, 해당 정책의 책임자를 정확하게 발견하기 위해서는 먼저 그 정책의 투명성이 보장되어야 한다.

한편, 정책은 단절적인 것이라기 보다는 흐름이기 때문에 이 논문에서는 투명성의 문제를 정책과정속에서 이해하고자 한다. 정책과정의 투명성은 우선 정책과정이 공개되어야 하고, 공개되는 정책내용이 구체적이고 명확하여 국민들이 이해할 수 있으면서도 설득력이 있어야 한다. 따라서 정책과정의 투명성은 공개정도와 공개내용의 구체성 및 명확성

---

34) 정부의 위기대처능력의 부족원인은 단기적·직접적으로는 위기와 대응방안에 관한 핵심정보와 지식에 대한 관리실패에서 비롯된 것이라고 할 수 있다. 외환과 같이 국가경제에 치명적인 영향을 미칠 수 있는 사안에 관한 정보를 적기에 포착하고, 그것이 즉각 핵심 정책결정자들에게 통보되고 그 문제해결에 필요한 고도의 관련지식들이 입체적으로 동원될 수 있었다면 경제위기가 지금과 같이 치명적 영향을 미치지 않았을 수도 있는 것이다. 황성돈, 지식정부의 미래모습과 정책과제, 한국행정연구 2000년 봄호, 제9권 1호, 239면.

의 정도에 달린 문제이기는 하지만, 우선적이고 전제적인 요소는 공개정
도라고 할 수 있다. 왜냐하면, 공개되지 않으면 그 내용의 구체성과 명
확성을 평가할 수도 없기 때문이다.

(2) 정책과정의 공개

정보의 공유여부가 곧 권력의 향방을 결정짓는 정보사회에서 그 동안
폐쇄적 과정이었던 정책과정에 대한 시민단체들의 비판이 점증하고 있
다. 공공기관들의 정보공개실태에 관해 조사한 보고서는 상당수 공공기
관이 정보공개청구에 대비한 주요 문서목록을 준비해 놓지 않는 등 보
존문서가 체계적으로 관리되지 않아 자료가 없거나 찾지 못해 공개하지
못하는 경우가 많고,[35] 공무원의 불친절과 적대적 대응으로 공개청구의
접수가 곤란하거나 부실한 내용의 답변을 얻을 경우가 많으며, 자발적으
로 공개한 정보가 적어 국민이 막연한 상태에서 공개청구를 할 수밖에
없다고 지적한다. 중요 정책에 관한 정보는 전자문서로 되어 있지 않고
구두로 논의될 뿐 기록도 되지 않거나 종이문서로 존재한다. 중요한 정
책정보일수록 더 엄격하게 비밀로 보호되고 있어 시민들에게 알려지는
것은 반대집단들에 의한 강력한 요구나 내부자의 비밀누설에 의해 우연
히 드러난다. 정부가 정책정보를 공개하지 않는 방법은 여러 가지가 있
을 수 있다. 진실하지만 중요도가 낮은 것만 선택적으로 편집해 공개하
거나, 허위의 자료를 공개하거나, 내부 처리하고 공개하지 않거나, 진실

---

35) 정윤수, 초고속정보통신시대의 정보공개 : 서울시 운영사례를 중심으로, 정책분석평
　　가학회보 9(1), 1999, 60-64면. 서울시가 1998년 비공개처분한 41건을 유형별로 보
　　면, 보존연한경과로 인한 폐기가 2건, 공정한 업무수행지장이 2건, 진행중인 재판과
　　관련된 것이 5건, 타인의 재산과 관련된 것이 2건, 제3자로부터 동의를 얻지 못한
　　것이 1건, 그리고 '자료없음'이 30건에 이른다. 자료없음은 비공개처분의 71%를 차
　　지하고 있는데, 이 중의 상당부분은 비체계적인 보존문서관리로 인해 문서를 찾지
　　못한 경우일 것으로 추측하고 있다.

보다 축소 공개가 되도록 부당한 압력을 행사하거나, 정보공개의 요구를 거부하고 국민이 잘못 알고 있는 것에 대해 침묵할 수도 있다.36)

정책정보공개문제의 성질은 기술문제가 아니라 정책결정자의 태도에 달린 권력문제(Machtproblem)이기 때문에 정책정보공개를 강제하는 방법으로는 법을 제정하는 것이 효과적이다. 입법을 통하여 정책결정자의 정책정보공개를 의무지우지 않는 한 우연적 정보는 매우 빈약하고 불완전하다.37) 그러나, 입법의 내용이 정책과정에 대한 접근이 특정된 일부의 사람들에게만 가능하고 시민이나 시민단체들에게는 가능하지 않도록 제정될 수도 있다. 이렇게 되면 정책과정의 조사에 참가하는 자들이 매우 소수이면서 시민들의 감시속에 있지 않을 뿐만 아니라, 그들이 이용하는 조사기준들이 극히 주관적인 것일 뿐 객관적 정당성을 갖지 못할 위험성도 있는데, 이 경우는 정책정보에 대한 접근이 가능한 소수의 사람들이 정책결정자나 정책집행자의 책임회피수단으로 기능할 가능성이 높다. 또, 제정된 법에 의해 정책과정의 특정 부분은 공개되지만, 정책과정 중의 다른 부분은 여전히 공개대상이 아닐 수 있다.38) 민주주의와 법치주의가 권력에 대한 불신과 견제에서 비롯된 것에서 알 수 있듯이 정책결정자에 대한 통제는 비공개되고 있는 정보에 대한 불신과 행정실패의 잠재적 위험요소들에 대한 지적으로부터 시작되어야 하며,39) 정책과

---

36) 박흥식, 정부은폐, 1998, 한국행정학회 동계학술대회, 548면.

37) H.P.Bull, Telekommunikative Traum-Demokratie?−Auswirkungen der Informations-technik auf die verfassungsmäßige Ordnung−, in ; Alexander Roßnagel (Hg.), Freiheit in Griff, S.43.

38) Neal D. Finkelstein, Introduction : Transparency in Public Policy, in ; Transpareny in Public Policy, 2000, pp.2-3.

39) Ingeborg E. Schäfer, Demokratische Kontrolle der öffentlichen Verwaltung als Strategie, DV, 1993, SS.51-53. 대처 영국 수상이나 레이건 미국 대통령의 행정개혁도 전략적으로 행정에 대한 불신의 기초위에서 개혁을 시도했기 때문에 성공했다고 평가하고 있는 점은 흥미롭다. 다만 이 논문은 대형 정책실패가 정책권력자 자신에 의해서도 야기될 수 있으므로 그에 대한 불신과 비판이 필요함에 대해서는 언급하고 있지 않다.

정의 투명성이 보장될 때까지 지속적인 비판이 이루어져야 한다.

정책과정의 공개정도는 정책과정의 공개범위, 불특정다수의 국민들에게 정책과정에 대한 접근권이 보장되고 있는지의 여부에 달려있다. 정책과정에서 비공개되고 폐쇄적인 범위가 넓을수록 공개정도는 낮고, 불특정한 국민이 아닌 특정한 사람들에게만 접근권이 인정될수록 공개정도가 낮아진다. 누구나 듣거나 보아서 정책과정에 대하여 알 수 있는 일반적 접근권이 보장되어 있을 때, 가장 공개정도가 높아지게 된다.40) 정책과정공개의 유형도 몇 가지로 나누어 볼 수 있다.41) 첫째, 공개의 대상이나 활동을 불특정다수의 사람들이 직접 인식할 수 있는 직접적 공개와, 공개의 대상이나 활동이 제3의 매개자를 통하여 간접적으로 인식되는 간접적 공개로 나누어 볼 수 있다. 매개자가 개입하는 이유는 공개의 대상이나 활동 그 자체는 비밀로 보호되어 국민들이 직접 접근할 수 없기 때문이다. 다만, 정보가 공개된다는 것은 최초의 시점에서는 항상 직접적인 공개행위가 있었다는 것을 전제로 한다. 실무상으로는 시민단체나 기자들이 직접적인 정책정보를 획득하여 그 일부를 국민들에게 다시 알리거나 정책결정자가 아닌 다른 집행공무원들이 정책과정의 정보 중 일부만을 편집해서 공개하므로, 국민들은 간접적 공개를 통하여 정책정보를 획득하는 것이 보통이다. 둘째, 동시의(pararelle) 공개와 사후적 공개로 나누어 볼 수 있다. 동시의 공개는 정책과정에서의 논의가 동시에 인터넷이나 텔레비전 또는 라디오를 통해 진행됨으로써 불특정다수의 국민들이 즉시 정책에 관한 논의내용들을 알 수 있는 경우이다. 사후적 공개는 정책에 관한 구두의 논의 자체에 관한 정보를 동시에 획득할 수는 없지만, 사후적으로 문서를 통해 정보를 얻을 수는 있으나, 그 정보는 문서에 기재되는 과정에서 정형화되고 요약되는 경우가 많아 세부적인 정보를 획득할 수 없는 경우가 많다. 셋째, 정부에 의한 능동적 공개

---

40) Isabelle Häner, Öffentlichkeit und Verwaltung, 1990, S.7 참조.
41) Isabelle Häner, a.a.O., S.8ff. 참조.

와 공개요구가 있을 때 비로소 공개하는 소극적 공개가 있다. 능동적 공개의 경우에는 정부가 공개계획을 주도하지만, 소극적 공개의 경우에는 공개시기와 공개내용의 결정과정에서 요구하는 시민단체 등이 주도하게 된다.

(3) 정책과정공개의 법적 근거와 그 내용

현대사회에서 정책과 규제입법에 대하여 정책은 목적이요, 규제입법은 수단으로 이해하는 사고가 정부내에 널리 퍼져 있다. 이러한 분위기에서는 규제입법의 공개는 신속하게 이루어지는데 정부가 전혀 반대하지 않는다고 하더라도, 정책을 신속하게 공개시키기 위해서는 정확한 법적 근거를 가지고 정책권력자들에 대한 비판과 설득을 병행해야 한다. 왜냐하면, 정책과정공개를 위한 법적 근거가 존재한다 하더라도 그것을 관철시킬 수 있는 방법을 시민이나 시민단체 등이 갖지 못하는 경우도 있기 때문이다.

정책과정의 투명성보장과 행정정보공개의 기본원칙과 한계를 정하고 있는 기본법인 정보공개법은 "국민의 알 권리를 보장하고 국정에 대한 국민의 참여와 국정운영의 투명성을 확보함을 목적"(제1조)으로, 정보공개의 원칙(제3조)을 선언하고 있다. 행정절차법 제46조 제1항도 국민생활에 매우 큰 영향을 주는 사항, 많은 국민의 이해가 상충되는 사항, 많은 국민에게 불편이나 부담을 주는 사항, 기타 널리 국민의 의견수렴이 필요한 사항에 대한 정책·제도 및 계획을 수립·시행하거나 변경하고자 하는 때에는 이를 예고하여야 한다고 규정하고 있다.

한편, 정보공개법 제7조에서는 비공개대상을 규정하고 있는데, 본고의 관심사항인 정책정보, 특히 공적자금과 같은 경제정책이나 재정정책 등에 대한 정보와 관련있는 것은 동조 제1항 제1호, 제2호, 제4호 및 제8호이다. 정보공개법 제7조 제1항 제1호는 "공개될 경우 국가안전보장·국방·통일·외교관계 등 국가의 중대한 이익을 해할 우려가 있다고 인정되는 정보", 동 제2호는 "공개될 경우 국민의 생명·신체 및 재산의 보호 기타 공공의 안전과 이익을 현저히 해할 우려가 있다고 인정되는 정보", 동 제4호는 "감사·감독·검사·시험·규제·입찰계약·기술개발·인사관리·의사결정과정 또는 내부검토과정에 있는 사항 등으로서 공개될 경우 업무의 공정한 수행이나 연구·개발에 현저한 지장을 초래한다고 인정할만한 상당한 이유가 있는 정보", 동 제8호는 "공개될 경우 부동산투기·매점매석 등으로 특정인에게 이익 또는 불이익을 줄 우려가 있다고 인정되는 정보"라고 규정하고 있다.42) 행정절차법 제46조 제1항 단서는 "예고로 인하여 공공의 안전 또는 복리를 현저히 해할 우려가 있거나 기타 예고하기 곤란한 특별한 사유가 있는 경우"에는 예고하지 아니할 수 있다고 규정하고 있다. 이 규정들을 종합할 때, 경제정책이나 재정정책에 관한 정보가 공공의 안전이나 복리를 현저히 해할 우려가 있는 경우들로는 "공개될 경우 업무의 공정한 수행이나 연구·개발에 현저한 지장을 초래한다고 인정할만한 상당한 이유가 있는 정보"(정보공개법 제7조 제1항 제4호)이거나, "공개될 경우 부동산투기·매점매석 등으로 특정인에게 이익 또는 불이익을 줄 우려가 있다고 인정되는 정보"(정보공개법 제7조 제1항 제8호) 등이다. 이외에도 "정보공개로 인한 매스 미디어나 이해 관련자의 개입과 이로 인해 야기되는 불필요한 압력으로 공정하고 독립적 결정이 방해받을 수" 있는 경우나, "토론 참여 멤버들의 발언 내용에 대한 공개는 솔직한 입장 표명을 방해"하여 토론이 어려워질 것으로 예상되는 경우,43) 문제된 정책정보의 공개를 거부할 수 있는가? 정보공개법은 공개원칙을 선언하면서,(제3조) 공개될 경우 업무의 공정한 수

---

42) 그렇지만, 비공개정보라고 하더라도 일정한 기간이 경과한 후 비공개의 필요성이 없어진 경우에는 당해 정보를 공개대상으로 하여야 한다.정보공개법 제7조 제2항.

43) 박홍식, 정부은폐, 1998, 한국행정학회 동계학술대회, 548면은 이러한 사유들에 대하여 비공개의 필요를 인정한다.

행에 현저한 지장을 초래한다고 인정할 상당한 이유가 있는 경우(제7조 제1항 제4호)를 비공개사유로 하고 있는 것에 비추어, 단순히 불필요한 압력이나 정책토론에의 솔직한 입장표명의 방해 정도의 사유는 정책정보를 비공개로 할 사유는 되지 않는다고 본다.

(4) 전자정부에 의한 정책과정공개

정보기술을 행정과정에 도입하여 동시에 대량으로 수많은 사람들의 요구사항을 충족시킬 수 있게 되었다. 그리하여 대량의 정보를 매일 다수의 시민들에게 공개하려 할 때 부딪칠 수 있는 장애는 대부분 사라지고 있으며 전자정부로의 변화도 빠른 속도로 일어나고 있다. 전자정부에서 정책과정의 공개가 활성화되려면, 국민이 단순히 정보를 정부기관에서 인쇄물로 된 작성된 유인물로서 정보를 제공받는 것이 아니라, 공개될 정보를 디지털화하여 컴퓨터 네트워크를 통해서 제공되는 것이 필요하다. 그러나, 정부는 단순민원처리업무가 아닌 중요한 정책정보의 경우, 공개를 꺼리면서 정책결정과정을 복잡하고 더디게 만드는 다양한 여론수렴보다는 자신들의 정책을 홍보하는데 주력하여 왔다.44) 전자정부에서도 열린 정부에 대한 내부의 준비부족과 내부적 저항을 극복하는 것은 쉽지 않다. 정책정보 중에서도 국민의 기본권에 중대한 영향을 미치는 '가치있는' 내용의 정보는 역으로 공무원의 입장에서 가장 공개하기 꺼리는 부분일 수 있다. 정책과정을 인터넷으로 공개할 때, 공무원들은 각종 불평불만이나 지나친 요구, 원색적 비판이 쇄도하고 응답하는데 과중한 노력이 필요할 것을 우려하기도 한다.45)

---

44) 선우종성 외 3인, 전자정부구현을 위한 데이터웨어하우스 기술 및 표준화연구, 한국전산원, 1998. 12, 87-88면 참조. ; 송영필/강신겸, 인터넷시대의 지자체웹사이트 기능강화방안, 삼성경제연구소, 1999. 12, 33-34면.
45) 유평준, 전자정부에서의 행정서비스-미국의 사례와 교훈-, 정보화저널 제3권 제3호, 1996.

이러한 비공개관행을 극복하기 위하여 정보사회와 전자정부시대의 도래와 함께 전자적 방법에 의한 정책정보의 공개를 규정한 입법들이 등장했다. 정보화촉진기본법은 "정부는 공공기관이 보유하고 있는 정보의 독점방지와 정보에 대한 자유로운 접근을 보장하기 위하여 공공기관 보유정보의 제공을 확대하고, 그 유통을 촉진하기 위한 시책을 강구"하도록 하면서, (제13조 제1항) "전자적 방식에 의한 정보의 소재"를 안내하도록 하였다.(제13조 제2항 제1호) 전자정부법도 "행정기관이 보유·관리하는 행정정보로서 국민생활에 이익이 되는 행정정보"는 법령의 규정에 의하여 공개가 제한되는 경우를 제외하고는 인터넷을 통하여 적극적으로 공개되도록 하여 행정정보의 전자공개원칙을 선언하면서,(제9조) "행정절차법 제46조 제1항의 규정에 의하여 행정예고를 하여야 하는 사항, 기타 법령에서 공청회·여론조사 등을 실시하도록 한 사항에 관하여는 정보통신망을 통한 의견수렴절차를 병행"하여야 한다고 규정하고 있다. (제28조 제1항)

정책과정에 대한 공개를 통해 정책의 진행과정과 그 내용을 안다고 하더라도 의견제출과 토론을 통한 참여가 보장되지 않는다면 정책과정에 대한 비판과 통제는 제약당하게 된다. 현행법들을 체계적으로 종합해 볼 때, 비공개정보가 아닌 한 전자공간을 통하여 적극적으로 정책정보를 공개하고 그의 유통을 촉진하여야 할 뿐만 아니라, 정보통신망을 통해 의견수렴을 병행하여야 한다. 정책과정의 투명성보장을 위해 입법자가 결단한 범위내에서 전자정부정책과 결합하여 행정이 구체적으로 어떠한 방법에 의하여 정책의 결정과정과 집행과정을 투명하게 할 것인가는 헌법정신과 입법에 적합하게 행정이 자율적으로 구체화시킬 수 있는 것이지만, 이러한 자율적 공간은 행정에게 구체화의 권한만을 준 것이 아니라 동시에 책임도 준 것이므로 이 자율공간에서도 행정은 구체화책임을 방치해서는 안된다.[46]

그러므로, 전자정부가 정책정보에 관하여 "정보의 바다 속에 독점의

섬"으로 존재하게 될 것인가, 아니면 사회전반에 걸쳐 정보공개 및 투명
성을 보장하여 공무원들은 물론 일반 시민들이 자유롭게 정보에 접근하
여 이용할 수 있도록 함으로써 정부의 경쟁력 강화는 물론 국민의 경쟁
력 강화에 기여하게 될 것인가,[47] 더 나아가 각종 정책, 계획 및 정책작
성과정에서 참고로 한 각종 데이터를 시안단계부터 공개하여 시민의 토
론을 활성화시키고, 정책안의 구체화가 진행되면서 2-3회에 걸쳐 토론을
진행할 수 있게 될 것인가는[48] 결국 정부의 의지와 시민들의 참여의식
에 달린 문제이다. 이하에서는 정책과정정보로서 현재는 물론 장래에도
장래의 한국경제와 국민의 기본권에 중대한 영향을 미칠 수 있는 공적
자금문제를 가지고 이 문제를 보다 자세히 검토할 것이다.

IV. 공적자금의 투명성보장과 개인정보보호

1. IMF경제위기의 원인과 시사점

"IMF환란원인규명과 경제위기진상조사를 위한 국정조사특별위원회"
가 외환위기를 초래한 경제정책, 기아사태, 종합금융사 인·허가 및 부실
감독 실태, OECD가입 등 과도한 대외개방정책, 한보사건, 개인휴대통신
(PCS)사업 인·허가문제 등을 중심으로 1999년 1월15일부터 동년 2월13
일까지 30일간 조사한 결과 지적한 외환위기의 원인을 다음과 같이 요
약할 수 있다.[49]

---

46) Reiner Pitschas, Verwaltungsverantwortung und Verwaltungsverfahren, 1990, S.299.
47) 이윤식, 국가경쟁력강화를 위한 전자정부의 추진방향, 1998, 한국행정학회 동계학술
  대회 발표문, 433-434면.
48) 송영필/강신겸, 인터넷시대의 지자체웹사이트 기능강화방안, 삼성경제연구소, 1999.
  12, 35면.
49) "국정조사결과, 환란을 초래한 경제정책의 실패로서 환율정책실패, 외환보유고 관리

우선 정부 쪽의 요인들을 몇 가지로 요약하면, 첫째, 환율정책실패, 외환보유고 관리실패, 단기채중심 외채구조와 같은 개방사회의 대외요인, 특히 금융부문의 관리능력부족을 꼽을 수 있다. 둘째, 성급한 대외개방과 종합금융사 인·허가 남발과 같은 현실의 경쟁질서를 무시한 무리한 개방정책과 규제개혁정책을 또 하나의 요인으로 보고 있다. 셋째, 기아사태의 처리지연으로 인한 한국사회에 대한 신뢰상실, 사양산업의 정리와 정보통신산업과 같은 새로운 산업육성의 실패와 같은 산업정책능력의 부족을 다른 요인으로 보고 있다. 넷째, 국가사회의 위기진전과정에서 국가의 정보수집능력과 정부기관간 협력체계의 취약성을 지적했다.

기업 쪽의 요인들을 요약하면, 첫째, 시장에서 기업들이 사업실패의 위험요소에 대한 인지능력과 고려능력이 매우 약하다는 점이 드러났다. 즉, 투자신탁회사들이 규제완화이후 무더기로 종합금융사로 전환하였는데, 이들이 대부분 부실화하였다. 둘째, 한보사건에서 드러나듯이 공사비의 과다계상 및 비자금 조성, 투자비 과다책정이 허용될 수 있도록 금

실패, 단기채중심 외채구조, 종금사 인허가 남발, 급속한 대외개방정책 추진, 산업정책추진 부진, 기아사태 처리지연, 위기상황에 대한 인식과 대처부족 등이 지적되었으며, 또한 대통령이 국가부도의 위험성을 처음으로 인지한 시기와 경로가 집중 추궁되었고, 정책담당자의 외환위기 인지 시기, IMF행 결정직전 경제팀의 상황인식, 한국은행의 외환위기 상황보고 여부, 임창렬 신임 부총리 취임전후 IMF행의 인지 여부, 외환당국의 외환시장개입 경위 등이 주로 조사되었다. 환란과정에서 나타난 문제점으로는 경직된 환율운용과 성급한 대외개방, 금융감독체계 미비, 정책담당자들의 인식 및 대처 미흡, 국정보고체계상 허점, 정책당국간 공조체제 미흡 등이 지적되었다. 기아사태에 대한 조사결과 나타난 문제점으로는 분식결산, 기아사태처리 지연, '도덕적 해이'현상 심화, 외부감사의 실효성 미흡 등이 지적되었다. 종금사의 인·허가 및 부실감독 실태와 관련해서는 투신사의 무더기 종금사전환, 감독체계 미비, 정책적 대응조치 미흡 등이 문제점으로 지적되었다. 한보사건에 대해서는 공사비의 과다계상 및 비자금 조성, 투자비 과다책정, 금융기관의 사업성검토 미흡 및 여신심사 불철저, 특정기업에 대한 편중여신 등이 주요 문제점으로 지적되었다. PCS사업 인허가와 관련하여서는 심사기준의 변경에 따른 공정성문제, 과잉·중복투자로 인한 낭비, 외화유출 등이 문제점으로 지적되었다. "신항진(IMF환란조사특위, 입법조사관), 국회보 1999. 2.

융기관의 사업성검토가 미흡하며 여신심사도 불철저했다는 것이 드러났다. 셋째, 분식결산이 일상화되어 있어도 감독체계와 외부감사체계가 미흡하다는 것이 나타났다. 넷째, 기업들이 과잉·중복투자로 인한 낭비와 외화유출이 심각하다는 점이 나타났다.

　이상과 같은 원인들은 한국사회의 또 다른 위기원인으로 될 개연성을 충분히 가지고 있으므로 학문사회는 이 원인들에 대한 철저한 분석을 통해 극복에 노력하여야 한다. 외환위기분석을 통해 국가사회의 위기진 전과정에서 정부의 정보수집능력과 정부기관간 협력체계의 취약성이 드러났다. 다음에 검토할 공적자금관리위원회도 사무국을 통해 구체적인 정보를 획득하게 되는데, 이 기구도 다른 행정기관으로부터 적절한 정보를 충분히 얻는데 실패할 가능성이 크다는 점을 인식하여야 한다. 또, 외환위기과정에서 드러난 기업 쪽의 환란요인들도 여전히 존재하고 있다. 즉, 첫째, 시장에서 기업들이 사업실패의 위험요소에 대한 인지능력과 고려능력이 매우 약하다는 점이 다시 확인되고 있다. 김대중정부에서 건설업에 대한 급격한 규제완화이후 새로이 시장에 등장한 수많은 건설업체들이 도산하면서 은행의 부실을 가중시키고 있는 현상은 환란요인들이 아직도 그대로 존재하며 반복하여 문제되고 있다는 것을 보여준다. 다만, 외환위기 당시에는 규제완화이후 투자신탁회사들이 무더기로 종합금융사로 전환하여 이들이 대부분 부실화하였는데 그 업종이 건설업으로 바뀌어 나타났다. 이 과정에서 외환위기극복의 대안으로 많은 사회과학자들이 급격한 규제개혁을 무차별적으로 주장했는데 수많은 판례의 축적과 한국 법령들을 학문대상으로 하기 때문에 가장 한국현실에 뿌리를 둔 학문일 수밖에 없는 법학자들도 무차별적 규제개혁에 대한 철저한 비판을 하지 못했던 점은 반성해야 한다. 둘째, 한보사건에서 드러난 것과 마찬가지로 금융부실의 정도를 좌우하는 요소들인 기업의 사업성 검토능력과 여신심사능력은 쉽게 개선될 수 있는 사항들이 아니라는 것이다. 그러므로, 기업대출과정에서 공사비의 과다계상, 비자금 조성, 투자비 과다책정이 반복될 수 있으며, 셋째, 일상화되어 있는 기업들의 분식결산은 김대중정부 이후에도 계속 드러나고 있는 것으로 볼 때, 아직도 우리 기업들의 광범한 관행의 일부일 가능성이 큼에도 공적자금관리위원회나 관련 금융기관들은 이러한 회계장부의 허위를 판단할 수 있는 능력이 크게 개선되었다고 보기 어렵다. 넷째, 기업들이 과잉·중복투자로 인한 낭비와 외화유출이 심각하다는 점은 인터넷산업에 대한 과잉진출과 직접 주식투자에 참가한 사채업자들과 개인들의 현저한 부채증가에서 다시 드러났다. 은행대출방식이 아니라 직접 주식투자방식이었고 부채가 증가한 자가 은행이 아니라 사채업자나 개인들이었다는 점만 달랐다. 이상과 같은 분석을 통해 판단할 때, 공적자금의 부실이 크게 확대될 가능성이 매우 큰 것으로 보인다. 이러한 상황에서, 공적자금관리위원회가 정책결정자들의 결정을 정당화해주는 기능을 넘어 그것을 비판적으로 견인하여 재정부실을 막는 역할을 할 수 있을 것인가?

이하에서는 특히, 대규모의 재정부실을 야기할 위험이 매우 높은 공적자금의 통제를 위하여 그의 공개와 투명성보장에 관련된 사항들을 중심으로 검토하겠다. 정책결정과 정책집행의 합리성을 좌우하는 요소들은 그 결정, 집행 및 감시에서 활용할 수 있는 정보의 양과 질, 결정자, 집행자 및 감시자들의 전문성, 그리고 다양한 이익들의 평가능력과 조정능력에 달려 있다. 이러한 관점에서 공정자금관리위원회의 정보수집능력, 전문성 및 다양한 이익들의 평가능력과 조정능력이 분석·검토되어야 한다. 과연 공적자금관리위원회가 "임금이나 올려주고 퇴직하는 사람한테 퇴직금이나 많이 주고 하는데 공적자금이 쓰이는 것"[50]을 적발해 낼 수 있을 것인지를 검토해야 한다.

---

50) 2000년 11월 27일 제215회 정기국회 재정경제위원회 민주당 김태식의원의 발언.

2. 공적자금의 법적 근거

IMF로부터 외환자금지원을 받기 위하여 한국정부가 1997년 12월 3일 제출하여 12월 4일 IMF이사회에서 통과된 '한국정부의 의향서'[51] 에 포함된 자금지원조건에는 부실금융기관의 정리, 기업지배구조의 개선 및 노동시장의 유연성확보 등이 포함되어 있다. 이를 위해 정부는 공적자금을 조성하여 이용하고 있는데, 1998년 7월 24일 제출된 '한국정부의 의향서 및 경제프로그램에 관한 각서'에는 한국정부가 IMF와 맺은 공적자금(public funds)에 관한 협약내용이 나오는데 은행의 '구조조정을 위한 공적자금의 이용'이라는 소제목을 달고 있다.[52]

2000년 12월 20일 제정되어 시행중인 공적자금관리특별법 제2조는 공적자금의 대상을 예금보호기금과 부실채권정리기금 외에도 공공자금관리기금, 국유재산, 한국은행의 출자, 공공차관등 금융기관의 구조조정에 지원되는 자금을 모두 포함하도록 하고 있다.[53] 그 동안 공적자금이란

---

51) a Letter of Intent of the government of Korea. 이것은 1998년 2월 7일부터는 Memorandum on Economic Program 또는 Letter of Intent and Memorandum on Economic Program 등으로 불리운다. 참조. IMF 홈페이지(www.imf.org) Republic of Korea 부분. 이 의향서가 조정프로그램 내지 자금지원조건으로서 IMF실무협상단과의 협상을 거쳐 작성되고 있는데, 그 협상에서 IMF회원국은 사실상 실무협상단이 요구하는 조건을 따르거나 아니면 구제금융을 포기하는 양자택일의 방법밖에 없다.

52) 원문은 다음과 같다. **Use of public funds for bank restructuring.**
Public funds should only be used to the extent that is necessary to facilitate the liquidation of failed institutions and the restructuring of viable but weak banks. Specifically, restructuring which involves the use of public funds should be limited to: private sector recapitalizations and mergers approved by the FSC, where there is adequate burden sharing, which would be expected to involve contributions of capital from existing or new shareholders, and/or other stakeholders; or P&A transactions; or direct recapitalization by the government with full write down of shareholder capital and replacement of management, in exceptional cases and where a bank is of systemic importance. 참조. IMF 홈페이지(www.imf.org) Republic of Korea 부분.

부실채권정리기금(자산관리공사)과 예금보험기금(예금보험공사)이 국회
의 동의를 받아 원리금 지급을 정부가 보증하는 채권을 발행하여 조성
한 자금을 말하고,(공적자금관리특별법 제2조 제1호 가, 나) 그 이외 자
금은 공공자금, 공공기금, 준공적자금 등으로 불리우고 있었으나,54) 공
적자금과 공공자금의 구별은 정부의 재정지원을 형식상 구분해 놓은 편
의상의 구분에 불과하며 공적자금과 공공기금은 모두 구조조정을 위한
정부의 재정지원이라는 점에서 동일하기 때문에 공적자금관리특별법은
이를 모두 공적자금으로 보았다. 다만, 협의의 공적자금은 국채발행을 위
해서 사전에 국회의 동의를 얻어야 하므로, 이 점에서는 기존에 구별되고
있던 협의의 공적자금과 공공자금의 구별은 의미를 갖는다고 하겠다.

　　대한민국헌법 제58조는 "국채를 모집하거나 예산외에 국가의 부담이
될 계약을 체결하려 할 때에는 정부는 미리 국회의 의결을 얻어야 한다"
고 규정하고 있다. 이에 따라 공적자금의 필요여부 및 그 금액 등에 관
하여 행정부와 국회가 함께 책임을 지게 된다. 공적자금관리특별법이 제
정되기 전에는 IMF권고에 따라 1997년 12월 31일 '금융감독기구의 설치
등에 관한 법률'에 따라 국무총리 소속 하에 설치된 금융감독위원회가
재정경제부와 협의하여 부실금융기관의 퇴출 여부 결정, 금융기관에 대
한 증자·손실보전을 위한 지원 규모 결정, 부실채권의 매입 규모, 매입
시기 결정, 회생 불능한 금융기관에 대한 예금대지급 규모 결정 등 금융
및 기업구조조정에 관한 주요 정책결정을 담당하고 자산관리공사와 예

---

53) 공적자금관리특별법 제2조 (정의) 이 법에서 사용하는 용어의 정의는 다음과 같다.
　　1. "공적자금"이라 함은 다음 각목의 기금 또는 재산 등에서 금융기관의 구조조정에
　　지원되는 자금을 말한다. 가. 예금자보호법에 의한 예금보험기금 나. 금융기관부실
　　자산등의효율적처리및한국자산관리공사의설립에관한법률에 의한 부실채권정리기
　　금 다. 공공자금관리기금법에 의한 공공자금관리기금 라. 국유재산의현물출자에관
　　한법률에 의한 국유재산 마. 한국은행법에 의한 한국은행이 금융기관에 출자한 자
　　금 바. 공공차관의도입 및 관리에 관한법률에 의한 공공차관.
54) 재정경재부·금융감독위원회, 공적자금백서: 금융구조완결을 위한 중간점검, 범신사.
　　2000, 51면.

금보험공사는 금감위 결정 사항의 집행업무를 담당하여 왔으므로, 공적
자금에 대한 결정과 운용도 이러한 방식으로 이루어졌다.55) 그러나, 이
러한 결정구조는 보통의 예산에서 수많은 정부기관들이 계획안을 제출
하고 심사가 진행되면서 조정을 거치고 국회의 동의를 거쳐 결정되는
상황과 비교하면, 공적자금규모의 방대함에 비추어 그 절차가 지나치게
비공식적이고 약식일 뿐만 아니라 민주적 감시체제가 확보되지 않아 그
결정내용이 불합리할 위험성이 매우 높았다.

　　이러한 문제점을 개선하고자 새로이 설치된 공적자금관리위원회는 재
정경제부에 소속되어 있는 공적자금의 운용 등에 관한 사항을 종합적으
로 심의·조정하는 심의기구로서 결정권을 갖는 기구는 아니다.(공적자
금관리특별법 제3조 제1항) 위원회의 위원은 재정경제부장관 등 정부위
원 3인과 입법부, 사법부, 행정부에서 추천하는 민간위원 5인으로 구성
되고,(제4조 제1항) 회의는 재적위원 과반수의 찬성으로 의결한다.(제9
조) 공적자금의 투입에 있어서는 최소비용의 원칙,(제13조 제1항) 지원
대상금융기관의 부실에 책임이 있는 자의 공평한 손실 분담과 지원대상
금융기관의 자체 구조조정 노력을 전제로 하여야 하며,(제14조) 정부, 예
금보험공사 및 한국자산관리공사는 보유하고 있는 금융기관의 주식 등
자산을 적정한 가격으로 매각함으로써 국민의 부담을 최소화하도록 노
력하여야 한다.(제19조 제1항)

---

55) 예금보험공사는 금융기관이 파산 등으로 인하여 예금을 지급할 수 없는 경우 회생
　　불능한 금융기관을 대신해 예금을 지급하여 금융 기관의 안정성을 유지할 목적으로
　　'예금자보호법'에 따라 1996. 6. 1일 설립되었으며 주요 기능은 예금 대지급, 3자 인
　　수 혹은 회생가능 금융기관에 대한 증자지원과 손실보전, 지원금액 배분 업무를 수행
　　하고 있다. 자산관리공사는 '금융기관 부실자산 등의 효율적 처리 및 성업공사의 설
　　립에 관한 법률'에 따라 금융기관의 부실채권을 매입한 후 가공 혹은 가공 없이 재판
　　매하는 역할, 부실채권정리기금의 관리·운용업무를 수행한다. 1962년 4월 한국산업
　　은행이 부실채권 및 재산 정리 목적으로 설립한 성업공사를 1997. 11월에 해산한 후
　　동일 자로 재편하였으며 그 후 자산관리공사로 개명했다.

3. 공적자금의 규모, 재정부담의 정도 및 다른 나라와의 비교

한국 기업들의 이자지불능력을 고려하여 국제기준에 따라 추정한 부실채권규모는 은행여신의 약 40%에 가까운 수준으로서 1998년 말 6월 금융감독위원회에서 집계한 118조에 비해 90조가 늘어난 200조에 달할 것이라는 연구보고서가 1998년 10월 제출되었을 때,[56] 정부와 학자들이 격론을 벌이던 때로부터 1년이 지나지 않아 1차로 모집한 공적자금 64조가 모자라 다시 40조의 채권발행권을 국회로부터 승인받아야만 하였다.

채권발행을 통해 공적자금을 모집하여 금융기관에 투입하더라도 그것이 곧바로 재정부담이 되는 것은 아니다. 그러나, 공적자금을 투입한 금융기관의 주식이나 채권 등을 팔아 회수가능하다고 하여도, 그 동안 공적 자금의 이용상황을 보면 국회로부터 동의받은 공적자금이 부족하여 일부 회수하여도 다시 금융기관에 투입하였기 때문에 최종적으로 회수할 수 있는 비율은 매우 낮을 것으로 보인다. 재정학자들은 처리해야 할 부실채권규모가 200조원이고 공적자금이 100조가 투입되는 경우 채권발행이후 늘어난 원금손실분에 버금가는 규모로 늘어난 이자부담 때문에 최종적으로 야기되는 재정부담은 약 75조원에서 113조에 달할 것이라고 추정하면서, 이는 1997년 경상GDP대비 18.8-26.7%에 달하는 금액이라고 하고 있다.[57]

공적자금투입액 104조원은 98년 GDP 대비 23%로서 미국 6.0%, 핀란드(1991~1993) 8%, 스웨덴(1991~1992) 6.4%, 말레이시아(1985~1988) 4.7%, 멕시코(1995) 12~15 % 등에 비해 결코 작은 금액이 아니다.[58] 이로 인해

---

56) 1998년 5월 정부는 금융기관의 부실채권 규모를 110조원으로 추정하고, 이에 따라 재정에서 지원할 금융구조조정 자금으로 64조원을 공적 자금으로 조성하였다. 남주희, 부실채권규모추정과 축소방안, 1998. 10. 13, 1-63면.

57) 전주성/황진우, 금융구조조정의 재정부담, 재정논집(한국재정학회) 제13집 제2호, 1999. 2, 306면. 이 논문의 작성자들은 부실채권회수율 75%가 기준적일 것으로 보고 있다.

채권상환기일이 다가오면 재정위기에 의한 한국경제의 장기침체가 우려
되고 있다.

4. 공적자금의 투명성보장의무

공적자금관리특별법은 "이 법은 공적자금의 조성·운용·관리 등에 있
어 객관성과 공정성 및 투명성을 높여 공적자금의 효율적 사용을 도모
하고 국민부담을 최소화"하는 것을 그 목적으로 하므로,(제1조) 공적자
금의 투명성보장은 단순히 윤리적 의무가 아닌 법적 의무인데, 그 범위
는 공적 자금의 조성뿐만 아니라 운용과 관리까지 포괄하고 있으므로
공적 자금과 관련된 정책과정에 있어 결정행위뿐만 아니라 집행과정의
투명성까지 보장되어야 한다.

이와 같은 공적자금관리특별법이 제정된 배경과 이유에 대하여 이 법
의 제정을 위하여 열린 2000년 11월 27일 제215회 정기국회 재정경제위
원회59) 에서 김문희 전문위원은 "그 동안 공적자금의 조성, 사용 및 회
수에 있어서 운용계획의 실효성 미흡과 느슨한 집행으로 자금사용의 책
임성과 효율성이 저하되어 왔다는 점과 공정성·투명성 측면에서도 문제
가 있다는 지적이 계속 제기"되었고, "공적자금 투입기준을 명확하게 규
정하고 관련자의 도덕적 해이를 예방하기 위한 분명한 책임한계의 설정
및 엄격한 책임추궁"을 하기 위한 것이라고 말하고 있다. 헌법재판소는
이 법의 배경에 관하여 다음과 같이 정리하고 있다. "소위 IMF 외환위기
의 극복과정에서 기업과 금융기관의 부실과 부도로 말미암아 국가채무

---

58) 윤영진/이상근, 금융부문 공적자금 투입의 납세자 부담 최소화 전략, 한국행정논집
　　제12집 제4호, 2000. 12. 675-693. ; Caprio, C. and D. Klingebiel, Bank Insolvencies:
　　Cross-Country Experiences. World Bank Working Papers, 1996, no.1620. 참조.
59) 국회홈페이지에 실린 2000년 11월 27일 제215회 국회회의록을 참조할 것.

및 정부보증채무가 급증하고 막대한 공적자금이 투입되었다. 따라서 그 엄청난 규모의 공적자금이 적기에 최대한 회수되지 아니할 경우 그로 인한 손실이 그대로 국민부담으로 귀결되고 국가경제에 심각한 위협이 될 수 있어,……투입된 공적자금의 회수율을 높일 수 있는 방안을 다각적으로 강구함으로써 공적자금 지원에 따른 손실이 최소화되도록 하여야 할 필요성"을 국민과 정부가 인식하였기 때문이다.(헌재결정 2001. 3. 15., 2001헌가1, 2, 3(병합))

헌법재판소의 판례에서도 드러나듯이 국민 각자의 부담으로 귀결될 우려가 높은 공적자금에 관한 정보를 투명하게 공개하는 것은 개인들에게 자신의 재산에 영향을 미치는 중요정보를 수집하게 하고, 더 나아가 공적자금정책의 기초가 되는 정보수집에 영향을 미침으로써 자신들에게 가해질 피해를 최소화하기 위해서이다.

한편, IMF는 2001년 1월 23일 한국정부에 대하여 재정투명성(Fiscal Transparency)에 관한 권고를 하고 있는데,[60] 이에 따르면 지금까지 한국정부는 입법을 통해 정부의 역할과 책임을 명확히 정의하여 국제적인 재정투명성기준을 충족시키려 노력해왔지만, 아직도 핵심적인 부문에서 개선해야 할 점들이 많다. 정부의 재정적 역할을 보다 명확히 정의하고 평가하여야 하며 예산항목의 범위를 확대하고 빠져 있는 예산이외의 공공기금(IMF는 대략 31%라고 함. 'Fiscal Transparency 권고' 10번 참조) 등을 재정에 포함시킨 종합적인 재정정보를 제시하도록 권고하고 있다. 또, 조세체계를 단순화하고 납세서비스를 개선하여 과세율의 투명성을 개선시키도록 권고했다. 공적자금이용을 위한 채권발행 등을 위한 정부보증규모는 국회에 보고되고 있으나 그로 인해 야기될 정부의 재정부담의 크기는 보고되지 않았다.('Fiscal Transparency 권고' 11번.) 또, 일단 국회로부터 동의를 얻은 공적자금을 환수하더라도 그것을 다시 투입함에

---

60) IMF 홈페이지(www.imf.org) Republic of Korea 부분 2001년 1월23일 작성된 Fiscal Transparency 참조. 이하에서는 'Fiscal Transparency 권고'로 인용.

있어 국회의 동의를 얻지 않고 쓰고 있다는 점도 지적하고 있다.('Fiscal Transparency 권고' 16번.) IMF가 예산항목의 범위를 확대하고 빠져 있는 예산이외의 공공기금 등을 재정에 포함시킨 종합적인 재정정보를 제시하도록 권고하고 있듯이 재정적자를 야기할 수 있는 총재정항목들에 관한 정보가 매우 부족한 실정이다.[61] 그리하여 재정정책이나 공적자금투입결정 등에 있어 재정학자들도 한국의 재정규모와 그 적자규모를 정확하게 파악하지 못하고 있으며, 최고정책결정자도 유사한 장애에 부딪혀 있음이 외환위기에 관한 정보전달과정의 국정조사에서 드러났으며, 공적자금의 규모를 결정하는 국회의 심의과정에서도 정보부족이 주장되고 있다.[62]

재정적자악화를 막기 위해 필요한 것은 재정적자를 악화시킬 수 있는 핵심요인들을 찾아서 자기책임원칙을 명확하게 하는 것인데, 총재정항목에 관한 리스트와 그 크기를 정부가 제공하는 것이 쉽지 않든 혹은 꺼리든 정보가 부족한 상황에서 재정적자의 총액은 어느 정도이고 재정적자를 가중시킬 핵심요인들은 무엇인가를 찾는 것은 어렵다. 따라서 재정의 투명성보장이 재정적자감축의 출발점이 되어야 한다. 공적자금에 대해서도 정부가 원리금 지급을 보증하고 있고 채권이자 또한 재정을 통해 지원하고 있는 등 그 회수자금으로 동 부채를 상환할 수 없을 때에는 결국 국민의 부담으로 귀착되는 것인 만큼 공적자금의 조성. 투입. 회수.

---

61) 그 개선방안에 관한 논의는, 옥동석, 공공부문과 국가재정의 범주-현황, 문제점 및 개선방안, 재정논집(한국재정학회), 제12집 제2호, 1997. 12, 33-63면 참조.

62) 2000년 11월 27일 제215회 정기국회 재정경제위원회(국회홈페이지에 게재된 회의록 참조)에서 한나라당의 이한 구 의원은 "오늘 여기에 모인 이유가 추가공적자금의 조성에 관계되어서 국회에 동의를 해줄 것이냐 말 것이냐 하는 그런 문제를 가지고 이 자리에 섰습니다. 그런데 솔직히 말씀드려서 이것을 판단해낼 근거가 지금 매우 부족한 상황입니다. 정부가 그동안에 제출했던 자료를 보면 턱없이 심사를 하기에 부족한 상태에 있다 하는 점을 지적을 하고 또 그것을 보충하기 위해서 몇 차례 자료를 요구했는데도 불구하고 아직도 내고 있지 않다는 데에 대해서는 유감을 표시할 수밖에 없습니다"고 하고 있다.

관리 등에 대해서 구체적인 정보를 신속하게 공개하는 것이 필요하다.

공적자금관리특별법은 위원회의 업무보좌와 실무지원을 위해 재정경제부에 사무국을 설치하고,(제10조 제1항) 또 업무수행을 위하여 필요하다고 인정할 때에는 금융감독위원회, 예금보험공사 및 한국자산관리공사 등 관련 기관에 대한 보고 또는 자료·서류 등의 제출을 요구하고, 이해관계인·참고인 또는 관계 공무원의 출석 및 의견제출을 요구하며, 관계 기관에 대한 실지조사를 할 수 있도록 규정했다.(제11조 1, 2, 3호) 위원장인 재정경제부장관은 분기별로 1회 이상 공적자금의 사용·회수후 재사용 등 운용 등에 관한 보고서를 작성하여 국회에 제출하여야 하고, (제15조 제1항) 감사원은 공적자금과 관련하여 감사를 실시하여 감사보고서를 국회에 제출하여야 한다.(제16조) 그리고, 공적자금관리위원회는 매년 8월말까지 공적자금 운용 실태에 관한 공적자금관리백서를 따라 발간하여야 한다.(제21조)

이 규정들로 보아 공적자금관리위원회가 직접 실지조사를 통해 정보를 수집할 수도 있지만, 그 인원규모로 보아 대부분 사무국을 통해 정보를 획득하게 될 것이므로, 외환위기의 경우와 같이 공적자금정보의 부족으로 인한 관리실패를 야기할 가능성이 존재한다. 오히려 공적자금관리위원회가 공적자금에 관한 정보의 주요사항을 공개하면서 누락시키거나 아니면 공개를 지체시킬 가능성은 없을 것인가?

5. 전자정부에 의한 공적자금의 투명성보장과 개인정보보호

전자정부법(제9, 28조), 정보화촉진기본법(제13조 제1항), 정보공개법(제1, 3조), 행정절차법(제5, 46조 제1항)과 공적자금관리특별법(제1조)에서 투명성보장은 입법의 핵심목적으로 규정되어 있는데, 정책과정의 투명성보장을 위해 현행법들의 집행과정을 효율적으로 결합시키고 체계화시키는 것은 입법자가 행정에 부과한 중요한 임무라고 할 것이다. 입법들의 내용으로 볼 때, 비공개정보가 아닌 한 전자공간을 통하여 적극적으로 정책정보를 공개하고 그의 유통을 촉진하여야 할뿐만 아니라, 정보통신망을 통해 의견수렴을 병행하여야 하므로 공적자금에 관한 결정과정과 집행과정에 대한 정보의 공개는 입법자가 행정에 부과한 의무이다. 따라서, 공적자금에 관한 결정과정과 집행과정에 대한 정보를 전혀 공개하지 않는 것은 위법한 것이 될 것이다.

공적자금관리특별법은 국민들을 위해서는 공적자금관리위원회가 분기별로 국회에 보고하거나 감사원이 재량에 따라 실시할 수 있는 감사보고서 등으로부터 간접적이고 사후적인 정보를 얻는 방법을 전형적인 정보획득방법으로 예정하고 있으나, 그것만으로 공적자금의 투명성이 보장되고 정책통제의 임무가 완수되었다고 볼 수는 없을 것이다. 국민들은 직접적이고 동시적이며 적극적인 방법으로 정보를 얻고 싶어한다. 이미 경제정의실천시민연합은 정보공개법상의 정보공개제도를 이용하여 공적자금에 관한 정보공개신청을 통해 공적자금에 관한 정보를 획득한 바 있다.[63]

전자정부에서의 공적자금에 관한 정책과정의 공개 및 사이버토론방의 가능성과 관련하여 검토해야 할 법적 쟁점들을 다음의 두 가지로 요약할 수 있을 것이다. 첫째, 정책과정의 각 단계의 신속한 공개와 관련하여 제기되는 문제이다. 정부가 인터넷을 통하여 정책에 대한 예고를 할 때, 시기, 횟수 및 공개내용에 관한 정부의 의무범위는 어디까지인가? 특히, 정책결정 전단계만 공개되고, 핵심적 정책결정자들 사이에서 진행되는 정책결정시점에서의 중요한 논의나, 정책집행과정에서 주요 집행자들과 주요 이해관계인들의 의견이나 행태는 공개범위에서 제외되는

---

[63] 경제정의실천시민연합은 2000년 5월 16일자 공적자금청문회의 재개최를 요구하는 성명서에서 정보공개청구를 하여 공적자금의 사용내역을 확인했었다고 하면서, 다시 2000년 5월 26일 공적자금과 관련한 정보공개를 청구하고 있다. www.ccej.or.kr 참조.

가, 아니면 포함되는가? 현행법상 경제정책에 관한 정보 중 비공개대상
으로 해야 할 정보는 어떤 성질의 것들인가? 둘째, 사이버공간에서의 정
책토론과 관련하여 제기되는 문제이다. 정부는 사이버공간에서 정책토
론을 진행할 의무를 지고 있는가, 있다면 그 범위는 어디까지인가? 정책
과정에 국민이 일반적으로 직접 참여하여 제3의 매개자없이 상호 토론
하여야 하는가, 아니면 공무원, 다른 저널리스트나 전문가들이 주재하여
진행하여야 하는가, 또는 저널리스트나 전문가 또는 시민단체들이 매개
자로 등장하여 정책의 중요 쟁점들에 관한 토론을 하되 시민들도 이들
과 사이버토론을 할 수 있는가? 여기서 우선 지적할 수 있는 것은 이미
정보기술에 의해 정책과정의 각 단계의 신속한 공개나 사이버토론에 대
한 기술적 가능성은 제공되었기 때문에, 어느 정도 공개되고 토론될 것
인가는 기술의 문제가 아니라 법과 정책결정자의 태도에 달린 권력문제
(Machtproblem)라는 점이다.[64]

경제정의실천시민연합(www.ccej.or.kr)은 1999년 4월 27일 공적자금투
입의 미국사례를 설명하면서,[65] 금융부실책임규명특별조사위원회의 설
치를 촉구하였다. 또, "공적자금 조성과 관련한 정부행태를 비판한다"는
2000년 5월 16일의 성명서에서 국민이 알고 싶어하는 것은 해당 금융기
관의 구체적인 부실내역과 그 발생원인"이라고 하면서, "어느 기업인이
얼마의 부실을 발생시켜 얼마의 돈을 떼어 먹었는지, 어느 몰지각한 자
가 정치와 권력을 이용하여 얼마를 대출받고 구조조정을 틈타 어물쩍
부실로 처리하였는지를 파악할 수 있는 유일한 방법이며, 이 과정에서

---

64) H.P.Bull, Telekommunikative Traum-Demokratie?—Auswirkungen der Informations-
technik auf die verfassungsmäßige Ordnung—, in ; Alexander Roßnagel (Hg.),
Freiheit in Griff, S.43.

65) 미국의 경우 저축대부조합(S&L:Savings and Loan Association)문제를 처리하기 위
하여 정리신탁공사(Resolution Trust Corporation, : RTC)를 설립하여 공적자금을 투
입한 후 회수율이 87%에 이르고 2166명이 유죄판결을 받거나 인정받았다고 한다.
경제정의실천시민연합 홈페이지(www.ccej.or.kr)의 1999년 4월 27일 성명서 참조.

금융기관의 임직원은 또 어떻게 관련되었는지를 파악"할 수 있어야 한다고 주장한다. 그리고 "이러한 구체사안이 밝혀지지 않은 상황에서의 투명성 논의는 무의미한 것이다. 따라서 정부는 즉각적으로 '부실사안 3천만원까지'의 개별 내역을 금융기관별로 밝힐 것을 촉구"하고 있다. 이러한 목적으로 국회, 정부, 시민이 참여하는 '특별위원회'를 구성할 것을 요구하고 있다. 한편, 참여연대(peoplepower21.org)도 2000년 11월 29일 "공적자금 동의안 처리의 전제"라는 성명서를 통해 공적자금 추가조성 동의안 처리의 전제로 부실책임자에 대한 철저한 책임 추궁을 할 것을 요구하였다.

공적자금의 투명성보장을 위한 시민단체들의 주장내용은 공적자금의 결정보다는 집행과정에서 집행의 근거와 그 내용, 즉, 금융기관이나 부실기업들이 공적자금을 요구한 이유들과 그 규모, 그리고 책임자의 처벌 등에 집중되고 있다.

공적자금과 관련하여 볼 때, 저널리스트나 전문가 또는 시민단체들이 매개자로 등장하여 정책의 중요 쟁점들에 관한 토론을 하는 간접적인 정책토론은 전자공간에서는 아니지만 기존의 텔레비전프로그램 등에서는 이미 시도되고 있다. 그렇지만, 그 이외에 적어도 현 단계에서는 정책과정의 각 단계의 신속한 공개 및 전자공간에서의 정책토론과 관련된 다른 쟁점들은 정부가 전혀 고려하지 않고 있다는 것은 분명하다. 그 원인이 너무 많은 정보제공과 전자공간에서의 토론이 정책담당자들의 업무집중을 방해하기 때문인지, 이질적이고 상충되는 주장들을 조정할 능력이 없어서인지, 아니면 사이버공간에서 시민들의 토론활성화가 집단이기주의 등에 의해 지배되는 것이 바람직하지 않을 뿐만 아니라, 핵심정책에 대한 토론과 투표가 가수들의 인기투표와 마찬가지로 진행되는 것이 정책의 합리성개선에 거의 유용하지 않다고 판단한 것인지는 알 수 없다.

정책과정에 있어 토론이 활성화되면 필연적으로 불특정 다수인과 다양한 집단이 참여할 수 있게 될 것이므로 매우 이질적이고 상충하는 주장들이 제기되는 것은 불가피하다고 보아야 한다. 그러나, 전체시민들의 적극적인 견제가 없이는 정책권력자의 무분별한 선거공약과 선심성 정책 때문에 정책이 과잉남발되는 것을 막을 수 없을 뿐만 아니라, 또 다른 문제는 매우 균형잡힌 이익조정을 기초로 한 정책도 집단적 저항때문에 정책이 변질되거나 집행되지 못하는 상황이 자주 발생하고 있다는 점이다. 정책결정자의 인치적 의사결정과 집단이기주의로부터 공익을 보호하기 위해서는 활성화된 시민들에 의한 견제와 비판이 필요하다. 이것이 없이는 정부는 권력자의 자의와 부분집단의 이기적 행태에 무기력하다.

대안으로 대규모 재정지출이 수반되거나 국민생활에 중대한 영향을 미치는 정책의 경우 현행 행정예고제도를 개선하여 정책과정의 각 단계들에 대한 신속한 공개와 사이버포럼의 형성과 발전의 의무를 정책담당자들에게 부여하는 규정을 새로이 도입하는 방안을 고려할 수 있을 것이다.66) 이러한 입법을 통해 시민들은 적어도 자신들에게 중대한 재산적 부담을 줄 우려가 있거나 자신의 삶에 치명적 피해를 가져올 수 있는 정책과정에 관한 정보를 수집하여 스스로 대비할 수 있고, 더 나아가 이러한 정책의 구체적 내용결정을 위한 기초정보의 형성과정에 참가할 수 있는 기회를 적시에 갖게 됨으로써 자기관련정보에 대한 자기결정권을 행사할 수 있게 될 것이다.

이 경우 시민들끼리 직접적인 정책토론방식을 취할 수도 있겠지만 공무원이나 저널리스트, 민간전문가 또는 시민단체들이 매개자로 등장하여 정책의 중요 쟁점들에 관한 토론을 하는 간접적인 정책토론이 더 좋은 방법일 수도 있을 것이다. 물론, 이러한 간접적인 정책토론도 직접적

---

66) 유사한 취지의 규정으로는 정보화촉진기본법 제9조의3(정보화계획의 반영 등) 제1항을 들 수 있다.
"사회간접자본시설사업 및 지역개발사업 등 대통령령이 정하는 대규모 투자사업을 시행하고자 하는 중앙행정기관 및 지방자치단체의 장은 당해 사업계획을 수립·시행함에 있어 정보기술의 활용, 정보통신기반 및 정보통신서비스의 연계이용 등을 위한 계획(이하 "정보화계획"이라 한다)을 수립하여 이를 최대한 반영하여야 한다".

인 정책공개를 전제로 해서만 가능한 것이다. 정부와 매개자들은 정책과정의 공개와 토론활성화를 위하여 서로 의존하고 있다. 정부가 매개자들에게 정책정보를 제공하지만, 반대로 정책과정에서 매개자들에 의하여 영향받게 된다.

V. 결어

전자정부법은 능률형 전자정부와 서비스형 전자정부를 그 주요과제로 파악하고 있으나, 현재 진화과정중에 있는 전자정부는 점차 민주적 법치행정형 전자정부로 이행해가고 있으며 또 그러한 방향으로의 발전이 기대된다. 이 논문에서는 전자정부에서의 개인정보보호의 문제를 세 가지 유형의 전자정부에서 문제되는 내용들을 총괄적으로 설명하면서도, 특히 능률형과 서비스형에 대한 논문들이 이미 많이 나와 있으므로 민주적 법치행정형 전자정부에 초점을 맞추었다.

국가에 대한 개인의 의존이 심화되고 국가정책에 의하여 종전의 생활방식이 엄청나게 바뀌는 것을 목격하고 있는 오늘날, 개인이 자기정보에 대하여 갖는 권리는 국가에 대한 방어적 자유권으로만 이해해서는 안되고 참가권까지 포함하는 방식으로 이해되어야 한다. 이를 위해서, 국가의 핵심정책들에 대한 정보가 국민들에게 충실히 공개되어 자기관련정보를 자유로이 수집할 수 있고, 정부는 개인들과 충실한 의사소통을 통해 자신들의 미래설계를 위해 필요한 정보를 조언하고 배려하여야 하며, 정책과정에서 개인들의 관련정보가 충실히 수집되어 정책에 반영될 수 있도록 정책과정을 공개하고 참가시키는 것이 필요하다.

정보와 의사소통은 행정에서 문제발견과 해결을 위한 수단으로 오랫동안 주목과 기대를 받아 왔다. 조선의 유명한 행정개혁이론가인 정약용도 조선시대 재정의 핵심인 삼정의 문란으로 인한 사회혼란의 가장 중

요한 원인으로 목민관의 무지와 서리의 횡포를 지목하면서, 서리의 행태
와 지방주민들의 재산 및 신분상황에 관한 정보획득이 행정개혁의 관건
이 된다고 강조했다.67) 조선시대 임금들이 사관이 남기는 기록을 통한
투명한 정치행정의 압력을 무서워하면서 정책의 합리성을 증대하기 위
해 전국의 유명선비들과 정책토론을 한 역사를 우리는 조선왕조실록을
통해 확인하고 있다. 민주사회로서 현대 한국사회의 특성에 맞추어 행정
도 그의 과제를 권력적·일방적 방식이 아니라 사회와의 의사소통과 정
책의 투명성보장을 통하여 이행해 나가야 한다. 시민을 객체로만 인정해
왔던 정부의 의식을 바꾸어 새로운 상황에 맞게 정부가 시민과의 의사
소통과정을 조직화하고 주도하는 책임을 이행해야 한다.68)

  전자적 민원처리의 선구적 사례로 서울특별시가 1999년 4월 15일부터
서비스를 하고 있는 '민원처리온라인공개시스템'에 대하여 국제사회는
종이문서감축과 내부결제과정의 간소화와 같은 행정기관의 생산성측면
을 평가하지 않고, 반부패우수사례69)로 평가하고 있는 것은 상당한 시
사를 주고 있다. 전자정부의 목적에 포함된 투명성과 민주성의 목적을

---

67) 정약용은 정보권력의 통제를 위해 스스로 三政 중의 하나인 還穀의 운영실태에 관한
    완벽한 정보지도인 '經緯表'를 작성하여 제시하면서, 출납(出納)의 숫자와 분류(分
    留)의 실제를 수령이 잘 파악하고 있으면 아전의 횡포가 심하지 않을 것이라고 하였
    다. 그러나 곡물 등을 관리하는 장부가 만갈래로 어지럽고 복잡해서 파악하기가 쉽지
    않으므로 간편한 방법이 있어야 다스릴 수 있을 것이라고 하면서, 곡부(穀簿: 환곡의
    운영전반에 관한 내용을 수록한 장부) 각 항목의 구별을 분명히 하고 조목을 상세히
    나열해 놓으면 그 실제를 파악할 수 있을 것이라 하였다. 茶山研究會 譯註, 譯註
    牧民心書III, 戶典6條 穀簿上, 1988, 32-33면 참조. 이어서 기술한 戶典6條 穀簿下
    (譯註 牧民心書III, 39-76면 참조)에서 정약용은 경위표의 중요성과 구체적 작성방법
    과 활용방법을 상세하게 서술하면서, 수령이 經緯表에 의해 곡식 등의 출납을 명석
    하게 알고 있으면 아전이 감히 속이지 못할 것이라고 보았다.
68) Hermann Hill, Staatskommunikation, JZ 1993, SS.333-335.
69) 1999년 10월 국제반부패우수사례로 발표되었고, 국제투명성기구(TI)홈페이지에도 소
    개되고 있다. 서울시 자체로도 이 시스템의 우선적인 개발목적이 부패문제를 극복하
    는데 있었다. www.metro.seoul.kr 참조.

행정자신의 관점에서 생산성의 목적의 하위에 위치하거나 부수적인 것으로 보아서는 안될 것이다. 전자정부가 단순히 정보를 더 많고 편리하게 제공하는 것만을 의미하는 것이 되어서는 안되고, 국민을 위하여 정책과정의 공개와 투명성보장을 위해서 더 긍정적인 기여를 해야 한다.

정책결정자가 정책속에 구체화시킨 공익이 진정한 의미에서의 공익을 대변하지 못하는 경우가 자주 나타나고 있으나,70) 정책에 대한 실체적 통제는 다양한 이해관계를 적절히 고려하기 어려워 실효성이 매우 약하다. 전자정부법(제9, 28조), 정보화촉진기본법(제13조 제1항), 정보공개법(제1, 3조), 행정절차법(제5, 46조 제1항)과 공적자금관리특별법(제1조)에서 투명성보장은 입법의 핵심목적으로 규정되어 있다. 정책의 투명성통제는 절차적 통제방법이면서도 사후적으로 분석평가하고 책임을 추궁하기 위한 기초정보를 확보해줌으로써 사후적인 실체적 통제를 하기 위한 토대를 제공한다.71)

현대행정에서 정부의 규모가 커지면서 정책실패의 부정적 파급효과도 점점 증가하고 있다. 재정에 관한 정확한 정보와 편리하고 신속한 접근이 보장될 수 있도록 재정정보를 전자화하여야 한다. 충실한 재정정보시스템은 정책결정자에게 정확한 정보를 토대로 미래의 재정위기를 예측하고 신속하게 대처할 수 있도록 도와줄 뿐만 아니라 국민에게 신속하게 공개됨으로써 정부와 정책에 대한 신뢰를 얻을 수 있게 될 것이다.72)

---

70) 현실적인 공익판단은 진정한 의미의 공익을 반영하지도 않고, 공익판단자의 편견이나 왜곡이 가미되게 된다. 최송화, 공익개념의 법문제화 : 행정법적 문제로서의 공익, 법학 제40권 제2호, 1999. 8, 42면 참조.

71) 다른 논문에서도 행정과정의 투명성과 정보권력의 통제관점을 강조했었다. 졸고, 행정과정의 공개와 인터넷－서울시의 '민원처리온라인공개시스템'의 분석과 함께－, 공법연구 제29집 제1호, 2000, 301-302면. 정보사회의 촉진과 행정정보화의 행정과제만으로는 행정난맥상을 치유하는데 역부족일 것이라고 하면서, 정보권력의 통제관점을 포기하거나 과소평가해서는 안된다고 했다.

72) 황윤원/김성철/박기묵, 예산정보시스템 (Budget Information System)구축에 관한 연구, 1998, 한국행정학회 동계학술대회발표논문집, 369면.

또, 대규모 재정지출이 수반되거나 국민생활에 중대한 영향을 미치는 정책의 경우 현행 행정예고제도를 개선하여 정책과정의 각 단계들에 대한 신속한 공개와 사이버포럼의 형성과 발전의 의무를 정책담당자들에게 부여하는 규정을 새로이 도입하여야 한다. 이러한 입법을 통해 시민들은 적어도 자신들에게 중대한 재산적 부담을 줄 우려가 있거나 자신의 삶에 치명적 피해를 가져올 수 있는 정책과정에 관한 정보를 수집하여 스스로 대비할 수 있고, 더 나아가 이러한 정책의 구체적 내용결정을 위한 기초정보의 형성과정에 참가할 수 있는 기회를 적시에 갖게 됨으로써 자기관련정보에 대한 자기결정권을 행사할 수 있게 될 것이다.

이미 조선의 멸망과정에서도 드러나듯이 대규모 재정부실의 문제는 한 정권의 공과의 문제로 그치지도 않고, 어떤 특정 학문의 배타적 관심사로 머물 사항도 아니다. 2차 공적자금조성이 끝난 지금 다시 현대문제 등으로 인하여 3차 공적자금의 필요를 이야기하는 사람들이 나타나고 있다. 이러한 국정과정에서 국민 각자가 단지 객체로 대우받아 사후적·소극적으로 공적자금관리실패의 책임만을 지는 것은 민주적 법치사회에서는 결코 정당화될 수 없다. 주권을 가진 주체로서 현재 진행되고 있는 국정과정에 관한 정보를 신속하게 제공받고 참가할 수 있어야 한다. 재정부실의 위험이 현저하게 높은 공적자금문제에 대하여 현실사회의 아우성소리에 비하여 학자들의 논문과 관심은 극히 부족하다. 정보사회와 전자정부에 관한 논문은 하루가 다르게 그 숫자가 늘어나 모든 논문을 읽는다는 것이 거의 불가능한 상황에 이르렀으나, 한국사회를 근본부터 뒤흔들 수 있는 폭발적 잠재력을 가지고 있는 공적자금문제에 관한 논문은 거의 없다.

우리는 실학자들의 외침을 주목해야 한다. 한국사회의 현실에 기초한 학문을 해야 하고, 현실사회에서의 의미와 비중에 걸맞게 학문적 노력을 배분해야 한다.

제2절 행정과정의 공개와 인터넷
-서울시의 '민원처리온라인공개시스템'의 분석과 함께-

Ⅰ. 행정개혁의 새로운 방향

1. 현대행정의 과제로서 정보사회의 촉진, 행정정보화 및 정보권력의 통제

도시사회, 산업사회 그리고 정보사회로 사회성격이 변하면서 점증하는 동태성과 이질성으로 인해 국가과제이행의 불확실성은 증가하고 있으며, 국가단독의 노력은 점점 더 그 한계를 드러내고 있다. 또, 일방적이고 권위주의적인 국가의 태도는 더 이상 시민들에게 수용되지 못하고 있기 때문에 국가와 사회가 활발한 의사소통을 통한 협력적인 관리를 할 것이 요구되고 있다.[1)]

특히 한국사회에서는 최근들어 다양한 사회문제들과 관련하여 국가는 점점 더 지배의 정당성에 중대한 도전을 받고 있는데, 남북간의 갈등을 극복하고 국가통일을 이룩해야 할 과제를 앞두고 있는 한국으로서는 지배의 정당성 조건의 탐구가 사회와 국가를 연구테마로 다루는 모든 학자들에게 시급한 과제로 인식되어야 할 것이다.

---

1) Reiner Pitschas, Verwaltungsverantwortung und Verwaltungsverfahren, 1990, SS.35-239.

1) 정보사회촉진을 위한 행정의 적극적 역할의 중요성

컴퓨터의 보급률이 높아지고, PC방이나 공공기관의 컴퓨터를 통해 인터넷접속이 급속히 늘어나면서 인터넷이 보다 편리하고 정의로운 사회로 이끌어줄 것이라는 "인터넷신화(Internet Myth)"[2]가 확산되고 있다. 그러나, 행정의 혁신노력과 시민의 인식 및 태도의 변화 없이 정보기술의 혁신만으로 정당한 사회가 이루어지는 것은 아니다. 이것은 인쇄술의 발명이 사회발전에 영향을 미치게 되는 과정을 분석해보면 보다 분명해진다. 아시아에서 인쇄술이 먼저 발명되었고 14세기 중엽 구텐베르크에 의해 유럽에서 인쇄술이 발명되었지만, 15세기말까지 인쇄된 성경은 너무 비싸 보급이 잘 이루어지지 않았고 문맹률은 90%에 달할 정도로 사회변화에 별 영향을 미치지 못했다. 그러나 17세기에 들어오면서 시민들 사이에 평등사상이 전파되고 국가가 국민들을 공교육기관에 의하여 교육시키면서 문맹률은 현저히 낮아져 19세기 말엽에는 10%까지 떨어지게 되었다 한다. 이 과정에서 인쇄술은 공교육이 더 쉽게 성공적으로 수행되도록 하는데 도움을 주었을 뿐이었다. 인쇄술보다 중요한 의미를 가졌던 것은 세몽된 사회적 분위기와 국가의 공교육정책이었던 것이다.[3] 인터넷의 보급속도는 역사상 그 어떤 발명품보다 빠르지만 정보사회와 지식사회에서 합리성과 정당성의 개선은 행정정보와 공적 지식을 시민의 공공생활의 보편적인 조건이 되게 하려는 행정의 적극적인 의지와

2) Peter Brandon, The Internet Myth : A Model for More Activist Government in a Knowledge Society, Government Information in Canada, number 14.

3) Peter Brandon, The Internet Myth : A Model for More Activist Government in a Knowledge Society, Government Information in Canada, number 14. pp.1-3. ; 정보화는 사회문화적인 문제로 이해되어야 하며, 정보기술이나 정보망의 문제로 접근하는 것은 위험하다. 성숙된 정보사회를 위해서는 정보를 읽고 해석하고 관리하는 사회전반의 정보문화적 능력이 더욱 중요한 선결과제임을 인식하여야 한다. 권기헌, 한국의 정보화에 대한 비판적 고찰-성찰적 정보화의 개념을 중심으로-, 한국행정연구 1999 제8권 3호.

정책을 요구한다. 행정은 행정정보와 공적 지식에 대한 관리를 위임받은 수탁자로서 정보의 확산에 노력하여야 할 것이다.

2) 행정정보화

사회의 기술발전에 따라 다량의 정보를 신속하게 유통시키는 정보기술의 혁명이 이루어지면서 행정에 의한 정보기술혁신의 수용이 매우 중요한 행정개혁테마로 등장하고 있다. 우리 사회에서도 전자형식으로 유통되는 공공정보가 점점 많아지고 있고, 행정기관의 관리업무도 전자문서의 생성, 보관과 유통 때문에 크게 변하고 있다. 행정기관은 전자파일 프로그램을 만들어내어 스스로 민원인들에게 알릴 사항을 고지할 뿐만 아니라 전자서식에 기재하여 자료를 제출하도록 요구하기도 한다. 행정기관 상호간 또는 공무원들 상호간에도 보고문서나 결재문서 등을 전자문서로 만들어 보내고 있다. 행정의 새로운 정책이나 입법을 알리고, 중요한 법과 정책의 개발단계에서 시민들의 의견을 조사하기 위해서도 인터넷이 이용되고 있다. 시민들도, 인터넷이 이용되기 전까지는 행정기관의 규제입법이나 규제기준에 접근하는 것은 매우 어려웠으나, 인터넷으로 인하여 시민들은 자신의 입장에서 지지나 반대를 개별적으로 표시하거나 조직적으로 대응해가고 있다.

오늘날 정부혁신과 정보화사업을 연계하여 국가의 경쟁력을 강화하려는 것은 세계적인 추세이다. 우리 정부도 기존의 비효율적인 행정업무처리과정에서 정보기술이 갖는 잠재력을 최대한 활용하려고 노력해야 할 것이다.

3) 정보권력의 통제 - 전통적이며 현대적인 행정개혁의 도구 -

정보와 의사소통은 행정에서 문제발견과 해결을 위한 수단으로 오랫

동안 주목과 기대를 받아 왔다. 조선의 유명한 행정개혁이론가인 정약용
도 삼정의 문란으로 인한 사회혼란의 가장 중요한 원인으로 목민관의
무지와 서리의 횡포를 지목하면서, 서리의 행태와 지방주민들의 재산 및
신분상황에 관한 정보획득이 행정개혁의 관건이 된다고 강조했다.4) 현
대행정에서도 정보의 획득, 관리 및 시민전달은 복잡한 산업사회와 도시
사회를 관리하고 행정을 통제하기 위해 더욱 더 중요해지고 있다.

현대사회의 복잡성으로 인해 행정책임의 영역은 무한히 늘어나는 듯
보이지만, 사회의 위험성은 행정에 시간을 주지 않는다. 행정은 자주 무
능력상태에 빠져들고 시민들은 행정에 대한 불신과 스스로에 대한 자조
에 빠져 벗어나지 못한다. 행정무능에 대한 강력한 불만에 부딪힌 행정
은 문제해결의 신속성을 우선시하여 사회의 실체적 문제들의 해결과정
에서 권력적·일방적 방식을 선택하는데, 문제의 복잡성과 위험성이 전
문지식 없이 준비되지도 계획되지도 않는 상식적인 대처를 용인하지도
않는다.

현대사회는 민주사회이다. 이 흐름을 어떤 권위주의적 권력도 역전시
키기는 힘들 것이다. 사회의 이러한 특성을 바꿀 수 없는 본질적 경향이
라고 생각한다면, 행정도 그의 책임을 권력적·일방적 방식이 아니라 사
회와의 의사소통과 정보공유를 통하여 이행해 나가야 한다. 현대사회에

---

4) 정약용은 정보권력의 통제를 위해 스스로 三政 중의 하나인 還穀의 운영실태에 관한
완벽한 정보지도인 '經緯表'를 작성하여 제시하면서, 출납(出納)의 숫자와 분류(分
留)의 실제를 수령이 잘 파악하고 있으면 아전의 횡포가 심하지 않을 것이라고 하였
다. 그러나 곡물 등을 관리하는 장부가 만갈래로 어지럽고 복잡해서 파악하기가 쉽지
않으므로 간편한 방법이 있어야 다스릴 수 있을 것이라고 하면서, 곡부(穀簿 : 환곡
의 운영전반에 관한 내용을 수록한 장부) 각 항목의 구별을 분명히 하고 조목을 상세
히 나열해 놓으면 그 실제를 파악할 수 있을 것이라 하였다. 茶山研究會 譯註, 譯註
牧民心書III, 戶典6條 穀簿上, 1988, 32-33면 참조. 이어서 기술한 戶典6條 穀簿下
(譯註 牧民心書III, 39-76면 참조)에서 정약용은 경위표의 중요성과 구체적 작성방법
과 활용방법을 상세하게 서술하면서, 수령이 經緯表에 의해 곡식 등의 출납을 명석
하게 알고 있으면 아전이 감히 속이지 못할 것이라고 보았다.

들어오면서 비약적으로 발전한 정보기술은 현대 행정과정을 전통적인 것으로부터 결정적으로 구별해주는 특징이 되었는데, 정보기술은 권력의 새로운 집중과 분산을 통하여 행정의 의사결정과 의사전달을 위하여 새롭고 보다 개방적인 시스템을 만들어내고 있다. 행정과정 참가자들 사이의 협력을 강화시키기 위해 권한과 책임의 새로운 분배체계도 출현시키고 있다.

이와 같이 복잡하고 위험한 상황에서 행정의 합리적 통제를 통한 사회발전을 위하여 정약용의 經緯表思考[5] 를 발전적으로 계승하여야 할 것이다. 행정학자들이 주목하고 있는 정보사회의 촉진과 행정정보화의 행정과제만으로는 행정난맥상을 치유하는데 역부족일 것임을 정약용의 문제제기는 보여주고 있다. 정보권력의 통제관점을 포기하거나 과소평가해서는 안될 것이다. 정보권력에 대한 시민의 공유를 통해 행정통제를 강화하는 것이 필요하다. 특히, 이 논문에서는 인터넷을 통해 행정과정의 공개를 시도한 서울특별시의 '민원처리온라인공개시스템'을 검토사례로 하여 정보기술에 의한 행정과정의 변화와 행정법개혁의 방향을 다루어 볼 것이다.

2. '절차와 시스템'의 재설계에 의한 행정개혁

1) 행정권위주의의 극복과 책임의 강화

전통적으로 행정활동은 권력적·일방적 행정활동(행정법학) 또는 행정기관장의 리더쉽이나 비공식적 협상에 의한 행정활동(행정학)으로 인식되었다. 양 입장은 모두 행정기관장이나 행정청의 우월적 결정권을 전제

---

5) 주 4)를 참조할 것.

로 하고 있기 때문에 「정의 권력적·일방적 결정과 그 하자에 대한 사후
적 통제」는 패러다임을 공통적 기반으로 하고 있었다. 그러나 이러한 행
정의 의사결정패러다임은 행정이 결정을 내리는 동안 행정의 정보독점
을 견제할 수 없어 권위주의적 행정의 강화와 그 결정과정에서의 시민
소외를 가져왔다. 행정은 의견제출절차나 청문과 같은 시민과 만남의 기
회를 단지 형식적 대화의 장으로, 그리고 사전에 결정된 해결책을 통지
하고 형식적으로 법률요건을 충족시켜 법령을 집행하는 하나의 단계로
생각하면서, 실체적인 문제해결을 지연시키는 관료제의 폐해에 속하는
것으로 비난해왔다.6)

한편, 의사결정의 객체로 인식된 시민은 일방적 행정결정에 대하여
매우 이기적이거나 자기방어적인 입장에서 수용거부의 태도를 보이거나
공무원과 담합하여 부패를 심화시키기도 했다. 이것은 결국 사회문제의
해결비용을 증가시키고 법질서를 침해하며 공공성의 권위를 훼손시켜
사회의 발전에 중대한 장애가 되었으므로 행정의 의사결정과정의 민주
화와 통제강화가 주장되었다. 그러나 의사결정과정단계에서 청문제도를
도입하거나 감사를 증가시키고 사전승인제도를 도입하는 것은 행정지체
의 심화를 가져오고 감사비용을 증가시켜 행정의 효율성을 오히려 떨어
뜨릴 수도 있기 때문에, 업무처리과정에 장애나 비효율을 초래하지 않으
며 비용도 증가시키지 않는 방법을 찾지 않으면 안되게 되었다.

2) 인간→인간 체계에서, 인간→기계→인간 체계로의 전환과
권력배분의 변화

인터넷은 인간과 인간의 직접적인 접촉의 장을 변화시켜 기계의 매개
를 통한 간접적인 접촉으로 인간관계를 전환시켰다. 직접적인 접촉이 줄

---

6) Hermann Hill, Kommunikative Problembewältigung bei umweltrelevanten
Großvorhaven, DÖV, 1994, S.280.

어들면서 접촉과 정보획득의 비용이 현저히 낮아졌다. 그리하여 인터넷을 이용하여 대량의 정보를 수집하는 것이 가능하게 되면서 정보사회의 특유한 현상인 정보이동에 의한 권력이동이 나타나고 있다. 특히, 행정과정을 시스템으로 설계한 상태에서 인터넷에서 유통되는 모든 정보는 인터넷관리자가 장악할 수 있기 때문에 그에게 권력이 집중되고 있다. 정보공유의 기회가 많아짐에 따라 하위계층의 정책결정과정에의 참여범위가 넓어져 상대적으로 중간적 교량역할을 담당하는 중간관리층의 수가 적어지고 있고, 수평적인 정보교류가 활발해져 수직적인 계선조직은 다양한 형태의 수평적인 조직으로 변화하고 있으며,[7] 권력을 장악하고 있던 기존의 복잡한 중간 계선라인들로부터 직접적으로 인터넷에 접속하고 관리하는 현장공무원들에게로 권력의 이동이 발생하고 있다.[8] 결국, 인터넷은 행정기관장에게 새로운 형태로 권력집중을 강화시키고, 또 현장공무원들에게 권력분산을 강화시키되 중간관료들의 권력을 약화시키고 있다.[9]

한편, 인터넷이 인간관계를 간접적인 접촉으로 전환시키면서 행정과정에의 인터넷도입이 행정의 경직성과 인간소외를 심화시킬 수도 있다. 인터넷에 의한 행정과정의 공개는 대량업무의 처리필요 때문에 정형화와 표준화를 수반한다. 그러나 행정환경의 변화는 더 빠르고 격심하며 이에 대한 대응은 신속해야 하기 때문에 정책과 법령의 변화도 매우 빠를 수밖에 없다. 만약 행정기관에 이 변화를 수용하여 프로그램을 수정할 프로그래머가 충분하지 않다면 온라인공개프로그램은 행정의 탄력성을 줄이고 경직성을 심화시켜, 현장행정에서 변화된 관계법의 신속한 적

7) 한국전산원, 제2부 : 한국의 전자문서유통활성화방안 - 일본사례의 시사점 및 향후 발전방안 -, 일본의 행정정보화 추진기본계획과 시사점, 1999. 3, 126면.

8) Reiner Pitschas, Verwaltungsverantwortung und Verwaltungsverfahren, 1990, SS.77-381.

9) 전자사회에서 권력분산에 관한 최신 논의는, 최승원, 사이버스페이스에서의 개인과 국가, 공법연구 제28집 제4호, 2000. 6, 322면 이하 참조.

용을 가로막는 역기능을 발휘할 수도 있을 것이다. 또, 서울특별시의 온라인공개시스템의 경우와 같이 공개프로그램에 사용되는 전자서식 자체는 행정의 의사결정과정에 시민이 의견을 제출할 수 있는 여지를 주지 않을 수 있다. 이것은 행정의 신속한 결정에 우위를 둔 시스템으로 정형화된 행정과정이 행정의 권위주의적 성격을 극복하는데 성공하지 못하고 인간소외를 심화시킬 위험을 가지고 있음을 보여준다.10)

행정과 사회가 대등한 위치에서 의사소통에 의해 행정과정을 인간화시키려는 노력을 함으로써 인터넷에 의한 권력배분의 재조정과정에서 권력배분이 보다 수평적으로 이루어지고 행정과정의 경직화가능성에도 불구하고 유연성이 보호되고 인간소외가 심화되지 않도록 하여야 할 것이다.

3) 행정과 사회의 협력에 의한 규제과정의 개혁

민주주의를 지도이념으로 표방하는 국가들에 있어 사회문제의 인식과 해결을 위하여 행정과 사회의 협력은 점점 더 그 중요성이 강조되고 있다. 사회문제들의 등장과 해결과정에서 복잡한 이해갈등으로 극한 대립이 자주 벌어지고 있어 행정단독의 문제처리는 점점 한계를 드러내고 있다. 행정과 사회는 서로의 결합을 더 강화시켜 공익을 보호하기 위하여 동반자입장에서 협력해야 하며, 이를 위해 행정은 권위주의적 특성과 폐쇄성을 극복해야 한다.11) 이제 문제해결과정에서 시민의 이해, 신뢰와

---

10) 정형화된 서식으로 인해 개별사건의 구체적 상황을 수용하기 위한 유연성이 줄어들고, 행정과 시민사이의 직접접촉의 기회가 줄어들어 개별사건의 특수한 상황에 대한 고려를 소홀히 할 수도 있는 것이다. Henry H. Perritt, Jr., The electronic Agency and the traditional Paradigms of administrative Law, ALR 1992, pp.97-98. (이하에서는 Henry H. Perritt으로 인용.)

11) Ulrich Scheuner, Zur Neubestimmung der kommunalen Selbstverwaltung, Staatstheorie und Staatsrecht, 1978, S.603.

인내를 획득하는 것이 민주국가운영의 필수적인 요건이 된 것이다.[12]

지금까지 법령과 일부 행정규칙에 관해서는 관보에 게재하고 있었으나, 관보에 친숙하지 않은 시민들이 자신들의 민원사항에 관련된 현행 법령과 행정규칙들을 알기 위해서는 상당한 노력을 기울여야 했으므로, 법은 사실상 많은 시민들이 접근할 수 없는 "그림자 법(Shadow Law)"이 었다고 할 수 있다. 이로 인해 입법과정과 내용에 대한 시민참가와 비판은 활성화되지 못했고, 이 법령들에 대한 시민의 수용정도도 매우 낮았으나, 인터넷은 행정의 폐쇄된 문을 개방시켜 이러한 현실을 크게 변화시켜가고 있다.[13] 인터넷으로 공개되는 행정정보의 내용속에는 인허가사항과 같이 특정 개인과 관련된 민원사항에서부터 도시계획 및 재정지출계획 등과 같이 다수의 시민에게 영향을 미치는 것도 포함되고 있기 때문에, 인터넷을 통해 시민들은 행정결정의 이유를 알고, 재정지출이 어디에 얼마만큼 이루어지는지 알게 될 것이다.

인터넷은 다른 측면에서 행정과 사회의 협력강화가능성을 제시하고 있다. 환경오염문제에 대처함에 있어 행정은 어떤 기업이 오염을 유발시키는 행위를 하고 있는지 적발하기가 매우 어려워 큰 애로를 겪고 있는데, 인터넷은 오염감시에 있어 매우 유용한 도구가 될 수 있다. 예를 들어, 미국의 경우 환경오염물질을 생산하는 특정 기업들에 대하여 매년 유독화학물질의 양을 주정부에 보고하도록 요구하고, 주정부는 이 정보를 전자방식으로 시민들에게 공개하도록 요구하는 법(Emergency Planning and Right to Know Act (EPCRA))을 1986년 제정하였는데, 이 법은 행정과 사회의 협력을 강화하여 공익을 보호하는 좋은 모델을 제시한 것으

---

12) Hermann Hill, Kommunikative Problembewältigung bei umweltrelevanten Großvorhaven, DÖV, 1994, S.281.
13) Stephen M. Johnson, The Internet changes Everything : Revolutionizing public Participation and Access to Government Information through the Internet, ALR 1998, p.278. 290. (이하에서는 Stephen M. Johnson으로 인용.)

로 평가받고 있다.14) 이 모델에 따르면 인터넷에 의하여 환경오염물질의 배출여부의 감시에 대한 시민의 적극적 역할이 가능해졌다.

시민이 행정에 관해 이해하고 권한과 책임도 공유하게 하기 위해서는 행정이 먼저 주도적으로 협력을 가능하게 할 인적·물적 기반을 확보하여 제공하여야 한다. 시민도 서로를 공적 정당성의 발견과 보호를 위한 상호보완적인 협력자로 인식하여 행정이 협력시스템과 절차를 만들어내고 운영하는데 적극 협조하여야 할 것이다.15)

II. 행정과정의 변화와 행정법개혁의 방향

1. 의사소통과정으로서 행정과정

급변하는 사회에서 시민들은 자신들의 현재와 미래에 대한 불안과 걱정을 가지고 있어 행정에 대해 표출되는 불만과 저항도 매우 거세지고 있다. 이러한 사회적 감정도 명백히 행정환경을 이루는 것으로 문제해결 과정에서 새로운 변수로서 점점 중요해지고 있다. 감정은 에너지를 가지고 있을 뿐만 아니라, 또 에너지를 만들어내기 때문에 현실을 지배하는 경우가 많다. 인간심리에 있어 인지적 측면과 감정적인 측면은 그 분리가 어려우므로 의사소통과정에서 감정적인 장벽과 개인적·집단적 편견을 긍정적인 에너지로 바꾸어 해결이 어려운 사회적 난제해결을 위한 새로운 자원으로 활용하여야 한다. 감정이 문제해결에 긍정적 기능을 하고 사회의 통합에 기여하도록 행정과정에서의 의사소통의 질을 심화시켜야 한다. 미래사회는 이 감정에너지의 활용이 행정의 성패를 결정하는

---

14) Stephen M. Johnson, a.a.O., p.293.
15) Reiner Pitschas, Verwaltungsverantwortung und Verwaltungsverfahren, 1990, SS.84-288.

중요요소가 될 것이다.[16]

  행정과 사회의 충실한 의사소통은 불안과 방향감각상실을 제거하고 위협적이고 부정적인 미래를 건설적이고 풍부한 기회를 제공하는 장으로 변화시킨다. 새로운 민주적 잠재력과 자원을 발굴하고 공익을 위해 개인적·사회적 에너지를 활성화시키며 상호관심과 필요성의 인정에 의해 갈등을 조정하고 화해시킨다. 그리고 행정활동의 내용과 결과에 대한 합의를 증가시켜 행정의 지위를 안정시킨다.

  내·외부적 행정과정 모두를 의사소통과정으로 인식하는 것은 단지 현대적인 의사소통기술을 이용하는 것으로 그 문제를 한정시키지 않는다. 행정이 단순히 정보를 더 많고 빠르게 제공하는 것만을 의미하지도 않는다. 시민과의 관계에서 행정의 사고방식과 업무처리방식의 수정을 요구하고 시민을 객체로만 인정해 왔던 의식의 변화를 요구한다. 새로운 상황에 맞게 의사소통과정을 조직화하고 계획하며 주도할 책임까지 행정에 부과된다.[17] 한편, 공공문제에 대한 시민의 방관자적 의식과 태도의 변화도 요구된다. 행정과정에서 의사소통의 활성화는 행정실무를 지도해야 할 행정법학에도 중대한 영향을 미치므로, 인터넷이 행정과정에 미치는 영향을 냉철하게 분석하여 행정법학의 패러다임속에 수용하여야 할 것이다.

2. 인터넷이 행정과정의 목적실현에 미치는 영향

  행정작용의 내용에 따라 행정과정의 목적은 다양하지만, 이하에서는

---

16) Hermann Hill, Kommunikative Problembewältigung bei umweltrelevanten Großvorhaven, DÖV, 1994, SS.283-285. ; Hermann Hill, Staatskommunikation, JZ 1993, S.335. ; Reiner Pitschas, a.a.O., S.372.
17) Hermann Hill, Staatskommunikation, JZ 1993, SS.333-335.

우선 처분을 중심으로 중요한 법들이 규정한 목적들의 실현에 인터넷이
어떤 영향을 미칠 수 있는지 검토해보기로 한다.

1) 행정절차법·공공기관의 정보공개에 관한법률과
   민원사무처리에 관한법률의 규율체계

처분절차는 기본적으로 처분요건사실을 정확하게 조사 확인하여 행정
이 일방적이고 권력적인 방식으로 결정을 내리는 절차이므로 정확한 사
실확인과 법의 정확한 해석 및 적용을 요구한다. 따라서 처분절차를 규
정하는 모든 법령들은 이러한 행정의 권력적·일방적 규율의 책임과 권
한을 전제로 한 것들이라고 할 수 있다. 하지만 처분절차를 규율하고 있
는 대표적인 일반법인 위의 세 법들의 목적은 상대적으로 서로 다른 특
징을 가지고 있다. 행정절차법은 행정결정에 있어 시민참가를 확대시키
려는 목적을 가지고 있어 시민들에게 불이익처분의 내용을 사전에 통지
하여 의견을 제출할 수 있는 기회를 주도록 하고 있고, 제한적이지만 청
문의 기회를 부여하며 처분내용에 대해서도 그 이유를 제시해주도록 규
율하고 있다. 공공기관의정보공개에관한법률은 행정과정에 있어 형성되
고 유통되는 정보를 시민들에게 공개하여 행정의 투명성을 개선시키려
는 목적을 가지고 있어 공개대상에서 제외되는 국가안전보장이나 수사
기록 등에 관한 정보이외에는 시민의 공개신청이 있으면 공개하도록 규
정하고 있다. 민원사무처리에관한법률은 민원의 신청이나 민원처리에
대한 불만을 행정내부기관에 의하여 신속하고 적절하게 통제하려는 목
적을 가지고 민원의 신청, 처리기준의 고시 및 처리결과의 통보와 국민
고충처리위원회의 설치 등에 관해 규율하고 있다.

행정과정에서 인터넷을 이용하게 됨으로써 처분절차의 목적들과 관련
하여 제기되는 기본적인 물음들은 첫째, 인터넷이 행정의 사실조사의무
이행의 효율성을 높여주는가, 둘째, 처분절차에 대한 시민참가를 확대시

키고 편리하게 하는가, 셋째, 시민들이 처분절차에 대한 정보를 보다 경제적이고 신속하게 획득하게 하여 행정의 투명성을 향상시키는데 유용한가, 넷째, 인터넷이 행정의 처분결정의 과정과 내용에 대한 통제의 효율성을 높여주는가, 다섯째, 대도시를 가지고 있는 선진국이나 아시아의 인구과밀국가들에서 특히 문제되고 있는 대량의 민원행정문제에 대한 처리능력의 개선에 인터넷이 유용한가 등의 문제이다.

2) 인터넷의 신속성으로 인한 행정의 사실조사의무이행의 신속성과 효율성의 향상

행정기관은 수집해야 할 정보에 대하여 제출의무가 있는 시민들에게 인터넷을 통하여 전자문서로 제출하게 함으로써 정보의 수집과 분석정리에 있어 비용과 노력을 절감시킬 수 있게 되었다. 또 각각의 공무원입장에서도 방문자들과의 대화나 전화통화에 소요되는 시간이 줄어들고 불만제기가 줄어들어 업무집중도를 높일 수 있게 되었다. 민원인들도 인터넷을 통해 행정기관의 홈페이지에 접속함으로써 자신들의 많은 민원사항을 처리할 수 있게 되어 민원사무와 관련된 정보의 부족, 대기시간, 잦은 방문, 복잡한 절차, 복잡하고 많은 서류의 요구 및 불친절 등을 겪지 않게 되었다.

3) 인터넷의 개방성으로 인한 행정부패예방과 투명성향상

인터넷을 통하여 신속하게 공무원의 업무처리과정이 공개되면 공무원들의 이유없는 처리지연을 막기 위하여 지불하던 급행료를 지불할 필요가 없어질 것이고, 행정과정의 비공개관행속에 묵인되던 민원인과의 비밀스런 거래도 예방할 수 있을 것이다. 시민들은 인허가의 구체적인 기준과 처리기간 등을 알 수 있게 되므로 행정의 투명성이 향상되어 행정

불신이 완화될 것이다. 이유제시에 걸리는 시간과 비용도 크게 절약하고, 최종적인 행정결정뿐만 아니라 행정내부단계에서의 업무처리내용에 대한 이유까지 제시받을 수 있게 되어 행정절차법상의 이유제시제도 등이 갖던 행정의 투명성향상기능을 크게 향상시킬 것이다.

한편, 행정기관들이 그들의 정책과 새로운 법령을 홈페이지에 올리는 것은 전통적인 관보에 올려놓는 것보다 공개효과가 더 클 것이다.

4) 인터넷의 쌍방향성으로 인한 행정의 공정성과 민주성(행정참가)의 개선

인터넷의 쌍방향성으로 인하여 행정과 시민간에 동시에 대량의 쌍방향 의사소통이 가능하게 되어 행정의 신속한 결정의 필요와 보다 광범위한 시민참가의 필요사이의 해결곤란한 전통적인 갈등이 상당부분 완화되게 되었다.[18] 시민들은 시간과 장소에 구애받지 않고 자유로운 시간에 원하는 행정기관에게 자신의 견해를 제시할 수 있게 되었고, 법령정보나 민원처리과정에 대한 정보를 행정기관이 관리하는 웹사이트에서 얻을 수 있어 행정참가에 따른 비용을 절감시킬 수 있게 되었다. 또, 지금까지 행정은 권력의 독점과 정보우위의 위치를 이용하여 사업가 등 특정한 이해관계인과 결탁하여 인맥위주의 편파적인 행정을 한다는 비판을 받아 왔지만, 인터넷에서 행정의 정보독점현상은 크게 완화될 것이므로 행정의 공정성은 크게 개선될 것이다.

행정내부적으로도 인터넷으로 인해 의사소통과정이 수평적 네트워크 속에서 이루어져 중앙과 지방의 권력관계의 불균형이 완화되고 권력도 분산된다. 중앙행정기관과 지방행정기관간 의사소통도 활발하게 이루어지게 된다.[19] 지방행정기관들은 중앙행정기관의 정책지침이나 훈령을

---

18) Henry H. Perritt, a.a.O., p.93.
19) 미국에서 최근 간행된 백악관보고서에 따를 때, 인터넷이 활발하게 이용되기 전에는 현재의 업무 담당자가 자신의 업무와 관련된 정책이나, 규칙 또는 과거의 경험들을

중앙행정기관의 웹사이트에서 쉽게 발견할 수 있고 정책이나 규정들에
대한 의문이 생기면 곧 중앙행정기관의 담당자에게 문의할 수 있게 된다.

5) 인터넷의 개방성과 저장능력으로 인한 행정통제의 효율성향상

인터넷은 행정의 신속한 결정의 필요와 행정통제의 합리성향상을 위
한 철저한 증거의 필요사이의 갈등도 완화시켜준다. 처분내용의 결정과
정에서 행정과 시민사이나 협력할 의무가 있는 행정기관사이의 전자문
서교환은 그 교환과 함께 곧 저장될 수 있기 때문에 신속한 결정의 필요
가 처분결정과정에 대한 광범위한 증거수집의 필요를 방해하지 않는다.
특히 행정과 시민사이에서 사용되는 전자문서의 양식과 행정기관사이에
유통되는 전자문서의 양식을 통일하고 그 표준화된 전자문서들을 사법
기관도 사용한다면 사법기관의 소송자료와 증거의 수집도 매우 효율적
으로 이루어질 것이며, 수많은 사본문서들을 만드는데 드는 비용과 시간
을 줄일 수 있을 것이다. 그러나 처분결정과정과 재판과정에서 진술자의
신뢰성이 매우 중요하기 때문에 인터넷이 행정과 시민 그리고 법원의
직접적인 접촉의 필요를 완전히 없애지는 못할 것이다.[20]

6) 인터넷의 동시접속가능성과 대량행정의 처리능력향상

시민들이 공공기관의정보공개에관한법률을 이용하여 어떤 정보를 공
개시키는 데에는 많은 시간과 비용이 든다.[21] 또, 현재와 같이 행정내부

알지 못해 모순된 결정을 내리는 경우가 많았다고 한다. 이에 관한 내용소개는, Stephen
M. Johnson, a.a.O., p.300 참조.
20) Henry H. Perritt, Jr., a.a.O., pp.94-95.
21) 미국의 경우에도 매년 약 60만 건의 정보공개요구를 받는데, 1995년 FBI는 정보공개
요구에 대하 여 응답하는데 평균 923일이 걸렸다. 법률이 정해놓은 기간을 준수하기
는 어려운 것이 미국의 실 정이라 한다. Stephen M. Johnson, a.a.O.,, p.290, FN.62
참조.

적으로 문서정리가 잘 안되어 있는 상황에서는 법적 예외사유에 해당한
다거나 예산과 인력의 부족 같은 사실상의 난점을 이유로 공개를 거부할
가능성도 있다. 현행 공공기관의정보공개에관한법률은 개인이 행정에 정
보공개청구를 하고 그것에 응해 행정이 공개하는 구조로 되어 있으나, 실
제에 있어서는 행정청이 정보공개규정을 해석하여 공개여부에 관한 재량
을 행사하는데 있어 자의적이더라도 통제가 어려워 공공기관의정보공개
에관한법률에 의한 행정개혁은 아직까지는 그 성과가 미미하다.

그러나 정보기술을 행정과정에 도입하여 수많은 사람들의 요구사항을
동시에 대량으로 충족시킬 수 있게 됨으로써 대량민원사항에 대한 행정
의 처리능력은 크게 향상되었다. 특히 서울시의 온라인공개프로그램과
같은 시스템이 행정과정에 도입됨으로써 민원인들의 민원사항의 처리과
정을 일괄적으로 공개할 수 있게 되었는데, 이것은 정보기술의 이용이
대량행정문제의 처리에 얼마나 유용할 수 있는지를 보여주는 실례라고
생각된다.

3. 행정법개혁의 방향

1) 행정의 자율공간과 구체화책임

행정절차법, 공공기관의정보공개에관한법률 및 민원사무처리에관한
법률은 모든 사실상의 행정과정을 규율하지는 않고 중요한 것들만을 규
율하여 행정과정의 안정성을 보장하고 있다. 행정의 의사결정과정에 있
어 내부적인 업무처리방식에 대해서는 행정에 형성의 여지를 부여하면
서 그 구체화의 권한과 책임을 주고 있다.22) 예를 들어 서울특별시의

---

22) 행정절차법상의 개방적 공간은 절차형성을 위한 여지를 행정에 준 것이므로 행정은 구체
적 절차 법을 보충적으로 결정할 수 있다. Reiner Pitschas, Verwaltungsverantwortung

'민원처리온라인공개시스템'이 행정내부단계에서의 처분의사결정과정을 공개하게 한 것은 행정청이 정보시대에 적합하게 스스로 자기구속적인 의사로 결정과정을 정형화하고 각 단계의 업무담당자에게 적절한 권한과 책임을 부여함으로써 법이 규율하지 않은 자율적 공간에서 행정이 그 구체화의 권한과 책임을 이행한 것으로 볼 수 있다.

2) 행정과정의 정식절차적 특성의 새로운 이해

정식절차는 이해관계인들에 대하여 엄격한 사실확인과 청문을 그 핵심내용으로 한다. 비정식절차와 비교할 때 상급기관이나 외부에 의한 심사를 고려하기 때문에,[23] 비용과 시간도 더 많이 든다. 이 때문에 정식절차는 미국에서도 전통적으로 행정기관들에게 인기가 없었다. 사법기관에 대하여 행정기관의 우위가 보다 현저한 우리나라에서는 침익적 처분에 있어서 사전의견제출과 모든 처분에 대하여 사후적 이유제시제도를 행정절차의 핵심적 구조로 결정하였다. 이것은 행정결정에 있어 행정의 주도적 입장을 확실하게 한 것이었다. 그러나 정보기술의 이용확대는 행정의 의사결정구조에 상당한 변화를 가져온다.

정보기술의 이용은 행정과정의 정식절차적 특성을 완화시키는 측면도 가지고 있고, 강화시키는 측면도 가지고 있다. 완화되는 측면을 살펴보면, 정보기술의 이용확산으로 인해 행정과 사회의 전통적인 엄격한 분리와 견고했던 경계가 점점 완화되어 절차의 경직성이 감소되고 있다. 행정의 결정전의 단계에서는 청문이 인정되는 경우나 공청회 등으로 매우

---

und Verwaltungsverfahren, 1990, S.299.

23) Frank I. Michelman, Formal and associational Aims in procedural due Process, Nomos 18, 1977, pp.127-129. ; 미국에서 행정의 정식성은 행정에 대한 사법심사확대를 주장하는 입장으로 행정법학을 탄생시켰던 New Deal Formalist School이 주요 지지그룹이다. Henry H. Perritt, Jr., The electronic Agency and the traditional Paradigms of administrative Law, ALR 1992, p.80.

제한적인 경우에 의사소통이 가능했던 상황에서 행정의 내부적 의사결정단계가 공개되고 그 단계마다 의견교환이 이루지는 상황으로 변해가고 있어 공·사부문의 경계가 완화되고 있고, 행정기관의 홈페이지에서 행정기관이 특정한 정보를 게재하면 시민이 의견을 기재하고 또 행정기관이 이 게시판에 응답하는 것이 혼합되면서 행정정보의 작성, 전달과 이에 대한 접근사이의 엄격한 분리도 상당 부분 모호해지고 있다. 인터넷으로 인해 정보공개법상의 정보공개신청절차와 행정기관의 정보공개절차가 매우 단순해지고 있으며, 이것이 행정기관의 정책홍보 등과 잘 구별되지 않기도 한다.24)

정식절차적 특성을 강화시키는 측면을 살펴보면, '민원처리온라인공개시스템'의 경우에서도 입증되듯이 전자문서는 정형화되고 표준화된 전자서식에 의해 유통된다. 이 서식들은 매우 간략히 정형화되고 표준화되어 당사자들의 실제 상황이나 행정기관이 고려해야 할 사항들을 참작할 수 없을지도 모른다. 또, 현재의 정보기술로 전달할 수 있는 것에 한정해서 표현될 것이기 때문에 많은 정보들을 제한할 우려도 있다. 그리고 시스템자체의 비인간적 특성 때문에 이용자들은 일방적으로 강제와 소외의 감정을 느끼게 될 수도 있다. 정식절차적 측면을 강화시킨 또 다른 측면을 살펴보면, 서울시의 경우에서 보듯이 행정책임의 추궁가능범위를 행정내부의 업무담당자와 각각의 업무단위에까지 넓혔다는 점이다. 다만, 이로 인해 행정과정의 정식절차적 특성을 새롭게 강화시켰지만 전통적으로 강조하는 청문기회의 확장에 대해서는 거의 영향을 주지 못했다.25)

---

24) Henry H. Perritt, Jr., a.a.O., pp.99-100.

25) 아직까지 정보기술은 청문이나 변론 및 증거조사 등과 관련하여 한계를 드러내고 있다. 미국에서 도 미국 행정의 민주적 성격을 보다 확실하게 보여주었던 청문제도에 대해서는 현재의 정보통신 기술에 의하여 행정청을 방문하지 않고 증거조사하는 것이 어려워서 정보기술의 이용이 보편화되지 않고 있다.

행정통제의 강화와 행정의 의사결정과정의 안정성을 높이는 것을 목적으로 정식절차적 특성의 강화를 지지하는 입장에서도, 공공정보의 생성과 유통 그리고 공유에 의해 권력이 새롭게 재배치되고 있는 상황에 맞게 행정법과 행정실무를 이전과는 다른 각도에서 해석하고 이해함으로써 행정실무에 대한 지도력을 상실하지 말아야 한다.26)

3) 행정법개혁의 방향

그동안 공법학에 있어 정보의 생산, 이용과 유통에 관한 주제는 너무 협소한 관점에서 다루어져 왔다. 공공정보에 대한 접근권과 프라이버시의 보호라는 측면에만 지나치게 집중하여 많은 다른 중요한 측면을 놓치고 있었다. 행정기관내부나 행정기관사이에서의 정보교류도 매우 중요하다. 또, 개인의 정보공개청구에 행정이 개별적으로 응답하는 방식이 아니라 행정과 사회 사이에서 시스템을 통하여 대량으로 정보교류가 이루어지고 있는 것이 인터넷시대의 행정법현상이다. 법학자들도 정보사회에서 정보기술의 이용과 관련하여 발생하는 실제문제상황을 관찰하여야 할 것이다.27)

정보기술의 혁신은 정보통신부의 출현과 위상강화 그리고 각 행정기관에서의 정보화책임관제도의 도입 등 행정기관의 구조를 변화시킬 뿐만 아니라 정보화촉진기본법과 같은 새로운 실정법령을 출현시키고 있다. 또, 기존 행정법령의 해석과 적용에 있어서도 사고방식의 변화를 요구하고 있다.28) 행정절차법이나 공공기관의정보공개에관한법률의 해석자는 행정과정의 변화를 자신의 해석 패러다임속에서 배제시키는 우를

---

26) Henry H. Perritt, Jr., a.a.O., p.80.
27) 동지. Phillip J. Cooper, Acquisition, Use and Dissemination of Information : A Consideration and Critique of the Public Law Perspective, ALR 1981, pp.106-107.
28) Henry H. Perritt, Jr., a.a.O., p.81.

범해서는 안된다. 더 나아가 행정절차법이나 공공기관의정보공개에관한 법률상의 법개념을 잘못 해석하고 적용하여 정보기술의 이용확대를 막거나 관계없는 것으로 이해하고 해석해서는 안될 것이다.29)

한편, 현재의 행정법체계는 행정청의 종국적 결정개념을 행정법적용의 계기로서 요구하는데, 그것은 행정통제시 책임을 지우기 위한 것이다. 책임소재를 명확히 하여 행정결정에 불만인 사람들과 통제의 권한을 갖는 기관에게 불복과 심사의 대상을 줄여 경제적이고, 행정기관의 내부조치들에 대한 사법기관의 간섭을 줄여 행정의 자율성을 보호한다.30) 또 행정청개념을 이용하여 실제적인 인물교체의 영향을 받지 않고 제도적으로 안정적인 결정기관과 통제대상을 확보할 수 있게 된다.

그러나 이것은 행정실제에서 결정권한을 행사하는 자들과 일치하지 않아 행정부패를 극복하기 위해 통제대상을 확정하는 데 있어 많은 문제점을 드러냈다. 서울특별시가 개발한 온라인공개시스템은 최종결정자가 아닌 행정내부의 각각의 결정단계를 실질적으로 책임지고 있는 업무담당자들의 책임을 물을 수 있도록 하여 행정부패를 예방하는 것이 그 주요목적으로 제시되고 있는 것이다. 물론 현재에도 공무원의 위법한 직무행위에 대해서는 국가배상책임이나 형사책임을 물을 수 있지만, 인터넷을 통해 중간단계의 공무원들의 잘못의 발견이 보다 쉬워졌고 그들의 잘못에 대해서도 책임을 추궁하는 것이 표준적인 책임추궁방법으로 바뀐 것은 예전과는 매우 다른 것이다.

이러한 책임구조의 변화는 현재까지의 행정법패러다임에는 상당히 낯선 것이지만 행정법학은 그 패러다임을 변화시켜 새로운 책임구조에도 적응할 수 있도록 해야 한다. 행정책임추궁의 대상은 행정청의 종국적 결정과 그 책임기관이고 책임지는 자는 개인이 아니라 행정청이라는 패러다임은 완화되어야 할 것이다. 행정결정의 중간단계들에 대한 심사와

---

29) a.a.O., p.104.
30) a.a.O., p.101.

업무담당공무원 개인의 의사표시와 행위에 대한 책임추궁의 필요성을
심사대상의 확장비용과 형량하여 책임자의 범위와 책임의 한계를 새롭
게 설정함으로써 책임구조를 새롭게 설계하는 것은 행정법학의 중요과
제로 등장하고 있다.31)

Ⅲ. 인터넷에 의한 행정과정변화 사례와 신설조항의 분석

업무과정의 변화를 통한 정보권력의 분산과 통제없는 행정정보화작업
은 막대한 투자부실을 야기할 뿐 행정의 민주화, 공익과 사익의 효율적
인 보호 등에 크게 기여하지 못할 것이다.32)

1999년 1월 21일 제정된 정보화촉진기본법은 중앙행정기관의 경우 국
무총리를 위원장으로 하는 심의기구인 정보화추진위원회가 정보화촉진
을 위한 계획과 시행에 관한 사항을 심의하도록 하고 있고, '행정기관의
정보화책임관지정·운영에관한지침'은 각 중앙행정기관에 정보화책임관
을 두되, 기획관리실장 기타 기획관련부서의 장을 정보화책임관으로 지
정하여 정보화촉진을 위한 각 기관의 정책을 관장하도록 하였다.33) 지
방행정의 경우에도 이 법의 취지에 따라 정보화의 설계는 기획관리분야
에서 맡는 것이 적합할 것이다. 그러나 민원처리온라인공개시스템을 처

---

31) Henry H. Perritt, a.a.O., pp.104-105.
32) 동지. 서진완, 행정사무자동화의 종합평가 및 향후 발전방향, 한국행정연구원 연구보
    고서, 1996, 145-155면.
33) 이에 관한 설명은, 오준근, 정보화사회와 행정조직에 관한 일고찰, 공법연구 제28집
    제4권 제1호, 2000. 6, 340면 이하 참조.; 미국의 경우에도 미국 의회는 행정기관이
    정보기술을 보다 효과적으 로 관리하도록 하기 위하여 1996년의 '정보기술개혁법
    (Information Technology Reform Act)은 각 행정기관이 정보관리담당관(Chief
    Information Officer)을 두어 컴퓨터의 효과적인 설계 및 운용을 담당하도록 하고 있
    다. 또 예산관리처장(OMB)이 연방정부의 정보기술이용에 관한 사항을 관리 하도록
    하고 있다. Stephen M. Johnson, a.a.O., pp.292-293.

음 도입한 서울시의 경우처럼 이 시스템의 관리감독은 감사관실에서 맡는 방식이 적절할 것으로 보인다.

1. 서울시의 사례 - '민원처리온라인공개시스템'

1) '민원처리온라인공개시스템'의 등장과 그 내용

복마전으로 불리우며 부패의 온상으로 지목되어 온 서울특별시는 1998년 부패문제의 극복을 최우선 개혁과제로 선정하고 '민원처리온라인공개시스템(Online Procedures Enhancement for Civil Applications)을 개발하였다. 이 시스템은 1999년 4월 15일부터 서비스에 들어갔는데, 공무원부패가 공무원과 시민사이의 관계에서 발생하는 것이기 때문에 시민의 제보가 없으면 적발하기 어려운 특성을 갖는 점을 고려하여, 민원처리과정을 공개하여 행정의 투명성을 높이고 시민의 알 권리를 충족시키면서 행정과정에 시민을 보다 적극적으로 끌어들이기 위한 시도이었다(부패에 대한 최고의 살균제는 화학제가 아니라 햇빛이다!). 2000년 8월 1일 현재 서울특별시의 홈페이지(http://www.metro.seoul.kr)에서 위생, 건축, 보상 및 도시계획 등 모두 54개 업무처리과정이 공개되고 있는데 총방문자수가 841,900여명에 달하고 있으며, 이미 1999년 10월 국제반부패회의에서 우수사례로 발표되었고 1999년 공공부문 경영혁신 우수사례로 선정되었으며 OECD, World Bank, 국제투명성기구(TI) 홈페이지에도 소개되고 있다.

이 시스템은 행정과정상 인·허가 담당자→계장→과장→국장으로 이어지는 결재단계와 주요시책의 경우에는 부시장→시장에 이르기까지 공무원이 민원서류를 넘겨받아 검토를 끝내는 날짜, 검토내용 및 앞으로의 예정사항 등을 인터넷에 띄우도록 하였다. 이 공개시스템의 4대구성요소는 시스템관리, 등록, 조회 및 등록에 대한 감독이다. 등록에 대한 감독은 우선 검사담당관실이 수행하는데 민원처리과정에서 각 부서가 주요사항들을 정확하게 입력하는가와 정상적인 민원처리가 이루어지는지를 감독하도록 하고 있고, 이 시스템의 홈페이지 자체에서 '시민의견'란을 만들어 계속해서 이 시스템에 대한 시민들의 의견을 듣고 있다.

2) 시스템의 분석과 그 개선

이 시스템은 1999년 11월 초 국무회의에서 공공부문의 우수사례로 선정된 후, 기획예산처에 의해 2000년부터 모든 중앙부처와 자치단체들이 도입하도록 의무화했다. 때문에 이제부터 이 시스템은 우리나라의 거의 모든 행정과정의 특징적인 구조를 형성하게 될 것이므로, 이에 대한 분석은 행정과정론의 중요과제가 될 것이다. 이 시스템하에서 각 행위주체들의 행위들은 상호 관련된 결합체로서 조직적인 체계로 구성되어 있어, 각 행위주체들은 서로 정형화된 행위기대를 하게 되고 그 기대에 근거하여 일정한 역할을 수행하게 되며 그 역할에 적합한 학습을 하게 될 것이다. 이것은 시스템이 행정과정에서 서로를 구속하게 될 것임을 의미한다. 앞으로 이 시스템이 행정정보화와 정보권력통제의 기능을 훌륭하게 수행하고 행정기관상호간 그리고 행정과 시민간이나 시민상호간의 이해갈등을 조정하여 통합시키는 기능을 수행하도록 발전시켜야 할 것이다.

(1) 긍정적인 측면

온라인공개시스템은 공무원들의 규제집행의 관행에 중대한 영향을 미치게 될 것이다. 우선, 긍적적인 면을 살펴보면 온라인공개시스템은 공무원들에게 자기발전노력의 계기가 되어줄 수 있다. 동종유사의 업무를 처리하는 다른 공무원들의 업무방식과 내용에서 정보를 얻을 수 있으며 신속하게 현장문제에 대응하다 보면 현장감각도 향상될 것이다. 또 업무처리단계상 서로 협조하고 연락해야 하는 공무원들은 온라인으로 다른 공무원의 업무처리상황에 관한 것을 신속하게 알 수 있게 되어 협력이 더 잘 이루어지게 될 것이다. 업무시간의 상당부분을 차지하고 있는 동종유사 문서의 작성과 보관업무 또한 크게 줄어들 것이다. 또, 권한자만이 각 단계의 결정에 관련된 의사표시를 할 수 있도록 보안을 철저히 하여야 할 것이므로,34) 공무원의 보안의식도 제고될 것이다.

담당공무원이 홈페이지에 올린 업무처리내용에 대해서는 쉽게 자료를 발견할 수 있으므로 근무성적평가의 편의성과 객관성을 높일 수 있다.35) 또,내부감사를 맡고 있는 감사기관이나 임명권자가 해당 공무원의 업무관련비리제보가 있는 경우, 컴퓨터에 저장되어 있는 업무처리내용에 대하여 언제든지 조사할 수 있으므로 위법감시의 편의성과 효율성을 크게 향상시킨다. 행정통제를 위하여 보다 의미있는 변화는 수많은 시민들이 행정기관의 사이트를 방문하여 공무원의 업무처리상황을 감시할 수 있으므로 감시자의 대폭적인 확대를 가져온다는 점이다. 또 다른 긍정적인 측면은, 시민들이 어떤 민원에 대하여 행정쟁송을 제기할 때 행정의 정보독점이나 정보우위로 인하여 매우 불리한 위치에 놓여 있었으나 온라인으로 공개되고 저장되어 있는 정보로 인하여 이러한 정보불균형을 어느 정도 시정시킬 수 있게 될 것이라는 점이다.

(2) 시스템의 불안정성, 검증애로 및 기재내용보존의 난점

온라인공개시스템은 신속한 반면에 매우 불안정하기 때문에 시스템운

---

34) Henry H. Perritt, Jr., a.a.O., p.103.
35) 그러나, 평가의 객관성과 수용도를 높이기 위하여 과학적인 평가기법들이 연구될 필요가 있다. 온라인에 등록된 자료를 활용하여 보다 적절한 업무분석을 하여 과거보다 개선된 업무배분을 하는 것이 이론상으로는 가능할 것이지만, 오히려 행정내부의 온정주의로 인해 유능한 공무원에게 새로운 임무가 가중되면서도 무능하고 나태한 공무원과 비슷한 처우를 계속 유지할 가능성도 크다.

영상의 결함이나 미숙 그리고 태만함이 나타나기 쉽고 행정기관간 비협조나 공무원들간의 협력부족으로 민원인들의 불만이 고조되기 쉽다. 신속성만을 강조하여 부정확하게 민원을 처리할 위험도 있다. 이러한 문제점의 발생을 예방하기 위하여 서울시는 기존의 감사기관에게 시스템운영의 감독임무까지 맡기고 있는데, 다른 지방자치단체들도 감사기관들을 체계적으로 정비하여 시스템의 운영을 감독하도록 하는 것이 좋을 것이다. 또, 온라인공개시스템의 운영상황을 매년 정기적으로 점검하여 시민들에게 보고하도록 하여야 한다.[36)

현재로서는 온라인공개시스템상에서 정보입력과 수정에서 발생한 오류를 검증하기는 쉽지 않을 뿐 아니라 검증을 위한 제도적 장치도 약하고, 발생한 오류의 확산 및 파급효과가 엄청나게 큰데 비해 오차를 발견하고 수정하기가 대단히 어려운 실정이다.[37) 그럼에도 불구하고 신속성 강조경향 때문에 법지식과 같은 전문지식이 부족한 공무원들이 관계법을 위반하여 단지 민원인들로부터 불만이 제기되지 않도록 자의적으로 답변할 우려도 있다. 이것이 심화되면 공익은 심각하게 훼손되고 법의 권위는 심각한 타격을 입게 될 것이다. 공무원이 성급하게 답변한 경우 그 답변의 내용에 대해 시민들의 신뢰가 형성될 수 있는데, 그 답변이 현행법에 위반될 때 시민의 신뢰보호와 합법성의 원칙과의 충돌을 어떻게 해결할 것인가 하는 문제가 발생할 수도 있다.

시스템상의 게시판에 올려진 업무담당자의 통지와 같은 의사표시나

---

36) 미국 전자정보공개법 제10조는 정보공개법의 준수상황에 관한 연례보고서를 작성하여 시민들이 온라인으로 그 정보를 얻을 수 있도록 공개할 의무를 행정기관에게 지우고 있다. 미국의 전자정 보공개법에 대한 단편적인 설명은 많으나 체계적인 설명은, 경건, 정보공개청구제도에 관한 연구, 1998(서울대 박사), 49-58 참조.

37) 한 실태조사결과에 따르면 정보화가 정확성의 제고에 크게 기여할 것이라는 당초의 기대에는 못 미친다고 한다. 자동화 또는 기계화에 수반되는 '정확성 신화' 실제 경험을 통해 거부되고 있는 것이다. 박통희, 행정정보화에 따른 민원행정의 변화와 정책적 합의-정보관리, 상호작용, 업무 구조를 중심으로-, 정보화저널 1997년 4권 3호, 1997. 9. 1 참조.

민원인의 신청 등의 행위 그리고 제출된 증거는 감사나 행정쟁송에서 각각 중요한 의미를 가지므로 행정정보의 통합관리과정에서 그 독자적 성격을 잃지 않도록 잘 보관되어야 한다. 또 전자문서로 기록된 자료는 삭제가 매우 용이해서 빈번하게 삭제되어 증거멸실의 우려가 크므로 전자문서의 삭제를 억제하는 제도적 장치가 필요하다. 공무원의 답변과 의사표시는 삭제하지 말고 저장해두어야 하며 삭제할 때에는 공시해야 할 것이고,38) 이를 위한 행정의 의무를 규정하는 법조문을 신설해야 할 것이지만, 신설된 민원사무처리에관한법률시행령 제38조의2는 이러한 규정을 두고 있지 않다.

(3) 복잡성의 수용능력의 개선필요

행정과정을 정보기술에 의해 시스템으로 만드는 것은 정형화와 표준화에 의해 행정과정을 간소화하지만, 이로 인하여 행정업무의 복잡성의 수용에 있어 어려움이 발생할 수 있다. 이 문제를 해결하기 위해 시스템을 복잡성의 정도에 따라 차별적으로 유형화하는 것이 고려되어야 할 것이다. 행정업무가 단순업무이지만 대량으로 처리해야 하는 업무와 매우 복잡하고 큰 이해관계가 걸려있는 업무로 나누어, 공개시스템의 관리에 있어 2 내지 3개로 구별하는 것이 시스템운영의 효율성을 높일 수 있다. 단순업무로서 대량업무인 경우, 이 시스템은 수많은 민원인들의 전화문의와 직접방문에 따른 의사소통비용과 정보획득비용을 상당한 정도로 감축시킬 것이고 공무원인원의 감축도 가능해질 것이므로, 이 시스템은 단순반복적인 대량행정에서 크게 효율적이라고 하겠다.39) 그러나 정

---

38) 미국의 전자정보공개법 제9조는 삭제된 정보의 공시를 요구하고 있다.

39) 동사무소를 대상으로 한 조사결과에 의하면 정보화가 단순민원의 처리에 효과적이라는 응답이 85.33%이었다고 한다. 박통희, 행정정보화에 따른 민원행정의 변화와 정책적 합의-정보관리, 상 호작용, 업무구조를 중심으로-, 정보화저널 1997년 4권 3호, 1997. 9. 1., 참조.

보기술이 주로 정형화되어 있고 반복되는 업무의 자동화를 위하여서만 활용된다면, 업무구조나 업무과정의 변화를 포함한 조직의 혁신차원으로 정보기술의 활용범위를 확대시키지 못하기 때문에 행정의 생산성은 크게 향상되지는 못할 것이고,[40] 행정부패의 예방에도 그다지 성공적이지 못할 것이다.

다수의 인허가가 필요하고 비용이 많이 드는 복합민원사항인 경우, 그 처리과정에서 여러 행정기관이 단계적으로 또는 수직적이거나 수평적으로 개입하게 된다.[41] 복합민원에 대한 온라인공개시스템의 운용에 있어서는 행정기관간 협력이 무엇보다도 중요하므로 그 협력여부에 대한 충실한 관리감독이 계속해서 이루어져야 한다. 또 업무처리단계에 따라서는 매우 전문적인 심사능력이 필요한 경우도 있으므로 인허가과정에서 전문적인 심사가 이루어지고 있는지에 대한 감독도 충실히 이루어져야 한다. 왜냐하면 이러한 대형 복합민원사업의 경우 한번 잘못 허가가 나게 되면 사후적으로 큰 문제가 출현하더라도 그 문제를 해결하는 것은 매우 어려워지기 때문이다.

(4) 시스템 운영공무원들의 자질향상과 공정한 업무배분의 필요

이 시스템 자체는 행위들의 최종적 의미와 실체적 내용을 결정하는 것은 아니고 여러 가지의 결과들 중에 선택가능성을 인정하고 있으므로 결과에 대해 개방적이어서 교통신호기처럼 자동화된 행정결정체계는 아

---

40) 서진환, 공공부문에서의 인트라넷과 과정중심적 접근방식의 결합: 민간부문의 사례를 중심으로, 정보화저널 1999년 6권 2호.

41) 지금까지는 복합민원의 정보화가 충분하지 않으며, 동시에 관련 부서 또는 기관들의 공동 노력도 부족했다고 할 수 있다. 복합민원과 관련된 사회적 비용이나 민원인들의 불편을 고려할 때 앞으로의 행정정보화는 이 분야에 역점을 두고 추진되어야 한다. 동지. 박통희, 행정정보화에 따른 민원행정의 변화와 정책적 합의-정보관리, 상호작용, 업무구조를 중심으로-, 정보화저널 1997년 4권 3호(1997. 9. 1)

니다. 따라서 행정결정의 질은 운영자인 공무원들에게 달려 있다. 이 시
스템으로 인해 규제집행에 있어 많은 갈등과 문제가 야기될 수 있다. 온
라인공개업무를 새로이 추가로 맡게 된 공무원들은 갑작스런 업무량증
가에 당황하고 이 시스템의 도입과 운영에 암묵적으로 불만을 갖고 저
항할 수도 있다.42) 행정기관이나 공무원에 따라서는 인터넷이용의 미숙
이나 법지식부족 등의 이유로 필요한 정보를 웹사이트에 올리는 과정에
서 오류나 지체 등의 문제를 야기할 수 있다.43) 또, 지방행정의 경우 민
원인을 위하여 온라인에서 필요한 사항에 대해서 신속하게 조언할 수
있는 공무원들이 많지 않다.44)

　정보기술의 도입에도 불구하고 공무원들사이에서 업무부담과 책임귀
속이 공평해야 하므로 행정조직법상의 관할규정들과 개별 실체법상의
업무규정들을 정비하여 공무원들의 업무와 권한을 재분배하여야 할 것
이다.45) 또, 우리 행정의 관행인 잦으면서도 단기적인 보직순환으로 인
해 공무원들의 업무파악이 매우 늦어지고 있는데, 이로 인해 온라인공개
시스템의 운영에 현저한 지장이 초래될 가능성이 있으므로, 이 관행의
개선이 시급하다.

---

42) 혁신작업을 추진하면서 실패한 경우, 그 주요 요인으로 변화에 대한 저항이 가장 중
　요한 요인으로 지적되기도 한다. 새로운 업무과정으로 인한 자신들의 지위와 권한의
　상실 또는 자리의 보전 등에 대한 불안으로 인하여 업무과정의 변화에 대하여 상당한
　수준의 저항을 한다. 서진환, 공공부문에서의 인트라넷과 과정중심적 접근방식의 결
　합: 민간부문의 사례를 중심으로, 정보화저널 1999년 6권 2호.
43) 기관장의 의지가 약하고 사회적 관심이 부족한 지역의 경우 공무원들의 공개지연이
　관행으로 굳어질 수도 있다. 서진환, 공공부문에서의 인트라넷과 과정중심적 접근방
　식의 결합: 민간부문의 사례를 중심으로, 정보화저널 1999년 06권 2호.
44) 강남구청의 경우를 보더라도 숙련된 전산인력의 확보가 매우 어렵다고 한다. 왜냐하
　면 숙련된 전산인력의 경우 신분보장이나 보수수준이 현실에 맞지 않기 때문에 지원
　하는 사람도 없고 상대적으로 근무환경이 우수한 민간기업으로 옮겨가려고 하기 때
　문이라 한다. 행정개혁과 정보기술의 활용(포럼), 정보화저널 1995년 제2권 4호.
45) 동지. Reiner Pitschas, Verwaltungsverantwortung und Verwaltungsverfahren, 1990,
　SS.256-259.

(5) 행정기관간 협력의 강화필요

과거 의욕적으로 추진된 행정전산화 사업이 정부의 생산성향상에 크게 도움이 되지 못하였던 가장 큰 이유는, 기존의 관중심의 행정체제와 업무방식을 개선하지 않은 상태에서 부처단위로 컴퓨터시스템을 도입하고 폐쇄적으로 운용하였기 때문으로 지적되고 있다.[46) 이러한 사례의 하나로 신속한 결재를 위해 도입된 전자결재시스템은 하나의 행정기관 내부에서 전자적으로 처리된 문서라도 다른 행정기관에 대해서는 인편이나 우편 혹은 팩스로 전달되었던 것이다. 전자결재 그 자체도 고위층의 관심부족과 기존 업무방식의 고수 그리고 일관된 추진체제의 부족 등의 이유로 활성화되지 못하였던 것이다. 현재도 부분적인 수작업과 전자적인 처리가 병존하여 상당히 혼란스런 모습을 보여주고 있다.

다른 지방자치단체로 온라인공개시스템이 확산되어가는 과정에서 서울시의 시스템을 표준적인 모델로 삼아 시스템간 호환이 가능하도록 하는 것도 고려해볼 수 있을 것이다.[47) 컴퓨터프로그램전문가나 법지식을 충실하게 갖춘 인력을 확보한 중앙행정기관이나 대도시행정기관은 지방행정기관이나 공기업의 소프트웨어개발과 그 운영에 대해서 필요한 지원을 해나가야 한다.

---

46) 한국전산원, 제2부 :한국의 전자문서유통활성화방안-일본사례의 시사점 및 향후 발전방안-, 일본의 행정정보화 추진기본계획과 시사점, 1999. 3, 126면.
47) 시스템의 설계에 있어서 여러 다른 행정기관과의 사이에서 호환가능성은 매우 중요한 의미를 지니므로 시스템프로그램의 표준화가 매우 필요하다. 표준화의 이점은 규모의 경제를 통한 추가적인 비용의 절감을 가져오고, 교육훈련비용의 절감과 성과의 향상 등의 이점이 있다. 한국전산원 (번역), '사우스캐롤라이나주 정보기술관리와 이용의 개선', 1998년 2월 번역발간, 35-43면 참조.

2. 신설조항의 분석

　명확한 법적 근거가 없는 가운데 운영되는 온라인공개시스템은 행정업무의 가변성의 수용과정에서 상당한 어려움에 직면할 수 있다. 예를 들면, 관계법이 변해 일부 업무담당자의 권한이 없어지거나 축소되거나 아니면 새로운 행정기관을 경유해야 하거나 승인을 얻어야 하는 경우가 생기면 시스템을 일부 수정해야 한다. 온라인으로 공개되고 있는 업무에 대해 새로운 법이 제정되거나 상위법이 개정되었지만 그것을 집행하는 법규명령이나 행정규칙의 체계적인 조정이 늦어지고 있는 경우에도 당해 업무에 관한 온라인공개업무는 지체되거나 마비될 가능성이 있다. 다양한 이익충돌이 존재하고 있는 경우 새로운 가치관에 따른 새로운 정책은 기존의 시스템에 문제를 야기한다. 특히 새로운 정권이나 자치단체장이 등장하여 온라인공개시스템에 관하여 적극 지원을 하지 않거나, 그의 새로운 정책과 잘 조화되지 않는 경우 온라인공개업무를 담당한 공무원들을 새로운 정책집행업무쪽으로 재배치함으로써, 이 시스템을 크게 불안정하게 하거나 후퇴시킬 가능성도 있다. 필요한 예산을 배정하지 않거나 축소할 수도 있다.

　특히, 이 시스템의 법적 근거의 불명확성이 정권교체기에 그의 생존을 위협할지도 모른다는 우려가 있었다. 그리하여 정부는 2000년 10월 13일 민원사무처리에관한법률시행령 제38조의2를 신설하였다. 동법 제38조의2 제1항은 "행정기관의 장은 사이버민원실을 통하여 다음 각호의 민원사무를 처리할 수 있다. 1.민원의 신청·접수·이송 및 처리결과의 통지 2.민원처리상황의 안내 3.각종 법령, 민원사무편람, 민원사무처리기준표 등 민원관련정보의 제공"이라고 규정하여 이 시스템의 법적 근거를 마련하였다.

　그러나 이 법은 시행령으로서 법률이 아니므로 그 근거가 약하여 다른 법률과의 조화여부가 문제될 뿐만 아니라 행정기관의 장에게 온라인

공개의 권한만 부여하고 있을 뿐 어떤 의무를 부과하지 않고 있다. 행정 업무의 가변성과 이 시스템의 법적 근거의 불명확성을 해소하기 위해서는 이미 정형화되어 있는 시스템을 새로운 상황에 맞게 신속하게 수정하는 것이 필요할 수도 있고, 법해석이나 입법에 의해 온라인공개시스템에 법적 구조를 부여하고 이 시스템의 운영여부에 대해 외부적 통제가 가능하도록 하는 것이 필요하다. 하지만, 동법 제38조의2의 제3항은 "이 영이 규정한 것 외에 사이버민원실의 운영 등에 관하여 필요한 사항은 행정자치부장관이 정한다"고 하여 행정규칙이나 개별적인 지시에 의해 운영의 문제점을 해결하도록 위임하고 있다. 법률에서 법적 근거를 마련하여 이 시행령의 법적 근거를 제시해야 할 것이고, 그 입법의 위치도 공공정보의 공개를 위하여 이미 제정되어 있는 공공기관의정보공개에관한법률속에 두는 것이 다른 공개제도와의 관계를 고려한 체계적 해석에 도움이 될 것이다. 또, 장래 문제점들이 보다 명확하게 드러나면 세부적인 문제점들에 대해서도 법에서 규율하여야 할 것이다.

IV. 정보기술에 의한 행정개혁의 한계

1. 인터넷이용의 능력 및 동기와 관련된 문제들

1) 불평등한 접근의 문제

인터넷은 행정정보에 대한 시민접근을 더 용이하게 하여 시민참가를 증가시키는 도구로서 큰 잠재력을 가지고 있지만 이용자의 범위에 관한 중대한 한계를 가지고 있다. 연령, 성, 교육수준 및 재산정도에 따라 인터넷이용자의 비율은 달라지고 있는데, 인터넷에 접근할 수 없는 시민들은 행정결정에 효과적인 목소리를 낼 수 없을 것이고 중요한 행정정보에도 접근할 수 없을 것이다.[48] 따라서, 행정결정에 있어 인터넷에 너무 의존하게 되면 인터넷이용자들에게 유리한 결정이 나올 개연성을 높이게 된다. 이로 인해 인터넷을 통해 행정정보를 제공함으로써 시민들에게 힘을 주려는 정부의 노력이 오히려 잘 교육받고 경제적으로 안정된 시민들에게 더 혜택을 주는 아이러니를 가져오는 것은 매우 곤혹스러운 일이다.[49] 따라서 정부가 결정을 내리고 정보를 전달하기 위해 인터넷에 더 의존하려면 시민들이 인터넷에 대해 더 평등하고 효과적으로 접근할 수 있도록 인터넷에 익숙하지 않은 사람들에 대한 배려가 필요하다. 1997년 개정된 미국의 문서(서류작업)감축법(Paperwork Reduction Act)은 이러한 목적으로 미국통일법전 제3506 (d)(1)에서 "시민이 행정기관의 공공정보에 평등한 접근을 할 수 있도록 보장"할 것을 요구하면서, "시민이 적시에 평등한 공공정보를 이용하는 것을 방해하는, 배타적이고 제한적인 다른 조치"를 취하는 것을 금지하고 있다.[50] 인터넷을 이용하지 않는 사람들에 대해서는 전통적인 업무처리방식도 병용해야 한다.[51]

2) 과도한 참가의 문제

시민참가의 증가는 행정기관의 결정을 방해할 수 있다. 수많은 시민들이 행정기관의 정책이나 법에 대해 지루하고 산만한 토론을 지속하고 다양한 이익단체들이 이기적인 주장만을 고집한다면 행정기관은 스스로

---

48) 김용섭, 인터넷과 행정법상의 과제, 법제연구 제18호, 2000. 6, 41면.
49) 이러한 실정은 미국에서도 마찬가지인데, 한국과 달리 인종간의 격차도 중대한 문제로 등장하고 있다. Stephen M. Johnson, a.a.O., pp.305-306 참조.
50) 미국의 문서(서류작업)감축법(Paperwork Reduction Act)에 관한 설명은, 방석호, 미국 문서감축법안(Paperwork Reduction Act of 1995)의 의미와 분석, 정보화저널 제3권 제2호, 1996 및 이기식, 전자정보공개촉진을 위한 제도적 측면의 연구-미국의 경험을 바탕으로-, 한국행정학보 제32권 제4호, 1998, 122면 이하 참조.
51) 전자문서에 의해 문서이용이 줄어들겠지만 행정과 시민의 직접적인 접촉을 완전히 대체하지는 못할 것이다. Henry H. Perritt, Jr., a.a.O., p.93.

의 정책일정을 수립하는데 많은 애로를 겪게 될 것이다.52) 특히 소수의
적극적인 반대자들이 인터넷의 익명성을 이용하여 허위이거나 극히 편
파적인 주장을 지속함으로써 당해 행정기관의 업무집중을 현저히 방해
하고 행정의 공정성과 결정능력을 크게 위협하는 현상도 빈번하게 나타
나고 있다.53)

그러나 더 많은 인터넷 이용을 통해 다양한 견해를 가진 시민단체들
이 증가하면 어느 한 시민단체에 의한 행정기관의 포획은 어려워질 것
이고, 행정기관의 관리담당자가 토론을 적절히 관리하고 지도하기만 한
다면 새로운 정책이나 규제에 관하여 행정기관 스스로의 힘으로는 획득
하기 어려운 다양하고 유용한 정보를 제공받을 수도 있으며, 행정결정에
대한 시민의 수용정도를 높일 수도 있을 것이다. 장기적으로 볼 때 이러
한 장점이 행정결정의 지연으로 인한 손해를 능가하게 될 것이다.54)

3) 인터넷의 개방성으로 인한 프라이버시의 침해위험과 신설조항의 분석

행정기관들이 온라인공개시스템과 같이 인터넷으로 민원인에 관한 정
보를 제공하면서 개인의 사생활과 프라이버시를 침해하는 경우가 늘어
나고 있다. 특히 프라이버시보호의 기준이 명확하지 않은 가운데 온라인
공개시스템이 가동되면서 장차 이 문제가 전체 시스템의 운영에 어떤
영향을 미칠 것인지 상당한 불안요소로 존재하여 왔다. 온라인을 통하여
공개되는 민원사항에 관한 정보는 개인의 성명 및 민원사항과 관련된

---

52) Jim Rossi, Participation Run Amok : The Costs of Mass Participation for
    Deliberative Agency Decision Making, 92 Nw.U.L.Rev., 1997, p.217, 227.
53) 공무원과 주민의 관계가 인터넷의 익명성으로 인해 매우 이기적인 관계로 변모되고
    있는데, 정보사회에서 이기주의 심화경향의 극복과 사이버공동체에서 이용자의 윤리
    문제가 21세기 국가의 중요문제로 부각되고 있다. 동지. 김용섭, 인터넷과 행정법상
    의 과제, 법제연구 제18호, 2000. 6, 33면.
54) Stephen M. Johnson, a.a.O., pp.315-316 참조.

부동산소재지, 재산사항 그리고 그의 사업진척사항 등 개인의 신분이나 재산과 관련된 정보들이다. 민원인들은 익명의 공중들에게 이러한 사항들을 노출시켜 악의적인 사업가와 같은 제3자가 이 정보를 이용하여 그의 이익을 침해하더라도 방어하기가 어렵게 된다.

행정기관이 현재와 같은 시스템을 계속해서 유지할 수 있는지, 아니면 일정한 범위에서 개인정보보호조치를 취해야 하는지 명확하지 않은 상황에서, 민원사무처리에관한법률시행령 제38조의2 제2항은 "행정기관의 장은 제1항의 규정에 의하여 민원사무를 처리할 경우 개인정보의 보호를 위하여 보안강화 기타 필요한 조치를 하여야 한다"고 하여 개인정보보호조항을 신설하였으나, 보호해야 할 개인정보의 내용과 그 보호방법 등에 관하여는 동조의 제3항에서 행정자치부장관이 정하도록 위임하여, 이 시스템의 불안정성은 해소되지 않고 있다.

장래에는 개인정보보호 문제가 새로운 암호화 기술이나 시장속에서 자율적인 규제기준이 등장하면서 어느 정도 해소될 수 있는 여지도 있지만,[55] 일정 사항에 대해서는 권리를 갖는 사람의 신청이 있을 때 그에게만 공개하는 방법을 취하는 경우도 고려해야 할 것이다.[56] 만약 정보공개로 보호되는 공익이 관련 사인의 프라이버시의 보호범위를 명백히 초과하는 경우에 정부기관이 통제하는 개인정보는 그의 공개에 따른 이해관계인 또는 그 정보의 제공기관의 동의가 없더라도 공개할 수 있다

---

55) 이에 관한 상세한 검토는 황철중, 인터넷과 개인정보보호의 패러독스, 정보화저널 1999년 6권 4호, 1999. 12. 1., 참조.

56) 프라이버시의 보호를 위하여 OECD가 제시한 일반적 원칙은 시스템의 설계에서 고려해야 할 것이다. OECD는 수집제한의 원칙(Collection Limitation Principle), 데이터 질의 원칙(Data Quality Principle), 목적 구체성의 원칙(Purpose Specification Principle), 이용제한의 원칙(Use Limitation Principle), 안전성 확보의 원칙(Security Safeguards Principle), 공개의 원칙(Openness Principle), 개인참여의 원칙(Participation Principle) 및 책임의 원칙(Accountability Principle)을 프라이버시보호의 일반적 원칙으로 제시하였다. 이에 관한 설명은, 박홍윤/윤건수, 공공부문에 있어서 개인정보의 공동이용에 따른 문제점과 해결방안, 정보화저널 1999년 6권 3호, 1999. 9. 1., 참조.

는 견해도 있다.[57] 보호해야 할 개인정보의 목록과 보호방법 등에 관한
세부사항을 법률에 정함으로써 보호여부에 따른 법적 불안을 해소해나
가야 할 것인데, 그 근거조항과 세부내용을 공공기관의개인정보보호에
관한법률속에 두는 것이 입법체계상 적절하다고 생각한다.

2. 인터넷의 기술적 약점들과 비용의 문제

수많은 웹사이트들이 빠르게 나타나면서 검색도구들이 이들을 검색할
수 없거나 검색에 많은 시간을 소비해야 하거나 접속속도가 느려지고
있다. 해커가 정부컴퓨터시스템에 침입하여 시스템을 파괴하거나 그 정
보를 범죄 등에 이용하는 현상이 나타나기도 한다.[58] 특히 정부기관 상
호간에 정보가 정부내 네트워크망을 통해 공유되면 해커는 어느 한 기
관에만 침입하면 수많은 행정정보들을 불법적인 목적에 이용하거나, 행
정정보의 내용을 왜곡시킬 수도 있고 접근을 못하게 하거나 지워버릴
우려도 있다.[59] 시스템을 관리하는 프로그램에 결함이 나타나 저장된
자료가 파괴되거나 지워져버릴 수도 있다.

지금까지 행정은 거의 문서행정의 방식으로 이루어져 왔기 때문에 행
정내에는 수많은 문서들이 존재하고 있는데 이 문서들의 보관상태가 산
만거나 같은 사실을 중복하여 기록한 것들도 많다. 문서들의 내용을 컴
퓨터에 입력시키지 않는다면 행정과정에서 인터넷의 이용은 상당한 제
약과 한계를 보여줄 것이다.

---

57) 정영화, 전자정부에서의 공공정보의 접근 및 유통, 공법연구 제27집 제2호, 1999. 6,
   308-309면.
58) 이 문제를 실무가도 행정정보의 공동이용활성화를 위하여 시급히 해결해야할 법적
   문제로 제시하고 있다. 최기조, 행정정보 공동이용 활성화를 위한 법적·제도적 개선
   방안, 정보화저널 1997년 4권 3호, 1997. 9. 1.
59) Stephen M. Johnson, a.a.O., p.311.

이러한 기술적 문제들에도 불구하고 고무적인 것은 정보기술의 혁신이 매우 빠른 속도로 계속 이루어지고 있다는 점이다. 인터넷의 접속속도도 점점 높아지고 있고 정보보안기술도 점점 발달하고 있으며, 정보기술의 발전에 의해 컴퓨터에의 문서입력도 매우 쉽고 신속해지고 있고 다양한 정보검색도구의 개발로 정보검색이 더 편리해지고 있다.

제3절 복합민원과 집중심사의 모델들

Ⅰ. 인·허가절차에 대한 기대와 개혁의 필요

국내시장의 개방으로 외국기업들에 의한 직접적인 국내시장공략이 가능해지고, 기업을 지원하는 국가들사이의 경쟁도 치열해지고 있다. 경제문제가 비교적 단순하던 시절에는 지도자의 리더쉽과 그를 중심으로 한 단결이 사회문제 해결의 가장 효과적인 수단으로 인식되었으나, 현대사회의 문제는 매우 복잡하여 그 해결을 위한 보다 정교한 접근이 요구되고 있다.

1. 인·허가절차에 대한 기대

1) 인·허가사항 복잡성의 현저한 증대

도시사회, 사업사회가 되면서 공익과 사익들에 대한 침해위험을 방지하기 위하여 많은 실정법령이 등장하고 인·허가사항도 크게 증가했다. 이것은 우연의 산물이거나 입법자들의 자의적인 행동의 산물이 아니라, 현재의 사회발전과정에서 나타난 문제들에 대한 응답의 산물이다. 특히, 최근에는 급격한 기술발전에 의해 나타난 위험한 대규모시설에 대한 규제와 환경보호를 위한 규제가 급격하게 증가하고 있으며, 기술적으로 복잡하고 위험하며 자연과학, 경제학 및 법학 등에 관한 종합적 지식을 갖추어야만 심사할 수 있는 복합민원사항들이 등장했다.

현대사회에서 직면하게 되는 행정문제의 복잡성은 어느 정도 감축시킬 수는 있지만, 이것을 근본적으로 회피하는 것은 불가능하다. 기술적으로 매우 복잡한 대규모시설의 경우, 시설투자규모의 거대함, 공간적·시간적 측면에서의 광범위한 효과, 그리고 발전된 기술 등으로 인해 심사자료가 매우 방대하다. 건축물의 설치 허용여부에 대한 심사에 있어 규제철폐를 강조한다 해도, 현대의 산업사회와 도시사회에서는 여러 측면에 대한 심사가 필수불가결하고, 전문가들에게도 심사업무가 매우 어렵다. 예를 들어, 건축물의 안전성, 도시미관 및 도시발전 등에 대한 고려도 필요하고 교통수요유발가능성 및 폐수정화시설의 설치여부 등도 심사되어야 한다.

또한 자원의 부족, 환경오염의 확산, 인구과밀 등으로 인한 도시문제와 교통문제의 심화 그리고 실업의 증가와 경제침체의 장기화와 같은 상호대립적인 성격의 문제들로 인해 행정은 점차 헤어나올 수 없는 딜레마에 빠져들고 있다. 이러한 문제들로 인해 원스톱써비스나 친절봉사 행정이란 구호를 아무리 외친다고 해도 오늘날 주민행정보다도 그 중요성이 점점 커가고 있는 기업행정의 핵심적 대상인 복합민원처리분야에서 행정은 대응능력의 부재를 현저히 드러내고 있다

2) 국제사회에서의 기업간 경쟁 격화와 신속한 인·허가결정의 필요

한편, 현재의 상황은 국제사회에서 기업간 경쟁이 격화하고 있으나, 우리 경제의 성장은 둔화되고 기업도산이 증가하며 실업도 증가하고 있다. 정부는 첨단기술산업의 육성을 위해 국내·외 자본의 투자를 권유하고 있으나, 기업들은 인·허가절차의 지체와 같은 투자적대적인 허가관행과 불합리한 규제행태에 대해 강력하게 비판해 왔다. 경쟁시장에서 기업의 경쟁력은 제조원가를 절감하고 높은 품질의 제품을 다양하게 공급하는 데만 있는 것이 아니라, 시간관리를 통하여 시장의 기호에 맞는 제

품을 경쟁사보다 먼저 출하하고 시장의 기호변화에 더 신속하게 적응하는 데에도 의존하게 되면서, 신속한 인·허가결정에 대한 요구도 높아지고 있다.

3) 행정기관간 협력의 부족의 극복필요

인·허가의 심사업무를 여러 행정기관들에 분산하여 위탁하고 하나의 행정기관내에서도 각 과별로 업무영역을 구별하는 것은, 권력을 분리하여 권력남용을 막고 전문성의 강화를 위하여 불가피하게 되었다. 또, 과를 세분하여 각 업무담당자의 업무범위를 구별해 놓은 것은 분업의 원리에 따른 것으로 행정의 효율성증대에 기여해 왔고, 책임행정의 구현을 위한 조건으로 이해되었다. 각각의 구체적 공익에 대해 보호책임이 있는 행정청의 결정은 다른 행정기관까지 구속하므로, 그의 권한을 다른 행정기관은 존중해야 한다. 예를 들어, 사업자가 하나의 시설건축을 위하여 건축허가와 영업허가가 필요한 경우, 건축허가청은 영업허가청의 권한을 존중해야 한다.

그러나, 여러 허가기관들간의 갈등과 충돌을 피하기 위해 다른 행정기관들의 권한을 존중할수록 전체 인·허가절차는 지연되고 인·허가사항도 늘어나게 된다. 또, 세분된 행정기관과 과들 사이의 협력부족과 갈등이 반복되고, 이로부터 발생하는 부담과 비용을 시민들이 떠안게 되면서 분업의 원리에 기초한 업무영역의 세분화에 대한 비판이 고조되고 있다. 이러한 현상들에 대한 극단적인 해결책으로는 어떤 행정조직을 폐지하는 방법도 있겠으나, 현대사회문제의 복잡성과 위험성은 정부이외에는 배려책임을 맡을 수 있는 당사자가 없기 때문에 지속적인 규제철폐노력에도 불구하고 규제철폐의 한계가 여실히 드러나고 있다. 심사기관간 협력시스템의 강화를 새로운 대안으로 생각해 볼 수 있다. 그러나, 각 부처와 과들은 보다 큰 공익을 위한 개방적 협력에 대해 그들의 이해관계

에 따라 매우 폐쇄적이고 부정적인 태도를 보여주었으며, 과거의 관행을
쉽게 바꾸지도 못하고 있다. 불필요한 내부협의절차와 경유절차가 많은
데도 내부협의절차를 축소하여 기간을 단축하려는 노력도 부족하다. 특
히, 상급기관이나 동급의 다른 기관과의 협력에 있어 지연현상이 자주
나타나고 있다.

4) 인·허가결정에 대한 주민들의 수용성 향상

지역주민이나 강력한 압력집단에 의한 인·허가반대압력 등으로 인해
인·허가지체가 늘어나고 있다. 기존의 사업자나 주민들은 신규사업허가
를 방해하는 것이 그들의 이익을 보호하는데 도움이 된다고 생각한다면
인·허가결정을 집요하게 방해하게 된다. 이러한 지연행위를 통하여 신
규사업자의 비용을 증가시키고 사업성공의 가능성을 낮춰 기존 사업자
나 주민들의 편익을 연장시키려 한다.[1]

이와 같이 인·허가결정에 대한 주민의 수용거부가 증가하고 있음에도
불구하고 여전히 인·허가심사의 불합리성은 크게 개선되고 있지 않다.
인·허가기관은 민원인에게 지나치게 많은 서식작성과 세부절차의 경유
를 요구하거나 업무처리과정에서 너무 많은 시간을 소요하고, 감독기관
들은 이러한 관리의 비효율성을 방치함으로써 인·허가가 지체되는 있
다. 인·허가업무 전반에 대한 계획적이고 체계적인 작업시스템이 구축
되어 있지 않고 행정기관장의 리더쉽도 부족하다.

갈등가능성이 높은 인·허가의 경우, 이해갈등의 조정을 위한 적절한
절차를 형성하며 인·허가결정의 수용성을 높여야 한다.

---

1) Alden F. Abbott, The Case against federal statutory and judicial Deadlines : a
   Cost-Benefit Appraisal, ALR. Vol.39, 1987, p.176.

2. 인·허가제도의 전통적 목적들과 그 변화

1) 인·허가제도의 전통적 목적들

전통적으로 인·허가는 보호와 촉진이라는 두 가지 목적과 충분한 심사와 신속한 결정이라는 모순된 기대를 충족시키도록 요구받아 왔다. 인·허가의 보호목적에 의하여 신청한 사업이 공익과 사익들에 가할 잠재적 위험요인들을 검사하여야 한다. 특히, 대규모시설이나 위험한 화학물질과 같은 인·허가대상에 대해서는 이 대상들의 잠재적 위험을 방지할 수 있을 정도의 충분한 심사를 할 것을 요구받고 있다.

한편, 인·허가의 획득이 사업에 대한 진입장벽의 역할을 하게 되는데, 사업자는 인·허가의 획득으로 안정적인 법적 지위를 얻게 되어 경제활동을 촉진할 수 있게 된다. 이러한 목적을 위해서는 신속한 인·허가결정이 요구된다. 특히, 기업제품주기가 짧아지면서 기업간 경쟁에서 승리를 위해 허가신청자인 기업가들이 보다 신속한 인·허가결정을 요구하여 왔다.[2]

전통적인 위험방지의 영역에 속한 인·허가절차에서는 이 두 가지 목적 중에서도 특히, 공익보호목적이 사익촉진목적보다 우위에 있는 것으로 인정되어 위험방지의 목적이 강조되어 왔다.[3]

2) 인·허가제도 목적의 변화

복합민원의 급증은 양면적 법률관계를 다원적 법률관계로 전환시키게 되었다. 이에 따라 다양한 공익들과 사업자와 제3자들간 상충하는 사익

---

2) Martin Bullinger, Beschleunigte Genehmigungsverfahren für eilbedürftige Vorhaben, 1991, SS.19-24.
3) 독일 연방행정법원의 판례에서도 확인되었다. BVerwG, Urt. v. 16. 3. 1972, DÖV 1972, 757, 758.

들의 조정이 인·허가제도의 중요한 목적으로 등장하고 있다.[4] 이러한 다양한 이해관계를 조정할 수 있도록 조직, 절차 및 실체적 기준들을 형성하는 것은 오늘의 민주국가의 핵심적 의무가 되었다.

한편, 행정문제가 점점 복잡해지면서 이것의 심사를 위하여 인·허가절차는 점점 길어지고, 인·허가심사과정에서 그 전문적 문제점들을 소홀히 취급하는 경우가 늘어나고 있다. 그러나, 기존의 행정절차, 시스템 및 업무방식을 그대로 존속시키는 한 행정문제의 복잡화는 필연적으로 이러한 문제점을 수반할 것이다.

인·허가행정청은 인·허가권을 독점하고 있다. 시장의 가혹한 경쟁에 직접적으로 노출되어 생산의 효율성이 떨어지면 부도처리되거나, 인·허가절차의 개혁노력에 의해 어떤 직접적 이윤이 발생하는 것도 아니다. 그러나 인·허가과정에서 대상의 복잡성에 적절한 대처를 못하면, 이는 결국 대규모시설의 부실공사와 거대기업의 부실화로 인한 도산, 제3자의 법익침해를 가져와 인·허가심사의 공익보호능력에 대한 사회적 불신을 초래할 것이다.

다른 한편으로, 기업은 시장상황의 변화에 유연하고 신속하게 대응하여 제품을 제공하기 위하여, 제품생산을 위한 시설허가를 보다 신속하게 받는 것이 기업의 시간관리를 위하여 매우 중요한 관심사로 부각되고 있다. 특히, 수요자들의 기호변화가 심한 제품을 생산하는 기업들의 경우에는 필요한 시설의 허가가 너무 늦어지는 경우, 그 허가는 더 이상 유용하지 않게 될 위험도 존재한다. 지금까지 인·허가는 법령이 요구하는 기준들의 준수여부만을 심사할 뿐, 인·허가심사에 있어 시간요소는 별로 고려되지 않았다. 그래서 인·허가를 신청한 기업과 심사행정청은 시간요소의 중요성을 둘러싸고 서로 갈등관계 속에 놓여 있어 왔다.

---

4) Steinberg/Allert/Grams/Scharioth, Zur Beschleunigung des Genehmigungsverfahrens für Industrieanlagen, 1991, S.121.

3) 인·허가절차형성의 새로운 방향

인·허가심사시 적용해야 할 법규정들이 불명확할수록 절차는 법의 구체화를 위한 보완적 기능을 수행하고 다양한 이익의 조정과 권리보호에 기여하게 된다. 인·허가 행정청은 어느 한 이해관계인의 절차적 권리 보장을 위하여 다른 이해관계인의 절차적 권리를 침해하도록 절차를 형성해서는 안된다. 즉, 신청자의 이익을 위한 인·허가 심사의 신속성만을 우위에 두고 행정청의 의무사항인 현장조사를 게을리 하거나, 제3 이해관계인의 절차적 권리를 침해해서는 안된다. 반대로 인·허가 행정청은 신청자에게 유사한 서류나 사실자료의 제출을 반복적으로 요구하거나, 제3자의 부당한 절차지연행위를 방치하여 인·허가결정을 지연시켜서도 안된다.

인·허가는 외국자본유치와 관련된 것처럼 국가적으로 국제경쟁체제에서 살아남기 위하여 신속성을 보다 우선하는 방향에서 제도화가 이루어져야 하는 것도 있고, 매우 위험하고 규모가 거대하여 부실건축의 위험이 높은 시설과 설비에 대한 인·허가처럼 전문성을 갖춘 기관과 전문가들에 의해 상당 기간 동안의 심사와 사후감독이 필요한 인·허가들도 있다. 따라서, 인·허가유형에 있어 신속성에 우위를 두어야 하는 것들과 전문성과 안정성의 확보에 우위를 두어야 하는 것 등 그 성격에 차이가 있다. 절차개선노력으로 모든 인·허가절차가 현재보다 약간 더 빨라진다 해도 성격차이에 따라 대응을 달리 하지 않는다면, 외국인 투자절차에서 그러한 신속성개선은 너무 미미한 것으로 비추어질지도 모른다.

복합민원절차의 핵심적 과제인 다양한 이해충돌의 조정을 위하여 집중심사절차는, 자신의 주요업무가 관련된 다른 행정기관들과의 사전협의와, 제3자의 의견제출을 포기할 수 없는 핵심적 요소로 하여 형성되어야 한다. 제3자 보호문제는 절차와 시스템에 의한 행정개혁의 가장 핵심적 과제로 인식되어야 한다.[5]

3. 복합민원처리에 관한 법적 규율의 현황

우리 입법자들도 기업경쟁력 보호와 주민들의 일상생활에 대한 위험 방지를 위하여 복합민원처리에 관한 특별 규율이 필요함을 인식하고 있다. 특히, 민원사무처리에관한법률시행령 제19조는 '복합민원의 처리'에 관한 근거규정을 제시하고 있다. 즉, 민원사무처리에관한법률시행령 제19조 제1항은 "행정기관의 장은 복합민원에 대하여는 처리주무부서를 지정하고 그 부서로 하여금 관계기관 또는 부서간 협조를 통하여 민원 사무를 일괄처리하게 할 수 있다"고 하고 있다. 이 조항은 특정 부서가 인·허가사항을 모두 일괄해서 특정부서에서 관할하도록 미리 법령에서 정하지 않고, 행정기관장의 결정으로 인·허가사항을 지정하도록 한 점에 특색이 있다. 이 법은 부분적 관할권통합의 근거가 되는 것으로 볼 수도 있지만, 허가과모델과 비교해 볼 때, 집중심사여부가 행정기관장의 개별적 의사에 의존하고 있는 점에 문제가 있다. 또, 그 시행여부를 행정의 직권과 재량에만 맡기고 사업자의 신청에 의한 집중심사가능성을 규정하지 않은 점은, 인·허가촉진의 근본 취지가 민원인의 편의를 우선 하는 것이라는 점에 비추어 문제라 할 것이다.

또한, 동시행령 제19조 제2항은 "행정기관의 장은 복합민원과 관련된 모든 민원서류를 제1항의 규정에 의하여 지정된 처리주무부서에 일괄하여 제출하게 할 수 있다. 이 경우에 관계기관과 미리 협의하여야 한다"고 규정한다. 일반적으로 민원인은 처분권주의에 따라 자신의 인·허가 신청의 시기를 자유로이 결정할 수 있는 것이다. 그러나, 이 원칙만을 고집하게 되면 처리주무부서의 집중심사절차주관은 매우 힘들어져서 결

---

5) Steinberg/Allert/Grams/Scharioth, a.a.O., S.123. 독일에서도 최근 독일 연방헌법재판 소가 법치국가원칙과 기본권보호의 원칙으로부터 제3자보호의무를 강조한 이래, 절 차법의 어떤 주제도 제3자 보호문제만큼 커다란 주목을 받고 있지 못하다고 한다. BVerfGE 53, 30.

국 인·허가심사도 촉진될 수 없게 되므로 이와 같은 규정을 두게 된 것이다. 다만, 처리주무부서는 조언의무를 지고 있으므로 민원인의 복합민원서류 작성을 도와야 할 것이다. 동시행령 제19조 제3항은 "행정기관의장은 관계기관과 협의하여 제1항 및 제2항의 규정에 의하여 일괄접수·처리되는 복합민원의 종류와 접수방법·구비서류·처리기간·처리절차 등을 미리 정하여 민원인이 이를 열람할 수 있도록 게시하거나 법 제7조의 규정에 의한 민원사무편람과 법 제9조 제1항의 규정에 의한 민원사무처리기준표에 수록·비치하여야 한다"고 규정하고 있다. 이 조항에 따라 관할권집중의 대상인 복합민원사항이 민원사무편람에 의하여 공시되게 되므로, 언제, 어떤 인·허가사항에 대하여 집중심사가 개시되는지에 대한 법적 불안이 상당히 제거될 수 있게 되었다. 또, 제출해야 할 서류와 처리기간 등도 알 수 있게 되어 투명성과 예측가능성을 높일 수 있게 되었다.

한편, 복합민원처리지연의 최대 지연사유인 다른 행정기관들의 협력지연에 대해서는 동시행령 제17조 제1항이 "정당한 사유가 있는 경우를 제외하고는 민원서류를 접수한 후 지체없이 당해 민원서류의 처리기간의 범위내에서 회신기간을 명시하여 협조를 요청하여야 하며, 요청받은 기관 또는 부서는 협조를 요청한 기관 또는 부서가 정한 회신기간 내에 이를 처리하여야 한다"고 규정하고 있다. 행정절차법 제7조도 "행정청은 행정의 원활한 수행을 위하여 서로 협조하여야 한다"고 규정하고 있다. 그러나, 이와 같은 훈시규정만으로는 협력을 강제할 수 없어, 특히 상급 행정기관이나 동급 행정기관과의 협력이 지연되고 있다.

일반법인 민원사무처리에관한법률시행령의 입법자는 부분적 관할권통합(조직통합)모델을 행정기관장의 결정으로 도입하도록 결정한 것으로 보인다. 또, 인·허가의제를 50여 개의 특별법들에서 도입하여 부분적 결정권통합모델을 수용하고 있다. 행정자치부가 각 자치단체의 조례에 근거를 두어 한국의 모든 지방자치단체들에 도입하도록 지시한 허가과

모델은, 민원사무처리에관한법률시행령이 제시한 모델보다 법적 안정성을 높이고 민원인의 거래비용을 줄여 인·허가심사를 훨씬 촉진시킬 수 있는 모델이다. 그러나, 이에 대해서는 법률이나 시행령에 근거를 두지 않고 단지 조례에 근거를 두도록 함으로써, 허가과모델의 도입여부와 그 내용에 대해 상당한 법적 불안이 존재하고 있다. 그 결과, 중앙행정기관의 의지여부와 다른 자치단체들의 시행경과를 살피면서 유보적 태도를 보이는 일부 자치단체들이 아직도 존재하고 있다. 시급히 법적 근거를 마련하여 법적 불안을 해소하여야 할 것이다. 이하에서는 각 모델들의 내용을 구체적으로 살펴본다.

II. 복합민원처리를 위한 집중심사모델들과 결정권통합모델

1. 분리심사제의 문제점과 집중심사제의 도입필요

1) 분리심사제의 문제점

사업자가 단일 사업계획에 대하여 복수의 인·허가를 획득해야 할 때, 별개의 행정청이 별도의 절차를 통해 인·허가여부를 분리심사해서 결정하는 것이 지금까지는 인·허가심사의 전형적인 모습이었다. 이러한 분리심사절차에서 개별 행정기관들은 자신이 갖고 있는 관점에서만 선별적인 심사를 하기 때문에, 그의 주의력을 자신의 관할구역에만 한정하고 관할구역밖의 문제들은 인식하지 않거나 중요하지 않다고 간주하는 경향이 있다.[6] 개별 행정기관들은 이러한 방식으로 정보와 복잡성 증가에

---

6) Fritz Scharf, Komplexität als Schranke der politischen Planung, Planung als politischer Prozeß, 1973, S.99ff.

대처하려 하지만, 각 기관의 이해관계에 따른 편견에 의해서 이익보호가 이루어질 우려가 있다. 각 행정기관의 심사영역을 넘어서 사업계획전체의 관점에 관련되거나, 다른 심사영역과 관련된 문제들은 심사과정에서 소홀하게 취급될 가능성이 있다.[7]

여러 개의 인·허가를 필요로 하는 사업의 경우, 여러 행정기관들 사이에 업무가 상호 중복·충돌하여, 이것이 다른 행정기관의 업무에 영향을 미친다는 점을 고려하지 않은 경우가 빈번하다. 이러한 권한충돌과 관할의 불명확성은 자주 인·허가지체를 야기한다. 하나의 사업에 필요한 인·허가 심사가 심사의 선후관계가 체계적으로 이루어지는 것이 아니라 신청자의 신청순서와 우연에 맡겨져 있다. 또한, 하나의 인·허가라 하더라도 그 발급에는 각기 다른 분야를 맡고 있는 업무담당자들의 검토가 필요하다.

분리심사제하에서 복수의 인·허가업무를 위한 심사과정 상호간에는 협력체계가 매우 약했다. 변화된 사회의 수요가 아니라 당해 행정기관의 관례와 업무처리방식에 따라 인·허가심사의 속도와 내용이 결정될 위험이 있었다. 이로 인해 행정과 사업자, 제3이해관계인 등은 관련 규제전체의 목적인 공익관점에서 사업허가의 복잡성을 수용하여 관련된 이익들을 형량하고 조정하는데 어려움을 겪었다. 하나의 사업을 위해 필요한 여러 개의 인·허가를 여러 행정기관들이 분리하여 심사하게 되면, 여러 행정기관, 사업신청자 및 제3 이해관계인들의 이해관계를 조정하여 통일적인 결정을 내릴 수 없게 된다. 그 결과 여러 인·허가결정간에 내용상의 충돌이 발생하거나 내려진 결정에 대해 불복하는 경우가 나타나게 되었고, 이는 법적 불안을 야기하고 있다.[8]

이러한 상황에서 집중심사제를 도입하는 것은 분업의 원리에 따른 행

---

7) Michael A.Wagner, Die Genehmigung umweltrelewanter Vorhaben in parallen und konzentierten Verfahren, 1987, S.103.
8) Steinberg/Allert/Grams/Scharioth, a.a.O.,, S.150.

정기관의 업무분리 폐해를 크게 줄일 수 있다. 집중심사제가 도입되면 민원인은 여러 행정기관을 접촉할 필요도 없고, 사업에 필요한 여러 인·허가의 심사기간을 단축할 수 있어 매우 도움이 될 것이다. 그리고, 행정기관도 집중심사제에 의해 분리심사할 경우보다 중복심사를 없애고 심사인원을 감소시킬 수 있으며, 결정상호간의 충돌위험도 줄일 수 있을 것이다.

2) 집중심사제의 도입필요

집중심사제는 현대의 산업사회와 도시사회에서 빈번하게 등장하고 있는 복합민원의 처리와 거대시설의 관리를 위한 절차이다. 제조업을 하기 위하여 복수의 인·허가가 필요한 경우, 또는 여러 행정기관이 복합시설의 위험관리를 위하여 조사를 해야 하는 경우, 필요한 복수의 인·허가절차나 거대시설의 하자여부를 관리하기 위한 복수의 심사절차를 하나의 절차로 집중시켜 여러 행정기관, 사업신청자 및 제3 이해관계인의 이해충돌을 조정하려는 시스템이 집중심사제이다.

인·허가심사를 촉진시키는 방법으로서 결정권이나 심사조직, 절차의 집중은 비용의 커다란 증가와 기존의 인·허가의 철폐 없이 기존의 인·허가권들에 대한 심사절차의 주재권을 하나의 행정청에 집중시킨다. 이 방법들을 복수의 행정청에 의한 분리심사의 경우와 비교할 때, 심사내용의 중복을 피할 수 있고 심사에 소요되는 시간도 줄이며, 민원들에게 인·허가권을 갖는 행정기관의 탐색과 접촉에 필요한 거래비용을 크게 줄일 수 있는 장점을 지닐 수 있다. 그러나, 이것의 성공은 절차주재권을 상실하고 단지 참가권만을 갖는 다른 행정기관과 주민들의 협력과 참가를 얼마나 효율적으로 조직화해낼 수 있는가에 달려 있어서, 이 모델자체가 인·허가심사의 신속을 확실하게 담보하는 것은 아니다. 또한, 집중심사절차운영의 세부사항을 명확히 하고 그 내용을 관계기관이나 이해관계인들이 숙지하도록 하여야 하며, 지방자치단체나 각 중앙행정기관의 권한분배와 역학관계를 적절히 고려하여 집중심사청을 결정하지 않으면 안된다.9)

집중심사행정청은 의제되는 인·허가의 실체적 기준에 대해서 인·허가권을 갖는 다른 행정기관의 의견을 듣기 위하여 그 행정기관들에게 통지하여 의견제출기회를 주어야 하고, 법률상 보호이익을 갖는 제3자를 보호하는 절차를 준수하여야 하며, 그러한 규정이 없더라도 제3자에 대해서 침익적 효과를 미치는 인·허가인 경우에는 행정절차법 제22조 제3항에 따라 의견제출의 기회를 사전에 주어야 한다.

인·허가제도의 목적은 신속하게 인·허가라는 형식적 권한과 지위를 얻고자 하는 신청자의 희망만을 충족시키려는 것이 아니라, 실질적인 심사를 통하여 관련 공익이나 제3자의 이익에 대한 침해위험을 행정청이 대신하여 심사하여 위험으로부터 보호하려는 것이다. 따라서, 기업들의 경쟁력보호를 위하여 인·허가심사의 촉진이 필요하다 하더라도, 각각의 집중심사제도들이 인·허가제도의 존립목적을 부정하고 있는지가 검토되어야 한다.

3) 복합민원처리를 위한 집중심사모델들

집중심사절차는 여러 행정청들의 관할권들을 통합하고 심사절차를 통일시키면서도 인·허가 심사에 대한 공정성과 일관성에 대한 신뢰를 줄 수 있어야 한다. 그러나 오랫동안의 분리심사에 익숙한 행정관행을 고려할 때, 집중심사절차는 모든 복합민원사항에 대해 획일적으로 통일될 수는 없고, 업무의 성격과 복잡한 정도에 따라 부분적 집중심사모델을 분리심사와 병행시키는 것이 현실적일 것이다. 절차를 집중시키면서도 복

---

9) Martin Bullinger, Beschleunigte Genehmigungsverfahren für eilbedürftige Vorhaben, 1991, SS.77-80.

잡성을 적절한 수준에서 관리함으로써 집중심사청이 사업계획 전체에 대한 개괄적 전망을 심사기간동안 계속 유지할 수 있고, 사업자에게 심사절차의 투명성과 신속성을 보장할 수 있을 정도이어야 한다. 중요한 점은 관할권과 절차를 집중시켜야 하지만 그 집중이 오히려 복잡성을 심화시켜 절차를 지연시킬 수도 있으므로 적절하게 분리심사제를 유지하고 관리해야 한다는 점이다. 또한, 집중심사절차를 채택하여도 사업유형에 따라 집중의 정도를 달리 하여 유형화하는 것이 필요하다. 외국자본유치 등과 관련하여서는 신속성을 우선하는 집중심사모델이 적합할 것이고, 지역사회에서 주민반발이 심한 집단민원사항에 대해서는 이해갈등을 충실히 조정할 수 있는 집중심사모델이 적합할 것이다.

　다수의 중앙행정기관들과 지방행정기관들의 협력이 필요한 복합민원의 경우에는 공통의 직근 상급기관과 같이 총괄적으로 협력을 유도할 수 있는 행정기관을 주된 담당기관으로 정하여 이 기관이 협력시스템의 세부사항을 정하고 협력을 관리하여야 한다.

　복합민원처리를 위하여 집중심사모델을 분류관점에 따라 여러 가지로 나누어 볼 수 있겠지만, 여기서는 결정권통합모델, 조직통합모델, 절차통합모델로 나누어 논의를 전개해 갈 것이다. 이 모델들은 전통적인 분리심사의 문제점을 극복하기 위하여 인·허가결정권이나 심사조직, 또는 심사절차 등을 통합시킨 것이지만, 어느 모델도 집중으로 인해 법치행정의 원칙을 후퇴시킬 수는 없다. 그러므로 적절한 이익보호와 형량이 보장되는 시스템을 안정적으로 형성하여 법적 명확성과 법적 안정성을 보장하고 권리를 보호하여야 한다. 더 나아가, 집중심사가 복합민원에 대한 행정조직의 통일적인 응답과 수요자의 요구에 대한 신속한 응답을 통해 행정민주화에도 기여해야 한다.

2. 결정권통합(Entscheidungskonzentration)모델

1) 완전한 결정권통합모델

　복합민원처리를 위해서는 하나의 사업계획에 대해 오직 하나의 행정청이 하나의 허가절차를 거쳐 하나의 허가결정만을 발하도록 결정권을 통합하는 방식인 '완전한 결정권통합모델'이 가장 이상적인 집중심사방식일 것이다. 완전한 결정권통합모델은 독일의 계획확정절차의 경우처럼 그 자신의 권한과 절차를 명확하게 입법으로 규정해놓아야 하는데, 결정권을 통합시키는 핵심적인 수단은 하나의 허가가 관련된 다른 모든 허가를 포괄하거나 대체시키는 의제이다. 이 모델에서도 집중심사청은 각각의 인·허가 근거인 개별 실체법들의 적용까지 면제받는 것은 아니다.

　이 모델은 결정권을 통합시킴으로써 절차를 간소화하고, 복합적인 이해관계들의 조정과 다른 행정기관들과의 협력촉진을 위해 매우 유용한 것이다. 이 모델에 따르면 전체 사업계획의 처리를 위한 통일적인 조직과 절차가 만들어져 복잡한 이익들을 잘 고려할 수 있다는 장점이 있다. 또, 하나의 주관행정기관이 주도적으로 이해조정에 나서므로, 관련된 여러 행정기관들의 갈등조정이 쉬워지고, 사업계획전체의 관점에서만 가능한 포괄적이고 종합적인 조정도 가능해진다.[10] 완전한 결정권통합모델에서 행정청은 다양한 관점을 고려하여 복잡한 이익형량을 위하여 허가의 실체적 내용에 대해 보다 넓은 재량을 갖게 되고, 관련 다른 행정기관과 제3 이해관계인들에 대해서도 허가결정의 구속력이 확장된다. 그러나, 단점으로는 기존의 업무배분질서를 흔들어 입법이 쉽지 않고 비용과 시간이 많이 들 수 있다는 점을 생각해 볼 수 있다. 관련이익의 형량을 위해 지나치게 복잡하고, 단일 행정기관의 심사범위가 너무 넓고

---

10) Michael A.Wagner, a.a.O., SS.152-3.

많아 과부하상태에 걸리게 한다는 비판을 신속성을 우선시하는 논자들로부터 받고 있다.

2) 부분적 결정권통합모델 - 인·허가의제

우리 법제는 사업계획과 관련된 모든 허가규정들을 포괄적으로 대체시키는 것이 아니라, 단지 어떤 사항과 측면에서만 대체를 허용하여 부분적인 결정권통합모델을 이용하고 있다. 분리심사방식과 집중심사방식을 병존시키는 것이 우리 입법의 현실인데, 집중심사청의 결정권 인정범위가 명확하지 않아 법적 불안이 존재하는 경향이 있다. 이 모델에서도 인·허가행정청은, 의제되는 인·허가의 실체적 규정들의 적용과, 복수의 협력기관들과 이해관계인들에 적용될 통일적인 절차형성을 위한 넓은 재량을 갖는다.

(1) 인·허가의제에 관한 입법상황

인·허기의제는 주된 인·허가를 받으면 부수적인 인·허가는 받은 것으로 의제하는 제도이다. 복합민원을 대상으로 한 인허가의제제도가 본격적으로 도입되기 시작한 것은 1980년대에 이르러서인 것으로 보인다. 1970년대에도 도시계획법(1971), 산업기지개발공사법(1973), 도로법(1976), 농촌근대화촉진법(1977), 한국토지개발공사법(1978) 등에서 이 제도가 발견되나, 80년대초 경제성장추세가 둔화되자 성장촉진을 위한 제도개선작업을 추진하면서 다수의 인·허가의제제도가 등장하게 된 것이다. 한 실무자의 보고에 따르면 인·허가를 의제하는 법률의 수는 1994년 5월 현재 약 40여 개에 이른다고 한다.11) 2000년 현재에는 약 50여 개의

---

11) 각각의 법률들과 그 내용에 대해서는 이익현, 인·허가의제제도에 관한 연구, 법제 제 437호, 1994. 5, 110면 이하 참조.

법률에서 인·허가의제를 규정하고 있는데, 인·허가의제에 관한 일반규
정이 존재하지 아니하고 개별법에만 규정을 두고 있기 때문에 이해관계
인들의 의견을 듣고 이를 사업계획에 구체적으로 반영하는 청문절차가
결여되어 있는 점이 가장 큰 문제점으로 지적되고 있다.[12]

입법과정에서 인허가의제 제도는 필요한 인·허가이지만 주된 인·허
가와 관련되는 경우에는 해당 행정기관과 사전협의를 조건으로 관련
인·허가를 받은 것으로 처리해주는 제도로 이해되고 있어서,[13] 대부분
의 인허가의제 법률들은 사전협의를 거치도록 규정하고 있다. 이것은 주
된 인·허가를 하기 전에 소관부처의 사전협의를 얻게 하여 관련부처의
견을 반영할 수 있는 기회를 주기 위한 것이다. 사전협의를 의제의 본질
적인 요건이라고 보는 입장도 있다. 그러나 이것은 자신의 법률상 이익
이 침해될 가능성이 있는 제3자에 대한 이익보호절차와 형평이 맞지 않
는 행정우위적인 입법현실에 기초한 것으로 적절한 것이라고는 할 수
없을 것이다.

현실적으로 복합민원에 대한 인·허가의제로 인하여 심사의 질의 저하
를 가져올 우려가 많다는 점이 지적되고 있고, 인·허가의제 등과 관련된
세부적인 사항들에 대해 의문이 발생하여 집행이 지연되는 경우가 많이
있었으므로, 그 세부적인 논점들에 대한 분석이 필요하다. 인·허가의제
는 설정된 기한의 경과로 인한 인·허가의제와 복합민원에 있어 주된
인·허가심사에 의한 다른 인·허가의 의제로 나누어 볼 수 있을 것인데,
이 글에서는 후자의 경우에 한정하여 검토하기로 한다.

(2) 인·허가의제의 위험성

복합민원에 있어 인·허가가 의제되어 있는 경우, 의제되는 규정들에

---

12) 강현호, 집중효, 공법연구 제28권 제2호, 2000. 1, 326. 335면.
13) 이익현, 전게논문, 108면.

대한 고려소홀은 인·허가신청자에 의해 공익이나 제3자의 법률상 보호이익을 중대하게 침해할 가능성을 행정청이 소극적으로 방치할 위험을 내포하고 있다. 주된 인·허가행정청은 심사과정에서 부딪치는 어려움과 갈등을 적극적으로 해결하지 않고 의제제도를 편법적으로 이용하여 태만함에 의해 해결하려 시도할 위험이 있어 심사의 질이 저하될 우려가 크다. 이 경우, 의제된 인·허가에 의해 처분청이 사실조사의무와 심사의무를 완전하게 이행하지 않았음에도 시장에 일방적으로 부당한 개입을 하게 되는데, 이는 복수의 이해관계인들 중의 일부에 대해서만 편파적으로 유리한 효과를 미치게 될 것이다. 또 다른 문제는 주된 인·허가 행정청이 의제되고 있는 규정들이 보호하는 공익이나 사익에 대해 일방적으로 처분할 권한을 갖고 있지 않음에도 불구하고, 그러한 이익에 대한 보호조치 없이 일방적 결정에 의해 처분권을 행사하고 있다는 점이다.[14] 의제되는 행정청이 갖고 있는 전문지식과 경험을 주된 인·허가행정청은 갖고 있지 않다는 점도 문제된다.

그동안 국제사회에서 한국 기업의 경쟁력은 그다지 강하지 않아 국민들은 자신들의 이익을 상당히 희생하면서도 그것을 감수할 수밖에 없었다. 그러나, 이제는 국민들이 부당한 이익침해에 대하여 인내보다는 자신의 이익 방어에 나서면서 사회적 혼란과 갈등은 점점 더 심화되고 있다. 현행 의제제도의 불완전한 이익조정 시스템은 헌법을 위반하지 않고 입법자가 문제된 공익이나 사익을 일방적으로 처분할 처분권을 갖는다는 것을 전제할 때 정당화될 수 있는 것이나, 우리 헌법상 아무런 보상조치 없이 타인의 기본권과 법률상 이익을 침해할 수는 없기 때문에 이 시스템의 개선은 매우 시급한 것이다. 따라서, 기업 경쟁력보호를 위한 인·허가촉진의 필요와 국민의 법률상 이익 보호필요를 조정하여 적절한 조화점을 발견하여야 한다.

---

14) Udo Steiner, Beschleunigung der Planungen für Verkehrswege im Gesamten Bundesgebiet, Reform des Verwaltungsverfahrensrechts, 1994, SS.155-157.

이러한 관점에서 다음에 제시하는 원칙에 따라 인·허가의제 제도를 개선하여야 할 것이다. 첫째, 의제로 인한 심사질의 불가피한 저하와 이익형량 하자위험을 고려할 때, 매우 광범위하고 포괄적인 의제는 매우 긴급하고 절실히 필요한 경우에, 대상을 명확하게 한정하여 인정하여야 할 것이다. 이러한 경우로 외국인 투자촉진을 위한 인·허가의제의 경우를 들 수 있을 것이다. 둘째, 적어도 위험시설과 관련된 복합민원에 있어서는 의제제도를 도입할 때 충분한 이익조정절차를 설계하여야 한다. 따라서, 현재의 극히 불충분한 조정시스템은 시급히 개선되어야 할 것이다. 셋째, 주된 인·허가행정청은 의제되는 인·허가의 규정들도 존중하여 인·허가결정을 내려야 한다. 그러한 존중이 없다면 의제는 인·허가결정이 승인이나 거부로 단순하게 판단될 수 있는 경우에만 적합하다. 왜냐하면 복합민원처리에서 가장 중요한 충분한 사실조사와 상충하는 이익들의 조정이 의제로 인하여 무시되는 결과가 될 것이기 때문이다. 또한, 의제로 인해 행정의 재량과 구체화여지는 확장되므로 행정청은 법령을 구체화하여 사업계획에 대해 적절한 부관을 붙여야 한다.15) 넷째, 의제되는 인·허가에 의해 법적으로 보호되는 이익을 침해받는 제3자에게 이익방어기회를 주지 않는 의제는 침익적 처분시 사전의견제출기회를 보장한 행정절차법상의 원칙(행정절차법 제22조 제3항)과 정신에 반할 것이므로, 행정기관은 제3자를 보호하는 절차를 형성하고 그것을 준수하여야 할 것이다. 다섯째, 의제되는 인·허가를 부여받은 사업자가 의제효과가 발생한 후 해당 인·허가법령을 위반하여 사업을 수행하고 있을 때에는 그 위반규정이 정하는 바에 따라 인·허가를 취소하거나, 사후적으로 사정이 변경되어 철회사유가 발생하면 철회할 수 있다고 해야 한다. 그것이 법질서를 보호할 수 있고 다른 사업자들과 형평에 맞을 것이기 때문이다.

---

15) Martin Bullinger, a.a.O., S.71.

(3) 의제되는 인허가규정들의 해석

인허가의제제도는 복합민원을 처리함에 있어 관련 인허가들 중의 일부에 대하여 복수의 관할행정청간의 갈등과 중복된 심사를 피하고 신속한 심사를 하기 위하여 복수의 인·허가관할권들을 주된 인·허가의 심사기관으로 통합하고 절차를 간소화한 것이다. 즉, 복합민원사항의 일부에 대한 관할권과 절차의 통합이 주된 목적이다. 그러나, 주된 인허가 행정청은 피 의제 인·허가업무에 대한 처리경험이 없고 전문성이 약해 의제되는 인·허가의 실체적 요건들에 대한 심사를 소홀히 할 우려가 있다. 그래서, 인·허가의제를 규정한 법령들은 의제되는 인·허가 행정기관과 사전협의를 거치도록 한 경우가 많아 주된 인·허가 행정청의 전문성을 보완하게 하고 있다. 그러나 사전협의를 거치도록 하는 규정이 없거나 사전협의를 거친 후에도 주된 인·허가 행정청과 의제되는 인·허가 행정기관의 의견이 다른 경우 의제되는 인·허가규정들이 주된 인·허가 행정청을 구속할 것인지 하는 의문이 제기된다.

주된 인허가의 심사에 있어 의제되는 인·허가 규정들의 의미를 둘러싸고 세 가지의 견해가 존재할 수 있다. 의제되는 인·허가의 실체적·절차적 규정들 모두가 주된 인·허가의 심사시에 전면적으로 적용 또는 존중되어야 한다는 전면적 적용설과, 실체적 규정들만이 적용 내지 존중되어야 한다는 실체적 규정의 적용설, 그리고 실체적 규정들도 그 효력을 잃는다는 적용부인설이다. 적용여부에 대해서도 엄격한 적용을 지지하는 입장과 엄격한 적용이 아니라 주된 인·허가에 대한 재량을 행사함에 있어 형량요소로 보아야 한다는 입장을 나누어 볼 수 있을 것이다.[16) 이

---

16) 이상의 견해들은 독일 연방행정절차법 제72조 이하에 규정된, 계획확정행정청에 관련된 모든 다른 인·허가 행정청의 결정권을 집중시킨 계획확정절차에서, 다른 인·허가 규정들의 적용여부를 둘러싸고 나타난 견해들을 참조한 것이다. 독일의 계획확정제도는 우리의 부분적이고 제한적인 인·허가의제제도에 비하여 훨씬 더 광범위하고 근본적인 방식에 의해 복합민원에 대응한 것이어서 거기에서 개발된 학설들이 인·허가의

하에서 보다 자세히 검토한다.

가) 실체적 규정들에 대한 고려의무의 존재여부와 고려방법

① 실체적 규정들에 대한 고려의무의 존재여부

인·허가의제제도는 복합민원을 처리함에 있어 복수의 관할행정청간의 갈등과 중복된 심사를 피하여 신속한 심사를 하기 위한 것이지만, 실체적 규정들의 적용에 있어 면제의 특권을 인정하자는 것은 아니다. 의제로 인해 단지 여러 개의 실체적 심사관점들의 통합만을 가져올 뿐, 해당 사업에 대한 개별 실체법적 요구들을 변경시키는 것은 아니다.[17)]

행정은 법치행정의 원리에 의해 법을 준수하여야 하므로 주된 인·허가규정이 아닌 다른 공법규정들도 위반해서는 안 된다. 문제된 복합민원과 관련해서만 심사의 신속성이나 법적용의 복잡성을 이유로 그 실체적 요건이 중복되지 않은 인·허가규정들의 적용을 면제시키는 것은 적용을 면제받지 않는 그 밖의 단순민원의 사업자들과 비교할 때도 형평에 맞지 않는다. 또, 누구도 합리적인 이유 없이 법 앞에 불평등한 대우를 당해서는 안되고, 어떤 사업자도 특정 실체법의 적용면제라는 특권을 부당하게 누려서도 안될 것이다.

따라서, 의제가 된다 하더라도 의제되는 인·허가규정들은 주된 인·허가의 심사에 있어 없는 것으로 무시되어서는 안된다. 주된 인·허가 행정

제제도의 해석에 그대로 이용될 수는 없을 것이다. 이상의 학설들에 관한 소개는, Hans D. Jarass, Konkurrenz, Konzentration und Bindungswirkung von Genemigungen, 1984, 53-59면, 그리고 Michael A.Wagner, Die Genemigung umweltrelevanter Vorhaven in parallen und konzentrierten Verfahren, 1987, 170-185면 참조. 실체적 규정의 적용설이 다수설이다. 그러나 독일의 계획확정절차는 매우 충실한 정식절차로서 관계 행정청의 참가와 이해관계있는 제3자의 절차적 권리가 일반 행정절차보다 더 잘 보호되고 있다는 점을 고려한다면, 의제되는 인·허가의 절차적 규정들의 적용여부에 관한 한국의 해석모델로서는 한계가 있다.

17) Michael A.Wagner, a.a.O., S.171.

청은 주된 인·허가의 요건심사와 내용결정을 할 때 의제되는 인·허가규정들의 실체적 요건들을 의무적으로 함께 고려하여야 하고 고려여부에 관한 재량을 갖지는 못한다고 해석하여야 할 것이다. 주된 인·허가 행정청이 피의제 인허가의 실체적 규정들에 엄격하게 구속당하는가 아니면 그의 보다 넓어진 재량을 행사함에 있어 형량요소로 고려하면 될 것인가? 그것은 적용할 법령의 문언, 의제되는 인·허가제도가 보호하는 구체적 공익의 성격, 인·허가 대상지역 그리고 이웃주민이나 다른 사업자에게 미치는 영향 등을 함께 고려하여 판단하여야 할 것이다.

결국, 인허가의 의제로 인하여 주된 인·허가 행정청은 의제된 규정들을 고려하여야 하기 때문에 보다 넓은 재량과 형성의 자유를 가지며, 주된 인·허가결정은 의제된 인·허가 행정청까지 구속하기 때문에 구속력의 확장을 가져온다.

② 실체적 규정들에 대한 고려방법과 부관의 설정가능성

복합민원의 경우 주된 인·허가는 다른 공익이나 이웃주민이나 경영자의 사익에 영향을 미치지만, 특히 의제된 인·허가규정들이 보호하던 공익과 사익들의 보호가 문제된다. 인허가의제로 인해 구속력이 다른 법령에 의해 규율되는 의제되는 인·허가행정분야에까지 미치기 때문에 의제되는 인·허가규정들이 보호하던 공익들과 제3자의 이익들에 대한 보호수단이 없다면 구속력의 확장은 매우 부당한 법익침해를 수인하도록 요구하는 결과가 될 것이다.

다른 공익이나 제3자에 대한 피해를 방지하기 위한 방법으로는, 주된 인·허가의 실체적 요건들과 함께 의제된 인·허가의 실체적 요건들을 고려하여 인·허가여부를 결정하거나, 의제된 인·허가의 실체적 요건들을 고려한 부관을 설정하는 방법이 있다.[18) 또, 이웃주민과 같은 이해관계

---

18) 부관의 설정에 의해 충돌하는 이익들을 조정할 필요성을 인식하여 부관의 설정가능성을 규정한 입법례도 있다. 즉, 독일 연방행정절차법 제74조 제2항 제2문은 행정청

있는 제3자에게 금전보상청구권이나 토지의 매수청구권을 인정하는 방
법도 있다.[19] 부관은 허가신청자의 비례원칙에 반하여 사업계획과 조화
를 이룰 수 없을 정도로 과잉의 것을 요구하거나 다른 공익이나 제3자
의 이익에 대한 위해방지에 필요한 능력에 비추어 과소의 것을 요구해
서는 안된다. 부관으로는 부담이 가장 많이 이용될텐데, 예를 들어, 소음
차단벽, 배수시설, 사업의 영업시간의 규제나 야간비행의 제한 등의 조
치들이 이에 해당된다. 부관을 설정하는 경우에는 피해를 입을 우려가
있는 이해관계인의 의견을 반영하여 가장 피해가 없는 수단을 선택하여
야 한다. 가령 건설허가신청자의 시설로부터 위험방지를 내용으로 하는
부담을 부과할 경우, 위험방지를 위한 차단시설의 종류를 선택함에 있어
서 이해관계인의 의견을 반영하여야 할 것이다.

나) 절차적 규정들에 대한 고려의무의 존재여부와 고려방법

인허가의제를 규정한 우리나라의 법령들은 주된 인·허가의 심사를 하
는 행정청이 의제되는 인·허가 행정청과 사전협의를 거치도록 하는 경
우가 많다. 그러나 주된 인·허가법령에서 사전협의를 규정하지 않거나
협의이외에 제3자의 의견제출 등 다른 절차들에 대해서는 아무런 규정

이 "공익이나 타인의 권리에 대한 피해를 방지하기 위하여 필요한, 방지수단이나 시
설의 설치 및 관리"를 위한 조치를 사업신청자에게 부과할 수 있도록 규정하고 있는
데, 이 조치의 성질은 부담으로 이해되고 있다. 한편, 한국과 마찬가지로 인·허가의제
의 경우 부담의 설정가능성을 행정절차법에 규정하지 않은 오스트리아의 경우, 해석
상으로 부담이외에 조건과 기한 등 다른 부관도 설정가능한 것으로 이해되고 있는
것을 참고할 때, 한국의 경우에 오직 부담만이 설정가능하다고 해석할 필요는 없을
것이다. Heinz Mayer, Genehmigungskonkurrenz und Verfahrenskonzentration,
1985, S.2.

19) 이러한 방지수단이나 시설의 설치관리가 매우 곤란하거나 사업과 조화되기 어려운
경우에는 이해관계인에게 적절한 금전보상청구를 인정하는 입법례도 있다. 독일 연
방행정절차법 제74조 제2항 3문 ; 독일 연방고속도로법(Bundesfernstraßengesetz) 제
17조 제4항 1문 참조. 이 때는 방지시설의 설치관리의 비용과 보상해야 할 피해이익
을 비교형량하여야 한다.

이 없을 때, 주된 인·허가 행정청이 의제되는 인·허가의 절차적 규정들을 무시해도 좋은가 하는 문제가 제기된다.

주된 인·허가의 심사에 있어 의제되는 인·허가의 절차적 규정들을 적용 내지 존중할 것인지 여부는 실체적 규정들과는 달리 접근해야 한다. 의제되는 인·허가의 절차규정들을 모두 준수하도록 요구하는 것은 인·허가의제를 통하여 심사절차를 간소화함으로써 달성하려는 심사의 신속성을 방해할 것이기 때문이다. 또 절차규정들 사이에 상호충돌이 일어날 수도 있다.

그러나 의제되는 인·허가의 모든 절차적 규정들을 무시해도 좋다고 해석하는 것은 타당하지 않다. 의제되는 인·허가의 절차규정들 중에는 다른 행정청에 인·허가신청사실을 통지하도록 하거나 일정한 기간 내에 의견을 제출하거나 참가하도록 하거나 동의나 승인 등을 얻도록 한 것들이 있다. 이해관계 있는 사인의 이익을 보호하기 위한 청문이나 의견제출절차와 같은 규정들도 있다. 경우에 따라서는 의제되는 인·허가의 절차적 규정들을 무시하는 것은 지방자치단체의 자치사무에 속한 허가권을 국가가 침해하는 것일 수도 있고, 제3자의 법률상 보호이익을 침해하는 결과를 가져올 수도 있다.

생각건대, 적어도 주된 인·허가 행정청은 다른 행정청의 관련업무에 대한 인·허가를 의제할 수 있는 신청이 제기되었다는 사실을 통지해야 한다. 그러나, 의견제출기관의 의견이 주된 인·허가행정청을 구속하지는 못한다. 다만, 법률에서 구속적 성격의 동의를 얻도록 한 경우에는 그 의견은 인·허가행정청을 구속하지만, 이러한 구속적 동의규정은 의제에 의한 인·허가촉진목적에 반하므로 구속적 동의권보다는 의견제출의 권리나 통지받을 권리를 의제받는 기관에 인정하는 것이 적절할 것이다.[20] 또, 법률상 보호되는 이익이 관련된 제3자의 의견제출권을 보장할 의무

---

20) Michael A.Wagner, a.a.O., SS.178-181.

를 진다고 보아야 할 것이다.

종합하면 의제되는 인·허가에 관한 규정들 중 실체적 규정들에 대해서는 모두 적용하거나 존중해야 한다는 입장을 취하되, 절차적 규정들에 대해서는 적어도 모든 의제되는 인·허가 행정청에 대해 관련 인·허가의 신청이 있다는 사실을 통보해야 하고, 법률상 보호이익과 관련된 제3자에 대해서도 의제되는 인·허가의 절차적 규정들이 적용되거나 존중되어야 한다는 입장을 취하기로 한다. 실제로는 주된 인·허가를 받은 사업자가 나중에 다시 의제되는 인·허가 행정기관에 관련 인·허가의 의제를 받았다는 사실을 관련서류와 함께 신고하고 있기 때문에, 주된 행정청이 사전에 관련된 인·허가의 신청이 이루어졌음을 알리도록 하는 해석은 사업자의 권리보호차원에서도 필요하다고 본다.

III. 관할권결합(Zuständigkeitsbündelung)모델(조직통합모델)

1. 관할권결합(조직통합)모델

그동안 우리 입법은 하나의 시설 건축과 이용을 위해 복수의 허가가 필요한 경우, 주된 인·허가결정을 받으면 관련된 인·허가는 받은 것으로 의제하는 부분적인 결정권통합모델만을 가지고 있었다. 그러나, 부분적인 인·허가의제는 우선 시민친화의 관점에서 비판받아 관할권결합(조직통합)모델이 등장하게 되었다. 이 모델은 시민친화의 관점을 수용하여 외국인투자지원센터와 허가과와 같은 단일 행정기관에 인·허가사항의 총괄적 관리를 맡김으로써, 행정에 대한 시민의 접근성과 인·허가절차의 투명성 및 개방성을 높였다.[21]

---

21) 다만, 시민친화의 관점은 행정의 합법성원칙과 평등원칙에 의해 일정한 한계가 설정

관할권결합모델에서는 하나의 행정청이 여러 개의 인·허가에 대한 심사관할권을 가지고 주된 행정청으로서 허가심사를 하지만, 관계된 인·허가에 대한 결정권을 모두 가지고 있지는 않기 때문에 법적으로 독립된 복수의 허가결정이 발해진다. 실제로는 복수의 행정기관들이 서로 함께 절차를 진행하며, 복수의 허가결정권자의 명의이기는 하지만 동시에 '허가결정들의 묶음' 방식으로 인·허가를 발할 수도 있으므로 결정권통합모델과의 차이가 크지 않을 수 있다. 복수의 허가를 하나의 묶음으로 발하는 것은 법적 의미로는 복수 행정행위를 발하되 실무상의 이유로 공통의 문서에 기재하여 동시에 통지하는 것일 뿐이기 때문에, 각각의 허가결정들에 대해 분리해서 취소청구하는 것이 가능하다.22) 각각의 실체법제정자는 자신의 실체법 집행에 필요한 절차법을 제정할 권한만을 가지고 있을 뿐, 다른 실체법의 집행에 필요한 절차법을 함께 제정할 수는 없다. 그렇기 때문에, 관련된 복수의 인·허가절차들에 대한 주도권만을 인정하는 순수한 관할권결합모델에서는, 개별 인·허가절차의 특유한 절차규정들은 준수되어야 하므로 절차간소화의 효과는 줄어들게 된다.23) 그러나, 이 모델을 따를 때, 인·허가업무를 다루는 행정기관이 통합되어 있기 때문에 신청자에게 행정청에 대한 접근의 편의성을 크게 향상시킬 것이고, 당해 행정청의 소관사항에 속한 모든 인·허가사항에 대해서 민원인은 유일한 집중심사기관과만 접촉하면 된다는 장점을 갖는다. 외국인투자지원의 경우처럼 관할권결합(조직통합)모델과 부분적인 결정권통합모델이 함께 이용되는 경우도 있다.

관할권결합(조직통합)모델도 사업자의 사업계획에 관한 모든 인·허가사항을 전부 관할하는 완전한 관할권결합모델과 일부 제한된 범위의

되는데, 그것은 이 원칙들이 행정으로 하여금 일정한 범위의 시민들과만 '한패'가 되는 것을 금지하고, 행정이 이해관계인들과 일정한 거리를 유지할 것을 요구하기 때문이다. 동지. Michael A.Wagner, a.a.O., SS.63-65.

22) Michael A.Wagner, a.a.O., S.186.

23) Michael A.Wagner, a.a.O., S.186.

인·허가사항만을 관할하는 부분적 관할권결합모델이 있을 수 있다. 관련된 모든 인·허가에 대한 결정권을 통합시키는 독일의 계획확정청과는 달리, 완전한 관할권결합모델은 단지 하나의 행정기관이 사업자가 필요로 하는 모든 인·허가의 절차를 주재하는 권한밖에 없어서 각각의 인·허가절차가 다를 수 있으므로, 행정기관들과 제3 이해관계인들의 협력과 조정을 이끌어낼 주관행정청의 부담이 너무 커지게 되고, 이것은 결국 인·허가지체를 야기하게 될 것이다. 또, 사업자의 사업계획 성격에 따라 필요한 인·허가가 달라져 관할권들을 결합시켜야 할 행정기관들도 달라질 것이므로, 주관하는 행정기구는 상설기구라기보다는 비상설기구가 될 수밖에 없을 것이다. 따라서, 일반행정절차에 완전한 관할권결합모델을 도입하는 것은 실무상 편익에 비해 비용이 더 클 것이다.

그러나, 외국인투자자처럼 적용대상이 한정된 영역에서는 완전한 관할권결합모델을 도입하는 것은 행정에 대한 접근비용의 축소와 계속적이고 안정적인 인·허가심사의 촉진을 위해 크게 유용할 수 있다. 이러한 이유로 현행법제상 외국인투자자를 위한 특수한 인·허가심사절차에 적용되는 외국인투자지원센타모델은 완전한 관할권결합모델에 가깝지만, 일반적인 인·허가절차에 적용되는 허가과모델은 명확히 부분적 관할권결합모델이다.

부분적 관할권결합모델에 대해서는, 결정과제가 지나치게 세분화되어 있고, 또, 그 과제들이 국가, 광역자치단체 그리고 기초자치단체에게 분산되어 있는 상태에서 행정기관간 갈등과 협력지연이 존재할 때, 인·허가지연에 매우 무력하다는 비판을 제기할 수 있다. 그리고, 인·허가들의 심사과정에서 주관행정청의 절차주재권과 그 결정의 구속력의 범위가 명확하지 않아 법적 불안이 존재하고, 허가과와 외국인지원센타가 단지 각 인·허가기관의 단순한 중개기관으로 전락할 우려도 있다.

2. 새로운 행정기관의 창설과 운영의 문제점

1) 새로운 총괄적 행정기관의 창설

비상설기구에 인·허가관할권들을 집중시키는 것은 기관이기주의로 인해 행정기관간 협조가 잘 이루어지지 않아 인·허가촉진에 별 성과를 가져올 수 없을 것이므로, 정부는 인·허가촉진을 총괄적으로 책임질 수 있는 새로운 행정기관의 창설방안을 추진하게 되었고, 이에 따라 외국인 투자지원센타와 허가과 등이 신설되었다. 이와 같이 새로운 기구를 창설하는 것이 작은 정부운동의 취지와 맞지 않는다는 비판이 있을 수도 있으나, 작은 정부운동은 행정비용의 축소를 위한 운동이고, 이와 같이 비용보다는 편익이 증대할 가능성이 확실한 경우의 행정기관신설은 작은 정부의 취지에 배치되지 않는다고 본다. 다만, 새로운 행정기관의 창설할 때, 기존 행정기관들을 재정비하고 기존 공무원들을 활용하는 방법을 선택해야 할 것이다.

2) 행정기관간 갈등과 기관이기주의의 조정

집중심사기관에 배치된 공무원의 법적 지위를 명확하게 하여야 한다. 새로운 행정기관을 창설하여도 그 기관에 파견나온 공무원들이 지나치게 자기소속 기관의 이익보호에만 집착한다면 큰 문제가 발생할 것이므로, 파견나온 기관의 부당한 영향을 받지 않도록 공무원들의 독립성과 자주성을 보호하기 위해 소속을 변경시켜야 한다. 업무에 대한 실질적 처리권한이 없는 하위직을 파견형식으로 배치할 때, 당해 공무원은 자기 소속기관으로의 복귀와 승진에 신경써야 하기 때문에, 해당 규제기관의 과장이나 기관장의 의사를 무시할 수 없게 되어 집중심사기관은 기존 규제기관의 단순 중개기관으로 전락할 것이다.

한편, 통상의 행정기관 공무원들과 비교해 볼 때, 집중심사기관에 소속된 공무원은 규제심사와 결정권 행사시 위임전결 또는 내부위임 등에 의해 재량권이 크게 확장되게 된다. 확대된 재량권을 통하여 이들은 책임감과 사명감을 느끼고, 자신의 일에 대한 위험을 스스로 부담하여 규제심사업무의 합리성증대에 기여할 수 있을 것이다. 그러나, 독립성과 자주성이 강조되다 보면, 기존 규제부처와의 갈등이 발생할 수도 있다. 특히, 기존 부처 공무원들과의 규제권한 충돌과 권한 한계의 모호성으로 인해 규제집행의 혼란을 초래할 가능성이 있다. 집중심사제도를 정착시켜 가는 과정에서 기존 조직의 공무원들과 적절한 협력관계를 계속해서 유지하기 위해서는, 다른 규제기관에 대한 집중심사기관의 권한과 의무를 명확하게 구체화해야 한다. 각 행정기관간의 갈등을 조정할 수 있는 조정기구로서의 역할까지 집중심사기관에 부여해야 한다.

3. 관할권결합모델에 대한 평가

인·허가의제와 같은 부분적 결정권통합모델이 행정규제에서 점차 광범위하게 이용되어가고 있던 상황에서, IMF 경제위기를 맞은 한국은 새로운 기업경쟁력 강화수단을 찾지 않을 수 없게 되었는데, 그 방안으로 원스톱써비스운동이나 완전한 결정권통합모델의 도입 등이 주장되었다. 복합민원과 관련해서 볼 때, 원스톱써비스운동은 그 내용이 분명치 않고, 완전한 결정권통합모델은 복합민원의 신속성보다는 복잡성에 대한 대응에 지나치게 치중된 것으로 비판받게 되었다. 그리하여 규제의 관할권을 결합시켜 통합된 규제조직을 창설하는 방안이 각광받게 되었다.

현재로서는 한국 행정기관들의 제한된 전문성을 고려할 때, 관할권결합(조직통합)모델이 인·허가심사와 관련된 결정권자들의 제한된 합리적 결정능력에 상응하고, 다른 전문행정기관이 축적한 경험과 전문지식을 활용할 수 있어 적절한 것 같다. 그러나, 완전한 결정권통합모델은 현재의 지방자치강화 경향에 반하여 국가에 권력을 집중시킬 가능성이 높고, 중요 인·허가권을 상실하지 않고자 하는 각 부처의 반대도 강해 그 도입이 어려울 것이다. 따라서, 완전한 결정권통합모델의 도입과 같은 근본적인 총체적 개혁시도는 한국에서 성공하기 어렵다고 본다. 외국인투자지원과 같은 예외적인 사례에서도 완전한 결정권통합모델이나 집중도가 더 약한 완전한 관할권결합모델조차 선택하지 않았다.

부분적 관할권결합모델은 국가, 광역자치단체, 기초자치단체의 구별을 고려한 정치적 타협의 산물로서, 외국인투자와 같은 특수한 인·허가절차를 제외한 일반적 인·허가절차를 위한 집중심사모델로 적합해 보인다. 학계의 과제는 부분적인 관할권결합모델에 법적인 구조를 부여하여 한국 행정에 확고한 뿌리를 내리도록 하는 것일 것이다.[24]

4. 허가과모델

1) 허가과모델의 등장

1998년 10월 13일 경기도 김포시는 지역특성상 급속한 지역개발과 택지개발 등으로 인구가 급증하면서 한정된 인력으로는 폭주하는 민원을 모두 수용할 수 없어 시민들의 불만이 가중되자 효율적인 조직의 정비를 단행하였다. 종전 6개 과 25명의 인력이 처리하던 인·허가를 한 곳에서 17명이 일괄 집중처리함으로써, 여러 부서를 돌며 2-3개월 걸렸던

---

24) 독일 행정의 영향을 압도적으로 많이 받고 있는 오스트리아의 학자들도 오스트리아의 실정을 고려하여 점진적이고 단계적으로 기존 제도의 계속적 발전의 관점에서, 독일의 계획확정절차와 같은 완전한 결정권통합모델을 일반적으로 받아들이는 것에 반대하고 있는 것은 흥미롭다. Heinz Mayer, Genehmigungskonkurrenz und Verfahrenskonzentration, 1985, S.2.

인·허가처리가 허가과방문 단 한번으로 5일만에 처리되었다. 김포시 허가과모델은 99년 한미지방자치 국제컨퍼런스 우수사례로 선정되었고, 2000년 공공부문 전국 경영혁신대회에서 경영혁신우수사례로서 행정자치부장관상을 수상하였다. 행정자치부는 2000년 5월 전국의 모든 지방자치단체들에 허가과를 설치하도록 지시하고, 이를 위한 법적 근거로 조례를 제정하도록 하였다.

종래에는 민원인들이 민원처리를 위해 관련부서를 일일이 찾아다니고 담당공무원을 상대하면서 각종 로비 및 비리의 소지가 있었지만, 일괄종합검토가 이루어지고 신속한 가부결정이 내려지게 됨으로써 비리요인이 많이 제거되었다. 그러나, 허가과 신설 당시 각종 인·허가업무를 전담처리하는 위험부담과 잦은 감사 및 업무과중에 시달릴 것이라는 우려속에 공무원들의 근무기피현상이 발생했으나, 유능하고 성실한 공무원을 우선 배치함으로써 전문가적 소신행정을 펼칠 수 있도록 하고 인사고과에 반영될 수 있는 인센티브를 부여함으로써 기피문제를 극복하였다.25)

2) 부분적 관할권결합(조직통합)모델로서의 허가과모델

허가과는 적어도 단일 행정청내에서 인·허가업무를 처리하는 기관을 하나로 정리하는 효과가 있다. 그러므로 허가과는 당해 행정청의 소관사항에 속한 모든 인·허가사항에 대한서는 유일한 집중심사기관으로서, 인·허가신청자에게 행정청에 대한 접근의 편의성을 크게 향상시킬 것이다. 지금까지는 음식점영업허가를 받기 위해 건축물을 신축하는 경우, 건축허가를 얻는 곳과 영업허가를 얻는 곳이 달라 여러 과를 거쳐야 하는 불편이 있었다. 그러나 허가과를 신설하여, 인·허가와 관련된 여러 과를 통합하고 인·허가의 관할권들을 결합시킬 수 있게 되어, 심사기관간 판

---

25) 지방자치단체개혁박람회, 개혁사례집(상), 2000. 10, 207-216면.

단의 모순충돌을 회피하고 보다 신속한 심사가 가능하게 될 것이다.

허가과가 단순한 중개기관으로 전락하지 않고 인·허가심사의 실질적 촉진기관으로서 성공하기 위해서는, 실질적으로 인·허가업무를 처리하는 업무담당자를 파견형식이 아닌 소속변경형식으로 배치하여야 할 것이다. 통상적인 지방행정의 경우, 과장은 5급이 임명되고 업무담당자는 6급이거나 7급이 임명되는데, 허가과에는 업무담당자를 6급이나 7급의 지위에 있는 자로서 배치하여야 한다. 그렇게 함으로써 기존 건설과나 교통과, 보건복지과 등에 소속되어 있는 부하공무원들과의 업무협조가 신속히 이루어질 수 있을 것이다. 심사공무원의 자리이동을 제한하여 심사업무의 지속성을 보장하고 전문성을 향상시켜야 한다. 최소한 3년, 보통의 경우는 5년을 보장하여야 한다. 인원교체시에는 자리를 비우지 않도록 신속한 대체를 하여야 하고, 업무의 인수인계를 철저히 하여야 한다.

그러나, 부분적 관할권결합모델로서 다른 집중심사모델과 결합되지 않는 순수한 형태의 허가과모델은 인·허가촉진에 있어 한계를 갖는다. 허가과는 사업자가 신청한, 전체로서 통일적인, 하나의 사업계획과 관련된 모든 인·허가신청에 대해 통일적인 절차를 제공하지 않는다. 관련된 복수의 인·허가절차들에 대한 주도권만을 인정하기 때문에, 개별 인·허가절차의 특유한 절차규정들은 준수되어야 하므로 절차간소화의 효과는 줄어들게 된다.[26] 또, 사업자는 행정기관간 의견상충이나 협력지연, 그리고 제3 이해관계인들에 대한 상이한 대응 등으로 인한 위험부담을 안을 수밖에 없게 된다. 그리고, 허가과와 허가발급후의 위법활동을 단속하는 과가 분리되어 있는 결과 위법단속에 더 많은 문제가 발생할 소지가 있다.

사업자가 국가와 지방자치단체의 경우처럼 복수의 행정청 관할사항에 속한 인·허가신청을 한 경우에는, 허가과모델은 완전한 결정권통합모델과는 달리 여전히 여러 행정기관간 협력지연으로 인한 지체의 문제를

---

26) Michael A.Wagner, a.a.O., S.186.

안고 있다. 이 경우, 어느 한 자치단체의 허가과로서는 사업자가 필요한 복수의 허가에 대해 여러 행정청에 어떤 순서로 어느 정도의 시간차를 두고 신청할지 모르고, 경기상황이나 자신의 재정상황을 이유로 다른 인·허가신청을 1년이나 2년 후로 미룰지도 모르기 때문에 매우 불안정한 상황에 놓이게 될 수 있다.

5. 외국인투자지원센터모델

1) 외국인투자촉진법과 외국인투자지원센터의 도입

　정부는 1998년 9월 16일 외국인의 공장설립과 사업개시에 대한 심사를 촉진시키기 위해 외국인투자촉진법을 제정하고, 대한무역진흥공사(KOTRA)내에 외국인투자지원센터(KISC)를 신설하며 각 행정기관들의 관련실무자들을 파견하면서 전결권을 부여하였다.

　외국인투자촉진법과 시행령 및 시행규칙은 외국인투자와 관련된 사무처리를 종합적으로 규율하고자 외국인투자관련 민원을 체계적으로 분류하였다. 공장설립 및 사업개시에 있어서 외국인투자관련 민원사무를 민원사무의 성격, 처리기관 및 절차에 따라 직접처리민원, 개별처리민원, 일괄처리민원사무로 분류하였다. 외국인투자를 신고한 때로부터 사업을 개시할 때까지 필요한 민원사무로서 외국인투자촉진법에서 일괄처리민원, 개별처리민원, 직접처리민원 등으로 열거되지 않은 민원은 외국인투자자 및 외국투자기업에 적용되지 않도록 하여, 외국인투자와 관련하여 입법자가 그 적용을 예상하지 못한 다른 법령에 의한 심사지체를 막고자 하였다.(외국인투자촉진법 제11조 제11항)

　또, 외국인투자의 편의를 위하여 외국인투자업무에 대한 집중심사기관으로 대한무역진흥공사(KOTRA)내에 설치된 외국인투자지원센터(KISC)

를 지정하고, 지방자치단체에서 외국인투자를 적극적으로 지원하고 관계기관과의 적극적인 협조체제를 구축하기 위해 시·도에 외국인투자진흥관을 둘 수 있도록 하였다.(법 제16조 제1, 2항)

2) 외국인투자처리절차의 주요 특징

외국인투자에 관련된 모든 민원에 처리기간을 부여하였으며, 그 처리기간 내에 민원이 처리되지 않을 경우, 자동승인된 것으로 간주하였다.(법 제17조 제5항) 또, 외국인투자와 관련하여 관계기관과 협의가 필요한 경우, 그 기관이 정해진 처리기간 내에 의견을 제출하지 아니한 때에는 의견이 없는 것으로 하였다.(법 제17조 제4항)

첨부서류 등 일부요건이 미비된 경우, 이를 사후에 보완하는 것을 조건으로 미리 승인할 수 있도록 함으로써, 인·허가여부에 대한 불안을 신속히 제거하도록 하였다.(법 제17조 제10항) 또, 처리기간 내에 허가등의 거부에 대하여 통지를 하는 때에는 거부결정의 원인이 되는 사실과 그 법적 근거를 구체적으로 명시하여 서면으로 외국인투자자 등에게 통지하여야 한다.(법 제17조 제5항) 외국인투자가가 거부사유를 해소하여 허가요건을 충족하였음을 증명하는 서류를 제출하는 경우 민원처리기관의 장은 3일 내에 당초의 허가를 하여야 한다.(법 제17조 7항)

3) 외국인투자지원센터모델의 특징

외국인투자지원센터모델은 특히 일괄처리민원에서 두드러진다. 일괄처리민원사무는 민원사무의 성격 및 처리기관 등을 고려하여 5개의 민원군으로 분류하고, 각 민원에 대한 주요허가가 있을 경우, 그에 따르는 의제대상허가도 받은 것으로 간주되는 민원사무이다.(법 제17조 제3항) 일괄처리민원사무처리절차에서 나타난 특징은, 첫째, 외국인투자지원센타

가 외국인투자에 관한 모든 민원신청을 총괄적으로 다루며, 광역자치단
체에 외국인투자진흥관을 두어 전담해서 외국인투자업무를 맡도록 하여
거의 완전한 관할권결합(조직통합)모델에 가깝고, 둘째, 수십 개의 인·허
가사항을 5개의 민원군으로 분류하여 각 민원군내에서는 각각 하나의
인·허가를 받으면 나머지 인·허가는 받은 것으로 의제하고 있으므로, 국
내 기업들에게 적용되는 제한적인 인·허가의제제도와는 비교할 수 없을
정도로 포괄적인 인·허가의제를 통해 거의 완전한 결정권통합모델에 가
까운 것이 외국인투자지원센터모델이라는 점이다. 그러나 이 모델은 제3
자인 주민들의 이익이나 국내의 다른 사업자들의 이익 보호는 매우 소홀
히 하고 있는데, 이것은 매우 우려할 만한 것이라는 점을 지적해야겠다.

IV. 절차집중모델

1. 절차집중모델과 그의 도입필요성

실체에 관한 결정은 각각의 인·허가기관에 맡기되 복수의 인·허가절
차만을 집중시킨 것이 절차집중모델이다. 이 모델은 의제의 방식을 이용
하지 않기 때문에 복수의 인·허가들 중에서 언제, 어떤 범위까지 공통의
절차가 적용될 수 있는가, 그리고 누가 주관행정청이 될 것인가 하는 문
제가 해결되어야 한다.27) 절차집중모델의 장점은 다른 행정기관의 인·
허가권을 박탈하지 않아 기존의 업무배분질서를 크게 흔들지 않는다는
점, 다른 행정기관들의 전문지식을 적절히 활용할 수 있다는 점등이다.
또한, 허가과모델과 같은 조직통합모델이 하나의 행정청내에서만 인·허
가촉진의 효과를 갖는데 비해, 이 모델은 국가, 광역자치단체, 기초자치

---

27) Heinz Mayer, a.a.O., SS.61-2.

단체 등에 속한 복수의 인·허가들의 심사촉진수단으로 이용될 수 있고, 대형건물 등에 대한 사후적 안전검사과정에서 복수의 행정기관들이 현장조사를 협력적으로 할 수 있도록 해준다는 장점을 갖는다. 입법방식은 행정절차법과 같은 일반법에서 규율할 수도 있고, 특별행정법분야에서 심사촉진이 특히 필요한 일부의 인·허가들에 대해서만 공통의 절차를 도입하도록 규정할 수도 있을 것이다. 이 모델에서도 절차주관 행정기관에 상대적으로 재량의 여지를 확대하여 조정능력을 부여하여야 하므로, 그 선정에 있어 리더쉽, 공정성, 이해조정능력 등을 고려하여야 한다.

복수의 인·허가 절차개시에서부터 절차종료에 이르기까지 모든 절차들을 절차주관 행정기관에 독점시키는 완전한 절차집중모델도 가능하지만, 일부의 절차만을 집중시킨 부분적 절차집중모델도 가능하다. 부분적 절차집중모델에 따라 복합민원의 인·허가절차를 집중시키려 할 때, 가장 의미있는 것들은 청문절차와 현장조사절차를 공통으로 실시하는 것인데, 이 절차들은 비용과 시간이 많이 들기 때문에 이것들만을 집중시켜도 비용절감과 심사촉진 효과는 클 수 있다. 물론, 이 때에도 조사해야 할 사실과 증거는 인·허가의 근거가 되는 개별 실체법들에 의해 결성될 것이다.[28]

절차집중모델은 아직 우리 법질서에 명백하게 도입되어 있지는 않으나, 기업경쟁력강화를 위한 정부의 노력이 점점 더 필요한 시점이므로 조만간 도입될 수도 있을 것이다.

2. 절차주관 행정기관의 결정과 그 방식

복수의 인·허가를 필요로 하는 사업계획에 대하여, 어떤 행정기관이

---

28) Heinz Mayer, a.a.O., S.67.

절차집중의 필요를 판단하여 절차주관 행정기관을 결정하는 것이 타당한
가, 그리고 어떤 행정기관이 절차주관 행정기관이 되는 것이 적절한가?
　　중요한 민원사항일수록 다양한 공·사익간에 갈등이 심하므로, 절차주
관 행정기관의 선택과 심사인원의 구성은 높은 수준의 공정성을 보장하
여야 한다. 또, 선택된 절차주관 행정기관이 자기 부처의 보호공익만을
중시하여 편파적으로 권한을 행사한다면, 다른 행정기관들과 주민들과의
관계에서 갈등만 깊어지게 될 것이다. 절차의 공정한 운영을 중시한다면
절차주관 행정기관은 독립된 중립적 행정기관이나 공통의 직근 상급행정
기관이 맡는 것이 적절할 것이다. 그러나, 지역주민 및 사업자들의 입장
에서 비용과 시간의 절약 측면을 강조한다면, 시설의 설치장소를 관할하
는 행정기관이 절차주관 행정기관이 되도록 하는 것이 적절할 것이다.
　　절차주관 행정기관을 결정하는 방식은 절차주관 기관을 법령에서 규
정하는 방식, 결정원칙만을 법령에 규정하는 방식, 그리고 허가신청자의
신청이 있거나 복수의 인·허가기관들 중 상급행정기관이 직권으로 개별
적 결정형식에 의하여 선택하는 방식이 있을 수 있다. 현실적인 입법방
식으로는 세 방식을 함께 이용하는 방식이 타당할 것으로 생각된다. 절
차집중여부는 법령에서 미리 규정하고 절차주관 행정기관의 선택은 복
수의 관계 행정기관들 중 상급 행정기관이 결정하되, 복수의 인·허가를
필요로 하는 사업계획의 허가가 신청되었을 때에는 이것을 접수한 행정
기관은 관련된 인·허가 기관 중 상급 행정기관에 그 사실을 통지하도록
입법으로 규정해두어야 한다. 보다 구체적으로 말한다면, 관계기관들 중
상급 행정기관이 개별적 결정에 의해 절차주관 행정기관을 선택하되, 원
칙적으로 이해관계인들의 시간과 비용을 고려하여 시설의 설치장소에
근접한 기관을 지정하도록 하는 것이 타당할 것이다.[29)]

---

29) Heinz Mayer, a.a.O., S.69 은 절차집중의 필요여부와 범위를 미리 알기 어렵기 때문
　　에, 법령에 의해 집중심사기관을 미리 규정하는 것은 적절하지 않고 개별적 결정방식
　　이 타당할 것이라고 주장한다.

3. 부분적 절차집중모델—청문절차와 현장조사절차의 집중

절차주관 행정기관이 부분적 절차집중모델에 따라 청문과 현장조사를 자신의 주관하에 다른 행정기관들과 공동으로 실시한다면, 심사는 비용이 감축되고 매우 촉진될 수 있을 것이다. 이 경우, 절차주관 행정기관은 다른 행정기관들과 이해관계인들의 사정을 고려하여 청문과 현장조사의 기일을 지정 통지하고, 청문이나 현장조사를 공동으로 실시한다. 이와는 달리 관련된 행정기관들의 위탁을 받아 절차주관 행정청이 복수의 인·허가 요건들을 모두 고려하여 독자적으로 청문이나 현장조사를 실시할 수도 있다. 절차주관 행정청은 인·허가권이나 참가권을 갖는 다른 행정기관이나 청문 혹은 현장조사에 참여할 권한이 있는 사업허가신청자, 제3자인 주민대표 등이 참가하도록 기일을 지정 통지하여야 한다. 또, 현장조사를 하더라도 특히 어떤 부분을 조사할 것인지, 민간전문가가 참여한다면 누가 참가하는지를 결정해서 통지해야 한다.

절차주관 행정청은 현장조사나 청문절차를 정형화시켜 형성하여야 한다. 정형화된 서식에 관련된 인·허가요건들을 모두 고려하여 그 결과를 기재하고, 절차도 정형화된 준사법절차를 형성하여 다른 행정기관이나 이해관계인들의 신뢰를 얻어야 한다. 형식의 엄격성을 어느 정도 유지하면서 현장조사절차나 청문절차를 준사법절차로 만드는 것은, 다른 행정기관들의 위탁을 받아 절차주관 행정기관이 단독으로 현장조사나 청문을 실시하는 경우 더욱 중요한 의미를 갖는다.

집중된 절차에서 청문이나 현장조사를 통해 얻은 결과는 다른 관계행정기관들과 이해관계인들을 구속하는가, 구속한다면 어떤 범위까지 구속하는가? 다른 행정기관이나 이해관계인들도 참가한 후 실시된 청문이나 현장조사의 결과는 그 적법성과 완전성에 대해 의문을 제기하는 예외적 특수사정이 존재하지 않는 한, 다른 행정기관의 인·허가결정은 그 조사결과를 기초로 하여야 한다. 그러나, 참가하지 않고 위탁한 경우이

거나 참가했더라도 조사결과의 위법성과 불완전성의 사유가 존재하는
한, 조사결과가 다른 행정기관을 구속하지는 못하고 부족한 부분을 다시
보완하여 조사할 수 있다고 보아야 할 것이다. 예를 들어, 민간전문가의
선정이 잘못 되었거나, 절차주관 행정기관의 조사대상선정이 잘못 되었
고, 조사정도가 불충분하거나 집중심사의 범위를 넘어 조사권을 남용한
경우이다. 다만, 이들 경우에도 다른 행정기관은 반복조사의 비용과 편
익을 비교형량하여 결정해야 한다.[30]

4. 대형시설의 사후적 관리를 위한 절차집중모델의 확대적용 가능성과 필요성

   공장이나 빌딩과 같은 대규모 복합시설의 전기설비, 소방안전장비, 건
축물의 노후화정도 등 건축물의 사후적 안전점검을 위해서는 수많은 유
관 행정기관들이 위법여부를 조사한다는 이유로 수시로 방문하는데, 조
사대상과 방법도 유사한 것을 반복하는 것에 그쳐, 사업자 등에게 불필
요한 업무방해행위라는 인상을 주게 된다. 이러한 조사는 양만 많을 뿐
그 질도 높지 않아 대형시설의 안전성확보에 효과적이지 못할 뿐만 아
니라, 수시로 방문하는 공무원들의 부패가능성도 높다.
   여러 유관 행정기관들의 조사활동을 연계시키고, 민간전문가들을 참
여시켜 특정 기일에 강도 높은 전문적 현장조사가 이루어지도록 해야
한다. 이를 위해 절차집중모델의 도입가능성이 입법적으로 검토되어야
할 것이다.

---

30) Heinz Mayer, a.a.O., SS.71-72.

V. 집중심사모델의 성공적 운영을 위한 전제조건

복합민원처리를 위한 집중심사모델의 형성은 많은 복잡한 이해관계를 고려하여야 하기 때문에 매우 어려운 작업이다. 그러나, 이 모델들의 성공을 위해서는 집중심사과정의 합리적 관리가 더욱 중요하다. 모델도입을 위한 사전계획과 준비, 집중심사진행과정의 주도적 관리 그리고 철저한 사후평가가 필요하다.

집중심사모델의 성공요인은 어떤 행정청이 집중심사청으로 활동하며,(관련 행정기관들은 조직법적으로 어떠한 관계에 있는가) 그 행정청은 적절한 공무원을 확보할 수 있는가, 어떤 사항이 집중심사대상인가, 집중심사절차가 어떻게 형성되어 있는가, 특히 다른 행정기관의 참가업무의 관리와 제3자의 법률상 이익의 보호절차가 어떠한가 등에 달려 있다. 이상의 세요소, 즉, 조직, 내용 및 절차는 서로 영향받고 있다. 복수의 인·허가에서 보호형량해야 할 여러 공익과 사익의 적절한 조정은 적절히 체계화된 조직구조와 절차구조에 의해서만 이루어질 수 있다. 또, 심사대상 기업들의 태도도 매우 중요하므로, 집중심사를 받는 기업들도 집중심사의 의의와 내용을 충분히 알도록 주지시켜야 한다.

1. 절차관리의 필요와 세부적 운영방안

1) 절차관리의 필요

비효율적인 무익한 반복 조사를 방지하기 위해서, 집중심사기관은 사업허가 신청자에 대한 조사순서, 조사방법 및 협력의무의 부과내용 등을 치밀하게 설계하여 관련 행정기관과 사업자 및 제3자에게 주지시켜야 한다. 조사를 소수의 기일에 집중시켜, 다른 행정기관들이 심사를 위해 철저한 준비를 할 수 있도록 함으로써 조사의 효율성을 높여야 한다. 이를 위해 적극적으로 심사과정을 관리하는 것이 필요하다. 대도시에서는 공무원마다 해당 복합민원사항이외의 다른 심사업무도 많기 때문에 매우 분주하고, 현장조사시 교통정체 등으로 불필요한 시간낭비도 많으며, 기억력의 한계로 인해 많은 심사대상들에 대한 기록을 반복해서 읽어야 하는 부담을 안게 된다. 따라서, 행정기관 상호간 또는 업무담당자간의 관계설정과 업무의 배분이 적절해야 한다.

민원인들은 집중심사과정의 관리가 소홀하면 심사일정을 예측할 수 없어 조사과정에서 무엇이 어떻게 조사되고 확인되는지 좀처럼 알 수 없게 되고, 다음에 무엇을 준비해야 하는지도 알 수 없게 되어, 사업계획의 추진에 중대한 지장을 받게 된다. 심사의 충실과 촉진을 위하여 사전에 참가가 가능한 날짜를 파악하여 기일을 정하고 사전준비를 철저히할 수 있게 해야 한다. 또, 행정과 기업이 조사내용에 대하여 공통의 인식을 갖도록 하여 조사결과에 대한 예견가능성을 부여하는 것이, 행정에 대한 신뢰도의 제고와 분쟁의 예방을 위하여 필요하다.

2) 세부적 운영방안 - 집중심사절차의 진행

심사의 개시단계에서 집중심사기관은 신청기간의 준수여부, 관할권을 갖는지, 어떤 절차가 진행되어야 하는지 등에 대한 검토를 한다. 참가행정기관을 해당 절차의 필요에 따라 최소한으로 제한하여 확정 통보한다. 초기단계에서 사안의 쟁점을 파악하여 각 사건에 적합한 처리방법을 정해야 한다. 세부절차에 대한 기한을 정하여 이해관계인이나 의견을 제출해야 할 행정기관들에게 통지한다. 법률상 기한이 정해지지 않은 경우에는 집중심사기관이 기한을 설정하여 통지한다. 다른 행정기관에게 의견제출을 요구할 때에는 견해가 표명되어야 할 쟁점을 미리 지적하여야 하며, 여러 행정기관과 협의가 필요한 경우에도 심사촉진을 위하여 순차적으로 할 것이 아니라 병렬적으로 동시에 진행한다. 한국 행정의 경우 제3자보호의 의식이 아직 매우 약한데, 제3자의 이익보호를 위한 절차도 다른 행정기관의 의견제출절차와 병행하여 실시되어야 하고 소홀히 취급해서는 안된다.

사업허가신청자가 제출한 신청서류가 불완전하면 적절한 기한내에 서류를 보완하도록 명하고 기한을 준수하지 못할 때에는 사전에 합리적인 이유를 제출하도록 한다. 보완기간이 지난 경우에는 각하한다.

매우 복잡하고 논쟁이 심한 인·허가의 경우, 다른 행정기관과 이해관계인들이 청문이나 공청회 등을 실시하기 전에 의견을 교환해야 한다. 심사가 효율적이고 집중적으로 실시될 수 있도록 조기에 쟁점과 심사대상을 정리하여 명확히 하고, 이에 초점을 맞춘 효율적인 심사가 이루어져야 한다. 현장조사가 필요하고 다른 행정기관이나 사업허가신청자와 제3자의 참가가 필요한 때에는 날짜를 정하여 통보하고 철저한 준비를 하도록 하여야 한다. 사전에 질문요지와 조사사항을 알려주어서 답변준비와 조사준비를 충실하게 하도록 하여야 한다. 심사도중에 새로운 법령이 제정되거나 입법과정에 있으면 그 내용과 미칠 영향 등에 대해서도 알려주어야 한다.

2. 제3자보호의 강화

지금까지는 행정기관사이의 권한들을 적절하게 조정하여 신속한 협력을 유도하는 것이 복합민원처리의 최대과제로 인식되었으나, 이제는 제3 이해관계인과 사업자의 충돌하는 이익조정의 과제가 또 다른 중대한 과제로 등장하고 있다. 많은 인·허가결정이 제3자인 주민들의 반발로 집행되지 못하고 있다. 따라서 집중심사모델의 운영도 제3자보호를 경시해서는 성공하지 못할 것이다.

3. 집중심사공무원들의 충원과 전문성향상

복합민원사항의 처리에 있어 집중심사모델의 운영은 행정조직의 개편 및 인원배치의 문제와 별개로 다루어질 수 없다. 신속하게 업무를 처리하면서도 적절한 전문성을 유지하려면 관련된 행정기관의 공무원들과 비교하여 상당한 정도의 지위를 가진 유능한 공무원들이 배치되어야 한다.31) 또, 충분한 인원이 충원해야 하고 전문지식을 갖춘, 경험많고 능력 있는 사람을 선발하여야 한다. 민간 전문가의 채용도 고려될 수 있겠지만, 그것은 보수와 직업만족도 등에서 기대의 차이가 존재하기 때문에 매우 예외적인 경우에나 가능할 것이다.

집중심사업무를 처리하면서 격무에 시달리는 공무원들에게 일정한 인센티브를 줄 수 있는 방안이 모색되어야 한다. 공무원사회에 경쟁을 일으킬 수 있도록 a) 성과보수제 b) 승진소요기간철폐 c) 현장공무원의 권한확대 d) 자리배치에 있어 공무원의 전문성의 고려 등이 보다 확실하게 추진되어야 한다.

집중심사모델과 관련된 세부적인 사항들에 대해 의문이 발생하여 집행이 지연되는 경우가 많다. 공무원들의 교육을 강화하고 집중심사에 관한 절차와 기술을 체계적으로 교육시키는 안내매뉴얼을 상세하게 마련해야 한다. 행정자치부와 광역자치단체 내에 집중심사를 위한 전담팀을 일정기간 두어서, 각 부처의 행정업무들 중 집중심사가 필요한 업무들에 대한 집중심사모델의 설계와 개선작업을 맡겨야 한다. 이들이 계속 현장을 탐방하여 개선안을 만들어가야 한다. 외국의 상황도 조사하여서 더 나은 관리방식이 개발될 수 있게 해야 한다.

---

31) Rudolf Steinberg, Komplexe Verwaltungsverfahren zwischen Verwaltungseffizienz und Rechtsschutzauftrag, DÖV 1982, S.626.

4. 집중심사제와 정보기술의 활용가능성

대규모시설의 건설허가와 같은 현대의 위험시설에 대한 허가업무는 많은 전문지식과 철저한 심사준비를 필요로 한다. 이러한 준비가 소홀하면 심사기간이 길어질 수밖에 없다. 정보기술을 이용하여 매년 심사를 어렵게 하는 대표적 시설들에 대한 모형건축물을 가상공간에 만들어, 그 시설물의 하자유형들을 점검하는 방법을 익히는 것이 심사촉진에 유용할 수 있을 것이다. 특히, 대형 복합시설의 부실원인에 대한 과거의 경험을 분석하여 하자유형을 설계하면 더욱 유용할 것이다. 이러한 모의심사에서는 전문적인 조사가 필요한 부분, 여러 행정기관간 협력이 필요한 부분, 그리고 주도적인 행정기관이 미리 조사해두어야 하는 부분 등으로 분류하여, 각자의 역할을 컴퓨터의 프로그램으로 만들어 반복 연습을 하게 하면, 행정기관간 협력촉진에도 도움이 될 것이다. 이러한 자료들을 기초로 현재 건축중인 건축물까지 컴퓨터에 모형건축물로 입력하여 안전하자 등을 신속하게 점검하는데 도움을 얻을 수도 있다. 이러한 프로그램은 다른 복합건물의 심사와 다른 공무원들의 교육훈련을 위해서도 매우 필요하다.

5. 공무원과 전문가의 협력강화

행정의 전문지식이 부족할 때 민간전문가들을 심사절차에 참여시키게 되는데, 민간전문가들과 협력해서 심사절차를 진행하는 것은 매우 어려운 작업이다. 민간전문가와의 협력에 있어 신속성과 효율성을 강조하면 그들의 심사가 매우 형식화할 것이고, 반대로 충실한 협력을 강조하면 민간전문가를 발견하기가 어려울 것이다.

개인적 이익을 추구하지 않는 행정은 공평한 관리라는 강점을 가지고 있고, 민간전문가에 의한 심사과정에서 나타날 수 있는 부패를 감시하여야 하므로 민간전문가에게 심사의 모든 것을 맡기는 것은 적절하지 않다. 또, 민간전문가는 자신의 일만으로도 많은 업무에 시달리고 있으므로, 용역에 대한 보수를 충분히 주지 않는 한, 그 일을 맡게 되더라도 매우 소홀하게 처리할 것이다. 능력의 한계도 있으므로 협력의 한계가 고려되어야 한다.

제4절 민원배심원제에 관한 고찰*

I. 집단민원처리능력의 부족과 민원처리에 관한 일반법의 개정필요

　우리나라에서도 지방자치가 점차 정착되면서 비용편익을 고려하지 않은 정책집행으로 인해 지방재정이 부실해지고 전국적 공익에 대한 고려 소홀로 상당한 문제를 야기하는 측면도 있지만, 지역현장에서 주민들의 의견을 보다 존중하지 않을 수 없게 되면서 행정과정에서 사업가들과 주민들의 협력과 지지를 얻기 위한 다양한 노력과 시도들을 낳게 하는 긍정적인 측면도 부각되고 있다. 서울시가 건설도급공사발주를 위한 경쟁입찰과정에서 부패방지를 위하여 최근 실시하고 있는 청렴계약제나, 대구시 동구가 구청발주공사의 건축부실과 부패의 방지를 위하여 건축과정의 감독을 주민스스로에게 위탁한 '주민감독관'제, 그리고 여러 시·군에 걸쳐 흐르는 강의 오염방지는 하나의 자치단체로서는 오염원을 적발하기도 어렵고 실효적인 제재를 가하기도 어렵기 때문에, 이를 극복하기 위하여 경기도 용인시, 서울 서초구 등 6개 시·군과 시민단체 등이 합동으로 '탄천살리기네트워크'를 구성하여 환경오염실태조사와 방지활동을 하는 사례 등은 협력행정의 훌륭한 사례들이다. 학자들과 중앙행정의 제도설계자들은 이러한 행정현장에서의 노력들이 기존의 행정법령, 제도와 행정과정에 관한 이론들에 적절히 수용되어 그 활력이 일회적인

* "이 논문은 2001년도 한국학술진흥재단의 지원에 의하여 연구되었음".
　(KRF-2001-041-C00009)

것이 되지 않고 예상치 못한 부작용을 극복할 수 있게 해야 할 중요한 책임을 지고 있다.

이 논문에서는 민원배심원제도를 대상으로 하여 미국의 대체적 행정분쟁해결제도와 관련한 미국학자들과 독일학자들의 최근논의들을 참조하여 한국의 민원처리개혁을 위한 제도적 개선의 시사점을 발견하고자 한다.

1. 행정의 집단처리능력의 부족과 민원배심원제의 개요

주민들과 가장 빈번한 접촉을 해야 하는 기초자치단체에서 주민과 극심한 갈등과 분쟁의 소지를 가지고 있는 민원인 경우, 행정결정이 장기간 지체되어 공익에 대한 침해가 확대되는 현상이 빈번해지고 있다. 화장터나 쓰레기처리장 설치허가, 러브호텔의 건축허가 또는 다가구 주택의 건축허가 등 고질적 미해결민원이 증가하고 있으나 행정은 효과적인 대응을 못해왔다. 그 동안 이러한 문제들의 해결을 위하여 수많은 정책적·제도적 제언과 권고가 쌓여갔지만 현장행정에서 그것들의 실효성은 극히 의심스러웠다. 선거가 임박하면서 선거를 대비해야 하는 자치단체장으로서는 갈등소지가 많은 민원인 경우, 결정의 위험을 혼자서 부담하는 것을 회피하려 하므로 행정마비상태가 길어지고 환경오염 등 공익에 대한 침해도 더욱 심해지고 있다.

민원배심원제는 대구 수성구가 복합민원의 처리를 위하여 2000년 2월 21일부터 수서구청장의 예규 117호인 '대구광역시수성구민원배심원제운영지침'에 의하여 시행중인 제도로서, 도입목적은 "민원사안이 중대하여 장기간 해결되지 않고 주민간의 이해가 대립되는 민원 등을 공개적·민주적으로 처리하고 민원처리의 공정·신뢰성을 확보하기" 위한 것이다. (동 지침 제1조) 한편, 경남 남해군은 남해군민원공개법정배심원제운영

규정(1996. 2. 5 훈령 제 162호)으로 "집단민원과 고질민원 등을 공개적
이고 민주적으로 처리하기 위해"(동규정 제1조) 민원공개법정제도를 도
입하여 시행하고 있다. 민원배심원제나 민원공개법정제는 장기간 해결
되지 않고 있는 집단민원과 인허가 민원들을 이해관계가 대립된 당사자
들의 의견을 충분히 듣고, 지역주민 대표, 전문가, 공무원으로 구성된 배
심원단이 투표를 통해 중재안을 내고 그것이 인허가의 내용이 되도록
하는 제도이다. 2002년 12월 현재 민원배심원제도는 여러 기초자치단체
로 확산되어, 서울시 성동구, 강서구, 경기도 중동신도시, 충남 부여군,
울산시 남구청 등에서 시행되고 있다.

민원배심원제를 가장 초기에 도입한 곳 중 하나인 대구시 수성구
(www.suseong.daegu.kr)의 운영상황을 보면, 배심원은 민원사안에 따라
10명 내외로 구성하되, 당연직인 고문변호사, 위촉직인 관련분야 교수,
건축사, 회계사 등의 전문가, 해당지역 구의원, 직능대표 등으로 되어 있
는데, 판정관은 배심원중에서 호선하고 발언자는 2명(주민대표, 사업주),
방청인은 안건별 5-7명 정도이다. 회의 진행상황을 보면, ① 일정통보 :
배심원 및 이해관계인 등에게 회의일정, 민원요지 사항통지(3일전) ②
제안설명 : 판정관이 배심회의 안건상정 후 해당부서장이 제안설명 ③
발 언 : 이해관계가 있는 주민대표, 사업주의 의견청취 ④ 조정·중재 :
상호대립된 의견을 개진하면서 합의점을 도출토록 중재 ⑤ 배심판정 :
중재가 되지 않는 민원사항은 배심원간 비공개로 조정안을 작성하여 배
심원의 투표를 통하여 출석배심원 과반수의 동의를 얻어 조정안 확정
⑥ 판정사항 통보 : 판정관이 최종조정안 확정시 구청에 통보하는 순서
로 진행되는 것이 보통이다.

민원배심원제의 운용실적을 보면, 2000년 2월 21일 이후 2001년 11월
5월 현재까지 상정건수는 89건인데, 다가구 주택 허가 관련사건(61), 아
파트건축사건(10), 여관허가 관련사건(2), 액화가스 판매소 허가관련사건
(4), 여관사용승인사건(1), 유흥주점영업허가사건(5), 자동차매매업사건(1),

기타건축관련허가사건(5) 등이었다. 처리결과를 보면, 부관을 붙여 허가
(70), 불허가(3), 재심의(16) 등이었다. 결정된 사항을 특별한 사유가 없는
한 번복하지 않고 주관부서에서 즉시 시행하였으며, 자체해결이 불가한
사항이나 법령개정 또는 제도개선이 요구되는 사항은 상부기관에 건의
하였고, 예산이 수반되는 사업은 최우선으로 반영조치하고 있다.

기초자치단체에서의 이러한 제도개혁은 그 동안 우리 행정에서는 좀
처럼 보기 힘들었던 사례로서 최근 20여 년 동안 민원처리과정의 개혁
관점으로 중요시되었던 행정의 신속성과 친절봉사의 관점이 아니라, 고
질적인 미해결민원이나 집단민원을 대상으로 하여 민원처리과정의 민주
성, 투명성과 공정성의 관점에서 제도를 개혁하려는 시도이다.

2. 행정의 중립성 및 공정성에 대한 신뢰의 약화

민주사회에서 행정은 법에 의해 부과된 공익의 보호자이자 구체적 집
행자로서 이해가 충돌하는 민간인들과 달리 정치적으로 중립일 것을 요
구받고 영리업무도 금지되어 자신의 사익추구도 허용되지 않는다. 즉,
행정은 공익보호를 위한 중립적인 존재일 것이 예정되어 있다.[1] 그럼에
도 불구하고 미국의 대체적 분쟁해결제도와 같이 제3의 중재인이 개입
하는 시스템이 왜 필요하게 된 것일까? 그것은 결국 행정의 중립성과 공
정성이 불신받게 되었고 권위주의적 결정방식이 사회가 민주화되면서
한계를 맞고 있기 때문이다. 사업허가신청자와 행정청상호간의 의사소
통을 거쳐 인허가여부를 판단하는 2당사자주의적 처분절차는 핵심적 이
해주체인 주민들을 소홀히 취급함으로써 다면적 분쟁관계에서는 적합하
지 않게 되었다. 보호해야 할 공익의 내용이 매우 다양한 이익들을 포괄

---

1) Christoph Gusy, Verwaltung durch Verhandlung und Vermittlung, ZfU 4, 1990,
   S.358.

하고 있어서 적절한 이익형량과 구체화가 필요한 경우 현재의 행정절차
법상의 의사결정구조는 지나치게 단순하여 이익조정에 실패할 위험이
매우 높으나 이를 보완할 의사결정시스템은 존재하지 않는다. 활발하고
다양한 측면에서의 의사소통자체가 산업화되고 도시화된 사회에서는 행
정의 생산성을 크게 높이는 길이 된다는 인식이 존재하지 않았기 때문
이다. 그 동안 우리 행정과 사회는 흑백논리에 너무 익숙하여 다수의 분
쟁당사자들의 활발한 의사소통이 당해 사안과 관련하여 갖는 이해관계
와 기대 그리고 그 권한 때문에 행정의 일방적 처분절차에서 그릴 수 없
었던 다양한 대안들을 만들어내는데 탁월한 능력을 보여줄 수 있다는
인식이 없었다. 행정은 흑백논리의 사고를 극복하여 의사소통이 다양한
대안들과 최적의 대안을 발견할 수 있도록 도움을 제공한다는 점에 대
한 이해와 인식을 가져야 할 것이다.

3. 행정절차법과 민원사무처리에관한법률의 개정필요

지금까지 우리 행정은 민원처리과정에서 이해관계인들을 결정절차에
참여시키는 데 매우 소극적이었다. 즉, 우리 행정의 민원처리에 관한 의
사결정과정을 규율하고 있는 기본법인 행정절차법은 제22조 제1항에서
다른 법령 등에서 청문을 실시하도록 규정하고 있는 경우나 행정청이
필요하다고 인정하는 경우 청문을 실시하도록 규정함으로써, 청문실시
여부에 대해 행정절차법 자체는 아무런 기준을 제시하지 않아 현장행정
에서는 개별 법에 규정이 있는 예외적 경우를 제외하고는 청문을 거의
실시하지 않고 있는 것이다. 그것은 무엇보다 청문제도 등이 행정결정을
지연시키고 집행공무원들이 그것을 시행할 수 있는 행정능력을 갖추고
있지 못하다는 점등이 이유로 제시되었는데, 의사결정에 있어 행정의 일
방적 우위를 배경으로 한 이러한 시스템은 결정내용의 실체적 정당성이

절차적 정당성을 압도하고 있을 때만 그 의미를 가질 수 있는 것이었다. 그러나, 행정실패가 반복되면서 행정이 일방적으로 신속하게 결정을 내려도 그것의 집행에 있어 주민들의 강력한 수용거부에 직면하면서 오히려 현저한 행정지체를 야기하여 왔다. 이러한 문제상황은 청문제도의 도입에 주저했던 우려들이 현장행정의 수요를 정확하게 인식하지 못했던 것이라는 점을 보여준다.

또, 우리나라뿐만 아니라 독일에서도 주민들은 기존의 행정절차에서 매우 예외적으로 제한된 사람만이 의견을 제출할 기회를 부여받더라도 그 참여시기가 너무 늦어 처분내용에 대한 영향력이 극히 제한되었다.[2] 갈등잠재력이 있는 사업허가신청이 들어오면 처음부터 주민들을 참여시켜 이해대립이 커지는 것을 막는데는 소홀했던 것이다. 민원인편에서 공공서비스의 신속성의 가치를 중시하는 민원사무처리에관한법률도 집단민원이나 고질민원의 잠재성이 있는 허가신청사항에 대해 현장예고제 등을 규정하지 않고 있었다.

이 점에서 행정절차법과 민원사무의처리에관한법률 등 우리나라의 민원처리에 관한 일반법의 개정이 요구되고 있다. 이러한 개정의 필요와 그 대안적 가능성을 생각하게 만든 기초자치단체에서의 민원배심원제도가 세계의 최신흐름에 비추어 어떤 의미를 가지는지, 그리고 다른 방향에서 민원처리능력의 향상의 길은 없는지 알아보기 위하여, 미국의 대체적 행정분쟁해결제도에 대한 이해는 중요하다. 미국의 이러한 노력은 대륙으로 넘어가서 독일에도 상당한 영향을 주고 있으며 일본 및 한국(예, 환경분쟁조정위원회)에도 영향을 미치고 있다. 독일에서는 1980년대 중반이후 협력행정(Kooperative Verwaltung)의 유용성을 발견하고 실무와 학자들이 기존의 행정절차규율체계와 조화를 이루면서 독일 행정에 수용될 수 있는 길을 찾고 있다. 대륙법계의 전통을 갖고 있는 한국으로서

---

2) Christoph Gusy, a.a.O., S.356.

는 이러한 독일의 노력들이 미국의 논의들을 한국에 수용하려 할 때 상
당한 시사점을 줄 수 있다.

Ⅱ. 미국의 대체적 행정분쟁해결제도

1. 대체적 행정분쟁해결제도의 의의와 필요성

미국의 민원처리제도로서 대체적 분쟁해결제도(Alternative Dispute
Resolution : ADR)는 행정과정에서 본격적으로 이용되기 시작한지 이미
20여 년이 넘었고 그 유형도 다양하며, 제기되었던 다양한 문제들에 대
처하는 과정에서 많은 경험을 제공한다. 이 제도는 미국에서 노동분야나
상사분야 그리고 가사분야 등에서 먼저 발달하여 80년대 이후 행정분야
에도 널리 활용되고 있다. 여기서는 미국의 다양한 제도들과 논의들 중
대체적 행정분쟁해결제도를 중심으로 하여 고찰하되, 특히 민원배심원
제도와 관련하여 유용한 시사를 줄 수 있는 제도로 하버드협상프로젝트
팀(Havard Negotiation Project)이 1988년에서 1991년까지 개발하여 제시
한 원칙적 협상모델(principled Negotiation)의 관점을 중심으로 조사분석
할 것이다. 이 모델은 협상과 중재과정에 관련되는 이해당사자들 중 어
느 일방의 완전한 승리를 가져오는 것이 아니라 참여한 이해관계인들
모두의 Win-Win 전략을 추구한다. 민원배심원제도에서도 사업자와 주민
들은 서로 승리하는 Win-Win 전략을 추구한다.

대체적 행정분쟁해결제도라는 명칭은 행정과 시민, 시민상호간의 분
쟁이 점증하고 있는 상황에서 재결이나 소송이 아닌 제3의 분쟁해결수
단이라는 의미인데, 이 제도의 핵심적 징표는 분쟁을 합의에 의해 해결
한다는 점과 제3자가 개입한다는 점이다. 이러한 대체적 행정분쟁해결

제도가 필요하게 된 이유는 다음에 있다.

예산제약으로 인한 행정의 규제집행능력의 저하와 규제위반자의 증가로 규제기준을 둘러싼 갈등과 분쟁에 대한 현대행정의 무력성은 많은 민주정부가 직면한 가장 큰 어려움 중의 하나이다. 갈등은 건설적으로 이용하기만 하면 공익을 위한 창조적 에너지일 수도 있는데, 그 조건은 이해관계인들이 규제기준이나 계약의 내용에 합의해야 한다는 점이다. 합의에 도달하기만 한다면 규제의 준수나 계약의 이행까지 보장될 것이기 때문에 행정의 규제집행비용이나 계약상의 의무이행의 확보를 위한 비용이 줄어들 것이다.

대체적 행정분쟁해결제도는 행정분쟁과 분쟁해결비용의 증가경향을 극복하기 위해 "더 창조적이고, 효율적이며 민감한 결과"를 도출하려고 한다. 이를 위해 신속하고 비용절약적이며 사회문제에 대한 행정의 응답력을 높이기 위해 엄격한 틀에 집착하지 않은 채 활발한 의사소통을 통해 의사소통단절로 인한 갈등증폭을 극복하려 한다. 이 제도는 분쟁해결능력에 있어 탁월한 능력을 보여주었으며 더 활발한 시민참가를 유도하기도 했다.3) 분쟁당사자들은 소송의 경우보다 이 제도에서 스스로 더 많은 통제력을 행사할 수 있다는 점에서 만족도도 소송보다 높다.4) 이 제도를 종결한 후 협상된 내용에 대한 사후의 집행성공률도 매우 높다. 행정소송의 예방적 기능도 함께 수행한다.

행정이 법적 책임(legal Accountability)을 적절하게 이행한다 하더라도

---

3) Stephenson and Pops, Public Administrators and Conflikt Resolution : Democratic Theory, Administrative Capacity, and the Case of Negotiated Rulemaking, in ; Mariam K. Mills (ed.), Alternative Dispute Resolution in the Public Sector, 1991, pp.13-25. ; Nancy J. Manring, ADR and Administrative Responsiveness : Challenges for Public Administrators, Public Administration Review 1994, pp.197-203.

4) Wall and Lynn, Mediation : A Current Review, Journal of Conflict Resolution 37(1), 1993, pp.160-194.

행정에 대한 시민들의 불만이 증가하게 되면 정치적 책임(political Accountability)까지 면제되는 것은 아니다. 이미 전통적인 행정절차에서도 청문제도 등을 통해 시민참가는 증가하고 있었지만 전체적인 의사결정과정에서 극히 일부분의 영역에 한정되어 있었다. 또, 그 성격도 조언적이거나 상징적이고 명목적인 것이어서 시민의 영향력은 매우 제한되어 시민들로부터 외면받고 있었기 때문에, 시민들과 행정기관들은 공동결정(shared decision making)을 지향하는 대안적 분쟁해결제도에 관심을 가지게 된 것이다.5) 예를 들어, 쓰레기처리장의 입지선정이나 다른 공공 프로그램에 대한 지역주민들의 반대를 극복하기 위하여 이 제도는 중요한 기능을 발휘해가기 시작했고, 또, 미국에 특수한 것이기는 하지만 소수자의 권리구제나 가난하거나 억압받은 사람의 권리구제를 위해서도 유용성이 인정되었다. 그 이유는 미국 소송체계의 엄청난 소송비용과 시간이 이들의 효과적인 권리구제를 막고 있었기 때문이다.

2. 대체적 행정분쟁해결제도의 유형

1) 원칙에 기초한 협상과 지위에 기초한 협상

분쟁당사자들의 합의에 도달하기 위한 것이라는 것 이외에는 그 절차와 방식에 어떤 구속이 없기 때문에 매우 다양한 형태로 존재하고 미국에서도 매우 다양한 용어들을 사용하여 세부적으로 나누는 견해들도 존재하지만, 지나치게 복잡한 분류는 한국행정을 위한 시사점을 얻는데 오히려 방해가 될 수도 있으므로 2-3개로 나누는 견해들을 살펴보기로 한다.

대안적 분쟁해결절차는 분쟁을 해결하는 방식에 의해 원칙에 기초한

---

5) Nancy J. Manring, ADR and Administrative Responsiveness : Challenges for Public Administrators, Public Administration Review 1994, pp.198-199.

협상과 지위에 기초한 협상의 2가지로 나누는 견해가 존재한다.6) 원칙에 기초한 협상은 Harvard Negotiation Project라고도 불리우는데 협력적 협상, Win-Win 협상이라고도 한다.7) 원칙에 기초한 협상은 행정기관, 기업과 주민의 관계처럼 지속적 인간관계를 형성하고 있거나 형성해야 하는 곳에서 주로 나타나는 협상방식으로 분쟁당사자들은 지위가 아니라 이익에 초점을 맞추어 상호 승리를 위한 조건을 발견하려 노력하며 어떤 객관적인 기준과 원칙에 기초하여 이익의 조정을 함으로써 합의에 이른다. 이 때, 당사자들이 제시한 다양한 아이디어들을 적절히 활용하는 것이 합의에의 도달과 이행의 보장을 위해서 중요하다.

이에 대립해 있는 것은 지위에 기초한 협상으로 대립적, 경쟁적, 또는 대심적 협상으로 불리운다.8) 지위에 기초한, 대립적 협상은 모든 댓가를 치루고 승리를 추구하는 소비에트스타일로서 분쟁당자사들은 인위적인 지위에 기초하여 협상하면서 그들의 진정한 필요나 이익, 진정한 이슈를 감추는 경향이 있다. 어느 일방의 이익이 다른 일방의 손해가 되는 제로섬게임에서 나타나는 협상방식이다. 분쟁당사자들이 감정의 골이 깊어 적대감을 없애기 어려운 곳에서 제3자의 결정에 의해 문제를 해설하지 않을 수 없는 상황에 놓일 때 사용한다.

행정은 가능한 한 원칙에 기초한 협상을 발전시켜가야 하는데, 그 이유는 행정, 기업 및 주민들은 계속적인 관계를 유지하지 않을 수 없고, 사회구성원간의 갈등을 조장하는 것이 아니라 사회통합을 위해 기여할

---

6) Lisa B. Bingham, Negotiating for the Public Good, in ; James L. Perry(ed.) Handbook of Public Administration, 1996, pp.654-655.

7) Fisher and Ury, Getting to Yes: Negotiating Agreement without Giving In, 1981. ; Fisher and Brown, Getting Together : Building Relationships as We Negotiate. 1988 ; Ury, Getting Past No : Negotiating with Difficult People, 1991. ; Ury, Brett, and Goldberg, Getting Disputes Resolved : Designing Systems to Cut the Costs of Conflict, 1989.

8) Koren and Goodman, The Haggler's Handbook : One Hour to Negotiating Power, 1991.

수 있으며, 시민들 스스로 분쟁해결과정에 참여함으로써 시민들은 자부
심을 느끼고 행정에 대한 신뢰를 높일 수도 있게 된다.[9]

2) 개입정도 및 개입방식에 따른 구별

제3자의 개입정도 및 개입방식에 따라 세 가지 유형으로 나누는 견해
도 존재하는데 그 내용은 다음과 같다.[10]

첫째, 분쟁당사자들이 분쟁의 해결을 위하여 분쟁내용의 전부 또는
일부에 대하여 제3자에게 정보를 제공하여 그가 결정하도록 하고 당사
자들은 그것에 따르는 유형이 있다. 둘째, 제3자가 정보제공자로 등장하
는 유형으로 당사자들의 분쟁에 대하여 제3자는 어떻게 평가하고 법원
이나 정부가 결정한다면 어떤 결정을 내리게 될 것인가에 관한 정보를
제공한다. 이 정보제공을 통해 분쟁당사자들이 법원이나 정부의 개입없
이 스스로 합의를 통해 분쟁을 해결하도록 도움을 준다. 셋째, 제3자는
개입하지만 오직 분쟁당사자들이 대화를 할 수 있는 장을 마련해줄 뿐
이다. 제3자의 개입유형으로서 가장 소극적인 방식이다.

이 세 가지 유형들내부에는 다양한 편차를 가진 세부유형들이 존재한
다. 예를 들어, 조세를 다루는 부처는 조세부과처분의 전부가 아니라 조
세금액의 확정을 위한 기초사실자료의 존부 및 평가에 관한 다툼이 존
재하는 경우 사실확인을 위해서 대체적 행정분쟁해결제도를 이용한다.

한국 환경분쟁조정법도 사실조사 및 당사자심문 후 피해배상액을 결
정하는 준사법적 절차로서 裁定, 사실조사 및 당사자심문후 위원회가
조정안을 작성하여 당사자간의 합의를 권고하는 절차인 調停 및 사실조

---

9) Lisa B. Bingham, Negotiating for the Public Good, James L. Perry(ed.) Handbook
  of Public Administration, 1996, p.655.
10) Judith Resnik, Many Doors? Closing Doors? Alternative Dispute Resolution and
  Adjudication, Ohio State Journal on Dispute Resolution 1995, pp.218-220.

사 및 당사자심문 없이 분쟁당사자 간의 합의를 유도하는 절차인 斡旋
의 3가지 유형으로 나누어 규율하고 있다.

제3자의 개입정도 및 개입방식에 따라 Arbitration과 Mediation의 둘로
나누는 견해도 존재한다.[11]

Arbitration은 다시 제3자가 결정권을 갖는 裁定方式에 가까운 구속
적 Arbitration과 제3자가 권고안을 제시하는 調停方式에 가까운 비구속
적 Arbitration으로 나눌 수 있다. Arbitration에서는 당사자가 합의한 절차
와 당사자가 선택한 제3자(보통의 경우 당해 문제에 관한 전문가)가 개
입한다는 특색을 갖는다. 판사와 달리 건축문제 등 당해 사안에 관한 전
문가인 그가 개입하기 때문에 매우 빠르게 문제해결에 도달할 수 있다.
또, 당사자들만의 대화로는 합의에 도달하기 곤란한 매우 심각한 갈등이
존재하는 사안에서 제3자가 결정하거나 권고안을 제시하여 빠르게 결론
에 도달하게 되기 때문에 적합하다. 논의과정에 관한 정보도 정보공개의
대상에서 제외되기 때문에 매우 솔직한 대화가 가능하다.

Mediation은 제3자는 개입하지만 오직 분쟁당사자들이 대화를 할 수
있는 장을 마련해주는 斡旋과 유사한데, 제3자는 분생낭사자들이 선택
한다. 제3자는 당해 사안에 관한 전문가중에서 선택되는 것이 보통의 경
우인데 그는 당사자간의 대화를 촉진시켜 신뢰와 이해를 통해 합의에
도달하는 것을 돕는다. 제3자와의 대화는 정보공개의 대상에서 제외되
기 때문에 매우 솔직한 대화가 가능하다. 당사자들이 앞으로도 지속적인
인간관계를 맺어야 하는 경우에 적합하다. 다만, 시간이 많이 걸리고 반
드시 합의 내지 결론에 도달한다는 보장이 없다는 점이 약점이다. 하지
만 Mediation은 미국에서 매우 높은 합의도달률과 극히 낮은 비용으로
인해 널리 활용되고 있다.

---

11) Maria R. Lamari, The Role of Alternative Dispute Resolution in Government
Construction Contract Disputes, Hofstra Law Review 1994, pp.217-220.

3. 행정분쟁해결법(ADRA)의 연혁과 내용

1) 행정분쟁해결법(ADRA)의 연혁

많은 주정부와 연방행정기관들에서 이미 기존의 법령을 적극적으로 해석하여 재결대신에 합의와 제3자의 개입을 특징으로 하는 대체적 행정분쟁해결제도를 시행하고 있었는데, 이의 시행에 일부 소극적인 행정기관들도 존재하고 있었다. 그리하여, 1990년 미국 의회는 행정분쟁해결법(Administrative Dispute Resolution Act ; ADRA)을 제정하면서 "행정절차가 점차 지나치게 틀에 집착하며 비용과 시간이 많이 들고 합의에 의해 분쟁을 해결하는 비율도 줄어들고 있다"는 점을 그 제정이유로 내세워 이 제도의 도입을 강력하게 지원하였다.[12] 이 법이 제정되기 전에도 행정계약과 관련해서는 이미 1978년의 계약분쟁법(Contract Disputes Act)이 제정되어 분쟁당사자들의 합의와 제3자의 개입을 내용으로 하는 대체적 분쟁해결제도가 시행되고 있었다.

1990년의 행정분쟁해결법(ADRA)은 연방행정기관들에게 대안적 분쟁해결제도를 이용하기 위하여 표준적인 제도를 개발하도록 권고하면서도 그 이용을 의무지우지 않고 이용여부에 관한 재량을 부여하였으나 행정기관들이 대체적 행정분쟁해결제도를 이용하는 과정에서 통일성을 촉진시키는데 큰 기여를 하였다. 이 법은 일몰규정의 방식으로 제정되어 5년(1995년 9월 30일까지)동안 유효하였는데, 집행을 위하여 전담공무원을 임명할 것을 요구하고 있었다. 대안적 분쟁해결에 대한 수요가 증가하면서 적절한 제3 중재인을 구하는 것이 어려워질 것을 대비하여 의회는 주로 행정에 관련된 법학자와 변호사들로 구성된 미국행정협회(Administrative Conference of the United States ; ACUS)에 행정분쟁해결법의 집행을 책

---

12) Administrative Dispute Resolution Act(ADRA), Pub. L. No. 101-552, §2(2), 104 Stat. 2738(1990).

임지고 평가하도록 권한을 부여하였으므로 예산을 지원받은 미국행정협회가 적절한 법적 소양을 갖춘 인력을 훈련시키고 대안적 분쟁해결제도의 운영에 관한 지침과 조언을 제공하였다.13) 미국행정협회는 미국과 같이 지역적으로 넓은 곳에 산재해 있는 많은 행정기관들에게 통일적인 지침과 정보를 제공하여 행정분쟁해결제도의 발전을 촉진시키면서도 전체적인 통일성과 합법성의 보호를 위해 중요한 기여를 하였다.

하지만, 모든 행정분쟁이 합의에 의한 해결방식에 적합할 수는 없었는데, 1990년 법 ?조은 이 법이 적용되지 않는 여섯 가지 예외사유를 규정하고 있었다.

첫째, 당해 사건이 결정적이거나 권위가 되는 선례의 형성을 위해 중요한 경우, 둘째, 당해 문제가 정부정책의 중요한 문제와 관련되어 있고 최종적인 결정을 내리기 전에 추가적인 다른 절차를 거칠 필요가 있는 경우, 셋째, 개별적인 결정들사이에 차이가 나서는 안되고 일관된 정책을 유지할 특별한 필요가 있는 경우, 넷째, 당해 문제가 이 절차에 참여하지 않은 제3자에게 중대한 영향을 미치는 경우, 다섯째, 당해 절차에 관한 완벽한 기록작성이 중요한 경우, 여섯째, 관계기관이 변화하는 상황속에서도 권한의 변화를 초래할 문제에 관해 지속적인 관할권을 가져야만 하는 경우 등이다.

2) 현행 행정분쟁해결법(ADRA)의 내용

1990년의 법내용중 문제되었던 것은 다음과 같다.

첫째, 1990년의 규정은 "중재결정은 모든 당사자들에게 통지된 후 30

---

13) David Seibel, To enhance the Operation of Government : Reauthorizing the Administrative Dispute Resolution Act, Havard Negotiation Law Review 1996, p.241. 245. 그러나, 정부예산의 제약 때문에 1996년 2월 1일부터는 행정분쟁해결제도의 운영에 관한 의회의 위탁은 종료되었다.

일 이내에는 최종적인 것이 되지 못한다"고 하고 있었는데,[14] 이에 따라 제3자가 개입하여 중재결정을 내린 경우에도 행정기관은 그것을 따르지 않을 수 있어 대안적 분쟁해결제도의 분쟁해결능력에 대한 불신이 증가하고 있었다. 이 규정에 따라 행정기관은 언제든지 이유불문하고 중재결정이 최종적으로 확정되기 전에 다른 당사자에게 통지된 후에는 중재결정을 무효로 할 수 있었다. 이 규정이 도입되게 된 이유는 의회와 연방법무부가 판단하건대 연방헌법의 공무원임명규정에 따를 때 공무원이 아닌 독립적 지위의 중재인이 내린 구속적 중재결정에 행정기관이 구속되는 것은 헌법적으로 금지되어 있다고 보았다. 이러한 입장은 오직 공무원임용규정에 따라 임용된 정식공무원만이 미국정부에게 어떤 작위의무나 급부의무를 지우도록 할 수 있는데, 중재인들은 일시적으로 하나의 사건을 처리하기 위해 고용된 사람이기 때문에 공무원임용규정에 따른 정식공무원이 아니라는 판단에 기초하고 있었다.[15]

둘째, 협상과정에서 제3자에게 했던 말이나 제3자가 했던 말은 행정분쟁해결절차에서 공개의 대상이 아니었지만, 정보공개법상 공개의 대상이었다. 정보공개법상 공개의 대상으로 본 것은 행정기록은 공공정책과 공익에 관계된 것으로 시민의 알 권리의 대상이므로 시민에게 투명하게 공개되어 공적 책임을 이행해야 한다고 이해했기 때문이다. 그러나, 이로 인해, 분쟁당사들과 제3중개인은 그들의 언행이 공개될 경우에 대비하여 솔직한 대화를 나누는 것을 꺼리게 되어 대안적 분쟁해결절차의 효율성을 위협하였다.[16] 공개를 꺼려 대안적 분쟁해결절차의 이용을 회피하기도 했다.

5년간의 시험운용기간을 거친 후, 의회는 행정분쟁해결제도의 유용성

---

14) 5 U.S.C. §580(b)(2).
15) Jonathan D. Mester, The Administrative Dispute Resolution Act of 1996 : Will the new Era of ADR in federal administrative Agencies occur at the Expense of public Accountability?, Ohio State Journal on Dispute Resolution 1997, p.171.
16) David Seibel, a.a.O., p.240.

을 확신하고 1996년 9월 30일부터 이 법을 영구법으로 만들었다. 다만, 1990년의 법내용을 일부 수정하였는데, 그 내용은 다음과 같다.

첫째, 행정분쟁해결법(1996) 제8조는 행정기관이 중재인의 구속적 결정을 따르지 않을 수 있는 권한을 폐지하는 대신, 행정기관이 중재결정 제도를 이용함으로써 중재결정에 구속되기 전에 연방법무부와 사전협의하여 중재내용에 대한 지침을 발하도록 규정하고 있다.17) 이 지침은 반드시 의무적인 것은 아니지만 구속적 중재결정이 가능한 범위를 제시하는 것이 보통일 것인데, 균형감각을 상실한 중재인의 무모한 중재결정이 초래할 잠재적 위험으로부터 행정과 공익을 보호하기 위한 것이다.

둘째, 정보공개법상 공개의 대상이었던 중재인이 제3자에게 한 말과 그가 한 말에 대해서도 솔직한 대화를 촉진하고 신뢰분위기를 보호하기 위하여 그리고 이 제도의 이용을 회피하는 것을 극복하고자 의회는 개정된 법에서 공개의 대상에서 제외하였다.18)

4. 미국의 행정분쟁해결법의 수용에 있어 유의하여야 할 사항

외국 제도와 이론의 수용에 있어서는 그 나라의 문화적 법적 전제조건들을 신중하게 검토하여 수용하는 자세를 가져야 한다.19) 미국의 제도가 한국에 그대로 도입될 수 있다고 보는 것은 잘못이다. 정치문화가 다르고 실체법들의 규정내용이 다르며 무엇보다 절차법의 적용범위가 다르다. 사회와의 관계에서 정부의 기능과 역할도 상당히 다르다. 미국에서의 절차법의 적용범위는 한국보다 더 넓고 사회에 대한 정부의 역

---

17) 5 U.S.C. §575를 개정한 ADRA 1996, § 8(c) 참조.
18) 5 U.S.C. §574를 개정한 ADRA §3(d) 참조.
19) Bernd Holznagel, Der Einsatz von Konfliktmittlern, Schiedsrichtern und Verfahrenswaltern im americanischen Umweltrecht, Die Verwaltung 1989, S.444.

할과 기능은 한국의 경우보다 상대적으로 더 작다. 미국과 비교할 때, 이 점은 한국과 독일이 비슷하다.

따라서, 미국의 제도와 논의를 행정절차에 수용함에 있어서는 적절한 입법실험이 필요하다.[20] 이러한 측면에서 볼 때, 한국의 몇 개 기초자치단체에서의 민원배심원제도의 시행은 다른 자치단체와 중앙행정을 위한 중요한 입법실험 내지 제도실험임의 의미를 가진다고 할 것이다. 따라서, 이제 이 입법실험 내지 제도실험에 대하여 학계와 실무계에서 그 의의와 문제점을 철저히 분석해야 할 단계에 이르렀다고 할 것이다.

미국의 행정분쟁해결법의 아이디어를 한국법체계에 수용하려고 할 때, 유의해야 할 사항을 몇 가지로 요약해보기로 한다.

첫째, 중재인인 제3자가 구속적 성격의 중재결정권을 갖는 제도는 공무원이 아닌 민간인에게 공익에 관한 결정권을 위탁한다는 점에서 위법하고 중재인은 분쟁당사자들의 사익에 너무 편향되어 공익을 해칠 위험이 있다는 지적을 할 수도 있을 것이다.[21] 행정은 분쟁당사자들의 이익이 아닌 다른 사람들의 공익도 보호해야 할 책임이 있기 때문이다. 특히, 헌법이나 공법이 보호해야 할 가치를 포함하고 있는 분쟁들에 있어서 분쟁당사자들의 합의에 의한 분쟁해결방식은 보호해야 할 가치를 침해하거나 법의 지배를 위태롭게 할 것이고, 만약 사법적 통제의 대상에서도 제외된다면 공법이 보호하려고 하는 가치기준(예, 엄격한 환경보호기준, 남녀차별금지 및 사회적 약자보호)과 현재 도달한 문화적 수준으로부터 회피하기 위한 수단으로 전락할 위험성도 있다.[22] 공법적 분쟁들

---

20) 미국의 ADR을 독일에 수용할 때 주의할 점에 관한 진술인데 한국을 위해서도 유용하다고 본다. Wolfgang Hoffmann-Riem, Konfliktmittler in Verwaltungsverhandlungen, 1989, S.28. 35.

21) 1940-50년대 미국에서도 같은 이유로 반대의견이 제시되었었다. Lisa B. Bingham, Alternative Dispute Resolution in Public Administration, in ; Phillip J. Cooper/ Chester A. Newland, Handbook of Public Law and Administration, 1997, p.548 참조.

중에는 단순히 상호이해의 증진으로는 해소될 수 없는 근본적 가치충돌
을 반영하는 것들이 있고 여기서는 합의의 형성이 매우 어렵기 때문이
다. 따라서, 공익과 법에 대한 제3 개입자의 책임성을 어떻게 보장하며
분쟁당사자 중 어느 일방의 이익에 치우치지 않는 공정성을 어떻게 확
보할 것인가가 문제된다.

또, 협상절차에 참여하는 제3자에게 제시된 분쟁당사자의 언행이나
제3자의 언행에 비밀보호의 권리를 인정할 것인가가 문제된다.

둘째, 대체적 행정분쟁해결제도의 아이디어를 한국 행정기관이 채택
하도록 유도할 유인체계가 결여되어 있고 자치단체나 다른 행정기관들
은 이 제도의 채택을 번거롭다고 생각할 수도 있다. 특히, 전통적인 행
정법규범들과 그 규범들을 집행하며 형성된 공무원들의 역할기대가 행
정기관들로 하여금 대체적 행정분쟁해결제도의 채택에 저항하도록 만들
수도 있다. 청문이나 이유제시와 같은 전통적인 시민참가제도는 행정기
관의 결정권행사의 독립성과 자율성을 침해하지 않도록 시민참가과정과
결정과정을 분리하여 설계되어 있었다. 그런데, 이 제도가 행정기관의
입장에서는 행정의 응답성을 높인다는 징짐은 가지고 있었지만 그들의
권한과 전문적 재량을 침해한다고 판단할 수도 있고,23) 기존의 결정과
정에 비해 결정을 내리기까지 시간이 많이 걸리기 때문에 신속성을 중
시하는 행정문화와 충돌하지 않으면서 비용절약적인 성과를 낼 수 있도
록 이 제도의 적용영역이나 대상을 어떻게 확정할 것인가가 문제된다.

또, 분쟁당사자들 및 제3자가 모여 협상을 통해 합의에 도달하였다고
하여도 감독기관들이나 감사원은 그 합의를 이행하는 것을 위법한 것으

22) Harry T. Edwards, Alternative Dispute Resolution : Panacea or Anathema?, Havard
    Law Review Vol. 99(1986), pp.668-684. ; Fiss, Against Settlement, Yale Law
    Review 93.(1984), p.1073. 1085.
23) Nancy J. Manring, ADR and Administrative Responsiveness : Challenges for Public
    Administrators, Public Administration Review 1994, pp.197-203.

로 평가하거나 공익을 희생시킨 것으로 평가할 수도 있다. 특히, 이 제
도는 현장공무원과 주민들에게 실질적인 권한을 이전시키고 중앙정부나
상급자치단체 또는 정치가나 행정기관장의 영향력을 상당히 약화시키기
때문에,24) 감독권을 갖는 중앙정부나 상급자치단체의 반감을 초래할 위
험도 존재한다.

III. 민원배심원제도에 대한 제도분석 및 일반법의 개정을 위한 시사점

1. 민원배심원제도의 분석

1) 행정절차 또는 민원처리절차의 개혁

(1) 주민의 수용 및 순응의 확보를 위한 준비절차의 혁신과 배심절차 신청권자의 확대

민원배심원제도의 적용영역은 갈등잠재력이 높은 사안을 대상으로 하
기 때문에 약간의 의문이 있어도 불신의 장벽이 높아지게 되므로, 주민들
과 사업자들은 행정과정의 초기단계부터 자신들에 대한 배려가 존재한다
는 느낌을 받을 수 있어야 한다. 따라서, 가능한 한 빨리 정식의 처분절
차가 개시되기 전 행정과정의 초기단계에서부터 문제사안에 관한 정보가
완벽하게 제공되어야 한다. 그 시기가 빠를수록 대안의 폭도 커질 것이
다. 민원배심원제도는 갈등소지가 있는 인허가신청이 들어오면, 즉시, 예
를 들어 건축허가예정부지를 표시하는 현장예고판을 붙여 주민들의 의견
을 수렴하는 절차를 두고 있다. 이러한 현장예고절차는 우리 행정절차법

---

24) Nancy J. Manring, a.a.O., pp.200-201.

상 도입되어 있지 않은 것으로 참신한 아이디어라고 할 수 있다.

또, 민원배심원절차에서 절차를 개시하도록 신청할 수 있는 권한을 가진 자는 행정절차법상, 의견제출의 기회나 청문의 기회를 부여받을 수 있는 당사자등일 필요는 없으므로 그 범위가 더 넓어지게 된다. 민원배심원들을 보조하기 위한 공무원과 민원배심원들은 회합날짜, 방문장소, 대화시간 등의 문제들을 계획할 뿐만 아니라 사실상 조정안이 행정결정으로 전환되고 집행될 수 있도록 보증하는 역할을 수행한다. 그리고 주민들도 민원배심원들의 심의과정을 참관할 수 있도록 공개되므로 그들도 조정안이 실제로 집행될 수 있도록 여론을 조성하는 역할을 하게 될 것이다.

그렇지만, 결국 배심절차를 신청하는 자는 당해 지역의 주민들일 뿐이므로 다른 지역의 이익을 침해하거나 다음 세대의 이익을 침해하는 안을 합의안으로 도출할 위험성이 존재한다. 민원배심원제가 탈법수단으로 전락하고 지역이기주의를 옹호하여 중앙정부의 정책의 일관된 추진에 대한 장애로 기능할 위험도 없지 않다. 행정이 배심원의 이해조정과정에서 법의 기준이나 공익을 침해하지 않도록 하는 역할을 담당해야 한다. 허가를 받지 않고 사업자가 불법적인 건축행위나 사업개시행위를 하였다면 민원배심절차에서의 조정과는 상관없이 행정은 합의의 댓가로 그 동안의 불법행위 등을 용인해서는 안된다.

(2) 민원배심원의 독립성, 중립성, 공정성 및 공개성의 보장

민원배심원제는 어느 일방의 완전한 승리에 의해 갈등을 해소하는 것이 아니라 민원배심원들이 조정과 화해를 통해 중재안을 내어 해결하는 제도이기 때문에 이해가 대립되는 사업자와 주민들이 조정자인 민원배심원들을 불신하게 되면 민원배심원제는 실패하게 된다. 따라서 민원배심원의 구성 및 절차진행에 있어 중립성과 공정성이 요구될 뿐만 아니

라 독립적인 권위도 요청된다. 미국의 대체적 행정분쟁해결제도와는 달리 분쟁당사자들이 중재인을 선정하는 것이 아니라 처분청 자신이 배심원들을 선정한다. 행정청의 선정에 따른 분쟁당사자들의 불신을 막기 위하여 배심원의 선정에 있어 객관적이고 사려깊은 노력이 필요하다. 배심원을 구성함에 있어 편파성과 타락을 막을 수 있어야 한다. 반대 이익을 가진 분쟁당사자들이 배심원들이 자신의 우려와 분쟁에서의 유리한 점을 충분히 고려한다고 믿을 수 있어야 한다.

　해당 절차에 참가하여 결정을 함께 내린 사람만이 결정의 결과에 대해서도 공동책임을 질 것이기 때문에 당해 사안에 이해관계를 갖는 모든 분쟁당사자들이 민원해결과정에 참여할 수 있도록 분쟁해결절차를 설계하는 것도 가능할 것이다. 그러나, 민원배심원제도는 분쟁당사자인 주민모두를 민원배심원으로 참가시키지 않는다. 분쟁당사자인 주민들에게 민원배심원절차의 개시에 있어서 주도권을 인정하고 주민대표를 배심원으로 참여시키며 배심원의 투표과정등을 참관할 수 있도록 되어 있을 뿐이다. 이 점은 전형적인 미국의 대체적 행정분쟁해결제도가 분쟁당사자의 합의에 의한 중재인의 위촉과 분쟁당사자와의 대화의 방식으로 구성되어 있는 것과 차이를 보이는 부분이다. 오히려, 배심원이라는 용어에서 시사하듯이 미국의 형사재판에서의 배심원제도(주민대표의 참석부분은 다름)에서와 같이 객관적인 제3자들을 중심으로 하여 분쟁당사자와는 일정한 거리를 두고 분쟁조정안을 만들어간다. 이러한 민원배심원구조로 인해 자신의 법적 보호이익을 침해받은 제3자가 행정소송을 제기하는 것을 막을 수는 없다고 해석할 수밖에 없을 것이다.

　배심원들은 분쟁과 관련된 이익들에 대한 철저하고 상세한 분석을 해야만 한다. 이익의 고려에 있어 선별적인 태도나 편파적인 태도는 분쟁을 해결하는데 전혀 도움을 줄 수가 없다. 배심원중에는 문제된 사업에 대한 전문적 분석능력을 가진 사람이 반드시 참여하여 사업자 및 주민들에게 적절한 전문지식을 제공하거나 그에 기초하여 조정해야 한다.

또, 처분청과 법률가는 당해 사안에서 지켜져야 하는 다수의 관계법령의
내용을 분석하여 배심원들에게 제공하여야 한다.[25] 전문가의 참여가 당
해 분쟁의 내용에 대한 학습에 필요한 시간을 현저히 줄여줄 수 있기 때
문이다. 처분청소속의 공무원들은 재판이 제기되는 것을 막기 위하여 합
의안의 도출과정에서 고려되지 않는 이익들이 없도록 적절한 역할을 해
야 한다. 따라서, 처분청 소속공무원도 민원배심절차에 참가하여 행정에
부과된 책임의 이행을 위해 노력하여야 하고 민간인들로만 구성된 중재
안을 기계적으로 집행하는 역할만을 맡아서는 안된다. 그러나, 처분청의
직접적 개입범위는 1-2인에 한정하여 방어적 차원에서의 최소한의 합법
성유지의 기능과 절차의 원활한 진행을 위한 보조임무만을 맡아야 할
것이다.

한편, 배심원들은 주민들과 사업자들의 이해갈등을 조정하는 과정에
서 조정안 자체의 형성에 있어 분쟁당사들과 충분한 대화를 통해 그들
의 아이디어를 채택하도록 노력해야 한다. 중재인들의 아이디어는 한계
가 있을 수 있으므로 분쟁당사자들 스스로의 창조적인 에너지를 활용해
야 한다.

2) 민원배심원의 조정안의 행정결정으로의 전환, 부관설계와
위법한 합의의 문제

(1) 민원배심원의 조정안의 행정결정으로의 전환

민원배심절차에서의 합의나 투표에 의한 중재안의 결정은 법적 구속
력을 갖는 것이 아니고 사실상의 구속력만을 가지고 있으므로 행정결정

---

25) Volkmar Wagner/Matthias Engelhardt, Mediation im Umwelt- und Planungsrecht
    als Alternative zur behördlichen order gerichtlichen Streitentscheidung, NVwZ 2001,
    S.373.

으로 전환시키는 조치가 필요하다. 사업자가 오락시설이나 휴양시설과 같은 보상적 조치를 약속했다면 사업자는 그의 약속내용을 실현시켜야 한다. 행정결정에 대해서 소송이 제기될 수도 있으나 민원배심절차의 실행은 판사에게 충실한 이익형량이 이루어졌다는 강력한 증거가 된다.[26]

민원배심절차에 의한 중재안이나 다수결투표로 결정된 중재안이 나오지 못한다 하더라도 행정결정권이 사라지는 것은 아니므로 행정은 민원배심절차가 실패한 경우에도 결정권을 행사할 수 있다. 행정의 최종적 결정권은 일방분쟁당사자가 무리한 요구를 고집하는 경우를 제어하는 매우 중요한 권한이므로 포기될 수 없다.

민원배심원단에 의한 투표의 결과는 행정청을 구속하는 법적 효력을 갖고 있다고 볼 수 있는가? 이에 대해서는 단지 사실상의 구속력 내지 정치적 의미를 가질 뿐 법적 구속력은 갖지 않는다고 보면서 위법하거나 공익을 중대하게 침해하는 것을 방지하기 위하여 행정의 최종적 결정권은 존중되어야 한다고 보아야 할 것이다.[27]

계약자유의 원칙이 적용되는 사법관계에서는 분쟁의 대상에 대한 처분권을 분쟁당사자들이 가지고 있어서 합의에 의해 해결하는 것이 별 문제가 없지만, 공법사건은 공익도 관련되기 때문에 분쟁당사자의 처분권은 제약될 수밖에 없다.[28] 합의에 의한 분쟁해결은 법에 의해 인정된 재량의 범위내에서만 허용되어야 하고, 공익과 제3자의 이익을 적절하게 보호하고 있어야 한다. 합의가 법을 대체할 수는 없으므로 위법한 결

---

26) Wolfgang Hoffmann-Riem, Konfliktmittler in Verwaltungsverhandlungen, 1989, S.63.

27) 동지. Wolfgang Hoffmann-Riem, Konfliktmittler in Verwaltungsverhandlungen, 1989, S.51.; Christoph Gusy, Verwaltung durch Verhandlung und Vermittlung, ZfU 4, 1990, S.357.

28) Volkmar Wagner/Matthias Engelhardt, Mediation im Umwelt- und Planungsrecht als Alternative zur behördlichen order gerichtlichen Streitentscheidung, NVwZ 2001, S.371.

과를 발생시켜서는 안된다.

(2) 민원배심원에 의한 행정조치의 협상·조정과 부관설계능력의 개선

민원배심원들이 사업자와 주민들의 갈등과정에 개입하여 중재안을 내놓게 되면 그것의 결과는 허가와 같은 행정조치에 다양한 부관을 붙이는 방식으로 나타나게 된다.[29]

우리 행정실무에서 공무원들은 부관설계의 중요성을 제대로 인식하지 못하고 있어 다양한 부관을 붙여야 해결될 수 있는 상황이 되면 매우 당황해 한다. 현대 행정문제의 복잡성을 관리하기 위해서는 이해대립자들의 의견을 적절히 비교형량하여 적절한 부관을 붙일 수 있어야 한다. 부관이 타인의 중대한 기본권을 침해하는 내용[30] 이어서는 안될 것이지만, 법적으로 허용되는 것임에도 불구하고 법적 근거도 없이 배심원들의 조정여지를 좁혀서도 안될 것이다. 행정재량은 주로 부관의 설정에 의하여 행사되므로 재량의 합리적인 행사기술로서 부관의 설계기술에 대한 교육과 훈련이 필요하다. 구체적 이해충돌상황에서 법적으로 허용되면서도 합의를 도출할 수 있는 부관을 찾아내는 것은 고질적인 민원이나 집단민원의 해결의 성패를 좌우하는 문제가 되고 있는 것이다.

(3) '위법한 합의'의 문제

고질적 민원사항과 집단민원사항은 중앙에나 기관장이 합법적인 방식

---

29) 독일의 유명한 행정법학자인 Hoffmann-Riem도 미국의 대체적 행정분쟁해결제도의 독일적 수용을 시도한 논문에서 부관설계의 중요성을 인식하였다. Wolfgang Hoffmann-Riem, a.a.O., SS.64-65.

30) 예, 대구시 수성구에서 다가구주택의 건축허가를 하면서 세입자를 선별입주시키도록 하는 것(추정컨데 유흥업소종사자의 거주방지를 위하여)을 내용으로 하는 배심원들의 중재안대로 구청장이 부관을 붙였는데, 이러한 부관은 헌법상의 거주이전의 자유를 침해하는 것이 아닌가 하는 의문이 든다.

으로 해결하라고 지시한다고 해서 그 지시만으로 쉽게 해결될 수 있는 간단한 문제가 결코 아니다. 이미 대구시 수성구의 민원배심원지침이 배심원의 심의대상으로 '적법한 행정 처리가 다수의 주민에게 피해를 초래, 해당 민원처리를 조정하고자 할 때'를 그 첫 번째 대상에 포함시키고 있는 것에서 알 수 있듯이, 특정 사업이나 건축의 허가신청에 대하여 허가하는 것이 합법적인 경우에도 주민의 반발로 허가하지 못하고 있는 것이 우리 행정의 구조적 현실인 것이다. '위법한 합의'와 '위법하지만 합의된 부관'의 문제는 이러한 한국의 현장행정에서 심각하게 제기되고 있는 이슈이다.

비극적 차선의 선택으로서 '위법한 합의'일지라도 고질적이나 집단갈등을 일으키는 문제의 해결필요를 고려하여 행정결정과 그 집행단계에서도 그 합의를 존중하여야 하는가, 아니면 언제나 합법성의 한계는 준수되어야 할 것인가? 민주행정과 주민자치를 강조하는 관점에서는 사회의 실제모습은 위법한 행태들이 광범위하게 존재하고 있고, 고질적인 민원이나 집단민원의 경우 민원배심원들에 의한 조정이 실패하면 더 중대한 공익침해와 불법을 방치하는 것이 되므로, 중요한 기본권이나 법령을 침해하지 않고 경미한 정도로 침해한 것이라면 그 중재안이 위법하더라도 허용되어야 한다고 볼 것이다.31) 이 점은 부관의 허용한계와 관련하여서도 문제되는데 '위법하지만 합의된' 부관이 집단민원의 해결을 위해 본질적일 때에는 그 위법의 정도가 경미하다면 허용된다고 볼 것이다.

---

31) 민원배심원제에 의한 현행법의 위반이 어떤 상황에서 어떤 근거에 의하여 정당화될 수 있고 그 한계는 어디인가 하는 문제는 민원배심원제도의 발전을 위하여 매우 어렵고도 중대한 문제이다. 가능한 한 위법한 합의는 회피되어야 할 것이지만, 한국행정 현실에서는 중대한 공익을 보호하기 위하여 경미한 위법은 허용된다고 볼 수밖에 없지 않나 생각한다.

2. 민원배심원제의 확대가능성, 입법의 개정방향 및 법해석의 변화가능성

1) 민원배심원제의 지역적 확대가능성과 일반법에의 한정적 도입필요

현재 시행되고 있는 민원배심원제도에 대하여 법률과 법규명령 수준에서의 명시적 근거는 아직 존재하지 않는 실정이다. 민원배심원제도나 민원공개법정제도는 우수한 장점에도 불구하고 구청장이나 군수의 규칙과 훈령을 법적 근거로 하여 출현한 것으로 중재안의 내용이 상위법을 위반하거나 지역이기주의를 강화시킬 위험, 그리고 그 법적 기초가 매우 취약하여 자치단체장의 교체시 사라지거나 다른 자치단체로 파급되어가는 과정에서 그 장점을 정확하게 수용하지 못하여 실효성이 크게 약화될 가능성도 있다. 따라서, 행정절차법이나 민원사무처리에관한법률에 근거규정과 그 핵심적 내용을 형성해두는 것이 시급히 필요한 실정이다.

권위주의적 개발독재시대를 경험한 동아시아국가들에 있어 일반행정절차의 기본구조를 바꾸는 것은 결코 쉬운 일이 아니다. 행정결정과정에 청문과 같은 민주적 참여제도를 도입하는 것은 한국의 모든 행정절차의 기본성격을 바꾸는 문제이기도 하기 때문에 그의 도입이 상당히 어렵다. 그러나, 고질적 집단민원의 문제에 한정하여 검토해볼 때, 행정절차법상의 의견제출제도 등은 분쟁의 발생과 고착을 막기에는 시기적으로 너무 늦고 불충분한 대화밖에 허용하지 않는다는 문제점을 가지고 있다. 청문 등에 참가할 수 있는 당사자등의 범위도 고질적 집단분쟁에서의 이해관계인들과 비교할 때 너무 협소하다.

따라서, 민원배심원제도는 모든 일반행정절차에서 도입하는 것보다는 고질화된 갈등이 존재하거나 갈등잠재력이 큰 사안과 영역을 선별하여 그것들을 대상으로 한정하여 행정절차법이나 민원사무처리에관한법률에 도입하여야 한다.[32] 또, 민원배심원제도가 현행법상의 강행규정들을 위반하는 것을 허용하도록 대체적인 것으로 이해되어서는 안되고 보완적인 것으로 이해되어야 할 것이다.[33] 단순한 사안인 경우 보통의 처분절차에 따르는 것이 시간과 비용을 줄일 수 있을 것이기 때문에 민원배심원제도에 적합하지 않다. 그리고, 타협에 의해 해결될 수 있는 가능성이 있는 사안을 대상으로 해야 한다. 현격한 가치관의 차이를 반영하는 분쟁에는 적합하지 않을 것이다.

한편, 민원배심원제도가 고질적 집단분쟁처리를 위해 유용한 것으로 인정된다면 건축이나 생활환경 등 집단분쟁을 많이 야기하는 업무에 대하여 규율하고 있는 개별법들로서 불법이 만연해있는 분야들에서는 강행적인 실체적 규정들을 줄이고 재량적인 규정들로 그 성격을 전환시키면서 민원배심원들에게 조정의 공간을 마련해주는 방법도 검토할 수 있을 것이다.[34]

2) 법해석의 변화가능성

합의에 의한 분쟁해결은 재량영역에서는 물론이고 불확정개념의 해석 및 적용에 있어서도 구체화여지가 있고 또 사실관계도 상당히 불명확하기 때문에 가능하다.[35] 그리고, 기존에는 기속행위로 다루어지던 행정행위도 집단민원의 대상으로 변하면서 판례가 동종의 행위를 재량행위의로 그 성격을 변화시켜 이해하기도 한다. 예를 들어, 판례상 이른바 '러브호텔'에 대한 건축허가의 법적 성질에 대한 평가는 바뀌고 있다. 법원

---

32) 미국의 ADR의 도입에 대해 검토한 Wolfgang Hoffmann-Riem, a.a.O., SS.31-32도 같은 의견이다.

33) Christoph Gusy, Verwaltung durch Verhandlung und Vermittlung, ZfU 4, 1990, S.357.

34) Wolfgang Hoffmann-Riem, Konfliktmittler in Verwaltungsverhandlungen, 1989, S.74.

35) Wolfgang Hoffmann-Riem, a.a.o., S.65.

은 종래 건축허가를 기속행위로 보아 합법적인 요건을 갖추었으면 허가
를 거부할 수 없는 것으로 평가하여 법적 요건이 아닌 주민반대를 이유
로 허가를 거부하는 것은 위법이라고 판시해 왔으나, 하급심에서 점차
재량행위로 평가하여 그러한 경우 허가를 거부할 수 있는 것으로 보기
시작했고,36) 대법원도 그러한 경향을 수용해가고 있다.37) 이러한 해석변
화는 법에 명문화되어 있지 않은 주민반대 등의 요소를 허가과정에서
행정이 고려할 수 있는 것으로 보지 않을 수 없었다는 점에서 사회인식
의 변화에 기인한 것으로 볼 수 있다.

집단민원이 야기한 법해석의 변화와 행정의 재량영역의 확대는 행정
절차에서 민원배심원제도의 확대도입을 위한 중요한 공간을 열어줄 수
도 있다는 점에서 이러한 판례의 변화는 주목할만하다.

---

36) 러브호텔 밀집 숙박촌에 가족호텔의 건축을 불허한 행정기관의 처분은 타당하다는
　　수원지방법원판결이 있었다. 대한매일 2001. 9. 22 사회면 참조.

37) 대법원 1999. 8. 19, 98두1857 건축허가신청서반려처분취소. 이 판결에서 대법원은
　　"준농림지역 안으로서 지방자치단체의 조례가 정하는 지역에서 식품위생법 소정의
　　식품접객업, 공중위생법 소정의 숙박업 등을 영위하기 위한 시설 중 지방자치단체의
　　조례가 정하는 시설의 건축을 제한할 수 있는바, 이러한 관계 법령의 규정을 종합하
　　여 보면, 지방자치단체의 조례의 의하여 준농림지역 내의 건축제한지역이라는 구체
　　적인 취지의 지정·고시가 행하여지지 아니하였다 하더라도, 조례에서 정하는 기준에
　　맞는 지역에 해당하는 경우에는 숙박시설의 건축을 제한할 수 있다고 할 것이고, 그
　　러한 기준에 해당함에도 불구하고 무조건 숙박시설 등의 건축허가를 하여야 하는 것
　　은 아니라고 할 것이며, 조례에서 정한 요건에 저촉되지 아니하는 경우에 비로소 건
　　축허가를 할 수 있는 것으로 보아야 할 것이다"고 하였다. 이 판결은 건축허가를 기
　　속행위로 보아 명시적인 허가요건만 충족하면 건축허가를 반드시 해주도록 하였던
　　기존판례와는 그 입장을 달리하는 것으로 이해할 수 있을 것이다.

제5절 공익신고의 개념에 관한 법적 검토

Ⅰ. 공익신고제의 도입과 활성화필요

1. 불법적 공익침해행위의 방지와 공익신고제

오늘날 공익을 침해하는 불법행위들의 양도 증가했지만 그 양태도 다양해지고 있으며 그 규모도 증가하고 있다. 불법행위가 매년 계속적·조직적·계획적으로 이루어지기도 한다. 뿐만 아니라, 불법적인 유해물질의 수입유통이나 오염물질투기와 같이 기업활동과 관련되어 나타나는 불법행위들은 개인의 생명과 재산, 그리고 공공재산에 치명적 피해를 끼치는 경우에도 그 불법을 통해 얻는 이익의 규모도 매우 커서 그의 방지에 많은 어려움이 발생하고 있다.

이와 같은 법치환경의 변화에 따라 국내외 입법자들은 기존의 법제도에 중대한 수정을 가하여 대응해 왔는데, 매년 우리 국회도 수많은 법률을 제·개정하고 있다.

공익신고제는 불법억제능력의 강화필요성이 있을 때 전통적으로 선호되던 불법행위자에 대해 제재와 처벌의 강도를 강화하는 방향이 아니라, 그 불법행위에 대한 적발능력을 강화하고자 하는 제도로, 전통적인 수단들보다 더 적극적으로 민간의 활력을 행정절차에 끌어들이고 있다. 불법행위의 적발을 위해 전통적인 행정조사와 의무이행확보수단이 주로 행정단독의 법집행을 전제로 하던 것과 달리 정보제공자인 신고자에게 경제적 인센티브와 신분보호라는 법적 보호장치를 제공하여 그를 법집행의 주요 동력으로 삼고 있다.

2. 공익신고제의 저활성화의 극복필요

2011년 9월 30일 공익신고자보호법이 제정되어 공익신고제를 도입하면서, 공익신고자보호법은 신고자에 대해 '누구든지'(제6조)라고 하여 기업이나 특정 단체의 내부인이나 외부인을 막론하고 신고자에 제한을 두지 않았으며, 신고자에 대하여 비밀보장·신변보호·책임감면·불이익조치금지 및 보호조치제도, 보상금·구상금제도를 마련하는 등(동법 제12·13·14·15·17·26·27조 등) 국회는 공익신고의 활성화를 위해 법제도를 정비하기 위한 노력을 상당히 기울여 왔다.

하지만, 공익신고자보호법이 제정시행된 이후에도 공익신고제가 활성화되지 않고 있다는 비판도 존재하고,[1] 그 원인에 대해 과거부터 "법적인 측면에서 공익신고자를 보호하는 법제도적 뒷받침이 충분하지 않았다는 점과 조직에 대한 충성을 강조하는 전통적 사회문화적 영향"에서 찾는 연구들이 다수 존재해 왔다.[2] 실제로도 공익신고를 수리하고 있는 국민권익위원회 홈페이지에는 2012년 6월 22일 처음으로 공익신고가 있은 후 2015년 4월 14일 현재까지 98건의 신고사례가 보고되고 있는데, 대부분 환경오염관련 신고와 의약품 및 의료행위에서의 불법행위 신고에 한정되고 있다.[3] "사회의 안전과 건강에 대한 위협은 방대하고 은밀

---

1) 동아일보, 유명무실한 공익신고자보호법, 2013. 7. 13자.
2) 전수일, 내부고발자와 보호문제에 관한 연구, 한국부패학회보 제4권, 1999, 111-123쪽 ; 이상수, 신제도주의적 관점에서 본 부패방지법의 한계와 개선방안연구: 내부고발자보호를 중심으로, 한국부패학회보 제8권 제1호, 2003, 116-145쪽 ; 이호용, 공익신고제도의 법적 과제와 전망, 법학논총(단국대) 제37권 제2호, 2013, 127쪽.
3) 국민권익위원회 홈페이지(www.acrc.go.kr) '공익신고사례' 참조. 2015년 4월 14일 최종 방문함. 국민권익위원회는 신고사건에 대해 대부분 추가 조사가 필요하다고 하면서 경찰청으로 이첩하고 있다. 신고자의 불안을 제거하고 신뢰를 얻기 위해서는 공익신고의 접수기관이 직접적인 처분권을 가지고 보다 신속하게 대응할 수 있는 기관일 필요가 있다고 본다. 신고의 총괄접수기관에게 직접적인 조사권과 수사권이 없고 신고자를 보호하기 위한 명령이나 조치를 강제할 수단을 갖지 못하는 것은 공익신고제의 기능을 심각하게 약화시킬 수도 있다고 본다. 이진국/황태정, 내부공익신고자 보

하게 이루어지기 때문에 더 이상 정부만의 노력으로는 힘든 상황"에서 "공익신고자들의 역할"이 확대되어야 한다는 점에 동의한다면,4) 아직도 공익신고제가 활성화되지 않고 있는 원인에 대해 보다 다양한 관점에서 검토가 필요하다 할 것이다.

이 글은 공익신고제의 저활성화의 원인을 법해석학적 관점에서 모호성과 불명확성의 여지가 넓어 잠재적 공익신고자들과 법집행자들에게 불신과 상당한 혼란을 주고 있는 것에서도 찾을 수 있다고 보고,5) 관련 규정들을 집행하고 해석함에 있어 관련된 다른 법적 도구들과 관련하여 존재하는 법적 불명확성을 해소하여 '법집행의 지체'와 '제한적 법적용' 의 문제를 극복하는데 기여하고자 하는 의도로 작성되었다. 특히, 이 글의 주제인 공익신고의 개념을 법해석학적 관점에서 분석검토하는 것은 재판은 물론 입법개선의 측면에서도 도움을 주어 공익신고제의 활성화에 기여할 것으로 본다.

호제도의 형사법적 검토, 형사정책 제17권 제1호, 2005, 157쪽 ; 조한상/이주희, 공익신고자보호법의 의의와 개선방안에 관한 소고, 한국부패학회보 제19권 제2호, 2014, 58-59쪽 ; 최정학, '공익신고자 보호에 관한 법률(안)'에 대한 검토, 민주법학 제40호, 2009, 221-223쪽 / 김승태, 반부패 정책수단으로서의 공익신고자 보호법 평가, 홍익법학 제14권 제2호, 2013, 596-597쪽.

4) 김수갑/김민우, 공익신고자 보호에 관한 법률(안)의 입법방향에 대한 소고, 공법학연구 제10권 제1호, 2009, 46쪽.

5) 국회가 제정하는 법률들은 각각 특유의 입법목적을 가지고 있다. 우리나라에서 새로운 법률의 제정을 통해 새로운 법적 수단이 등장하는 경우 그 법률과 관련된 다수의 법령들, 이른바 관계법령들에 규정된 여러 법적 수단들과 일견 상충하거나 그 관계가 매우 모호한 경우가 많다. 이와 같은 상충과 모호성이 방치되면 법집행실무에서는 새로운 법률의 적용은 회피되거나 지체되며 매우 명확해 보이는 상황에서만 적용되어 사실상 '제한적 법적용'이 이루어지게 된다. 또, 법치행정의 원리가 지향하는 예측가능성과 법적 안정성도 위협받게 된다.

II. 외국의 입법례와 공익신고자보호법의 적용범위

1. 미국법상 공익신고제의 입법현황과 그 주요내용

닉슨대통령의 워터게이트사건 이후 연방공무원들의 불법행위를 신고하도록 장려하기 위해 1978년 행정사무개혁법(The Civil Service Reform Act of 1978: CSRA)이 제정된 이후,[6] 1980년대 이래 미국에서는 우리의 공익신고제의 비교법적 기원이 된 불법행위의 신고제(whistleblowing)가 공공부문과 민간부문에 걸쳐서 연방법은 물론 주법에서도 널리 확산되어 왔다.[7]

공공부문에서는 내부신고자보호법(Whistleblower Protection Act of 1989: WPA), 민간부문에서는 1986년의 허위청구방지법(False Claims Act. FCA)을 중심으로 여러 개의 연방법률과 주법률에 의해 다양한 분야에서 도입되어 있는데, 공공부문에서는 공직자의 부패방지에 그리고 민간부문에서는 사인에 의한 공익침해의 방지에 그 주안점을 두고 있다.

미국법상 불법행위의 신고제는 재정손실의 방지와 공익침해의 방지를 위해 주로 두가지의 수단을 활용하고 있는데, 그 하나는 불법행위를 적발하고자 신고에 대해 경제적 인센티브를 부여하는 것이고, 둘째는 신고자를 보호하여 그에 대한 보복을 방지하는 것이다. 그 구체적인 내용들은 개별적인 법률에 따라 약간씩 다르다.

다만, 대표적인 공익신고자보상제를 규정한 허위청구방지법(False Claims Act. FCA)에 따를 경우, 우리나라와 달리 신고자에 대한 보상과 신변의 보호를 위해 사법부가 재판을 통해 보상금액을 결정하고 신변보호방법을 판

---

6) Civil Service Reform Act of 1978 (CSRA), October 13, 1978, Pub. L. No. 95-454, 92 Stat. 1111 (codified as amended at various sections of 5 U.S.C.)

7) 박정훈, 미국의 내부공익신고자보호법제, 그리고 평가와 시사점, 경희법학 제48권 제4호, 2013, 213면 이하 참조. ; Elletta Sangrey Callahan/Terry Morehead Dworkin, "THE STATE OF STATE WHISTLEBLOWER PROTECTION", *American Business Law Journal*, 2000, p.99.

단한다는 점에서, 우리의 공익신고자보호법이 이러한 기능을 1차적으로 국민권익위원회라는 행정기관이 담당하도록 하고 있는 점과는 다르다.

첫째 방법인 신고자에 대한 경제적 인센티브의 부여방법은 다음과 같다. 허위청구방지법(Federal False Claims Act)에 따라 사인이 공익침해행위, 예를 들어, 정부재정이나 공공기금에 손해를 줄 타인의 불법행위를 막거나 그 손해를 반환하도록 하기 위해 정부를 대신하여 허위청구방지소송(Qui Tam Actions)을 제기하고 방지되거나 회수된 금액중 상당금액을 보상금으로 준다.8)

둘째 방법은 신고자에 대해 보복을 방지하는 조치들을 도입하는 것이다.

신고자에 대한 보복방지는 신고자가 신고로 인해 자기의 직업과 관련하여 보복을 당한 경우 법원은 신고자의 신분보호에 필요한 조치, 예를 들어, 복직조치 등을 취해주고 있다.

미국법상 신고에 대해 조사기관이 조사한 결과 불법행위의 증거를 발견하지 못해 보상금은 지급할 수 없다 하더라도 신고자의 신고가 불법행위가 이루어졌다는 것에 대한 '합리적인 이유'(reasonable cause)에 기초해 판단한 것으로 평가할 수 있다면 신고자의 보호규정은 적용된다고 보고 있다. 즉, 신고자의 신분보호여부와 포상금의 지급여부의 결정이 일치하지 않을 수도 있다.9)

2. 영국의 공익신고제

우리나라 공익신고자보호법의 명칭과 입법방향에 보다 직접적인 영향을 미친 것은 1998년 영국에서 제정된 공익신고법(Public Interest Disclosure

---

8) 박정훈, 위의 글, 229쪽은 15%~25%로 소개하고 있다.
9) Norman D. Bishara/Elletta Sangrey Callahan /Terry Morehead Dworkin, "THE MOUTH OF TRUTH", *NYU Journal of Law &Business* 10, 2013, pp.69-71.

Act 1998)이다.[10] 영국에서 이 법률이 등장하게 된 과정에서 기업내부직
원이나 기타 정보를 가진 누군가의 사전신고가 있었더라면 막거나 피해
를 줄일 수 있었던 커다란 인명사고나 금융사고를 초래한 사건[11]들이
큰 영향을 미쳤다.

　이 법률의 목적은 국민의 생명신체에 관한 사고는 물론 금융사고도
함께 방지하고자 한다는 점에서 금융거래에서의 불법행위에 대한 신고
포상제를 별개의 법률에서 규율하고 있는 우리나라와는 다르고, 민간기
업들은 물론 공공조직에 대해서도 포괄적으로 적용하고 있다는 점에서
주로 민간부문에의 적용을 예정하고 있는 우리의 공익신고자보호법의
적용영역보다 포괄적이다. 또, 미국에서 공익신고자보호제도가 연방과
주에 걸쳐 여러 법률에서 규정되고 있는 것과 달리 영국에서는 주로 이
법률에 의해 통일적으로 규율되고 있다는 특징을 보여준다.[12][13]

---

10) 이 법률은 몇 차례 개정되었는데, 최근에는 선의요건(Good Faith. 부정한 목적의 신
　　고가 아닐 것) 기준을 요건규정에서 삭제하고 공익기준만을 요구하여 기업에 대한
　　공익신고를 촉진시키고자 2013년 6월 25일 개정이 이루어져 현재 83개의 조문으로
　　구성되어 있다.

11) 1988년 12월 12일 영국에서 발생한 열차충돌사건(Clapham rail crash)으로 35명의
　　사망자와 500명 가량의 중경상자가 발생했고, 1992 영국의 은행(The Bank of
　　Commerce and Credit International. BCCI)에서 발생한 금융사기사건으로 15억달러
　　이상의 피해가 발생했는데, 이 사고들을 조사하면서 불법행위나 내부감독의 소홀 등
　　사고관련정보를 알고 있던 내부자가 신고하는 것을 두려워하여 피해가 커졌다는 것
　　이 드러난 것이 영국에서 공익신고법의 탄생에 중대한 영향을 미쳤다.

12) Jenny Mendelsohn, "CALLING THE BOSS OR CALLING THE PRESS: A
　　COMPARISON OF BRITISH AND AMERICAN RESPONSES TO INTERNAL
　　AND EXTERNAL WHISTLEBLOWING", *Washington University Global Studies
　　Law Review* 8, 2009, pp.734-735.

13) '법원에 소송을 제기하는 방식의 공익신고제'를 세계적으로 처음 도입하여 다양한 영
　　역으로 확산시킨 미국보다도 영국의 모델이 전세계적으로 확산되고 있다. 영국의 모
　　델은 미국과 동일하게 신고인의 신분보호는 입법목표로 받아들이면서도 재판이 아니
　　라 기업내부의 신고나 공공기관에의 신고와 보상금지급처분을 중심으로 구성되어 있
　　다는 차이점이 있다. 영국모델은 일본, 남아프리카공화국, 아일랜드와 네덜란드 등
　　여러 나라로 전파되었다. Jeanette Ashton, "15 years of whistleblowing protection

영국의 공익신고법은 신고자에 대해 외부신고 보다는 우선적으로 내부신고를 활용하도록 규정하면서 해고 등으로부터 신고자의 신분을 보호하도록 하고 있다. 금전적인 보상과 관련해서는 신고자에게 발생한 피해의 구조에 초점을 맞추고 있는데, 우리의 공익신고자보호법 제27조에서 규정한 구조금의 지급과 유사한 측면이 있다. 하지만, 영국의 법제는 우리나라의 구조금과 유사하게 육체적 치료는 물론 정신적 위자료의 보상을 하도록 하면서도, 신고자가 직업생활에서 신고로 인해 그의 명성이나 신용과 관련하여 입는 피해도 보상하도록 하고 있다. 직업생활에서의 경력에 미치는 피해의 금액은 수억원에 이르는 경우도 있어, 우리나라 공익신고자보호법 제26조에서 규정한 보상금의 역할을 상당 정도 수행하고 있는 것으로 보인다.

최근 영국의 공익신고법은 공익신고를 보다 활성화시키는 방향으로 개정되었다. 즉, 영국의 공익신고법은 기업규제개혁법(Enterprise and Regulatory Reform Act 2013. 'ERRA')에 의해 2013년 6월 25일부터 개정되어 공익신고의 성립요건으로서 '선의(good faith)'기준이 삭제되고 '공익(public interest)'기여 기준으로 바뀌었다. 공익신고의 성립에 있어 더 이상 신고자의 주관적 동기는 의미를 갖지 않게 되었다.[14]

3. 우리나라 공익신고제의 의의와 적용범위

1) 신고포상제와 공익신고제의 관계

공익신고자보호법이 제정되기 전 우리나라의 질서법제를 구성하는 다

---

under the Public Interest Disclosure Act 1998: are we still shooting the messenger", *Industrial Law Journal* 44(1), 2015, p.30, Fn.5 참조.

14) Jeanette Ashton, a.a.O., pp.34-35.

양한 많은 개별법률들에서는 일정한 공익침해행위에 대한 사인들의 신고에 대해 금전을 지급하는 제도로 '신고포상제'를 도입하고 있었다. 정치관계법상 불법행위의 적발, 세금포탈행위의 적발, 식품관계법의 위반행위의 적발, 보육원에 의한 정부보조금의 부당수령행위의 적발, 학원의 불법행위적발 등을 위해 신고한 자에게 포상금을 주는 것 등 매우 다양한 신고포상제들이 주목받았다.

이 제도를 도입한 법령들에서는 '공익신고'가 아니라 단순히 '신고'라고 표현하였고 '보상금'도 '포상금'이라고 표현하고 있었다. 또, 부패방지 및 국민권익위원회의 설치와 운영에 관한 법률에서는 공직자의 부패행위에 대한 신고포상제를 도입하고 있었다.

2011년 9월 30일 국민의 건강과 안전 등의 보호강화를 목적으로 공익신고자보호법이 제정시행되면서 개별법령에서 산발적으로 신고포상제를 도입하면서 초래되었던 입법의 비체계성과 집행의 혼란을 어느 정도 해소할 수 있게 되었다. 하지만, 공익신고자보호법의 적용범위는 기존의 신고포상제의 적용영역 중 일부에 한정되는 것일 뿐만 아니라, 공익신고제와 관련된 법제도들과의 관계도 명확하게 해명되지 않아 상당한 법적 불안이 존재하고 있다.

2) 공익신고자보호법의 적용범위

공익신고자보호법의 적용대상은 국민의 건강과 안전, 환경, 소비자의 이익 및 공정한 경쟁을 침해하는 공익침해행위로서 대상법률의 벌칙에 해당하는 행위, 인허가의 취소처분과 영업정지처분, 시정명령, 과징금 및 과태료 부과처분 등이다.

대상법률은 법률과 시행령에서 열거하고 있는데, 농산물품질관리법, 농약관리법, 대기환경보전법, 도로교통법, 먹는물관리법, 방사선폐기물관리법, 사료관리법, 식품위생법, 어장관리법, 원자력법, 폐기물관리법,

의료법, 소비자기본법, 독점규제 및 공정거래에 관한 법률, 하수도법, 화장품법, 환경보건법 등 181개의 법률이다.(공익신고자보호법 제2조 제1호 별표. 공익신고자보호법시행령 제2조 별표1)

공익신고자보호법의 적용범위에서 제외된 상당히 많은 법영역이 존재하는데, 그 중 사회적으로 주목받고 있는 신고포상금제를 도입한 몇 개의 중요 법영역들을 살펴본다.

첫째, 정치관계법에 따른 신고포상금제에 대해서는 이 법률이 적용되지 않는다. "공직선거법위반 및 정치자금법위반죄 중 선거와 관련된 것으로 인정"되는 선거범죄의 신고에 대한 포상금은 공직선거법 제262조의3과 '선거범죄 신고포상금 지급에 관한 규칙'에서 규정하고 있다.

둘째, 부패방지 및 국민권익위원회의 설치와 운영에 관한 법률은 공직자의 부패행위에 대해 공직자는 물론 사인에게도 국민권익위원회에 신고할 수 있도록 규정하면서 신고자에 대한 포상금제를 도입하고 있을 뿐만 아니라 신분보장, 신변보호, 신고자 자신의 범죄가 발견된 경우 책임감경을 규정하고 있다.(동법 제62조, 제64조, 제66조, 제68조) 공직자의 부패행위가 공익침해행위와 관련되는 경우 공익신고자보호법은 적용되지 않는다.

셋째, 세금포탈행위에 대한 신고포상제(국세기본법 제84조의2)에 대해서도 공익신고자보호법은 적용되지 않는다. 몰수대상재산에 대한 신고포상금(범죄수익은닉의 규제 및 처벌 등에 관한 법률 제13조)에 대해서도 공익신고자보호법은 적용되지 않는다.

넷째, 증권선물위원회와 금융위원회에 대해 증권선물거래나 금융거래에 있어 불법행위나 불공정거래행위를 신고한 자에 대한 포상금(자본시장과 금융투자업에 관한 법률 제435조)에 대해서도 공익신고자보호법은 적용되지 않는다.

다섯째, 주택거래에 있어 분양권전매행위에 대한 신고포상금(주택법 제89조의2), 불법 사교육을 하는 학원이나 개인과외교습자에 대한 신고포상금(학원의 설립·운영 및 과외교습에 관한 법률 제16조 제6항)에 대해서도 공익신고자보호법은 적용되지 않는다.

여섯째, 중앙관서에 의해 사업자 등에게 지급되는 보조금의 수령 및 사용에 있어 불법행위의 신고자에 대한 포상금(보조금관리에 관한 법률 제39조의2)에 대해서도 공익신고자보호법은 적용되지 않는다.

일곱째, 지방자치단체들은 조례와 규칙에 근거를 두고 신고포상제를 도입하고 있다. 예를 들어, 서울특별시는 2015년 4월 현재 '서울특별시 여객자동차운수사업법 위반행위 신고포상금 지급조례', '서울특별시 불법하도급 신고포상금 지급에 관한 조례' 및 '서울특별시 도로시설물 등 고장·손괴원인자 신고포상금 지급규칙' 등 13개 자치입법에서 신고포상제를 도입하고 있다.

지방자치법 제22조는 "지방자치단체는 법령의 범위 안에서 그 사무에 관하여 조례를 제정할 수 있다. 다만, 주민의 권리 제한 또는 의무 부과에 관한 사항이나 벌칙을 정할 때에는 법률의 위임이 있어야 한다"고 규정하고 있다. 이 조문의 해석과 관련하여 판례는 "지방자치단체가 조례를 제정함에 있어 그 내용이 주민의 권리제한 또는 의무부과에 관한 사항이나 벌칙인 경우에는 법률의 위임이 있어야 하므로, 법률의 위임 없이 주민의 권리제한 또는 의무부과에 관한 사항을 정한 조례는 효력이 없다"고 한다.(대법원 2014.2.27. 선고 2012두15005 판결 ; 대법원 2014. 02.27. 선고 2012두15005 판결 ; 대법원 2014.02.27. 선고 2012두15005 판결)

신고포상에 관한 조례와 규칙에서는 신고포상금지급처분을 규정하는 것이 그 주요내용인데, 이것은 국민의 권리를 제한하거나 국민에게 의무를 부과하는 침익적 처분이 아니라 수익적 처분이어서 법률의 위임이 없더라도 자치법규로 제정할 수 있는 것으로 보고, 지방자치단체들은 이에 관해 법률의 위임근거가 없는 영역에서도 신고포상제를 도입하고 있다.

III. 공익침해행위의 신고의 의미

1. 공익신고 개념의 불명확성과 협소함의 문제

1) 공익신고 개념에 대한 분석의 의의

공익침해행위의 방지를 위한 공익신고, 그리고 그의 처리를 위한 보상금지급결정 등의 행정절차는 우선 공익침해행위에 대한 신고의 인정행위로부터 시작된다.

주지하듯이 우리나라에서 행정처분의 상대방이 아닌 제3자도 제3자효 행정행위나 개인적 공권의 승인 등에 의해 당사자의 지위를 갖는다는 점에서 행정법학의 관심을 받아 왔다. 이 때, 제3자는 원래의 처분에 의해 법적 보호이익이 영향받는 위치에 있는 자에 한정되었다. 그런데, 공익신고제에서 신고자인 제3자는 공익침해행위를 한 자와 자신의 법적 보호이익이 관련된 자가 아니다. 대중에 속한 누구든지 제3자로서 타인의 공익침해행위를 신고만 하면 신고보상금지급처분의 상대방이 될 수 있다.

행정의 자원이 제한되어 있는 상황에서 대중들 중 어느 한사람의 위치에서 행정처분의 상대방으로 전환되는 과정은 법률이 일정한 요건을 설정하고 그것을 충족하도록 요구하는 방식으로 전개된다. 그런데 우리 실정법은 이 전환과정의 법적 규율을 적절하게 하고 있는 것일까? 공익신고개념의 분석은 공익신고자보호법에서 규정한 행정절차에서의 개시 여부를 결정하는 당사자의 자격을 판단하는 문제이기도 하다.

2) 공익신고자보호법상 공익신고의 개념정의

공익신고자보호법상 공익신고는 행정기관 등 피신고자에게 "공익침해행위가 발생하였거나 발생할 우려가 있다는 사실을 신고·진정·제보·고소·고발하거나 공익침해행위에 대한 수사의 단서를 제공하는 것"이다. 공익침해행위는 "국민의 건강과 안전, 환경, 소비자의 이익 및 공정한 경쟁을 침해하는 행위"를 말하는데, 구체적으로는 대상 법률에 규정된 벌칙에 해당하는 행위, 대상 법률에 따라 인허가의 취소처분, 정지처분 등 행정처분의 대상이 되는 행위를 의미한다.(공익신고자보호법 제2조 제1호, 제2호)

공익신고자보호법은 공익신고로 보지 아니하는 행위로, ① 공익신고 내용이 거짓이라는 사실을 알았거나 알 수 있었음에도 불구하고 공익신고를 한 경우, ② 공익신고와 관련하여 금품이나 근로관계상의 특혜를 요구하거나 그 밖에 부정한 목적으로 공익신고를 한 경우를 열거하고 있다.(공익신고자보호법 제2조 제2호 단서)

3) 개념의 불명확성과 협소함의 문제

공익신고는 구상금과 보상금 등 수익적 금전처분의 요건이 될 뿐만 아니라 신분과 신변의 보호조치 및 책임감면소치 등 많은 법적 조치의 요건이 되고 있고 공익침해행위의 존부를 조사할 의무를 행정청에게 발생시키기도 한다. 때문에 신고자는 자신의 신고가 공익신고로서 인정받는지 여부에 관하여 중요한 법적 이해관계가 걸려있게 된다.

입법자가 공익신고의 인정요건을 너무 협소하게 정의하고 있는 경우에는 공익신고자보호법의 적용범위는 매우 좁혀지게 된다. 반대로, 공익신고의 개념을 매우 넓게 인정하는 것은 행정청에게 불필요한 조사의무를 발생시켜 행정자원의 낭비를 초래하게 된다.

공익신고제에 대해 연구한 다수의 선행연구자들은 우리나라의 공익신고제의 저활성화의 문제점을 지적하면서 신고대상행위의 협소성, 신고방법에 있어 익명성의 허용, 신분보호조치의 강화필요성, 신고자에 대한

보상확대필요성, 공익신고의 총괄접수기관인 국민권익위원회의 권한강화 등을 입법적 대안으로 제시하였다.15)

선행연구의 접근방법과 달리 이 글에서는 우선 법해석론의 관점에서 우리 실정법에 정의된 공익신고개념의 분석을 통해 진입관문의 불명확성과 협소성을 극복할 수 있는 실마리를 찾고, 추가적으로 입법적 개선안을 제시했다.

2. 공익침해행위의 신고의 의미

1) '공익침해행위가 발생하였거나 발생할 우려가 있다는 사실'의 신고의 의미

공익신고자보호법이 공익신고로서 개념정의한 내용인 '공익침해행위가 발생하였거나 발생할 우려가 있다'(공익신고자보호법 제2조 제2호)는 것은 신고한 내용으로 보아 객관적으로 공익침해행위가 발생한 경우뿐만 아니라 발생할 가능성이 있는 경우를 의미한다.

'신고 내용이 공익침해와 관련성이 없는 경우'는 조사가 필요한 공익신고라고 볼 수 없기 때문에,(공익신고자보호법시행령 제12조 제1호) 때문에, 신고한 내용으로 보아 객관적으로 명백히 공익침해행위와 관련이 없거나 그의 발생가능성이 없는 경우에도 공익신고는 아니다. 하지만, 공익침해행위와 관련성이 없는가의 여부에 관해서는 관점에 따라 다툼의 여지가 있을 수 있으므로 한계사례에서 조사기관은 공익침해와의 관련성유무를 조사해야 필요도 있을 수 있다.

신고한 내용으로 보아 공익침해행위와 공익침해행위가 아닌 것이 섞

---

15) 최정학, 앞의 글, 2009, 203-229쪽 ; 김승태, 앞의 글, 2013, 571-603쪽 ; 박경철, 공익신고자보호법의 의의와 문제점, 공법연구 제40집 제1호, 2011, 163-199쪽.

여 있을 때에는, 일부 내용이라도 공익침해행위와 관련이 있을 때에는 공익신고가 있는 것으로 보아야 할 것이다. 신고자의 신고내용의 중요부분이 공익침해행위와 관련이 없더라도 다른 일부가 공익침해행위와 관련이 있을 때에는 공익신고가 있는 것으로 보아야 한다고 본다. 왜냐하면 조사의 필요여부를 판단하는 기준을 규정한 공익신고자보호법 제10조는 조사가 필요없는 경우로 '공익신고의 내용이 명백히 거짓인 경우' 만을 규정하고 있기 때문이다.

2) 신고의 성격과 정도, 그리고 조사기관의 조사의무와의 관계

(1) 공익신고와 그 불인정행위의 법적 성격

행정법학상 신고는 사인의 공법행위에 속하는 것으로서 일정한 사실을 행정청에 고지하는 행위를 말한다. 신고에 대해 행정청의 접수행위 자체로 그 효과가 발생되는 경우가 많다. 하지만,[16) 행정청이 신고내용을 심사하여 수리나 허가 등 적절한 행정행위를 할 것이 요청되어 후속 행정행위의 요건이 되는 경우도 있다.[17) 또, 관계 법령이 비록 신고라는 용어를 사용하고 있더라도 사실상 인허가 등 처분의 신청행위와 다를 바 없다고 평가되는 경우도 있다.(대법원 2011.09.08. 선고 2010도7034 판결) 인허가가 의제되는 건축신고의 경우에도 행정행위의 요건이 되는

---

16) 신고는 사인이 행정청에 대하여 일정한 사실 또는 관념을 통지함으로써 공법상 법률 효과가 발생하는 행위로서 원칙적으로 행정청에 대한 일방적 통고로 그 효과가 완성될 뿐 이에 대응하여 신고내용에 따라 법률효과를 부여하는 행정청의 행위나 처분을 예정하고 있지 않다.(대법원 2011. 9. 8. 선고 2010도7034 판결 ; 대법원 2002. 9. 4. 선고 2002도2064 판결 ; 대법원 2010. 10. 28. 선고 2008도9590 판결)

17) "관계 법령이 비록 신고라는 용어를 사용하고 있더라도 사실상 인허가 등 처분의 신청행위와 다를 바 없다고 평가되는 등의 예외적인 경우에는 위계에 의한 공무집행방해죄가 성립할 여지"가 있다.(대법원 2011. 9. 8. 선고 2010도7034 판결 ; 대법원 2002. 9. 4. 선고 2002도2064 판결 ; 대법원 2010. 10. 28. 선고 2008도9590 판결)

신고의 예이다.[18]

그런데, 유해건강기능식품의 판매행위에 대한 신고와 같이 제3자의 불법행위에 대한 공익신고(건강기능식품에 관한 법률시행령 제19조의2)는 행정법학의 신고이론과 어떤 관계에 있는 것일까? 공익신고는 제3자가 공익침해자에 의한 공익침해의 방지와 그에 대한 침익적 제재처분의 필요성을 촉구하거나 주장하는 내용을 담고 있는 것이지만 행정청에게 조사의무를 발생시키고 보상금지급처분의 요건도 된다. 때문에, 공익신고는 행정법학상 접수를 요하는 신고로 볼 수는 없다.

행위요건적 신고론에서 사인의 신고는 수리나 등록이라는 수익적 처분의 요건이 된다. 적법한 공익신고를 통해서 사인에게는 보상금과 구상금의 지급처분, 그리고 신분보호조치 등이 취해질 수 있게 되므로 수익적 처분의 요건이 된다. 때문에 공익신고도 사인의 공법행위로서 행정법학에서 연구되었던 행위요건적 신고의 일종이라고 볼 수 있을 것이다. 다만, 전형적인 행위요건적 신고의 경우 신고자에게는 신고의무가 부과되어 있지만 공익신고의 경우에는 신고자에게 신고의무가 부과되어 있지 않을 수도 있다는 점에서 차이도 존재한다. 오히려, 공익신고자보호법이 예정하고 있는 전형적인 신고자는 신고의무가 없는 제3자이다.

공익신고에 대한 행정청의 대응행위의 법적 성격이 문제될 수 있다. 예를 들어, 공익신고의 불인정행위가 거부처분일 수 있는가, 그리고, 공익신고에도 불구하고 조사를 하지 않는 행위는 부작위에 속할 수 있는가 하는 쟁점들이 등장할 것이다. 이와 같은 행정청의 대응행위들은 보상금지급처분의 전제가 되는 행위로서 행정처분의 성격을 갖는다고 본다.

---

18) 대법원 2011. 1. 20. 선고 2010두14954 전원합의체판결. 인허가의제 효과를 수반하는 건축신고는 수리를 요하는 신고로서 허가의 요건을 충족하지 못하는 경우 행정청은 수리를 거부할 수 있다.

(2) 공익신고의 정도 및 조사기관의 사실조사의무와의 관계

신고자가 공익침해행위에 대한 신고를 어느 정도까지 했을 때 조사기관에게 조사의무가 발생하는가, 구체적으로 어느 범위까지 그 내용을 진술하고 증거를 제시하여야 하는지가 문제된다. 사인의 공익침해행위에 대해서 제재권을 가지고 있는 행정청에게 사실조사의무가 존재하기 때문에 양자의 관계도 검토되어야 한다.

신고자가 해야 할 의무로서 신고의 내용과 범위는 신고받은 기관에게 조사의무가 발생하는 지점과 어디에서 만나는가? 일반 행정절차에 있어 처분의 요건사실의 확인과 관련하여 당사자인 사인은 진실발견을 위하여 주장하고 증거를 제출할 협력의무를 지고 있고 행정청은 조사의무를 지고 있다. 당사자 등의 협력의무의 한계는 행정절차의 특성과 상황에 따라 그 범위가 다를 수 있다.[19]

공익신고자보호법은 신고자인 당사자의 협력의무와 관련하여 "단서를 제공"(동법 제2조 제2호)하여야 한다고 규정하고 있다. 따라서, 공익신고의 성립에 있어서 신고자가 결정적인 내용과 증거를 상세하게 제공할 것까지는 요구되지 않는다. 신고내용에 대해 법관의 확신을 얻을 정도의 증거를 제출하거나 입증책임을 지는 것도 아니다. 신고자는 별개의 법령에서 신고의무가 부과되어 있는 자가 아니라면 공익침해행위를 신고할 의무는 지고 있지는 않다. 하지만, 공익신고를 하는 자가 행정청에게 조사의무를 발생시키고 구조금과 보상금의 지급처분을 받기 위해서는 수익적 처분의 요건충족을 위해 필요한 사실을 '단서'의 정도까지 제공할 협력의무를 진다. 예를 들어, '공익신고자의 인적 사항을 알 수 없

---

19) 당사자의 협력의무의 한계는 비례원칙의 적용을 받는데, 보다 정확한 사실정보의 제공이 어려울수록 그리고 보다 많은 비용과 노력이 들수록 조사기관에게 단서가 될 수 있는 정도, 즉, 신고자에게 요구되는 구체화의 정도가 낮아질 것이다. 선정원, 공무원과 법, 박영사, 2013, 118-120쪽.

는 경우'(공익신고자보호법 제10조 제2항 제2호),[20] "공익침해행위를 증명할 수 있는 증거가 없는 경우"(공익신고자보호법시행령 제12조 제2호) 등에는 행정청에게 더 이상의 조사의무는 발생하지 않고 공익신고가 있었다고 할 수 없다.

조사의 단서가 되기 위해서는 신고내용이 구체적 공익침해행위에 관련되어 있어서 조사기관이나 수사기관이 조사나 수사를 할 필요가 있다고 평가할 수 있는 정도의 정보가 제공되어야 한다. 그래서, 신고내용이 막연하거나 추측적인 것이어서는 안되고 단순한 소문을 알리는 정도이어서도 안된다. 또, 단지 자신의 견해나 주장을 전달하는 것이어서도 안된다. 언론기관에 이미 보도된 사실을 제공하는 수준이어서도 안된다. 다만, 신고의 방식에 제한이 따르지는 않기 때문에 신고는 서면은 물론 구두로도 가능하며 인터넷이나 비디오테이프로도 가능하다.

신고자가 조사나 수사의 '단서'(공익신고자보호법 제2조 제2호)정도를 제공하였으면 단서이외의 사실에 대해서 조사하여 진실을 확인하는 것은 조사권과 조사의무를 지고 있는 조사기관이나 수사기관의 임무가 된다. 신고자의 신고에 있어 '단서'의 제공과 관련하여 적절한 협력의무를 이행했음에도 조사기관이 조사의무를 적절하게 수행하지 않아 공익침해행위를 파악하지 못한 상황에서, 타인이 다른 조사기관에 그 사실을 신고하여 그 기관의 조사에 의해 공익침해행위가 드러나 국가 또는 지방자치단체의 재정피해를 방지했을 때, 먼저 신고한 자는 보상금청구권을 갖는가? 보상금은 조사기관의 조사를 직접적으로 가능하게 한 두 번째 신고자에게 지급할 수밖에 없을 것이다. 하지만, 첫 번째 신고자는 경우에 따라서는 공무원이 신고에 따른 조사의무를 위법하게 불이행하여 보상금의 수령을 못하게 한 손해를 발생시킨 것을 주장하여 국가배상법 제2조에 따라 배상금을 청구할 수 있을 것으로 본다.

---

20) 익명의 신고에 대해서도 신고내용이 진실하다면 사후적으로 신원이 고지되면 족하다고 보아야 한다는 견해도 있다. 박경철, 앞의 글, 2011, 182쪽.

공익신고와 관련하여 신고자에게 신고의무가 없는 경우, 신고내용이
충실하지 않아 조사의 단서가 되지 못하더라도 행정청은 공익침해방지
에 필요하다고 판단한다면 사실관계를 직권으로 조사할 수는 있다. 하지
만, 이 때 사인의 신고는 공익신고로 인정받지 못할 것이다. 허위신고가
범람하면 행정력의 낭비를 초래하기 때문에 허위신고자에 대한 과태료
와 같은 제재처분규정을 둘 필요도 있다. 별도의 처벌규정이나 제재규정
이 없는 경우에는 신고자의 부실한 신고, 진실과 허위가 섞인 신고가 있
다고 해도 예외적인 경우를 제외하고는 곧바로 그것만으로 신고자를 제
재하거나 처벌할 수는 없다.[21]

공익신고의 성립과 달리 보상금의 지급여부와 그 금액의 결정에 있어
서는 그것을 방지하면 "국가 또는 지방자치단체에 직접적인 수입의 회
복 또는 증대"(공익신고자보호법 제26조 제1항)를 가져올 공익침해행위
에 대해 보다 중요하고 결정적인 사실과 증거를 제공하느냐 여부가 처
분의 중요한 심사기준이 될 것이다.

---

21) 등록이나 허가와 같은 수익적 처분을 위한 행위요건적 신고를 한 사인이 허위의 신고
를 한 경우 세새와 처벌의 대상이 될 수도 있다. 사인은 이 때 자기를 위한 수익적
처분의 요건사실의 제출에 있어 행정절차에서 인정되고 있는 진실발견을 위한 협력
의무를 지고 있기 때문이다. 다만, 이 경우에도 위계에 의한 공무집행방해죄에 의해
형사처벌하는 것은 매우 제한적으로만 긍정되어야 한다. 판례도 허위신고가 있는 경
우, "위계에 의한 공무집행방해죄가 성립할 여지가 있으나, 이 때에도 행정청이 나름
대로 충분히 사실관계를 확인하더라도 그 신고내용이 허위이거나 법령의 취지에 맞
지 아니함을 발견할 수 없었던 경우가 아니라면 심사를 담당하는 행정청이 신고내용
이나 자료의 진실성을 충분히 따져보지 않은 채 경솔하게 이를 믿고 어떠한 행위나
처분에 나아갔다고 하여 이를 신고인의 위계에 의한 결과로 볼 수 없으므로 위계에
의한 공무집행방해죄는 성립하지 아니한다"고 한다.(대법원 2011. 9. 8. 선고 2010도
7034 판결 ; 대법원 2002. 9. 4. 선고 2002도2064 판결 ; 대법원 2010. 10. 28. 선고
2008도9590 판결). 다만, "그 요건의 존부에 관하여 나름대로 충분히 심사를 하였으
나 신청사유 및 소명자료가 허위임을 발견하지 못하여 그 신청을 수리하게 될 정도에
이르렀다면, 이는 업무담당자의 불충분한 심사가 아니라 신청인의 위계행위에 의한
것으로서 위계에 의한 공무집행방해죄가 성립한다".(대법원 2011. 5. 26. 선고 2011
도1484 판결 ; 대법원 2009. 2. 26. 선고 2008도11862 판결)

Ⅳ. 공익신고 개념의 불명확성과 협소함의 극복

1. 신고자의 법적 의무의 이행과 관련된 신고와 공익신고의 관계

1) 신고자의 신고의무와의 관계

국가공무원, 지방공무원 및 공직유관단체의 직원 등이 포함된 모든 공직자는 공익침해행위에 대한 신고의무를 지고 있다.(공익신고자보호법 제7조) 또, 사인에게도 공익침해사실의 신고의무가 부과되는 경우도 있다. 예를 들어, 시설에서 환경오염사고가 발생한 경우 해당 시설의 사업자(해당 시설에 대한 사실적 지배관계에 있는 시설의 소유자, 설치자 또는 운영자)는 즉시 관계 행정기관에 신고하여야 한다.(환경오염피해 배상책임 및 구제에 관한 법률 제8조)

신고의무를 지는 자가 타인의 불법적인 공익침해행위를 신고한 경우 행정청은 공익신고로 인정하고 보상금을 지급하여야 하는가? 공익신고자보호법 제26조 제2항 단서는 "공익침해행위를 관계 행정기관 등에 신고할 의무를 가진 자 또는 공직자가 자기 직무와 관련하여 공익신고를 한 사항에 대하여는 보상금을 감액하거나 지급하지 아니할 수 있다"고 규정하여 공익신고로 인정하는 것을 전제로 하여 보상금의 지급가능성을 긍정하고 있다.[22]

---

22) 이 규정은 재량규정으로 되어 있는데, "국가 또는 지방자치단체에 직접적인 수입의 회복 또는 증대를 가져"온 정도(공익신고자보호법 제26조 제1항)와 당해 공무원의 직무의 성격상 당해 공익침해행위의 발생을 억제할 직접적 의무를 지고 있는가 등을 고려하여 판단하여야 할 것이다. 보상금과는 달리 공익신고 등으로 초래된 치료비 등 실비변상 성격의 구조금(공익신고자보호법 제27조 제1항)에 대해서는 행정청은 신고의무를 지는 자에 대해서도 지급할 의무가 있다고 본다.

2) 신고자의 직무상 비밀보호의무와의 관계

우리나라 법률에서는 공무는 물론 사적 임무라 하더라도 직무상 알게 된 타인의 비밀에 대하여 비밀보호의무를 부과하고 있는 경우가 많다.[23] 신고자가 신고한 내용이 자신의 업무내용과 관련될 때 불법적인 공익침해행위에 관한 것이라 하더라도 직무상 지득한 비밀의 보호의무를 위반한 것은 아닐까?

국가공무원법 제60조는 "공무원은 재직 중은 물론 퇴직 후에도 직무상 알게 된 비밀을 엄수하여야 한다"고 규정하고 있다.

민간영역에서도 직무상 비밀보호의무규정이 적용되는 예는 많다. 예를 들어, 식품제조업자라 하더라도 건강기능식품제조업을 하려는 자는 영업소별로 시설을 갖추어 식품의약품안전처장의 허가를 얻어 제조판매하여야 하는데, 이 허가를 얻지 않고 건강기능식품을 제조판매하는 자에 대해서 신고하면 포상금을 지급하도록 규정하고 있다.(건강기능식품에 관한 법률 제5조 제1항, 제40조, 동시행령 제19조의2) 이 식품업체의 경비원이 당해 업체의 불법행위를 신고하면서 포상금지급신청을 했을 때 포상금은 지급되어야 하는가? 경비업법 제7조 제4항은 "경비업자의 임·직원이거나 임·직원이었던 자는 다른 법률에 특별한 규정이 있는 경우를 제외하고는 그 직무상 알게 된 비밀을 누설하거나 다른 사람에게 제공하여 이용하도록 하는 등 부당한 목적을 위하여 사용하여서는 아니된다"고 규정하고 있기 때문에 문제되는 것이다.

또, 환경영향평가법 제69조도 "환경영향평가업자, 환경영향평가사, 환경영향평가서의 검토 과정에 참여한 관계 전문가나 전문가이었던 사람 또는 관계 전문기관의 임직원이나 임직원이었던 사람은 환경영향평가등과 관련하여 직무상 취득한 비밀을 다른 사람에게 누설하거나 도용하여

---

23) 국가법령센터(www.law.go.kr)에서는 직무상 비밀보호의무를 규정한 법령들이 2015년 3월 말 현재 400여개가 넘는 것으로 검색된다.

서는 아니 된다"고 규정하고 있다.

이러한 규정들을 근거로 타인의 시설경비를 보는 경비업체의 직원이나 환경영향평가에 참여했던 전문가는 공익신고의 대상이 되는 불법행위를 목격하거나 발견했을 때에도 행정청에 신고를 해서는 안되는가?

이 쟁점과 관련하여 일견 상충하는 듯한 판결례와 입법례들이 존재한다.

첫째, 직무상 비밀보호의무를 지는 자는 직무와 관련하여 타인의 불법행위를 알게 되더라도 보상금획득을 목적으로 신고해서는 안된다는 견해가 가능할 수 있다. 이 입장에서는 비밀보호의무를 지는 자가 타인의 공익침해행위를 신고하면 불법행위가 성립한다고 볼 것이다. 이와 관련된 판결례는 다음의 것이 있다.

"갑이 을 방송국에 브로커에 의한 실업급여의 부정수령과 관련하여 제보를 하였고 그에 따라 을 방송국 소속 기자 병이 갑을 취재하는 과정에서 갑에게 브로커 일당과 계속하여 접촉하도록 요청하여 브로커 일당과 접촉하는 장면을 촬영하였는데, 그 과정에서 갑이 실업급여 부정수급을 2회 신청하였고 이에 따라 부정한 실업급여를 수령한 사안에서, 병은 부정한 실업급여 사건을 취재하기 위하여 갑에게 브로커와 계속 접촉하면서 부정한 실업급여를 신청할 것을 요청한 것으로 보이므로, 병은 갑과 공동으로 실업급여를 지급한 기관이 입은 손해를 배상할 책임이 있고, 을 방송국은 병의 사용자로서 병이 을 방송국의 사무집행에 관하여 저지른 불법행위에 대하여 사용자책임을 부담한다".(의정부지방법원 2011.10.20. 선고 2011나6848 판결)

둘째, 직무상 비밀보호의무는 불법적인 공익침해행위에 대한 비밀을 보호할 의무에까지 미치지 않는다는 입장을 지지하는 입법례도 존재한다. 이 입장에서는 비밀보호의무를 지는 자라 하더라도 보상금획득을 목적으로 신고할 수 있고, 신고하더라도 불법행위는 아닌 것으로 볼 것이다.

예를 들어, 공무원은 재직 중은 물론 퇴직 후에도 "직무상 알게 된 비밀을 엄수"할 의무를 지고 있지만,(국가공무원법 제60조. 지방공무원법 제52조) 다른 한편으로 공직자는 그 직무를 하면서 공익침해행위를 알게 된 때에는 이를 조사기관, 수사기관 또는 위원회에 신고할 의무도 지고 있다.(공익신고자보호법 제7조) 공익신고자보호법 제7조는 국가공무원법 제60조나 지방공무원법 제52조와의 관계에서 공무원의 직무활동중 공익침해행위와 관련된 특별규정으로 볼 것이므로 공익침해행위의 신고와 관련해서는 공무원의 직무상 비밀보호의무는 적용되지 않는다고 보아야 할 것이다.[24]

위의 두 견해중 공익신고자보호법은 공익신고와 관련하여 신고자에게 직무상 비밀보호의무의 적용을 면제해주는 입장을 취하고 있다. 이를 더 자세히 살펴본다.

우선, 공익신고자보호법 제26조 제2항 단서는 "공익침해행위를 관계 행정기관 등에 신고할 의무를 가진 자 또는 공직자가 자기 직무와 관련하여 공익신고를 한 사항에 대하여는 보상금을 감액하거나 지급하지 아니할 수 있다"고 규정하여, 공직자는 물론 직무상 비밀보호의무를 가진 사인이 자기 직무와 관련하여 공익신고를 할 의무를 질 수 있음을 전제로 하여 보상금액을 감면할 수 있음을 규정하고 있다.(공익신고자보호법 시행령 제22조 제1항 제5호) 이 경우 신고자는 직무상 비밀보호의무를 위반하지 않을 것이다.

신고할 의무를 지고 있지 않은 사인이 직무와 관련하여 타인의 공익침해행위를 신고하는 것은 직무상 비밀보호의무를 위반하는 것일까? 공익신고자보호법 제14조 제3항은 "공익신고등의 내용에 직무상 비밀이 포함

---

24) 부패방지 및 국민권익위원회의 설치와 운영에 관한 법률은 "신고를 함으로써 그와 관련된 자신의 범죄가 발견된 경우 그 신고자에 대하여 형을 감경 또는 면제할 수 있다"고 하고 나서, "이 법에 의하여 신고한 경우에는 다른 법령, 단체협약 또는 취업규칙 등의 관련 규정에 불구하고 직무상 비밀준수의무를 위반하지 않는 것으로 본다"고 규정하고 있다.(동법 제66조 제1항, 제3항)

된 경우에도 공익신고자등은 다른 법령, 단체협약, 취업규칙 등에 따른 직무상 비밀준수의무를 위반하지 아니한 것으로 본다"고 하고 있다.

3) 신고자가 피신고기관이 알고 있는 정보로 신고한 경우

공익신고자보호법은 제2조에서 공익신고의 요건에 관해 규정하면서 정보를 얻게 된 경위나 신고자의 신분에 대해서 어떤 제한을 두고 있지 않다.

피신고기관이 알고 있는 정보를 이용하여 신고자가 신고한 경우에도 공익신고에 해당될 수 있는가? 예를 들어, 신문이나 인터넷사이트 등을 통해 일반적으로 알려진 정보를 이용해 신고한 경우도 공익신고에 해당되는가? 이와 관련하여 공익신고자보호법은 "공익신고의 내용이 언론매체 등을 통하여 공개된 내용에 해당하고 공개된 내용 외에 새로운 증거가 없는 경우"에는 조사기관이 조사를 하지 아니하고 끝낼 수 있다고 규정하고 있다.(동법 제10 제2항 제5호) 또, "다른 법령에 따라 해당 공익침해행위에 대한 조사가 시작되었거나 이미 끝난 경우"(동법 제10조 제2항 제6호)와 같이 조사기관이 알고 있는 정보를 신고한 경우에도 조사기관은 조사하지 않고 끝낼 수 있다고 규정하고 있다. 때문에, 이와 같은 경우는 공익신고로 인정받지 못할 것이다.

신고자가 불법행위로 정보를 취득하여 신고한 경우 공익신고에 해당되는가? 공익신고자보호법 시행령 제22조 제1항 제3호는 "공익신고자가 공익신고와 관련한 불법행위를 하였는지 여부"는 보상금지급여부가 아니라 보상금산정기준으로서 감면사유라고 하고 있으므로 공익신고에는 해당된다.

2. 부정한 목적의 신고가 아닐 것

공익신고자보호법은 공익신고와 관련하여 금품이나 근로관계상의 특혜를 요구하거나 그 밖에 부정한 목적으로 공익신고를 한 경우는 공익신고로 보지 아니한다고 규정하고 있다.(공익신고자보호법 제2조 제2호 단서) 하지만, 실제 사례에서는 부정한 목적의 신고와 공익신고의 구별이 쉽지 않은 경우가 많다.

신고자가 피신고자의 공익침해행위를 알고 그것을 이용하여 피신고자에게 신고하지 않은 대가를 요구하거나 임금인상이나 승진을 요구하거나 친인척의 취업을 요구하다가 거절당하자 피신고자의 공익침해행위를 신고한 경우를 예로 들어보자. 이 경우 신고자는 개인적 이익을 얻고자 하는 동기도 있지만 피신고자의 공익침해행위를 방지하고자 하는 의도도 함께 가지고 있을 수 있다. 이 때, 부정한 목적의 신고로 보아서 공익신고자보호법상의 보호와 보상금 및 구조금 등은 모두 인정하지 말아야 하는가? 피신고자가 신고를 당한 경우 신고자의 동기의 부정을 주장하는 경우도 나타날 텐데, 이러한 경우 공익신고로 인정되지 않아 신고자에 대해 신분보호 등의 조치가 취해질 수 없다면 공익신고제도는 매우 위축될 것이다.

공익신고제의 헌법적 근거를 양심의 자유에서만 찾는다면, '부정한 목적'을 가진 신고자는 공익신고자라고 보아서는 안된다는 논리가 가능할 수도 있다.[25] 이와 달리 '부정한 목적'과 같은 신고자의 주관적 목적을 문제삼는 것은 신고자의 내심에 대한 조사가 이루어지는 과정에서 인권침해의 우려도 있으므로 공익신고의 성립은 객관적으로 공익침해행위의

---

25) 다만, 우리나라에서 공익신고제의 헌법적 근거를 양심의 자유, 언론출판의 자유 등과 관련하여 논하는 연구자들도 '부정한 목적'의 유무를 공익신고의 성립요건으로 보아야 하는가 하는 문제에 대해서 직접적으로 명확한 입장을 표명하는 것 같지는 않다. 조수영, 앞의 글, 2011, 142쪽 ; 김승태, 앞의 글, 2013, 573쪽.

유무에 의해 판단되어야 한다는 입장도 있다.26)

법해석의 관점에서 볼 때, 공익신고자보호법 제2조 제2호 단서가 명백히 부정한 목적의 신고를 공익신고로 보지 아니한다고 규정하고 있는 상황에서 부정한 목적의 유무는 공익신고의 성립요건이 아니라고 하기는 어렵다. 하지만, 공익신고로 인정받는 경우를 신고자가 오직 공익침해행위의 방지라는 선의를 가진 경우로 한정하여 이 법률의 목적을 파악하는 것은 비현실적이어서 근거없이 이 법의 적용범위를 좁히는 것이라 할 것이다.

허위신고나 부정한 목적의 신고가 남발되어 타인의 건전한 영업활동을 방해하거나 행정에게 소모적인 자원낭비를 초래되어서는 안되겠지만 이러한 목적은 다른 방식으로 달성되어야 한다. 공익신고제를 활성화하여 공익침해행위를 방지하기 위해서는 부정한 목적의 신고를 공익신고의 조사대상에서 제외하는 것과 같이 공익신고제의 적용범위를 제한하는 방식으로 접근할 것이 아니라 적용범위는 넓히되 그 부작용을 억제할 수 있는 장치를 마련하는 방법으로 접근해야 한다.

이러한 관점에서 부정한 목적의 신고로서 공익신고가 아닌 경우는 '신고자가 공익침해행위를 방지하려는 의도는 전혀 없고 관련 증거도 그 주장을 뒷받침하지 못한 채 명백히 부정한 목적을 갖고 신고한 경우'에 한정되어야 할 것이다. 공익기여의사와 함께 부정한 목적도 갖고 있던 경우는 보상금교부처분 등에 있어 감면시 고려해야 할 재량참작사유로 보면 될 것이다. 때문에 신고자의 신고로 보아 공익침해행위의 방지의도가 보인다면 개인적 이윤추구동기나 보복적 동기 등이 숨어 있다 하더라도 공익신고로서 성립한다고 보아야 할 것이다. 공익신고자보호법시행령 제22조 제1항 제3호는 "공익신고자가 공익신고와 관련한 불법행위를 하였는지 여부"를 공익신고의 성립요건이 아니라 보상금감면요

---

26) 조한상/이주희, 앞의 글, 2014, 53쪽.

건으로 규정하고 있는데, 이 규정의 정신도 필자의 주장과 동일한 취지
인 것으로 보인다.

입법론으로서는 영국 2013년의 개정 공익신고법에서 신고자의 '선의'
요건을 삭제하고 '공익'기여 기준으로 바뀐 것처럼, 우리나라에서도 공
익신고의 성립요건과 관련하여 신고자가 '부정한 목적'을 가지지 않았을
것을 요구하는 것은 삭제하고, 신고자가 신고로 '공익침해행위의 방지에
기여'하는가만 평가하도록 개정하여야 할 것이다.27)

3. 허위신고가 아닐 것

공익신고자보호법은 허위신고, 즉, '공익신고 내용이 거짓이라는 사실
을 알았거나 알 수 있었음에도 불구하고 공익신고를 한 경우'를 공익신고
로 보지 아니한다고 규정하고 있다.(공익신고자보호법 제2조 제2호 단서)

그런데, '공익신고 내용이 거짓이라는 사실을 알았거나 알 수 있었음'
은 구체적으로 무엇을 의미하는가? 경우를 나누어 살펴본다.

① 신고한 내용이 객관적으로 모두 진실에 부합하지 아니하여 허위라
는 사실을 명백하게 알았거나 알 수 있었던 때를 의미하는가?

② 신고한 내용에 진실과 허위가 섞여 있는데, 신고자가 신고내용 전
부에 대해 허위라고 알고 있는 경우는 어떻게 평가해야 하는가?

③ 신고한 내용이 객관적으로 전부 허위이지만 신고자가 신고내용의
전부 또는 적어도 일부에 대해 진실이라고 믿을 만한 합리적인 이유를
가지고 있을 때는 어떻게 평가해야 하는가?

우선 확인되어야 할 것은 우리 법상 신고내용이 일부라도 진실이라

---

27) 이 경우 신고자가 '부정한 목적'을 가지고 있는가의 여부는 공익신고의 성립요건은
아니지만, 여전히 보상금이나 구상금지급처분 등 금전적 수익처분시 금액을 결정함
에 있어 고려해야 할 재량요건은 될 수 있을 것이다.

면, 그 일부가 중요부분이건 아니건 그 신고는 행정청에게 조사의무를 발생시키는 공익신고로 보아야 한다는 것이다. 행정청이 이 신고에 대해서 공익신고로 인정하지 않는 것은 거부처분이 될 것이고 신고자에게 아무런 통보를 하지 않으면 부작위로 평가받을 수 있을 것이다.

①의 경우, 공익신고자보호법은 "공익신고의 내용이 명백히 거짓인 경우" 조사하지 아니할 수 있다고 하고 있으므로(동법 제10조 제2항 제1호) 공익신고로 인정받지 못할 것이다. 이 경우는 우리 법상 공익신고의 개념에서 제외되는 허위신고에 해당됨은 명백하다.

②의 경우는 신고자가 신고한 내용의 진실여부와 관계없이 허위라고 알고 있으면서 신고한 경우인데, 신고내용 중 적어도 일부는 진실이기 때문에 공익신고로서 인정될 수 있고 행정청에게는 조사의무가 발생할 것이다. 다만, 이러한 상황은 신고인의 부정한 동기 유무 및 형사처벌과 관계된 문제를 발생시킬 수도 있을 것이다.

'부정한 목적'을 가짐으로 인해 공익신고가 부인되는 경우를 법해석상 매우 제한적으로 인정하고 입법론으로는 그 요건을 삭제하자는 필자의 입장에서는 신고자의 주관적 인식은 공익신고의 성립에 영향을 미치지 않는다고 본다. 형사처벌과 관련된 문제는 이하에서 다룬다.

③의 경우는 객관적으로 전부 허위인 사실에 대해 신고자가 진실이라고 믿을 합리적인 이유를 가지고 있는 때이다.

공익신고자보호법에서 규정한 '거짓이라는 사실을 알 수 있었던 경우'란 신고내용의 허위여부에 대한 과실있는 무지를 의미한다. 여기서 과실은 우리 판례에 따를 때, "같은 업무와 직종에 종사하는 일반적 보통인의 주의정도"(대법원 2014.07.24. 선고 2013도16101), "동일한 업무를 담당하는 평균적 공무원이 갖추어야 할 통상의 주의"(대법원 2014.10.15. 선고 2012다100395 판결)를 표준으로 판단한다.

미국의 공익신고제에서는 신고의 주관적 요건과 관련하여 신고자가 신고사실의 허위여부를 잘못 알고 신고하였더라도 신고자가 공익침해행

위가 있다고 믿은 것에 관해 "합리적인 이유"(reasonal belief)가 있으면
공익신고의 요건은 충족되는 것으로 보고 있는데 우리와 비슷한 취지라
고 이해된다.

허위사실의 인식에 있어 신고자의 고의나 과실의 입증책임은 허위신
고라고 주장하는 자가 져야 할 것이다.28) 다만, 이 경우에도 신고자는
주장과 증거제출에 있어 조사기관이 조사할 필요를 느낄 '단서' 정도까
지는 제시하여야 할 것이다.

신고자가 신고내용의 허위에 대해 알지 못한데 과실이 없었던 경우,
법규정의 취지에 따를 때 일단 공익신고로 인정하고 신고자의 신고내용
을 조사하여 공익침해사실의 존부를 확인할 의무가 행정청에게 발생한
다고 할 것이다. 왜냐하면 공익신고제의 취지는 공익침해행위를 야기하
는 공익신고를 촉진시키자는데 있는 것으로, 공익신고를 하는데 있어 신
고자에게 충분한 법적 지식과 전문지식을 갖추고 사실관계를 확실히 조
사하여 신고하도록 요구하려는 것은 아니기 때문이다. 이러한 경우, 신
고자의 허위신고에 대해 형사처벌을 할 수 있는가의 문제는 남는데 이
하에서 검토한다.

V. 허위신고자에 대한 형사처벌요건의 명확화
─공익신고개념의 명확화

공익신고제는 입법을 통해 다양한 사회영역에서의 불법방지를 위해
도입되면서 행정법학과 형사법학의 경계영역에 있는 많은 문제들을 발
생시켜 법집행의 혼란을 초래하고 있지만, 이에 관한 공법적 연구는 부
족하다. 여기서는 허위신고가 형사범죄를 성립시키는가와 관련된 쟁점

---

28) 동지. 박경철, 앞의 글, 2011, 171쪽 ; 조한상/이주희, 앞의 글, 2014, 51쪽.

들 중 법집행실무상 자주 쟁점이 되고 있는 것들에 한정하여 간략히 검토한다.

신고자가 공익침해행위라고 하면서 신고하더라도 그것이 허위신고인 경우 예외적으로 형법상 범죄를 구성할 수도 있다. 하지만, 허위신고자에 대한 형사처벌이 빈번하게 이루어지면 공익신고는 크게 위축되게 될 것이다. 형벌법규의 해석은 엄격하여야 하고, 명문의 형벌법규의 의미를 신고인에게 불리한 방향으로 지나치게 확장해석하거나 유추해석하는 것은 죄형법정주의의 원칙에 반한다는 관점에서 볼 때 법집행실무에서 허위신고자에 대한 형사처벌을 악용해서는 안될 것이다.

1. 허위신고자의 무고죄 성립여부

신고자가 보상금을 받을 의도로 타인의 범죄행위를 허위로 신고하는 것은 형법상 무고죄의 구성요건을 충족하는 행위가 될 수도 있다. 형법 제156조는 공무소 또는 공무원으로 하여금 형사처분 또는 징계처분을 받게 할 목적으로 허위의 사실을 신고한 자에 대해서는 무고죄로 처벌하도록 하고 있다.

신고자가 이른바, '포상금파파라치'처럼 보상금만을 노리거나 피신고자에 대해 개인적인 악감정을 가진 사람이라면, 보다 많은 보상금을 획득하거나 피신고자의 사업을 방해할 목적으로 허위의 사실을 신고할 수도 있다. 이러한 경우 신고자는 무고죄로 형사처벌받게 될 것인가?

우선, 무고죄는 '공무소와 공무원'에 대한 범죄이므로 사인이나 사기업의 행위 등에 대한 허위신고는 무고죄의 적용을 받지 않는다.(대법원 2014.07.24. 선고 2014도6377 판결) 또, 보상금제의 적용대상이 불법적인 쓰레기투기행위와 같이 지방자치단체에 의한 과태료부과대상인 경우와 같이, 허위신고대상인 불법행위 자체가 형사범죄를 구성하지 않는 때 무

고죄는 성립하지 않는다.(대법원 2013.09.26. 선고 2013도6982 판결)

　그런데, 오래된 대법원판결중에는 "무고죄의 성립에는 타인으로 하여금 형사 또는 징계처분을 받게할 목적으로 진실하다는 확신없는 사실을 신고함으로써 족한 것이요, 신고자가 그 신고사실이 허위라는 것을 확신함을 요하지 않는다"고 하여 무고죄의 성립요건을 상당히 완화시켜 본 것도 있다.(대법원 1955.03.22. 선고 4287형상65 판결)

　하지만, 최근의 판례는 허위신고에 대한 무고죄의 인정에 제한적인 태도를 취하고 있다. 즉, 허위신고행위가 무고행위가 되기 위해서는, "신고한 사실이 객관적 진실에 반하는 허위사실인 경우에 성립되는 범죄이므로 신고한 사실이 객관적 진실에 반하는 허위사실이라는 점에 관하여는 적극적인 증명이 있어야 하며, 신고사실의 진실성을 인정할 수 없다는 점만으로 곧 그 신고사실이 객관적 진실에 반하는 허위사실이라고 단정하여 무고죄의 성립을 인정할 수는 없다"고 한다.(대법원 2014. 02.13. 선고 2011도15767) 허위라는 점은 검사가 입증하여야 한다.

2. 허위신고자의 모욕죄 및 명예훼손죄의 성립여부

　형법은 공연히 사실을 적시하거나 허위의 사실을 적시하여 명예를 훼손한 자에 대해 명예훼손죄로 처벌하고 있다.(형법 제307조) 하지만, 이 경우에도 "진실한 사실로서 오로지 공공의 이익에 관한 때"에는 위법성이 조각된다고 규정하고 있다.(형법 제310조) 또, 공연히 사람을 모욕한 자에 대해서는 모욕죄로 처벌하고 있다.(형법 제311조)

　위 규정에 따라 신고자가 보상금을 받을 의도로 타인의 범죄행위에 대해 허위로 신고하는 것이 형법상의 명예훼손죄와 모욕죄의 구성요건을 충족하는 행위가 될 수 있는지 검토될 필요가 있다. 명예훼손죄와 모욕죄의 성립을 위해서는 허위사실을 행정청에 신고한 것으로는 족하지 않고 다수의 대중들에게 공연하게 적시하여야 한다. 그러므로 허위신고자가 신고와 함께 다수의 대중들에게 적시하였을 때가 문제될 것이다.

대법원은 신고자가 허위사실을 적시한 것과 관련하여 다음과 같이 판시하였다.

"적시된 사실이 객관적으로 진실에 부합하지 아니하여 허위일 뿐만 아니라 적시된 사실이 허위라는 것을 피고인이 인식하고서 이를 적시하였다는 점은 모두 검사가 입증하여야 하고, 이 경우 적시된 사실이 허위의 사실인지 여부를 판단할 때에는 적시된 사실의 내용 전체의 취지를 살펴보아야 하고, 중요한 부분이 객관적 사실과 합치되는 경우에는 세부에 있어서 진실과 약간 차이가 나거나 다소 과장된 표현이 있다고 하더라도 이를 허위의 사실이라고 볼 수 없다".(대법원 2014.09.04. 선고 2012도13718 판결)

위법성조각사유인 "진실한 사실로서 오로지 공공의 이익에 관한 때"(형법 제310조)에 관해서는 다음과 같이 판시하고 있다.

"타인의 명예를 훼손하는 행위를 한 경우에 그것이 공공의 이해에 관한 사항으로서 그 목적이 오로지 공공의 이익을 위한 것인 때에는 적시된 사실이 진실임이 증명된 경우는 물론 그 증명이 되지 않더라도 행위자가 그것을 진실이라고 믿을 만한 상당한 이유가 있었던 경우에는 위법성이 없다고 보아야 할 것이다. 여기에서 행위자가 진실이라고 믿을 만한 상당한 이유가 있었는지 여부는 그 적시한 사실의 내용, 진실이라고 믿게 된 근거나 자료의 확실성과 신빙성, 사실 확인의 용이성, 적시로 인한 피해자의 피해 정도 등 여러 사정을 종합하여 행위자가 그 내용의 진위 여부를 확인하기 위하여 적절하고도 충분한 조사를 다하였는가, 그 진실성이 객관적이고도 합리적인 자료나 근거에 의하여 뒷받침되는가 하는 점에 비추어 판단하여야 한다".(대법원 2014.06.12. 선고 2012다4138 판결 ; 대법원 2012. 12. 27. 선고 2010다61793 판결)

"중요한 부분에서 진실이라는 증명이 있거나 그 전제가 되는 사실이 중요한 부분에서 진실이라는 증명이 없더라도 표현행위를 한 사람이 그 전제가 되는 사실이 중요한 부분에서 진실이라고 믿을 만한 상당한 이유가 있는 경우에는 위법성이 없다".(대법원 2012.11.15. 선고 2011다 86782 판결)

이상의 판례들에 비추어 신고자가 허위사실을 신고하고 대중에게 알린 경우에도 '행위자가 그것을 진실이라고 믿을 만한 상당한 이유가 있었던 경우'에는 명예훼손죄가 성립하지 아니한다.

3. 허위신고자의 위계공무집행방해죄의 성립여부

허위의 신고가 제어되지 않은 채 그의 남용이 방치된다면, 소방서(114)에 대한 허위신고의 남발의 방치가 초래한 문제와 같이 공익신고제가 행정에게 소모적인 자원낭비를 초래할 수도 있다. 이와 관련하여 우리 형법은 위계에 의한 공무집행방해죄를 규정하여 대응하여 왔다.(형법 제137조)

그러나, 죄형법정주의에 따라 형사처벌은 매우 엄격하게 제한하여야 하므로 사인의 신고에 대해서는 이를 유형화하여 살펴볼 필요가 있다.

우선, 단순히 접수만 요하는 신고의 경우에는 형법상 위계에 의한 공무집행방해죄를 구성하지 않는다. 즉, 신고는 사인이 행정청에 대하여 일정한 사실 또는 관념을 통지함으로써 공법상 법률효과가 발생하는 행위로서 원칙적으로 행정청에 대한 일방적 통고로 그 효과가 완성될 뿐 이에 대응하여 신고내용에 따라 법률효과를 부여하는 행정청의 행위나 처분을 예정하고 있지 아니하므로, 신고인이 허위사실을 신고서에 기재하거나 허위의 소명자료를 첨부하여 제출하였다고 하더라도 관계 법령에 별도의 처벌규정이 있어 이를 적용하는 것은 별론으로 하고, 일반적으로 위와 같은 허위 신고가 형법상 위계에 의한 공무집행방해죄를 구성한다고 볼 수 없다.(대법원 2011.9.8. 선고 2010도7034 판결 ; 대법원 2002. 9. 4. 선고 2002도2064 판결; 대법원 2010. 10. 28. 선고 2008도9590 판결)

행정행위의 요건에 해당하는 행위요건적 신고와 관련해서는 위계공무집행방해죄가 성립할 수도 있다. 대법원도 "다만 관계 법령이 비록 신고라는 용어를 사용하고 있더라도 사실상 인허가 등 처분의 신청행위와 다를 바 없다고 평가되는 등의 예외적인 경우에는 위계에 의한 공무집행방해죄가 성립할 여지"가 있다고 한다.(대법원 2011.9.8. 선고 2010도7034 판결 ; 대법원 2002. 9. 4. 선고 2002도2064 판결 ; 대법원 2010. 10. 28. 선고 2008도9590 판결).

행위요건적 신고의 경우라고 하더라도 신고를 받은 행정청에게는 사실조사의무가 인정되기 때문에 신고인이 허위신고를 했다고 해서 곧바로 위계공무집행방해죄가 성립하지는 않는다. 대법원도 "행정청이 상대방으로부터 신청을 받아 일정한 자격요건 등을 갖춘 경우에 한하여 그에 대한 수용 여부를 결정하는 업무에 있어서는 신청서에 기재된 사유가 사실과 부합하지 않을 수 있음을 전제로 하여 그 자격요건 등을 심사·판단하는 것이므로, 그 업무담당자가 사실을 충분히 확인하지 아니한 채 신청인이 제출한 허위의 신청사유나 허위의 소명자료를 가볍게 믿고 이를 수용하였다면, 이는 업무담당자의 불충분한 심사에 기인한 것으로서 위계에 의한 공무집행방해죄를 구성하지 않는다"고 한다.(대법원 2011.05.26. 선고 2011도1484 판결 ; 대법원 2009. 2. 26. 선고 2008도11862 판결) 또, 다른 판결에서도 대법원은 "행정청이 나름대로 충분히 사실관계를 확인하더라도 그 신고내용이 허위이거나 법령의 취지에 맞지 아니함을 발견할 수 없었던 경우가 아니라면 심사를 담당하는 행정청이 신고내용이나 자료의 진실성을 충분히 따져보지 않은 채 경솔하게 이를 믿고 어떠한 행위나 처분에 나아갔다고 하여 이를 신고인의 위계에 의한 결과로 볼 수 없으므로 위계에 의한 공무집행방해죄는 성립하

지 아니한다"고 했다.(대법원 2011.9.8. 선고 2010도7034 판결; 대법원
2002. 9. 4. 선고 2002도2064 판결; 대법원 2010. 10. 28. 선고 2008도9590
판결).29)

　행정청이 조사의무를 충실하게 이행했음에도 불구하고 그 신고의 허
위확인이 어려웠던 경우에는 위계공무집행방해죄를 구성할 수 있다. 대
법원도 "신청인이 업무담당자에게 허위의 주장을 하면서 이에 부합하는
허위의 소명자료를 첨부하여 제출한 경우 그 수리 여부를 결정하는 업
무담당자가 관계 규정이 정한 바에 따라 그 요건의 존부에 관하여 나름
대로 충분히 심사를 하였으나 신청사유 및 소명자료가 허위임을 발견하
지 못하여 그 신청을 수리하게 될 정도에 이르렀다면, 이는 업무담당자
의 불충분한 심사가 아니라 신청인의 위계행위에 의한 것으로서 위계에
의한 공무집행방해죄가 성립한다"고 한다.(대법원 2011.05.26. 선고 2011
도1484 판결; 대법원 2009. 2. 26. 선고 2008도11862 판결)30)

---

29) 비슷한 취지의 대법원판결로는, 과속단속카메라에 촬영되더라도 불빛을 반사시켜 차
　량 번호판이 식별되지 않도록 하는 기능이 있는 제품('파워매직세이퍼')을 차량 번호
　판에 뿌린 상태로 차량을 운행한 행위만으로는, 교통단속 경찰공무원이 충실히 직무
　를 수행하더라도 통상적인 업무처리과정 하에서 사실상 적발이 어려운 위계를 사용
　하여 그 업무집행을 하지 못하게 한 것으로 보기 어렵다고 한 것도 있다.(대법원
　2010. 4. 15 선고 2007도8024)
30) 이와 비슷한 취지의 다른 판결례도 존재한다. 즉, 불법체류를 이유로 강제출국 당한
　중국 동포인 피고인이 중국에서 이름과 생년월일을 변경한 호구부를 발급받아 중국
　주재 대한민국 총영사관에 제출하여 입국사증을 받은 다음, 다시 입국하여 외국인등
　록증을 발급받고 귀화허가신청서까지 제출한 사안에서, 업무담당자가 관계 규정에서
　정한 바에 따라 요건의 존부에 관하여 나름대로 충분히 심사를 하였으나 신청사유
　및 소명자료가 허위인 것을 발견하지 못하여 신청을 수리하게 될 정도에 이르렀다면,
　이는 업무담당자의 불충분한 심사가 아니라 신청인의 위계행위에 의한 것이어서 위
　계에 의한 공무집행방해죄를 구성한다고 대법원은 판시했다.(대법원 2011. 4. 28 선
　고 2010도14696)

VI. 결어

다양한 법영역에서 부패방지나 공익침해행위의 방지를 위하여 신고포상제가 도입되어 왔다. 개별법들의 규율내용에 있어 불일치와 모호성을 극복하고자 민간영역에서 불법적인 공익침해행위에 대한 신고제를 포괄적으로 규정한 공익신고자보호법이 2011년 제정되었다.

이 법의 시행이후 기대했던 공익신고제가 활성화되지 않자 선행연구자들은 입법론의 관점에서 신고대상행위의 확대, 보상금의 확대, 총괄기관인 국민권익위원회의 권한강화 등을 주장하였다.

이 글은 주로 법해석론의 관점에서 공익신고자보호법이 규율하는 공익신고가 관계법과의 관계에서 모호하고 협소하다는 점이 공익신고제도의 활성화에 상당한 장애가 되고 있는 것을 지적하고 그것을 해소하는데 기여하고자 작성되었다.

관계법령간의 외견상 충돌이 조정되지 않고 법조문 문언상의 모호성과 허점이 해소되거나 보충되지 않으면서 법집행이 지체되고 제한되면서 공익신고제에 대한 사회적 신뢰를 약화시키고 있다.

이 논문에서는 신고자가 신고의무나 직무상 비밀보호의무를 지는 경우의 공익신고 성립여부, 피신고기관의 사실조사의무와 신고자의 협력의무의 관계 등이 검토되었고, 허위신고와 부정한 목적의 신고 개념이 무엇을 의미하는지 검토되었다. 또, 허위신고자에 대해 형사법상 처벌가능성과 그 한계를 검토하여 법집행실무상 막연하게 존재하는 주저와 의혹을 명확하게 해소하고자 하였다.

제6절 행정절차법상 처분절차의 개정방향

I. 행정절차법의 중요성과 사회적 갈등의 수용능력확대필요

행정절차법제정과정에서 수많은 우여곡절을 겪으며 한국도 이제 행정절차에 관한 일반법인 행정절차법을 갖게 되어, 행정절차에서 발생하는 중대한 문제들에 관해 사전기준 및 절차, 그리고 원칙에 의해 처리할 수 있는 초석을 쌓을 수 있게 되었다. 대륙국가들에 비해 행정법학보다 행정학이 더 발달된 것으로 평가받는 미국에서도 연방행정절차법은 '현대규제국가의 헌법'('the constitution of the modern regulatory state')으로서 그 지속성과 견고한 구조로 인해 미국 연방헌법에 비견할만하며,[1] 제정이래 50여 년이 지난 후에도 수많은 행정개혁사례들 중 가장 성공적인 것으로 평가되고 있다.[2] 이처럼 연방행정절차법이 헌법과 어깨를 나란히 할 정도의 권위를 인정받고 높은 평가를 하는 이유는 연방행정절차법이 갖는 대담성, 개방성과 정치적 중립성의 특성에 의하여 수많은 정권교체에도 불구하고 그 기본구조를 바꿀 필요를 느끼지 않을 만큼 우수한 적응력을 보여주었기 때문이다.[3] 미국 연방행정절차법이 이와 같

---

1) Steven P. Croley, The Administrative Procedure Act and regulatory Reform : A Reconciliation, Administrative Law Journal Vol. 10, 1996, p.35. ; Alan Morrison, The Administrative Procedure Act : A Living and Responsive Law, Virginia Law Review vol.72, 1986, p.253.
2) Charles H. Koch, Effective Regulatory Reform hinges on Motivating the "Street Level" Bureaucrat, ALR vol.38, 1986, p.427.
3) Ronald M. Levin, Administrative Procedure Legislation in 1946 and 1996 : Should

이 성공한 몇가지 원인으로는, 첫째, 입법초안이 엄청난 연구와 토론과 갈등의 조정과정을 거쳐4) 등장했을 뿐만 아니라 학자들과 공무원들의 성공적 협력이 있었기 때문이고, 둘째, 입법당시 예측할 수 없는 다양한 문제상황에 대해 개방적이고 유연한 태도로 입법에 접근하였으며,5) 셋째, 행정절차법이 그 기본적 구조를 유지하면서도 사회적 수요에 대응하여 입법적 보완과 새로운 혁신적 판례를 통해 계속해서 진화해왔다는 점을 들고 있다.6)

한편, 한국의 행정절차법은 행정개혁과정에서 규제개혁의 견인차노릇을 하고 있는 행정규제기본법이나 시민단체의 판공비공개운동으로 상징되는 정보공개법에 비할 때 국민들이나 시민운동단체들로부터 거의 주목을 받지 못하고 있다. 이와 같은 상황이 초래된 것은 우리의 행정절차법이 사회문제해결을 위한 기여도가 그만큼 낮았기 때문은 아닐까? 입법에 관여할 수 있는 공무원들과 학자들은 우리 사회의 갈등과 고민의

---

we be jubilant at this Jubilee?, Administrative Law Journal Vol. 10, 1996, p.64.

4) 미국 연방행정절차법 제정을 위해 1941년 제77차 의회에 제출되었던 행정절차법 제정이유서는 무려 책 27권 분량이었고, 그 과정은 수많은 토론과 논쟁, 루스벨트 대통령의 거부권행사 등 우여곡절을 거친 매우 큰 진통을 겪은 것이었다. Attorney General's Committee Report, S. Doc. No.8, 77th Cong., 1st Sess.(1941). Steven P. Croley, The Administrative Procedure Act and regulatory Reform : A Reconciliation, Administrative Law Journal Vol. 10, 1996, p.38. 주 18)참조 ; Walter Gellhorn, Birth Pangs of the Administrative Procedure Act, Administrative Law Journal Vol. 10, 1996, pp.51-54 참조. 행정절차법제정에 대하여 Jackson 판사는 다음과 같이 기술하고 있다. "연방행정절차법은 오랜 기간의 연구와 투쟁의 소산이다. ; 이 법은 오래 지속되었던 격렬한 논쟁을 조정한 것으로서 사회·정치적인 반대세력들이 합의한 기준들을 법제화한 것이다. 많은 타협과 일반화, 그리고 약간의 모호함을 포함하고 있는데, 경험이 그 결함을 드러내 줄 것이다." Philip J. Harter, The APA at Fifty : a Celebration, not a Puzzlement, ALR 48, 1996, p.309에서 재인용.

5) Richard J. Pierce, Jr, The APA and Regulatory Reform, Administrative Law Journal Vol. 10, 1996, p.82.

6) Steven P. Croley, The Administrative Procedure Act and regulatory Reform : A Reconciliation, Administrative Law Journal Vol. 10, 1996, p.49.

해결을 위해 행정절차법이 기여할 수 있는 가능성을 탐구하기 위해 보다 절실하고 진지하게 고민함으로써 행정절차에서 발생하는 중대한 문제들의 해결에 행정절차법이 소외되지 않도록 하여야 한다. 사회적 갈등이 심각한 상황에서 단지 현행법의 구조와 패러다임을 그대로 받아들이는 것은 행정절차법이 해야 할 중요한 역할을 외면하는 것은 아닌지, 혹시 더 많은 고민과 애정에 의해서 새로운 아이디어를 개발할 여지는 없는 것인지 자성적으로 접근하는 것이 필요하다. 학자들과 실무자들간의 활발한 논의가 필요하고, 또, 시각차이에 따른 갈등과 그 조정도 필요할 것이다. 행정자치부 주도로 2002년 행정절차법의 개정이 임박한 가운데 학자들간의 토론이 너무 미약하다.

II. 권위주의적 의사결정구조와 행정절차법 개정안의 검토

1. 경제성장시대의 권위주의적 행정문화와 의사결정구조

1) 경제성장시대의 권위주의적 행정문화

경제성장시대의 행정문화는 대통령을 비롯한 중앙정부의 정책결정자에게 정책형성과 변경에 대한 넓은 재량을 주면서 현장의 집행공무원들의 정책순응도를 높이기 위하여 매우 구체적이고 상세한 통제권을 확보해야 할 필요에 의하여 생겨난 것이다. 이 시기 정부는 능률형 정부로서 권위주의적 행정의 특징을 보여준다. 행정내부규제는 정책결정자와 현장공무원간의 현저한 권력불균형을 반영하여 매우 극단적인 규제양상을 나타내는데, 그것은 선진국에서는 찾아보기 힘들다. 정책권력자는 광범위한 정책결정재량 및 지시재량을 가지고 있으나, 현장의 집행기관은 극히 한정된 권한과 재량을 가지고 있으며 단순행정업무에 대한 처리에 있어서만 재량을 행사하고 있었다. 따라서, 정책권력자의 광범위한 권력적 지배, 행정내부규제의 과잉과 산만함이 중장기적인 고질적 병리적 현상으로 고착되게 된다.

규제집행에 있어서도 규제위반에 대한 철저한 감시와 엄격한 제재를 그 핵심적 과제로 인식한다. 따라서, 규제위반의 방지를 위해서 규제기준이 명확하고 집행기관이 철저한 현장조사를 통해 규제기준을 엄격하게 집행하며 상급기관은 규제집행의 감시를 철저하게 하는 것이 규제집행의 수단으로 가장 유효하다고 본다. 상급기관과 상관은 집행공무원을 복종자로서만 인식하면서 철저한 감독이 필요하다고 본다. 주민과의 관계에서도 권력적·우월적 관점에서 접근하여 실체적 기준에의 적합여부를 엄격하게 심사하여 인허가업무를 처리하고 사후적 규제기준의 위반을 철저히 방지하고 제거하여야 한다고 본다. 여기에서 행정구조적으로 전제되어 있는 것은 경제성장시대 국가재정의 한계를 고려하여 낮은 보수를 유지하되 필요한 인력을 충분하게 확보하여야 한다는 점이다.

2) 행정절차법의 권위주의적 의사결정구조

행정절차법은 모든 행정기관들에 일관된 의사결정절차를 제공하고, 행정작용의 상대방과 제3자를 위해 행정기관의 결정과정에 참여하거나 감시하는 것을 가능하게 하는 체계적인 절차를 제공해야 한다. 이중에서도 중요한 의미를 가지는 청문절차는 행정처분의 사유에 대하여 청문의 상대방에게 변명의 기회와 유리한 자료를 제출할 기회를 부여함으로써 위법사유의 시정가능성을 고려하고 처분의 신중과 적정을 기하려는 것이 그 취지이다. 그럼에도 불구하고 지금까지 우리 행정은 민원처리과정에서 이해관계인들을 결정절차에 참여시키는 데 매우 소극적이었다. 즉, 우리 행정의 민원처리에 관한 의사결정과정을 규율하고 있는 기본법인

행정절차법은 제22조 제1항에서 다른 법령 등에서 청문을 실시하도록 규정하고 있는 경우나 행정청이 필요하다고 인정하는 경우 청문을 실시하도록 규정함으로써,[7] 청문실시여부에 대해 행정절차법 자체는 아무런 기준을 제시하지 않아 현장행정에서는 개별법에 규정이 있는 경우를 제외하고는 청문을 거의 실시하지 않고 있는 것이다.

이와 같이 행정절차에서 이해관계인의 참여를 보장하는 청문제도를 매우 제한적으로 도입한 것은 무엇보다 청문제도 등이 행정결정을 지연시키고 집행공무원들이 그것을 시행할 수 있는 행정능력을 갖추고 있지 못하다는 점등이 이유로 제시되었는데, 이러한 시스템은 의사결정에 있어 행정의 일방적 우위를 배경으로 한 것으로 결정내용의 실체적 정당성이 절차적 정당성을 압도하고 있을 때만 그 의미를 가질 수 있는 것이었다. 그러나, 행정실패가 반복되면서 행정이 일방적으로 신속하게 결정을 내려도 그것의 집행에 있어 주민들의 강력한 수용거부에 직면하면서 오히려 현저한 행정지체를 야기하여 왔다. 이러한 문제상황은 청문제도의 도입에 주저했던 우려들이 현장행정의 수요를 정확하게 인식하지 못했던 것은 아닌가 라는 의문을 낳는다. 이 점에서 우리나라의 민원처리에 관한 규율체계의 개혁이 요구되고 있다.

2. 행정절차법의 위기와 개정안의 내용

1) 행정절차법의 위기 – 청문제도의 필요성에 대한 실무로부터의 회의

행정절차법에 대해 보다 근원적인 위협요인은 구두변론을 그 핵심으

---

7) 행정절차법의 개정을 통하여 이해관계인의 신청을 통하여 청문이 실시될 수 있는 방법이 추가되어야 할 것이다. 이에 관하여 조언해주신 익명의 심사위원께 감사드립니다.

로 하는 정식적인 청문제도가 과연 한국행정에 필요한가 하는 회의가 행정실무에서 제기되고 있다는 점이다. 이러한 현상은 행정절차법의 위기라고 부를 수밖에 없는 중대한 것이다. 왜냐하면 학자들은 오랫동안 행정절차법의 제정과 청문제도의 도입을 주장하였고 그 결과 법이 제정되었으나 이제 시행해보니 실제로는 필요없거나 그 의미가 매우 미약한 것으로 입증되었다, 따라서 이제는 학자들의 탁상공론은 행정문제의 해결에 별 도움이 안된다고 쉽게 결론내릴 수 있는 위험성을 내포하고 있을 뿐만 아니라, 이러한 인식은 결국 장래 행정절차법의 민주적 발전에 중대한 장애로 작용할 것이기 때문이다.

　현재 개별 실체법에 의해 불이익처분들 중 비교적 중대한 처분에 대해서는 청문이 인정되고 있으나, 그것은 매우 단순한 형태로서 처분의 상대방에 대한 의견제출기회의 보장과 그렇게 차이가 없는 실정이다. 행정절차법제정이전에 이미 개별 실체법들에 의해 도입되어 있던 청문제도에 대한 실무공무원들의 소극적인 마인드는 행정절차법의 제정에 의하여 별 영향을 받지 않고 존속하고 있다. 청문이 규정된 경우 그것을 거치지 않을 수는 없지만, 담당 공무원들이 구두진술, 공격방어방식의 청문에 대해 그 실질적 필요성을 공감하지 못하기 때문에, 실무운용상 극히 형식적으로 청문절차를 거친다. 상대방이 출석해도 선처를 바랍니다는 식의 형식적인 진술에 그치거나 직접 청문장소에 출석하지 않고 대리인이 간단한 서면만을 제출하고 있는 것이다. 이것은 그동안 한국 행정과정에서 권위주의적 결정방식이 얼마나 깊숙하게 공무원들과 주민들에게 내면화되어 있는가를 여실하게 보여주는 현상이다. 그 결과 최근 몇 년간의 행정절차법운영경험을 토대로 실무공무원들의 의견을 반영하여 2002년 행정자치부가 주도적으로 논의하고 있는 행정절차법의 개정방향도, 권위주의적 행정문화에 젖은 공무원들의 의식을 반영한 것으로서, 행정절차법 적용영역의 사실상의 축소현상에 대한 적절한 대처방안을 포함하고 있지 않다.

이러한 상황전개과정에서 학문은 공무원들이나 주민들의 내면화된 의식에 따라 직접적 구두청문의 축소를 지지할 것인지, 아니면 권위주의적 의사결정모형대신에 민주적 법치행정에 적합한 의사결정모형이 도입되어야 한다고 할 것인지, 한국사회를 분석하여 길을 모색해보아야 할 것이다. 이와 같은 과제는 같은 권위주의적 행정문화를 가지고 있는 동아시아 국가들에서 모두 문제될 것인데, 민주적 법치행정에 적합한 의사결정모형의 도입이 가능하지 않다면 절차적 정당성을 뒷받침하는 방향의 행정절차법발전은 동아시아에 적합하지 않은 것으로 폐기되든지, 아니면 다음 세대의 과제가 되는 수밖에 없을 것이다.

이하에서는 우선 행정절차법의 실무운용경험과 그로부터 나온 행정자치부의 행정절차법개정안을 검토한다.[8]

2) 행정자치부의 행정절차법 개정안의 검토

행정자치부는 2000년 2월 22일 새로운 행정절차법 개정안을 제시하고 있는데 그것을 요약하면 다음과 같다.[9]

첫째, 처분의 사전통지서나 청문참가통지서의 송달의 어려움을 해결하기 위하여 송달규정을 새로이 개정하고자 하였다. 즉, 송달의 방법을 규정하고 있는 현행 행정절차법 제14조 제1항이 "송달은 우편·교부 등

---

8) 개정안 골격의 형성과정의 불투명성이 문제된다. 한국의 입법절차는 입법필요와 생성단계에 관해 공개되지 않고 거의 윤곽이 형성된 뒤에야 주요 내용만이 공개되는 경우가 많아 전문학자들의 의견조차도 충분히 수렴하지 못하고 있다. 입법과정에 있어 공무원들이 기득권의식이나 비판에 대한 막연한 두려움 또는 연구부족으로 인한 자신감결여 등을 어떻게 극복할 수 있는지가 21세기 한국사회의 최대과제중의 하나이다. 이하의 운영실태에 관한 기술은 실무공무원들과의 면담을 토대로 하여 작성한 것이다.
9) 행정절차법개정안은 2002년 2월 22일 행정자치부 공고 제2002-14호로 공고되었다. 그 내용은 행정자치부 홈페이지(http://www.mogaha.go.kr⇒통합자료실⇒입법예고)를 참조하였다.

의 방법에 의하되 송달받을 자의 주소·거소·영업소 또는 사무소(이하 "주소등"이라 한다)로 한다. 다만, 대표자 또는 대리인에 대한 송달은 그의 주소등으로 할 수 있다"고 규정하고 있던 것을 개정하여, 단순히 "송달받을 자"에서 "송달받을 자(대표자 또는 대리인을 포함한다)"로, 단서부분도 "다만, 송달받을 자가 동의하는 경우에는 그를 만나는 장소에서 교부할 수 있다"고 하였다. 또, 개정안은 제14조 제3항도 개정하여 "송달하는 장소에서 송달받을 자를 만나지 못한 때에는 그 사무원, 고용인 또는 동거자로서 사리를 판별할 수 있는 자에게 교부할 수 있다"고 하였다.

이 개정조문의 도입배경은 불이익처분을 당할 위험에 처한 당사자등이 처분을 회피하거나 지연시키기 위하여 사전통지서를 수령회피하는 경우를 극복하기 위한 것으로 보인다. 건설업자가 다수의 페이퍼컴퍼니들을 거느리고 있으면서 한 회사가 영업정지나 허가취소당할 위기에 놓여서 사전통지문의 송달을 회피할 목적으로 통지문을 고의적으로 받지 않거나 주소 등이 모호한 경우 등이 그 전형적 문제상황이다. 하지만, 개정안이 송달과 관련된 문제들을 어느 정도 해소시킬 수 있을지는 의문이다. 주소지가 불분명한 경우 개정조문은 적용되기 어렵고, 또, 청문의 경우에는 당사자등이 청문에 참가하여야 하는데 몇 번 통지해도 나오지 않는 경우의 참가강제방법이나 제재방법을 규정하고 있지 않기 때문이다. 이러한 경우에는 행정절차법 제21조 제4항 3호에서 규정하고 있는 처분의 사전통지의 예외사유 중 '의견청취가 현저히 곤란하거나 명백히 불필요하다고 인정할만한 상당한 이유가 있는 경우'에 관한 해석을 통하여 행정력낭비를 방지하고 신속한 처분의 필요가 있는 경우에도 적용되도록 하겠다고 할 수 있지만, 이 방법도 적절한 방법이라고 보기는 어렵다. 왜냐하면, 법원은 이 규정은 당해 행정처분의 성질에 비추어 판단하여야 하는 것이라고 하면서, 청문통지서의 반송여부, 청문통지의 방법에 의하여 판단할 것은 아니어서, 청문통지가 어렵다거나 반송되었다는 등의 사정에 의해 행정력의 낭비가 발생했다는 사정은 행정처분의 성질에 관한 문제가 아니라고 보고 있다. 즉, "행정절차법 제21조 제4항 제3호는 침해적 행정처분을 할 경우 청문을 실시하지 않을 수 있는 사유로서 "당해 처분의 성질상 의견청취가 현저히 곤란하거나 명백히 불필요하다고 인정될 만한 상당한 이유가 있는 경우"를 규정하고 있으나, 여기에서 말하는 '의견청취가 현저히 곤란하거나 명백히 불필요하다고 인정될 만한 상당한 이유가 있는지 여부'는 당해 행정처분의 성질에 비추어 판단하여야 하는 것이지, 청문통지서의 반송 여부, 청문통지의 방법 등에 의하여 판단할 것은 아니며, 또한 행정처분의 상대방이 통지된 청문일시에 불출석하였다는 이유만으로 행정청이 관계 법령상 그 실시가 요구되는 청문을 실시하지 아니한 채 침해적 행정처분을 할 수는 없을 것이므로, 행정처분의 상대방에 대한 청문통지서가 반송되었다거나, 행정처분의 상대방이 청문일시에 불출석하였다는 이유로 청문을 실시하지 아니하고 한 침해적 행정처분은 위법하다"고 하고 있는 것이다.(대법원 2001. 4. 13, 2000두3337 영업허가취소처분취소) 따라서, 행정자치부가 행정내부적 지도나 감사 등에 의해 처분청에게 이 규정을 처분의 성질이 아닌 기준인 신속한 행정결정의 필요에 맞추어 해석하도록 하는 것은 위법한 해석을 하도록 지도하는 것이 될 것이다. 입법의 새로운 정비가 있어야지 해석에 의해서 대응할 수 있는 상황은 아니라고 생각되는데, 개정안은 이 문제의 해결은 소홀히 하였다. 이 상황은 전자적 송달방법을 행정절차법에 규정한다고 해도 별로 도움이 될 것 같지는 않다. 직접적인 통지를 하지 못한 상황에서 행정청사에 게시하는 것과 같은 공시송달로 통지의무를 이행한 것으로 볼 수 있을 것인지도 의문이다. 불출석이나 기일해태에 대하여 일정한 경우에는 어떤 제재방법을 사용할 수 있는지 보다 상세한 검토가 필요한 실정이다.

신속한 행정결정을 통해 법적 불안을 조기에 안정시키는 것도 의의를 가지지만 당사자들의 법률상 보호이익과 절차적 권리가 침해되어서는 안되기 때문에 양자의 이익을 조화롭게 조정하려는 노력이 필요하다. 현실성없는 새로운 규정들의 도입이나 막연하게 현행법조문의 확대해석 이전에 반드시 학문사회의 진지한 검토과정을 밟을 것을 촉구한다.

둘째, 청문의 공정성확보를 위해 행정절차법 제29조 제1항에 당해 처분을 담당하는 직원을 청문주재자로 선정할 수 없도록 하는 제척사유를 추가하는 방안이 개정안에서 제시되고 있다. 즉, '자신이 당해 처분업무를 직접 처리·검토·협조하거나 하였던 경우'를 청문주재자 제척·기피사유에 포함하였는데, (개정안 제29조제1항제4호) 제척대상인 직원에는 처분담당자와 계장·과장 등 계선상의 검토자, 해당 처분과 관련하여 협의대상자로서 서명자 등이다. 당사자등에 대한 청문의 통지도 처음이나 불참시의 계속되는 통지업무의 주체를 행정청으로 일원화하여 청문주재자는 청문진행에 전념토록 하였다.(개정안 제31조제5항) 또, 청문주재자가 독립적이고 공정한 의견을 제시할 수 있도록 청문조서와 청문주재자의 의견서를 분리하기 위하여, 청문조서의 기재대상에서 청문주재자의 의견란을 삭제하고, 청문주재자의 의견을 따로 작성할 수 있게 하였다.(개정안 제34조제1항, 제35조제4항)

의견청취과정이나 청문과정에서 제출된 당사자등의 의견에 대해서는 행정절차법 제27조 제5항과 제35조 제5항에서 처분에 반영하도록 규정하고 있었음에도 실무상으로는 제대로 반영하지 않고 있었다. 제출한 의견에 상당한 이유가 있으면 이를 적극 반영하도록 강조하기 위하여 별도 조항을 분리·신설했다.(개정안 제27조의2, 제35조의2, 제39조의2) 주요 규정의 변화를 보면, 현행 행정절차법 제27조 제5항은 "행정청은 처분을 함에 있어서 당사자등이 제출한 의견을 성실히 고려하여야 한다"고 규정하고 있는데, 개정안은 제27조의2 "제출의견의 반영"으로 분리하여 신설하고 "행정청은 처분을 함에 있어서 당사자등이 제출한 의견이 상당한 이유가 있다고 인정하는 경우에는 이를 적극 반영하여야 한다"로 수정하였다. 이 규정의 변화는 입법자의 의지를 반영한 것이기는 하지만 개정전과 마찬가지로 구속성이 없는 행정내부적 지도지침으로서

일종의 훈시규정에 불과하다는 점은 차이가 없다고 하겠다. 행정자치부
가 그 의견을 반영하도록 독려하겠다고 하지만 제시된 의견자체가 단편
적이고 불법적인 사익추구의 동기에서 비롯된 것일 수도 있어 반드시
반영하는 것이 무리일 수도 있기 때문에 그 효과는 의문이다.

그 동안 한국의 행정실무에서 청문주재자에 대해 보수를 지급하지 않
거나 충분한 보수를 지급하지 않았던 것은 청문제도실패의 중대한 원인
이 되었다. 수당지급의 근거규정도 없는 상황에서는 충분한 재원이 확보
되지 못해 공무원들이 청문주재자를 할 수밖에 없었던 것이다. 청문주재
자제도는 행정절차법에 현대적 청문제도를 처음으로 도입한 미국 연방
행정절차법 제정이유서가 밝히고 있듯이 '애정과 책임감을 가지고 있으
면서도 유능하고 충분한 보수를 받는 사람들'없이는 성공할 수 없는
데,[10] 현재의 청문주재자제도는 인간의 경제적 동기에 대한 합리적 배
려가 없다. 청문주재자풀을 만든다고 해도 '애정과 책임감을 가지고 있
으면서도 유능한' 사람이 자신과 이해관계도 없는데 특별한 유인도 없
이 청문을 주재하라고 하는 것은 자본주의 사회에서 현실성이 매우 희
박한 기대이다. 미국의 경험으로 미루어볼 때, 충분한 보수와 권한없이
는 청문제도를 내실있게 운영할 가능성은 거의 없다고 할 것이다. 이미,
다수의 지방자치단체 및 식품의약품안전청 등 처분전담부서에서 청문주
재자의 공정성을 확보하기 위한 조례 또는 규칙을 제정하여 외부 또는
내부 전문가 중에서 청문주재자풀을 만들어서 시행하도록 하고 있으며,
이러한 움직임이 확산되고 있는 것은 청문주재자의 확보를 위해서 필요
한 것이다. 그러나, 개정안에도 수당지급근거규정이 도입되지 않았는데,
시행령 등에서 그 근거규정을 둔다고 해도 거의 유인이 될 수 없는 정도
라면 청문주재자풀의 구성과 운영 등에서 장애에 부딪쳐 청문제도는 성
공적으로 운영되기 어려울 것이다.

---

10) Attorney General's Committee Report, S. Doc. No.8, 77th Cong., 1st Sess.(1941).
   p.46.

셋째, 전자정부를 위한 행정절차법의 정비가 논의되고 있다. 현행 행정절차법은 원칙적으로 종이문서(서면)의 형식에 의한 행정결정을 전제로 하여 규정하면서, 컴퓨터통신에 의한 의견제출(법 제27조 제1항) 등 전자적 방식에 의한 행정의 가능성도 열어 두고(법 제17조 제1항 단서, 제24조 단서, 제31조 제3항 등)는 있지만, 이들 규정은 대부분이 신속을 요하거나 사안이 경미한 경우 등 매우 제한된 상황에서 이용될 것을 염두에 두고 있다. 따라서 전자적 방식에 의한 행정절차를 예정하여 규정할 필요가 있는데, 개정안은 행정절차의 전자적 처리가 가능하도록 하기 위해 전자문서 및 정보통신망 등 용어의 정의를 추가하고, 송달·처분의 신청·청문·공청회·행정상 입법예고 등 행정절차의 운영을 전자문서, 인터넷 등 정보통신망으로도 할 수 있도록 하였다.(안 제2조제8호·제9호, 제8조제1항제4호, 제14조제1항·제2항·제4항, 제15조제2항, 제17조제2항·제3항, 제24조제1항, 제27조제1항, 제31조제5항, 제38조제1항, 제40조제1항, 제42조제1항)

행정절차법 개정안은 입법예고 및 행정예고에 관해서도 공고방법으로 컴퓨터통신이라는 표현대신 인터넷이라는 용어를 사용하였는데, 이 안에서도 현행과 마찬가지로 입법안의 주요내용이나 전문을 선택하여 입법예고하도록 함으로써 실무상으로는 입법안 전문이 예고되지 않는 경우가 많다. 입법과정에서 입법안의 주요내용의 형성에 외부전문가의 참여가 미약한 한국실정상 입법예고단계에서도 전문이 예고되지 않을 수도 있는 것은 법치주의와 행정절차법의 핵심내용중 하나인 행정의 투명성보장에 비추어 문제가 있다. 입법안의 전문이 예고되도록 하여야 할 것이다.[11] 또, 입법과정에서 관련있는 학술단체와의 연구·토론의 기회를 자주 가지도록 함으로써 학문사회와의 협력을 강화하도록 하는 의무규정이 신설되어야 할 것이다. 그것이 상호불신을 극복하는데 도움을 주고

---

11) 동지, 경건, 전자적 행정절차를 위한 법제정비방안, 디지털경제시대의 법적 과제, 2001, 277-279면.

최근의 산·학·관협력 확산분위기와도 맥을 같이 하는 노력이 될 것이다.

Ⅲ. 협력적 행정의 강화를 위한 행정절차법상 처분절차의 개정방향

1. 현대행정에 있어 권위주의적 행정의 한계

현대 한국행정문화는 경제성장시대의 중앙행정 우월적인 문화로부터 행정민주화와 지방분권화가 진행되어 중앙과 지방의 힘의 균형에 기초한 문화로 변해가고 있다. 이 과정에서 한국 행정문화는 그 정체성의 위기를 맞이하고 있으며, 이를 극복하기 위해서는 행정관리수단들을 현대적으로 정비하고 체계화하여야 한다.

사회의 복잡성이 증가하고 민주화가 진전되면서 행정문제의 성격도 매우 복잡하고 전문적이거나 이익갈등의 양이 증가하고 강도가 높아지면서 행정의 역할도 변하지 않으면 안되게 되었다. 이러한 행정영역에서도 신속한 대응의 필요가 점점 강해지고 있으며 대안을 만들기 위해 필요한 情報의 양도 기하급수적으로 늘어나고 있으나, 행정이 대응능력의 한계를 드러내면서 행정의 권위는 도전받고 있다. 그리하여 사회 곳곳에서 기업들의 불법적인 로비와 행정에 맞서는 주민들의 시위가 끊이지 않고 있어 사회가 점점 무질서와 혼돈의 세계로 변해가고 있는 것은 아닌가 하는 우려를 불러일으키고 있다. 이에 비례해서 행정은 불법행위를 적발하기가 쉽지도 않고 반발을 억압하는 것도 약한 제재로는 성공하지 못하기 때문에 점점 더 제재수단의 강도를 높여가 명령과 통제(Command and Control)의 공화국으로 치닫고 있다. 그러나, 행정의 제한된 집행자원과 집행능력으로 인해 선별적인 집행이 불가피하므로 아무리 악질적

인 회사와도 규제집행의 정도와 수준에 관해 협상하고 거래하지 않을
수 없게 된다.

권위주의적 행정의 가장 큰 약점은 규제내용의 결정과 집행이 상의하
달식으로 이루어지고 사업자나 주민들의 자발적 순응을 이끌어낼 수 있
는 인센티브를 제공하는 데 무관심하기 때문에 사업자나 주민들을 정부
에 대해 적대적이게 만든다는 점이다. 권위주의적 행정에서는 만약 법이
나 정책의 내용이 불명확하거나 강력한 감시체제가 결여되면 순응을 확
보하기 어렵고,[12] 피규제자들의 잘못된 행태에 대한 법적 처벌이 순응
의 가장 중요한 인센티브로 작용하면서도 규제집행기관이 자원의 범위
내에서 완벽하게 불응을 적발하고 처벌할 수 있어야 한다. 그러나, 피규
제자들의 자발적 협력없이 규제기준을 충실하게 집행하는 것은 거의 불
가능하고 피규제자들이 효용극대화의 관점에서 비용과 편익을 계산하여
규제순응여부를 결정하기에는 그들의 정보량이 매우 부족하다.

2. 대안의 모색 : 협력적 행정

협력적 행정(Cooperative Administration ; Kooperative Verwaltung)은 권
위주의적 행정에 대한 반대개념으로서 법률에서 명시적으로 정의되어
있는 개념이 아니지만 행정결정대상의 복잡성, 불확실성과 불안정성을
배경으로 하여 탄생된 개념이다.[13] 수평적·공유적 의사소통을 통해 주

---

12) 김태윤, 규제대안개발연구, 한국행정연구원, 1999, 9면.

13) Dose/Voigt (Hg.), Kooperatives Recht, 1995 ; Arthur Benz, Kooperative Verwaltung,
1992 ; Ernst-Hasso Ritter, Der kooperative Staat, AÖR 1979, SS.389-413. ;
Manfred Bulling, Kooperatives Verwaltungshandeln (Vorverhandlungen, Arragements,
Aggregements, und Verträge) in der Verwaltungspraxis, DÖV 1989, SS.277-289 ;
Dongsoo Song, Kooperatives Verwaltungshandeln durch Absprachen und Verträge
beim Vollzug des Immissionsschutzrechts, 2000.

민 및 사업자들과 협력적으로 사회의 자발적 문제해결능력에 의존하여 문제를 해결하는 행정이라고 정의할 수 있을 것이다. 계층제에 의존하여 일방적 지시·복종관계가 아니라 행정, 사업자 및 주민이 네트워크를 형성하여 문제의 발견, 대안의 탐색, 타협과 조정 그리고 선택된 규제안의 집행에 상호 참여적으로 관여한다. 따라서, 협력적 행정은 우선 이해충돌상황에 대한 보다 풍부한 이해와 갈등주체간의 대화를 촉진시켜 해결의 실마리들을 더 많이 발견할 수 있는 기회를 제공한다. 여기서는 개별 실체법의 규정들은 완전한 프로그램으로 이해되는 것이 아니라, 의사소통과 협력을 통해 보충되어야 할 것으로 이해된다. 협력적 행정은 다양한 이해관계들이 존재하는 복잡한 행정문제들의 해결에 적합한 것으로 평가받고 있다. 다중성(polycentricity)과 복잡성(complexity)이 존재할 때, 즉, 문제발생과 그 해결과정에서 영향력있는 주체가 다수 존재하고 그들의 이해관계가 서로 다른 경우, 권위주의적·일방적 결정구조는 치명적 약점을 보인다. 이미 행정 각 부처마다 각각 공익에 대한 보호관점이 다르고 자기 조직의 생존과 발전에 지대한 관심을 갖게 되면서 부처간 갈등이 우리 행정의 고질적 문제가 되고 있다. 협력적 행정을 위해서는 동시적으로는 이해관계의 균형잡힌 고려(balance)가 필요하고, 통시적으로는 문제해결방식에 있어 일관성(coherency)의 확보가 필요하다.

현대 사회에서 시민단체의 성장, 주민들의 의사를 존중하지 않을 수 없는 선거직 자치단체장, 도시사회의 생활폐기물이나 공장폐기물처리의 긴급성과 중요성, 지역경제발전에의 관심증대 등의 요인으로 인해 갈등의 극복과 규제의 수용 내지 순응의 확보가 규제집행의 최우선적인 관심사로 떠오르면서 협력적 행정은 새로운 대안으로 주목받고 있다. 협력적 행정은 가변적이고 복잡한 행정문제들에 대해 협상과 조정에 의한 합의를 중시한다. 실정법의 집행에 있어서도 집행방법을 둘러싸고 이해관계인들사이의 적극적 대화를 통한 다양한 세부기준들이 이해관계조정을 위해 도출되게 된다. 상충하는 이해관계들을 조정할 수 있도록 현장행정에 재량의 여지가 보다 넓게 보장되는 것이 중요해진다. 조정안의 형성에 있어 다수의 관계법들에서 제시된 일견 상충하는 규제목적들을 조화롭게 고려할 수 있게 하는 새로운 아이디어가 환영받는다.

 규제집행에 있어서 협력적 행정을 지지하는 입장(Cooperation Theory)에서는 규제집행의 대상과 환경의 구체적 특수성과 다양성을 주목하여 유연하고 선별적인 대응이 타당하다고 본다. 주민들과 사업자들을 의사결정과정과 집행과정에 적극 참여시켜 행정문제의 다양성과 복잡성을 극복하려 한다. 기준지향적이라기 보다는 절차지향적이고 결과지향적이서 결과에 있어서 합리성을 강조하며,14) 추상적·일반적 규칙을 복잡한 상황에 적용하는 것의 어려움을 고려하여 행정과 이해관계인들 사이에서 달성가능한 실제적 목표를 정하여 새로이 형성되는 규제질서를 지키려는 자발적 의지를 활용하여야 한다고 본다. 따라서 강제보다는 설득, 타협을 중시한다. 이 입장의 대표적 지지자들은 위에서 인용한 사람들 이외에 Hawkins,15) Kelman16) 등이 있다. 시장지향적 규제수단을 선호하는 동시에 보다 신축적이고, 동태적이며, 결과지향적인 성격을 띤다. 또한 규제의 결정이나 집행시 상호협력적이고도 하의상달식 구조를 지니며, 이를 통해 피규제자의 견해와 요구에 적극적으로 반응하게 된다.17) 따라서, 처분과정에 있어 갈등조정목적의 협력적 대화는 바람직한 것으로 평가된다. 규제순응의 정도는 규제집행의 시간, 비용 및 성패를 결정

---

14) Nonet/Selznick, Law and Society in Transition : Towards Responsive Law, 1978; Bardach/Kagan, Going by the Book : the Problem of Regulatory Unreasonableness, 1982.

15) Hawkins, Keith, Environment and Enforcement : Regulation and the social Definition of Deviance, 1984.

16) Steven Kelman, Enforcement of occupational Safety and Health Regulations—a Comparision of Swedish and american Practices, in ; Hawkins/ Thomas(ed.), Enforcing Regulation, 1984, pp.97-120.

17) 박경효/정윤수, 규제순응의 확보전략 : 규제대안 및 규제다원주의 관점에서, 새천년 행정학의 패러다임(I), 2000년 한국행정학회 동계학술대회, 41-42면.

하는 중요한 변수로서 기업행정과 관련된 복합민원과 주민들과 사업가들의 갈등과 관련된 집단민원의 처리에 있어 점증하고 있는 규제집행실패의 핵심적 원인이 되고 있다. 또, 행정이 규제순응의 확보를 위하여 사업자 및 주민들과 적절하게 협력하는 것이 필요하다고 본다.

3. 협력적 행정의 강화를 위한 행정절차법상 처분절차의 개정방향

1) 개방경제에서의 기업수요의 수용과 민주사회에서의 사회적 갈등의 수용

권위주의적 행정이 장기적으로 고착되면서 현장행정에 대한 중앙행정의 내부규제과잉과 외부규제에 있어 협력적 의사소통의 부족이 민주화되고 분권화된 선진국들에서는 찾아보기 힘들 정도로 심각한 문제로 대두되기 시작했다. 특히, 90년대 이후 두드러지고 있는 한국사회내부의 심각한 갈등은 행정과제를 카리스마적이고 권위주의적인 지시복종방식에 의해 처리하는 권위주의적 행정이 극복하기 어려운 규제집행실패를 야기한다. 행정의 규제집행능력의 약화를 극복하기 위해 기존의 행정기관간의 내부관계의 규율과 청문제도의 배후에 존재하던 권위주의적 의사결정패러다임이 수정되어야 한다. 청문제도에 대하여 행정능률에 장애가 되는 것으로 평가하는 공무원들의 일반적인 태도는 고질적 미해결 민원과 집단민원의 해결에 있어서 중대한 약점을 가지고 있다. 사회적 갈등 및 사회적 문제를 제도권밖에서 불법적인 시위와 로비를 통해 해결하는 것을 계속해서 방치해서는 안된다.

한편, 개방경제의 격화되고 있는 경쟁압력에 시달리는 기업을 위하여 행정결정의 신속성과 전문성을 조화시킨 제도가 도입되어야 한다. 새로운 행정문제들이 제도권내에서 해결될 수 있도록 제도의 대응능력을 확대시켜나가야 하고, 행정절차법개정도 시민단체들과 시민들에게 사랑받는 법이 될 수 있도록 바꾸어 나가야 한다.

미국에서는 연방행정절차법제정이전에도 구두청문이 매우 다양하게 인정되고 있던 것에 비하여,[18] 한국행정에서 청문은 과거와 마찬가지로 여전히 매우 형식적으로 운용되고 있다. 그러므로, 한국 행정절차법의 개정은 업무처리의 통일성보장의 차원을 넘어 행정문화를 바꾸고 업무처리방식을 재설계하는 것이 되어야 한다. 인·허가절차와 같은 처분절차에 관한 한국의 규율체계를 바꾸는 것은 한국의 모든 행정절차의 기본성격을 바꾸는 문제이기 때문에 현장공무원들의 이해와 개혁의지가 필수적이며, 업무처리에 있어 처분청뿐만 아니라 다른 정부기관들과 협력적 네트워크의 건설도 필요하다.

행정절차제도가 수용해야 할 사회적 갈등과 사회적 수요의 본질과 특성을 정확히 파악하여 유형적으로 적합한 행정절차를 도입하여야 한다. 획일적으로 행정개혁을 시도하기보다는 기성복이 아닌 맞춤행정의 관점에서 유형적으로 그 특성에 맞게 접근하여야 한다. 특히, 복합민원과 집단민원에 대하여 각각 적합한 유형의 행정절차를 모델화하여 도입하여야 할 것이다.[19]

---

18) 연방행정절차법이 제정되기 전에도 미국에서는 청문절차가 매우 널리 이용되고 있었는데 행정기관마다 청문방법이 다르고 청문주재자의 임명방식도 달랐으며 청문주재자의 권한과 의무의 내용도 차이가 있으므로 말미암아 행정기관의 의사결정방법도 서로 달랐다. 이러한 이유로 1946년 미국 연방행정절차법(법령과 처분을 그 핵심적 규율대상으로 하고 있음)의 제정이유서는 처분에 관하여 행정절차법이 필요한 핵심적 이유로 행정기관간 처분절차의 통일성(uniformity)의 보장과 처분에 있어 절차적 공정성의 보장을 들고 있다. Attorney General's Committee Report, S. Doc. No.8, 77th Cong., 1st Sess.(1941), pp.43-45.

19) 이를 위해 학자들과 공무원들이 협력하여 치열하고 치밀하게 현장행정의 갈등상황과 수요를 파악하여 행정현장의 갈등상황과 수요를 읽고 행정절차법의 이념에 적합한 제도를 발견해내야 한다. 이 과정에서 정치·경제적 발전단계와 문화적 특성이 다른 외국의 제도를 무조건 모방하듯이 도입하려고 해서는 안될 것이다.

2) 개방경제에서의 기업수요의 수용을 위한 집중심사제의 도입필요

(1) 분리심사제의 문제점

사업자가 단일 사업계획에 대하여 복수의 인·허가를 획득해야 할 때, 별개의 행정청이 별도의 절차를 통해 인·허가여부를 분리심사해서 결정하는 것이 지금까지는 인·허가심사의 전형적인 모습이었다. 이러한 분리심사절차에서 개별 행정기관들은 자신이 갖고 있는 관점에서만 선별적인 심사를 하기 때문에, 그의 주의력을 자신의 관할구역에만 한정하고 관할구역밖의 문제들은 인식하지 않거나 중요하지 않다고 간주하는 경향이 있다.[20] 개별 행정기관들은 이러한 방식으로 정보와 복잡성 증가에 대처하려 하지만, 각 기관의 이해관계에 따른 편견에 의해서 이익보호가 이루어질 우려가 있다. 각 행정기관의 심사영역을 넘어서 사업계획 전체의 관점에 관련되거나, 다른 심사영역과 관련된 문제들은 심사과정에서 소홀하게 취급될 가능성이 있다.[21]

여러 개의 인·허가를 필요로 하는 사업의 경우, 여러 행정기관들 사이에 업무가 상호 중복·충돌하여, 이것이 다른 행정기관의 업무에 영향을 미친다는 점을 고려하지 않은 경우가 빈번하다. 이러한 권한충돌과 관할의 불명확성은 자주 인·허가지체를 야기한다. 하나의 사업에 필요한 인·허가 심사의 선후관계가 체계적으로 이루어지는 것이 아니라 신청자의 신청순서와 우연에 맡겨져 있다. 또한, 하나의 인·허가라 하더라도 그 발급에는 각기 다른 분야를 맡고 있는 업무담당자들의 검토가 필요하다.

분리심사제하에서 복수의 인·허가업무를 위한 심사과정 상호간에는 협력체계가 매우 약했다. 변화된 사회의 수요가 아니라 당해 행정기관의

---

20) Fritz Scharf, Komplexität als Schranke der politischen Planung, Planung als politischer Prozeß, 1973, S.99ff.

21) Michael A.Wagner, Die Genehmigung umweltrelevanter Vorhaben in parallen und konzentrierten Verfahren, 1987, S.103.

관례와 업무처리방식에 따라 인·허가심사의 속도와 내용이 결정될 위험
이 있었다. 이로 인해 행정, 사업자, 제3이해관계인 등은 관련 규제전체
의 목적인 공익관점에서 사업허가의 복잡성을 수용하여 관련된 이익들
을 형량하고 조정하는데 실패하여, 불공정하거나 지체된 결정을 둘러싸
고 심각한 갈등을 일으키는 경우가 나타나고 있었다. 그 결과 여러 인·
허가결정간에 내용상의 충돌이 발생하거나 내려진 결정에 대해 불복하
는 경우가 나타나게 되었고, 이는 법적 불안을 야기하게 되었다.[22]

(2) 집중심사제의 도입필요

집중심사제는 현대의 산업사회와 도시사회에서 빈번하게 등장하고 있
는 복합민원의 처리와 거대시설의 관리를 위한 절차이다. 제조업을 하기
위하여 복수의 인·허가가 필요한 경우, 또는 여러 행정기관이 복합시설
의 위험관리를 위하여 조사를 해야 하는 경우, 필요한 복수의 인·허가절
차나 거대시설의 하자여부를 관리하기 위한 복수의 심사절차를 하나의
절차로 집중시켜 여러 행정기관, 사업신청자 및 제3 이해관계인의 이해
충돌을 조정하려는 시스템이 집중심사제이다.

집중심사제를 도입함으로써 분업의 원리에 따른 행정기관의 업무분리
폐해를 크게 줄일 수 있다. 집중심사제가 도입되면 민원인은 여러 행정
기관을 접촉할 필요도 없고, 사업에 필요한 여러 인·허가의 심사기간을
단축할 수 있어 매우 도움이 될 것이다. 그리고, 행정기관도 집중심사제
에 의해 분리심사할 경우보다 중복심사를 없애고 심사인원을 감소시킬
수 있으며, 결정상호간의 충돌위험도 줄일 수 있을 것이다.

집중심사의 이론적 모델로는 결정권통합모델, 조직통합모델, 절차통
합모델로 나눌 수 있다.[23] 각각의 집중심사모델들은 심사대상인 인·허

---

22) Steinberg/Allert/Grams/Scharioth, Zur Beschleunigung des Genehmigungsverfahrens
    für Industrieanlagen, 1991, S.150.

가의 결정권을 통합시키거나, 심사조직을 또는 심사절차를 통합시킴으로써, 비용의 커다란 증가와 기존의 인·허가의 철폐 없이 기존의 인·허가권들에 대한 심사절차의 주재권을 하나의 행정청에 집중시킨다. 기존의 외부규제와 단수규제의 개혁에 치중했던 규제개혁노력의 약점을 커버하여 수요자인 기업들의 입장에서 그들의 사업계획에 맞추어 직면해야 하는 내부규제과잉과 복수의 결합된 핵심규제들로 인한 사업지체와 비용증가를 획기적으로 개선시킬 것이다. 집중심사모델들은 이른바 핵심규제들로서 철폐시키기가 극히 곤란한 규제들의 경우에 심사의 전문성과 심속성을 동시에 향상시킬 수 있는 방법으로서 기업행정의 영역에 있어 21세기 한국행정의 주요 개혁테마가 되어야 할 것이다.

집중심사모델을 복수의 행정청에 의한 분리심사의 경우와 비교할 때, 심사내용의 중복을 피할 수 있고 심사에 소요되는 시간도 줄이며, 민원들에게 인·허가권을 갖는 행정기관의 탐색과 접촉에 필요한 거래비용을 크게 줄일 수 있는 장점을 지닐 수 있다. 그러나, 이것의 성공은 절차주재권을 상실하고 단지 참가권만을 갖는 다른 행정기관과 주민들의 협력과 참가를 얼마나 효율적으로 조직화해낼 수 있는가에 달려 있어서, 이 모델자체가 인·허가심사의 신속을 확실하게 담보하는 것은 아니다. 또한, 집중심사절차운영의 세부사항을 명확히 하고 그 내용을 관계기관이나 이해관계인들이 숙지하도록 하여야 하며, 지방자치단체나 각 중앙행정기관의 권한분배와 역학관계를 적절히 고려하여 집중심사청을 결정하지 않으면 안된다.[24]

---

23) 보다 자세한 내용은 졸고, 복합민원과 집중심사의 모델들, 공법연구 제29집 제3호, 2001, 365-392 참조.; 졸고, 복합민원과 규제개혁의 과제, 전국경제인연합회, 2002.5, 79-126면 참조. 독일의 계획확정절차는 결정권통합모델이라고 할 수 있다. 따라서, 독일의 계획확정절차는 집중심사모델들중의 하나이다. 이 점 오해가 있을 수 있어 명백히 밝혀둔다.

24) Martin Bullinger, Beschleunigte Genehmigungsverfahren für eilbedürftige Vorhaben, 1991, SS.77-80.

집중심사청은 의제되는 인·허가의 실체적 기준에 대해서 인·허가권을 갖는 다른 행정기관의 의견을 듣기 위하여 그 행정기관들에게 통지하여 의견제출기회를 주어야 하고, 법률상 보호이익을 갖는 제3자를 보호하는 절차를 준수하여야 한다. 또, 기업들의 경쟁력보호를 위하여 인·허가심사의 촉진이 필요하다 하더라도, 각각의 집중심사제도들이 인·허가제도의 존립목적을 부정하고 있는지가 검토되어야 한다. 왜냐하면, 인·허가제도의 목적은 신속하게 인·허가라는 형식적 권한과 지위를 얻고자 하는 신청자의 희망만을 충족시키려는 것이 아니라, 실질적인 심사를 통하여 관련 공익이나 제3자의 이익에 대한 침해위험을 행정청이 대신하여 심사하여 위험으로부터 보호하려는 것이기 때문이다.

3) 민주사회에서의 사회적 갈등의 수용을 위한 민원배심원제의 도입필요

(1) 민주사회에서 사회적 갈등의 행정절차내로의 수용노력의 국제화

행정현장에서 신속하게 해결되어야 할 문제가 행정과 주민들의 갈등으로 전 사회의 문제로 비화되는 현상이 자주 목격되고 있다. 갈등소지가 많은 민원인 경우, 지방자치단체장들은 재선거를 의식하여 결정의 위험을 혼자서 부담하는 것을 회피하려 하므로 행정마비상태가 길어지고 환경오염 등 공익에 대한 침해도 더욱 심해지고 있다. 또, 지방자치가 진전되면서 중앙정부에 의한 지역사회의 문제해결능력도 점점 줄어들고 있다. 갈등소지가 있는 민원들에 대해서는 중앙행정 공무원들이 권위주의적인 태도로 합법적인 방식으로 해결하라고 지시한다고 해도 더 이상 과거와 같은 힘을 발휘하지 못하고 있다. 이미 대구시 수성구의 민원배심원지침이 배심원의 심의대상으로 '적법한 행정 처리가 다수의 주민에게 피해를 초래, 해당 민원처리를 조정하고자 할 때'[25]를 그 첫 번째 대

---

25) 대구광역시 수서구청장의 예규 117호인 '대구광역시수성구민원배심원제운영지침'

상에 포함시키고 있는 것에서 알 수 있듯이, 특정 사업이나 건축의 허가신청에 대하여 허가하는 것이 합법적인 경우에도 주민의 반발로 허가하지 못하고 있는 것이 우리 행정의 구조적 현실인 것이다.

최근에 선진 외국에서는 점증하는 행정실패극복을 위한 협력적 행정이 작은 정부가 불가피해지면서 매우 각광받는 주제가 되어 환경행정이나 건축행정 등의 영역을 중심으로 점차 확산되어가는 추세이다. 미국에서는 갈등소지가 많은 분쟁들을 행정과 이해관계인들의 협력으로 행정절차단계에서 해결하기 위하여 대체적 분쟁해결제도의 이용이 늘어가고 있다. 실정법상으로는 연방행정절차법의 흠결을 보완하기 위하여 대체적 분쟁해결법(Administrative Dispute Resolution Act)26) 이 제정되어 80년대 이후 확산되고 있는 대체적 분쟁해결제도의 법적 근거를 마련하였다. 미국의 대체적 분쟁해결제도(ADR)는 행정과정에서 본격적으로 이용되기 시작한지 이미 20여 년이 넘었고 그 유형도 다양하며, 제기되었던 다양한 문제들에 대처하는 과정에서 많은 경험을 제공한다. 독일에서도 '협상과 합의에 의한 행정'은 복잡하고 갈등많은 행정문제의 해결을 위하여 매우 각광받는 행정활동방식이 되고 있다.

이러한 상황에서 한국에서도 기초자치단체 스스로 행정규칙에 근거를 두고 분쟁해결제도를 만들어 낸 사례가 있어 굉장한 흥미를 불러일으키고 있다. 이하에서는 그 내용들을 살펴본다.

(2) 민원배심원제의 개요

민원배심원제는 대구 수성구가 복합민원의 처리를 위하여 2000년 2월 21일부터 수서구청장의 예규 117호인 '대구광역시수성구민원배심원제운영지침'에 의하여 시행중인 제도로서, 도입목적은 "민원사안이 중대하여

(2000년 2월 21일부터 시행) 제12조.
26) 이 법의 번역은, 김유환, 미국의 행정분쟁해결법, 행정법연구 1999 하반기, 269-276면.

장기간 해결되지 않고 주민간의 이해가 대립되는 민원 등을 공개적. 민주적으로 처리하고 민원처리의 공정. 신뢰성을 확보하기" 위한 것이다. (동 지침 제1조) 한편, 경남 남해군은 남해군민원공개법정배심원제운영규정(1996. 2. 5 훈령 제 162호)으로 "집단민원과 고질민원 등을 공개적이고 민주적으로 처리하기 위해"(동규정 제1조) 민원공개법정제도를 도입하여 시행하고 있다. 민원배심원제나 민원공개법정제는 장기간 해결되지 않고 있는 집단민원과 인허가 민원들을 이해관계가 대립된 당사자들의 의견을 충분히 듣고, 지역주민 대표, 전문가, 공무원으로 구성된 배심원단이 투표를 통해 중재안을 내고 그것이 인허가의 내용이 되도록 하는 제도이다.

민원배심원제는 어느 일방의 완전한 승리에 의해 갈등을 해소하는 것이 아니라 민원배심원들이 조정과 화해를 통해 중재안을 내어 해결하는 제도이기 때문에 이해가 대립되는 사업자와 주민들이 조정자인 민원배심원들을 불신하게 되면 민원배심원제는 실패하게 된다. 따라서 민원배심원의 구성 및 절차진행에 있어 중립성과 공정성이 요구될 뿐만 아니라 독립적인 권위도 요청된다. 그리고 주민들이 민원배심원들의 심의과정을 참관할 수 있도록 공개되어야 한다.

주민들은 자신들의 관심대상인 민원업무에 대하여 행정과정의 초기단계부터 자신들의 이익과 관점에 반영되고 있다는 느낌을 받을 수 있어야 행정결정에 대한 수용과 순응의 정도도 높아지게 된다. 해당 절차에 참가하여 결정을 함께 내린 사람만이 결정의 결과에 대해서도 공동책임을 지는 것이다. 이 점을 고려하여 민원배심원제도는 갈등소지가 있는 인허가신청이 들어오면, 예를 들어, 신청후 즉시 건축허가예정부지를 표시하는 현장예고판을 붙여 주민들의 의견을 수렴하는 절차를 두고 있다. 이러한 현장예고절차는 우리 행정절차법상 도입되어 있지 않은 것으로 매우 참신한 아이디어라고 할 수 있다.

(3) 민원배심원제의 평가와 행정절차법에의 수용필요

그 동안 한국에서도 갈등많은 행정문제들의 해결을 위하여 수많은 정책적·제도적 제언과 권고가 쌓여갔지만 현장행정에서 그것들의 실효성은 극히 의심스러웠다. 외국의 이론동향과 경험의 단순한 소개는 이론의 충실도 부족, 문화적 차이, 정책결정자와 입법자들의 인식부족, 집행현장으로부터의 괴리 또는 사회적 분위기 등 다양한 요인들로 인해 행정현실의 개혁에 도움이 되지 않는 경우도 많다. 오히려 우리 현실에 대한 지나친 비판과 폄하는 공무원들의 지지를 받지 못하고 반감만을 조성하기도 한다. 외국성공사례의 한국화는 성공하기가 매우 어려운 작업이다.

그러므로, 가능한 한 우리 행정현장에서 행정개혁의 단초를 찾아 그 의미를 분석하고, 선진국의 유사한 제도운용경험들을 검토하여, 더욱 발전시킬 수 있는 가능성과 예상되는 문제들에 대한 대처방안을 제시하는 방식의 접근방법이 필요하다. 민원배심원제도는 행정과 사회의 쌍방적 의사소통을 기초로 행정문제를 해결하는 사회자본의 증진과 협력행정의 촉진을 위해 중요한, 우리 행정에서는 좀처럼 보기 힘들었던 사례로 평가할 수 있을 것이다. 특히, 이 제도는 최근 20여 년 동안 민원처리과정의 개혁관점으로 중요시되었던 행정의 신속성과 친절봉사의 관점이 아니라, 고질적인 미해결민원이나 집단민원을 대상으로 하여 민원처리과정의 민주성, 투명성과 공정성의 관점에서 제도를 개혁하려는 시도이다. 입법자들은 이 제도의 함축적 의미를 철저히 분석하여 행정절차법에의 수용을 위해 노력하여야 할 것이다.[27]

---

27) 행정절차법을 개정하면서 이해관계인 일정 수의 신청에 의해서 청문이 이루어지도록 하는 방법을 도입하고, 그 구체적인 절차는 현재의 청문절차와 민원배심원제도의 구체적 내용(예, 현장예고, 조정불능시의 투표)을 종합하여 형성하는 것도 한 방법일 수 있다.

IV. 결론

지역발전과 환경보호, 사업자의 이익과 주민들의 이익은 지방행정에서 점점 더 날카롭게 충돌하고 있다. 화장터나 쓰레기처리장 설치허가, 러브호텔의 건축허가 또는 다가구 주택의 건축허가 등 고질적 미해결민원이 증가하고 있으나 행정은 효과적인 대응을 못해 행정에 대한 불신이 확산되고 있다. 규제위반이 증가하고 집단저항이 빈번하며 행정결정도 장기간 지체되어 공익에 대한 침해가 확대되고 사회문제해결비용이 크게 증가하고 있다.

기존의 외부규제와 단수규제의 개혁에 치중했던 규제개혁노력은 치명적 약점을 가지고 있었다. 수요자인 기업들의 입장에서 그들의 사업계획에 맞추어 직면해야 하는 내부규제과잉과 복수의 결합된 핵심규제들의 대하여 효과적인 대응을 못했다. 규제개혁의 체감지수가 매우 낮은 것은 기업규모가 커질수록 더 많이 부딪칠 수밖에 없는 복합규제와 관련하여 발생하는 사업지체와 비용증가에 대하여 규제개혁노력이 적절한 응답을 주지 못했던 점에도 그 큰 원인이 있다.

엄격한 규제집행이 반복적 일상행정의 영역에서 유효한 경우도 상당히 존재하지만, 기업행정이 중심이 된 복합민원처리나 고질적 집단민원의 처리에 있어서는 엄격한 규제집행의 태도나 권위주의적 행정은 행정문제를 해결하는 것이 아니라 악화시키는 원인이 되기도 한다. 후자의 경우, 권위주의적 행정은 행정자신의 힘만으로 문제를 전부 해결하겠다는 독선적이고 아집에 사로잡힌 태도로 비치기까지 한다. 사회문제해결을 위해 행정은 사회의 자율적 정화능력과 질서복원능력을 살리고 회복되도록 도와주어야 한다. 이를 위해서는 규제과정에서 권위주의적 의사결정구조가 개혁되어 협력적 행정이 정착되어야 한다.

행정절차법개정안이 공무원들의 주도로 2002년 입법예고되었으나 우리 행정의 권위주의적 의사결정구조를 개혁시키려는 고민이 부족하다. 그렇지만, 행정실패를 줄이기 위하여 행정과 사회의 협력이 더욱 중요하다는 단순한 구호나 실태조사, 법제도와 결합되지 않은 막연한 원칙의 나열만으로는 행정현장의 권위주의적 의사결정모형의 변화에 큰 영향을 미칠 수 없다. 우리의 제도를 분석하여 협력적 행정의 발전을 위해 개선 가능한 효과적인 제도적 방법이 구체적으로 무엇인가를 설계해서 보여주는 시도가 필요하다. 행정절차법상의 처분절차를 개정하여 복합민원의 처리를 위한 집중심사절차와 집단민원의 해결을 위한 민원배심원제를 도입하여야 한다.

제4장

행정소송제도의 개혁과 공익소송

제1절 권위들의 충돌과 합법성심사의 발전방향

Ⅰ. 일방적 권위에서 설득적 권위로

1. 조선 예론가들의 이상과 4례의 질곡

젊은 자식과 젊은이들에게 부모와 선배가 예를 지키라고 요구하려면, 먼저, 어떤 예를 지키라고 하느냐, 왜 지켜야 하는가에 관하여 명시적·묵시적으로 대답할 준비를 갖추지 않으면 이제 그러한 요청을 할 수 없는 사회가 되었다. 춘추전국시대의 공자와 같이, 임진왜란과 병자호란이후 극도의 사회혼란의 상황속에서 사회질서의 안정없이는 어떤 행복도 서민들에게 보장될 수 없음을 직시한 조선 禮論의 선구적 집대성자인 김장생과 그의 아들인 김집은 평생을 공직에 거의 참여하지 않으면서 중국의 예서와 예론을 한국상황에 맞게 수정하고 새로이 보충하려는 태도로 家禮輯覽, 疑禮問解 등을 집필하여, 그 후 조선시대에 절대적인 영향을 미쳤다.[1] 현재에도 그들이 체계화했던 4례, 즉, 관혼상제의 예중 상례와 제례의 경우에는 일정 정도 영향력을 미치고 있다. 공자나 김장생 등에게 있어 예는 상대방과 관계를 형성하고 의사소통함에 있어 자기를 극복함으로 드러나게 되는데,(克己復禮 ; 制人慾存天理) 이러한 예

---

1) 조선 예론가들은 가정에서의 예, 스승과의 관계에서의 예, 임금과 신하사이의 예, 그리고 조상과의 관계에서의 예를 단계적으로 연결시켜 사회안정과 질서를 추구했다. 그런데 이들의 관점은 큰 시대적인 간격을 고려한다면 놀랍게도 19세기말과 세계대전의 혼란기를 살면서 법적 안정성에 대한 관심이 크게 높아진 정치적 배경을 기초로 한스 켈젠이 주창했던 법단계설과 상당히 유사한 이론들이었다는 점에서 한국의 법학자들이나 사회철학자들은 주목할 필요가 있다고 생각한다.

론가들의 초기 이상이나 정신과는 달리 조선중후기에 혼례, 상례나 제례 등은 일방적 권위로 변질되어,(예, 1년상이나 3년상 등을 둘러싼 갈등, 극도로 번다한 제례) 복종자들에게 항변이나 이성에 의한 승인을 요구하지 않은 채 복종을 강요하여 사회의 활력을 극도로 제약하는 질곡으로 변했다. 수많은 예서들이 편찬되고 예가 점점 복잡해지면서도 왜 죽은 사람과 조상들에 대해 예가 필요한지 어느 정도가 적정한지(예, 유능한 신하라 하더라도 중요한 국사를 논의하다가 부모님이 돌아가시면 반드시 만사를 제쳐두고 3년상을 위해 은둔에 들어가야 하는지) 설득없이 경직적으로 일방적으로 강요된 결과이었다.

2. 권위로서의 법과 그 기능방식의 변화필요

영미의 법실증주의적인 법학에서 권위(Authority)는 중추적 개념중의 하나로서 현실사회의 불안정성과 불확실성을 극복하고 문제를 해결하기 위한 효과적인 도구로 인식되어 왔다.2) 법은 상대방의 복종을 요구하기 때문에 권위이어야 하고 그 방법으로 설득과 강제를 결합하여 사용한다.

적극적 발전국가시대에는 카리스마적 권위나 강제에 기초한 일방적 지배를 통해 경제발전에 매진하여 왔다. 이에 따라, 아직도 우리 나라의 행정조직내부에는 적극적 발전국가시대의 관행에 따라 청와대와 중앙행정의 광범위한 정책권력과 정책재량이 유지되고 있다. 이를 위해 작용법

---

2) 심헌섭, 권위에 관하여-배제적 법실증주의에서 포괄적 법실증주의에로-, 법학 제39권 제2호, 1998, 103-123면. ; Joseph Raz, The Authory of Law, 1983. 특히, 서문, 제1장 Law and Authority의 세 논문 legitimate Authority와 the Claims of Law, 제4장 13절 Respect for Law를 참조했다.
　한국에서 평생을 법철학, 그 중에서도 주로 독일법철학에 헌신하고 전념했던 성실한 법철학자가 정년을 앞두고 영미의 법철학, 특히 실증주의적 법철학의 핵심개념인 '권위'개념에 몰두한 것은 필자에게 상당한 시사와 자극을 주었다.

적 근거가 없더라도 사실상의 지배나 조직법상의 지배관계를 토대로 매우 상세한 일방적 내부규제가 일반적 추상적 규범이나 개별적 구체적 지시를 통해 이루어져왔다. 이러한 일방적 권위의 문화는 행정조직내부 뿐만 아니라 법원내에도 침투하여 행정이나 국민과의 관계에서 법원도 충분한 법리적 설득과정없이 결론만을 강요하는 태도를 보여주곤 했다.

일방적 권위는 두 가지의 특징을 가지고 있다. 첫째, 법을 결정하는 자는 상대방에게 적절한 정당화사유를 제시함이 없이 一方的·專斷的으로 명령을 하고 의무를 부과한다. 일방성이 특징이다. 둘째, 법의 내용이나 판결의 내용과는 상관없이 법을 결정하거나 판결을 내릴 권한있는 자가 내렸기 때문에 상대방은 그에 복종해야 할 의무가 발생한다. 내용무관성이 특징이다. 법을 결정하는 자의 결정내용이 자신의 이성에 반한다 생각하더라도 이 결정에 따라야 하고 의무를 이행해야 한다. 따라서, 복종에 있어 자율성이나 자발성은 찾아보기 어렵다.

실정법의 제정이나 재판에 있어 권위주의사회일수록 법과 재판은 일방적 권위에 의해 결정될 것이지만, 민주사회에서도 복잡하고 가변적인 사회환경에 대해 정부는 신속하게 대응하도록 요구받고 있기 때문에 어느 정도 일방적 권위에 의해 실정법의 제정과 행정결정이 이루어지는 것은 피할 수 없을 것이다. 그러나, 재판마저 일방적 권위에 의해 결정된다면 국민들은 더 이상 불법적인 일방적 권위에 의해 희생과 피해를 입더라도 호소할 곳을 잃게 된다. 그 판결내용을 도저히 납득할 수 없는데도 합리적인 이유도 제시되지 않는다면 사회구성원들은 공동체에 대한 신뢰를 잃고 극단적인 이기주의 행태를 보여주게 될 것이다. 특히, 명백히 일방적 권위가 행사되고 그것의 위법성을 인정할 수 있는 상황에서도 법원에 의하여 처분이 아니라는 이유로 소송을 각하당한 당사자는 행정의 일방적인 권위뿐만 아니라 법원의 일방적 권위에 복종해야 할 이유를 전혀 설명받지도 못한 채 복종만을 강요받고 있는 것이다. 또, 파편화된 입법[3]으로 인해 개별 법령의 내용과 그 관점이 극히 일면적이어서 관계법을 종합적으로 고려하여 판단해야 함에도 불구하고 다른 관계법령은 고려함이 없이 처분의 근거법규에 의해 보호되지 않는 이익이라는 이유로 원고적격을 부인하는 경우에도 법원의 일방적 권위는 문제된다.

사회적으로 수용될 수 없는 행정의 일방적 권위나 국민들이 일방적 권위로 느끼는 행위에 대해 법원은 가능한 한 넓게 심사대상으로 삼아 그것이 위법한 것인지, 어떤 중요한 정책적 이유가 있는지, 아니면 숨겨진 공익적 사유가 있는지 드러내어 국민들을 설득하여야 한다. 행정결정의 실질적 이유가 합리적인지 아닌지를 심사하여야 한다.

권위적 기준의 일체로서 법을 해석하고 결정하는 법관의 권위는 실정법이 구속적 결정을 내릴 권능을 부여했기 때문에 인정된 지배권이다. 이러한 지배는 복종하는 자와의 관계에서 비이성적 자의가 아니라는 정당화가 필요하다. 오늘날 국민은 주권자로서 행정공무원이나 법관의 부당한 지배에 저항하는 것을 당연한 권리로 인식한다. 한국에서 왜 그렇게 상고심까지 불복해 가는 비율이 높은지 이런 관점에서도 재음미해볼 필요도 있다. 법관의 판결이 정당한 권위이기 위해서는 상대방의 이성에 호소하는 것이어야 한다. 그러므로 **설득적 권위, 설득하는 권위**이어야 한다.

서민들에게도 법은 우선 권위이다. 조선의 경험에서 법학자들, 공무원들과 판사들이 배워야 할 것은 권위는 설득적 권위이어야 한다는 점이다. 권위가 일방적으로 명령하고 지배하고자 하는 자기욕망과 관행을 극복하는 곳에서 비로소 정당한 권위로 존재할 수 있다. 따라서, 법은 권위이되 일방적 권위이어서는 안되고 설득적 권위이어야 한다. 일방적 권위의 일방성과 내용무관성을 극복하여야 한다.

행정, 민사, 형사소송에서 법원은 지난 50년간 합법성을 보호하기 위

---

3) 입법의 파편화현상은 사회문제와 관련하여 임기응변적으로 특정 문제를 해결하기 위해 특정 관점에서 입법을 신속하게 제정하면서 심화되었다. 이러한 입법들은 매우 짧고 명확한 결정을 회피한 채 단순히 선언적인 경우가 많다. 또, 다른 법령들과의 관계를 종합적으로 고려하지 않는다.

하여 위법여부의 심사를 해왔는데, 민주화된 한국사회에서 경쟁하고 있는 다른 기관들이 비약적인 발전을 보이고 있는 반면, 법원은 그 어느 때보다 그의 입지와 정당성에 대한 도전을 강하게 받고 있다. 그 동안 법원이 수행해온 위법심사의 정신, 방법과 내용이 민주사회에 요구되는 설득적 권위를 확보하지 못한 채 일방적 권위를 국민들에게 행사하고 있지는 않는가 반성적으로 검토해볼 필요가 있다. 현실적 타당성이 없는 경직적인 태도를 고수하면서, 처분이 아니다, 법률상 이익이 없다, 기속행위다 라고 하면서 당사자들이나 시민들의 주장의 타당성을 평가하거나 이유도 명확히 제시하지 않으면서 사실상 행정의 일방적 권위를 강요하는 태도는 극복되어야 한다.

더 나아가, "소극적으로 법의 정의를 외면하고 정의실현을 소홀히 하는 자세"[4]로 "법이 아닌 것을 법이 아니라고 말하지 못하고 법을 법이라고 이야기하지 못하였던 법원의 태도"[5]가 지금도 지속되고 있는 것은 아닌지 자성이 필요하다.

II. 권위들의 충돌- 긴장의 핵심적 당사자들로서 헌법학과 행정판례 그리고 행정법학

1. 행정판례에 대한 헌법학의 비판

1) 행정판례에 나타난 법해석방법의 개요

헌법학자들이 헌법해석방법에 관한 상당한 양의 논문들을 발표한 것

---

4) 이회창, 사법의 적극주의-특히 기본권보장기능과 관련하여, 법학(서울대) 제28권 제2호, 1987, 148면.
5) 최대권, 제정법의 해석, 법학(서울대) 제30권 1·2호, 1989, 136면.

에 비교하면 행정법학자들의 글은 드문데,6) 개략적으로 보아 행정법이
론과 행정판례는 법실증주의적인 경향을 띤다.7) 하지만, 행정판례의 주
된 흐름이 법실증주의적 경향을 띠고 있다고 해서 언제나 그러한 것은
아니었다. 경우에 따라,(예를 들어, 판례가 hard Case에서 헌법을 끌어들
여 해석할 때) 법실증주의의 한계를 극복하고 보완하기 위하여 자연법
적이거나 원리이론적인 논의를 수용하여 가고 있다.8)9) 법실증주의적 경
향으로 인해 비전과 실체적 내용을 담은 일반이론이 취약하고 한국의
파편적 입법들로 인해 판례는 당해 사안에 관한 직접적 근거법령이외에
관계법령의 체계적 해석에 매우 소극적이며 오랫동안 확립된 도그마들
로부터 벗어나는 것에 매우 조심스럽고 때로는 입법들의 파편성을 반영
하여 모순적이기까지 한다. 사회전체적으로 경제발전에 매진했던 시대

---

6) Jeong Hoon Park, Rechtsfindung im Verwaltungsrecht, 1999. 이후 박정훈교수는 행
   정법방법론에 관한 관심을 줄기차게 가져오고 있다. 주요문헌목록은 박정훈, 행정소
   송법개정의 주요쟁점, 공법연구 제31권 제3호, 2003. 3, 41면 참조. ; 유지태, 행정법
   방법론 소고, 최송화교수화갑기년논문집, 2002, 721-737면.

7) 일본에서도 행정소송에서 법원의 법실증주의적 태도는 지배적인 것으로 보인다. 일본
   의 유명한 행정법학자인 시오노(塩野宏) 교수는 일본판례에 있어서도 이른바 '제정
   법순거주의'가 행정소송유형의 다양회를 위한 사법적극주의의 노력을 막았다고 비판
   한다. 일본에 있어서 행정소송법의 개정과 금후의 방향(유진식 번역), 한·일 행정소
   송법제의 개정과 향후방향, 2003. 4. 18, (한국법제연구원/한국행정판례연구회) 발간,
   36-37, 70-71면.

8) 예를 들어, 법원이 처분의 법적 성격 판단에 있어 행정재량을 넓혀 사회의 가치관변
   화에 대응하고자 할 때, 문언주의적 태도 내지 법실증주의적 입장을 버리고 원리이론
   적 관점에서 헌법상의 기본권을 끌어들여 해석한다. (대법원 1999.8.19, 98두1857 건
   축허가신청서반려처분취소.) 이 사건에서 대법관들은 다수의견, 보충의견, 반대의견1,
   반대의견2로 나뉘어 재산권과 환경권의 관계를 둘러싸고 치열한 법해석논쟁을 보여
   준다.

9) 또, 대법원은 행정행위의 하자의 승계와 관련하여 다수설과 확립된 판례의 기준인
   "선행처분과 후행처분이 서로 결합하여 1개의 법률효과를 완성하는 때" 하자가 승계
   된다는 입장을 수정하여, 개별공시지가결정과 양도소득세부과처분과 관련하여, 수인
   한도를 넘는 가혹함을 가져오고 당사자가 예측할 수 없었을 때, "국민의 재산권과
   재판받을 권리를 보장한 헌법의 이념"을 끌어들여 "서로 독립하여 별개의 효과를 목
   적으로 하는 경우에도" 하자의 승계를 인정하였다.(대법원 1994. 1. 25 93누8542)

상황속에서 법원은 행정의 정책주도권을 승인하지 않을 수 없었다. 미국
에서도 규제철폐를 위한 연방정부의 정책주도권과 자율성을 존중하려하
는 신자유주의 시대에는 법률이 명확할 때는 그에 따르고 불명확할 때
는 행정의 해석을 존중하라는 Chevron 판결을 통해 연방대법원은 자연
법론과 법실증주의의 중간에 놓여 있던 미국행정판례의 흐름을 법실증
주의적인 입장으로 선회시켰다.10) 이 판결에 의하여 행정에 대한 법원
의 심사강도는 약화되지 않을 수 없었던 것이다.

　하지만, 헌법학에서는 헌법조문의 유사성과 간결성으로 인해 보다 쉽
게 선진국의 이론들이 제기한 쟁점들을 한국의 것으로 전환시킬 수 있
었기 때문에, 가치와 도덕을 담은 자연법적인 이론들11)(헌법문언들에 대
한 좁고 엄격한 구속을 벗어나려 한다는 의미에서 통합이론이든 결단주
의이든 비슷하다)이 그들의 비전과 실체적 내용제시능력 때문에 법실증
주적 이론을 비판하면서 통설의 위치를 점하고 있다.

　행정법학자들은 재판실무와 유리되어 있었기 때문에 비교적 쉽게 '헌
법구체화법으로서 행정법'의 구호에 동의할 수 있었지만, 법원은 판결문
의 작성에 있어 헌법조문들의 불명확성으로 인한 법적 불안정성과 예측
불가능성에 대한 우려, 그리고 헌법과 법령의 가치의 괴리 때문에 헌법
이 마치 법이 아닌 것처럼 법의 해석과 적용에 있어 대체로 고려하지 않
았고, 아마 고려하는 것을 매우 위험하게까지 생각했을 것이다.

---

10) 이러한 평가는, John G. Osborn, Legal Philosophy and Judicial Review of Agency
　　Statutory Interpretation, Havard Journal on Legislation Vol.36, 1999, pp.139-146 참조.
11) 수많은 법이론들이 서로 다른 이름들을 가지고 존재하고 있는데 그것들을 법실증주
　　의와 자연법론으로 이분하여 설명하는 것은 무리일지도 모른다. 그러나, 법판단에 있
　　어 실정법이외의 요소를 어느 정도 고려하느냐에 따라 여러 법이론들을 분류해보는
　　것은 특히 헌법학과 행정판례의 차이와 대립을 이해하는데 중요한 단서가 될 수 있다
　　고 본다. 이러한 설명방식은, John G. Osborn, Legal Philosophy and Judicial
　　Review of Agency Statutory Interpretation, Havard Journal on Legislation Vol.36,
　　1999, pp.119-159을 참조했다. Osborn은 Dworkin을 자연법적 법이론가로 이해한다.

2) 행정판례의 입장에 대한 헌법학의 비판

헌법재판소가 출범하고 기존의 경향과 유사한 행정판례가 지속하면서, 이미 예측할 수 있는 일이었지만, 법원의 확정판결이나 원처분에 대한 헌법소원가능성, 일시적 권력적 사실행위나 개인의 기본권을 직접 침해하는 행정입법에 대한 헌법소원의 제기가능성 등을 둘러싸고 헌법재판소와 대법원의 여러 판례들에서 갈등이 나타나기 시작했다. 이러한 갈등을 다룬 상당한 량의 논문들이 나왔는데, 이 논문들의 대부분은 헌법학자들과 판사들에 의하여 작성된 것이었다.12) 헌법학자들은 대부분 법원의 입장을 비판하였고 판사들은 법원의 입장을 옹호하였다. 학문의 발전은 상당 정도 서로 다른 전공의 학자들사이의 대화, 특히 관심과 초점을 달리하는 학자들사이의 대화에 달려 있다는 점에서,13)상호간 이해와 존중의 토대위에서 행정법학자들도 논의에 참가할 필요가 있다 할 것이다. 행정법학자로서 필자가 이 주제를 다루게 되면서 갖는 의문은 헌법재판소와 대법원은 왜 갈등을 보이는가, 도대체 법원은 그 동안 어떤 법정신을 추구하며 무엇을 어떻게 해왔는가, 새로운 행정소송법이 등장한다면 법원은 어떤 법정신을 추구해야 하며 과거와 다르게 무엇을 어떻게 해야 하는가, 헌법재판소와 대법원은 서로를 어떻게 이해해야 하는가, 그리고, 헌법학과 행정법학은 서로 어떤 관계를 형성해야 하는가 하는 점 등이었다.

헌법재판소는 1987년의 6월 민주항쟁의 결과 쟁취된 국민의 기관으로서 '무혈의 사법혁명'14)을 이루어 냈고, 이 과정에서 헌법연구관들에게

---

12) 이 논문들은 대부분 헌법재판소가 간행하는 헌법논총시리즈와 법원도서관이 간행하는 헌법문제와 재판(상, 중, 하)(1997), 그리고 헌법재판제도의 이해(2001)에 실려 있다.

13) Ekkehart Stein, Methodische Probleme des Verwaltungsrechts, Staat Kirche Verwaltung (Maurer Festschrift), 2001, S.803.

14) 헌법재판소출범초기의 헌법연구관이었던 황도수변호사의 표현이다. 황도수, 헌법재판실무연구, 2003, 서문.

"헌법재판소 재판관들의 고뇌와 책임을 항상 생각하고 숭앙할 뿐"이고, "헌법재판소에 신의 가호가 있기를!" 하는 정도의 헌신을 끌어내었다.15) 이러한 입장에서 헌법학자들은 법원의 헌법의식, 헌법판단수준16)(!)에 대해 강한 불신과 비판을 제기하여왔다. 관련 논점들에 대하여 헌법학자들이 헌법재판소를 옹호하고 대법원을 비판하는 태도를 취했던 것에 대하여 판사들은 예를 들어, 재판소원의 인정여부와 관련하여 사법제도의 혼란과 3심을 거친 후의 헌법소원의 인정으로 인한 권리구제에의 역기능과 남소의 우려를 나타내며 현행헌법의 태도가 옳다고 주장했으며,17) 한정위헌결정의 법원에 대한 기속력의 문제에 대해서도 위헌법률에 대하여 폐지무효설의 입장을 취하고 변형결정이 거의 인정되지 않는 오스트리아의 예를 참조하면서 그 기속력을 부인하는 주장을 전개했다.18)

헌법학과 행정판례사이에는 적어도 조문수준에서는 서양의 여러 나라들보다 더 선진적인 헌법과, 한국적 정치경제현실을 그대로 반영하고 있

---

15) 황치연, 헌법재판에서의 가처분, 헌법실무연구회 제30회 발표회(2002. 7. 12.), 46면. 결정문에는 이름이 올라있지 않지만 헌법재판소의 발전은 헌법재판관들뿐만 아니라 헌법연구관들의 헌신이 있음으로써 가능해진 것이다. 따라서, 이들의 자세와 견해를 수록한 논문은 헌법재판소결정문에 드러나지 않은 많은 다른 연구테마들의 연구를 위해서 상당한 의미를 가지게 될 것이다.

16) 송기춘, 헌법재판소 심판사건누계표에 나타난 법원의 헌법판단수준의 분석, 공법연구 제29집 제4호, 2001. 6. 243-263면. 법원이 위헌판단정확도가 낮고 결정적인 오류를 보여주는 경우도 상당히 존재한다는 점은 비록 헌법재판소의 결정을 기준으로 하였기 때문에 법원과 가치관이 다를 수도 있겠지만 상당한 의미를 가진다. 실제로 그 동안 법원은 헌법규정을 실정법해석에 끌어들이는데 소극적이었기 때문에 위헌법률 제청을 하면서 헌법적 판단을 할 때 낯설음을 느끼고 상당한 오류를 범할 가능성이 있었던 것이다.

17) 유남석, 재판에 대한 헌법소원금지의 논리 및 정책적 이유, 헌법문제와 재판, 1997, 332-338면.

18) 소순무, 한정위헌결정의 법원에 대한 기속력-대법원 1996. 4. 9. 선고 95누11405 판결-, 헌법문제와 재판(상), 1997, 584-593면. ; 박윤흔 전장관은 갈등이 심화되면 새로운 입법개정을 통해 해결하는 것이 필요할 수도 있을 것이라고 한다. 박윤흔, 국가배상법 제2조 제1항 단서에 대한 한정위헌결정 및 그 기속력을 부인한 대법원관례에 대한 평석, 행정판례연구VII, 2002, 133면.

는, 지극히 한국적인 법령들의 간극만큼이나 많은 잠재적 간극이 존재하고 있는데, 이러한 갈등이 반드시 부정적인 것만은 아니다. 상대적으로 폐쇄된 법시스템에서 권위들의 충돌은 법발전에 상당한 기여를 한다. 비교법적 경험을 보더라도, 예를 들어, 헌법재판과 행정재판을 최고재판소가 독점하고 있는 일본의 경우, 갈등과 경쟁이 없는 상태에서 최고법원은 헌법이나 행정법의 발전에 소극적이고 헌법재판소를 독립적으로 설치하는 것에도 적대적인 태도[19]를 보여주므로 헌법재판이나 행정소송은 좀처럼 활성화되지 못한다. 이에 비하여 유럽에서 유럽법원은 영국법원, 독일법원, 프랑스법원 등과 일정 부분 갈등하면서 그들의 국내법발전에 상당한 자극을 주어, 유럽법원의 개입은 새로운 공법적 권리보호시스템 탄생의 원동력(특히, 영국)이 되고 있다.

헌법재판의 활성화와 헌법학의 행정판례에 대한 활발한 비판은 행정소송과 행정법학을 위해서도 상당히 긍정적 의의를 가지고 있다. 행정법 도그마틱과 행정판례에 영향을 주어 헌법지향적 행정법학의 건설에 유용한 자극을 주게 된다. 또, 기관갈등이라는 지극히 한국적 문제들에 대해 대응하는 과정에서 그의 입장을 집중적으로 비판받은 법원은 보다 헌법지향적 판례형성을 위하여 노력하게 되었고, 학문을 위해서는 한국적 문제상황에 대한 이해를 심화시켜, 헌법학과 행정법학의 隔絶狀態와 번역법학의 한계를 극복하기 위해 노력하는 계기가 되기도 한다.

프랑스 행정법학에서는 19세기말과 20세기초 모리스 오류(Maurice Hauriou)에 의해 행정의 우월적 지위를 전제로 한 월권소송은 축소되고

---

19) 이동원, 헌법재판제도에 관한 일본에서의 논의, 헌법재판제도의 이해(재판자료 제92집), 2001, 269-270면. 한국에서 헌법재판소가 도입된 후 위헌심판이 지나치게 활성화된 경험이 오히려 일본에서 최고재판소와 별도의 기구로서 헌법재판소를 도입하는 것을 주저하게 만들었다고 한다. 구체적으로, 1953년에서 1969년까지 사법적극주의라는 말을 들었던 Warren대법원장시절에 위헌판단이 19건에 그쳤으나, 한국의 경우에는1988년부터 1996년까지 위헌법률심판37건, 위헌법률심판형 헌법소원 27건으로 총 64건의 위헌결정을 내린 것이 과도한 사법개입이라고 평가하고 있다.

당사자들의 대등성을 전제로 한 완전심리소송이 활성화되어야 한다는 주장이 제기된 바 있으나, 행정법의 헌법적 기초에 관한 논의[20]는 행정법학으로부터 사법과 사법적 사고를 더욱 배척시키고 행정법의 공법적 특성을 더 강화시키는 결과가 되고 있다.[21] 한국에서도, 헌법지향적 행정법학은 행정법의 확대를 촉진하고, 행정소송의 확대를 촉진하며, 헌법과 행정법의 합치를 촉진시키고 있다.[22]

2. 헌법학과 행정법학의 관계

법사상적 측면에서 볼 때, 헌법과 행정법의 관계는 행정법이 헌법에 대하여 어떤 의미를 가질 수 있는지, 그리고 원리수준에서는 법치주의원리가 민주주의원리에 대하여 어떤 의미를 갖는 것인가 하는 보다 근본적 물음으로부터 답해져야 한다. 하지만, 이 질문은 필연적으로 공법사상의 측면에서 종합적 연구를 필요로 하기 때문에 여기서는 검토하지 않을 것이지만 앞으로 연구가 심화될 필요가 있다.

행정소송의 운용이나 행정소송법의 개혁과 관련하여 필자가 우선 관심을 갖는 것은 행정법이론은 헌법이론과 어느 정도 관련성을 가져야 하는가, 특히, 현재 한국 헌법학자들이 제시하는 헌법적 논의틀로부터 어느 정도까지 행정법이론은 정당화논거를 끌어와야 하는가, 그리고 끌어올 수 있는가 하는 것이다. 장래지향적으로 말할 때, 그 정당화의 강도와 범위를 넓히기 위하여 헌법학과 행정법학의 대화와 협동의 필요성은 매우 크다고 할 것이고, 이 점에서 행정법학자들만 헌법학에 관심을

---

20) G. Vedel, Les bases constitutionnelles du droit administratif, EDCE 1954, p.21.
21) René Chapus, Droit administratif général Tome1, 15éd., 2001, p.4.
22) 박정훈, 헌법과 행정법－행정소송과 헌법소송의 관계－, 법학(서울대) 제39권 제4호, 1999, 98-99면.

가져야 하는 것이 아니라 헌법학자들도 적어도 행정법학의 어느 영역에 대한 이해와 감각을 전문가수준으로 가져야 할 것이다. 더구나, 점점 특별행정법사건들이 개별 행정법률의 합헌성검토와 관련하여 헌법재판대상으로 등장하고 있는 상황에서는 특별행정법영역에 대한 전문적 이해 없이는 헌법재판소판례들을 제대로 이해하기도 어려워져가고 있다. 법률과 행정입법을 아는 것이 너무 번잡하여 고통스럽다고 생각하거나 최고법만 알면 되지 하위법은 독자성과 자율성도 없는 것이니까 몰라도 된다는 생각23) 은 중세서양에서 간단한 성경구절에 대해서 성직자가 말하는 것이 곧 하나님의 뜻이다는 것과 유사하게 성직자에 의한 전단적 지배와 자의를 불러올 수도 있는 것이다.

근대이후 복잡성을 더해 가는 사회에서 자유와 질서를 조정하는 수단으로서 실정법이라는 사회공학적 발명품에 대한 의존도가 세계적으로 점점 더 높아가고 있는데, 행정법학은 다른 어떤 법학분야와는 비교할 수 없을 정도로 압도적으로 많은 실정법령을 포괄하는 학문분야로서 실정법시대의 총아라고 할 수 있다. 정책과 법이 혼재하는 영역, 정당성과 권위가 혼재하는 영역, 군자의 이상과 공인의 윤리와 성과급에 좌우되는 경제적 인간으로서 공무원상이 혼재된 영역이 행정법학의 세계이다.

복잡한 세계를 들여다보기 위해서는 관찰자도 그에 상응하는 복잡성을 감당할 수 있도록 관련된 다수의 관점들이 균형잡힌 평가기준을 가져야 한다. 그러나, 우리의 헌법학은 지나치게 단순한 잣대를 가지고 실정법령들을 평가하려 하지 않았는지 반성이 필요한 것은 아닌가 생각해본다.24) 복잡성의 문제를 절대 피할 수 없는 행정법학분야에서 사업자

---

23) 헌법의 우위는 헌법지향적 행정법학에 대한 강조를 통해 행정법학자들이 헌법을 알아야 하는 것을 요구한다. 그렇지만, 헌법학자들이 다른 실정법령으로부터 유리되어 헌법전을 연구해도 괜찮다는 뜻은 아니다. Reiner Wahl, Der Vorrang der Verfassung, Der Staat 20, 1981, S.514. ; Reiner Wahl, Der Vorrang der Verfassung und die selbständigkeit des Gesetzesrechts, NVwZ 1984, S.403.

24) 개별 기본권에 집착하는 '개별화된' 관점은 기본권의 의미를 종합적 시각에서 바라보

와 인근주민이 충돌하고 있고 행정청은 다수의 관계법령을 적용해야 하
는 경우는 가장 전형적인 상황이다. 더구나, 한국의 고질적인 부처이기
주의로 인해 복수의 관계법령들간의 모순충돌은 심각하다. 이 때, 헌법
학의 주제들 중 가장 관심을 갖는 주제인 기본권충돌론만 해도 헌법논
문이 몇 편 되지 않을 뿐만 아니라 그 내용도 실정법령들에 나타난 다양
한 복잡성의 세계를 수용하여 논의를 전개하지 못하고 단지 헌법조문수
준에서 논의를 정리해놓고 있을 뿐이다. (헌법학자가 이 주제에 대해 관
심을 가지고 독일의 논의를 충실히 소개해주는 것만 해도 상당한 관심
과 수고가 필요한 것도 사실이다!) 이것은 각 기본권을 구체화하고 있는
개별법령에 대해서는 무관심하다는 의미에서 헌법실증주의적인 해석이
라고 부르는 것이 타당할지 모른다. 복잡성의 세계를 벗어나 단순성의
세계로 도피할 수 없는 행정법학자들의 정신세계와 헌법학자들의 정신
세계는 그만큼 괴리가 존재하고 있는 것도 사실이다.

　행정법학자들은 행정학자들에 비하여 터무니없을 정도로 숫자가 부족
할 뿐만 아니라 철학적 성향이 강한 헌법학자들과 실용성이 강한 행정
법학자들을 동일하게 유지하는 법과대학들의 전통으로 인하여 수많은
행정특별법영역(예, 식품법25), 전자정부법)은 물론 행정학과 공법학의
학제적 영역 등 수많은 영역에서 한두 사람의 전공자를 발견하기도 어
렵다는 사실을 우리는 잘 알고 있다. 이 상황에서 낡은 법도그마들을 담
고 있는 교과서와 평석되지 않은 수많은 대법원판례들, 그리고 잘 알 수
도 없는 많은 특별법령들을 마주해야 하는 행정법학자들의 고통을 헌법
학자들은 도저히 이해할 수 없는 것이다. 법학은 우리 사회에서 제기된
실용적인 법적 문제들을 해결하기 위해 존재하는 것이고 연구자의 숫자

　　지 못하여 법익상호간의 관련성을 충분히 평가하지 못할 우려가 있다. 이계수, 기본
　　권론이 행정법학에 미친 영향, 사회과학논집(울산대) 제10권 제1호, 153면.
25) 전국에 56개정도의 식품영양학과(유사학과포함)에 수백명의 식품영양학전공자가 있
　　지만 식품법전공자는 발견하기 힘들다.

는 해결해야 할 문제들에 비례하여 존재하도록 하는 것이 필요함에도 국가전체적으로 연구자의 계획적 배치에 크나 큰 불균형이 존재하고 있는 것이다.

이러한 행정법학자의 부족은 한국에서 단지 행정법학의 저발전에 그치는 것이 아니라 대형정책부실을 수시로 가져온다. 대구지하철사고가 발생해도 재난관리법과 재난관리행정을 다룰 수 있는 행정법학자가 있었는가? 또, 최근 교육행정정보시스템(Neis)을 둘러싸고 사전에 행정정보공동이용을 통한 행정의 생산성과 효율성만을 강조한 수많은 행정학자들과 컴퓨터공학자들의 사이에서 전자정부사업이나 전자정부법을 분석하여 개인정보보호없는 행정정보공동이용이 엄청난 재정낭비를 가져올 것인지 지적할 수 있는 행정법학자가 거의 없었다는 사실도 기억해야 한다. 설령 한 두사람이 그러한 문제를 지적해도 압도적으로 많은 정보공동이용의 무조건적인 지지론자들 사이에서 그들의 의견은 거의 힘을 발휘할 수 없었다. 또, 교육행정영역에서도 수많은 교육학자들이나 교육학에 관한 석박사학위를 소지한 선생님들과 교육공무원들사이에서 교육행정법이나 교육법을 다룰 수 있는 인력이 얼마나 부족한가를 절감한다.

이러한 상황에서 "헌법과 헌법학자들이 확정해놓은 경계범위내에만 실정법령과 행정법학은 머물러야 하고 언제든지 헌법과 헌법학은 실정법령과 행정법학에게 일시적으로 할당해준 특혜영역을 뺏어갈 수 있다"는 시각은 행정법학이나 행정법학자들에게 상당한 거부감을 불러일으키는 것도 사실이다.26) 복잡성의 세계를 알려고도 하지 않고 책임질 준비도 되어 있지 않으면서 권한만 넓히려는 것처럼 비추어지는 것이다.27)

---

26) 민법학자들도 이러한 정서를 보여준다. 양창수, 헌법과 민법—민법의 관점에서—, 법학 제39권 제4호, 1999, 75면. 토론자인 윤진수 교수도 이 생각에 동의하고 있다. 법학 제39권 제4호, 1999, 79면.

27) 헌법학자들과 헌법재판소도 한국인들의 심각한 가치갈등과 그를 반영한 파편적이고

2002년 열렸던 독일 공법학회에서 다루었던 "헌법과 개별법―헌법재판권과 전문재판권"에 관한 첫 번째 주제발표자이었던 Alexy가 기본법이 다른 실정법령에 대하여 그리고 헌법재판소가 다른 전문법원에 대하여 경계확정규범(Rahmenordnung)으로 기능해야 한다고 주장하였을 때,[28] 심지어 독일에서도 Isensee교수는 이에 대해 지배적인 헌법이해에도 맞지 않는다고 하면서 명백히 반대했다. 헌법조문은 지나치게 간결하여 내용이 빈약하므로 실정법령의 입법자들에게 구체화권한(Konkretisierungskompetenz)이 부여되어 있는 것이고, 행정부와 사법부는 이러한 입법부를 존중해야 한다고 했다. 여기서 헌법은 실정법령에 대하여 "전면적 관련성"("Allbezüglichkeit")을 가지고 실정법령의 제정과 해석에 영향을 미칠 수 있을 뿐, 경계를 설정해주는 것은 아니다.[29]

한편, 거꾸로 행정소송을 다루는 법원도 합헌성심사권을 갖는 것이고[30] 헌법은 합법성심사기준의 하나이다, 따라서, 합헌성심사만을 할 수 있는 헌법재판소는 합헌성심사까지 할 수 있는 법원이 심사하지 않도록

빈약한 입법들로 인해 나타나는 문제상황을 안이하게 보아서는 안된다. 이미 갈등의 홍수시대를 지나 비교적 동질적인 문화를 가지고 있는 국가들에서 개발된 비교적 단순화된 이론들의 무비판적인 적용이, 헌법학자나 헌법재판관들이 의식하지 못한 상태에서, 지극히 단순한 논리로 구성된 신자유주의의 무비판적인 적용의 경우처럼, 때로는 한국사회에 심각한 문제를 초래할 수도 있다는 것을 인식해야 한다. 신자유주의의 무비판적 추종이 초래하는 문제점에 관해서는, 졸고, 규제개혁과 정부책임-건설산업의 규제개혁실패와 공법학의 임무-, 공법연구 제30집 제1호, 2001. 12, 377-401면.

28) Robert Alexy, Verfassungsrecht und einfaches Recht―Verfassungsgerichtsbarkeit und Fachgerichtsbarkeit, VVDStRL 61, 2002, S.14.

29) Josef Isensee, VVDStRL 61, 2002, SS.183-185.

30) Peter Häberle, VVDStRL 61, 2002, SS.185-187. Häberle교수는 헌법재판소만이 아니라 모든 사회구성원들이 헌법해석을 하는 것이고 다른 법원들도 헌법해석을 한다고 하면서 전문재판권이라는 표현도 잘못이라고 말한다. Häberle 교수는 기본적으로 Alexy교수에 동의하고 있는 것이지만, 여기서 필자가 우리나라에서 법원도 합헌성심사권을 갖는다고 하는 것은 Häberle교수의 의도와는 다른 것이다. 우리나라에서 법원은 예를 들어, 명령·규칙 또는 처분에 대하여 최종적으로 합헌성을 심사할 권한을 갖는 것이다.(헌법 제107조 제2항)

입법자가 특별히 관할권을 설정해준 사건들만을 처리할 수 있다는 주장
도 가능하다. 헌법재판소의 출범당시 입법자의 의도에 대한 역사적 해석
에 따른다면 이러한 주장이 정당성을 가지게 될 것이므로, 이러한 생각
을 민주적 법치주의의 발전에 역행하는 행정법이기주의적인 태도라고
할 수는 없다. 헌법재판소가 출범하기 전에 이미 역사적으로 상당한 기
간동안 법과 권익의 보호기능을 수행하고 있던 꽁세이데타와의 관계에
서 프랑스 헌법재판소가 법률이 효력을 발생하기 전 사전적 위헌심사권
만을 행사하고,31)32) 사인에 의한 기본권침해의 경우에는 민형사사건을
담당하는 司法法院이 담당하며, 공행정작용에 의한 기본권침해의 경우
에는 꽁세이데타가 담당하고도33) 기본권과 헌법정신의 보호에 있어 가
장 선진적인 국가중의 하나로 인정받고 있는 경험은, 법원과 행정소송법
이 민주적 법치사회에 적합한 기능을 수행하도록 현대화시키는 것에 의
해서도 국민의 기본권과 법질서보호를 위해 중요한 발전적 성과를 올릴
수 있다는 것을 잘 보여준다.

　민주주의의 발전과정에서 헌법재판소는 사법적극주의의 순기능을 잘
보여주었다. 하지만, 헌법이 배분해준 관할권의 범위를 무시하고 법원이
헌법정신에 부합되게 변하려는 시도까지 막으려 해서는 안될 것이다. 헌
법재판소는 지금까지는 상당한 자제를 보여준 것으로 생각하지만, 헌법

---

31) 권형준, 프랑스 헌법재판소의 위헌심사절차, 법학논총(한양대) 제18집, 99-115. ; 전
　　학선, 프랑스 헌법재판소와 기본권보장, 외법논집 제9집, 2000. 12, 423-445면. 그 이
　　유로 60인 이상의 하원의원과 60인 이상의 상원의원에게 헌법재판소에의 제소권을 확
　　대인정하고 있으며, 개인에게 제소권을 인정하는 경우 변칙적인 소송의 증가로 헌법재
　　판소가 혼란에 빠질 우려가 있다는 점이 제시되고 있다.(권형준, 전게논문, 104면.)
32) 프랑스에서도 사전적 위헌심사제도이외에 본격적으로 사후적 위헌심사제도를 도입하
　　려는 시도를 하기도 했다. 이에 관한 소개는, 조병륜, 프랑스에 있어서 헌법재판소에
　　대한 위헌심판제소권의 행정재판소 및 일반법원에로의 확장문제, 한국공법의 이론
　　(김도창박사 고희기념논문), 1993, 171-191면 참조.
33) 정재황, 프랑스에 있어 민·형사법원(사법법원)에 의한 기본권보장의 계기, 현대행정
　　과 공법이론(서원우교수화갑기념논문), 1991, 65-82면.

재판소와 대법원, 그리고 헌법학과 행정법학은 최근 사회와 시장에서 범람하고 있는 이기주의의 광대한 물결에 휩쓸려 권위간의 충돌을 확대재생산함으로써 질서를 붕괴시키는 비극을 경계하여야 한다.[34] 물론 그것은 기관간 그리고 학문간 건설적인 경쟁을 반대하자는 것은 아니다.

3. 행정소송법개정에 있어 학자들의 합의 및 일치의 중요성과 그 기초

1) 학자들간 갈등심화의 위험성

현재 사회에서 법학은 다른 학문과 관련하여 위기에 처해 있다. 민주화가 진행된 이후에 다른 학문들은 정책결정이나 심지어 법령의 제정과정에 깊숙하게 개입해가고 있다. 그러나, 국정의 주요 이슈의 구체화나 주요법령의 제정과정에서 그리고 지방행정의 수많은 조례제정과정에서, 미국, 독일 및 프랑스는 물론이고 일본에 비할 때에도 법학자들의 참여가능성은 현저히 낮다. 변호사들에 비하여서 더 나은지도 의문이다. 이러한 상황에서는 새로운 법이 제정되는 과정은 극히 불안정한 요인들이 우연적으로 작용하고 갖가지 비합리적인 이유들이 결정적인 역할을 할 가능성도 있다. 오늘의 발표나 과거의 공법학회의 발표내용[35]들은 심혈

---

34) 과거의 법정신과 단절하고 새로운 행정소송법의 정신에 따라 법원이 민주적 법치주의에 충실하려 할 때, 헌법재판소가 행정소송을 다루는 법원에 대하여 존중하는 입장에 설 것인가 아니면 강하게 반발하는 입장에 설 것인가는 행정소송법개정이후 중요한 문제로 부각할 가능성이 있다. 독일연방의 행정법관협회에서는 헌법재판소가 행정법의 해석과 적용의 특수성을 더 잘 이해할 수 있도록 행정법전문판사들을 헌법재판관으로 더 많이 임용해야 한다는 운동을 벌이기도 했다. "Mehr Verwlatungsrichter an das Bundesverfassungsgericht", FAZ 25. 10. 1977, S.4.(Peter Häberle, Auf dem Weg zum Allgemeinen Verwaltungsrecht, Verfassung als öffentlicher Prozeß, 1978, S.672, Fn81에서 재인용.)

514 제4장 행정소송제도의 개혁과 공익소송

을 기울인 것이었으나 그것의 내용에 대해서는 입법을 담당해야 할 국
회의원들도 그리고 법무부 검사들이나 법원의 판사들이 관심을 가지고
읽을 것인지도 의문이다. 이러한 상황에서 헌법학자들과 행정법학자들,
그리고 행정법학자들내에서의 갈등이 심화된다면 법제정도 어렵고 법이
제정된다 하더라도 지향하는 법정신의 불명확성 때문에 궁극적 목표라
고 할 수 있는 판례의 확립된 해석기준을 변경시키는데 실패할 가능성
도 있다. 그러므로, 법발전을 위한 공통의 과제를 인식하는 것이 매우
중요하다.

필자는 가능한 한 헌법학자들과 행정법학자들, 그리고 프랑스모델과
독일모델을 지향하는 행정법학자들 사이에서 합의의 형성을 목표로 중
립적인 위치에서 논의를 전개해가려고 생각한다.(다만, 필자가 행정법학
자라는 제약은 피할 수 없을 것이다.) 이를 위해 필자의 목표를 한국의
법원실무에 적합하고 한국 헌법에 적합한 법정신, 헌법지향적 행정법정
신을 건설하는데 둘 것이고, 현재의 헌법재판소의 관할사항도 가능한 한
존중하는 방향에서 논의를 전개해 갈 것이며, 독일법체계나 그 정신, 프
랑스법체계와 그 정신중 어떤 것을 지향해야 하는가를 말하지 않을 것
이다.36)

2) 한국적 상황에 대한 정확한 인식의 중요성

행정소송법개정과 관련하여 법원의 합법성심사의 현재실상과 미래의

---

35) 정하중, 행정소송법의 개정방향, 공법연구 제31권 제3호, 2003. 3, 11-40면. ; 박정훈,
    행정소송법개정의 주요쟁점, 공법연구 제31권 제3호, 2003. 3, 41-102면.
36) 신행정소송법은 "모든 관계자들의 다양한 견해를 조화롭게 반영"하는 것이 되어야
    한다. 최송화, 현행 행정소송법의 입법경위, 공법연구 제31집 제3호, 2003. 3, 10면.
    필자도 "프랑스발 행정법이냐, 독일발 행정법이냐, 일본발 행정법이냐, 미국발 행정
    법이냐 식의 지향점을 갖고서, 일의적으로 재단"하지 않을 것이다. 김중권, 행정소송
    제도의 개편방향에 관한 소고, 공법연구 제31집 제3호, 2003. 3, 661면.

방향을 검토하기 위해서는 법원이 다루고 있는 한국의 실정법령이 어떤 특징을 가지고 있고, 법원은 현재 어떤 제약조건에서 어떤 법정신을 지향하고 있으며, 주로 어떤 해석방법을 이용하여 실정법을 해석하고 있는가를 가능한 한 명확하게 파악한 이후, 외국의 법과 법정신의 도입과 수용이 한국을 위해 어떤 영향을 미칠 것인지 판단하여야 한다. 이 과정에서 한국의 법원과 법학계가 다른 나라들과 보여주는 차이를 가능한 한 있는 그대로 인정하고 그러한 조건위에서 바람직한 결과를 가져오기 위한 개선안을 제안해야 한다.

이 논점에 대하여 제정법해석과 관련하여 최근 수많은 학자들의 참여 속에 열띤 논쟁을 이어가고 있는 미국에서 법해석실무에 있어 영국과의 차이를 다각도로 분석한 글37)이 상당한 시사점을 제공한다. 이하에서 그 내용을 요약한다.

같은 영미법계에 속한 영국과 미국에서 영국법원은 법률의 실질적 내용을 심사하지 않고 법률에 표현된 문언에 더 충실하다는 점에서 미국법원보다 훨씬 더 문언주의적 해석의 입장을 취하고 있다. 그것은 법률의 제정기관인 의회가 주권을 가진다고 보고 있기 때문인데, 그 영향으로 법과 도덕을 엄격히 분리하고 자연법을 부인하며, 권위에 더 순응하는 문화를 가지고 있다. 그러나, 미국에서는 독립선언문과 연방헌법자체가 유럽의 자연법사상에 강한 영향을 받아 제정되었고, 그 때문에 실정법의 실질적 내용의 정당성을 법원이 심사해야 한다는 입장을 가지고 있으며, 권위에 대해 거부적인 태도를 보여준다. 영국의 법원은 미국의 법원보다 선례에 대해 더 강한 구속을 받고 있으며 법의 내용이 아니라 法源인지 여부에 대한 판단에 집중한다. 영국법원의 이와 같은 문언주의적 태도는 단순히 의회주권을 존중하려는 태도 때문만은 아니다. 미국의 지방법원들에서도 판사들은 그들이 판결문을 작성하는데 여러 명의

---

37) William S. Jordan, Legislative History and Statutory Interpretation : The Relevance of English Practice, University of Sanfrancisco Law Review 1994, pp.1-42.

조사요원들의 도움을 받고 있을 뿐만 아니라 하나의 판결문을 쓰기 위해 여러 달 동안 휴가를 얻을 수도 있지만, 영국의 판사들은 최고법원에서도 그들의 업무부담을 도와줄 조력자가 없다. 비서도 부족하다. 그러므로 영국의 판사들은 어떤 사건에 대해 직권적으로 심층적 분석을 할 수가 없고, 판단에 필요한 자료의 대부분을 당사자들이 제출하거나 구술한 주장에서 얻는다. 구술변론이 끝나면 곧바로 재판을 해야 하기 때문에 판사는 법문언이나 선례에서 벗어난 해석을 하기가 쉽지 않다. 미국보다 판사들의 권한이 더 작다고 보아야 한다.

그러나, 사법적 판단의 오류를 시정하는 것과 관련하여서는 영국의 의회가 미국의 의회보다 더 자주 개입해서 해결하고 있어서 미국과 같이 법원이 다양한 법해석방법을 개발할 필요를 영국의 판사들은 강하게 느끼지 않는다. 최고법원판사들이라 해도 그의 결정이 최종적이라고 생각하지 않는다. 헌법적 쟁점에 대해서도 그의 결정은 의회에 의하여 입법개정을 통해 바뀔 수도 있다고 생각한다. 그러나, 미국의 연방대법원 판사들은 헌법적 주제에 관한 그들의 결정이 최종적인 경우가 많고 그들의 정치적 의지도 사회에 그대로 관철되는 경우도 많다. 매우 정치적 성향이 강한 미국의 판사들과 달리 영국의 판사들은 동질적이며 덜 정치적이다.

같은 대륙법계에 속한다거나 또는 독일법계에 속한다는 인식만으로 어떤 나라의 법체계와 법해석방법이 한국에 더 적합하다고 보는 것은 잘못이다. 한국에 적합한 합법성심사의 체계와 방법을 찾음에 있어서는 법원의 법해석정신과 방법, 학계가 지향하는 법정신과 입법부와 사법부의 관계 등은 물론, 판사들이 심층적인 조사와 다양한 법해석을 할 수 있도록 조력인원이 충분한가, 판사 1인당 사건부담은 외국과 비교해 어떠한가 등도 살펴야 한다. 그리고, 가장 중요한 점은 국민들의 기질이나 발전단계의 차이가 있는 일본국민들과 한국국민들처럼 사회가 어느 정도로 분쟁유발적이고 외부에 의한 해결을 필요로 하는가 하는 것을 살펴야 한다.

3) 행정소송법개정의 방향과 목표에 대한 공감대의 확인과 그의 명확화필요

먼저, 행정소송법개정의 방향에 대한 공감대를 확인할 필요가 있다. 그 방향과 관련하여 "공법상 권리구제의 근간이 되는 제도로서의 행정소송의 실질적 기능은 상대적으로 왜소한 느낌"을 주고 있고, "한국의 법관들은 행정소송제도를 통한 권익구제를 활성화하여야 한다는 공통의 인식과 위기의식"을 느끼고 있는 상황[38]이라는 점에 대한 인식을 공유하는 것이 필요하다. 학자들이 실무의 이러한 인식과 의지에 찬물을 끼얹는 태도를 보여주어서는 안될 것이다. 이러한 인식은 아직도 서양의 여러 나라들과 비교할 때, 한국을 비롯한 동아시아 국가들에서 행정의 우위현상은 두드러진다는 점에 기인하는 것으로 보인다. 그 동안, 헌법재판소는 인권보호를 위해 '무혈의 사법혁명'을 할 정도로 노력해왔지만 국가인권위원회라는 새로운 경쟁기관의 출현을 막을 수 없었고, 대법원은 행정입법통제에 소홀히 한 결과 처분적 입법에 대한 헌법재판소의 통제와 대량의 행정입법개폐를 위한 규제개혁위원회의 개입을 막아낼 수 없었다. 국가인권위원회나 규제개혁위원회는 異論이 있기는 하지만 행정부내부의 기관인데, 이것은 아직도 한국인들의 마음속에 사법에 대한 불신이 남아 있고 인권보호나 입법통제라는 사법부의 핵심과제까지도 행정스스로 담당하려는 태도를 어느 정도 지지하는 마음을 가지고 있음을 알 수 있다. 아직도, 한국에서 다른 아시아국가들과 마찬가지로 헌법재판소나 법원과 같은 사법부는 행정부에 비할 때 국민들의 마음속에 매우 약하고 무너지기 쉬운 위치를 차지하고 있는 것이다.

---

38) 최송화, 한국의 행정소송법의 개정과 향후방향, 한·일 행정소송법제의 개정과 향후방향, 2003. 4. 18, (한국법제연구원/한국행정판례연구회) 발간, 89-90면.

따라서, 행정소송법의 개혁과 관련하여 헌법학자들이나 행정법학자들은 현재의 사법적 통제수준이나 행정소송법 개정시도들에 나타난 아이디어들이 법관국가를 가져올 것이라거나 행정활동의 위축을 초래할 것이라는, 한국현실을 무시한, 막연한 인식에 기초하여 결과적으로 자신의 주장이 헌법지향적 행정소송의 활성화에 반하는 주장을 하는 것이 되지 않는지 반성적으로 검토해보아야 한다. 현재의 한국적 맥락에서 행정소송법개정시도에 대한 비판은 헌법지향적 행정소송의 활성화를 위한 자극으로서 기여할 때 타당성과 설득력을 갖는다고 할 것이다. 그리고, 두 기관간 권력의 분배에만 지나치게 몰두하는 태도는 심사대상의 확대와 관련하여서는(현재, 전체의 행정입법들중 1%도 되지 않을 처분적 행정입법을 제외한 대부분의 행정입법들에 대한 직접적 통제는 이루어지지 않고 있음을 상기할 것) 현재의 사법적 통제수준에 만족하는 듯한 인상, 행정입법통제의 불완전성을 방치하려는 듯한 인상을 준다. 헌법재판소와 대법원사이에서 몇 개의 판례에서 드러난 갈등은 두 기관의 발전에 따라 더 많아질 것이지만, 이러한 갈등이 법발전의 방향으로 생산적인 승화를 이루도록 유도해야 하는 것이 행정법학자들뿐만 아니라 헌법학자들을 포함한 공법학자들의 과제라 할 것이다.

다음으로, 행정소송법개정의 목표와 우선순위에 대한 인식도 공유하는 것이 필요하다고 본다. 이러한 공동인식을 확인함에 있어서는 어떤 논리나 이론에 지나치게 집착하지 말고 이번 행정소송법개정이 의미를 가지려면 가장 핵심적으로 무엇을 목표로 해야 하는가, 그리고 법개정이 그 목표와 관련하여 어느 정도 성공했는가를 가지고 평가해야 한다. 생각건대, 이번 행정소송법개정의 가장 큰 목표는, 첫째, 처분적 행정입법이 아닌 보통의 행정입법(행정청이 처분등을 통해 행정입법을 해석적용하는 행정입법)에 대한 직접적 통제제도를 도입하여 헌법 제107조 제2항에서 법원에 부여한 과제를 방치한, 위헌적인 상태를 종식시킬 수 있는가,[39] 둘째, 처분이나 법률상 이익 개념과 관련하여 판례가 확립된 이후 입법개정에도 불구하고 전혀 변하지 않고 있는 해석기준들을 변경시키는 입법개정을 해낼 수 있는가, 셋째, 당사자소송에 국가배상소송이나 부당이득반환청구소송 등이 도입되어 당사자소송이 활성화될 수 있고, 의무이행소송과 가처분제도가 도입될 수 있는가에 있다고 본다. 이 중 셋째의 논점은 대체로 학자들 사이에 합의되어 있다. 그러나, 첫째와 둘째와 관련하여서는 상당한 갈등이 드러나고 있는데, 이하에서는 이 쟁점들을 중심으로 논의를 진행하겠다. 당사자소송의 확대와 관련된 문제는 민사소송과 행정소송사이에서 주로 문제되고 있을 뿐이고, 의무이행소송이나 가처분제도의 도입 등의 주제도 행정소송법개정과정에서 거의 합의에 도달한 것으로서 헌법재판과의 관계에서 별다른 쟁점을 가지고 있지 않기 때문에 헌법재판과 행정소송의 관계를 다루는 오늘의 연구발표에서는 제외하겠다.

III. 행정판례에 나타난 법정신과 법발견의 특징

수많은 행정영역에도 불구하고 행정소송에서는 소송요건사항과 본안사항으로 나뉘어 심리가 이루어지는데, 법원이 일방적 권위의 모습을 보여주는 원인은 소송요건심사와 관련하여서는 지향하는 법정신과 소송체계에 문제가 있기 때문이고, 그리고 본안심사와 관련하여서는 행정법령의 복잡성증가에 대한 대응실패에 그 주된 원인이 있기 때문이다. 이 절에서는 '현재 있는 법'[40], 현재 법원의 지배적인 법해석방법, 행정판례에

---

39) 헌법학자들은 필자가 헌법재판소가 처분적 행정입법이 기본권을 직접 침해하는 경우의 관할권을 부정하자는 입장이 아님을 주의해야 한다. 더 자세한 내용은 VI.2.1) **'행정입법에 대한 직접적 통제제도도입의 헌법적 의무'**부분 참조.

40) 양창수, 한국 민사법학 50년의 성과와 21세기적 과제, 법학(서울대학교), 제36권 제2호, 33면.

나타난 법정신의 특징을 설명하기 위하여 소송요건사항과 관련하여서는 침해행정에 대한 방어권보호중심의 자유주의모델에 따라 설명하고, 본안사항에 대해서는 복수의 관계법령의 해석적용이 문제되거나 복수의 이해관계인이 나타나는 사안을 대상으로, 현재의 판례의 법발견방법을 설명할 것이다.

1. 침해행정에 대한 방어권보호중심의 자유주의모델의 등장과 그의 영향

1) 판례와 학설의 배경이 되는 법정신과 법해석방법에 대한 탐색의 중요성

어떤 행정영역에서 개별법규정들을 적용하면서 법원이 보여주는 해석방법과 처분이나 법률상 이익과 같은 기본개념들에 관한 규정들을 해석할 때 보여주는 해석방법에는 상당한 차이가 있다. 처분이나 법률상 이익 개념의 해석과 관련하여 법원은 전형적인 문리해석을 하는 것이 아니다. 법원은 행정소송법 제2조 제1항 1호에 정의된 처분개념인 "행정청이 행하는 구체적 사실에 관한 법집행으로서의 공권력의 행사 또는 그 거부와 그밖에 이에 준하는 행정작용"이라는 표현을 판결문에서 사용하지 않고 "국민의 구체적인 권리의무에 직접 관계가 있는 행위"(대법원 1997. 9. 26, 97누8540)인지 여부를 판단기준으로 사용하고 있고, 법률상 이익에 대해서도 판례가 창조한 "처분의 근거법률에 의하여 보호되는 직접적이고 구체적인 이익"(대법원 1997. 10. 14, 96누9829)이라는 기준을 통해 판단한다. 따라서, 법원의 법해석실무에서는 법조문의 표현이 아니라 판례가 제시한 해석기준이 결정적 의미를 갖고 있다. 법원이 법조문의 표현과는 별도로 해석기준을 제시하여 그에 따라 사안을 해결한다는 점은 행정소송법개정이 이루어지고 새로운 행정법도그마가 주장되더라도 그것이 판례변경을 가져오지 못할 수도 있다는 것을 의미한다. 실제로 1985년 행정소송법개정으로 처분과 관련하여 해석기준과 다른 법조문이 행정소송법에 포함되었지만 그것이 결국 해석기준의 변경을 가져오지 못했다는 경험은 이것이 단순한 우려수준을 넘는 문제라는 것을 증명한다. 간단히 말해 입법변경은 결정적으로 중요한 것이 아닐 수도 있다.

이 점은 그 동안 행정법학계가 크게 주목하지 않았던 매우 중요한 논점이다. 행정법학자들은 그 동안 처분규정과 법률상 이익규정에 대한 해석에 있어 법원이 행정절차법과 행정소송법상의 규정들의 어의적 의미를 준수하지 않고 지나치게 협소하게 해석한다는 점을 집중적으로 비판해왔다. 이것은 바로 법문언에 충실한 해석의 촉구에 다름아니었다. 문리해석을 따를 수 없는 이유가 무엇이었을까?

처분개념의 해석기준인 "국민의 구체적인 권리의무에 직접 관계가 있는 행위"나, 법률상 이익개념의 해석기준인 "처분의 근거법률에 의하여 보호되는 직접적이고 구체적인 이익"은 법자체에서는 권리의무라거나 근거법률이라는 제한을 가하지 않고 있음에도 법원이 어떤 목적을 위해서 법문언을 제한적으로 해석한 결과, 즉, 목적론적 축소해석의 결과라고 할 수 있다. 판례가 그 동안 일본판례에 매우 큰 영향을 받아왔기 때문에 일본 행정판례의 처분개념해석이나 법률상 이익개념의 해석에 크게 영향받았을 것이라는 것은 알 수 있으나, 일본을 포함하여 한국에서 법문의 문언적 의미로는 다르게 해석될 수도 있는 조문을 왜 현재와 같이 해석하게 되었는가를 이해하기 위해서는 역시 법원이 행정소송에서 지향하는 법정신이나 법발견의 방법에 대한 것을 분석하는 것이 필요하다. 왜냐하면, 취소소송의 요건개념인 처분개념, 법률상 이익개념과 같은 기본개념의 해석에 있어서는 헌법재판에서 기본권개념처럼 전통적 해석방법에 따른 법조문의 문언적 의미가 아니라 해석의 배경을 이루는 법정신이나 해석원리가 중대한 영향을 미치고 있는 것으로 보이기 때문이다. 기본개념들은 문언자체만으로는 수많은 사안들에 구체적이고 명료한 지침을 주기에는 불명확하고 지나치게 포괄적이기 때문에, 법조문에 앞서 해석집단의 先理解가 결정적 의미를 갖는다고 하겠다.

입법이나 재판과 마찬가지로 학자들에 의해 생산되는 행정법도그마도 그 시대 한나라의 문화나 이성적 질서를 추구하는 법정신의 산물이라 할 수 있다.41) 간단한 법조문이 다양한 행정사건들을 위하여 구체적인 답을 줄 것으로 기대하는 것은 법문언의 모호성과 불확실성으로 인한 해석자의 곤란성을 경시한, 지나치게 안이한 태도이다. 해석자들은 법문언뿐만 아니라 입법의 연혁, 학설, 다른 관계법조문 등을 종합하여 해석의 어려움을 경감시키려 하는데, 이것들을 연결시켜주는 것은 당해 입법의 배경이 되는 법정신 또는 법사상이라 할 수 있다. 법해석에 있어 그 법문이 뿌리를 두고 있는 법문화나 맥락, 그리고 의미배경이 되는 규범(Background Norms) 또는 배경이 되는 원리(Background Principles)42) 에 대한 이해없이, 사전적 의미에 기초하여 파악한, 법문의 명백한 의미(plain Meaning)만으로 법해석을 할 수 있다는 생각은 잘못이다.43) 다만, 사람들이 법해석에 있어 이것을 의식하지 못하는 것은 배경이 되는 법문화, 법정신에 대하여 법을 해석하고 적용하는 핵심적 위치에 있는 사람들이 공유하고 있기 때문이다. 그러나, 이러한 정신이 사회변화에 따

---

41) 오토 마이어도 "우리 행정법은 우리 공동체의 문화의 산물, ……표준이 되는 기본정신의 산물이다"고 한다. Otto Mayer, Deutsches Verwaltungsrecht Bd.1, 3.Aufl., S.21. 오토 마이어는 법규를 관습법이나 판례 또는 흠결이 많은 실정법규에서 찾지 않고 이성에 의하여 법치국가의 이념으로부터 연역적으로 기본개념들을 구성해내었다. 오토 마이어의 법학방법론에 대한 소개는, Jeong Hoon Park, Rechtsfindung im Verwaltungsrecht, 1999, SS.61-63. 이러한 방법은 바로 개념법학적 방법이었다고 할 수 있을 것이다.

42) 해석원리들은 법해석에 있어 일관성과 객관성을 확보해주는 기능을 수행한다. 김유환, 미국행정법에서의 규제법규해석과 규제재량통제-한국적 상황에의 적용의 모색-, 서울대 박사, 1991, 205-211면 참조.

43) Cass Sunstein, Interpreting Statutes in the Regulatory State, Havard Law Review 103, 1989, 408-508(416).

라 바뀌고 이미 공동체다수가 다른 법정신을 가지고 있으며 더구나 입법까지 바뀐 경우에도 최종적 해석권을 가진 기관에서 특별한 정당화사유없이 변화이전의 과거와 같은 결정을 반복하는 것은 일방적 권위가된다. 즉, 최종적 확정판결이 일방적 권위의 일방성과 내용무관성의 특징에 점점 가까워지게 된다. 배경이 되는 법정신의 변화나 그 판결이 현실사회에 미치는 실질적 기능 등에 대해서는 관심을 더 이상 갖지도 않는다. 따라서, 해석집단의 先理解를 객관적으로 드러내 그것을 비판적으로 검증할 필요가 생기게 된다.

법해석의 기준이 수십년간 존속하면서 일방적 권위로 변하게 된 데는 법해석자들이 그 동안의 엄청난 사회변화에 따른 법정신의 변화를 수용하지 못했기 때문이다. 그것은 해석대상이 판례법질서의 관건이 되는 기초개념인 경우 해석을 변화시킴으로써 초래될 혼란을 지나치게 두려워했기 때문이거나, 아니면 변화된 법정신에 대하여 그 내용을 명확하게 파악하지 못했기 때문이라 할 수 있다. 이런 점에서 법정신을 모델화하여 파악하는 것은 매우 중요하다고 할 수 있다. 이 모델을 통해 현행법에서의 지배적인 법도그마와 판례에 나타난 학자들과 판사들의 일반적인 의식, 즉 그들의 이상과 현실인식에 대한 분석을 통해 그 배경이 되는 법정신이 타당할 수 있는 조건과 한계를 분석하고, 새로운 법이 지향하는 법정신을 명확히 하는 것이 필요하다 할 것이다.

2) 침해행정에 대한 방어권보호중심의 자유주의모델

개인의 권리보호에 중점을 두는 전통적 모델은 법령의 집행기관으로서의 행정기관만을 염두에 둔 것으로 법규명령을 직접 제정하고 그것이 더욱 중요한 의미를 가지는 행정의 실제모습을 외면하고 있다. 또, 전통적 모델은 제기된 사건들의 복잡성이 낮았던 전통사회를 배경으로 중산계급인 부르조아지의 자유와 재산의 보호를 주목적으로 하고, 개인의 권

리의무의 체계로서 형성된 민법의 강한 영향을 받았다.44)

(1) 한국 행정소송체계의 모델법으로서 2차대전직후의 독일주들의
    행정재판관련법들의 내용

지금까지 일본과 한국의 행정소송체계의 원형은 2차대전직후 1960년
연방행정법원법이 제정되기 전 군정기 독일의 주법들이라고 할 수 있다.
1946년에 바이에른주 등 남부 독일의 세 주에는 남부독일의 행정재판권
에 관한 법(Gesetz über die Verwaltungsgerichtsbarkeit)이 제정되어 있었는
데, 이 법에는 취소소송(제35조 제1항), 의무이행소송(제35조 제2항) 및
당사자소송(Parteistreitigkeiten, 제5장의 제85조에서 제100조까지)이 규정
되어 있었다. 남부독일의 행정재판권에 관한 법은 행정행위에 관한 정의
규정을 두지 않았지만, 제85조에서 당사자소송의 본질과 행정행위 개념
의 이해를 위해 중요한 당사자소송의 정의규정을 두고 있다.45) 제85 제1
항은 다음과 같다.

"제85조 (1) 당사자소송은 대등한 법 주체들 사이의 공법소송이다. 두
당사자들 중의 일방에 의한 청구권의 주장이나 거부가 그 청구권에 관한
구속적 결정을 포함하지 않을 때, 두 당사자들은 소송에서 대등하다."

이러한 제85조로부터 취소소송이나 의무이행소송의 대상은 '부대등한
법 주체들 사이에서 두 당사자들 중의 일방에 의한, 청구권에 관한 구속
적 결정'이라는 반대이해가 가능하다.

한편 2차대전 후까지도 행정소송사항에 관하여 열거주의를 취하고 있
던 상태에서 영국군이 점령하고 있던 함부르크를 중심으로 한 북부지역

---

44) Winfried Brohm, Die Dogmatik des Verwaltungsrechts vor den Gegenwartsaufgaben
   der Verwaltung, VVDStRL 30, 1972, pp.253-257.
45) 한국 행정소송법 제3조 2호는 당사자소송에 관하여 "행정청의 처분등을 원인으로 하
   는 법률관계에 관한 소송 그밖에 공법상의 법률관계에 관한 소송으로서 그 법률관계
   의 한쪽 당사자를 피고로 하는 소송"이라고 정의하고 있다.

에서는, 1948년 4월 1일부터 효력을 발생한 영국군 군정명령 141호
(Verordnung Nr.141)가 제정됨으로써 모든 행정행위에 대한 소송제기가
가능해져 개괄주의가 채택되었다.46) 군정명령 141호에는 독일 법제사에
있어 중요한 의미를 가지는 행정행위에 관한 실정법상의 정의가 최초로
등장하게 된다. Otto Mayer 이후 많은 독일 학자들이 각각 행정행위를
정의하고 판례도 행정행위라는 용어를 쓰고 있었으나 이 때까지 실정법
상의 정의규정은 없었던 것이다.47)

　군정명령 141호 제2조 제1항은 "이 명령에서의 행정행위(Verwaltungsakt)
는 공법의 영역에서 - 민사소송법, 형벌집행을 포함한 형사소송법 및 비
송사건(der Freiwilligen Gerichtsbarkeit}을 제외하고 - 개별 사례의 규율을
위하여 행정청이 발한, 모든 처분(verfügung), 명령, 결정 또는 그 밖의
조치(sonstige Maßnahme)이다"고 규정하였다.48) 이 정의규정은 1948년 9

---

46) 독일 행정소송에서 개괄주의의 채택은 두 개의 입법적 결정과 관련해서 나온 용어이
　　다. 첫 번째는 열거된 몇 개의 행정행위가 아닌, 모든 행정행위에 대하여 소제기가
　　가능하다는 것이고, 두 번째는 비헌법적 종류의 모든 공법상의 사건들에 대하여 행정
　　소송의 제기가 가능해졌다는 점이다. 이러한 내용은, Klaus Stern, 판례평석, NJW
　　1958, S.684. 및 Bettermann, 토론내용, VVDStRL Heft 15, S.215 참조. 우리 행정소
　　송체계는 두 번째의 개괄주의의 관점에서 평가할 때 불완전한 개괄주의가 채택되어
　　있는 것으로 보인다.
47) 다만 1931년 Hegelmaier에 의하여 제안된 뷔르템베르크를 위한 행정법원법 초안
　　(Entwurfs einer Verwaltungsgerichts- ordnung für Würtemberg (EntWVRO)) 제61조
　　는 "이 법에서 행정행위는 행정청이 공권력을 행사하여 개별사례에서 특정한 관계의
　　규율을 위하여 발한 처분과 결정이다. 그러나 특별권력관계 직무권력(Dienstgewalt),
　　영조물권력(Anstaltgewalt))내에서의 처분과 결정은 제외된다"고 규정하고 있었으나,
　　이 초안은 효력을 발생하지 못했다. 그럼에도 이 초안은 그 후의 독일 행정법의 발전
　　에 중대한 영향을 미쳤다고 평가받고 있다. Klaus Obermayer, Verwaltungsakt und
　　innerdienstlicher Rechtsakt, 1956, S.32.
48) 우리 행정소송법 제2조 제1항 1호는 "행정청이 행하는 구체적 사실에 관한 법집행으
　　로서의 공권력의 행사 또는 그 거부와 그밖에 이에 준하는 행정작용"이라고 처분을
　　정의하고 있다. 이 정의규정을 1976년 제정된 독일의 연방행정절차법 제35조의 정의
　　규정과 비교하면 한국의 현행 규정과의 유사성을 쉽게 확인할 수 있다. "행정행위란
　　공법의 영역에서 개별 사례의 규율을 위해 행하며, 직접적인 법적 효과를 외부에 발

월 13일부터 효력을 발생하게 된, 121개의 조문으로 된 영국군 군정명령49) 165호 제25조 제1항에 거의 그대로 계수된다.50)

이것을 보더라도 현재의 일본과 한국의 행정소송법상 항고소송과 당사자소송의 체계는 프랑스와 비슷해 보이지만 행정입법이 제외된다는 점에서 다르고 실제로는 1948년의 남부독일법이나 북부독일의 군정명령의 체계와 매우 유사하다는 것을 알 수 있다. 남부독일에서는 이 당시에도 이미 의무이행소송이 인정되어 있었다는 점에서는 오히려 현재의 한국이나 일본보다 권리구제에 더욱 진일보한 체계라고 할 수도 있을 것이다. 이 상태에서 한국의 법원의 권리보호범위는 행정소송분야에서 프랑스 행정법이나 미국행정법은 말할 것도 없고 1950년대 독일행정소송의 범위와 비교해보아도 더 협소하다고 하겠다.

(2) 침해행정에 대한 방어권중심의 자유주의모델의 확립

1960년 독일 연방행정법원법이 등장하기 전까지의 독일 행정소송시스템은 침해행정에 대한 방어권보호중심의 자유주의모델이라고 부를 수 있는 것이었다. 1956년 열린 독일 공법학자대회의 주제이었던 '행성과 행정재판권'의 발표자인 Erich Becker의 글에는 행정소송의 역할에 대한 이러한 인식이 명확하게 나타난다.

시민혁명당시 정부의 임무는 시민의 '자유와 재산'의 보호에 한정되었는데, 이러한 사상이 독일에 와서 황제의 권력에 대한 존중의 필요와 부합되면서 행정소송의 역할도 행정이 시민의 '자유와 재산'을 침해하는 경우에 그 구제를 담당하는 것, 즉, 침해행정에 대한 구제로 설정되었

생케 하는 모든 처분, 결정 기타 다른 권력적 조치(andere hoheitliche Maßnahme)이다"고 규정하고 있다. 일반처분에 관한 단서규정은 번역에서 제외하였다.

49) "영국점령군지역의 행정재판권"("Verwaltungsgerichtsbarkeit in der britischen Zone").

50) Hans Klinger, Die Verordnung über die Verwaltungsgerichtsbarkeit in der britischen Zone, 3.Aufl., 1954, S.187.

다.[51] Erich Becker는 행정재판은 태생적으로 그리고 성질상 침해행정에 지향될 수밖에 없다고 하면서 법치국가는 행정의 위법한 침해에 대한 시민의 권리의 보호를 목적으로 한다고 한다. 급부청구권에 대해서도 신청을 거부한 거부처분의 취소소송의 방식으로 구제될 수 있다고 본다. 하지만, 급부행정의 영역에서는 공법의 법규에 의해서 또는 계약에 의해서 주관적 공권이 인정될 때만 이행소송을 제기할 수 있었는데, 2차대전 후 얼마 되지 않은 상황이었기 때문에 실정법상 급부청구권은 매우 협소하게 인정되고 있었다.[52]

프로이센시대나 바이마르시대까지 독일의 헌법전은 통치구조에 관한 규범이 대부분이고 헌법재판소(독일연합의 Reichskammergericht, 제2제국에서의 Budesrat, 바이마르공화국에서의 Staatsgerichthof)도 연방과 주의 문제만을 담당하는 등 기본권에 의한 법률의 내용적 통제와는 거리가 멀었다. 침해행정에 대한 방어권보호중심의 자유주의모델에 따른 행정재판은 헌법재판을 담당하는 기관에 의한 기본권보호가 결여된 상태에서 행정권력의 남용으로 침해된 개인의 권리보호에 크게 기여하였다. 따라서, 이 당시까지는 행정법국가라고 할 수 있었고 헌법은 法源으로서 고려되지 않았다.[53]

한편, 한국과 일본에서 행정소송의 역할을 대체로 침해행정에 대한 권리구제에 한정하도록 유도한 것은 기본적으로는 행정소송시스템의 구조적 특성에 기인하였으나, 이론적으로도 다나까 지로(田中二郎)의 "행정소송의 한계"론[54]은 처분개념, 원고적격의 확대나 의무이행소송도입

---

51) 박정훈교수는 이것을 독일형모델의 제1단계모델로 설명한다. 박정훈, 헌법과 행정법 ─행정소송과 헌법소송의 관계─, 법학 제39권 제4호(1999), 88-89면.

52) Erich Becker, Verwaltung und Verwaltungsrechtsprechung, VVDStRL 1956, SS.99-100, 113-114.

53) 박정훈, 헌법과 행정법─행정소송과 헌법소송의 관계─, 법학 제39권 제4호(1999), 89면.

54) 다나까지로(田中二郎)의 행정법학에 있어 사법권의 한계론은 핵심적 위치를 차지하

반대 그리고 통치행위의 소송대상제외, 자유재량행위론, 특별권력관계에 대한 제한적 통제론 등을 체계적으로 주장하여 일본과 한국에서 행정소송의 대상과 심사범위를 제한하는 중요한 이론적 도구가 되어 왔다. 다나까 지로의 행정소송한계론은 권력분립과 司法의 性質을 이론적 근거로 삼아 행정과 관계에서 사법권의 본질적 한계를 연역적으로 도출하였다. 이에 대하여 일본에서도 행정의 적극성에 대비하여 사법의 소극성을 과도하게 강조하고 행정활동에 대한 사법적 개입의 억제가 사법작용의 성질로부터 당연히 도출되는 것으로 귀결지움으로써 행정권의 우월성을 지나치게 강조하는 결과가 되었고, 이로 인해 헌법이 정하고 있는 재판청구권을 크게 제한하게 되었다는 비판이 제기되었다.55)

(3) 행정법이론에 대한 민법상의 법률행위와 권리개념의 강력한 영향

프랑스행정법이론의 틀을 세우는데 큰 영향을 미친 모리스 오류(Maurice Hauriou)는 수많은 판례들의 평석을 하는 과정에서 권력(Autorité)행위와 관리(Gestion)행위를 구별하고 행정의 공권력적 측면과 관련하여서는 헌법적 사고를 중시하고 관리작용에 대해서는 국가배상, 행정계약 및 공물이론을 중심으로 민법의 개념들과 이론들을 차용하여 설명했는데, 이로 인해 판례행정법학이면서 동시에 민법학에 의존적인 행정법학이 나타나 민법의 영향이 체계적으로 구체화되기 시작했다.56)

독일에서는 독일 행정법학의 체계적 완성자인 오토 마이어가 사법부

고 있는데, 다음의 책들과 논문들을 통해 그 의견이 제시되었다. 行政爭訟の法理, 有斐閣, 1954 ; 司法權の 限界, 弘文堂, 1976 ; 日本の 司法と 行政, 有斐閣, 1982.

55) 今村成和, 現代の 行政と 行政法の 理論, 有斐覺, 1972, 제2장. ; 晴山一穗, 司法權の 限界, 行政救濟法1 (杉村敏正(編)), 17-45면.

56) Lucien Sfez, Essai sur la Contribution du Doyen Hauriou au Droit Administratif FRANÇAIS, 1966, pp.194-210. 모리스 오류는 공법인의 무능력에 관한 사법이론이나 권리남용론같은 것은 행정법영역에도 직접 적용될 수 있을 것이라고 했다. Lucien Sfez, a.a.O., pp.201-204.

의 판결을 유추하여 행정행위개념을 고안하면서 민법의 유추에 의한 행
정법도그마의 형성이 아니라 행정법독자적인 방법을 모색하였지만 현실
적으로는 민법이론의 영향을 받지 않을 수 없었고,[57] 현재 한국 행정법
교과서에서도 채택되고 있는 법률행위적 행정행위와 준법률행위적 행정
행위의 이론의 원형은 독일 초기행정법학자인 Kormann이 민법학에서
법률행위와 준법률행위의 구별을 유추하여 발전시킨 것이었다.[58]

　미국의 경우에도 대략 1885년부터 1940년 정도까지 판례는 사적 방어
권모델(Private Right of Defense)을 따라 행정소송의 원고적격(Standing)은
보통법상의 자유와 재산권(common law liberty and Property rights)에 한
정되었는데, 이 입장에서 원고적격의 판단기준은 '법적 권리'(legal right)
의 존부이었다.[59] 미국에서 이 입장은 1940년 보통법상의 권리나 재산
권이 인정되지 않던 라디오방송사업자에 의한 경쟁자소송을 통해 깨지
게 된다.[60] 사적 방어권모델을 대체하고 등장한 공법모델은 사적 방어
권모델 또는 사법모델이 사회적 분쟁의 처리를 지나치게 넓게 정치적 영
역에 맡겨 놓은 것을 비판하면서, 실정법이 경제발전과 실업, 환경오염과
사회적 문제해결의 주요수단으로 등장한 이상, 사법상의 자유와 재산권
을 넘어 특별법들을 통해 입법자가 보호하고자 하는 이익들을 보호하기
위해 원고적격을 확대하여 사법적 통제를 강화해야 한다는 입장이다.[61]

---

57) Otto Mayer, Deutsches Verwaltungsrecht Bd.1, 3.Aufl., S.116.
58) 이에 관해서는, 졸고, 독일행정법상 행정행위확장이론들의 등장과 발전, 공법연구 제
　　27권 제2호, 1999, 522-524면 참조.
59) Richard B. Stewart and Cass R. Sunstein, Public Programs and Private Rights,
　　Havard Law Review Vol.95, 1981, pp.1246-1255. ; Robert V. Percival/ Joanna B.
　　Goger, ESCAPING THE COMMON LAW'S SHADOW: STANDING IN THE
　　LIGHT OF LAIDLAW, Duke Environmental Law and Policy Forum, 2001,
　　pp.120-154.
60) FCC v. Sanders Bros. Radio Station. 309 U.S. 470(1940).
61) 이에 대한 소개는, 졸고, 패러다임의 변화와 기업의 불법행위에 대한 제재시스템의
　　현대화, 법제, 2003. 5, 63-64면 참조. ; 이한성, 미국 환경법상의 원고적격에 관한
　　판례의 동향, 현대공법학의 과제(청담최송화교수화갑기념논문집), 2002, 555-560면

영국에서도 전통적 의미에서 사권(Private Right)을 가진 사람만 행정을 상대로 소송을 제기할 수 있었으나, 공법의 독자성이 인정되고 공법적 심사청구제도(Application for judicial Review)가 1978년 최고법원규칙과 1981년 최고법원법의 제정으로 도입되면서62) 사권보호논리에 결함(The Defects in The Private Rights Theme)이 나타나고 있고 재판에 있어서도 날카로운 긴장이 생겨나고 있다. 의회가 실정법을 통해 보호하고자 하는 법익들이 사권에 해당되지 않는다는 이유로 司法的 保護가 거부된다면 의회의 의도가 무시되기 때문에 공법적 소송을 통해 보호대상이 "당해 소송사건에 관하여 충분한 이익(Sufficient Interest)이 있는 자"로 확장되었다. 충분한 이익을 갖는 자의 예로는, 영국에서 허가를 받은 자나 허가로 인해 환경법상의 이익을 침해받은 자, 또는 복지행정청의 결정으로 복지혜택에 영향을 받는 자, 인종차별적인 행정작용, 남녀차별을 유발하는 행정조치, 각종 무역규제조치 등으로 이익침해를 당한 자 등이다.63)

한국에서 민법은 국고관계, 국가배상, 행정계약 및 공물이론 등의 영역에서뿐만 아니라 항고소송체계의 근본개념인 처분개념과 법률상 이익개념의 해석에서 행정법학과 행정판례에 큰 영향을 미치고 있고 이 부분이 더 큰 의미를 갖고 있는 것으로 보인다. 즉, 판례의 처분개념과 법률상 이익개념의 해석에 있어서 私權槪念은 큰 영향을 미치고 있다. 그 이유는 민법학에서의 권리개념을 모든 법분야에 적용될 수 있는 일반적 개념인 것으로 인식하려는 판사들의 무의식적인 태도와도 관련이 있는 것으로 보인다.64) 그러나, 이 태도는, 판결의 배후의 법정신이 시대정신

참조.

62) 이에 관한 소개는, 졸고, 항고소송의 대상에 관한 입법적 검토, 행정법연구 제9호, 2003. 5, 19-21면 참조.

63) P.P.Craig, Administrative Law, 4.Ed., p.9. 17.

64) 민법학의 주요 개념과 사상이 행정법학과 행정판례와 어떤 관계에 있어야 하는가 하는 문제는 한국에서 매우 중요한 문제이다. 민법의 주요개념을 유추의 방법에 따라 적용할 것인가, 아니면 일정한 민법학의 개념이나 이론을 행정법에도 그대로 적용될

에 합치되지 않게 되면, 결국 입법자의 의도와 배치되는 판사의 권력남용을 초래하였다는 비판을 받게 하는 것이다.[65]

판례가 처분에 대하여 "국민의 구체적인 권리의무에 직접 관계가 있는 행위"(대법원 1997. 9. 26, 97누8540)라고 하고, 법률상 이익개념에 대하여 "처분의 근거법률에 의하여 보호되는 직접적이고 구체적인 이익"(대법원 1997. 10. 14, 96누9829)이라고 하고 있는데, 처분개념의 해석이나 법률상 이익개념의 해석에 있어 권리개념은 해석의 관건이 되는 개념이 되고 있다. 처분개념에 나타난 "국민의 구체적인 권리의무"와 법률상 이익개념에 나타난 "처분의 근거법률에 의하여 보호되는 직접적이고 구체적인 이익"이 사법상의 권리를 포함한 공법상의 권리나 공법이 보호하고 있는 이익인가 아니면 사법상의 권리만을 의미하는가 하는 쟁점은 명확히 드러나지 않는다. 하지만, 공부변경 및 그 거부행위[66]에 대하여 주류적 판례는 "행정청이 건축물대장에 일정한 사항을 등재하는 것은 행정사무집행의 편의와 사실증명의 자료로 삼기 위한 것이고, 건축물의 멸실에 따라 건축물대장을 말소하는 행위도 건축물대장을 정리, 마감하기 위한 절차에 불과하며 그러한 등재나 말소행위로 인하여 그 건축물에 대한 실체상의 권리관계에 변동을 가져오는 것이 아니므로, 건축

수 있는 일반적 개념이나 일반이론으로 보고 적용할 수 있는가의 논점은 오토마이어 시대의 독일 학계와 판례에서도 크게 문제되었다. 후자의 입장을 취한 사람은 Karl Friedrichs이었다.(Der Allgemeine Teil des Rechts, 1927) 1920-30년대의 독일판례는 일반적 법사상(Allgemeine Rechtsgedanken)이라는 용어를 사용하면서 일정한 민법개념 등은 민법전에 규정되어 있기 때문이 아니라 일반적 개념이나 일반적 법이론으로서 행정법에도 직접 적용된다고 했다. 이에 관한 자세한 소개는, Jeong Hoon Park, Rechtsfindung im Verwaltungsrecht, 1999, 63-77. 이 부분에 대한 박정훈교수의 발견과 정리는 매우 흥미롭다.

65) Christian Friedrich Menger, Die Allgemeinen Grundsätze des Verwaltungsrechts als Rechtsquellen, in : ders, Verfassung und Verwaltung in Geschichte und Gegenwart, 1982, S.222.

66) 이에 대해서는, 졸고, 공부변경 및 그 거부행위의 처분성, 인권과 정의 2002.11, 126-149면 참조.

물대장에 대한 말소행위의 취소를 구하는 소는 부적법하다"는 논리를 사용하여 왔는데, (대법원 2001. 6. 12. 99 두 7777 건축물재축신청수리불가처분취소) 이 판결에서 사용된 "실체상의 권리"는 사권을 의미하는 것으로 이해되어 왔다. 예를 들어, 건축허가명의변경이 문제된 사안에서 판례는 "건축허가는 시장, 군수 등의 행정관청이 건축행정상 목적을 수행하기 위하여 수허가자에게 일반적으로 행정관청의 허가없이는 건축행위를 하여서는 안된다는 상대적 금지를 관계법규에 적합한 일정한 경우에 해제하여 줌으로써 일정한 건축행위를 하여도 좋다는 자유를 회복시켜 주는 행정처분일 뿐 수허가자에게 어떤 새로운 권리나 능력을 부여하는 것이 아니며, 건축허가서는 허가된 건물에 관한 실체적 권리의 득실변경의 공시방법이 아니고 그 추정력도 없으므로" 라는 서울고등법원의 판단(서울고법 1988.01 87나3609)에 대하여 대법원이 "건축허가의 성질이나 건축허가서의 기능에 관한 원심판결의 이유는 옳다"고 판단하고 있는 것이다.(대법원 1989.05.09 88다카6754 건축허가명의변경)[67]

항고소송의 모든 사건에서 항상 심사되는 처분과 법률상 이익의 해석에 민법상의 사권개념이 영향을 미치게 되면서 행정법학은 추상적 수준에서는 헌법지향적이어야 한다고 말했지만 판례의 실제에 있어 헌법상의 기본권보다는 민법상의 권리가 훨씬 강력한 영향력을 행사해왔던 것이다.

3) 침해행정에 대한 방어권보호중심의 자유주의모델로서 한국행정소송체계

법원이 오랫동안 권익구제영역을 침해행정을 중심으로 한정하고 양당

---

67) 다만, 최근 대법원은 공부변경 및 거부와 같이 공부기재내용을 둘러싼 갈등이 있는 상황에서 무허가건물대장상의 소유명의인이 재개발조합을 상대로 행정소송을 제기할 수 있다고 판시함으로써 행정소송의 개입영역을 넓히려는 시도를 하고 있다는 점은 주목할만 하다.(대법원 2003. 2. 14, 2002다23451)

사자관계의 관점에서 상대방의 방어권의 침해를 구제하는 데만 주력한
것은, 우리 행정소송체계가 침해행정에 대한 방어권중심의 자유주의모
델에 기초해 있고 보호대상도 민법상의 권리가 그 중심이라고 이해했기
때문이라고 할 수 있다. 또한 이러한 태도는 시대적 상황에 대한 어떤
공통된 인식을 바탕으로 사법권의 기능과 한계에 대한 소극적인 평가를
하고 있었기 때문이다. 즉, 경제사회환경의 변화에 따라 수시로 등장하
는 경제사회관계법령과 관련하여 정보의 양과 질에 있어 차이가 나는
법원으로서는 경제적 규제와 사회적 규제의 영역에서 대통령과 중앙행
정의 정책형성에 있어 자율성과 재량을 보호한다고 하는 목적이 있었던
것이다. 법원은 그의 임무에 관하여 특히, 사회적 규제를 통해 보호되는
환경보호나 위험으로부터의 안전 등 삶의 질에 관한 가치를 법률에서
규정하고 있다 하더라도 재산권을 중심으로 형성된 私權이 침해되지 않
은 이상 처분성이나 법률상 이익을 인정하지 않았던 것이다.

　한국과 일본의 행정소송체계와 남부독일의 주들의 행정법원법체계는
경찰행정에 대한 권리구제를 중심으로 한 프로이센의 행정소송체계와
본질상 별 차이가 없었는데, 프로이센행정법은 프로이센 시대 자유주의
에 기한 시민계급의 법치행정의 요구와 기존의 절대왕권과의 타협의 산
물로서, 행정에 대한 의회의 통제가 침해유보의 영역에 한정되었고 행정
영역중에는 법자체로부터 자유로운 영역이 광범위하게 남아 있었던 것
이다. 한국의 소송체계와 소송운영이 프로이센과 유사했던 것은, 국가의
통일을 유지하고 부국강병을 이룩해야 하는 프로이센과 마찬가지로, 한
국에서도 중앙행정에게 경제발전을 위하여 사법통제로부터 배제되는 광
범위한 정책형성의 공간과 재량을 부여하면서도, 민주사회로 발전되어
가면서 점차 법의식과 권리의식이 각성되어가는 국민들의 권익을 제한
된 범위에서나마 보호할 필요가 있었기 때문이었다.

2. 복수의 관계법령의 해석·적용이 문제된 판례에 있어 법발견방법의 개선

1) 입법의 파편화현상과 공무원의 문언주의적 태도의 위험성[68]

행정법은 행정이 아니라 행정이 다루는 법을 대상으로 하는 학문이다. 따라서, 한국의 행정법을 이해하려면 구체적 인간인 공무원이 행정법을 어떻게 인식하고 있는가로부터 출발하지 않으면 안된다. 행정실무상 가장 빈번한 처분가운데 하나인 건축허가의 경우를 보더라도 경제활성화의 측면, 환경보호의 측면, 안전보호의 측면, 인근주민의 재산권보호의 측면 등 여러 측면을 고려하여 다수의 법령이 존재하고 있다. 이와 같이 행정처분을 함에 있어 적용해야할 관계법령이 복수일 경우 공무원은 어떻게 법을 해석하여 적용하여야 하는가? 더구나, 관계법령들이 상호충돌하고 있는 경우는 어떻게 해야 하는가? 이러한 충돌은 왜 생겨나고 현실적으로 행정은 이런 경우 어떤 반응을 보이는가?

행정법학이 다루는 대상인 행정법은 한국현대사를 반영하는 역사적 산물이다. 그 동안 우리사회에서는 해방이후 50년 님게 빈번히고 분주한 입법변경과 규정변경을 계속하면서도 입법의 질에 대한 심각한 고민도 없었고 입법의 질을 개선하기 위한 획기적인 투자도 없었다. 따라서, 수많은 특별법령들이 쏟아져도 학자들이나 공무원들은 행정법령의 내용과 의미를 명확하게 하려는 노력을 기울일 수가 없었다. 그 결과 관계법들의 불명확성과 모순성이 고질적인 문제로 등장해 각 부처의 관할한계가 중첩되어 충돌하는 영역이나 어느 부처의 관할에 속하는지 명확하지 않은 영역이 많게 되었고, 이로 인해 각 부처사이에는 심각한 관할다툼이 발생하거나 서로 자신의 관할이 아니라고 주장하는 상황이 생겨났다. 복수의 관계법령들사이에 체계적 부조화가 발생하는 것은 입법과정에서

---

68) 더 상세한 내용은, 졸고, 공무원과 법지식, 행정법연구 제6호, 2000, 161-184면 참조.

불일치를 조정하지 못한 것에 직접적 원인이 있으나 조정실패가 반드시 불일치에 대한 명확한 인식이 결여된 것에 기인한 것만은 아니다. 오히려 사회에 상충하는 가치들을 가진 세력들이 존재하고 있고 입법안의 설계자들이 그것을 조정하지 못하고 서로 일치될 수 없는 입법목적들을 별개의 입법으로 추구하기 때문이다. 결국, 입법과정에서 인식과 의지 양쪽에 모두 불일치의 문제가 있기 때문이다.

한편, 입법에 대한 무관심과 투자부족의 부작용들 중 가장 심각한 것의 하나가 법집행수준에서의 곤란성을 입법이 전혀 고려하고 있지 않다는 점이다. 법집행자들에게 특별한 어려움을 야기하고 있는 것은 입법들이 분산되어 있고 破片的이어서 체계성이 극히 결여되어 있을 뿐만 아니라 행정현장의 문제를 충분히 수용하고 있지도 않다는 점이다. 사실 신속하게 변화하고 있는 사회에서 발생하는 문제들에 대한 규율은 상호 모순적이고 적절한 판단이 아닌 경우가 흔하다. 동일하거나 관계된 문제를 규율하면서도 서로 다른 입법으로 제정되고 상호간의 관계도 밝혀지지 않는다.69) 더 나아가 계속해서 파편화된 입법들이 서로 다른 시기에 다른 문제상황하에서 개정됨으로써 입법들간의 암묵적인 가치충돌은 固着되어 간다. 실정규정들을 다양한 기관(예, 국회, 중앙행정기관, 지방의회와 규제개혁위원회 등)들이 제정하고 폐지할 수 있게 됨으로써 규제에 영향을 미치는 정부기관들이 증가한 것도 입법의 체계성결여문제를 악화시키고 있다. 一貫性의 瑕疵와 明確性의 부족, 그리고 법원칙의 무시로 인해 개별규제도 지표와 방향성을 상실하고 있다. 불필요하고 불명확한 표현은 많으나 존재해야 할 원칙에 관한 결단이 명확히 제시되어 있지 않거나 필요한 규정이 흠결되어 있기도 한다.70)

---

69) Klaus-Michael Groll, Die Qualität der Gesetze, In der Flut der Gesetze, 1985, S.103.

70) 법률규정들은 현실적 사실관계를 抽象化하고 일반화한 것이기 때문에 실정법체계는 解釋能力과 解釋意志가 없 는 文言主義者들에게는 자주 명문의 근거가 부족하거나

행정실무에서 행정입법의 문언은 현장공무원들에게 결정적인 의미를 갖는다. 한국행정에는 법령뿐만 아니라 행정규칙에 대해서도 무차별적으로 문언주의적 관점에서 이해하는 것이 현저한데, 이러한 태도는 법을 정신없는 물적 대상으로만 보고 자의적으로 특정 문언만을 기계적으로 적용하거나 규정이 없다거나 불명확하다는 이유로, 행정수요에 적절한 응답을 하지 못한다.71) 그 이유는 입법의 목적, 관계법의 체계 그리고 법의 정신을 체계적으로 해석해내지 못하기 때문이다. 어느 한 규정문언에 집착하는 나머지 그 규정의 진정한 의미를 오해하거나 당해 규정이 어떤 경우에 공무원의 판단을 구속적으로 제한하거나 재량을 주는지 알지 못한다.72) 특정 규정의 문언에의 집착이 극히 비합리적이고 상식에 반하는 결과를 가져옴에도 현행법상 어쩔 수 없다고 본다. 이들은 당해 규정이 자신의 행정조직내의 행정규칙으로서 개정할 수 있는 권한을 가지고 있는 경우에도 그 규정들을 改廢할 수 있다는 사실을 전혀 인식하고 있지 않다.

문언주의적 태도는 이러한 집행현실을 비판하는 기사를 신문이나 텔레비전 등을 통하여 보도하는 기자들의 경우에도 현저하다. 행정과 사회의 비판적 의사소통과정에서도 올바른 법지식의 부족은 비판을 통한 대안제시에 있어 합리성을 떨어뜨려 비이성적 규정에 대한 복종을 불가피

不明確한 것으로 보이기도 한다.

71) 현실적으로 지방행정을 비롯한 행정현장에서 임용된 공무원들의 90%를 차지하는 9급출신 공무원들의 임용시험에 해방이후 2003년 현재까지도 법학과목은 전혀 포함되어 있지 않았다는 점도 그 큰 이유중의 하나일 것이다.(2004년부터 일반행정직 9급 시험에 행정법과목도 포함되게 됨.) 전혀 체계적으로 법학을 학습하지 못한 상태에서 공무원들은 기계적으로 규정들을 외워서 적용하게 되는데, 이것의 가장 큰 폐해는 법에 대하여 정신을 알지 못하고, 기본권이나 일반원칙 그리고 기본개념부터 배우지 못해 모든 규정들을 원칙(Prinzip)이 아니라 규칙(Regel)으로 밖에 인식하지 못해 매우 경직적인 태도를 보여주고, 복수의 관계법령들의 체계적 해석에 큰 약점을 보여준다는 점이다.

72) Robert G. Heiserman, The Case against Nonlawyer Practice, Administrative Law Review Vol.36, 1984, pp.387-388.

한 것으로 사회에 통용시켜 가고 있다. 또, 이러한 집행과정을 비판하는 다른 사회과학자들도 문언주의적 태도를 갖고 입장을 표명함으로 말미암아 비이성적인 법의 인상을 사회에 강력하게 전파함으로써, 진정한 법지식을 획득할 때만 가능한 이성적 대안들은 제시되지 못하고 있고, 이러한 기간이 오래됨으로써 규정들에 대한 문언주의적 태도와 법에 대한 부정적 인상은 사회의 고정관념으로 굳어지게 되었다.

2) 복수의 관계법령의 체계적 해석·적용과 법령해석의 최종적 근거로서 헌법

입법의 파편화현상이 심각해서 행정이 행정작용을 수행할 때 복수의 관계법령들을 함께 적용해야 하는 상황이 많다는 것은 적용해야 할 법이 매우 불명확하다는 것을 의미한다. 이 문제는 특히, 행정입법에 대한 직접적 통제제도가 지금까지 도입되지 않음으로 인해 확대재생산되고 있다. 헌법재판소가 법률의 합헌성을 통제한다고 해도 각 부처는 법률에 근거를 두고 실질적 내용은 시행령과 시행규칙의 단계에서 제정하는 과정에서 자기 부처의 이익과 의지를 강고하게 유지하려 하기 때문에 부처간 관할권의 중복과 모순이 존재하고 실정법령사이에도 모순과 중복 그리고 흠결이 다수 존재하게 되는 것이다.

실정법의 불명확성은 사실상 입법자가 법적용자에게 넓은 판단의 여지와 재량을 부여하는 것과 같은 효과를 발생시킨다. 관계법령을 종합적 체계적으로 해석하는 것은 행정공무원들에게 매우 어렵기 때문에 법적용자에 따라 법의 기준이 달라질 가능성, 따라서, 법적용에 있어 자의적인 불평등과 법적 불안정성을 야기하게 된다.[73] 이해관계인들도 입장에 따라 자신에게 유리한 실정법조문에 집착하기 때문에 실정법상의 기준

---

73) Gerold Steinmann, Unbestimmtheit verwaltungsrechtlicher Normen aus der Sicht von Vollzug und Rechtssetzung, 1982, SS.62-76.

이 무엇인지에 관해 오해와 갈등을 일으키게 된다. 특히, 지방분권이 진행되게 되면 지방자치단체들은 실정법상의 기준들의 모순을 이용하여 지역이기주의적인 주장을 더 활발하게 하게 될 것이고 한국사회와 중앙행정은 낮은 입법의 질로 인한 대가를 더 크게 지불하지 않으면 안되게 될 것이다. 때문에 입법자는 관계법령을 체계적으로 정비하여 법적 기준의 명확성을 높여야 할 의무가 있다. 그러나, 우리는 이것에 얼마나 희망을 가질 수 있을 것인가?

한국의 행정소송에서 법관이 복수의 관계법령들에 대해 체계적 해석을 하는 것은 특히, 법령간 모순저촉이 심한 상황에서는 거의 법창조적 기능을 행사하는 것과 비슷한 결과를 가져오게 된다. 그 동안 법철학과 헌법학 등에서 법해석방법론에 관한 많은 논문들이 존재했음에도 행정법령에서 다수 발견되는, 지극히 한국적이면서도 고질적인, 체계적 해석의 문제들에 대한 문제제기나 응답은 부족했었다.

Stammler가 "어떤 법률의 한 문장을 적용하는 사람은 전체의 법을 적용하는 것이다"고 말하듯이,74) 어떤 규정이든지 관계법상의 법률요건과 법률효과 그리고 법의 정신의 관계를 종합하여 체계적으로 이해한 후 적용되어야 하며, 고립적으로 이해해서는 안된다.75) 각 규정은 동일한 법질서내에서는 법사상의 동질적이고 조화로운 종합적 결합체의 일부로 파악되어져야 한다.76) 법률에서 어떤 규정의 체계적 지위 자체나 법개념이 사용된 장소 자체도 해석을 위해 의미를 가질 수 있다.77) 한편, 어떤 규정에 포함된 법사고는 전체법체계의 다른 부분들과 다양한 관련을

---

74) Rudolf Stammler, Theorie der Rechtswissenschaft, 1911, S.24 f.

75) Klaus-Michael Groll, Die Qualität der Gesetze, In der Flut der Gesetze, 1985, S.104.

76) 우리 대법원도 이러한 이유 때문에 條例審査에 있어 일부 규정이 위법한 경우 조례안 전부를 무효로 선언하고 있다. 예를 들어 대판 97추43.; 96추169.; 96추138.; 96추213 등.

77) Klaus-Michael Groll, a.a.O., S.104.

맺고 있으므로, 동일한 개념도 다른 법에서는 다른 의미를 가질 수 있다. 또, 일견 간단해 보이는 事實關係도 여러 개의 규정들을 적용함으로써 비로소 해결될 수 있는 경우가 있기 때문에 관계조문들이 체계적으로 종합되어 해석되어야 한다. 하지만, 입법의 파편화현상이 심각한 한국적 상황에서 그리고 수많은 행정법령들이 존재하는 상황에서 Saviny가 제시한 법해석방법론 중 체계적 해석은 매우 심각한 난제로 등장한다.

법의 해석에 있어 체계적 합법성에 영향을 주는 요소[78]는 첫째, 문제된 실정법이 전체법질서에서 차지하는 위치와 역할이다. 처분을 예로 들 때 문제된 처분의 근거법률, 시행령, 시행규칙이나 조례가 전체법질서 가운데 다른 법령과의 관계에서 어떤 위치와 역할을 차지하고 있는가 이다. 둘째, 처분의 근거조문이 해당 실정법속에서 다른 조문들과 어떤 관계를 맺고 있는가 이다. 첫째 요소와 둘째 요소는 서로 분리되어 고찰될 수 없는데, 어떤 법률에 규정된 처분의 근거조문은 같은 법률의 다른 규정과의 관계만 문제되는 것이 아니라 다른 법률의 관계규정과 충돌하거나 서로 적용영역을 제한하기도 하기 때문이다.

법치행정의 선진국인 독일에서도 민법이나 형법과 같이 단행법전을 가지고 있는 영역을 전제로 하고 있던 전통적인 법해석방법론은 현대사회에서 점점 많아지고 있는 행정법령들로 인해 행정을 구속하는 다양한 기준들이 나타남으로 인해 초래된 현실을 제대로 인식하지 못한다는 비판이 제기되고 있다.[79] 행정법령의 파편성과 과도한 모순성이 일관되고 조화로운 법집행을 실패하게 하는 원인이 되고 있기 때문이다. 행정법의 法源속에는 헌법이나 국제법으로부터 조례나 규칙에 이르기까지 법단계가 다른 법들이 존재하는가 하면, 동위의 법령들상호간에도 제정시기가 달라 신구법의 관계에 있거나 일반법과 특별법의 관계에 있는 법령들이

---

78) Ernst Höhn, Praktische Methodik der Gesetzesauslegung, 1993, SS.208-211.
79) E. Schmidt-Aßmann, Das allgemeine Verwaltungsrecht als Ordnungsidee, 1998, S.44.

다수 존재하고 있다. 따라서, 다수의 행정법령을 조화롭고 체계적으로 집행하기 위해서는 주요 행정과제들이나 사안과 관련하여 적극적으로 법령을 구체화하려는 조직적 차원의 노력이 있어야 한다. 공무원 개인에게만 맡겨두어서는 특정규정의 문언에 집착하는 매우 차별적인 법집행이 이루어지게 될 것이다. 행정소송이나 헌법재판은 다양한 법령들이 조화롭고 체계적으로 적용되도록 보장할 책임, 체계적인 해석을 통해 법적 안정성을 보장해야 할 책임을 지는데, 이를 위한 원칙을 정리해보기로 한다.

첫째, 행정은 처분을 함에 있어 적용해야할 관계법령이 복수일 경우 특별히 적용상 우열관계가 없는 이상 그 법령을 모두 적용해야 하며, 그 때에도 종합적으로 적용하여야 하고 고립적이고 개별적으로 적용해서는 안된다.[80] 대법원판례(대법원 1995.01.12 94누3216 석유판매업허가반려처분취소)도 특정허가요건에 관하여 복수의 관계법령이 규정하고 있는 상황에서 복수의 관계법령에서 정한 규제기준들을 전부 적용하여야 한다고 한다. 즉, "입법목적을 달리하는 법률들이 일정한 행위에 관한 요건을 각각 규정하고 있는 경우에는 어느 법률이 다른 법률에 우선하여 배타적으로 적용된다고 해석되지 않는 이상 그 행위에 관하여 각 법률의 규정에 따른 요건을 갖추어야 한다"고 하면서, "주유소 허가에 있어서 입법목적, 규정사항, 적용범위 등에 비추어 석유사업법은 건축법, 도시계획법, 소방법, 주택건설촉진법 등에 우선하여 배타적으로 적용되는 관계에 있다고는 해석되지 아니하므로 석유사업법에 따른 주유소 허가의 기준을 갖춘 자라 할지라도 위 건축법 등 다른 법령 소정의 주유소 설치 기준을 별도로 갖추지 아니하는 이상 적법한 주유소 허가를 할 수 없음은 당연한 이치라 할 것"이라고 하였다. 따라서, 한국의 판례에 따를 때에도, 어느 한 실정법령의 특정 규정의 문언에 집착하는 문언주의

---

80) Günter Winkler, Die Wissenschaft vom Verwaltungsrecht, Theorie und Methode in der Rechtswissenschaft, 1989, S.14.

적 태도는 위법한 법집행인 것이다.

둘째, 복수의 관계법령들사이에는 무차별적으로 동순위에서 적용되는 것은 아니고 일정한 경우 우선순위가 있다고 하면서 그 원칙을 제시하고 있다. 즉, 대법원판례(대법원 1989.09.12 88누6856 토석채취허가거부처분무효확인)는 "동일한 형식의 성문법규인 법률이 상호 모순, 저촉되는 경우에는 신법이 구법에, 그리고 특별법이 일반법에 우선하나, 법률이 상호 모순되는지 여부는 각 법률의 입법목적, 규정사항 및 그 적용범위 등을 종합적으로 검토하여 판단하여야 하고 입법목적을 달리하는 법률들이 일정한 행위를 관할관청의 허가사항으로 각 규정하고 있는 경우에는 어느 법률이 다른 법률에 우선하여 배타적으로 적용된다고 해석되지 않는 이상 그 행위에 관하여 각 법률의 규정에 따른 허가를 받아야할 것"이라고 하였다.

이 판례의 입장은 동일한 형식의 성문법규인 법률이 상호 모순, 저촉되는 경우에는 신법이 구법에, 그리고 특별법이 일반법에 우선적용된다고 선언하고 있다. 모순과 저촉이 없는 경우에는 첫째의 경우에 해당되기 때문에 복수의 관계법령이 모두 적용된다고 했다. 다른 대법원판결(대법원 1993.11.09 93누13483 체육시설업신고수리거부처분취소)도 "법률이 상호 모순되는 경우에는 신법이 구법에 우선하나, 법률이 상호 모순되는지 여부는 각 법률의 입법 목적, 규정사항 및 그 적용범위 등을 종합적으로 검토하여 판단하여야 한다"고 했다.

구체적으로 특별법과 일반법의 논리를 이용하여 특정한 법률을 다른 법률에 우선적용시킨 판례도 나타나고 있다. 즉, 대법원(대법원 19950203 94누2985 교통유발부담금부과처분취소)은 "농업협동조합법 제8조의 입법취지와 구 도시교통정비촉진법시행령(1993.6.9. 대통령령 제13906호로 개정되기 전의 것) 제9조의6 제1항 각호에서 교통유발부담금의 비부과 대상으로 규정한 시설물의 내용 및 그 규정형식 등을 종합하여 보면, 도시교통정비촉진법 및 같은법시행령에 농업협동조합법 제8조의 적용을

배제하는 법률적용 우선순위 등에 관한 특별한 규정이 없는 이상, 농업
협동조합이나 농업협동조합중앙회 소유의 시설물의 경우 그 시설물이
같은법시행령 제9조의6 제1항 각호 소정의 비부과대상 시설물에 해당하
지 아니한다 하여 당연히 교통유발부담금의 부과대상에 포함된다고 해
석할 것은 아니고, 부과금 면제에 관한 특별법인 농업협동조합법 제8조
에 의하여 농업협동조합이나 농업협동조합중앙회에 대하여는 부과금의
일종인 교통유발부담금을 부과할 수 없다고 해석하여야 한다"고 했다.

이 판례는 교통유발부담금에 관한 한 대통령령인 도시교통정비촉진법
시행령의 규정이 농협협동조합법의 규정에 대해 일반법으로서의 의미를
갖는다고 판시하고 있다.

그러나, 필자는 평소 한국사회는 매우 입법변경이 잦은데 신구법의
논리가 적용되는 과정에 문제는 없는 것인가, 그리고 행정법령들은 대부
분 특별법이라고도 볼 수 있는데 일반법과 특별법의 구별논리가 어떻게
법령의 해석과 적용과정에서 설득력있는 논리로 적용될 수 있을 것인지
의문을 가져 왔다. 이 판례에서 문제된 규정들을 살펴보면 주와 같다.[81]

---

81) **농업협동조합법 제8조** (부과금의 면제) 조합과 중앙회의 업무 및 재산에 대하여는
국가 및 지방자치단체의 조세외의 부과금을 면제한다.
구 도시교통정비촉진법시행령(1993.6.9. 대통령령 제13906호로 개정되기 전의 것)
제9조의6 (부담금의 비부과대상) ①제9조의5의 규정에 불구하고 다음 각호의 1에 해
당하는 시설물에 대하여는 부담금을 부과하지 아니한다. 다만, 제6호 내지 제8호의
시설물을 유상 임대한 경우에는 그러하지 아니하다.
1. 국가·지방자치단체·주한 외국정부기관·주한 국제기구 및 외국원조단체의 소유에
속하는 시설물
2. 주거용 건물(복합용도 시설물의 주거용 부분을 포함한다)
3. 주차장
4. 새마을사업을 위한 마을공동시설물
5. 정당법에 의하여 설립된 정당의 소유에 속하는 시설물
6. 종교시설
7. 교육법에 의하여 인가된 사립학교의 교육용 시설물
8. 사회복지사업법의 규정에 의한 사회복지시설
9. 박물관법에 의한 박물관 및 준박물관시설

구 도시교통정비촉진법시행령 제9조의6 제1항의 부담금면제규정은 기타 이와 유사한 시설물과 같은 표현도 없이 너무나 명확하게 면제대상시설물을 열거하고 있기 때문에 열거규정으로서 더 이상 면제대상은 확대될 수 없다는 해석이 문언상 당연해 보인다. 농업협동조합법 제8조는 조세외의 부과금은 면제한다고 규정하고 있는데, 이 규정을 문언주의적으로 해석하여 부과금이라는 용어를 강조하면 부과금이라는 용어를 사용하는 금전부과는 면제받는다는 뜻으로 이해할 수 있을 것이다. 또, '조세외의'라는 표현에 주목하면 조세만 징수할 수 있다는 뜻으로도 해석될 수 있을 것이다. 문언주의적 해석으로는 농업협동조합소유의 시설물과 관련하여 교통유발부담금을 징수할 수도 있고 하지 않을 수 있다는 해석이 모두 가능할 수도 있을 것이다.

일반법과 특별법의 논리를 사용할 때 어떤 해석이 가능할까? 우선 판례와 마찬가지로 도시교통정비촉진법시행령 제9조의6 제1항의 부담금면제규정은 교통유발부담금에 관한 일반규정으로 보고 농업협동조합법 제8조는 특별규정으로 볼 수 있을 것이다. 반대로 농업협동조합법 제8조는 농업협동조합에 관한 각종 조세이외의 금전적 부과금에 관한 일반규정으로 보고 교통유발부담금은 금전적 부과금에 관한 특별규정으로도 볼 수 있을 것이다. 따라서, 두 가지의 해석이 모두 가능하다.

그러므로, 일반법과 특별법의 구별논리나 구법과 신법의 구별논리는 행정법과 같이 입법의 개폐가 심하고 대부분의 법령이 특별법인 경우에는 이 논리만 가지고는 판단의 논거로서 부족하다. 논거가 타인을 설득하기가 힘들고 정확한 판단근거는 감추어져 있다. 필자는 이 판결의 핵

---

10. 문화예술진흥법에 의한 한국문화예술진흥원의 소유에 속하는 시설물 및 지방문화사업조성법에 의한 지방문화사업자의 소유에 속하는 시설물

11. 한국보훈복지공단법에 의한 보훈병원, 특별법에 의하여 설립된 국립대학교의 대학병원 및 지방공기업법에 의하여 의료사업을 목적으로 설립된 지방공사의 소유에 속하는 시설물

심적 근거는 헌법 제123조 제1항과 제5항에 있다고 생각한다.

헌법 제123조 제1항은 "국가는 농업 및 어업을 보호·육성하기 위하여 농·어촌종합개발과 그 지원등 필요한 계획을 수립·시행하여야 한다"고 하고 있고 동조 제5항은 "국가는 농·어민과 중소기업의 자조조직을 육성하여야 하며, 그 자율적 활동과 발전을 보장한다"고 규정하고 있다. 필자의 추론이 옳다면 대법원은 그 판단의 헌법적 근거를 드러내지 않은 셈이다. 이후 법원은 법령을 해석함에 있어 헌법을 최고의 그리고 최종적 지침으로서 활용해야 하고 그것을 판결문에도 명시할 필요가 있다 할 것이다.

복수의 법령을 함께 적용해야 할 때, 헌법을 통해 관계법의 목적으로 종합적으로 고려함으로써 행정재량의 목적과 재량행사의 방향을 정확히 이해할 수 있게 된다. 헌법규정들이 서로 충돌하고 있을 때에도, 헌법의 규정들은 원칙규정이기 때문에 규칙과 달리 실제적 조화와 최적의 결과를 가져올 수 있도록 해석되어야 한다. 또, 문언상 상충되는 것처럼 보이는 관계법규정들에 대해서는 기본권을 비롯한 헌법규정에 비추어 해석함으로써 특정 규정의 적용범위를 제한하거나 확장하여 상호 조화롭게 해석할 수 있는 길이 열리게 될 것이다.

셋째, 한국의 행정현장에서 행정환경의 변화에 법령이 신속하게 대응하지 못한 결과 실정법의 흠결이 존재하여 행정이 적절한 대처를 하지 못한다고 하는 경우가 자주 발견된다. 이러한 경우, 행정은 중장기적으로는 관계법령을 제정하여 기준을 마련하여야 하지만, 법령수준에서 흠결이 존재해 보이는 촉박한 상황에서는 헌법규정, 특히, 기본권규정으로부터 법의 내용을 보충할 수 있을 것이다.[82]

---

82) Silvan Hutter, Die Gesetzeslücke im Verwaltungsrecht, 1989, SS.203-205.

IV. 합헌적 행정소송체계의 정립과 합법성심사의 발전방향

1. 합헌적 행정소송체계의 정립

1) 현행 행정소송체계의 위헌성

행정소송체계를 개혁함에 있어 헌법재판권과 행정재판권의 관할권의 한계를 확정하는 것은 매우 중요한 문제이다. 이에 관한 기본결단은 헌법 제107조 제1항과 제2항에 나타나 있다. 즉, 헌법 제107조 제1항에서는 "법률이 헌법에 위반되는 여부가 재판의 전제가 된 경우"에 헌법재판소에 위헌법률심판권을 부여하고 있고, 헌법 제107조 제2항은 "명령·규칙 또는 처분이 헌법이나 법률에 위반되는 여부가 재판의 전제가 된 경우에는 대법원은 이를 최종적으로 심사할 권한을 가진다"고 규정하고 있다.

이 규정의 출현을 어떤 논리적 이유나 권력분립적 근거를 들어 설명할 수는 있으나 가장 직접적인 출현근거는 정치적 의지(Volonté politique)에 있다고 볼 수 있다. 국회와 국민은 이 두 조항을 통해 헌법재판소와 법원의 권한을 배분하려는 의지를 표현한 것이다. 행정재판권의 범위와 한계, 그리고 행정소송법개정의 기준과 한계도 헌법에 나타난 정치적 의지를 충실히 이행하려는 데서 찾아야 한다.[83] 헌법에 표현된 정치적 의지에 비추어 현재의 행정소송법은 위헌성이 짙은 법이라고 생각된다. 현행 행정소송체계의 골격이 형성된 1985년 행정소송법은 현행 헌법이 제정되기 전에 출현한 것이기 때문에 위헌이라고 할 수 없었으나, 1987년 헌법이 제정되고 새로운 권한과 책임을 법원에게 주었음에도 입법자는 행

---

83) Francis-Paul Bénoit, Les Fondements de la Justice Administrative, Mélanges Waline(Le Juge et Droit Public), 1974, pp.283-295.

정소송법의 개정과정에서 헌법제정자의 정치적 의지를 무시했던 것이다. 이미, 헌법재판소의 결정에서도 드러나듯이 명령·규칙에 대하여 위법으로 판단할 경우 당해 사건에 한하여 적용을 배제하는 부수적 통제는 직접적 통제제도라고 할 수 없음에도 불구하고 현행 행정소송법하에서 법원은 부수적 통제만을 수행하여 왔다. 이것은 헌법이 법원에 위임한 명령·규칙에 대한 직접적 통제임무를 포기한 것으로 이것을 제도화한 현행 행정소송법은 위헌적인 입법이라 할 것이다.

또한, 1987년 헌법이 제정될 당시 이미 행정소송법에 처분규정이 있었고 처분개념은 "행정청이 행하는 구체적 사실에 관한 법집행으로서의 공권력의 행사 또는 그 거부와 그밖에 이에 준하는 행정작용"(행정소송법 제2조 제1항 제1호)이라고 하여 권력적 사실행위가 이에 포함되고 있음에도 불구하고(다수설이기도 함) 법원은 이에 대한 통제를 소홀히 하여 왔다. 15년 동안 문제가 많은 현행 행정소송체계가 존속하고 있는 것은 입법자, 법원과 행정법학자들이 헌법에 표현된 정치적 의지에 대하여 숙고함이 없이 안이하게 대응해온 결과라고도 볼 수 있다. 이에 따라, 법원이 행정의 합헌성과 합법성을 보장하고 통제하는 것이 아니라 명령·규칙과 권력적 사실행위에 대해 직접적인 합헌성통제로부터 행정을 보호하는 기능을 사실상 수행해왔던 것이다.[84)]

2) 합헌적 행정소송체계의 정립방향

행정소송법을 개정한다는 것은 단순히 법조문을 변경하는 것으로 이해되어서는 안된다. 법률상 이익개념이나 처분개념과 같은 것은 행정판례의 기본개념으로서 법원실무상 판사들에게 더 의미있는 기준은 확립

---

84) Jean Rivero, Le Juge administratif : gardien de la légalité administrative ou gardien administratif de la légalité ?, Mélanges Waline(Le Juge et Droit Public), 1974, pp.701-717.

된 판례에 나타난 해석기준이었다. 따라서, 행정소송법의 개정은 법조문의 개정뿐만 아니라 그와 통합된 부분으로서 확립된 해석기준의 변경을 의미하는 것으로 이해되어야 한다.[85] 법조문은 너무 간결하기 때문에 문언자체만 가지고 다양한 사건들을 해결하기 위한 기준들을 끌어내올 수는 없다. 법문언의 모호성을 보완하기 위하여 해석원리나 해석기준들은 불가피하다.[86] 행정소송법개정과 새로이 형성되는 행정법도그마는 새로운 법정신을 반영한 해석기준이 판례에서 형성되도록 협력적으로 작용해야 한다. 이것이 결국 목표가 되어야 한다. 새로운 법정신의 해명은 판사들에게 너무 넓은 판단의 여지를 주어 판례법질서를 불안정속에 빠뜨린다거나 남소를 가져올지도 모른다는 두려움을 극복하는 데에도 도움이 된다.

그 동안 판례는 처분개념이나 법률상 이익과 관련하여 행정의 일방적 권위의 합법성에 대한 심사를 거부함으로써 또 다른 **일방적 권위의 수용**을 국민에게 강요하여 왔다. 행정의 일방적 권위의 행사가 존재하는 곳에 법원이 개입하여 본안심사에서 그의 합법성을 심사함으로써 국가의 법질서전체의 국민적 설득력을 확보하여야 한다. 행정소송법의 개정이 **설득적 권위의 확립**에 기여하여야 한다.

행정지도에 대한 의존이 점점 높아지면서 최근 행정소송사건수가 오히려 줄어들고 있는 일본과 한국은 너무나 다른 사회이다. 사회적 갈등과 이른바 '폭력지수', 이혼률 등 모든 면에서 한국인들의 외향적이고 적극적인 기질과 문화가 매년 행정소송사건들의 증가를 가져오고 있는 한국에서 법원은 가능한 한 사회적 갈등과 분쟁을 재판제도에 수용하고 흡수하려고 노력하여야 한다.

한편, 실정법령이 매우 유사한 일본판례에의 안주를 버리고 새로운

---

85) Earl Malz, The Nature of Precedent, North Carolina Law Review 1988, p.392.
86) Cass, R. Sunstein, Interpreting Statutes in the regulatory State, Havard Law Review 103, 1989, p.504.

행정소송법제의 정신을 따라 많은 개별 실체법령을 해석하는 것은 법원에게 과거보다 훨씬 더 창조적인 자세를 요구한다. 독일이나 프랑스 모두 법령의 내용이 우리와 매우 다르기 때문에 일본 법원이 한국의 판례형성에 미쳤던 영향과는 비교할 수 없을 정도로 영향력이 낮을 것이다. 동일하거나 유사한 법조문을 중심으로 독일이라는 벤치마킹 상대를 갖는 헌법재판소의 경우보다 훨씬 큰 부담을 안고 출발해야 하는 것이다.

행정소송요건사항과 관련하여 필자는 행정에 의하여 일방적 권위가 행사된 경우에는 소송요건을 충족시킨 것으로 보는 것이 헌법제정자의 의지에 부합된다고 본다. 행정소송의 대상을 행정입법이나 권력적 사실행위에 대해서도 확장시켜야 하고, 법률상 이익에 관한 판례의 해석기준을 더 확장시키기 위해 법문의 표현을 바꾸는 것이 필요하다고 본다. 또, 지방자치단체나 상급행정기관에게 상급기관이나 하급기관이 제정한 법령이나 조례 또는 규칙에 대하여 위법심사를 신청할 수 있는 제도를 도입하는 것이 필요하다고 보고,(현재의 사법적 통제제도는 조례안에 한정되고 있음) 과다한 과징금과 같이 기업의 본원적 활동을 크게 제약하는 일방적 행정결정의 위헌가능성을 극복하기 위하여 새로이 공익소송을 도입하는 것이 필요하다고 본다.

그리고, 본안사항에 대해서는 행정에 의해 행사된 권위가 설득력있는지를 심사하기 위하여 헌법까지 심사기준으로 포함시켜 심리해야 하고, 법령의 해석적용에 있어 복수의 이해관계인이 존재할 때, 허가 등 수익적 행정행위와 관련하여 발생하는 기본권충돌을 조정하기 위하여 행정재량이 인정되어야 한다고 본다. 침익적 처분에 대해 재량을 인정하지 않는, 이른바, 효과재량설과 달리 과징금과 같이 재량이 인정되고 있는 제재적 처분에 있어서는 적법절차의 요건이나 비례원칙의 준수여부에 대한 심사를 강화하고 집행정지의 가능성을 확대시키는 것이 옳다고 본다.

이하에서는 위의 내용을 설명해가기로 한다.

2. 행정입법에 대한 직접적 통제제도의 도입과 법해석방법의 변화필요

1) 행정입법에 대한 직접적 통제제도 도입의 헌법적 의무

법원이 수행하는 명령·규칙에 대한 위법심사는 부수적 규범통제이다. 부수적 통제는 행정입법 자체를 직접 소송대상으로 삼아 소가 제기되는 것이 아니라 다른 구체적 사건에 관한 재판의 전제로서 당해 행정입법의 위법여부를 판단하는 제도로서, 당해 사건과 관련하여 그 개별처분의 근거인 행정입법규정의 위법확인을 내용으로 하는 개별적·상대적 무효확인제도이자 간접적인 적용배제제도이다. 일반적 효력통제제도가 아니어서 행정입법이 무효로 판단되어도 소송참가인들 사이에서만 그 효력이 인정된다. 그 동안 학계에서는 간접적 규범통제라고 하거나 개별적·상대적 통제제도로 불러왔으나, 부수적 통제라고 부르는 것이 그와 반대되는 유형이면서 우리 행정소송의 과제인 직접적 통제제도와의 차이를 명확하게 드러낼 수 있어 적절하다고 생각한다.[87]

행정입법에 관한 행정판례들의 분석에서 학자들을 괴롭혀 왔던 문제는 대법원이 시행령에 대해서는 법규성을 긍정하면서도 시행규칙에 대해서는 법규적 효력을 지니지 못하는 행정내부의 단순한 사무처리기준이라는 판결을 계속 내려 왔다는 점이다. 양자를 구별하여 취급할 명확한 법적 근거도 찾기 어려운 상황에서 판례의 입장을 정당화하는 근거를 찾기 어려웠기 때문에 대부분의 학자들이 판례의 입장에 반대하는 견해를 표명하였다.[88]판례와 학설이 이와 같이 극단적으로 반대편으로

---

87) 이러한 구분에 관한 보다 상세한 설명은, 졸고, 항고소송의 대상에 관한 입법적 검토, 행정법연구 제9호, 2003, 27면, 35-42면 참조.(이 논문은 2002년 7월 행정소송법관 세미나자료에 발표된 원문과 같다.)

88) 김남진, 법규명령과 행정규칙의 구분 등, 법제 1998. 5, 79-81면. ; 김원주, 법규명령과 행정규칙 구별의 실익, 고시계 1998. 11, 7면, 12면. ; 김철용, 이른바 법규명령형

나뉘어 대립하고 있는 경우는 한국 법학계에서 시행규칙의 법규성을 제
외하고는 거의 찾아보기 어렵지 않나 생각한다.

학문과 실무의 조화로운 발전을 위하여 어떤 계기가 마련될 필요가
있고, 행정소송법의 개정을 통해 헌법이 규정한 입법형식인 대통령령,
총리령 및 부령(헌법 제75, 95조)에 대한 직접적 통제제도를 도입하는
것이 해결책이라고 생각한다. 총리령과 부령을 일률적으로 입법으로서
의 성격을 부인하는 것이 헌법에 합치되는 해석인지 극히 의심스럽기
때문에 학자들로서는 도저히 개별 사건에서 어떤 실용주의적 필요성이
있다 해도 받아들일 수 없는 것이고, 그것은 지방자치법 제15조가 "지방
자치단체는 법령의 범위안에서 그 사무에 관하여 조례를 제정할 수 있
다"고 규정한 이상, 국가와 지방자치단체간에 질서를 안정적으로 수립해
야 하는 과제에 비추어보더라도 옳다 할 것이다.[89)]

재판의 전제성개념에 의하여 행정입법에 대한 법원의 직접적 통제권
을 제한하고자 하는 해석은 행정입법에 대한 법원의 직접적 통제의 결
여를 보완한다는 역사적 의미는 있으나 행정소송법을 개정하여 그 약점
을 극복하려 할 때에는 극히 부자연스러운, 무리한 해석이다. 왜냐하면,
위헌법률심판권을 부여한 헌법 제107조 제1항에서도 "법률이 헌법에 위
반되는 여부가 재판의 전제가 된 경우"에 헌법재판소에 위헌법률심판권

식의 행정규칙·행정규칙형식의 법규명령론, 법제 1999. 3, 12면. ; 김동희, 법규명령
과 행정규칙, 법제 1999. 1, 4-8면. ; 김동건, 대법원 판례에 비추어 본 법규명령과
행정규칙, 고시계 1998. 11, 55-56면 주53). ; 홍정선, 제재적 행정처분의 기준 : 법규
명령인가, 행정규칙인가, 법제 1998.1 1, 45면. ; 홍준형, 법규명령과 행정규칙의 구별
: 제재적 행정처분의 기준을 정한 시행규칙·시행령의 법적 성질을 중심으로, 법제
1998. 8, 51-54면.; 김유환, 법규명령과 행정규칙의 구별기준 : 행정입법의 외부법적
효력의 인정기준과 관련하여, 고시계 1998. 11, 25-26면. ; 김용섭, 법규명령 형식의
제재적 처분기준, 판례월보 1999. 1, 41면.

89) 집단이기주의와 기관이기주의가 매일 국정을 혼란으로 몰고 가고 있는 현재의 한국
상황에 대해 학자들과 법관들은 개별사건에만 매몰되거나 미시적 관점만을 고수하면
서 회피하거나 눈감지 말고 정면으로 고민해야 한다.

을 부여하고 있고, 이 규정을 통해 헌법재판소는 법률규정의 무효여부를 직접적으로 판단하고 있기 때문이다. 직접적 통제제도에는 두 가지의 성격이 다른 제도가 포함되어 있다. 즉, 행정입법이나 법률이 공포되기 전이든 공포된 직후이든 시행되기 전에 문제된 규정을 소송대상으로 삼아 직접적으로 통제하는 직접적 집행전 심사제도(direct pre-enforcement Review)와 집행단계에서의 심사제도(review in enforcement proceedings)가 있다.[90] 흔히, 일반적 효력통제제도라고 불리우는 제도는 직접적 통제제도의 일종으로서 집행단계에서의 심사제도라고 할 수 있다. 헌법재판소가 일반적 효력통제방식을 통해 법률의 위헌심사를 할 수 있다면, "명령·규칙 또는 처분이 헌법이나 법률에 위반되는 여부가 재판의 전제가 된 경우에는 대법원은 이를 최종적으로 심사할 권한을 가진다"는 헌법 제107조 제2항을 통해 법원이 행정입법에 대해 일반적 효력통제방식의 위법심사를 할 수 있는 것은 당연하고 헌법제정자가 이것을 예정하였다고 생각하는 것이 지극히 당연한 해석이라 할 것이다. 이러한 해석은 현행 헌법과 관련하여 극히 자연스러운 문리해석임에도 그 동안 거의 주장된 바 없었다는 점에서 필자로서는 의아스럽게 생각하고 있다. 이러한 입장에서 볼 때, 행정소송법을 개정하여 행정입법에 대한 일반적 효력통제나 그와 유사한 다른 직접적 통제제도를 도입하지 않고 있는 행정소송법은 위헌성의 의심이 짙은 입법(위헌적인 입법부작위)이라고 할 것이다. 이것이 위헌이 아니라면 헌법재판소법을 개정하여 헌법재판소로부터 법률에 대한 일반적 효력통제권을 폐지하는 것도 위헌이 아니라고 해야 할 것이기 때문이다. 따라서, 행정입법에 대한 직접적 통제제도의 도입여부의 문제는 도입의 필요성이 있는가를 기능적으로 평가하여 결정해서는 안되는 문제, 즉, 한국사회가 헌법적 명령을 위반한 상태를 언제까지 지속시킬 것인가의 문제인 것이다. 행정이 진정으로 본질적인 사항을 규율

---

90) Frederick Davis, Judicial Review of Rulemaking : New Patterns and New Problems, Duke Law Journal, 1981, p.279.

하기 위해 하위법으로 도피하거나, 더 나아가 정책지침과 같은 행정규칙으로 도피해가는 한국행정의 난맥상을 극복하기 위해서는 행정소송법을 개정하여 행정입법에 대한 직접적 통제제도를 도입해야 하는 것이다. 행정소송법이 개정되어도 보통의 행정입법에 대한 직접적 통제제도가 도입되지 않는다면 한국은 절름발이 법치주의상태에서 거의 전진하지 못한 것이 된다고 할 수 있을 것이다.

필자의 생각은 처분적 행정입법이 아닌 보통의 행정입법(행정청이 처분등을 통해 행정입법을 해석적용하는 행정입법)에 대하여 헌법재판과 똑같이 일반적 효력통제제도를 도입하는 것이 적절하다는 입장이지만,91) 보통의 행정입법에 대한 효율적 통제가 가능하다면 다른 직접적 통제방법도 그렇게 반대하지는 않는다. 하지만, 보통의 행정입법에 대한 직접적 통제의 도입을 사실상 반대하는 내용이라면 그것에는 반대할 뿐만 아니라, 그 주장은 결국 현재 법원의 행정입법통제 태만을 합리화해주는 것으로서 위헌적인 주장일 수 있다고 생각한다. 행정소송으로 행정입법에 대한 직접적 통제제도를 도입하는 경우에도 행정소송을 제기할 수 있는 원고적격(법률상 이익이든 정당한 이익이든 아니면 **보호할 가치있는 이익**이든)이 인정되지 않는 경우가 있게 될 것이고, 그 경우 헌법재판소는 기본권을 직접 침해하는 행정입법에 대해서는 위헌소원심판을 할 수 있게 될 것이다. 따라서, 현재의 헌법재판소의 관할에 큰 변화를 가져올 것으로 생각하지 않는다. 필자로서는 행정소송법의 개정이 행정처분 등을 통해 행정청의 해석적용을 거치는 보통의 행정입법에 대한 직접적 통제제도를 도입하는 것에 우선적 목적을 두어야지, 헌법재판소로부터 전체의 행정입법중 1%도 되지 않을 기본권을 침해하는 처분적 행정입법에 대한 통제권만을 확보하자는 것이 되어서는 곤란하다고 생각한다. 왜냐하면 법원은 최고의 사법기관으로서 국민전체를 위한 이익

---

91) 이 견해와 그에 따른 조문의 구상은 졸고, 항고소송의 대상에 관한 입법적 검토, 행정법연구 제9호, 2003, 26면이하 참조.

의 관점에서 판단하여야 하지 법원 자신의 이익을 위한 입장에 서서는
안될 것이기 때문이다.

　다만, 처분적 행정입법의 통제와 관련하여 법원의 통제의지가 강화되
면, 처분적 행정입법으로 인해 법률상 이익이 침해된 자가 그의 위법을
주장하며 취소소송을 제기할 경우, 처분적 행정입법에 대한 법원의 위법
심사권을 인정하는 판결도 점증할 것이고, 이것이 두 기관간 갈등을 가
져올 수도 있다. 최근, 대법원은 견책처분과 관련하여 "어떠한 처분의
근거나 법적인 효과가 행정규칙에 규정되어 있다고 하더라도, 그 처분이
행정규칙의 내부적 구속력에 의하여 상대방에게 권리의 설정 또는 의무
의 부담을 명하거나 기타 법적인 효과를 발생하게 하는 등으로 그 상대
방의 권리의무에 직접 영향을 미치는 행위라면, 이 경우에도 항고소송의
대상이 되는 행정처분에 해당한다고 보아야 할 것이다"고 판시했다.(대
법원 2002. 7. 26. 2001두3532) 이 상황에서 처분적 행정입법에 대해 어
떤 한 기관의 전속적 관할권을 주장하는 것은 양 기관을 설득하지도 못
할 것이고 또, 그렇게 바람직하지도 않다고 생각한다. 헌법학자들이나
행정법학자들로서는 헌법재판소나 법원의 심사를 위한 경쟁을 막으려
할 것이 아니라, 두 기관이 행정을 통제하는 상황에서는 한계영역에서
마주칠 수밖에 없는 일상적 문제일 수 있다는 점을 인식하고, 판례들을
종합하고 분류하여 적절한 역할분담이 이루어지도록 학설을 제공해야
할 의무를 진다 할 것이다. 결국, 필자가 생각할 때, 법원과 헌법재판소
의 관할권의 한계는 법률상 이익(현행법에 따를 경우)과 기본권에 의하
여 정해지게 될 것이다.

　한편, 우리의 경우와 같이 연방헌법 제3조가 재판을 청구하기 위해서는
재판의 전제성(Case or Controversy)을 요구하는 미국에서도, 예를 들어, 텍
사스행정절차및기록관리법(Texas Administrative Procedure and Register Act
: APTRA)은 제12조 (a)에서 그 요건을 규정하고 있는데, "규칙이나 그의
임박한(threatened) 적용이 원고의 권리를 침해하거나 방해할 우려가 있

다는 것을 주장하면, ……규칙의 효력유무나 적용여부를 확인판결의 형식으로(in an Action for Declaratory Judgement) 재판할 수 있다"고 규정하고 있다.[92] 이를 통해 보더라도 재판의 전제성요건을 통해 입법에 대한 직접적 통제제도의 유형을 다양화하려는 시도를 제한하는 해석은 비교법적으로도 설득력이 없는 것이라 할 것이다.

따라서, 헌법 제107조 제1항과 제2항은 원칙적으로 법률에 대한 심사권을 헌법재판소에 배분하고 행정입법에 대한 심사권을 법원에 배분한 규정으로 해석하는 것이 헌법제정자의 의도에 부합되는 해석이라 할 것이다. 그리고, 비교법적으로도 그러한 헌법제정자의 결단은 옳다고 생각한다.[93] 그 이유는, 첫째, 이탈리아, 프랑스와 같은 라틴계 국가나 미국의 경우에 개별처분과 행정입법을 구별하지 않고 모두 행정소송의 대상으로 하고 있고 오직 독일만 행정입법과 개별처분을 구별하여 통제권을 나누고 있는 것을 볼 때(독일은 법규명령에 대한 통제권을 헌법재판소와 행정법원이 서로 나누어 가지고 있음), 비교법적으로도 행정입법에 대한 통제권을 행정법원이 갖는 것이 옳다.[94]

둘째, 헌법재판소는 행정법원과 달리 명령·규칙에 대한 심사에 있어 헌법에의 위반여부만을 심사할 수 있을 뿐 헌법이외에 법률에의 위반여부를 심사할 수 없는데, 많은 경우 명령·규칙은 헌법위반여부보다는 법률위반여부가 더 문제된다. 따라서, 헌법해석기관으로서 헌법재판소가 명령·규칙에 대한 통제권을 보유해야할 이론적 타당성은 약하다.[95]

---

92) 텍사스행정절차및기록관리법에 대한 소개는 Pieter M. Schenkkan, WHEN AND HOW SHOULD TEXAS COURTS REVIEW AGENCY RULES?, Baylor Law Review 1995, p.989. 1034 ; John J. Watkins/ Debora S. Beck, Judicial Review of Rulemaking under THE ADMINISTRATIVE PROCEDURE AND TEXAS REGISTER ACT, Baylor Law Review 1982. p.1 참조.

93) F.Kopp/N.Pressinger, Entlastung des VfGH und Abgrenzung der Kompetenzen von VfGH und VwGH, Juristische Blätter, 1978, 617-626면.

94) F.Kopp/N.Pressinger, 622면.

95) F.Kopp/N.Pressinger, 621면.

2) 행정입법에 대한 행정기관간 직접적 통제소송도입의 헌법적 의무

최근 지방분권이 노무현정부의 주요정책이 되면서 이에 관한 논의가 무성하지만, 이미 한국의 지방자치법상으로 일정 부분에서는 지방분권에 관한 일반조항의 내용이 일본과 그리 차이가 없는 실정이라는 점은 주목되고 있지 않다. 구체적으로 지방행정에서 광역자치단체와 기초자치단체, 특히 광역시와 자치구사이에 큰 갈등을 보이고 있는 도시계획결정권의 문제를 가지고 살펴보기로 한다.

한국의 지방자치법 제10조 제1항은 광역적 사무, 통일성과 조정이 필요한 사무 등에 대하여 광역자치단체가 처리하도록 규정하면서, 지방자치법 제10조 제3항에서 "시·도와 시·군 및 자치구는 그 사무를 처리함에 있어서 서로 경합하지 아니하도록 하여야 하며, 그 사무가 서로 경합되는 경우에는 시·군 및 자치구에서 우선적으로 처리한다"고 규정하고 있다. 이 조항에 따를 때, 광역자치단체와 기초자치단체의 업무가 경합할 때 기초자치단체가 우선권을 갖는다는 점은 문리해석상 분명하다. 또, 자치구도 기초자치단체로서 광역시에 대해 우선적 지위를 갖는다는 점은 분명하다.

일본의 지방분권운동에서 한국의 이 규정과 유사한 조문은 광역자치단체와 기초자치단체간의 오랜 갈등을 조정하는 매우 중요한 규정으로서 많은 권한이 기초자치단체에게 넘어가게 만들었다는 점에서 큰 의미를 갖는다. 자치구에 한정하여 일본에서 이 조항이 갖는 의미를 살펴볼 때, 특히, 동경도의 경우, 동경도 자체의 과대화로 인한 업무부담증가와 자치구의 권한확대운동의 결과 광역자치단체와 기초자치단체의 업무를 재조정하기 위해 1984년 "새로운 도제도의 방향"이라는 보고서를 발간하고,96) 도구제도검토위원회가 설치되어 1986년 "도구제도개혁의 기본방

---

96) 土歧 寬, 東京都と 特別區, 地方分權下の 地方自治(木田 弘 / 下條美智彦 編著), 2002, 39면.

향"이란 보고서를 발간하였다. 이에 따라, 특별구를 대도시지역에 있어 기초자치단체로서 인정하여 도구간의 역할분담을 명확히 하였으며 도는 광역자치단체로서 도시지역전체의 행정의 일체성과 통일성확보라는 광역적 업무에 충실하기로 합의하였다.

이 합의에 따라 1998년 4월 지방자치법이 개정되어 2000년 4월부터 시행되고 있는데, 개정된 지방자치법 제281조의2는 도와 특별구간의 역할분담의 원칙이라는 제목으로 이 합의를 조문화하고 있다. 일본 지방자치법 제281조의2 제1항은 인구가 고도로 집중되어 있는 대도시지역에 있어 행정의 일체성과 통일성의 확보를 위해 일체적으로 처리할 필요가 있는 사무는 대도시의 광역자치단체에 해당되는 동경도와 같은 都가 처리하도록 하고 있다. 동조 제2항은 都가 일체적으로 처리하는 사무를 제외하고 일본의 기초자치단체인 市町村이 처리할 수 있는 사무를 자치구인 特別區의 사무로 처리하도록 규정하고 있다. 또, 동조 3항은 都와 特別區는 그 사무처리에 있어 상호 경합하지 않도록 하여야 한다고 규정하고 있다. 이 조항에 따라, 구체적으로 소방과 상하수도를 제외하고 청소업무, 옥외광고물규제업무, 도시계획업무(용도지역제 제외), 아동상담소 등의 설치업무 등이 구로 이관되었다.

이상 살펴보았듯이, 지방자치법상의 일반조항의 내용은 한국과 일본에 큰 차이가 없다. 그러나, 개별실체법으로 들어가면 그 내용에 현격한 차이가 존재한다. 이 문제를 도시계획에 한정하여 살펴보기로 한다. 일본에서는 입안권-결정권의 구별에 의해 자치구와 동경도간의 권한배분을 하고 있지 않다. 결정권을 특별구에 부여하되 일정한 경우 도지사의 동의를 얻는 방식으로 결정권-동의권배분방식에 의해 도시계획의 현지성과 통제필요의 이익을 조정하고 있다. 동경도는 용도지역결정권, 고층주거유도지구 등에 관해 결정권을 여전히 갖고 있으나, 많은 지구결정권과 도시계획시설결정권은 특별구에 이전되어 있다.

그러나, 한국의 도시계획법은 도시계획의 수립에 관한 권한을 크게 입안권과 결정권으로 구분하면서 이에 관한 사항을 대도시지역의 경우 광역자치단체의 조례로 정하도록 하였다. 이에 따라, 서울시 도시계획조례는 지역, 지구, 일정한 범위의 도시계획시설, 지구단위계획구역의 지정 및 지구단위계획(예비조사포함)의 입안권을 구청장에게 위임하고 있다.(서울시도시계획조례 제68조 제1항 별표3) 하지만, 서울시도시계획조례 제68조 제1항 별표3은 서울시가 자치구에 위임한 도시계획입안권에 관하여서도 "시계획과 관련하여 필요하다고 인정할 때에는 시장이 입안할 수 있으며"라고 규정함으로써 서울시장은 자치구가 입안권을 행사하고 있는 업무에 대해서도 필요하다고 인정하면 입안할 수 있도록 규정하고 있는 것이다.

일본과 한국의 자치구의 도시계획권을 비교할 때, 일본에서는 지구결정권이나 도시계획시설결정권이 자치구에 이전되어 있고 입안권과 결정권의 구별논리를 알지 못한다. 그러나, 한국의 경우 자치구는 도시계획결정권은 없고 입안권만을 가지고 있을 뿐만 아니라, 그 입안권의 행사에 있어서도 서울시는 필요하면 언제든지 입안권을 독자적으로 행사할 수 있는 것이다.

도시계획권의 배분과 관련하여 무조건 자치구가 더 많은 권한을 가져야 한다는 견해에 필자는 찬성하지는 않는다.[97] 기초자치단체, 특히, 자치구까지 대도시의 도시계획에 관해 더 많은 권한을 가져가는 것이 바람직한지, 어느 정도가 적정한지는 최근의 아파트재개발과 관련하여 강남구와 서울시 그리고 건설교통부간의 갈등을 생각한다면 그리 쉽게 판단할 수 있는 성질의 것이 아니다. 하지만, 일반법인 지방자치법에 규정된 기본결단이 다른 개별법들에 의하여 유명무실해지는 현상은 한국에서 부처이기주의(예, 이상의 예에서 행정자치부와 건설교통부)와 입법능

---

97) 지방자치는 국가적 통일성과 국민들간의 평등성을 위협하고 정실주의에 흘러 부패를 조장하며 지나친 분권에 의한 비능률을 초래한다는 문제점도 있다. 이광윤, 우리나라 지방자치법이론의 문제점, 법제 2001. 1, 3면.

력의 부족 때문에 법령간 모순저촉이 얼마나 심각한 상황인가를 잘 보여준다.

지방자치법에 이 규정을 도입하는 입법자들은 무슨 생각을 했는지 거의 알 수 없을 정도로 개별 실체법들이 이 규정의 취지를 무시한다면 이러한 규정은 지방자치법에 규정되지 않았어야 하는 것이 아닌가 생각한다. 모순된 법규정들이 등장하고 계속 존속할 수 있는 이유는 서울시의회가 이러한 조례를 만들어도 이 조례와 직접적 이해관계를 갖는 자치구가 이 조례의 문제점을 다툴 수 있도록 하는 적절한 소송제도가 결여되어 있기 때문이다. 헌법재판소의 권한 중 하나인 권한쟁의심판은 헌법재판소법 제61조 제2항에 따를 때, 처분 또는 부작위에 대해서만 가능하다. 또, 행정소송으로서 기관소송은 행정소송법 제45조에 따를 때, "법률이 정한 경우에 법률에 정한 자에 한하여 제기"할 수 있으나, 이와 같은 문제를 다룰 소송은 현행법상 도입되어 있지 않다. 따라서, 시행령, 시행규칙이나 광역자치단체의 조례와 같은 상급행정기관의 행정입법을 하급기관이 다툴 수 있는 규범통제제도의 도입이 시급한 실정이다.[98](행정입법에 대한 최종적 통제권을 갖는 법원이 소극적이라면 헌법재판소라도!)

현재 한국에서 헌법과 같이 모든 법분야에 적용되는 최상위의 법뿐만 아니라 행정절차법이나 행정소송법 또는 지방자치법과 같은 일반법이외에도 '기본법'이라고 불리우는 수많은 법들이 제정되고 있으나 이러한 일반법이나 기본법들은 행정현장으로 다가갈수록 장식법적 성격이 짙어질 뿐 현실적 규범력을 갖지 못하고 있는 것이다. 따라서, 행정입법에 대한 활발한 통제없이 헌법적 행정법학이라는 구호는 큰 의미를 갖지

---

98) 동급기관이나 하급기관의 행정입법에 대한 통제도 관련성과 필요성이 있는 경우 인정될 필요가 있다. 오스트리아 헌법 제139조 제1항은 주의 법규명령에 대해서는 연방정부의 신청으로, 그리고 연방정부의 법규명령에 대해서는 주의 신청으로 권리침해를 묻지 않고 문제된 법규명령의 객관적 위법여부를 심사하는 제도를 도입해놓고 있다. 다른 형태의 감독청의 법규명령에 대하여 피감독기관도 청구권을 갖는다.(한국에서 교육인적자원부와 도교육청의 관계같은 것이 여기에 속한다)

못한다고 할 수 있다.

3) 행정입법에 대한 심사에 있어 법해석방법의 변화필요

법원은 당해 사건에 대해서만 효력을 미치는 부수적 위법심사를 할 때에도, 대통령령, 총리령, 부령 및 법령보충적 행정규칙 중 대통령령과 법령보충적 행정규칙에 대해서만 법규성을 인정하여 위법심사를 하고 있는데, 대통령령과 법령보충적 행정규칙(실무상 대통령령으로부터 위임받아 제정되고 있음)에 대한 위법심사를 하는 경우에도 심사방법은 법실증주의적 해석방법에 따르고 있다. 즉, 법률에 위임의 근거가 규정되어 있는가, 그 위임방식이 포괄적 위임이 아니라 구체적 위임의 방식을 따르고 있는가, 위임의 한계를 일탈하였는가를 심사한다. 당해 대통령령의 실질적 합법성에 대한 심사를 하는 경우는 찾아보기 어렵다. 법원이 실질적 합법성심사를 하게 된다면 심사기준으로서 헌법의 내용을 고려하여야 하기 때문에 합법성심사를 하면서 합헌성심사까지 함께 하게 될 것이다. 행정소송법개정을 통해 행정입법에 대한 직접적 통제제도가 도입되는 경우에도 대부분의 사례에서 법실증주의적 해석방법에 따라 포괄적 위임금지원칙을 위반했는가만을 심사할 가능성도 있으나 Hard Case의 경우 포괄적 위임금지원칙을 위반하지 않은 경우에도 그 규정내용의 실질적 합법성과 합헌성을 심사하는 것이 필요하다고 본다.

행정입법에 대한 실질적 합법성을 어떻게 심사할 것인가는 행정법학의 중요한 연구과제가 되어야 한다고 보는데, 입법의 경우 행정은 사회환경의 복잡성과 가변성을 고려하여 넓은 정책재량과 입법재량을 갖는 것이 보통이다. 따라서 행정이 헌법이나 법률의 정신과 내용을 해석하여 제정한 행정입법의 기준과 내용에 대해 법원은 어느 정도와 범위까지 심사하고 존중하여야 하는지가 문제된다.

이미 법원은 처분과 관련하여서도 특허나 넓은 재량이 인정되는 허가의 경우에 행정청의 의사를 가능한 한 존중하여왔다. 즉, 비교적 빈번하게 이용되지만 강학상 특허로 분류되고 있는 개인택시운송사업면허거부취소 청구사건(대법원 1996. 10. 11, 96누6172.)에서 대법원은 "개인택시운송사업면허는 특정인에게 권리나 이익을 부여하는 행정행위로서 특별한 규정이 없는 한, 재량행위이고, 그 면허를 위하여 필요한 기준을 정하는 것도 역시 행정청의 재량에 속하는 것이므로, 그 설정된 기준이 객관적으로 합리적이 아니라거나 타당하지 않다고 볼 만한 다른 특별한 사정이 없는 이상 행정청의 의사는 가능한 한 존중되어야 한다고"고 판시함으로써 면허기준의 제정과 면허여부결정에 대한 행정의사를 존중하고 있다. 또, 산림훼손허가처분(대법원 1995. 9. 15, 95누6113 ; 1992.11.10, 92누1025 ; 1993.4.23, 92누7726 ; 1993.5.27, 93누4854.)과 관련하여서는 행정의 재량을 인정하면서 "법령이 규정하는 산림훼손금지 또는 제한지역에 해당하는 경우는 물론 금지 또는 제한지역에 해당하지 않더라도 허가관청은 산림훼손허가신청 대상토지의 현상과 위치 및 주위의 상황 등을 고려하여 국토 및 자연의 유지와 환경의 보전 등 중대한 공익상 필요가 있다고 인정될 때에는 허가를 거부할 수 있고, 그 경우 법규에 명문의 근거가 없더라도 거부처분을 할 수 있다"고 한다. 이 판결에서는 헌법규정을 명시적으로 논거로 제시하고는 있지 않지만 "법규에 명문의 근거가 없더라도", "국토 및 자연의 유지와 환경의 보전"이라는 법익의 보호를 위하여 거부처분을 할 수 있다고 하고 있는데, 이러한 법익은 헌법, 즉, 환경권(헌법 제35조), 국토 및 자연의 보호의무(헌법 제120조, 122조)에 의하여 보호되고 있는 법익인 것이다. 이 판례에서 드러나듯이 법원은 실질적으로 헌법의 내용을 존중하는 경우에도 헌법규정을 법규로서 직접 원용하지 않는 경우도 많은데, 앞으로는 헌법의 규정을 명확히 밝혀서 법적 판단의 정당성기초를 강화해 가는 것이 필요하다.

　재량행위에 대한 법원의 심사기준을 참조할 때, 입법재량이 인정되는 행정입법에 대한 법원의 실질적 합법성의 심사에 있어서는 1) 행정의 해석과 의사에 대한 법원의 존중의 정도 2) 헌법의 해석을 통한 실질적 심사기준의 도출이 중요한 쟁점으로 부각될 수 있을 것이다. 주로 행정입법에 대한 통제법리로서 행정법학을 발전시킨 미국에서 연방대법원의 Chevron판결을 통해 드러나듯이 행정이 행정입법을 제정하면서 국회가 제정한 법률로부터 구체적 위임을 받았으면 법원도 행정입법의 합법성을 승인하여야 하는지, 아니면 그 실질적 내용을 법원이 심사하여야 하는가, 더 나아가 실질적으로 심사하는 경우에도 어느 정도로 존중하고 어떻게 통제할 것인가의 논점은 행정법학의 법해석방법방법론에 관련된 논점으로서 미국에서도 매우 중요하다. 한국에서도 행정소송법개정이후에는 행정입법통제를 비롯한 재량행위의 통제에 있어 법실증주의적 해석과 헌법지향적 해석 내지 자연법적 해석을 둘러싼 문제가 행정법학의 가장 중요한 논점 중의 하나로 부각될 것임을 시사한다고 하겠다.

3. 공익소송제도의 도입 및 과징금의 합법성에 대한 심사강화필요

정부와 시장, 공법과 사법은 사회의 발전과 위험극복을 위한 양대 축으로서 상호 협력적으로 그에 부과된 책임을 이행하기 위해 노력해야 하는데, 기업들의 경제활동이 활발해지면서 기업들의 불법행위에 있어 고의와 과실에 대해 차이를 두지 않는 민법상의 불법행위책임제도의 부적절성이 드러나고 있다. 특히, 기업이 악의적인 불법행위를 한 경우가 그러한데, 한국에서는 지금까지 악의적인 불법행위에 대한 징벌적 제재수단은 주로 과징금부과처분이었다. 그러나, 과징금부과처분에 기초한 제재시스템은 지나치게 정부, 그 중에서도 중앙행정부처 우위적으로 설계되고 운영되고 있는 것으로 그의 민주적 법치사회에서의 정당성이 의문시되고 있다. 이 시스템의 현대화방향은 선진각국의 제도와 비교하여 국제적 수준에서 설득력있는 것이어야 하므로, 사법부의 권한을 보다 강화하고, 시민의 절차주도권을 강화시키는 방향으로 변화시켜야 한다.[99] 피해자들이 민사소송방식으로 징벌적 배상소송을 제기하거나 민사소송형 시민소송을 본격적으로 도입하는 것은 우리 기업들의 규모나 수준에 비추어 지나치게 급진적인 면이 있으므로 정부의 공익소송이 도입될 필요가 있다고 본다.[100]

정부의 공익소송의 요건은 미국의 징벌적 배상소송과 정부의 공익소송을 참조하여 구성하는 것이 적절할 것이다. 첫째, 기업이 악의적으로 또는 명백한 반사회적 태도로 불법행위를 했다는 것이 드러남에도 불구하고, 현재의 민사법시스템으로 보아 미국의 징벌적 배상소송의 도입이 어렵다면, 형벌적 성격을 갖는 금전적 제재, 즉, 일정금액이상의 금전적 제재를 위하여 정부가 공익소송을 제기하여 법원이 결정하도록 하는 방법을 도입하는 것이 적절할 것이다. 시민들에게 어떤 피해가 발생했는지 불분명하지만 독점으로 인한 피해가 있거나 기타 정부 자신의 이익이 침해된 것으로 보이는 경우로서 행정 일방이 부과하는 일정금액이하의

---

99) 이에 관하여는, 졸고, 패러다임의 변화와 기업의 불법행위에 대한 제재시스템의 현대화, 법제 2003. 5, 35-65면 참조.

100) 최근, 대만도 2000년 7월 1일부터 전면적으로 행정소송법을 개정하였는데, 행정소송법 제9조에서 자신의 권리 또는 법률상 이익과 무관하게 공익을 보호하기 위하여 '공익보호소송'(公益保護訴訟)을 법률의 규정이 있는 경우에 도입할 수 있도록 하였다. 이에 따라, 공기오염방지법 제74조에 의하여 이 법의 위반 혹은 부집행으로 인하여 피해를 입은 국민 혹은 공공단체는 행정소송을 제기하여 주관 행정기관에 대하여 그 집행을 명해줄 것을 청구할 수 있게 되었다. 김광수, 대만 행정소송법의 개정과 실시현황, 행정법연구 제9호, 2003, 181면.

대만에서 도입된 공익보호소송은 한국에서 도입하고자 하는 부작위나 거부처분을 대상으로 하는 의무이행소송과 비슷하지만 원고적격이 시민단체에까지 확대되었다는 점에서 미국법상 시민소송(Civi Suits)의 일종으로 보인다. 공익소송에는 시민이 제기할 수 있는 시민소송과 정부나 지방자치단체가 제기할 수 있는 정부의 공익소송(Parens Patriae Suits; 후견인으로서 국가)이 있다. 미국법상 정부의 공익소송에 관한 소개는, 졸고, 패러다임의 변화와 기업의 불법행위에 대한 제재시스템의 현대화, 법제 2003. 5, 52-55면.

금전적 제재나 형사처벌만으로는 실효를 거두기 어려운 때, 이 하나의 요건만으로도 정부의 공익소송을 제기할 수 있어야 한다고 본다. 이 경우, 미국에서도 징벌적 배상소송은 행정제재처분과 달리 과다한 벌금의 금지원칙을 위반하지 않는다는 것이 판례의 입장이라는 점을 고려한다면 정부의 공익소송에 의해 부과되는 징벌적 목적의 배상금은 비례원칙을 위반하지 않는다고 본다.

둘째, 기업의 불법행위로 인해 다수의 시민들에게 피해가 발생하고 있음에도 불구하고 시민 스스로 소송을 제기하기가 곤란한 경우에는 정부의 공익소송을 제기할 수 있도록 하여야 할 것이다. 현재 증권집단소송을 제외한 다른 분야에서 집단소송은 언제 도입될 수 있을지 막연하므로 미국과는 달리 이 하나의 요건이 충족되는 경우에도 정부의 공익소송이 허용될 수 있다고 본다.

기존의 과징금부과시스템 중 징벌적 성격의 과징금은 정부의 공익소송으로만 부과할 수 있도록 하되, 일정액수 이하의 과징금부과절차도 적법절차의 원칙에 적합하도록 절차적 정당성을 강화시키고 과징금을 규정한 법률에 대한 헌법재판소의 합헌성심사와 과징금의 합법성에 대한 법원의 심사도 강화시켜야 할 것이다.

4. '법률상 이익'에 관한 법문언변경의 필요

1) 법률상 이익의 존부판단의 근거법령의 범위
    - 처분의 근거법규와 관계법규의 차이

행정법학에서 판례와 학설은 법률상 이익의 해석에 있어 법실증주의적 특징을 보여준다. 즉, 실정법령인 처분의 근거법규(판례)나 관계법규(학설)가 공익뿐만 아니라 사익을 보호하고 있을 것을 요구한다. 처분의 근거법규나 관계법규의 내용이나 처분에 의해 침해되는 이익의 내용은 묻지 않는다. 자연법적 사고에 의해 실정법외의 기준, 즉, 보호할 가치있는 이익이 침해되고 있는가의 여부는 중요하지 않다.

법률상 이익의 존부의 판단기준으로 실정법령만이 의미를 갖는다고 하는 경우에도 처분의 근거법규만 기준이 되는가, 아니면 특정 처분에 복수의 관계법령이 적용되는 경우에는 복수의 관계법규가 모두 사익보호여부의 판단기준으로 될 수 있는가는 실정법들의 조문수가 매우 적고 그 조문 각각도 매우 짧은 한국적 상황에서는 매우 큰 차이를 가져온다. 법률상 이익의 존부판단에서 문언주의적 해석과 체계적 해석의 차이가 다시 문제되는 것이다. 각 부처의 관할이 모호하여 관할다툼이 심하거나 복수의 관계법령들이 존재하는 상황에서 사업을 하고자 하는 자는 관계법령상의 허가요건을 모두 충족시키기 위해 여러 행정기관을 돌아다니며 허가요건의 충족을 확인받아야 하거나 주관 행정기관이 다른 행정기관과의 협의절차를 모두 거칠 때까지 기다려야 한다. 그런데, 결국 허가를 받지 못한 허가신청인이나 부여된 허가의 취소를 위하여 인근주민이 행정청의 처분을 취소시키고자 할 때, 소송을 제기할 수 있는 원고적격은 처분의 근거법규에서 그의 이익이 보호되고 있는 사인에 한정된다. 예를 들어, 석유사업허가처분(대법원 1995.01.12 94누3216, 석유판매업허가반려처분취소)에 대하여 인근주민이 그 취소를 구하는 소송을 제기할 수 있기 위해서는 석유사업법에서 사인의 이익을 보호하고 있어야 하고 건축법, 도시계획법, 소방법, 주택건설촉진법 등 관계법에서 사인의 이익을 보호하고 있어도 원칙적으로 구제받을 수 없다.

한국에서와 마찬가지로 취소소송의 원고적격의 판단기준에 관한 통설 판례가 법률상 보호되고 있는 이익설을 취하고 있는 일본에서는 이 학설내에도 구별되는 입장들이 있다는 주장[101] 이 간략하게 제시되었는데

---

101) 山村恒年, 法律上の 利益と 要件法規, 民商法雜誌 제83권 제5호, 1981, 57면의 내용을 약간 재구성했다. 관습법도 관계법에 포함시키고 있으나 제외했다.

한국의 학설과 판례에도 상당한 반응을 불러일으켰다. 다만, 일본에서의 논의가 한두 줄 정도로 지나치게 짧아 불명확하여 논의의 단순한 출발점이상의 내용을 제시하지 못하기 때문에 학설이나 이론이라고 부르기에는 적합해 보이지 않는다. 이에 따를 때, 판단기준에 포함되는 법률은 실체법에 한정되는가 아니면 절차법도 포함되는가, 또, 실체법중에서도 처분의 근거법규에 한정되는가 아니면 관계법규도 포함되는가로 나눌 수 있다. 처분의 근거법규도 1) 당해 처분의 근거법률의 문언만이 기준이 되는가, 아니면 2) 처분의 근거법률의 목적과 취지도 기준이 되는가로 나눌 수 있다. 처분의 관계법규도 1) 법령, 즉, 법률, 법규명령 및 조례가 포함되는가, 더 나아가 2) 헌법규정도 기준이 되는가로 나누어볼 수 있다.

대법원은 특정한 허가처분에 적용할 법령이 다수인 경우 그 관계법령들은 적용상의 우열관계에 있지 않은 이상 모두 적용된다고 하고 있는데,(대법원 1995.01.12 94누3216) 이러한 관계법령은 원고적격이 아니라 본안심사기준으로서 처분의 위법성판단의 기준만 될 뿐인가 아니면 소송요건으로서 원고적격, 즉, 법률상 이익의 판단기준도 되는 것인가? 대법원판례는 법률상 이익에 대해 "처분의 근거법률에 의하여 보호되는 직접적이고 구체적인 이익"(대법원 1997. 10. 14. 96누9829.)이라는 입장을 유지해오고 있다. 판례입장에 따를 때, 관계법령은 위법심사의 기준일 뿐 법률상 이익여부의 판단기준은 아니다. 그런데, 통설은 법률상 이익을 관계법규에 의해 보호되는 이익으로 해석하고 있다. 따라서, 판례와 학설의 우선적인 긴장관계는 원고적격의 기준으로 포함되어야 할 법률의 범위에서 생겨나고 있음을 알 수 있다.

이러한 긴장이 무엇을 의미하는지 현재 한국법해석을 위한 비교법적 설명의 도구로 많은 학자들이 독일행정소송에서의 원고적격에 관한 논의, 즉, 보호규범론을 원용하고 있기 때문에 이에 대한 검토가 필요한데, 여기서는 독일의 다수설을 간략히 요약해보기로 한다.102) 첫째, 다수설은 행정소송에서 원고적격의 요건으로서 기본권과 구별되는 공권개념을 유지할 필요가 있다고 보는데, 그 이유는 기본권과 헌법원리를 구체화하는, 민주적 정당성을 가진 의회의 입법권을 존중해야 한다는 것이다. 둘째, 법률이 오직 사익만을 보호하기 위한 것이 아니라 공익을 보호하는 것이 주목적이라 하더라도 사익도 동시에 보호하는 것으로 해석되는 경우에는 사익보호성을 긍정하여 원고적격을 긍정하고 있다. 사익보호성 여부를 판단하기 위하여 해석방법으로 다양한 법학방법론이 이용되고 있다. 셋째, 침해적 행정작용의 직접적 상대방은 독일 기본법 제2조 제1항에 따라 일반적 인격권에 의해 법률규정을 매개하지 않고 침해에 대한 방어권을 가지므로 공권개념이 별도로 필요하지 않다. 넷째, 제3자의 경우, 입법자가 공익을 위하여 제3자에게 부담을 부과하면서도 행정소송을 제기할 수 있는 원고적격을 인정하지 않을 수 있는 형성의 자유를 가지므로 원칙적으로 원고적격의 인정여부는 법률의 해석에 달려 있다. 다만, 중대하고 수인할 수 없는 기본권침해가 있을 때에는 기본권의 본질적 내용을 침해하는 것이기 때문에 기본권이 행정소송의 원고적격의 승인을 위해 직접 적용될 수 있다.

대법원도 드물기는 하지만 취소소송의 원고적격의 기준으로 기본권, 특히, 일부의 자유권과 평등권을 직접 적용한 경우도 있다. 대체로 공익보호를 위하여 입법에 의한 제한과 조정이 상대적으로 넓게 허용된 재산권이나 직업의 자유보다는, 신체의 자유나 정신적 자유, 정치적 자유 등과 관련되는 것으로 보인다. 즉, 구속된 피의자의 접견신청에 대한 거부처분과 관련하여 형사소송법 제89조를 해석하는 방식을 취하면서도 "헌법 제10조가 보장하고 있는 인간으로서의 존엄과 가치 및 행복추구

---

102) 이에 관한 소개는, 김성수, 주관적 공권과 기본권, 행정판례연구Ⅱ, 1996, 7-22면. ; 박정훈, 환경위해시설의 설치·가동 허가처분을 다루는 취소소송에서 인근주민의 원고적격, 행정법연구 제6호, 2000, 97-118면. ; 정하중, 독일 공법학에 있어서 권리의 개념, 행정법연구 제6호, 2000, 15-48면 참조.

권 가운데 포함되는 헌법상의 기본권", "구속된 피고인 또는 피의자의
타인과의 접견권은 위와 같은 헌법상의 기본권을 확인하는 것일 뿐 형
사소송법의 규정에 의하여 비로소 피고인 또는 피의자의 접견권이 창설
되는 것으로 볼 수 없다"고 한다.(대법원 1992.5.8, 91누7552.) 또, 사회단
체등록신청의 반려처분과 관련하여서는 결사의 자유와 평등원칙을 위반
한 것이라고 하면서 원고적격을 인정했다.(대법원 1989.12.26, 87누308.)

독일과 비교할 때 한국에서 행정소송을 제기할 수 있는 자의 범위는
더욱 좁은데, 그 차이는, 첫째, 처분에 한정하여 항고소송체계를 구성하
고 있다는 점에 있다. 침익적 처분의 상대방은 한국에서도 원고적격이
승인되고 있으나 그것은 처분의 상대방이어야 하는 것이고 처분이 아닌
침해적 행정작용의 상대방에게는 원고적격이 인정되지 않는다. 다만, 권
력적 사실행위에 대해서는 다수설과 일부판례가 처분성을 인정하고 있
다. 둘째, 입법의 파편화, 공무원의 문언주의적 태도, 법률과 행정입법에
있어 기본권을 구체화하려는 태도의 부족, 법원에서 법령해석에 있어 헌
법을 존중하는 태도의 부족에 있다. 이 중에서 첫째요인은 소송체계를
개혁하면 어느 정도 극복될 수 있으나 두 번째 요인인 수많은 입법들의
낮은 질과 파편화의 문제는 앞으로도 수 십년을 노력해가야 할 한국의
과제가 될 것이다. 두 번째 요인 때문에 독일과 같은 소송체계를 유지하
면 한국에서는 법원이 독일만큼의 행정통제를 할 수 없게 될 것이다.
'처분의 근거법규'라는 용어는 행정의 일방적 권위에 의해 위법하게 이
익을 침해당한 피해자가 있어도 원고적격을 배제하는 권위주의적 도구
가 되고 있는 것이다. 따라서, 입법의 낮은 질을 개선하고 법집행을 태
만하거나 편파적으로 적용하는 행정에 대한 통제를 강화하기 위해서는
행정소송의 객관적 성격을 강화하는 것이 필요하다 할 것이다.

새로운 행정소송법에서는 행정의 일방적 권위의 행사에 대한 통제 있
어 소송요건심사에서 본안심사로 중심을 이동시킴으로써 본안의 이유를
통해 설득적으로 권위를 확립해야 한다. 이를 위해, 헌법과 관계법령을

종합하여 체계적으로 원고의 이익의 보호필요여부를 판단하여야 하고, 그것은 적어도 한국실정으로는 법관에게 사실상 법창조적 기능을 행사하도록 기대하는 것과 비슷한 결과가 될 것이 될 것이다. 이 과정에서 판사는 개별 법률이나 행정입법의 문언에 얽매이지 말고 근거법률외적인 기준인 헌법이나 다른 관계법령으로부터 보호할 이익의 존부를 판단해야 한다. 이런 의미에서 자연법적 관점이 도입될 필요가 있고, 이를 위해 법해석과 적용에 있어 법관의 창조적·적극적 역할이 필요하다 할 것이다. 그것이 자연법적 법이론이 통설인 헌법학이나 헌법판례와도 조화를 이루게 할 것이다.

요약하면, 한국에서 입법의 파편화의 문제점을 극복하고 공무원의 문언주의적 태도를 타파하기 위해서는 처분의 근거법규로부터 원고적격의 판단기준을 찾는 독일의 보호규범론(적어도 한국에서는 이렇게 이해되고 있음)과는 달리 '보호할 가치있는 이익'을 헌법이나 다른 관계법령 또는 일반법원칙 등으로부터 종합적·체계적으로 발견하여 이를 법관이 보호하도록 하는 것이 필요하다. 필자는 이러한 입장에서 행정소송에서 원고적격의 판단기준을 '법률상 이익'이 아니라, 그 동안의 학설을 통해 형성된 법학자들과 법관들의 법의식을 고려하여 새로운 행정소송법이 지향하는 의도를 보다 명확하게 하기 위하여, '충분한 이익'이나 '정당한 이익'이라는 표현보다는 '보호할 가치있는 이익'[103] 이라는 표현이 적절하다고 본다. 이하에서 재론하겠지만 필자는 이 기준을 반드시 고집하지는 않는다. 하지만, 현재의 법문언은 반드시 수정되어야 한다고 본다.

독일의 보호규범론적 입장은 한국에서는 원고적격의 범위를 매우 협소하게 인정하게 할 것이고, 넓히는 경우에도 단편적이어서[104] 전체판

---

103) 동지, 이원우, 항고소송의 원고적격과 협의의 소의 이익확대를 위한 행정소송법개정방안, 행정법연구 제8호, 2002, 251면. 263면.

104) 최근 환경영향평가와 관련하여 환경영향평가대상지역내의 주민들에 대해서도 원고적격을 인정한 판례들이 나타나 학자들의 주목을 끌고 있다. 대법원 1998. 4. 24.

례의 기준에는 큰 영향을 미치지 못할 것이다.

동아시아국가들에서 삼권중 사법권은 영미법계국가나 독일, 프랑스 등에 비추어 전통적으로 극히 낮은 위치에 있다. 사법권이 강한 나라 중 선진국이 아닌 나라가 없을 뿐만 아니라 사법권의 지위가 극히 낮은 상황에서 법관국가나 소송국가를 우려하는 태도는 한국을 비롯한 동아시아국가들의 상황에 기초한 비판이라고 볼 수 없다. 또한, 정부와 사회의 규모가 커지고 복잡해질수록 정부는 시장과 사회에 임기응변적으로 개입해서는 안되고 원칙에 기초하여 중장기적인 관점에서 개입해야 한다. 사법적 통제가 낮거나 없으면 권력자들은 임기응변적이고 실험적으로 사회와 시장에 끊임없이 개입하려는 유혹을 받는다.

더구나, 행정을 매개로 하여 사회와 시장에 개입하는 항고소송의 특성상 항고소송이 제기되어 위법한 처분을 취소하거나 위법한 행정입법의 무효확인을 해도 결국 사회와 시장에 직접 개입하는 자는 처분을 하거나 입법을 하는 행정이다. 민사소송에서라면 곧바로 불법행위를 한 자에 대해 손해배상을 명하여 법원의 판결이 시장에 직접적 충격을 가하지만, 행정소송의 경우는 행정의 매개를 거치기 때문에 시장과 사회에 대한 간접적인 개입방법이어서, 행정은 다시 사회적 상황을 고려하여 보다 합리적이고 합헌적인 처분이나 입법을 할 수 있게 될 것이다. 동아시아 사회의 권위주의와 핵심참모집단에 의한 비밀주의적 정책결정, 그리고 그로 인한 대형정책실패의 빈발(최근, 하루에도 여러 차례 공문을 통해 지시하고 보고하는 것이 행정청간 관행으로 되어 있음에도, 중요한 정책결정사항에 대해서는 교육행정전산망의 실제 운용자인 현장의 교사들과 충분한 협의와 실습없이 비밀주의적으로 천문학적 돈을 투입하여 교육계밖에 있는 사회에까지 혼란이 야기되고 있는 경우를 상기할 것!)

97누3286용화집단시설지구 공원사업시행허가처분취소 ; 대법원 1998. 9. 22. 97누 19571 전원개발사업실시계획승인처분취소. 다만 이 판결들에서도 '처분의 근거법규'라는 판례특유의 용어는 유지되고 있다.

을 막기 위해 정책지침이나, 행정입법 그리고 행정작용들에 대한 통제를
강화해야 한다.

2) 확립된 판례에 나타난 법해석기준의 기능과 행정소송법개정을 통한 판례변경의 필요

확립된 판례에 나타난 해석기준[105]은 유사한 법적 문제에 다시 적용
될 수 있기 때문에 법의 발견에 있어 안정성과 확실성을 확보해준다. 이
기준에 따라 사람들은 자신의 법적 문제에 대해 예측할 수 있게 된다.
또, 유사한 상황에 처한 사람들에게 동일한 기준이 적용되기 때문에 확
립된 판례는 법적용에 있어 평등성을 보장해주고, 정권의 교체나 사회적
압력으로부터 벗어난 공정성의 이미지를 재판에 제공해준다. 그리고, 사
건해결에 있어 판사에게 길잡이기능을 수행하면서 해석의 부담을 경감
시켜준다.

하지만, 폐쇄적인 해석기준이 오랫동안 지배하게 되면 법발전을 가로
막는 중대한 장애가 된다. 폐쇄적이면서 강고한 해석기준이 오랫동안 존
속하는 동안 그 실정법적 연원인 법률이 개정되있음에도 불구하고 독단
주의에 빠져 일방적 권위로 작용하게 될 수도 있다. 그러므로 판례변경
의 필요가 생겨난다. 하지만, 소송요건과 같이 모든 소송사건에서 판단
의 기준이 되고 있는 해석기준은 거의 모든 행정사건과 실체법령의 해
석과 적용에 영향을 미치는 행정판례법질서의 핵심적 기초에 해당되는
것으로서 수많은 판례를 통해 확인된 기준에 대한 판사들의 강한 존중
의 태도 때문에 법원 자체의 힘만으로는 그 변경이 매우 어렵거나 경험
적으로 볼 때 거의 불가능하다고 보여진다. 따라서, 해석기준의 근거가
되는 법조문의 변경이 필요해진다. 개별 실체법의 해석과 관련하여 기존
의 판례를 변경하기 위해서는 전원합의체형식의 재판을 거치기만 하면

---

105) Earl Malz, The Nature of Precedent, North Carolina Law Review 1988, pp.368-372.

되지만 처분개념이나 원고적격에 관한 기본개념에 관한 것은 그것만으로 쉽게 가능할 것으로 보는 것은 지나치게 안이한 태도이다. 모든 특별행정법분야에서 제기되는 유사한 법적 쟁점들에 대해 새로운 법해석의 문제가 제기되는 것이고, 따라서, 이것은 단순한 판례변경이 아니라 사법정책(Judicial Policy)의 변화라고 해야 하기 때문이다.

이론적으로 볼 때, 판례법국가라고 불리우는 미국에서도 판례의 근거 제정법의 변경이 있으면 선례구속원칙은 더 이상 적용되지 않는다. 따라서, 법원은 그것이 기본개념인 경우 이제 당해 제정법의 법조문과 입법자의 의도를 기준으로 하여 새로운 해석기준을 도출하여야 한다. 하지만, 미국에서도 새로운 입법개정에도 불구하고 과거의 선례가 완강하게 지속하는 경우도 있는데, 특히 법령에 새롭게 사용된 용어에 대해서까지 과거 판례에서 이해하던 기준에 비추어서 이해하려 하기 때문에, 입법의도와 반하는 결과, 즉, 사법부에 의한 입법자의 권위침탈(Userpation of Authority)이 이루어지기도 한다.106) 그러한 폐해가 심각한 것은 판사들이 私法槪念에 익숙한 결과 공법학에서 사용하는 용어를 사법개념과 동일한 의미나 개념범위를 갖는다고 전제하는 것으로부터 나온다. 미국에서도 제정법의 용어를 보통법(Common Law)의 용어와 같게 해석함으로써 보통법의 적용역역을 제한하려 하는 입법자의 시도가 실패하는 경우가 나타난다. 공법상의 권리나 공권개념에 대해서는 그 독자적 내용을 무의식중에 인정하지 않고 사법상의 권리와 동일한 것으로 이해하기 때문이다.

한국 판례가 고수하고 있는 지나치게 협소한 원고적격의 해석기준에 대한 불만은 행정법학자들에게 일반화된 것으로 보인다. 하지만, 한국 행정소송상 취소소송의 원고적격의 판단기준인 "법률상 이익"은 일본 행정사건소송법 제9조(원고적격)의 기준과 똑같기 때문에 한국의 법원

---

106) Earl Malz, a.a.O., p.386. 392.

은 일본판례의 직접적 영향에서 벗어나기가 매우 어렵다. 한국학자들은 일본에서 행정소송의 위축과 행정법학과 헌법학의 정체현상을 우려의 눈으로 바라보면서 민주주의의 발전단계에 차이가 있는 것은 아닌가 의심을 하기도 한다. 이러한 입장에서는 새로운 행정소송법이 여전히 원고적격의 기준으로 '법률상 이익'이라는 기준을 고수할 때, 우리 법원이 지금까지 확립된 해석기준을 버리고 일본판례와 다른 길을 걸을 가능성이 거의 없을 것이라는 불안을 감출 수가 없는 것이다. 따라서, 이 표현은 반드시 바뀌지 않으면 안된다.

필자는 행정소송법에 이 표현을 그대로 유지하면서, 학자들이 보다 열심히 독일법상의 헌법지향적 해석이나 체계적 해석을 촉구하거나, 프랑스행정법상 판사들의 법창조적 태도를 강조하는 논문을 쓰는 것만으로, 우리 판례가 크게 바뀔 수 있을 것으로는 보지 않는다. 특히, 13개 조문으로 된 한국의 경찰관직무집행법과 독일의 방대한 경찰법전의 차이만큼이나 개별 실정법의 충실도와 체계성에 차이가 나는 상황에서는 개별실체법을 적용하는 구체적인 행정사건에서 추상적인 해석기준을 동일하게 쓴다 하더라도 실제적인 권익보호의 범위는 크게 차이가 날 수밖에 없게 될 것이다.

한국에서 처분개념과 법률상 이익개념은 판례의 해석기준으로서 매우 밀접하게 의존되어 있는 개념인데, 처분개념만을 확장하고 법률상 이익개념을 그대로 두게 될 때, 1985년 행정소송법개정으로 처분개념을 확장하고도 법률상 이익개념을 그대로 둠으로써 현재까지 처분개념을 오히려 법률상 이익개념에 맞추어 협소하게 이해하게 한 원인을 제공했던 뼈아픈 경험으로부터 교훈을 얻어야 한다. 이러한 경험을 다시 반복하지 않기 위해서라도 '법률상 이익'이라는 용어를 적어도 일본과는 다르게 고치는 것이 반드시 필요하다 할 것이다.

불만족스러운 판례상의 해석기준을 고수하는 법원의 실패(Judicial Mistakes)[107]를 교정할 입법자의 능력을 높이는 것은 쉬운 일이 아니다.

왜냐하면 입법자들은 정치적으로 더 중요하다고 보는 문제들로 바쁘기 때문에 입법개정 그 자체나 입법내용 자체에 대해 진지한 관심을 보이지 않는 경우가 많고, 선거로 인해 국회의 구성원들이 계속 바뀌고 있을 뿐만 아니라, 여야의원들의 합의는 전혀 성질이 다른 어떤 다른 대가를 놓고 협상이 어떻게 이루어지느냐에 달려 있기도 하기 때문이다.

실정법의 개정에 성공한다 하더라도 그 개정문언만으로는 새로운 판례가 나오기까지 사법적 보호범위가 어디까지 미칠지 불완전하고 불확실한 상황이 지속되기 때문에 학자들은 법의 개정전이나 이후 판례의 확고한 해석기준의 변경을 위해서 보다 심층적으로 새로운 법정신을 과거와 비교하는 분석을 제공해야 한다.108) 법령에 새롭게 도입된 법문에 대해서 판사들은 과거의 판례에서 전제되었던 어떤 先理解를 토대로 이해하려 할 수도 있고, 그러한 구법모델의 영향을 받아 해석기준이 나타날 수도 있기 때문이다. 새로운 법정신에 대한 철저한 교육없이는 구판례의 해석기준이 다시 고수될 가능성이 있는 것이다.

법개정이 이루어진 후 시간이 흐르면 변화된 상황에서 해석기준이 적합한지를 판단하기 위해, 그리고, 해석기준에 감추어진 전제조건과 실체를 드러내기 위해, 해석대상인 실정법뿐만 아니라 그 배후에서 영향을 미치는 지배적인 사회의식에 대해 이성적 검증이 다시 필요할 수도 있다.

지금까지, 우리 사회에서는 방어권이나 사권에 포섭되지 않아 사법적으로 보호되지 않는 넓은 행정영역에서 발생하는 분쟁의 처리는 개인적 로비나 집단적 시위, 그리고 정치적 해결에 맡겨두었었다. 이로 인해, 행정에 대한 불신과 상대방이나 상대집단에 대한 불신이 확산되고 사회전

---

107) Earl Malz, a.a.O., p.388.
108) 확립된 판례를 변경하는 것은 과도기동안 하급심과 이해관계인들에게 어느 정도 혼란을 가져올 수도 있는데, 이 기간의 최소화를 위해서도 개정법과 관련하여 가능한 한 일치된 입장에서 활발하게 논문을 발표하고 법원실무와 대화하는 것이 필요하다 할 것이다.

체에 매일 부패사건과 집단시위가 발생하는 불신, 부패와 갈등의 악순환
을 초래하였으며, 주요한 국가정책이 장기간 표류하게 되었다. 이제, 입
법부, 행정부 그리고 사법부는 서로의 역할을 재조정하고 기능을 강화하
여 상실되어가고 있는 사회에 대한 조정능력을 회복하여야 한다. 정부기
능의 재배분과 개혁에 있어 초점은 분쟁과 갈등의 제도적 해결능력의
강화라고 하겠고, 이것은 필연적으로 사법부의 강화를 전제로 하는 것이
라 하겠다.

5. 허가, 자유권적 기본권과 행정재량의 존부

　복수의 이해관계인들사이에 복수의 관계법령을 해석적용하여야 할
때, 법해석자는 사안과 관련된 관계법령들을 모두 조사하여 종합적인 의
미를 파악해야 하는데, 이로 인해 특정 조문의 의미가 제한되거나 홀로
적용될 때와는 다른 기능을 할 수도 있다. 특히, 허가처분을 하여야 할
경우 기본권지향적 해석은 허가의 법적 성격에 대한 이해를 바꾸어 놓을
수 있다. 특정한 허가처분의 근거법규만의 해석으로는 기속행위인 경우
에도 헌법과 다른 관계법령을 적용하게 되면 재량행위가 될 수도 있다.
　이와 유사하게 처분의 법적 성질이 변하는 경우는 어떤 사업자가 여
러 개의 인허가를 받아야 할 때, 정부가 사업자들에 대한 규제개혁의 방
법으로 인허가의제제도를 도입하는 경우에도 나타난다. 이 때, 주된 인
허가를 받으면 의제되는 다른 인허가는 받은 것으로 보게 되는데, 이와
같이 구속력이 확장되기 위해서는 먼저 주된 인허가요건의 심사를 할
때 의제되는 다른 인허가의 요건들을 함께 심사할 것이 요구된다 할 것
이고, 이로 인해 행정청은 주된 인허가규정만을 심사할 때보다 더 넓은
재량을 갖는다고 보아야 할 것이다.[109]
　개별 실체법에 규정된 행정행위의 법적 성질에 관하여 요건재량설,

효과재량설, 판단여지설 및 판단수권설 등 여러 학설이 독일에 연원을 두고 소개되었으나, 다수설은 법률을 떠나 수익적 행위인가 침익적 행위인가에 따라 행정행위의 법적 성질을 판단하는 것이 아니라 법률의 규정방식에 따라 요건과 효과에 있어 행정청에게 판단의 여지나 재량이 인정된다고 봄으로써 법실증주의적인 해석을 하고 있다. 그러나, 행정행위의 성질분류는 특정한 하나의 법률의 적용을 받는 경우를 전제로 한 것으로 이념형으로 의미를 가질 수는 있으나, 복수의 이해관계인간의 이해조정이 문제되는 많은 행정사건들에서 현실적인 의미는 작을 뿐만 아니라, 때로는 고려해야 할 복잡성을 무시하게 하여 상식에 반하는 위험한 해석의 원인이 되기도 한다고 생각한다. 행정이 어떤 행정행위를 하고자 할 때, 대부분의 인구가 도시지역에서 살고 있어 복수의 제3 이해관계인이 존재할 수밖에 없고 복수의 관계법령의 종합적·체계적 해석이 문제되고 있기 때문에, 이러한 이념형은 행정실무상으로는 아주 단순한 사안을 제외하고는 의미를 갖기가 어려운 것이다.

과거 헌법과 기본권이 행정법령의 해석에서 고려되지 않던 상황에서 허가행위는 일반적·상대적 금지의 해제행위로서 자연적 자유를 회복하는 의미를 갖고, 수익적 행위로써 효과재량설에 따라 재량행위인 것으로 이해되었다. 하지만, 헌법지향적 해석과 기본권에 대한 이해가 퍼지면서 한국에서도 허가행위는 법령에서 공익보호를 위해 설정해둔 제한요건을 충족시킨 경우에 기본권, 그 중에서도 재산권이나 영업의 자유와 같은 자유권적 기본권을 현실적으로 행사할 수 있게 하는 행위로서 기속행위로 이해되고 있다. 그러나, 허가를 기속행위로 파악하는 입장도 복수의 이해관계인이 충돌하는 상황에서는 적절하지 않은 것으로 생각된다. 왜냐하면, 허가를 둘러싸고 복수의 이해관계인이 상충되는 이해관계를 가질 때는, 기본권론을 끌어들인다고 해도 복수의 이해관계인사이에 기본

---

109) 인허가의제제도에 대해 보다 상세한 내용은, 졸고, 복합민원과 인허가의제, 행정판례연구VI, 2001, 98-126면 참조.

권의 충돌110)이 문제되기 때문이다. 복수의 이해관계인들에 대해 복수
의 관계법령들을 해석하고 적용해야 할 때, 행정은 기본권의 충돌111)을
형량을 통해 조화롭게 조정하기 위하여 일정한 경우 재량을 갖는다고
보아야 할 것이다.112)

대법원은 과거 건축허가행위에 대해 오랫동안 "신청이 법정요건에 합
치되는 경우에는 특별한 사정이 없는 한 이를 허가"(대법원 1992. 12. 11,
92누3038 ; 대법원 1996.2.1. 395누10594)하여야 한다고 하여 기속행위로
서 파악해오던 입장이었다. 그러나, 최근 이와 달리, 준농림지역내에서
숙박시설(이른바, 러브호텔)설치허가신청에 대하여 조례가 숙박시설허가
제한구역을 시장이 지정하도록 하면서도 지정기준으로 일반적 기준만을
제정해두었을 뿐 아직 시장이 제한구역을 지정하지 않은 경우에도 일반
적 기준을 참작하여 숙박시설허가를 거부할 수 있다고 판시했다.(대법원
1999. 8. 19, 98두1857) 이 판결은 이해관계인들(사업자와 주민들)사이의
이해충돌을 신중히 고려하여 조례에 제시된 일반적 기준의 해석적용과

---

110) 일본에서도 허가로 인해 침해되는 제3자의 법률상 이익을 기본권과 관련하여 새롭
게 이해하려는 입장들이 나타나고 있다. 藤田宙靖, 許可處分と第3者の法律上保護
された利益, 行政法の發展と變革(下), (塩野宏古稀論文集), 2001, 255-277면 참
조. 수인의무의 범위를 넘어 제3자의 일반적 자유권을 침해하는 것인가와 관련시켜
재해석하는 입장, 당해 근거규범에 의하여 행정청에 의한 보호를 받을 제3자의 권리
를 침해하는가의 여부를 가지고 판단하는 입장, 그리고 당해 근거규범에 의하여 제3
자가 자기의 이익을 절차상 고려받을 권리를 침해당하였는가 여부를 가지고 판단하
는 입장 등이 제시되고 있다.
111) 기본권의 충돌을 조정하는 방법에 관하여 독일과 프랑스에서 개발된 이론들은 대략
기본권의 위계질서나 가치체계의 통일성에 기초한 가치질서를 인정하는 입장과, 기
본권과 우열을 인정할 수 없는 경우가 보통이라고 보고 이익형량을 통한 실천적 조
화를 추구하는 두 계열로 나누어 볼 수 있을 것으로 생각된다. 정재황, 기본권규범
간의 우열관계여부에 대한 논의-프랑스에서의 논의를 중심으로-, 세계헌법연구
제4호, 248-272면 참조. ; 성정엽, 기본권충돌에 대한 헌법이론적 접근, 공법학연구
(영남공법학회) 창간호, 1999, 89-110면 참조.
112) 기본권에도 위계질서가 존재할 수 있기 때문에 기본권충돌이 일어나도 보다 상위의
기본권보호가 필요한 경우에는 당해 행정행위는 기속행위가 될 수도 있을 것이다.

관련하여 행정이 숙박시설허가제한지역인지 여부의 판단에 있어 판단여지나 재량을 가지므로 행정이 거부할 수 있는 것으로 판시했다고 이해할 수 있을 것이다.

건축허가와 관련하여 기속행위로 이해하는 입장은 행정실무상 공무원의 재량을 인정하지 않음으로써 부패를 예방한다는 목적도 숨어 있는 것으로 생각되나, 건축허가를 발급함에 있어서는 건축허가발급요건으로서 위험방지를 목적으로 하는 건축법상의 건축허가요건이외에 토지의 효율적 사용이나 원활한 도시기능의 확보를 목적으로 하는 도시계획법상의 건축허가요건도 고려하여야 하므로 관계법령을 종합하여 적용할 때에는 일정한 경우 재량행위라고 볼 수밖에 없는 상황이 있게 되는 것이다.113)

교과서에 기술된 이념형적인 설명에 판사들이 영향받아 복수의 관계법령의 해석적용이 문제되고 다수의 이해관계인의 이해충돌이 문제되는 현실을 무시하고 어떤 행정행위는 단정적으로 어떤 상황에서든 기속행위이고 어떤 행정행위는 재량행위라는 판단을 먼저 하고 결론을 도출하는 것은 극히 위험한 해석방법일 수도 있다고 생각한다.

6. 행정소송에 의한 권력적 사실행위에 대한 통제강화필요

한국에서 다수설은 행정의 일방적 개입이라는 권력성의 징표가 드러나기만 하면 권력적 사실행위의 처분성을 긍정하고 있는데, 교과서에서 법원에 의하여 처분성이 긍정된 판례로는 단수처분(대법원 1979. 12. 28, 79누218)을 드는 것이 보통이다. 앞으로, 행정소송법의 개정여부와는 상관없이 권력적 사실행위에 대한 법원의 통제는 더 강화될 필요가 있다.

---

113) 김종보, 건축허가에 존재하는 재량문제, 행정법연구 제3호, 1998, 158-171면.

최근, 세무조사나 공적자금의 유용여부와 관련된 권력적 현장조사에 대한 기업들의 불만이 많이 표출되면서 세무조사절차에 관한 일반법의 제정을 요구하기도 하고, 지역사회에서 많은 중소 기업인들도 현장조사의 권력남용현상에 대한 불만이 높다.

일본에서 유래된 것으로 이해되고 있는 형식적 행정행위론114) 이 주장한 '계속적으로 사실상의 지배력을 가지는 행위'인 계속적 성질의 권력적 사실행위뿐만 아니라 행정의 일시적인 권력적 행정조사같은 행위에 대해서도 처분성을 긍정함으로써 적절한 사법적 통제가 이루어져야 한다.

권력적 사실행위115)에는 계속적 성질의 것뿐만 아니라 일시적 성질의 것도 있고, 특히 일시적 성질의 권력적 사실행위에 대해서 법원은 헌법재판소와 달리 직접적 통제에 소극적이었다. 그러나, 예를 들어, 전국의 수많은 기초자치단체에서 매일 이루어지는 자영업자들이나 중소기업인들에 대한 권력적 현장조사(예, 세무조사나 환경오염실태조사)의 위법성을 헌법재판소 한 곳에서 효과적으로 통제하기는 힘들므로, 전국에 산재한 법원들과 함께 권력적 사실행위를 통제하는 것이 보다 현실적 타당성이 있다 할 것이다.

헌법재판소가 통제의 새로운 방향을 제시하고 여러 지방법원들에서 그것을 기준으로 적절히 통제해가는 것이 필요하다. 물론, 권력적 사실행위에 관한 통제에 있어서도 기본권의 보호영역이 행정소송에 의한 보호영역보다 넓을 뿐만 아니라, 행정법사건들은 대체로 경제사회문제인 경우들일 것이고116) 헌법재판소는 정치적 자유나 신체의 자유 등에 관

---

114) 필자는 이에 대해 의문이 있다. 이에 대해서는, 졸고, 독일 행정법상 행정행위 확장이론들의 등장과 발전, 공법연구 제27권 제2호, 1999, 519-550(536. 537) 참조.

115) 행정법영역에서 권력적 사실행위에 대한 통제방법에 관한 고찰은 필자가 다음의 몇 개의 논문에서 주장한 바 있다. 오스트리아 행정법상 '절차로부터 자유로운 행정행위'와 그에 대한 권리구제, 행정법연구 제2호, 1998, 60-103면. ; 항고소송의 대상-권력적 사실행위-, 2001. 12.대법원특별소송실무연구회 발표문 참조.

한 사건들에서 독자적 영역을 가지고 있을 것이므로 대부분의 경우는 관할이 정리될 수 있을 것이다. 경우에 따라, 동일한 사건이 헌법재판소와 대법원에 함께 제기되어 판단이 달라지는 것이 문제될 수도 있겠으나, 동일한 쟁점이 함께 다루어지는 경우는 드물 것이고, 있다 하더라도 사실상 그 상황을 두 기관의 담당 재판관들이 알게 되어 다른 기관의 법적 판단을 존중하게 될 것이다.117)

권력적 사실행위의 처분성을 인정하는 규범성(Normativität)의 계기는 그 행위가 일방적 권위로서 권력적 성질을 가지기 때문에 그 행위에 대해 사후적으로 위법을 확인하거나 반복개연성이 높은 경우 사전적으로 위법확인을 할 필요가 있다는 점에 있다. 이러한 권력적 사실행위의 유형은 관점에 따라 다르게 분류할 수 있는데, 한국에서 학설의 일반적인 경향에 따라 계속적 성질의 권력적 사실행위와 일시적 성질의 권력적 사실행위로 나누어 살펴 본다.

첫째, **계속적 성질의 권력적 사실행위**의 사례는 독일 판례상 **공용지정**에서 출현하는데, 행정이 공용지정의 명백한 의사표시 없이 사인의 토지를 점유하여 어린이 놀이터나 스포츠시설 또는 공원 등의 공공용도

---

116) 그 동안 행정법학은 시민의 자유를 대체로 '부르조아적 시민사회'가 수호하고자 했던 경제적 자유, 특히, 소유권과 영업의 자유와 등치시켰다. 이계수, 기본권론이 행정법학에 미친 영향, 사회과학논집(울산대) 제10권 1호, 25면.

117) 헌법재판소와 법원의 관할권충돌을 해소하기 위한 방법으로는 실체법적 방법과 절차법적 방법이 있을 수 있다.(Robert Walter, Überlegung zu einer Neuabgrenzung der Zuständigkeit zwischen Verwaltungs- und Verfassungsgerichtshof, ÖJZ 1979, 228면 이하는 실체법적 방법 및 절차법적 방법이외에도 조직법적 방법을 추가로 제시한다.)
실체법적 방법은 헌법이나 법률 등에서 두 법원의 관할권의 내용과 범위를 명확하게 규정함으로써 관할권의 충돌을 해소하는 방법이다. 특히, 두 재판소가 공통으로 구속받는 헌법에 명확하게 규정함으로써 해소하는 방법이다. 실체법적 배분기준도 **소송대상**을 기준으로 하거나 **재판에서 보호하고자 하는 권리의 성격**을 기준으로 삼는 방법이 있다. 이에 관한 더 상세한 검토는, 졸고, 명령·규칙에 대한 사법적 통제와 집행정지, 대법원특별소송실무연구회, 2002. 11. 특별소송실무연구회 발표문 참조.

로 이용을 개시하는 경우,118) 그리고 민속축제시설을 설치하는 경우 등이다.119)

한국 행정법학설상 권력적 사실행위의 예로 거론되는 육교의 설치는 공용지정과 관련하여 출현하는 권력적 사실행위인데, 긴급한 행정작용의 필요성으로부터 나오는 행위라기 보다는 행정이 내부적으로 상당한 시간의 준비를 거쳐 나오는 행위이거나 그렇지 않더라도 국민생활에 계속적 효력을 미치는 행위이지만, 명시적인 공용지정행위가 있지 않다는 점에 그 특색이 있다고 보여진다.

우리 대법원도 도로와 같은 인공적 공공용 재산은 "법령에 의하여 지정되거나 행정처분으로 공공용으로 사용하기로 결정한 경우 또는 행정재산으로 실제 사용하는 경우"의 어느 하나에 해당되어야 행정재산이 되는 것(대판 2000. 4. 25. 2000 다 348. ; 대판 1997. 8. 22. 96다 10737)이라고 하고, 교육청사부지에 대하여도 동일한 취지의 판결을 하여, (대판 1997. 3. 14. 96 다 43508) 행정재산으로 실제 사용하는 경우의 묵시적 공용지정을 인정하는 판결을 하였다. 묵시적 공용폐지에 대해서는 훨씬 더 적극적으로 인정하고 있는데, 학교밖에 위치한 관사에 대한 용도폐지 후 사인에게 매각한 경우,(대판 1999. 7. 23. 99 다 15924) 종전에 도로였던 토지위에 변소를 지어 점유하고 있는 경우,(대판 1993. 6. 22. 92 다 29030) 대구국도사무소의 소장관사에 대하여 용도폐지 후 사인의 시효취득을 인정한 사건(대판 1990. 11. 27, 90 다 5948) 에서 묵시적 공용폐지를 긍정한 바 있다.

둘째, 독일 행정법상으로도 학설과 판례는 **일시적 권력적 사실행위**를 행정행위로 보기 위하여 '추단(론)적 의사표시'론을 제시하고 있는데, 이러한 이론을 광범위하게 적용하는 곳 중의 하나가 **강제집행의 영역**이다. 노숙자숙박시설의 철거조치에서도 과거에 발한 노숙자숙박구역지정처

---

118) Stelkens/Bonk/Sachs, VwVfG, 4.Aufl., 1993, §35, Rn.40.
119) BVerwGE 77, 70 = DÖV 1987, 935 ; Münster NVwZ 1984, 531.

분의 철회를 추론할 수 있다. 외국인을 추방시키는 조치에서도 이전에 발한 출국금지조치를 철회한 것으로 추론할 수 있다.[120] 이외에도 판례 상 그 처분성이 긍정된 것으로는 다음과 같은 것들이 있다. 데모하는 사람들에 대한 사진촬영, 비디오촬영 및 경찰의 통제,[121] 징병검사의 강제적인 실시,[122] 경찰에 의한 자동차문의 파손,[123] 잘못 주차된 자동차의 견인.[124] 전화접속의 차단이나 전기의 차단.[125]

오스트리아에서도 학자들이 흔히 드는 예로는 주거자의 부재시 주거수색의 실시, 작성자나 수령자가 모르고 있는 상태에서 편지의 개봉행위, 타인의 사생활에 관한 정보의 유출행위, 무의식상태에 있는 사람에 대한 혈액채취행위 등이 있다. 그들은 이러한 행위들에서 규범을 창출시키는 행정기관의 의사행위를 추론해낸다

7. 행정법도그마틱의 발전과제

법학방법론의 역사는 법학의 자기반성의 역사이다. 법학은 이제 학생들의 교육과 법조인력의 양성이라는 과제를 넘어 한국의 법문제들을 해결할 수 있도록 법관에 대한 실천적인 행위지침[126]을 제공해야 하는 과

---

120) NVwZ 1988, 184.
121) VG Bremen NVwZ 1989, 895.
122) Lüneburg NVwZ 1990, 787.
123) Münster DAR 1980, 223.
124) NJW 1978, 656 ; BayVBl 1989, 248.
125) Münster NJW 1984, 1642. ; NJW 1986, 446.
126) 김영환 교수에 따를 때, 법도그마들은 1) 실정법으로부터 출발해서, 2) 그 의미내용을 해석하고, 체계화할 뿐만 아니라, 3) 이를 통해 법적 분쟁에 대한 실천적인 해결방안들을 합리적으로 근거지우는 4) 실정법이외의 명제들의 집합체를 말한다. 김영환, 법도그마틱의 개념과 그 실천적 기능, 법학논총(한양대학교 법과대학), 제13집, 1997, 14면.

제를 수행해야 한다. 한국의 법학정착과정에서 큰 역할을 해 온 교과서들은 체계적인 사고를 통해 개별적인 법해석의 결과들을 보다 기본적인 개념속에 포섭시키고 추상화시켜 하나의 통일적인 체계로 통합시키는 것을 법학의 임무로 인식한 개념법학자들의 기획을 구체화시킨 것이었다.

행정법영역에서는 법을 해석하고 적용함에 있어 검토해야할 '법소재'(Rechtsstoff)가 다른 법영역의 경우보다 점점 복잡해지더니 이제는 법소재의 다양성과 파편성으로 인해 판사들도 재판을 하면서 법소재들에 대한 지배가능성(Beherrschbarkeit)이 현저히 약화되고 있다. 이로 인해, 법원실무에서 학자들에게 교육과는 질적으로 다른 과제, 사례를 해결할 수 있는 법도그마들의 생산을 강력하게 요구해오고 있다.127) 입법을 사실상 주도하는 중앙행정공무원들도 주요 법분야에서 법도그마틱의 저발전으로 인해 입법의 질이 낮을 수밖에 없다고 항변한다. 행정법학이 처한 이러한 위기는 한국에 특유한 것만은 아니다. 독일과 같은 나라에서도 체계적인 행정법도그마의 형성이 어렵다고 한탄하고 있는데, 그 이유는 우선 해석의 대상의 특성에 기인한다고 본다. 수많은 법령이 존재하고 정치적·사회적 환경변화에 따라 민감하게 변하기 때문에 행정법령들은 체계적 일관성의 관점에서는 이해하기 어렵고 각 사회문제에 따라 쟁점(Topik)별로 이해될 수밖에 없는 측면이 있다는 것이다.128)

---

127) 이와 관련하여 양창수 교수가 민사법학과 관련하여 제기한 비판은 행정법학에도 어느 정도 들어맞는다 할 것이다. 즉, 양창수 교수는 내용과 편제가 대동소이한 교과서법학이 민사법학을 지배하고 있다 한다. 중요한 법적 주제나 견해가 대립되어 있는 경우에도 60년대의 교과서나 현재의 교과서에서 여전히 그 논의가 심도를 더해가지 않은 채 간략하게 기술되어 있을 뿐이면서 앞으로의 연구과제로 돌리고 있다 한다. 양창수, 한국 민사법학 50년의 성과와 21세기적 과제, 법학(서울대학교), 제36권 제2호, 20-22면. 행정법도그마의 개별문제들에 대한 연구가 별로 없는 상태에서 유사교과서가 수를 늘려가도 법도그마의 발전과 판례에 대한 영향은 극히 제한적일 수밖에 없을 것이다.

128) Otto Bachof, Die Dogmatik des Verwaltungsrechts vor den Gegenwartsaufgaben der Verwaltung, VVDStRL 30, 1972, SS.193-200.

이제, 행정법학은 행정활동이 지켜야 하는 법명제들의 질서와 체계로서, 문제된 사안 또는 사안유형에 타당한 법명제를 정립하고 근거부여함으로써 실정법을 인식하는 체계적·계획적 지적활동129)이 되어야 한다. 이를 위해 행정법학에 부여된 우선적인 과제는 한국의 행정법실무영역에서 제기된 문제들을 해결하려는 목적으로 도그마틱이 수행되어야 한다는 점이다. 새로운 행정소송법이 제정된 이후에도 "현실적응력있게 제도를 운영할 수 있는 방안"130) 을 도그마틱을 통해 마련하기 위해 노력해야 한다. 실체법령에 대해서는 극히 많은 법령을 해석적용해야 하는 행정법학의 대상이 갖는 보편적 특성뿐만 아니라, 한국에서 급속한 경제성장을 추구하며 정책결정자들이 수시로 변경시킬 수 있는 임기응변적 수단으로 다루어져 온 한국적 특성도 충분히 고려하여 대상에 적합한 방법이 발견되어야 한다.131) 그러므로, 행정법학은 다른 법학과 비교할 때, 대상법령이 많고 그것들의 개폐가 빈번하기 때문에 법령들의 의미와 내용을 모순없이 파악하기 위한 체계적 해석에 각별한 관심을 가져야 한다.132)

새로운 행정소송시스템에서 행정법학과 행정판례는 세 가지 지향점을 가지고 변해야 한다.

첫째, 헌법지향적(Constitution-oriented) 법해석을 지향해야 하고, 둘째, 다원주의적 갈등(pluralistic Conflicts)사회에서 복수의 당사자들의 이해조정에 적합한 법해석을 지향해야 한다. 이해충돌이 존재하고 복수의 관계법령을 적용해야 하는 상황에서, 일방적으로 어느 하나의 법령의 기준만

---

129) 박정훈, 헌법과 행정법-행정소송과 헌법소송의 관계-, 법학(서울대학교) 제39건 제4호(1999), 82면.
130) 최송화, 한국의 행정소송법의 개정과 향후방향, 한·일 행정소송법제의 개정과 향후 방향, 2003. 4. 18, (한국법제연구원/한국행정판례연구회) 발간, 108면.
131) Günter Winkler, Die Wissenschaft vom Verwaltungsrecht, Theorie und Methode in der Rechtswissenschaft, 1989, SS.1-8.
132) Günter Winkler, a.a.O., S.18.

을 적용해서는 안되고 헌법적 원칙의 관점에서 생각해야 한다. 이 원칙들이 충돌할 때에는 원칙들의 조화를 통한 최적화(Optimierung)를 지향해야 한다. 중앙행정과 지방자치단체의 갈등, 사업자와 지역주민의 갈등, 집단간의 갈등, 폭증하고 있는 이해갈등을 원칙사고와 형량사고라는 새로운 용광로를 통해 보다 근원적이고 창조적으로 융합하기 위해 노력해야 할 것이다. 셋째, 경제발전에 대한 국민적 열망을 고려하여 시장지향적(Market-oriented) 법해석을 지향해야 한다. 진입규제형태의 행정규제중심에서 사후감독규제로 변해가는 정부규제의 변화흐름에 맞추어 감독의 주된 담당자중의 하나인 사법권의 강화를 위한 법해석이 필요하고 감독권자로서 사법권의 강화에 대한 재평가가 있어야 한다. 과거 적극적 발전국가시대의 사법권에 대한 부정적 태도가 극복되어야 한다.

한편, 헌법지향적 행정법학을 건설하려 하는 경우에도 주된 고찰대상인 법령과 헌법의 관련성을 구체화해주는 연결고리가 크게 부족하기 때문에 문제된다. 예를 들어, 헌법의 경우에는 한국과 독일이 서로 단일법전이기 때문에 비교가 가능해 그 해석은 독일 기본법의 해석에 크게 영향받고 있지만 법률과 행정입법의 경우에는 독일의 법령들과 너무나 달라 수평적인 비교자체가 힘들고 비교한다 해도 헌법에 비하여 매우 제한적인 것이다. 더구나, 한국에서는 수많은 특별행정법들에 대한 연구가 극히 부족한 상황이다. 이 상황에서 일반행정법학은 실무와 학자들 그리고 학생들을 연결시켜주는 고리로서 여전히 중요한 역할을 수행할 것이다. 특별행정법에 대한 연구부족을 보완하면서 수많은 행정법령의 해석과 적용에 있어 마치 일반법처럼 공통된 법도그마들을 제공하는 역할을 수행하지 않을 수 없을 것이다.[133] 일반행정법은 특별법들과 헌법이 서로 분리되지 않은 채 헌법을 구체화하면서도 이상성과 현실성을 조화롭게

---

133) E. Schmidt-Aßmann, Das allgemeine Verwaltungsrecht als Ordnumgsidee, 1998, SS.4-5. ; L. K. Adamovich / B. C. Funk, Allgemeines Verwaltungsrecht, 9.Aufl., SS.53-64.

절충하는 매개점을 형성해야 한다. 특별행정법없는 일반행정법은 알맹이 없는 외피에 불과하고 특별행정법만으로는 맹목적이어서 체계성을 갖출 수 없다. 특별행정법의 가치있는 법소재들은 일반행정법의 기본개념속에 포섭되고 기본개념들은 서로 연계됨으로써 수많은 특별법령들이 일반행정법의 체계속에 조직화되어 행정법령들의 체계적인 이해와 조정에 기여할 수 있어야 한다. 이를 위해 일반행정법학의 도그마들은 한국적 문제들을 풍부하게 담고 있는 특별행정법령들의 내용을 더 충실히 분석하고 추상화하여 한국에 적합한 일반이론을 기술하는 것이 되어야 한다. 한국의 개별법령들에 없거나 다른 경우에도 외국의 특정한 행정법령을 기반으로 형성된 이론을 무비판적으로 기술하여서는 안될 것이다.134) 더 나아가, 이러한 문제를 보다 적극적으로 해결하기 위하여 특별행정법령에 대한 연구가 점점 더 활성화되지 않으면 안될 것이다.

헌법학과 행정법학이 주로 다루는 대상과 보호하려는 이익에도 상당한 차이가 있어왔고 앞으로도 그 차이는 존재할 것이다. 이 점을 무시하여 이론과 실무의 불일치가 출현하게 된 구체적인 문제상황을 충분히 분석하지 않은 채 추상적인 이론수준에서 어느 한쪽이 옳다고 성급하게 결론내려서도 안될 것이다. 행정법학의 대상인 행정법령은 정치헌법의 영역이나 형사법영역인 신체의 자유 등은 제외되고 주로 경제적 기본권과 사회적 기본권과 관련된 법령들이 중심인 것으로 보이는데, 이 분야에서 독일헌법학의 기본원리인 사회적 시장경제에 대해서는 공법학자들에 비하여 압도적으로 수가 많은 행정학자들이나 경제학자들과 전혀 합의가 되어 있지 않은 개념으로서 수많은 경제사회정책이나 경제사회법령의 출현과정에서 전혀 지도적 이념이 되지 못하고 있다. 이에 따라, 헌법구체화법으로서 행정법학은 관련된 헌법의 핵심원리와의 사이에서도 괴리가 존재하고 있고, 정치헌법중심의 헌법학과 사회경제적 규제중

---

134) 김종보, 행정법학의 새로운 과제와 건축행정법의 체계, 고시계 1999. 11, 49-50면.

심의 행정법학사이에는 명백히 시각차이가 존재한다. 예를 들어, 기본권론에서도 경제적 기본권의 경우는 기본권에 대한 제한가능성이 다른 기본권에 비하여 더 높다고 이해되고 있는 것처럼, 인허가 등의 취소나 철회를 주로 염두에 두고 신뢰보호원칙을 논의하는 행정법학계에서는 존속보호보다는 보상보호를 원칙적으로 지지하는 경향이 있다. 하지만, 암묵적으로 정치적 자유나 신체의 자유 등 경제적 기본권 이외의 기본권을 배경으로 논의를 전개하는 헌법학계에서는 법률변경과 관련하여 신뢰보호원칙을 논의하면서 보상보호보다는 기존법률의 계속적용, 즉, 존속보호를 지지하는 경향이 있다.135) 신뢰보호원칙이라는 법원칙을 이해함에 있어서도 이론의 대상과 문제상황의 차이에 따른 다른 대응이 나오고 있는데, 이에 대해서는 일단 상호 존중하는 태도로 문제상황에 대한 철저한 비교분석을 진행해 나가야 할 것이다.

또, 행정법도그마틱과 재판, 그리고 학자들과 판사들의 작업의 차이점도 분명히 인식되지 않으면 안된다. 판사들은 경험적일 수밖에 없고 학자들은 이론을 지향할 수밖에 없다는 점은 분명하다. 그리고, 행정공무원들과 판사들은 구체적인 시기와 장소에서 발생한 특정한 사건을 해결하는데 관심을 집중하기 때문에 실용성을 지향하지만, 학자들에게는 교육이 중요한 과제이기 때문에 종합, 일반화, 유형화 그리고 일관성을 추구한다.136) 때문에 서로의 작업의 성격은 차이가 날 수밖에 없는 것이므로 그 차이를 인정하는 토대위에서 상호를 이해하고 존중하려는 태도를 가져야 한다. 양 집단은 특히, 공통의 대상인 한국의 입법이 지나치게 간결하고 법률, 시행령, 시행규칙 등으로 조문수가 적으면서도 흩어져 있고 관계법들이 다른 이름으로 제정되어 서로 다른 부처들이 관리하고

---

135) 정종섭, 법률의 변경에 있어서 신뢰의 보호, 헌법연구3, 2001, 162-166면. 특히 166면 참조.

136) Jean Rivero, Jurisprudence et doctrine dans l'élaboration du droit administratif, Pages de Doctrine, 1980, pp.63-78.

있는 현실을 진지하게 고려하여 협력적으로 대처해야 한다. 프랑스 행정
법사에서도 행정법탄생의 초기에 실정법조문이 적고 흠결이 있거나 모
순적인 상황에서 꽁세이데타의 판사들이 법창조적 권한을 쟁취하기 위
해 노력하였고, 그 결과 국민의 권익보호와 행정법학의 발전에 크게 기
여하였는데, 그것이 지금까지 프랑스판례의 전통으로 남아 현대행정의
변화상황에 기민하게 대응해가고 있는 것이다.137)

V. 요약 및 결어

임진왜란과 병자호란 이후 사회질서의 안정없이는 어떤 행복도 서민
들에 보장될 수 없다는 절박한 인식에 기초하여 예론가들은 한국사회에
적합한 4례의 정립을 목표로 예론을 조선사회에 정착시켰으나 후대에
그것은 사회의 활력을 극도로 제약하는 질곡으로 변했다. 오늘날 우리
사회는 이미 민주사회로 변했음에도 행정과 법원은 과거 적극적 발전국
가시대의 정신과 관행에 젖어 있다. 그리하여, 일방적으로 결정하고 나
서 국민에 대해 그 내용의 타당성이나 이유를 적절하게 설명하거나 설
득하려 하지도 않은 채 국민에게 그 결정에 승복할 것을 완강하게 요구
하는 태도가 남아 있다. 법과 법의 해석적용이 일방적 권위의 강요에서
설득적 권위로 변해야 한다.

법원은 오랫동안 헌법을 재판척도로 사용하는데 소극적이면서 법해석
에 있어 법실증주의적인 태도를 견지해왔는데, 헌법재판소가 활발하게

---

137) 프랑스에서 학자들은 판결의 법창조적 성격을 부인하는 학자들도 많지만 긍정하는
입장도 있어서, 보통 판례는 원칙적으로 法源은 아니나 사실상 法源이 되고 있다고
보고 있다. Jacques Hardy, Le Statut doctrinal de la Jurisprudence en Droit
Administratif Francais, R.D.P.106, 1990, pp.453-467. 행정판례의 정당성과 권위에
대한 신뢰 때문에 프랑스 행정법학은 이론지향적이라기 보다는 실무지향적인 경향
이 강하다.(Jacques Hardy, a.a.O., 467.)

헌법의 해석과 적용을 수행하면서 법원과 갈등을 보이는 경우가 나타났고, 이에 대응하여 헌법학자들은 행정판례를 비판하고 판사들은 법원의 태도를 옹호하였다. 이러한 비판에 대응하여 법원과 행정법학도 헌법지향적인 행정법의 건설에 더 구체적으로 노력하는 계기가 마련되었는데, 그 과정에서 이러한 변화의 중요한 장애요인도 드러났다. 즉, 행정법학자의 부족(행정학자들이나 헌법학자들과 비교하여)과 행정소송체계의 낙후성이 그것이었다. 행정법학자들의 수가 더 늘어나야 하겠지만, 점점 더 특별행정법령을 해석적용하는 헌법재판소결정들이 증가하는 경향에 맞추어 헌법학자들도 특별행정법의 어느 한 분야를 선택하여 연구하는 것이 필요하다고 하겠다. 한국사회에서 입법안의 형성과정에서 법학자들의 위상은 비정상적일 정도로 낮아서 법학전공자가 아닌 행정학자들이나 경제학자들 그리고 공학자들이나 변호사들의 참여도보다 더 높다고 볼 수도 없는 형편이고 이 점은 일본의 상황과도 아주 다르다. 이러한 상황에서 행정소송법개정에 있어 학자들간 갈등심화는 입법과정에서 많은 우연적 요소의 개입과 입법의 지연을 부를 것이고, 법이 제정된 이후에도 기본개념들과 관련한 판례의 구해석기준을 존속하게 하여 입법실패를 반복하게 할 위험성이 있다. 입법개정에 있어서 학자들은 외국의 제도와 논의에 지나치게 매몰되지 말고 한국적 상황에 대한 정확한 인식을 바탕으로 행정소송법개정의 방향과 목표에 대한 공감대를 확인하고 그것을 명확히 할 필요가 있다.

이번 행정소송법개정의 가장 큰 목표는, 첫째, 처분적 행정입법이 아닌 보통의 행정입법(행정청이 처분등을 통해 행정입법을 해석적용하는 행정입법)에 대한 직접적 통제제도를 도입하여 헌법 제107조 제2항에서 법원에 부여한 과제를 방치한, 위헌적인 상태를 종식시킬 수 있는가, 둘째, 처분이나 법률상 이익 개념과 관련하여 입법개정에도 불구하고 전혀 변하지 않고 있는 완강한 해석기준들을 변경시키는 입법개정을 해낼 수 있는가, 셋째, 당사자소송에 국가배상소송이나 부당이득반환청구소송 등이 도입되어 당사자소송이 활성화될 수 있고, 의무이행소송과 가처분제도가 도입될 수 있는가에 있다고 본다. 이 중 셋째의 논점은 대체로 학자들 사이에 합의되어 있다. 그러나, 첫째와 둘째와 관련하여서는 상당한 갈등이 드러나고 있다.

그 동안 한국 행정판례가 지향하는 법정신은 침해행정에 대한 방어권보호중심의 자유주의모델이었다. 이에 따라, 행정입법통제에 소극적이고 처분과 법률상 이익 개념의 해석에 있어 매우 제한적 태도를 나타냈고 행정소송에서도 민법상의 권리(사권)가 침해된 경우를 그의 관할범위로 인식하려는 태도를 유지하여 왔다. 그것이 행정법학자들과 강한 충돌을 낳는 원인이 되었다. 한국에서 광범위하게 나타나고 있는 파편적 입법들과 관련하여 행정실무에서 공무원들은 국민의 중요한 권익과 관련된 대부분의 업무에서 복수의 관계법령의 해석·적용이 필요함에도 불구하고 특정한 법령의 어느 한 조문의 문언에 집착하는 문언주의적 태도를 보여주고 있다. 법원은 복수의 관계법령의 종합적 체계적 해석이 필요함을 충분히 인식했고 행정을 그러한 관점에서 통제했으나 그 통제방법에 있어 불명확성과 부적절성이 나타났다. 적용의 우선순위를 결정함에 있어 법원은 일반법과 특별법, 신법과 구법의 논리를 사용했으나, 입법의 개폐가 빈번하고 보는 관점에 따라 일반법과 특별법, 신법과 구법이 달라질 수 있는 상황에서는 그렇게 유용한 기준이 되지 못했다. 사실상 법원은 헌법규정을 존중하는 해석을 하는 경우도 있었는데 많은 경우 적극적으로 헌법지향적 법해석을 하지 못했었다. 이 점은 바뀌지 않으면 안 될 것이다.

필자는 합헌적 행정소송체계를 정립하고 법원의 합법성심사의 발전을 위하여 다음의 주장을 하였다.

첫째, 현행 행정소송체계는 위헌적이라고 보았다. 즉, 국민과 국회는 헌법 제107조 제1항에 의해 "법률이 헌법에 위반되는 여부가 재판의 전제가 된 경우"에 헌법재판소에 위헌법률심판권을 부여하였고, 헌법 제

107조 제2항에 의해 "명령·규칙 또는 처분이 헌법이나 법률에 위반되는 여부가 재판의 전제가 된 경우에는 대법원은 이를 최종적으로 심사할 권한을 가진다"고 하여 두 기관간 권한배분에 관한 근본적 정치적 결단을 내렸으나, 현행 행정소송체계의 골격이 형성된 1985년의 행정소송법의 체계를 1987의 현행헌법 등장 이후에도 존속시킴으로써 행정입법에 대한 통제의무를 이행하지 않고 있는 것이다.

재판의 전제성개념에 의하여 행정입법에 대한 법원의 직접적 통제권을 제한하고자 하는 해석은 행정입법에 대한 법원의 직접적 통제의 결여를 보완한다는 역사적 의미는 있으나, 행정소송법을 개정하여 그 약점을 극복하려 할 때에는 극히 부자연스러운, 무리한 해석이다. 왜냐하면, 위헌법률심판권을 부여한 헌법 제107조 제1항에서도 "법률이 헌법에 위반되는 여부가 재판의 전제가 된 경우"에 헌법재판소에 위헌법률심판권을 부여하고 있고, 이 규정을 통해 헌법재판소는 법률규정의 무효여부를 직접적으로 판단하고 있기 때문이다. 헌법재판소가 일반적 효력통제방식을 통해 법률의 위헌심사를 할 수 있다면, "명령·규칙 또는 처분이 헌법이나 법률에 위반되는 여부가 재판의 전제가 된 경우에는 대법원은 이를 최종적으로 심사할 권한을 가진다"는 헌법 제107조 제2항을 통해 법원이 행정입법에 대해 일반적 효력통제방식의 위법심사를 할 수 있는 것은 당연하고 헌법제정자가 이것을 예정하였다고 생각하는 것이 지극히 당연한 해석이라 할 것이다.

행정소송법을 개정하여 행정입법에 대한 일반적 효력통제나 그와 유사한 다른 직접적 통제제도를 도입하지 않고 있는 행정소송법은 위헌성의 의심이 짙은 입법(위헌적인 입법부작위)이라고 할 것이다. 이것이 위헌이 아니라면 헌법재판소법을 개정하여 헌법재판소로부터 법률에 대한 일반적 효력통제권을 폐지하는 것도 위헌이 아니라고 해야 할 것이기 때문이다. 따라서, 행정입법에 대한 직접적 통제제도의 도입여부의 문제는 도입의 필요성이 있는가를 기능적으로 평가하여 결정해서는 안되는

문제, 즉, 한국사회가 헌법적 명령을 위반한 상태를 언제까지 지속시킬
것인가의 문제인 것이다.

　때문에 필자는 개정행정소송법에서 행정입법에 대한 직접적 통제제도
를 도입하여 합헌적 행정소송체계를 정립할 것을 요구하면서, 이에 실패
한다면 절름발이 법치주의상태는 지속될 것이라고 보았다.

　또한, 행정기관들 상호간에 존재하는 전근대적인 불법적 권력관계를
근대적인 법률관계로 변화시키기 위하여 그 관계의 일반추상적 기준인
행정입법에 대한 행정기관간 직접적 통제소송이 도입될 것을 주장했다.
이에 대해서는 행정소송법개정안이 그렇게 적극적인 것 같지 않은 느낌
을 받고 있는데, 보다 진취적 태도가 요구된다 하겠다.

　둘째, 최근 시장질서를 교란하는 기업들의 의도적이고 악의적인 불법
행위를 제재하는 데 있어, 피해자개인이 입은 자기손해의 배상에 한정하
는 민법상의 손해배상시스템의 결함을 극복하기 위해 과징금이 급속도
로 여러 행정영역에 도입되고 있으나, 행정이 일방적으로 그 금액을 결
정하여 집행하는 이 시스템은 글로벌 스탠더드에 비추어 부적절한 것으
로 평가했다. 이를 위해 정부가 법원에 소송을 제기하여 해결하는 정부
의 공익소송제도의 도입을 주장했고 현재의 과징금부과절차에 있어서도
적법절차의 정신에 부합되게 그 절차적 정당성을 강화하고 과징금을 규
정한 법률에 대한 헌법재판소의 합헌성심사나 과징금의 합법성에 대한
법원의 심사를 강화하는 것이 필요하다고 주장했다.

　셋째, 행정소송법개정은 결국 '법률상 이익'과 같은 기본개념에 대해
판례가 확립한 기준을 바꾸는 것이 되어야 성공한다. 현재의 판례기준인
"처분의 근거법률에 의하여 보호되는 직접적이고 구체적인 이익"이라는
해석기준은 너무 오랫동안 많은 판례에서 확인된 개념이고 더구나 일본
행정사건소송법의 법문언과 똑같아, 이 문언을 유지하면서 판례의 해석
기준을 변경시킨다는 것은 우발적인 몇 개의 사건들(예, 환경영향평가제
도의 적용사건들)을 제외하고는 거의 불가능할 수도 있다. 따라서, 이 법

문언을 변경시키는 것이 반드시 필요하다.

넷째, 국민의 중요한 권익과 관련된 행정업무에서 복수의 관계법령을 해석적용하여 허가여부를 결정해야 하는 경우가 많은데, 자유권적 기본권의 관점을 끌어들여 허가를 기속행위로 이해하려는 입장이 확산되고 있으나, 예를 들어, 기본권은 허가신청자인 사업자만 갖는 것이 아니라 인근주민이나 다른 사업자도 갖는 것이므로 기본권충돌의 관점에서 접근하는 것이 필요하다. 이에 따르면, 일정한 경우 허가의 성격을 재량행위로 보아야 할 것이다.

다섯째, 권력적 사실행위에는 계속적 성질의 것뿐만 아니라 일시적 성질의 것도 있고, 특히 일시적 성질의 권력적 사실행위에 대해서 법원은 헌법재판소와 달리 직접적 통제에 소극적이었다. 그러나, 예를 들어, 전국의 수많은 기초자치단체에서 매일 이루어지는 자영업자들이나 중소기업인들에 대한 권력적 현장조사(예, 세무조사나 환경오염실태조사)의 위법성을 헌법재판소 한 곳에서 효과적으로 통제하기는 힘들므로, 전국에 산재한 법원들과 함께 권력적 사실행위를 통제하는 것이 보다 현실적 타당성이 있을 것이다.

여섯째, 행정법도그마틱은 헌법지향적 법해석, 다원주의적 갈등의 조정을 위한 법해석, 그리고 시장지향적 법해석을 목표로 변해야 한다. 이를 위해 일반행정법도그마틱의 변화가 필요할 뿐만 아니라 특별행정법령에 대한 연구도 더 강화되어야 한다.

하지만, 헌법학과 행정법학이 주로 다루는 대상과 보호하려는 이익에도 상당한 차이가 있으므로 상호 존중하는 태도로 대화가 활성화되어야 한다. 또, 학자들과 판사들사이에는 이론지향적이고 사건해결지향적인 특성상 서로 차이가 있을 수밖에 없지만, 공통의 대상인 한국의 실정법령의 파편성과 낮은 질을 고려하여 협력적이고 보다 창조적으로 한국적 문제극복을 위해 보완적 노력을 경주해야 할 것이다.

법학자들은, 법학의 위기를 인식하여, 자신들의 핵심적 주제들과 관련하여 결국 국민들과 국회를 설득하고 이해시켜야 하는 입장에 있기 때문에, 그 주제를 다루는 정신과 의미를 **국민들과 정치인들이 이해하고 공감할 수 있는 언어로 공통의 정신적 기초**위에 그의 논거를 세우려는 노력을 해가야 할 것이다.

제2절 행정소송상 제3자보호와 소송참가

　이 논문은 독일행정재판소법상 소송참가제도를 중심으로 하여 외국 행정소송상 제3자의 이익보호를 위한 제도들을 소개하면서, 우리나라에 독일과 유사한 소송참가제도인 소환제도가 행정소송에 도입되게 된 목적과 소송참가의 유형을 살펴볼 것이다. 또 우리 행정소송상 제3자보호를 위하여 입법론적으로 어떠한 제도적 보완이 필요한지를 논하면서 우리 행정소송의 특성에 적합한 소송참가제도의 확립을 위한 기초적 고찰을 하고자 한다. 독일 행정소송상 소송참가제도와 그 소송실무에 대한 연구는 독일의 소송참가제도가 적어도 행정소송을 위해서는 미국이나 프랑스 등에 비할 때 매우 정치하게 완비되어 있는 것이기 때문에 우리 행정소송상 소송참가제도의 발전과 제3자 보호를 위하여 매우 의미있는 것이다.

　외국의 제도에 대한 연구는 외국의 법제도에 대한 지식의 획득자체에도 의미가 있겠지만 보다 큰 의의는 우리나라의 법제도와 소송실무의 발전에 중요한 기초가 될 수 있다는 점에 있는 것이다. 따라서 이 논문에서는 독일 행정재판소법상의 소송참가제도인 소환제도에 대한 소개를 주로 하겠지만, 그에 그치지 않고 우리나라의 소송실무의 개혁을 위하여 프랑스나 우리의 입법에 중요한 영향을 미쳤던 일본의 법과 소송실무에 대한 소개도 함께 해나갈 것이다.

I. 행정소송상 제3자보호

1. 한국 행정소송상 제3자의 법적 지위

우리 행정소송상 소송체계는 행정행위를 중심으로 구성되어 있다. 다만 제3자효 행정행위론의 영향으로 행정행위의 직접 상대방이 아닌 제3자도 자신의 법적 보호이익이 침해되는 경우에는 소를 제기할 수 있으나, 이러한 경우에 해당된다고 해도 제3자가 적극적으로 소를 제기하여야만 사법적으로 보호받을 수 있는 것이다. 그러나 행정행위는 행정청의 대표적인 공익집행행위의 하나로서 다수의 이해관계인들의 이익에 영향을 미치는 것이 빈번한 상황하에서 타인에 대한 행정행위나 그 행정행위에 대한 타인의 소송으로부터 제3자를 보호하기 위한 제도적 장치가 우리 행정소송법에는 매우 부족하고 또 그러한 제도가 입법화되어 있다고 해도 그 의의가 소송실무상 충분히 이해되고 있는지는 의문이다.

대법원은 '1989.5.9,88 누 5150 해외이주알선수수료승인처분취소' 소송에서 "행정심판법 제18조 3항에 보면 심판청구는 처분이 있은 날로부터 180일을 경과하면 제기하지 못한다. 다만, 정당한 사유가 있는 경우에는 그러하지 아니하다고 규정하고 있는 바, 행정처분의 직접 상대방이 아닌 제3자는 특별한 사정이 없는 한 그와 같은 행정처분이 있음을 곧 알 수 없는 처지이므로 위 심판청구의 제척기간내에 처분이 있음을 알았다는 특별한 사정이 없는 한 위 제척기간의 적용을 배제할 정당한 사유가 있는 때에 해당한다고 볼 수 있다"고 판시하였다. 이상과 같은 대법원판결은 제3자가 어떠한 위치에 있는가를 분명하게 보여준다. 제3자는 보통 자기의 법적 이익에 영향을 미치는 행정행위라 할지라도 그것이 발해졌는 줄을 모른다. 따라서 그러한 행정행위를 대상으로 하여 행정소송이 제기되었다는 것을 알 수 없다. 그러므로 제3자는 자신이 신청하여 자기의 법적 이익에 영향을 미치는 행정소송에 참여할 수 없다. 이러한 상황에서 제3자를 보호할 수 있는 방법은 프랑스 행정소송의 경우처럼 타인이 제기한 소송이라도 법원이 그 소장을 이해관계인들에게 송달시키는 제도를 도입하거나, 독일 행정소송의 경우처럼 법원이 일정한 제3자에 대해서는 재량없이 의무적으로 소환하는 제도를 도입하는 방법밖에 없다.

또 대법원은 '1991.6.28, 90 누 6521 개별용달운송사업면허취소'소송에서 행정심판전치주의에 대한 예외사유에 해당되는 때에는 행정심판에 대한 재결서의 송달이란 있을 수 없으므로 "행정처분의 상대방이 아닌 제3자가 제기하는 경우라도 그에 대한 소는 정당한 사유가 있음을 증명하지 못하는 한 당해 취소송의 대상인 처분이 있는 것을 안 날로부터 180일, 처분이 있는 날로부터 1년이내에 취소소송을 제기하지 않으면 안된다"고 판시하여 제소기간도과사유의 정당성을 제3자가 입증하여야 한다고 판시하였다. 이 판결에 따른다면 제3자는 "제소기간도과원인 등 여러 사정을 종합하여 지연된 제소를 허용하는 것이 사회통념상 상당하다고 할 수 있는" 정도의 사유를 입증하지 못하는 한 소를 제기할 수 없다는 것이 된다. 이러한 대법원의 입장은 민사소송에서 대등한 당사자들 사이의 사적 분쟁처리에 익숙한 법관들의 의식의 한 단면을 보여주는 것으로 공익과 관련된 사건으로서의 행정사건의 특성을 전혀 고려하지 않는 태도라 할 것이다. 왜냐하면 우리 행정소송은 개인의 권리구제를 주목적으로 하고 있지만 여기서의 개인이란 당해 행정행위로 인하여 자신의 법적 이익에 영향을 받는 특정될 수 있는 분쟁당사자들을 지칭하는 것으로 오직 행정행위의 상대방만을 지칭하지는 않기 때문이다. 행정소송이 행정행위의 상대방보호에 우위를 두어 당해 행정행위로 인하여 권리를 포함한 법적 이익의 침해를 받은 제3자보호를 경시하는 것은 전혀 정당화될 수 없는 것이다.

한편 행정목적상 특정 지구를 위하여 오직 하나의 버스운송사업면허만[1] 이 법적으로 가능하여, 경쟁자관계에 있는 버스운송사업면허 신청자 중 행정청이 특정 일방에게만 그 면허를 부여한 경우[2], 그 면허를 받

지 못한 자가 자신에 대한 거부처분의 취소를 취소소송으로 구하여 그
가 승소하면 행정청은 그 취소판결의 취지를 존중하여 그에게 운송사업
면허를 부여하지 않을 수 없게 된다. 그럼에도 불구하고 현행 제도와 실
무운영에 따른다면 이미 운송사업면허를 받아 운송업에 종사하고있는
자가 그러한 소가 제기된 것을 모르고 소송참가하지 않는다면 그는 자
신의 법적 지위를 방어할 수 있는 기회를 잃게 되는 것이다.3) 이러한 경
우에는 종래 행정행위의 상대방인 면허취득자가 그의 법적 이익을 방어
할 수 없게 된다.4)

　행정소송에서 법관이 당해 행정행위로 인한 이해당사자들을 공평하게
보호하기 위해서는 법원의 직권개입가능성을 확대하는 것이 매우 긴요
하다. 특히 이해관계인들에 대한 법원의 소장송달제도나 기속적 소환제

---

1) 자동차운수사업법 제3조 1항 1호는 노선을 정하고 정기로 운행하는 자동차로 여객을
운송하는 '노선여객자동차운송사업'을 규정하고 있고, 자동차운수사업법시행령 제2
조 1호는 노선여객자동차운송사업으로 가.시내버스운송사업, 나.고속버스운송사업,
다.시외버스운송사업을 규정하고 있다.

2) 이러한 경우 행정절차에 참가하고자 하는 당사자등은 행정절차법 제17조 1항에 따라
문서로 처분ㄹ을 구하는 신청을 하여야 한다. 행정절차법 제27조에 따라 당사자등은
처분전에 의견을 제출하고 증거를 제시할 수 있다. 운송사업면허를 받지 못한 자에게
는 행정청이 행정절차법 제23조에 따라 처분의 이유를 제시하여야 한다. 또 행정절차
법 제26조는 그 처분에 관하여 처분청이 행정심판제기에 필요한 사항을 당사자에게
고지할 의무를 부과하고 있으나, 행정청의 고지의무는 처분의 직접상대방인 당사자
에게만 인정되고 있다는 문제점이 있다. 이해관계있는 제3자에 대한 고지의무는 인
정되어 있지 않다.

3) 행정심판법 제42조는 처분의 상대방 또는 이해관계인에게 처분청의 직권이나 청구에
의해 당해 처분에 대한 불복청구의 가능성 및 그를 위한 필요사항(심판청구절차, 청
구기간)을 알려 주도록 규정하고 있다. 그러나 구체적으로 특정의 이해관계인이 소를
제기했다는 사실에 대하여 다른 이해관계인에게 알려야 할 의무는 소제기자나 법원
에게 부과되어 있지 않다.

4) 독일 행정소송에서도 이러한 경우 기속적 소환이 실시되어야 한다고 하고 있다. 예를
들어 단지 한사람에게만 주어져야 하는 수익적 행정행위에 대한 경쟁자소송에서 직
접적인 공동지원자나 수익자의 참가는 기속적 소환의 대상이다. BVerWG DVBl.
1984, S.91 ; F.Hufen,Verwaltungsprozeßrecht, 1994, §12, S.218. 489.

도를 통하여 법원의 의무범위를 확대하는 것이 자신의 법적 이익에 영
향을 미치는 국가작용에 대하여 전혀 정보를 갖지 못한 제3자를 보호하
기 위해서 필요하다고 생각한다.

2. 한국 행정소송상 소송참가의 실태(1985년이후)

1985년 행정소송법 개정으로 소환제도가 도입된 이후 1985년부터
1992년까지 대법원 판례상으로 약 30-35건의 소송참가가 있었음이 확인
되고 있는데, 판례에 나타난 소송참가는 거의 민사소송법상의 공동소송
적 보조참가제도나 통상의 보조참가제도를 이용하고 있는 것으로 보인
다.5) 또 참가인은 전부 피고인 행정청에 참가하였고 원고에 참가한 것
은 한건도 발견되지 않는다.

그 상황을 약술하면 다음과 같다. 우선 피고 행정청에 다른 행정청이
참가한 경우를 보면 대부분 중앙토지수용위원회의 토지수용재결취소처
분에 있어 서울특별시나 부산시 또는 국방부장관 등이 참가한 판례들로
10여건 이 있다.6) 토지수용사건이외에 행정청이 참가한 사례는 발견할
수 없다. 그외 20-25건은 개인, 기업 및 조합 등이 피고 행정청에 참가한
것인데, 예를 들어 대판 1992.10.13,91 누 2441은 안마사에 대한 침술자
격 부여처분 무효소송인데, 피고 보건사회부장관에게 사단법인 대한안
마사협회가 소송참가했다. 원고는 사단법인 대한의사협회이었다. 이 사
건은 대한안마사협회의 탄원서 등에 대한 보건사회부장관의 회신7) 이
행정처분인지 아닌지가 쟁점이 되어, 대법원은 원심과 같이 이 회신은

---

5) 그러나 판례는 정확히 어떤 제도를 이용하였는지 밝히고 있지 않다.
6) 대판 1990. 1. 23 선고, 87 누 947 토지수용재결처분취소청구사건에서 피고 토지수용
   위원회에 서울특별시장이 소송 참가하였다.
7) 안마사에관한규칙 제2조에서 안마사의 업무의 하나로 되어 있는 "자극요법"에 침시
   술이 포함되는지의 여부에 대한 회신.

피고의 의견표명에 불과할 뿐 안마사들이나 한의사들의 권리의무에 직접적인 변동을 초래하지 않는다고 보아 행정처분이 아니라고 하였다.

3. 행정소송상 제3자 보호, 소환 및 소송참가

사인간의 대등한 분쟁을 처리하는 것을 목적으로 하는 민사소송에 비할 때, 행정소송은 하나의 행정행위를 둘러싸고 다수의 이해관계인이 존재하고 있는 경우가 많아, 행정소송을 다루는 법원도 복잡하고 다면적인 분쟁상황을 충분히 심리할 수 있는 소송제도를 가지고 있지 않으면 안 된다. 특히 행정실체법상으로 행정행위를 한 처분청과 그 상대방 이외에 관연 행정청이나 제3자도 당해 분쟁에 대하여 법적 이해관계를 갖는다는 것이 제3자효행정행위이론 등을 통하여 인정되고 있는 점은 행정소송법학이 해결해야 할 분쟁내용이 민사법학과 전혀 다른 것임을 승인하지 않을 수 없게 한다.

민사소송에서 소송참가가 주로 제3자의 의사에 맡겨지고 법원의 소환(Beiladung)결정을 필요로 하지 않는 것은 사적자치가 존중되기 때문에 수긍할 수 있다. 그러나 행정소송에서 다루어지는 행정행위는 제3자효 행정행위의 경우처럼 다수의 이해관계인의 복잡한 이해관계와 관련되어 있는 경우가 많고, 우리 행정소송상 법원의 판결은 판결의 형성력이 제3자에 미칠 때 비로소 실효적인 경우가 많아 행정소송법 제23조는 형성력의 제3자효를 규정하고 있다. 또 다른 관연 행정청도 처분청에 대한 판결에 구속되도록 하고 있어 행정소송의 경우 판결형성과정의 정당성 확보의 필요성은 매우 큰 것이다.

1985년 행정소송법 개정으로 행정소송법 제16조와 제17조에 법원의 소환결정에 의한 소송참가제도가 도입되었으나, 우리 행정소송실무에서 민사소송법상의 신청에 의한 소송참가제도가 이용되고 있을 뿐 이 제도는 이용되지 않아 우리 행정소송법학의 암흑지대로 남아 있다. 소송절차

에 있어 소송참가제도는 변론 및 증거조사와 같은 사실해명에 관한 제
도와 함께 소송절차의 중심적인 기초가 되고 있음에도 불구하고, 우리
행정소송법의 46개 조문 중 2개의 조문에 규정되어 있는 소환에 의한
소송참가제도가 이용되지 않고 있는 것은 이해하기 어려운 일이라 하지
않을 수 없다.

행정소송에서 문제되는 복잡한 분쟁을 일거에 해결하는데 필요불가결
한 소송참가제도의 운용에 있어, 우리 법원이 행정소송법 제16조와 제17
조를 적용하지 않고 민사소송법의 규정을 준용하는 편법을 취하고 있는
것은, 추측건데 이 제도의 정확한 목적과 적용례 및 적용범위등을 충분
하고 철저하게 인식하지 못하고 있지 않나 하는 점과 소송법규정들의
성패에 가장 결정적인 의미를 가지는 법원의 의무범위가 불명확하거나
너무 협소해서 법원이 이 규정을 적용해야 할 상황에서 적용하지 않더
라도 아무런 제재를 받지 않는다는 점에 그 원인이 있지 않나 생각된다.

이 논문이 '판결형성과정의 민주적·절차적 정당성보장'을 위한 행정
소송법학의 개혁에 이바지하기를 기대한다.

II. 소환(Beiladung)과 유사한 제도의 구별

1. 소송참가(Beitritt, Intervention)와 소환(Beiladung)

1) 신청에 의한 소송참가

민사소송법 제65조에 의하여 소송참가하는 보조참가인은 소송의 결과
에 관하여 이해관계가 있을 때 참가신청을 함으로써 참가할 수 있다. 그
리고 판결의 확정력이 미치는 제3자는 학설 판례에 의하여 인정되고 있
는 공동소송적 보조참가를 할 수 있다. 또 민사소송법 제61조는 소송의

목적이 되는 권리나 의무가 수인에 공통되거나 동일한 사실상과 법률상
의 원인에 기인할 때 그 수인이 공동소송인으로 당사자가 될 수 있다고
규정하고 있다. 한편 민사소송법 제72조는 소송의 목적의 전부나 일부가
자기의 권리임을 주장하거나 소송의 결과에 의하여 권리의 침해를 받을
것을 주장하는 제3자는 독립한 당사자로서 참가할 수 있다고 규정하고
있다.

이상과 같이 민사소송법은 제3자의 참가신청이나 소제기에 의해 소송
참가할 수 있도록 규정하고 있고 소송당사자의 참가신청권이나 법원의
직권에 의한 참가제도는 규정하고 있지 않다.[8]

프랑스의 월권소송상으로는 보조적(종된) 참가(intervention accessoire)
가 주로 이용되고 있는데,[9] 이 제도는 제3자가 원고나 피고를 보조하기
위하여 자발적으로 참가하는 제도이다. 따라서 프랑스 월권소송의 상황
은 법원의 소환에 의한 소송제도만을 행정소송법에 규정한 독일,일본 및
한국의 경우와는 상당히 다르지만, 프랑스 행정소송상으로도 제3자보호
를 위하여 소장송달제도(La Communication des requétes)가 이용되고 있다.

2) 소환(Beiladung)에 의한 소송참가

소환(Beiladung)에 의한 소송참가제도[10] 를 행정소송에 도입한 나라는
독일,일본 및 한국 등이다. 독일 행정재판소법 제65조 1항은 "법원은 당
해 소송절차가 아직 확정재판으로 종결하지 아니하였거나 상급심에 게

---

8) 다만 민사소송법 제63조가 적용되어 소송의 목적이 공동소송인의 전원에 대하여 합
   일적으로 확정될 경우임에도 공동소송인중 일부가 참가하지 않았을 때, 제1심의 변
   론종결시까지 원고의 신청에 의하여 법원의 결정으로 추가할 수 있는 제도가 민사소
   송법 제63조의 2에 규정되어 있는데, 이 때에는 원고의 신청과 법원의 결정을 필요로
   한다.

9) Rene Chapus. Droit du Cententieux Administratif. 1982. n°475. 299면.

10) 소환은 다른 당사자들 사이에 계속중인 소송에 법원이 제3자를 참가시키는 행위이다.
    Eyermann/Fröhler, Vewualtungsgerichtsordnung, 9.Aufl. 1988, §65.Rn.1, S.488.

속중일 때에는 당해 재판으로 자신의 법적 이익(rechtliche Interesse)이 영향받는(berührt) 제3자를 직권 또는 신청에 의하여 소환할(beiladen) 수 있다"고 하여, 법원의 재량적 소환(einfache Beiladung)에 의한 소송참가제도를 규정하고 있고, 제65조 2항은 "재판이 제3자에 대해서도 합일적으로만(nur einheitlich) 선고될(ergehen) 수 있을 정도로 제3자가 계쟁중의 법률관계에 관련되어 있는(beteiligt) 경우에는 그를 소환하여야 한다"고 하여 법원의 기속적 소환(notwendige Beiladung)에 의한 소송참가제도를 규정하고 있다.

일본 행정사건소송법 제22조는 행정청이 아닌 제3자로서 "소송의 결과에 의해 권리를 침해당하는" 자의 소환을 규정하고 있는데, 우리 행정소송법 제16조와 다른 점은 우리 법에는 "소송의 결과에 따라 권리 또는 이익의 침해를 받을 제3자"의 소환을 규정하고 있다는 점이다. 공통점은 법원의 소환결정이 제3자의 신청이외에 당사자의 신청에 의해서도 가능하고 법원의 직권으로도 가능하다는 점이다. 이 점은 독일 행정소송과 같다.

행정청의 소환에 대해서 일본 행정사건소송법 제23조나 우리 행정소송법 제17는 거의 차이가 없는 규정을 두고 있다. 소환요건도 똑같아 법원이 다른 행정청을 "소송에 참가시킬 필요가 있다고 인정할 때"로 하고 있고, 소환결정도 제3자의 신청이외에 당사자의 신청이나 법원의 직권으로 가능하게 되어 있다.

한국이나 일본의 입장이 독일의 경우와 결정적으로 다른 점은 법원이 소환하지 않으면 판결이 무효로 되는 기속적 소환제도가 한국이나 일본의 법에는 규정되어 있지 않다는 점과 독일과 달리 행정청과 사인을 달리 규정하고 있다는 점이다.

2. 소환과 다른 제도의 구별

1) 소송고지(Streitverkündung)제도

민사소송법 제77조 제1항은 "당사자는 소송의 계속중 참가를 할 수 있는 제3자에게 소송고지를 할 수 있다"고 규정하고 있고, 이어서 제2항은 "소송고지를 받은 자는 다시 소송고지를 할 수 있다"고 하면서, 제78조에서는 소송고지를 함에는 "그 이유와 소송의 정도를 기재한 서면"을 법원과 상대방에게 송달하도록 규정하고 있다. 이러한 소송고지를 통하여 소송고지를 받은 자에게 그의 참가여부와는 관계없이 참가적 효력을 미치게 하는데 이 제도의 목적이 있는 것으로 이해되고 있다.[11]

소송고지제도는 당사자 자신이 패소하더라도 제3자에게 책임을 추궁할 수 있는 경우에 제3자가 당해 판결의 주문이나 이유와 다른 항변이나 주장을 하지 못하도록 하는 기능을 수행하고 있다. 이러한 고지는 당사자의 권능일 뿐 의무는 아니어서 고지여부는 당사자의 자유에 맡겨져 있다.[12]

소송고지는 타인간에 소송이 계속중일 때만 가능한데, 고지를 할 수 있는 자는 계속중인 소송의 당사자, 보조참가인, 당사자참가인 및 이러한 자로부터 소송고지를 받은 자이다. 소송고지는 고지에 의하여 참가적 효력을 미치게 하는 실익이 있으므로 참가할 수 있는 제3자라 함은 주로 고지자를 위하여 보조참가할 수 있는 제3자를 가리킨다.[13] 참가의 자격이 없는 자에게 고지를 하면 고지의 효과가 생기지 않는다.

고지자가 패소한 때에는 고지에 포함된 이해관계의 범위내에서 그 소송의 판결 중 법률상과 사실상의 판단을 원용할 수 있다. 피고지자는 참

---

11) 송상현, 민사소송법, 1993, 294면 ; 정동윤, 민사소송법, 1994, 814면.
12) 송상현, 민사소송법, 1993, 249-250면.
13) 정동윤, 전게서, 815면 ; 송상현, 250면.

가할 수 있었을 때 이후에는 참가를 하지 아니하더라도 참가한 것으로
간주되어 참가적 효력이 발생한다.

이상과 같은 고지제도는 당사자나 소송참가인이 제3자에게 당해 소송
의 패소책임을 추궁하기 위한 제도로서 소환제도가 주로 제3자 자신의
리익을 보호하기 위한 제도인 것과는 그 취지를 달리한다. 소환제도의
경우 제3자의 신청에 의한 소환결정이나 법원의 직권에 의한 소환결정
이 중요한 의미를 가지고 있는 것이다. 또 원고인 국민의 열악한 지위보
호를 위하여 원고의 신청에 의한 소환결정이 중요한 것이다.

2) 소장송달제도[14])(La Communication des requétes)

프랑스 행정소송에서는 제3자보호 및 철저한 소송자료심리를 위하여
독일,일본 및 한국과 다른 매우 독특한 소장송달제도를 마련하고 있다.
행정소송에서 꽁세이데타는 소를 수리하면 행정청 및 이해관계인에게
소장을 송달하고 답변해야 할 기일을 통지한다. 소장의 송달은 법원의
사건의 해명에 필요하다고 판단하는 자에 대하여 실시하고 원고와 피고
의 신청에는 구속되지 않는다. 예를 들어 취소청구된 행정행위에 의한
수익자는 이러한 이해관계인의 전형적 예이다. 소장의 송달을 받은 이해
관계인이 기한내에 자기의 의견을 서면으로 법원에 제출하면 된다. 이러
한 답변서를 제출한다고 해서 그것이 소송참가신청으로 인정되지는 않
는다.

이상과 같은 소장송달제도는 소환과 달리 소송참가제도가 아니지만
제3자는 법원의 소장송달을 통하여 자신의 법적 이익과 중대한 관련을

---

14) 소장송달제도에 관한 설명은 伊藤洋一, フランス行政訴訟の硏究. 取消判決の對世
    效一, 1993. 351-352면을 주로 참고했다. 이외에 article 37 Décret n°63-766 du 30
    juillet 1963, 그리고 Langavant/Ronault, Le Contentieux administratif, 1987, 281-
    282면, 또 Marcel Waline, (Notes De Jurisprudence) (Conseil d'Etat, 15 fevrier
    1963, Association ≪Les Amis de Chiberta≫ R.D.P.79.1963.567-575.

지니고 있는 소송이 진행되고 있다는 정보를 획득할 수 있으므로 자신의 이익을 방어하기 위한 행동을 취할 수 있는 기회를 얻게 되는 것이다.

3) 통상의 보조참가제도

민사소송법상 보조참가란 타인간에 소송계속중 그 소송결과에 대하여 법률상 이해관계있는 제3자가 일방당사자의 승소를 보조하기 위하여 그 소송에 참가하는 경우로서 민사소송상 가장 널리 이용되는 제도이다. 통상의 보조참가는 독일 행정소송법상의 재량적 소환에 대응하는 제도로 이해되고 있으므로 재량적 소환과 비교하기로 한다.

통상의 보조참가와 재량적 소환의 공통점으로는 양참가인이 모두 타인의 소송에서 제3자로서 참가당시의 소송장태를 수용하여야 하고 당사자의 처분권에 복종하여야 한다는 점이다.[15] 양 제도의 차이점으로는 소환은 오직 제3자 자신의 신청에 의해서 이루어지는 보조참가와 달리 당사자와 제3자의 신청에 대한 법원의 소환결정 또는 법원의 직권에 의한 소환결정으로 소송참가가 이루어지게 된다는 점이다.[16] 또 보조참가인은 종당사자로서 원고나 피고를 주당사자로서 인정하여 주당사자의 행위와 저촉되는 행위를 할 수 없으나, 재량적 소환에 의한 소송참가인은 특정당사자를 지지해야만 하는 것이 아니므로 자신의 판단에 따라 양 당사자를 교대로 지지할 수도 있고, 양당사자와 동시에 다툴 수도 있다.[17] 또 소환에 의한 참가인은 일방 당사자를 위하여 소송행위를 할 수 없고 특별한 대리권없이 어떤 당사자를 대리할 수도 없다.[18] 또 우리 민사소송법학계의 통설 판례에 따를 때 보조참가인에게는 주참가인이 패

---

15) Eyermann/Fröhler Venaltungsgerichts Ordnug. 9 Aufl. 1988. S.489 §65. Rn.3
16) Eyermann/Fröhler. §65. Rn.3. S.489.
17) Eyermann/Fröhler. §65. Rn.3. S.489.
18) Eyermann/Fröhler. §65. Rn.3. S.489.

소한 때 참가인과 피참가인사이에서는 그 패소책임을 부당하게 전가할 수 없는 구속력, 즉 참가적 효력이 참가인과 피참가인사이에만 미친다고 하고 있으므로 이 점도 소환된 자에 대한 판결의 효력과는 다르다. 독일 의 학설 판례에 따를 때 소환된 자에게는 원고나 피고 어느 쪽이 승소하 든 제한을 받지 않고 판결의 확정력이 미친다고 한다. 따라서 모든 당사 자들은 소환된 자에게 판결의 결과가 유리하든 불리하든 판결의 내용의 정당성을 주장할 수 있고 소환된 자도 그것을 더이상 다툴 수 없게 된 다. 그러나 소환당시의 소송장태나 당사자의 처분권 등으로 인하여 소환 된 자가 주장 제출할 수 없었던 공격방어방법에 대해서는 확정력이 미 치지 않는다고 하고 있는데 이러한 내용은 통상의 보조참가의 참가적 효력과 유사하다고 하겠다.

4) 공동소송적 보조참가제도

독일 행정소송상 민사소송의 공동소송적 보조참가에 대응하는 제도는 기속적 소환제도이다. 민사소송상 공동소송적 보조참가의 경우는 판결 이 소송법상 혹은 실체법상의 규정을 근거로 제3자에 대해서 확정력을 미치고, 형성력을 가지거나 집행가능할 때이다.[19] 이와는 달리 공법은 소송참가인들 아닌 제3자에 대해서 확정력확장을 알지 못한다.[20] 공동 소송적 보조참가인은 자기가 참가하지 않더라도 효과를 미치는 판결이 자기에게 일방적으로 불리한 영향을 미치지 못하도록 판결형성과정에 개입하기 위하여 참가한다.[21] 그러나 기속적 소환은 법원이 제3자에게 판결의 효력이 미쳐야만 판결이 유효하게 될 수 있는 상황에서 제3자에 게도 판결효를 미치게 하기 위해서 실시한다. 공동소송적 보조참가인의

---

19) Rosenberg-Schwab. §47V. §50Ⅱ
20) Eyermann/Fröhler. §65Rn.26. S.496. Bachof. DöV49. 364.
21) Eyermann/Fröhler. §65Rn.26. S.496.

불참가에도 불구하고 민사소송상의 판결은 유효한 반면에 기속적 소환
의 경우에는 당해 제3자에게 참가의 기회가 주어지지 않는 한 그 판결
은 무효이다.[22) 왜냐하면 당해 법률관계에 관한 합일적인 재판은 제3자
에 대한 확정력확장에 의해서만 효과를 얻을 수 있기 때문이다.

기속적 소환과 공동소송적 보조참가의 유사성은 민사소송법상 확정력
확장, 형성력 혹은 확장된 집행가능성이 존재하는 것과 동일한 경우에
기속적 소환이 원칙적으로 필요하다는 점에 있다.[23) 그러한 경우가 언
제인가에 관한 판단을 위해서는 민사소송의 실무경험이 좋은 참고가 될
것이다.

III. 소환의 목적과 유형

소환제도는 오늘날 독일 행정소송법학이 독자적으로 이룩한 금자탑이
라고 평가되고 있다. 독일에서 소환제도는 아주 빈번하게 이용되면서 행
정사건이라는 특수한 상황에 매우 저합한 제도로 평가되고 있다. 그러나
이 제도에는 아직도 불명확한 점이 있어 해석학적 노력을 보다 많이 기
울여 풍부한 법적 명확화에 도달하지 않는다면 실무상 대단한 법적 불
안정을 초래할 가능성이 있다고 지적되고 있다. 그러한 불안은 이 제도
의 목적, 그 목적간의 상호우열관계, 그의 헌법적 근거, 그리고 재량적
소환과 기속적 소환의 구별기준 등이 보다 명확화됨으로써 극복될 수
있을 것이라 한다.

이하에서는 소환의 헌법적 근거에 대한 논의의 소개는 생략하고 소환
의 목적과 소환의 류형에 대한 고찰을 하기로 한다.

---

22) Eyermann/Fröhler. §65 Rn.26. S.496.
23) Eyermann/Fröhler. §65 Rn.26. S.496.

1. 소환의 목적

소환의 목적에 대한 논의는 소환유형간의 구별기준이나 각 소환제도의 적용범위가 문리해석상으로 명확하지 않거나 각 소환제도의 적용이 실무상 비현실적으로 보여지는 상황에서 목적론적 해석을 통하여 문리해석의 한계를 극복하는데 필수적이다.[24]

1) 제3자의 이익보호/당사자의 이익보호

하나의 행정행위가 다수의 주민들의 법적 이익에 유리하거나 불리한 영향을 미치는 것은 현대 사회가 도시화되면서 매우 빈번하게 나타나는 현상이다. 소환제도는 판결에 의하여 자신의 법적 이익에 영향을 받는 제3자가 소송에 참여함으로써 소송의 결과로부터 자신의 법적 이익을 보호하기 위해서 필요하다. 제3자는 소송에 참가함으로써 자신의 법적 이익을 방어하기 위하여 필요한 모든 소송행위를 할 수 있게 되는 것이다.[25]

소를 제기한 원고이외의 다른 주민들도 다투어지고 있는 행정행위에 대해서 원고와 유사한 위치에 있어 법원에게 원고의 입장을 설득시키는데 매우 유력한 조력자가 될 수 있는 경우가 많으므로, 독일 행정재판소법은 당사자들도 제3자의 소환을 신청할 수 있도록 규정하고 있다. 그러므로 소환제도는 당사자의 이익보호에 기여하는 제도가 될 수도 있다.

2) 소송경제/확정력확장

소환에 의하여 당해 소송의 소송물과 법적 이해관계를 가지고 있는

---

24) R. Stober. Beiladung im Verwaltungsprozeß, System des verwaltungsgerichtlichen Rechtsschutzes, 1985, SS.404-405.(이하 R. Stober. Beiladung으로 인용)

25) R.Stober. Beiladung. S.406 ; Eyermann/Fröhler. §65. Rn.1. S.488.

소송외의 제3자를 소송에 끌어들임으로써 이해관계가 복잡하게 얽힌 사건까지도 하나의 재판으로 관련 법적 문제들을 일거에 해결할 수 있게 되어 소송경제에 이바지하고,[26] 또 총체적인 사건해결이 가능하게 되어 결과적으로 볼 때 소송촉진에도 기여하게 된다.

뿐만 아니라 자신의 법적 이익에 영향을 받는 제3자가 소송에 참가하여 판결의 확정력이 그에게까지 확장됨으로써 동일한 생활관계 또는 동일한 소송물에 대한 모순적인 재판을 회피할 수 있어 법적 안정에도 기여한다.[27]

3) 사법적 청문

독일법상 사법적 청문(rechtliches Gehör)제도는 소송에 이미 참가한 사람들에게 자신의 입장을 변호할 기회를 주어야 한다는 제도로 알려져 있지만, 행정재판소법상의 소환제도에 대한 헌법적 근거로 사법적 청문을 제시하는 사람들은 이 개념을 넓게 이해하여 소송외의 제3자에게 청문기회를 주기 위하여 그를 참여시키는 데까지 확장하고 있다. 즉, 소환제도를 통하여 소송외의 이해관계인은 소송상의 사실적 법적 장황에 관한 자신의 입장을 표명할 수 있게 되기 때문에 사법적 청문은 소환제도의 목적이 된다는 것이다.[28]

4) 철저한 소송자료심리

행정법상의 사실관계는 인적 물적으로 매우 복잡한 경우가 많아 법원은 당해 사건을 다각도로 조사하지 않으면 실체적 진실을 발견하기 어

---

26) Eyermann/Fröhler. §65. Rn.1. S.488.

27) C. F. Ule. §22. S.110 ; R.Stober. Beiladung. S.407. ; Klaus Stern. Verwaltungsprozessuale Probleme. S.126.

28) R.Stober. Beiladung. S.408.

럽다. 또 행정사건은 공익과 밀접한 관련이 있기 때문에 소송심리에 필요한 자료를 풍부하게 수집하여 사건을 정확하고 공정하게 해결하지 않으면 안된다. 그러므로 행정소송상 소환제도는 실체적 진실의 탐지를 위한, 법원을 위한 유력한 조력수단으로서, 법원의 직권개입가능성을 넓게 인정하고 있는 행정소송의 특징을 잘 보여주는 제도로, 법원의 직권탐지의무의 이행에도 기여한다고 할 수 있다. 소환제도를 통하여 증거자료가 소송에 풍부하게 현출될 수 있게 되기를 기대하는 것이다.

결국 소송의 객관적 요청에 부응하여 법원이 다투어지고 있는 법률관계를 모든 측면에서 철저하게 조사하는 것도 소환의 또 다른 목적이 된다고 할 수 있겠다.29)

2. 소환의 유형

1) 소환될 자의 신분에 따른 분류

일본 행정사건소송법이나 우리 행정소송법은 행정소송을 위한 소송참가제도를 입법하면서 독일과 마찬가지로 법원의 결정에 의한 참가제도, 즉 소환제도를 규정했지만, 독일의 경우처럼 법원의 재량여부에 따라 소환제도를 나누어 규정하지 않고 소환될 자의 신분에 따라 그 자가 행정청인지 아닌지에 따라 달리 규정하였다. 일본 행정법학자들은 행정사건소송특례법이 행정청과 다른 제3자를 분리하여 규정하지 않은 것과 달리 행정사건소송법이 양자를 분리하여 규정한 것은, 참가인의 소송법상 지위에 관하여 참가한 행정청과 제3자사이에 차이는 없는가, 법원이 직권으로 참가를 명해도 참가하지 않은 자에 대해서 판결의 효력이 미치

---

29) R. Stober. Beiladung. S.407.

는가에 관해 의문이 있어 양자를 분리하여 규정하게 되었다 한다.

일본과 한국의 입법내용의 두드러진 특징은 행정청 아닌 제3자의 소환에 대해서는 그것이 민사소송법상의 공동소송적 보조참가에 대응하는 것으로 예상하여 규정한 반면에, 행정청의 소환에 대해서는 민사소송법상의 통상의 보조참가에 대응하는 것으로 예상하여 규정하였다는 점과, 행정청의 소환이나 행정청이 아닌 제3자의 소환을 모두 법원의 재량에 속하는 것으로 파악하였다는 점이다.

(1) 행정청 아닌 제3자의 소송참가

가. 입법연혁

가) 일본의 경우

1890년 6월 30일 제정되고 1947년 5월 3일 폐지된 행정재판법 제 31조

"① 행정재판소는 소송심리중 그 사건과 이해관계있는 제3자를 참가시키거나 또는 제3자의 신청에 대하여 소송참가를 허가할 수 있다.

② 전항의 경우 행정재판소의 판결은 제3자에 대해서도 효력이 있다."

1948년의 행정사건소송특례법 제8조

"① 법원은 필요하다고 인정할 때 직권으로 결정하여 소송의 결과에 관하여 이해관계있는 행정청 기타 제3자를 소송에 참가시킬 수 있다."

현행 행정사건소송법 제22조

"① 법원은 소송의 결과에 의하여 권리를 침해당하는 제3자가 있는 때, 당사자나 제3자의 신청 또는 직권으로 결정에 의하여 그 제3자를 소송에 참가시킬 수 있다.

④ 제1항의 규정에 의하여 소송에 참가한 제3자에 대하여는 민사소송법 제62조의 규정을 준용한다."

나) 한국의 경우

현행 행정소송법 제16조

"① 법원은 소송의 결과에 따라 권리 또는 이익의 침해를 받을 제3자가 있는 경우에는 당사자 또는 제3자의 신청 또는 직권에 의하여 결정으로써 그 제3자를 소송에 참가시킬 수 있다.

④ 제1항의 규정에 의하여 소송에 참가한 제3자에 대하여는 민사소송법 제63조의 규정을 준용한다."

나. 제3자의 범위

일본의 경우 행정소송을 위한 소송참가제도를 민사소송과 비교할 때 1890년 행정재판법시대부터 법원의 직권에 의한 결정이나 허가 등에 의하여 소송참가가 이루어지도록 규정되어 있었다는 특색을 지니고 있다. 소송참가할 수 있는 제3자의 범위에 관하여 행정재판법 제31조는 "그 사건과 이해관계있는 제3자"로 규정하였었고 행정사건소송특례법 제8조는 "소송의 결과에 관하여 이해관계있는 행정청 기타 제3자"로 규정하였다. 그러나 이 규정외에 참가인의 지위 및 참가인에 대한 판결의 효력에 관해서는 규정하지 않아 현실적으로 행정사건소송특례법 제8조를 근거로 한 소송참가는 거의 이용되지 않고, 민사소송법상의 보조참가가 이용되었다[30]. 그러나 행정사건소송법 제22조는 "소송의 결과에 의하여 권리를 침해당하는 제3자"라고 규정하여 과거의 입법들보다 소송참가의 범위를 매우 축소시킴으로써 일본 학자들로부터 비판을 받고 있다[31]. 우리 행정소송법 제16조는 소송참가할 수 있는 제3자의 범위에 관하여

---

30) 山村恒年, 訴訟參加, シユリスト, 1989. 1. 925호 171면. 그 원인은 당시로서는 행정과정이나 행정과 당사자의 관계가 그렇게 복잡하지 않아 민사소송의 보조참가로 충분한 것으로 생각되었기 때문이라 한다.

31) 山村恒年, 前揭論文, 170면.
"보통법률제도는 역사의 진화와 함께 발전하고 개혁된다. 그러나 행정소송에 있어서 참가제도는 반대방향으로 움직여왔다"고 혹평하고 있다.

"소송의 결과에 따라 권리 또는 이익의 침해를 받을 제3자"라고 규정하고 있으므로, 일본 행정사건소송법 제22조와 달리 "권리 또는 이익의 침해"라고 규정되어 있음에도 불구하고 일본 행정사건소송법 제22조의 해석과 마찬가지로 자신의 법률상 보호이익이 침해된 자만이 행정소송법 제16조에 의해 소송참가할 수 있다고 해석하고 있는 것은 문제가 있지 않나 생각된다.

한편 일본 행정소송의 실무상 행정사건소송법 제22조에 의한 소송참가는 거의 이용되지 않고 민사소송상의 보조참가제도가 주로 이용되어지고 있다 하는데 이 점은 한국의 실무와 같다고 할 수 있다[32]. 민사소송상의 보조참가제도의 특징은 법원의 소환이 아니라 제3자의 신청만에 의하여 소송참가가 이루어진다는 점과 참가인들이 그의 주참가인과의 관계에서 매우 종속적 지위를 갖는다는 점이다. 일본에서 1890년의 행정재판법의 입법이래 100년이 지난 오늘까지 소환에 의한 소송참가제도가 행정소송법으로는 규정되어 있었으나 그 규정들은 적용되지 않고 보충적인 법원에 불과한 민사소송법상의 규정들이 적용되어져 왔다는 것은, 행정소송법상의 소송참가규정들에 무언가 중대한 결함이 있었다는 것을 의미하거나 아니면 학자들이나 실무자들이 이 규정들의 취지를 충분하고 철저하게 파악하지 못함으로써 사실상 이 규정들을 사문화시켰다는 비난을 면치 못할 것이다.

다. 소환의 방식 및 소환된 자의 법적 지위

일본이나 한국 행정소송의 경우 법원은 소환결정에 의하여 당사자를 소송에 참가시킬 수 있다. 독일의 경우에는 재량적 소환이든 기속적 소환이든 소환은 그 사건의 사실적·법적 장황과 소환의 이유를 기재한 법

---

32) 山村恒年, 前揭論文, 171면. 일본의 경우 70년대이후 주민소송의 영역에서 소송참가가 주로 증가하고 있는데, 그 형식은 민사소송법상의 보조참가가 주로 이용되고 있다.

원의 결정으로 이루어지고 소환결정은 모든 소송참가인들과 소환될 자에게 송달되기만 하면 된다. 그러나 일본 행정사건소송법 제22조 2항과 한국 행정소송법 제16조 2항은 법원이 소환결정을 할 때에는 미리 의무적으로 당사자 및 제3자의 의견을 듣도록 규정하고 있고, 일본과 한국 모두 같은 조 제3항에서 제3자의 참가신청을 법원이 각하한 경우 제3자가 즉시항고할 수 있도록 규정하고 있다. 이러한 규정들로 미루어 볼 때 한국이나 일본의 경우 법원의 소환은 실제적으로 그 실시가 쉽지 않게 되어 있음을 알 수 있다. 물론 법원은 소환결정에 앞서 당사자와 제3자의 의견을 청취하면 되고 그들 중의 어느 한쪽이든 양자 모두이든 어떤 반대의견이 있더라도 그것에 구속받지 않는다고 볼 수 있지만, 이러한 제약이 없는 독일의 경우와 비교할 때 법원의 소환결정의 자유는 상당한 정도로 제한되고 있는 것이다.

일본이나 한국 모두 위의 규정들에 의하여 소송에 참가한 자들은 필요적 공동소송인에 준하는 지위를 갖는다고 규정되어 있어서 민사소송상의 공동소송적 보조참가인과 유사한 권한을 갖고 제한을 받는 것으로 이해되어 있다. 따라서 참가인은 독자적인 청구를 한 당사자가 아닌 제3자로 파악되고 있어 그 소송행위도 참가시의 소송정도에 따른 제한을 받고 소송물의 처분과 같은 행위는 할 수 없다고 이해되고 있다. 그러나 그는 통상의 보조참가인과는 달리 피참가인의 행위와 저촉되는 행위이더라도 참가시의 소송정도에 따른 제한범위 밖이거나 소송물처분에 관한 사항이 아닌 한 독자적으로 할 수 있다고 이해되고 있다. 상소제기도 참가인 독자적으로 할 수 있다고 이해되어 있다.

그러나 민사소송법학상 공동소송적 보조참가제도는 통상의 보조참가제도나 공동소송참가제도에 비할 때 실정법에서 확정력의 제3자에의 확장을 규정하고 있는 예외적 경우에 인정되고 있는 제도로서 그 이론도 정치하지 않다는 약점을 지니고 있다. 하지만 행정소송에서 소송의 대상이 되고 있는 행정행위는 계약과 같이 양당사자간의 관계에만 그 효력이 미치는 것이 아니라 행정청의 직권에 의한 취소철회나 행정소송에 의한 취소 등의 행위가 없는 한 관련된 이해관계인 모두 그 효력을 존중하여야 한다. 따라서 제3자의 소송참가가 빈번하게 이루어져야 할 필요성이 매우 크다고 볼 수 있고 또 개별법에서 제3자에의 판결효의 확장을 규정하지 않더라도 제3자에게 판결효가 확장되므로 행정소송의 참가인은 대부분 민사소송의 공동소송적 보조참가인에 준하는 지위를 갖게 된다. 이러한 사정때문에 행정소송에서 문제되고 있는 소송참가는 가령 민사소송상의 공동소송참가형식을 취하고 있더라도 그 구체적인 법리구성에 있어 차이를 가지지 않을 수 없다고 본다.

우리 행정소송법 제29조 1항과 일본 행정사건소송법 제32조 1항은 판결의 효력이 제3자에게 미침을 규정하고 있다. 이 규정상의 판결의 효력은 무엇을 의미하는지 또 판결효가 미치는 제3자의 범위가 어디까지인지에 대해서는 다툼이 있지만 소송에 참가한 제3자에게 판결효가 미침에 대해서는 모두 찬성하고 있다. 따라서 소송에 참가한 제3자에게 판결효는 미치지만 제3자가 소송참가시의 소송정도에 따른 제한을 받고 있고 소송물처분에 관한 제약을 받고 있다고 이론+성하고 있으므로, 판결효의 확장도 일정범위에서는 제한되는가 만약 제한을 인정한다면 판결효의 제3자에의 확장을 규정한 규정들(예, 우리 행정소송법 제32조 1항)과의 조화적 해석이 가능한가 하는 문제가 있다. 그러나 이러한 문제들은 이 논문의 고찰범위에서 제외한다.

(2) 행정청의 소송참가

가. 입법연혁

행정재판법 제31조와 행정사건소송특례법 제8조는 행정청과 다른 제3자를 분리하여 규정하지 않았다. 그러나 행정사건소송법 제23조는 행정청의 소환에 관하여 별도로 규정하였는데,[33] 이 규정은 우리 행정소송

법 제17조와 차이가 없다. 따라서 우리 행정소송법 제17조만 소개하기로
한다.

행정소송법 제17조

"① 법원은 다른 행정청을 소송에 참가시킬 필요가 있다고 인정할 때
에는 당사자 또는 당해 행정청의 신청 또는 직권에 의하여 결정으로써
그 행정청을 소송에 참가시킬 수 있다.

② 법원은 제1항의 규정에 의한 결정을 하고자 할 때에는 당사자 및
당해 행정청의 의견을 들어야 한다.

③ 제1항의 규정에 의하여 소송에 참가한 행정청에 대하여는 민사소
송법 제70조의 규정을 준용한다."

나. 참가할 수 있는 행정청의 범위

우리 행정법학자들은 행정소송법 제17조에 대한 상세한 해석을 하고
있지 않고 행정청이 아닌 제3자에 관한 규정들과는 달리 행정청의 참가
에 관한 한일 양국의 규정은 동일하므로 일본 학자들의 행정사건소송법
제23조에 대한 해석을 소개하기로 한다.

행정사건소송법 제23조 1항의 "다른 행정청을 소송에 참가시킬 필요
가 있다고 인정할 때"란, 당해 행정청을 소송에 참가시키는 것이 공격방
어에 관한 소송자료와 증거자료를 풍부하게 하여 적정한 심리재판을 실
현시킬 수 있다고 생각되는 경우이다[34]. 행정청의 소환여부는 법원의
재량에 맡겨져 있다. 기속적 소환과 재량적 소환 모두 가능한 독일과는

---

33) 행정사건소송특례법 제18조의 해석에 관해 의문이 적지 않았기 때문에 이것을 명확
히 하기 위한 것이라 한다. 처분을 할 때 상급청의 지휘감독을 받고 또 특히 행정심
판재결을 할 때 처분청이외의 심사청이 관여하므로 관계행정청이 처분관련 자료를
가지고 있으면서도 소송에서 피고가 되지 않아 처분청에게 공격방어의 기회를 주고
증거자료를 풍부하게 소송에 현출시켜 적절한 심리재판을 할 수 있다는 것이다. 時岡
泰, 行政廳の訴訟參加, 586-587면.

34) 時岡泰, 前揭論文, 588면.

다르다. 또 소환하려고 할 경우 당사자 및 당해 행정청의 의견을 청취해야 하는 구속을 법원에 가하고 있다는 점은 그러한 구속이 없는 독일의 경우와 다르다.

구체적으로 취소소송의 경우 참가가능한 행정청은 다투어지고 있는 처분에 관해 지시 감독권을 갖는 상급행정청, 당해 행정행위에 관해 조사권이나 동의권을 갖는 협력청, 그 처분의 당부를 심사하는 심사청 등이 여기에 해당되고 이러한 범위를 초과하는 행정청은 포함되지 않는다.35) 그리고 형식적으로 피고가 될 행정청이외에 실제로 행정처분을 한 행정청도 포함된다.36)

또 일본 학자들은 규정에는 없지만 행정청이 원고측에 참가할 때 행정의사의 분열을 가져오므로 원고측에의 참가는 허용되지 않고 피고 행정청측에의 참가만 인정된다고 한다.37)

다. 참가행정청의 법적 지위

참가한 행정청은 행정청이 아닌 제3자의 소송참가의 경우보다 그 지위가 약한 통상의 보조참가인에 준하는 지위를 갖는다. 그 이유에 대하여 일본 학자들은 관계 행정청을 소송에 끌어들여 공격방어의 기회를 주고 소송자료와 증거자료를 풍부하게 하여 적정한 심리재판을 실현시켜야 하지만 행정청이 소송참가를 해도 당해 사건의 판결의 효력이 참가한 행정청에 미치는 것이 아니므로 통상의 보조참가인의 지위를 주어도 충분하다는 것을 든다.38) 따라서 참가한 행정청은 피참가인에게 불리한 행위를 할 수 없고 또 피참가인의 행위와 저촉되는 행위를 하면 무

---

35) 杉本良吉, 行政事件訴訟法の解說, 法曹會, 1963, 82면.
36) 京都地決 昭和 50. 4. 7, 判例時報 805호 59면.
37) 名古屋高判 昭和 49. 4. 9. 判時 758호 41면 ; 山村恒年/阿部泰隆編, 判例 ユニインタル行政事件訴訟法. 1984, 226면(小林). 南博方編, 註釋行政事件訴訟法, 1972, 209면.
38) 時岡泰, 前揭論文, 593면 ; 南博方編, 註釋行政事件訴訟法, 1972, 210면.

효이다.[39) 또 피참가 행정청의 소송대리인이 참가 행정청의 소송대리인을 겸해도 일본 민법 제108조, 일본 변호사법 제25조의 규정을 위반한 것이 되지 않는다고 한다.

참가한 행정청은 보조참가인의 지위를 갖기 때문에 참가적 효력이 미치지만 참가행정청이 일본 행정사건소송법 제33조 1항(우리 행정소송법 제30조 1항)의 관계행정청인 경우에는 판결의 구속력을 받는다.[40)

2) 법원의 재량유무에 따른 분류

독일 행정재판소법은 제65조 1항에서 법원의 재량적 소환(einfache Beiladung)에 의한 소송참가제도를 규정하고, 제65조 2항에서 법원의 기속적 소환(notwendige Beiladung)에 의한 소송참가제도를 규정하고 있다. 독일 학자들은 제3자의 소송참가가 행정소송에서 법원의 결정으로 이루어지고 제3자나 당사자의 처분권이 인정되지 않은 것은 법원의 직권을 보다 강하게 인정하는 항정소송의 기본구조에 부합한다고 설명한다.

(1) 재량적 소환(einfache Beiladung)

재량적 소환은 소송당사자들의 소송물에 관한 행위가 제3자의 법적 이익(rechtliche Interesse)에 영향을 미칠(berührt) 때,[41) 제3자의 법적 지위를 개선시키거나 악화시키는 관련성이 있을 때, 소송당사자나 제3자의 신청 또는 법원의 직권에 의해 제3자를 소송에 참가시킬 수 있는 법원

---

39) 時岡泰, 前揭論文, 592면.
40) 時岡泰, 前揭論文, 592면.
41) 독일 행정재판소법 제113조 1항은 취소소송이나 의무이행소송의 제기를 위하여 원고의 권리(Recht)가 침해되었을 것을 요구하고 있는데 이 때 'verletzt'라는 용어가 침해된 것을 표현하기 위하여 사용되고 있어, 제65조 1항에서 소환의 요건으로써 법적 이익(Rechtle Interesse)이라는 표현과 'berührt'라는 표현이 사용된 것은 주의를 요한다.

의 결정을 말한다.

① 법적 이익(rechtliche Interesse)에의 영향

이 법적 이익(rechtliche Interesse)이라는 개념은 권리나 법률상 보호이
익보다는 완화된 개념으로서 법원은 재량적 소환의 실시여부를 합목적성
형량에 따라 판단할 수 있다. 이념적 사회적 문화적 이익이나 단순한 경
제적 이익은 법질서에 의해 보호되고 있지 않기 때문에 충분하지 않다.[42)]
제3자의 이익이 사법에 의해 보호되고 있는가 공법에 해 보호되고 있는
가는 상관없다.[43)] 또 제3자 자신의 이익이어야 하고 다른 사람의 이익이
어서는 안된다.[44)] 법원이 어떤 법규범을 정당하게 적용할 때 제3자가 얻
는 일반적 행정정책적 이익으로는 불충분하다. 또 다른 동종의 권리에 대
한 판결의 단순한 선결적 효과만으로는 불충분하다. 다른 행정청의 협력
을 얻어서 행정행위를 발해야 하는 경우 행정행위의 신청자가 그 거부처
분에 대하여 소를 제기하면 그 다른 행정청의 이익은 영향받는 것으로
볼 수 있을 것이다.[45)] 어떤 단체의 구성원의 법적 이익만이 영향받고 그
단체 자신의 이익이 영향받지 않을 때 소환은 허용되지 않는다.[46)]

판결에 의하여 제3자의 법적 이익은 침해되거나(verletzt) 위험하게 될
(gefährdet) 필요는 없고 제3자의 법적 지위에 어떤 영향이든지(jeder
Einfluß) 미칠 수 있으면 충분하다.[47)] 따라서 제3자 자신이 소를 제기할
수 있어야 하는 것이 아니다.[48)] 결국 소환될 자의 법적 이익이 당해 재
판으로 영향받을 수 있는지의 여부는 소환을 통하여 당해 재판의 확정

---

42) Eyermann/Fröhler, §65. Rn.19. S.493.
43) C.F.Ule, S.112 ; Eyermann/Fröhler. §65. Rn.19. S.493.
44) C.F.Ule, S.113.
45) C.F.Ule, §22. Beiladung, S.113.
46) C.F.Ule, §22. Beiladung. S.113.
47) C.F.Ule, §22. Beiladung. S.113.
48) Eyermann/Fröhler, §65. Rn.19. S.493 ; C.F.Ule, §22 Beiladung, S.112.

력이 소환된 자에게도 미치는가에 달려 있다.

② 소환의 방식

소환은 그 사건의 사실적 법적 상황과 소환의 이유를 기재한 법원의 결정으로 이루어지게 되는데[49] 소환결정은 모든 소송참가인들과 소환될 자에게 송달되어야 한다.[50] 소환결정은 기일지정과 함께 발해지고 송달 되어질 수 있다. 행정기관은 다른 국가기관으로부터 독립적인 지위가 인 정될 때만 소환되어질 수 있다. 또 재량적 소환의 경우 법원은 사실해명 에 필요하다면 수많은 실체적 이해관계인들을 전부 소환할 수도 있고 가장 적합하다고 판단되는 사람만을 소환할 수 있다. 상고심에서의 소환 은 배제된다.

③ 소환된 자의 법적 지위

소환결정에 의하여 제3자는 소송참가인(Beteiligte)의 법적 지위를 갖 는다. 그는 당사자는 아니고 타인의 소송에서 제3자로 남아 있다.[51] 소 환된 자는 주참가인의 신청내에서만 소송활동을 해야 한다.[52] 즉, 당사 자에 의하여 확정된 소송물에 구속된다.[53] 그는 소의 변경이나 소송종 료행위, 즉 본안의 종료, 화해, 소나 상소의 취하같은 행위를 할 수 없 다.[54] 그러나 그는 독자적인 상소제기를 할 수 있고 다른 당사자의 항소

---

49) 행정재판소법 제65조 3항 2문 ; Eyermann/Fröhler, §65. Rn.53. S.503. 소송장애와 소 환이유를 반드시 포함하고 있어야 한다. 소송진행중에 그 소가 변경되었는지, 상소가 제기 되었는지, 어떤 재판이 선고 되었는지, 소환의 이유 등을 포함하고 있어야 한다.
50) Eyermann/Fröhler, §65. S.503 ; C.F.Ule, §22. Beiladung. S.115.
51) Eyermann/Fröhler, §65. Rn.I. S.489.
52) C.H.Ule, Verwaltungsprozeßrecht, 9. Aufl. 1987. §22. Beiladung, S.116.
53) 행정재판소법 제66조 [소환된자의 소송상 권리] 소환된 자는 참가인의 신청내에서 독 자적으로 공격방어수단을 주장할 수 있고 모든 소송행위를 유효하게 할 수 있다. 소환 된 자는 기속적 소환이 이루어졌을 때만 다른 본인신청을 할 수 있다. ; Eyermann/ Fröhler, §65. Rn.1. S.489.

나 상고에 대하여 병합하여 제기할 수도 있다.55) 또 그는 당사자들에 의하여 그의 참가시점까지 형성된 사실적 법적 장황에 구속된다. 따라서 그는 소송물과 참가시까지의 소송장황에 의하여 구속된다.

주의할 점은 독일 행정소송의 재량적 소환에 의한 소송참가인은 민사소송상의 통상의 보조참가인에 대응하는 것으로 이해되고 있는데, 보조참가인이 주참가인에 불리한 소송행위를 할 수 없는 것과는 달리, 재량적 소환으로 소환된 자는 자신의 이익을 위하여 다른 당사자를 지지하거나 반대할 수 있으므로 반드시 특정 당사자를 지지해야만 하는 것은 아니다. 양 당사자와 동시에 다툴 수 있고 교대로 다른 당사자를 지지할 수도 있다.56)

재량적 소환의 실시여부는 법원의 재량에 속해 있기 때문에 법원이 소환을 실시하지 않더라도 어떤 절차적 하자를 구성하지 않는다.57) 법원은 사실해명에 필요하다면 수많은 이해관계인들을 소환할 수도 있고 가장 적합하다고 판단하는 사람만을 소환할 수도 있다. 이 경우 판결의 확정력은 소환되지 않은 사람에게는 미치지 않기 때문에 소환되지 않은 사람은 어떤 피해를 보지 않는다.58) 이 점은 기속적 소환의 해태의 경우와 다르다. 따라서 제3자는 재량적 소환의 경우 소환에 대한 청구권을 갖고 있지 못하며 소환되더라도 그의 소송참가인으로서의 지위의 존속에 대한 청구권을 갖고 있지 못하다. 그의 소환결정은 취소될 수 있다.

④ 재량적 소환의 효과

본안에 대한 판결의 확정력은 행정재판소법 제121조에 의해 소환된

---

54) C.H.Ule, Verwaltungsprozeßrecht, 9. Aufl. 1987. §22. Beiladung, S.116.
55) C.H.Ule, §22. Beiladung, S.116.
56) Eyermann/Fröhler, §65. Rn.3. S.489.
57) Eyermann/Fröhler, §65. Rn.10. S.490.
58) Eyermann/Fröhler, §65. Rn.10. S.91. Rn.23. S.495.

자에 대해서도 미친다.[59] 따라서 동일한 소송에 대한 새로운 소송은 배제된다. 그러나 재량적 소환에 의한 참가인은 당해 소송에서 당사자가 아닌 제3자이기 때문에 소송물과 참가시점까지 확정된 소송장황에 의하여 구속받는데, 이러한 구속때문에 재판의 확정력도 그 재판의 모든 범위에 걸쳐서 미치지는 않는다.[60] 즉, 재판의 확정력은 소환된 자의 참여가 가능한 범위내에서만 미칠 수 있다.[61] 참가시점까지 형성된 소송상태나 소송물이나 소송에 관한 당사자의 처분으로 인하여 참가인이 소송에서 주장할 수 없었던 사실이나 증거방법에 관해서는 확정력이 발생하지 않는다. 소환된 자는 확정력이 미치는 범위에서 이미 선고된 재판의 정당성을 더 이상 다툴 수 없고 판결은 소환된 자에게 유리하든 불리하든 정당한 것으로 인정되어 당해 소송의 모든 참가인들은 소환된 자에 대하여 그것을 주장할 수 있다. 이 확정력은 재판의 기초가 되는 확인과 선결적인 법률관계를 포함한 법적 판단에도 미친다.[62]

소송비용에 대한 재판은 참가인 자신의 이름으로 받을 수 있다.

(2) 기속적 소환(notwendige Beiladung)

기속적 소환은 재판이 제3자에 대해서도 합일적으로 내려져야 할 정도로 제3자가 당해 소송에 관련되어 있을 때, 소송당사자나 제3자의 신청 또는 직권에 의해 제3자를 소송에 참가시키는 법원의 의무적인 결정을 말한다. 합일적인 재판이 필요한 경우 법원은 소환결정에 있어 재량을 갖지 못하며 제3자는 소환에 대한 청구권을 갖는다.[63] 소송당사자나

---

59) 행정재판소법 제121조 [확정력] "확정판결은 그 소송물에 관하여 재판된 범위에서 소송참가인 및 그의 승계인을 구속한다." Eyermann/Fröhler, §66. Rn.13. S.509.
60) Eyermann/Fröhler, §66. Rn.13. S.509.
61) Eyermann/Fröhler, §66. Rn.13. S.509.
62) Eyermann/Fröhler, §66. Rn.14. S.510.
63) Eyermann/Fröhler, §65. Rn.24. S.495.

제3자의 소환신청도 법원에 대한 촉구의 의미만을 지닐 뿐 그 철회는 직권에 의한 소환을 방해하지 못한다.

① 합일적(nur einheitlich) 재판이 불가피한 경우

합일적 재판이 불가피하다는 것은 당해 소송물에 관한 재판의 내용이 소송당사자나 제3자에 대해서 동일해야 하기 때문에 재판의 분리가 불가능한 경우를 말하는데, 이러한 상황하에서 소송당사자들에 대한 재판은 제3자의 권리를 직접적이고 강제적으로 침해하지 않고는 가능하지 않게 된다. 재판의 합일성은 사실적인 상황에 의해 요청되거나 논리적으로 필요하다는 것만으로는 충분하지 않고, 법적으로 요청되어야 한다.[64]

원고와 피고의 관계에서뿐만 아니라 제3자에 대한 양소송당사자들의 관계에서도 당연히 소송물의 동일성이 존재해야 한다. 민사소송법상의 공동소송적 보조참가의 경우 실체법이나 제3자에의 확정력확장을 규정함으로써 소송참가가 이루어지지만, 기속적 소환은 실정법이 명시적으로 소환을 규정할 필요는 없고 다투어지고 있는 법률관계의 성질로부터 법원이 합일적 재판의 필요를 판단한다.[65] 또 소송물의 동일성도 다투어지고 있는 법률관계의 합일성으로부터 도출된다. 양 소송사이에는 이러한 차이가 존재하므로 행정소송에 있어 소환이 기속적인 경우라 해도 민사소송의 경우와는 달리 언제 기속적 소환이 이루어져야 하는지에 관하여, 독일 행정재판소도 상당수의 한계사례에서는 흔들리고 있다 한다. 다만 가장 일반적인 합의는 기속적 소환의 필요여부는 구체적으로 적용될 실체법에 의해 결정된다는 것이다.[66]

독일 행정재판소의 판례 학설상 다음과 같은 경우 기속적 소환이 실

---

64) Eyermann/Fröhler, §65. Rn.27. S.496.
65) Eyermann/Fröhler, §65. Rn.27. S.497.
66) BverwGE 18, 124ff. ; Schmitt Glaeser, Verwaltungsprozeßrecht, 13. Aufl, Rn.85. S.64

시되어야 한다고 한다.

쟁점이 되고 있는 행정행위가 원고에 대해서는 침익적이고 제3자에 대해서는 수익적인 경우는 제3자소환이 기속적으로 되는 전형적인 예이다.[67] 예를 들어 건물주에 대한 건축허가에 있어 이웃 주민이 제소한다면 건물주도 반드시 소환되어야 한다.[68] 제3자효 행정행위의 경우이외에도 제3자의 법적 이익이 영향받는 것을 넘어 제3자의 권리의 형성, 확인이나 공증이 당사자 사이의 재판에서 직접 문제되고 있는 경우 제3자의 소환은 기속적이다. 예를 들어 제3자가 관련되어 있는 법률관계의 확인을 원고가 청구하는 경우 소환은 기속적이다.[69] 사법적 법률관계나 공법적 법률관계가 형성적 행정행위에 의해 취소변경될 때에도 관련된 제3자의 소환은 기속적이다. 또 실체법적 이유에 의해 다수의 사람들에 대해서 재판이 단지 합일적으로 선고될 수 밖에 없는 법적 공동체관계에 있을 때에도 관련된 제3자들의 소환은 기속적이다.[70]

F.Hufen은 기속적 소환이 실시되어져야 하는 중요한 유형들을 다음과 같이 정리하고 있다.[71]

(a) 독일 건축법 제36조에 따라 건축허가를 할 때 자치단체의 동의가 필수적인 경우, 건축허가에 관한 소송에서 당해 자치단체의 소환은 기속적이다.(BVerwGE 42,8,11)

(b) 직접적인 제3자효를 갖는 행정행위에 대한 소송, 특히 건축법상의 허가나 환경법상의 허가에 대한 소송에서 수익자의 참가는 기속적이다.

(c) 단지 한사람에게만 주어져야 하는 수익적 행정행위에 대한 경쟁자 소송에서 직접적인 공동지원자나 수익자의 참가는 기속적이다(예,

---

67) Klaus Stern, Verwaltungsprozessuale Probleme in der öffentlichrechtlicher Arbeit, 6.Aufl. 1887. S.126 ; C.F.Ule, §22 Beiladung, S.114.
68) C.F.Ule, §22 Beiladung, S.114.
69) C.F.Ule, §22 Beiladung, S.114 ; Schmitt Glaeser, Rn.85. S.64.
70) C.F.Ule, §22 Beiladung, S.114.
71) F.Hufen, Verwaltungsprozeßrecht, 1994, §12, Rn.9, SS.217-218.

BVerwG,DVBl.1984,91).

(d) 선거취소송에서 직접 선출된 자의 참가는 기속적이다.(OVG Münster, DöV 1991,802ff.)

(e) 허가관청과 도로감독책임의 담당자가 동일하지 않을 때, 해당 도로에 필요한 모든 허가에 있어 도로감독책임의 담당자의 참가는 기속적이다.(BVerwGE 54,328,331)

(f) 귀화에 관한 소송에서 독일연방공화국의 참가는 기속적이다.(BVerw -GE 67,173,174)

② 소환된 자의 법적 지위

행정재판소법은 제66조 제2문에서 기속적 소환으로 소환된 자의 법적 지위를 소송당사자의 신청과 다른 신청을 할 권한에 의해 특징지우고 있다.[72] 기속적 소환으로 소환된 제3자는 당사자와 유사한 소송상 지위를 지니게 되어 일정 범위에서는 당사자로 취급되게 된다. 그러나 그도 소송당사자가 아닌 제3자이기 때문에 일정한 제약을 받는다. 그의 소송 행위상의 제약은 참가시점과 실체법적 관련성 그리고 합일적 재판의 필요에서 나온다.[73]

그는 실체법적으로 관련을 맺고 있는 당사자에게 유리한가 불리한가에 상관없이 모든 소송행위를 할 수 있다. 관련 당사자가 소송기일에 출석하지 않더라도 스스로 모든 소송행위를 할 수 있다. 당사자들이 화해에 의해 소송을 종료하거나 본안종료선언을 하더라도 그것을 수용할 의무는 없다. 그러한 화해에는 소환된 자의 동의가 필요하다.[74] 즉, 당사자의 처분권에 복종하지 않는다. 또 소환된 자에 대한 심문도 증인으로서

---

72) 행정재판소법 제66조 2문은 "소환된 자는 기속적 소환이 이루어졌을 때만 다른 본안 신청을 할 수 있다"고 규정하고 있다.
73) Eyermann/Fröhler, §66. Rn.21. S.512.
74) Eyermann/Fröhler, §66. Rn.18. S.511.

가 아니라 당사자신문의 방식을 취해야 한다.

그러나 그는 그의 참가시점까지 형성된 소송상태를 수용해야 한다. 또 그의 소송물처분권은 실체적 관련성의 범위에서 제한된다. 그는 혼자서 화해할 수 없고 그와 실체적으로 관련을 맺고 있는 당사자와 함께로만 화해를 할 수 있다. 그외 소송물의 다른 실체적 처분행위도 함께 해야 한다.75) 또 합일적 재판의 필요로부터도 그의 소송행위가 제약된다. 예를 들어 실체적 관련을 맺고 있는 당사자와 소환된 자의 상호모순된 소송행위가 있으면 그 행위들은 무효가 된다. 다만 사실주장은 양자사이에 모순이 있더라도 법원이 그에 대한 증거평가의 자유를 가져 합일적 재판을 방해하지 않으므로 무효가 되지 않는다. 그러나 재량적 소환의 경우와 마찬가지로 상소제기는 기속적 소환으로 소환된 자도 독자적으로 할 수 있다.

기속적 소환의 경우에도 참가인은 소송비용에 관한 재판이외에는 자기의 이름으로 재판받을 수 없다.

③ 기속적 소환의 효과

기속적 소환의 경우 제3자에 대한 확정력확장은 당사자사이의 확정력 발생을 위한 요건이기 때문에, 소환이 실시되지 않을 때 상소심에서 직권으로 고려해야만 하는 판결의 취소사유이면서 환송이유가 된다.76) 최종 사실심의 종결시까지 소환이 실시되지 않았을 때 판결은 무효가 된다. 소환된 자가 실제로 참가하였는지 참가하지 않았는지는 중요하지 않다. 참가가능성만 있으면 그것만으로 사법적 청문원칙의 위반이 아니다.

기속적 소환이 해태된 경우에도 소송당사자들 사이에서는 형식적 확정력, 즉 판결의 취소불가능성의 효력이 발생한다. 따라서 당사자들의

---

75) Eyermann/Fröhler, §66. Rn.21. S.512.
76) Schmitt Glaeser, Verwaltungsprozeßrecht. 13. Aufl. Rn.87. S.65.

모든 소송행위는 유효하다. 그러나 기속적 소환이 해태된 경우 실질적 확정력, 즉 판결의 내용이 동일한 사항에 관하여 당사자와 법원사이에서 사건해결의 기준으로 통용되는 효력은 당사자사이에서도 발생하지 않는다. 따라서 형성력도 갖지 못하며 집행되지도 못한다. 당해 소송에서 다투어진 법률관계는 소환된 자와의 관계에서 새로운 소송의 소송물이 될 수도 있다.

기속적 소환이 실시된 경우에도 당해 소송의 확정력이 전범위에 걸쳐서 미치는 것은 아니다. 즉, 확정력확장이나 집행가능성은 소환된 제3자가 소환시점까지 제출할 수 없었던 사실이나 증거의 항변 또는 집행반소에 의해 제한될 수 있다. 나중의 다른 소송에 대해서도 제3자에 대한 관계에서 확정력이 미치지 않는 부분이 있을 수 있게 된다.[77]

IV. 결론- 판결형성과정의 민주적·절차적 정당성의 강화필요

일본의 경우 1890년의 행정재판법의 입법이래 100년이 지난 오늘까지 소환에 의한 소송참가제도가 행정소송법으로는 규정되어 있었으나, 그 규정들은 적용되지 않고 보충적인 법원에 불과한 민사소송법상의 규정들이 적용되어져 왔다. 이러한 법현상은 행정소송법상의 소송참가규정들에 무언가 중대한 결함이 있었다는 것을 의미하거나 아니면 학자들이나 실무자들이 이 규정들의 취지를 충분하고 철저하게 파악하지 못함으로써 사실상 이 규정들을 사문화시켰다는 비난을 면치 못할 것이다.

우리나라에서도 1985년 행정소송법 개정으로 행정소송법 제16조와 제17조에 법원의 소환결정에 의한 소송참가제도가 도입되었으나, 행정소

---

77) Eyermann/Fröhler, §66. Rn.24. S.513.

송실무에서 민사소송법상의 신청에 의한 소송참가제도가 이용되고 있을 뿐 이 제도는 이용되지 않고 있다.

일본과 한국의 입법내용의 두드러진 특징은 행정청 아닌 제3자의 소환에 대해서는 그것이 민사소송법상의 공동소송적 보조참가에 대응하는 것으로 예상하여 규정한 반면에, 행정청의 소환에 대해서는 민사소송법상의 통상의 보조참가에 대응하는 것으로 예상하여 규정하였다는 점과, 행정청의 소환이나 행정청이 아닌 제3자의 소환을 모두 법원의 재량에 속하는 것으로 파악하였다는 점이다. 독일의 경우에는 법원이 소환하지 않으면 판결이 무효로 되는 기속적 소환제도가 도입되어 있고 행정청과 사인을 나누어 규정하고 있지 않다. 따라서 독일의 경우에는 행정청도 기속적 소환결정에 의하여 소환되어질수 있다. 또 참가한 행정청은 재량적 소환의 경우에도 피고인 행정청과 다른 현해를 주장할 수 있다. 행정의사의 분열을 가져오므로 다른 행정청이 원고에게 참가할 수 없다고 해석하고 공동소송적 보조참가인과 유사한 지위를 참가행정청이 가질 수 없는 것으로 해석하고 있는 일본과는 다른 것이다.

그러나 예를 들어 강릉시에서 살고 있는 주민이 수산업법 제24조~제34조에 의해 어업허가신청을 했을 때, 비록 강원도가 수산업법 제12조에 의해 그 어업에 관한 특허권을 가지고 있으나 행정내부적으로 강릉시의 현해를 참조하도록 하는 규정이 있어,[78] 강릉시는 특허를 하는 것이 적절하다는 입장을 표시했으나 강원도지사가 결국 특허를 거부했다면, 강릉시가 강원도지사의 의사에 반하는 주장을 할 수 없는 통상의 보조참가만을 강원도지사를 피참가인으로 하여 할 수밖에 없다고 보는 것은 부당하다고 하지 않을 수 없다.[79]

---

78) 수산업법 제14조의 7 제1항은 어업허가 신청서를 시장군수에게 제출하도록 규정하고 있다.

79) 어업규제제도는 어업권의 특허, 어업허가(수산업법 제12조), 어업신고(수산업법 제22조) 등의 체계로 구성되어 있다.

민사소송에서 소송참가가 주로 제3자의 의사에 맡겨지고 법원의 소환 (Beiladung)결정을 필요로 하지 않는 것은 사적자치가 존중되기 때문에 수긍할 수 있다. 그러나 행정소송에서 다루어지는 행정행위는 제3자효 행정행위의 경우처럼 다수의 이해관계인의 복잡한 이해관계와 관련되어 있는 경우가 많고, 우리 행정소송상 법원의 판결은 대부분 취소소송에 관한 판결로서 취소판결의 형성력이 제3자에 미칠 때 비로소 판결이 실효적인 경우가 많아 행정소송법 제23조는 형성력의 제3자효를 규정하고 있다. 또 다른 관련 행정청도 처분청에 대한 취소판결에 구속되도록 하고 있어 행정소송의 경우 판결형성과정의 정당성확보의 필요성은 매우 큰 것이다. 그러므로 행정소송이 행정행위의 상대방보호에 우위를 두어 당해 행정행위로 인하여 권리를 포함한 법적 이익의 침해를 받은 제3자 보호를 경시하는 것은 전혀 정당화될 수 없다.

행정소송에서 법관이 당해 행정행위로 인한 이해당사자들을 공평하게 보호하기 위해서는 법원의 직권개입가능성을 확대하는 것이 매우 긴요하다. 특히 이해관계인들에 대한 법원의 소상송달제도나 기속적 소환제도를 통하여 법원의 의무범위를 확대하는 것이 자신의 법적 리익에 영향을 미치는 국가작용에 대하여 전혀 정보를 갖지 못한 제3자를 보호하기 위해서 필요하다.

그러나 우리와 같이 관련립법들의 문제점들이 총체적으로 누적되어 있는 상황하에서 립법개혁에는 신중한 접근이 필요하다. 급격한 변화에 대한 행정실무나 사법실무의 대응능력을 고려하여 우리 상황에 맞게 접근할 필요가 있지 않나 생각한다. 제3자의 법적 이익의 부당한 침해방지를 위한 입법개혁에 있어서도 행정절차와 행정심판 그리고 행정소송 전체를 제3자의 입장에서 총체적으로 고찰하여 소장송달제도나 기속적 소환제도를 적절하게 나누어 규정할 필요가 있는 것이다.

1. 소장송달제도(La Communication des requétes)의 도입

프랑스 행정소송에 채택되어 있는 소장송달제도는 소환과 달리 소송참가제도가 아니지만 제3자는 법원의 소상송달을 통하여 자신의 법적 이익과 중대한 관련을 지니고 있는 소송에 관한 정보를 획득할 수 있으므로 자신의 이익을 방어하기 위한 행동을 취할 수 있는 기회를 얻게 된다. 이 제도에 대한 상세한 검토를 거쳐 우리 행정소송법에도 현실에 맞도록 수정하여 도입할 필요가 있지 않나 생각한다. 또 행정심판단계에서 행정심판청구서를 재결청이 자신의 법적 이익에 영향을 받는 제3자에게 송달하는 제도도 도입을 검토하여야 할 것으로 생각된다.

2. 법원의 직권에 의한 소환제도의 활성화

우리 행정소송법상의 소환제도가 이용되고 있지 않는 것은 법원에게 소환이 의무적이지 않으므로 법원이 소환을 실시하지 않더라도 아무런 제재를 받지 않는다는 점에 그 가장 큰 원인이 있지 않나 생각한다. 이러한 제도의 약점은 결국 입법을 통하여 극복될 수밖에 없다고 판단된다.

다만 독일의 경우 행정절차법 제13조 제2항 1문과 제28조에 따라 행정청은 행정절차의 결과로 인하여 자신의 법적 이익(rechtliche Interesse)의 영향을 받는(berührt) 제3자를 행정절차에 참가시켜 의견을 진술하게 할 수 있는 재량을 가지고 있고, 행정절차법 제13조 제2항 2문과 제28조에 따라 행정청은 행정절차의 결과가 제3자에게 권리형성적 효과(rechtsgestaltende Wirkung)를 미치는 경우 제3자를 기속적으로 소환하여 의견을 진술하게 하여야 한다. 또 행정심판절차에서도 독일의 경우 독일 행정재판소법 제71조는 당해 행정행위의 취소나 변경이 제3자의 법적 이익에 영향을 줄 때 재결을 발하기 전에 제3자의 의견을 청취하도록 규정하고 있다.[80) 따

라서 독일의 경우 법원의 기속적 소환제도는 행정절차와 행정심판에서
의 제3자의 의견청취제도를 전제로 하여 행정소송에 도입된 것이라 할
수 있다. 우리나라 행정심판법에서도 제3자의 기속적인 소환제도는 도
입되어 있지 않은 상황에서 행정소송법만을 개정하여 법원의 기속적 소
환제도를 곧바로 도입하는 데에는 소송실무상 어려움이 클 것으로 생각
된다.

3. 행정소송을 위한 소송참가제도의 확립

행정청 아닌 제3자는 공동소송적 보조참가에 준하는 참가만을 할 수
있고 행정청은 보조참가에 준하는 소송참가만을 할 수 있다고 해석하는
것은 문제가 있다. 해석학적 노력을 통하여 그러한 제약을 극복하여야
할 것이다. 우리 행정소송법 제17조(제3자의 소송참가)는 제5항에서 민
사소송법 제63조의 규정을 준용하도록 하고 있고, 민사소송법 제63조 제
1항은 "소송의 목적이 공동소송인의 전원에 대하여 합일적으로 확정될
경우"라고 규정하고 있다. 독일 행정재판소법 제65조 제2항의 규정에 따
르면 합일적 재판이 필요한 경우 기속적 소환이 실시되고, 제65조 1항에
따를 때 합일적 재판이 필요한 정도는 아니지만 재판으로 제3자의 법적
이익에 영향을 미치게 될 때 재량적 소환이 실시될 수 있다. 이상과 같
은 립법상황을 볼 때 행정청 아닌 제3자의 경우 우리나라에서도 합일적
재판의 필요여부에 의해 공동소송적 보조참가가 준용되는 소송참가유형
과 통상의 보조참가가 준용되는 소송참가유형이 모두 법원의 소환에 의
해 가능할 수 있지 않을까 생각한다. 또 행정청의 소송참가의 경우에도

---

80) 행정재판소법 제71조(제삼자의 청문) "행정심판재결에 의하여 당해 행정행위가 취소
　　되거나 변경됨으로써 제삼자에게 부담을 주는 경우에는(beschweren) 행정심판재결을
　　발하기 전에 제삼자의 의견을 청취하여야 한다".

오직 통상의 보조참가가 준용되는 소송참가유형만이 가능하지는 않고
행정소송법이 금지하고 있지는 않으므로 공동소송적 보조참가가 준용되
는 소송참가유형도 가능하지 않을까 생각한다.

4. 행정절차법과 행정심판법에 의한 제3자보호의 강화

행정심판법 제42조 ①항은 "행정청은 처분을 서면으로 하는 경우에는
그 상대방에게 처분에 관하여 행정심판을 제기할 수 있는지의 여부, 제
기하는 경우의 심판청구절차 및 청구기간을 알려야 한다"고 규정하고
있다. 그런데 새로운 행정절차법 제26조는 "행정청이 처분을 하는 때에
는 당사자에게 그 처분에 관하여 행정심판을 제기할 수 있는지 여부, 기
타 불복할 수 있는지 여부, 청구절차 및 청구기간 기타 필요한 사항을
알려야 한다"고 규정하였는데 행정심판법 제42조 ①항과 행정절차법 제
26조는 중복된 느낌이 있다. 행정절차법 제24조 ①항은 처분은 문서로
하도록 규정하고 있으므로 행정심판법 제42조 ①항의 "처분을 서면으로
하는 경우"의 법문은 큰 의미를 갖지 못한다.

독일 행정재판소법 제59조(연방행정청의 조언의무)(Belehrungspflicht
der Bundesbehörde)가 "연방행정청이 취소청구할 수 있는 서면에 의한 행
정행위를 할 때에는, 당해 행정행위에 대하여 제기할 수 있는 권리구제
방법, 이를 제출할 기관 및 제출기간에 관하여 조언한 설명서가 첨부되
어야 한다"고 규정하고 있다. 다만 독일법상으로는 '고지의무'라는 표현
대신에 "조언의무"("Belehrungspflicht")라는 용어가 사용되고 있다.

이어서 이해관계인인 제3자가 행정소송을 제기하거나 행정소송에 참
가하려면 자신의 이익에 영향을 미치는 재결이 있었다는 것을 알 수 있
어야 하고 그에 대한 불복방법에 대하여 고지받아야 하는데 행정심판법
은 이에 대하여 규정하고 있지 않다.

독일행정재판소법 제71조<제3자의 청문>는 "행정심판재결에서 행정행위가 취소 또는 변경됨으로써 제3자에게 부담을 주는 경우에는 행정심판재결을 하기 전에 제3자의 의견을 청취하여야 한다"고 규정하여 행정심판재결전에 제3자에게 의견제출의 기회를 반드시 주도록 심판위원회에 의무를 부과하고 있다.

또 독일 행정심판소법 제73조 <행정심판재결> 제3항은 "행정심판재결은 이유를 제시하여야 하고 법적구제방법을 조언하고 이를 송달하여야 한다. 재결은 또한 비용부담자도 확정한다"고 규정하여 행정심판재결에 대하여 이해관계있는 제3자에게도 고지하도록 규정하고 있다.

행정행위에 대한 불복방법을 조언하는 방법으로는 행정절차법 제26조 행정심판법 제42조 ②항이 규정하듯이 이해관계인에 대한 고지를 추가하여 규정하고, 행정심판법에서는 행정심판재결에 대한 불복방법을 행정심판재결의 당사자와 이해관계인에게 고지하는 방식이 적절한 것으로 생각한다.

제3절 도로점용허가와 주민소송
─대법원 2016.5.27. 선고, 2014두8490 판결─

I. 주민소송의 발전을 위한 대상판결의 의의

1. 공공시설의 관리에 대한 주민의 관심의 급속한 증가

지방자치단체의 공공시설은 지방자치법 제144조 제1항에 따라 지방자치단체가 "주민의 복지를 증진하기 위하여" 설치한 것으로 주민의 이용에 제공할 목적으로 설치하고 관리한다. 소득수준의 향상과 지방자치의 정착으로 지방자치단체가 관리하는 공공시설에 대한 주민들의 관심과 기대수준이 높아가고 있다. 현실적으로 공원, 도로, 도서관, 구립체육관, 지방의료원 등 지방자치단체의 재산인 공공시설의 합리적 설치·관리 여부는 주민들의 삶의 질에 밀접한 영향을 미치고 있다.

오늘날 산업화되고 도시화된 사회에서 도로의 지하공간 등을 이용해 전화선, 통신선, 가스관, 하수관 등을 설치해 이용하는 경우에 빈번하게 나타나고 있는데, 특히, 전통적인 공공사업이 민영화되면서 도로지하공간의 장기간의 특별이용의 허용여부와 그 이용료를 둘러싼 문제들이 현실적인 법적 분쟁으로 나타나는 경우들이 종종 생기고 있다.

2. 대상판결의 사건개요와 판결의 내용

1) 사건개요와 경과

A교회는 교회 건물 부지에 접한 대로인 서초로·반포로의 도로변이 차량출입 금지 구간으로 설정됨에 따라 그 반대편에 위치한 서울특별시 서초구 소유의 국지도로인 참나리길 지하에 지하주차장 진입 통로를 건설하고, 위 건물 부지 지하공간에 건축되는 예배당 시설의 일부로 사용할 목적으로 피고에게 위 참나리길 지하 부분에 대한 도로점용허가를 신청하였다.

서초구청장은 2010. 4. 6. 신축 교회 건물 중 남측 지하 1층 325㎡를 어린이집으로 기부채납할 것을 내용으로 하는 부관을 붙여 위 참나리길 중 지구단위계획상 A교회가 확장하여 서초구청에게 기부채납하도록 예정되어 있는 너비 4m 부분을 합한 총 너비 12m 가운데 '너비 7m × 길이 154㎡'의 도로 지하 부분을 2010. 4. 9.부터 2019. 12. 31.까지 A교회가 점용할 수 있도록 하는 내용의 도로점용허가처분을 하였다.

서초구 주민 293명은 2011. 12. 7. 서울특별시장에게 지방자치법 제16조 제1항에 따라 감사청구를 하였는데, 이 사건 도로점용허가처분의 위법성과 아울러 건축허가처분의 위법성도 함께 언급하면서 감사결과 위법한 처분이 있었다면 이에 대한 시정조치를 요청한다고 기재하였다.

서울특별시장은 2012. 4. 9. 서울특별시 감사청구심의회의 심의를 거쳐, ① 참가인의 지하예배당은 보통의 시민들이 모두 이용할 수 있는 공공용 시설이 아닐 뿐만 아니라 도로점용허가를 받을 수 있는 공작물·물건, 그 밖의 시설의 종류를 정하고 있는 「도로법 시행령」 제28조 제5항 중 제5호 소정의 '지하실'에 해당하지 않고,

② 기부채납에는 조건을 붙이거나 부당한 특혜를 주어서는 아니 됨에도 이 사건 어린이집 부분을 서초구에 기부채납하는 조건으로 이루어졌

다는 이유를 들어,

이 사건 도로점용허가처분이 위법·부당하다고 판단한 다음, 2012. 6. 1. 피고에 대하여 2개월 이내에 이 사건 도로점용허가처분을 시정하고, 이 사건 도로점용허가처분에 관여한 공무원들로서 이미 임기가 만료되었거나 정년퇴직한 자를 제외한 2명에 대하여는 경징계에 처할 사안이나 징계시효가 경과되었으므로 구두로 훈계할 것을 요구하였고, 같은 날 감사청구인들의 대표자인 원고 1에게 위 감사결과 및 조치요구내용을 통지하고 이를 공표하였다.

2) 서울행정법원의 판결내용

서울행정법원은 이 사건에서 다음과 같은 이유로 도로 지하공간에 대한 점용허가가 주민소송의 대상인 재산의 관리행위에 해당되지 않는다고 각하판결을 했다.(서울행정법원 2013.7.9., 2012구합28797)

지방자치법 제17조 제1항이 주민소송의 대상으로 정하고 있는 '재산의 관리·처분에 관한 사항'에서 말하는 "'재산'은 지방자치단체가 '보유'하는 '재산적 가치'가 있는 물건과 권리를 의미한다고 할 것이고, 따라서 지방자치단체가 관리하더라도 그 소유가 아닌 재산의 관리·처분에 관한 사항은 원칙적으로 주민소송의 대상이 될 수 없다"는 것이다.

그런데, 도로점용허가권한은 적정한 도로관리를 위하여 도로의 관리청에게 부여된 권한이라 할 것이지 도로부지의 소유권에 기한 권한이라고 할 수 없다. 도로점용의 허가는 도로부지의 소유자가 아니라 도로의 관리청이 신청인의 적격성, 사용목적 및 공익상 영향 등을 참작하여 허가 여부를 결정하는 재량행위이므로, 지방자치단체장의 도로점용허가 또한 지방자치단체장이 도로관리청으로서 도로행정상의 목적으로 행하는 행위일 뿐 지방자치단체 소유의 재산에 대하여 재산적 가치의 유지·보전·실현을 직접적인 목적으로 행하는 행위라고 할 수 없다.

또, 구 도로법 제41조 제1항에서 "관리청은 제38조에 따라 도로를 점용하는 자로부터 점용료를 징수할 수 있다."고 규정하고 있으므로 도로점용허가 시에 점용료의 징수가 필수적이라고 단정할 수 없다는 이유로 도로점용허가는 재산의 관리행위에 속하지 않는다고 했다.

위와 같은 논리로 지방자치단체장의 도로점용허가권한이 '재산적 가치'가 있는 물건 또는 권리에 해당한다고 볼 수도 없으므로, 도로점용허가처분이 그 법적 성격상 당연히 '재산의 관리·처분에 관한 사항'에 해당한다고 보기는 어렵고, 설령 그 결과 지방자치단체에 재산상 손해를 야기할 우려가 있다 하더라도 '재산의 관리·처분에 관한 사항'에 해당하지 아니한다고 봄이 상당하다고 했다.

3) 대법원의 판결내용

대법원은 이 사건 도로 지하공간에 대한 점용허가가 주민소송의 대상이 되는 재산의 관리·처분에 해당한다고 하면서 원심인 서울행정법원으로 파기환송하였다. 판결이유는 다음과 같았다.

"이 사건 도로점용허가의 대상인 도로 지하 부분은 본래 통행에 제공되는 대상이 아니어서 그에 관한 점용허가는 일반 공중의 통행이라는 도로 본래의 기능 및 목적과 직접적인 관련성이 없다고 보인다. 또한 위 점용허가의 목적은 특정 종교단체인 참가인으로 하여금 그 부분을 지하에 건설되는 종교시설 부지로서 배타적으로 점유·사용할 수 있도록 하는 데 있는 것으로서 그 허가의 목적이나 점용의 용도가 공익적 성격을 갖는 것이라고 볼 수도 없다.

이러한 여러 사정에 비추어 보면, 위 도로점용허가로 인해 형성된 사용관계의 실질은 전체적으로 보아 도로부지의 지하 부분에 대한 사용가치를 실현시켜 그 부분에 대하여 특정한 사인에게 점용료와 대가관계에 있는 사용수익권을 설정하여 주는 것이라고 봄이 상당하다. 그러므로 이

사건 도로점용허가는 실질적으로 위 도로 지하 부분의 사용가치를 제3
자로 하여금 활용하도록 하는 임대 유사한 행위로서, 이는 앞서 본 법리
에 비추어 볼 때, 지방자치단체의 재산인 도로부지의 재산적 가치에 영
향을 미치는 지방자치법 제17조 제1항의 '재산의 관리·처분에 관한 사
항'에 해당한다고 할 것이다."(대법원 2016.5.27, 선고, 2014두8490 판결)

3. 주민소송의 운영에 있어 대상판결의 의의

주민소송은 우리 사회에서 점차 중요성을 획득해가고 있는 공익소송
의 일종으로서 지방자치단체의 재무회계행위가 적정하게 운영되도록 하
기 위해 주민이 지방자치단체의 위법한 재무회계행위 또는 해태한 사실
에 대해서 이를 시정하거나 손해를 회복하기 위해 제기하는 소송이다.
직접적으로는 지방자치법 제17조에 근거를 두고 있는데, 행정소송법 제
3조 제3호가 규정한 민중소송에 속하는 것으로 이해되고 있다.

주민 자신의 세금에 의하여 형성된 지방자치단체의 재산의 관리에 있
어 신탁을 받은 지방자치단체의 기관이 잘못 처리한 경우에 주민들 중
의 일부가 주민들을 대표하여 제기하는 대표소송의 일종이고 주민에 의
한 직접적 행정통제의 성격을 가지므로 직접민주주의의 정신을 반영하
고 있다.

그 동안 우리 판례상 주민소송으로 제기된 사례들은 일본과 비교할 때
매우 적고 더구나 주민들이 승소한 사례는 거의 없었다. 일본과 비교하여
우리나라에서 행정소송사건수가 훨씬 많은 것에 비해 주민소송의 운용실
적이 이렇게 저조한 이유는 원고적격, 대상적격, 위법인정범위 등에서 너
무 제한적이었던 것에 원인이 있지 않은가 하는 비판이 제기되어 왔다.[1]

---

1) 최우용, 주민소송제도의 한·일 비교, 지방자치법연구 제28호, 2010, 92-93면은 주민
소송의 활성화를 가로막는 장애물들 중 감사청구전치주의나 일본과 달리 200명 정도

대상판결에서 대법원은 도로 지하공간에 대한 점용허가행위를 주민소송의 대상인 재산의 관리행위에 해당된다고 봄으로써 과거 대상확대에 소극적이었던 판결들에 비해 대상적격을 더 확대 인정하였다는 점에서 그 의의를 인정할 수 있을 것이다.

II. 독일과 우리나라에서의 도로점용허가

1. 독일법상 도로의 점용허가

1) 개념

도로점용허가는 도로의 일정 부분에 대해 일반이용을 넘어서 사인에게 특별한 사용수익권을 부여하는 재량행위로서 독일법상 도로의 특별이용(sondernutzung)으로 불리운다. 도로점용허가의 내용상 특징은 공공용물의 일종으로서 공중에게 허용되는 일반이용의 범위를 넘어서 자신의 이익을 위하여 이용하는 것을 허용한다는 점에 있다. 도로의 특별이용의 형태는 점용허가이외에도 특수한 화물을 수송하기 위해 매우 큰 차량으로 도로를 통행해야 할 경우 도로관리청과 경찰서의 허가를 얻어야 하는 것도 있다.

도로의 특별이용은 법령에서 규정한 경우가 아니라면 점용허가이외에도 공법상의 계약, 또는 민법상의 계약 등을 통해 그의 특별이용권의 획득이 가능하다.2) 지방자치단체는 법률을 구체화하여 도로점용허가의 기준과 절차에 관해 보다 상세한 규정들을 둘 수 있다. 때로는 자치법규로 특정 도로구역에서 전형적인 특별이용에 대해서 허가의무를 면제할 수

의 주민들이 연서해야 하도록 한 것들을 우선적으로 지적하고 있다.

2) Wolf/Bachof/Stober/Kluth, Verwaltungsrecht II, 7.Aufl., 2010, SS.198-200.

도 있으나, 일반이용이 방해받지는 않아야 한다.

도로점용허가는 공물로서 도로의 관리권에 의하여 부여하는 것이므로 도로가 사인의 소유물인 경우에도 행정청이 도로관리권을 가지고 있다면 사인의 동의없이 그 허가를 부여할 수 있다.[3] 즉, 도로점용허가는 도로에 대한 물적 지배권에 기초하는 것이기 때문에 사인이 도로의 소유자이지만 행정청이 도로에 대한 물적 지배권을 가지고 있는 경우는 지배권을 갖는 행정청이 도로의 특별이용 여부를 결정한 권한을 갖는다.

2) 재량권행사의 기준과 방법

공물로서 도로의 공용지정목적인 교통이나 통행의 목적과는 다른 특별한 목적, 즉, 건축을 위한 철재나 목재의 일정 기간동안의 비치를 위하거나 인도위에 간이점포의 설치를 위하여 점용허가를 할 수도 있지만, 빌딩의 건설을 위해 공사차량의 매우 빈번한 통행이 필요한 경우에도 점용허가가 필요할 수 있다. 도로위에 자동판매기나 간이커피판매대를 설치하는 경우 도로점용허가가 필요할 수 있다. 다만, 매우 짧은 기간 이용하고자 할 때에는 점용허가가 필요없다.

행정청이 허가여부를 판단할 때에는 공중의 일반이용에 부정적 영향을 미치지 않도록 공익과 사익을 형량하여 판단해야 한다. 행정청은 공중의 일반이용에 장애를 초래하거나 도로의 설비에 손상을 가져오는 등 공익상의 필요가 있으면 점용허가를 거부할 수 있다. 예를 들어, 행정청은 도심지에서 건물의 건축허가를 획득한 자가 신청한 점용허가가 지나친 교통혼잡을 야기하는 경우 도로점용허가를 거절할 수도 있다.

점용허가는 부관으로서 철회권을 유보하거나 기간을 단기로 설정하여 도로의 안전에 대한 위험과 혼잡 등으로 통행의 편의에 초래하는 지장

---

3) Thomas von Danwitz, Straßen-und Wegerecht, in ; Schmidt-Aßmann Hg.), Besonderes Verwaltungsrecht, 12.Aufl., 2003, 8.Kap. Rn.58.

을 최소화하여야 한다.[4] 도로점용허가를 하는 경우에도 공익침해를 줄일 수 있는 사유들을 부담으로 구체화하여 그 이행을 명할 수 있다.

3) 일반이용권 및 제3자의 권리와의 관계

허가신청자는 원칙적으로 허가부여의 청구권을 갖지는 못하고 단지 하자없는 재량결정의 청구권만을 갖는다. 다만, 도로에 광고판이나 플래카드 등을 설치하는 경우와 같이 도로의 일반사용에 방해가 미미한 경우 도로점용허가는 얻어야 하지만 영업의 자유나 집회시위의 자유라는 기본권의 최대한 행사를 보장하기 위해 행정청의 재량이 축소되어 도로점용허가의 발급청구권이 발생할 수 있다.[5] 예를 들어, 집회결사의 자유권을 행사하거나 선거기간동안 선거홍보를 위하여 도로위에 플래카드의 설치가 필요한 경우 도로점용허가에 대한 청구권이 발생하고 행정청의 점용허가행위의 법적 성질은 기속행위가 된다.

점용허가를 받은 자에 대해서 제3자는 그의 특별사용의 금지나 배제를 요구할 수 없고 허가받은 자는 그의 특별이용에 대한 제3자의 방해에 대한 방어권을 갖는다. 하지만, 일반 공중은 도로와 같은 공공용물의 일부에 대해 도로점용허가가 부여된 경우에도 그 도로부분에 대하여 일정 범위에서 일반이용권을 갖는다.[6]

4) 도로점용료

도로점용료의 결정에 있어서는 비례원칙의 표현인 등가성원리

---

4) Jürgen Salzwedel, Wege- und Verkehrsrecht, ; Ingo von Münch, Besonderes Verwaltungsrecht, 7.Aufl., 1984, SS.638-639.

5) Thomas von Danwitz, a.a.O., Rn.61.

6) Hans-Jürgen Papier, Recht der öffentlichen Sachen, in ; Erichsen/Ehlers (Hg.), Allgemeines Verwaltungsrecht, 12.Aufl., 2002, §41 Rn.23.

(äquivalenprinzip)에 따라야 하는데 도로의 이용을 통해 사인이 얻을 이익과 비례하여 점용료가 정해져야 한다.[7] 구체적으로는 도로점용료는 그 도로의 특별한 이용으로 사인이 취할 이익, 점용허가로 초래된 도로관리청이 지출해야 하는 추가비용 등을 고려하여 결정한다.

2. 우리나라에서의 도로점용허가

1) 개념과 법적 성격

도로점용허가는 도로의 일정 부분에 대해 일반이용을 넘어서 사인에게 특별한 사용수익권을 부여하는 행정행위이다. 판례는 "도로점용은 일반 공중의 교통에 사용되는 도로에 대하여 이러한 일반사용과는 별도로 도로의 특정부분을 유형적·고정적으로 특정한 목적을 위하여 사용하는 이른바 특별사용을 뜻하는 것"이라고 한다(대법원 2008.11.27. 선고 2008두4985).

도로법 제61조 제1항은 "공작물·물건, 그 밖의 시설을 신설·개축·변경 또는 제거하거나 그 밖의 사유로 도로를 점용하려는 자는 도로관리청의 허가를 받아야 한다"고 규정하고 있다. 도로관리청이 도로점용허가를 할 때에는 "고속도로 외의 도로의 경우에는 관할 경찰서장에게 그 내용을 즉시 통보하여야 한다"(도로교통법 제70조 제1항 제1호).

도로점용허가의 법적 성질에 대하여 판례는 "특정인에게 일정한 내용의 공물사용권을 설정하는 설권행위로서 공물관리자가 신청인의 적격성, 사용목적 및 공익상 영향 등을 참작하여 허가 여부를 결정하는 재량행위"라고 한다.(대법원 2008.11.27. 선고 2008두4985)

공중의 일반이용권과 허가권자의 특별이용권의 관계가 문제되는데,

---

7) Wolf/Bachof/Stober/Kluth, VerwaltungsrechtⅡ, 7.Aufl., 2010, §78 Rn.31.

도로점용허가는 "도로구조의 안전과 교통에 지장이 없다고 인정"(도로
법시행령 제28조 제5항 제10호)하여야 부여되는 것이기 때문에 매우 특
유한 법논리가 도출되게 된다. 즉, 도로는 불특정 다수의 일반 공중이
통행에 사용하도록 제공한 것으로서 특정인이 점용허가를 얻었다고 하
여 타인의 이용을 배제하고 배타적으로 사용할 수는 없다는 것이다. 대
법원판례도 "도로의 특별사용은 반드시 독점적, 배타적인 것이 아니라
그 사용목적에 따라서는 도로의 일반사용과 병존이 가능한 경우도 있고
이러한 경우에는 도로점용부분이 동시에 일반공중의 교통에 공용되고
있다고 하여 도로점용이 아니라고 말할 수 없는 것"이라고 한다.(대법원
1991. 4. 9. 선고 90누8855 판결)

2) 도로점용허가의 위법평가

(1) 도로점용허가에 대한 재량행사의 기준

도로점용허가는 재량행위에 속하기 때문에 재량의 범위내에서 판단이
이루어지는 한 위법의 문제는 발생하지 않는다. 하지만, 법령에서 도로
를 점용하려는 목적에 공익성이 있는 경우 도로관리청의 재량을 제한하
는 경우가 있다. 우선 도로법 제64조는 도로관리청은 "토지를 수용하거
나 사용할 수 있는 공익사업을 위한 도로점용허가를 거부할 수 없다"고
규정하고 있다. 또, 도로법 제68조는 공익목적으로 하는 비영리사업이나
국민경제에 중대한 영향을 미치는 공익사업에 대해 점용료를 감면할 수
있다고 규정하고 있다.

법령에서 도로관리청의 재량행사를 제한하는 규정이 없을 때, 재량권
의 일탈남용여부는 점용허가 대상행위의 공공성, 그 허용면적과 기간,
그리고 도로이용상황 등을 살펴서 사회통념상 도로통행자들이 입을 손
해와 점용의 필요성을 비교형량하여 판단하여야 한다. 점용의 목적이 사

익을 위한 것이거나, 도로중 점유하는 비율이 높거나 점용기간이 길거나 도로통행량이 매우 많은 지역인지 여부를 살펴서 그 재량권행사의 위법 여부를 판단해야 한다.

(2) 점용기간과 점용면적의 비율

독일에서 도로점용허가제를 운영하면서, 부관으로서 철회권을 유보하거나 기간을 단기로 설정하여 도로의 안전에 대한 위험과 혼잡 등으로 통행의 편의에 초래하는 지장을 최소화하려 노력하는 것은 타당하다고 본다. 우리나라에서도 도로점용허가는 공중의 일반이용권에 대한 침해를 최소화하여야 하기 때문에 기간, 즉, 점용허가가 일시적인 성질의 것인지 아니면 장기적인 것인지 하는 것이 위법판단에 있어 중요한 고려요소가 되어야 할 것이다.

도로법 제64조와 제68조의 입법취지를 고려할 때, 점용허가로 허용되는 행위의 공공성이 낮은 경우(사인의 모텔건물의 건축을 위한 도로점용허가)에는 그 반대의 경우(예, 수도관의 매설)와 비교하여 특정 사인을 위하여 공공시설인 도로에 대한 주민의 이용권을 제한하기 위한 정당성이 부족해 기간이 너무 길다면 위법하게 될 가능성이 높다고 보아야 한다.

특히, 사익성이 두드러진 행위를 위한 도로점용허가를 받은 사업자가 개인 사정(예, 자금부족)을 이유로 수년에 걸쳐 도로를 독점적으로 사용하는 것은 '공공시설과 공물의 사유화와 사물화'로서 도로의 공공용물로서의 성격을 근본적으로 침해하므로 위법하다 할 것이다. 이 경우 점용허가기간이 단기인 것처럼 보여도 갱신 등에 의하여 사실상 매우 장기로 허용되고 있는지 살펴야 할 것이다. 하지만, 축제일에 김밥을 판매하도록 간이매점의 설치를 허용하는 도로점용허가는 위법하지 않다 할 것이다.

점용목적이 공익성을 띠는 경우에도 그 점유비율이 공중의 일반이용권의 행사를 방해하지 않을 정도이어야 한다. 예를 들어, 도로부지위에 전신주를 설치하는 것은 가능한 한 도로변으로 옮기거나 불가피한 경우에도 도로통행에 전혀 지장이 없어야 한다.

점용허가로 허용되는 면적이 매우 넓어서 당해 공공시설의 대부분이나 주요부분에 해당되는 경우에도 공중의 일반이용권을 침해하기 때문에 위법하게 될 수 있다. 예를 들어, 공립도서관이나 구민회관에 식당을 임대차해주는 경우 그 공간이 도서관 등의 사용목적에 비추어 부차적이고 작은 공간을 차지하는 경우에는 위법하지 않을 것이지만 그 규모가 너무 크면 당해 공공시설의 본래의 목적을 방해하는 것으로 될 것이다.

(3) 일반이용에 미치는 영향

우리 판례는 도로의 점용허가를 하는 경우에도 공중의 일반이용이 가능하다고 보고 있기 때문에(대법원 1991. 4. 9. 선고 90누8855 판결), 도로관리청은 특정 사인을 위해 도로점용허가를 한할 것인지를 판단할 때, 대체이용가능한 다른 도로가 없고 임시도로의 개설도 어렵다면 점용허가를 하지 말아야 한다. 도로점용허가를 얻은 사업자에게 대체된 임시도로의 설치를 허용할 때에는 주민들의 안전한 도로통행에 필요한 안전시설의 설치 등을 요구하여야 한다.

Ⅲ. 도로점용허가의 주민소송 대상적격과 위법평가

1. 지방자치단체의 재산으로서 도로와 그 지하공간

1) 도로에 대한 소유권과 관리권의 귀속주체

도로는 도로의 형태를 갖추고 있으면서 일반 공중의 교통을 위해 제공된 것을 말하는데, 고속국도, 일반국도, 특별시도, 광역시도, 지방도, 시도, 군도와 구도가 있고(도로법 제10조) 공도와 사도가 있다.

공도의 경우 국가 또는 지방자치단체가 도로의 부지에 대해 소유 또는 임대 등으로 점유할 권한을 가지고 있다. 우리 도로법은 "도로에 관한 계획, 건설, 관리의 주체가 되는 기관"(도로법 제2조 제5호)을 도로관리청이라 하는데, 도로관리청이 도로를 건설하고 공용지정을 하게 되면 공용폐지가 되기까지 그 도로는 공공용물로서 인정된다. 우리 도로법 제2조 제5호에 따르면 도로의 건설주체가 관리의 주체가 되고 있는데, 사도가 아닌 공도의 경우 특별한 규정이 없으면 도로의 소유권과 관리권은 동일한 기관에게 귀속되는 것을 전제로 규정하고 있는 것으로 보인다.

이 사건의 대상인 도로는 대상판결인 대법원판결에 나타난 바에 따르면 "서울특별시 서초구 소유의 국지도로인 참나리길"이다. 우리 도로법상 참나리길은 "동(洞) 사이를 연결하는 도로 노선"으로서 구도(도로법 제10조 제1호, 제18조)이기 때문에 서초구청장이 "해당 도로 노선을 지정한 행정청"으로서 도로관리청이 된다(도로법 제23조 제1항 제3호) 때문에 대법원도 참나리길을 서초구 소유로서 인정하고 있다. 즉, 서초구청은 해당 도로의 소유주체이면서 동시에 관리주체이기도 하다.

2) 대상판결에서 문제된 도로와 그 지하공간은 지방자치단체의 재산인가?

(1) 도로의 법적 성격

주민소송을 규정한 지방자치법 제17조 제1항에 따를 때 지방자치단체의 "재산의 취득·관리·처분에 관한 사항"은 주민소송의 대상이 될 수 있는데, 우선 문제되는 것이 참나리길이라는 구도가 서초구청의 재산이 되는가이다.

지방자치법 제142조 제3항에서는 ""재산"이란 현금 외의 모든 재산적 가치가 있는 물건과 권리를 말한다"고 하여, 재산 개념에 대해서 현금을 제외할 뿐 특별한 제한을 두고 있지 않으므로 공유재산, 물품, 채권 등이 모두 주민소송의 대상인 재산에 해당된다고 이해할 수 있을 것이다. 또, 공유재산 및 물품 관리법 제5조에 따를 때, 공유재산은 행정재산과 일반재산으로 구분할 수 있는데, 도로는 공공용재산에 속한다.

따라서, 대상도로인 참나리길은 주민소송의 대상인 지방자치단체의 재산에 해당된다 할 것이다.

(2) 도로지하공간의 법적 성격

도로는 공용지정행위를 통해 공중의 일반이용에 제공되는 공공용물이다. 우리 도로법은 고속국도와 일반국도 그리고 그 지선에 대해서는 국토교통부장관(도로법 제11조, 제12조, 제13조)에게, 그리고 광역자치단체의 관할구역내에 있는 주요도로와 간선도로에 대해서는 광역자치단체장에게 공용지정권을 부여하고 있다(도로법 제14조, 제15조). 대상사건에서 다루어진 "서울특별시 서초구 소유의 국지도로인 참나리길"은 "동(洞) 사이를 연결하는 도로"인 구도로서 서초구청장에게 공용지정권이 부여되어 있다(도로법 제18조).

그런데 도로에 대한 공용지정의 효력이 미치는 범위는 도로의 표면에만 미치는 것일까 아니면 도로의 지하공간에까지 미치는 것일까? 도로의 지하공간에 공용지정의 효력이 미치지 않는다면 이 지하공간은 더 이상 공공용물로서 행정재산이라 볼 수 없고 단순한 일반재산으로 보아야 할 것이다.

이 문제와 관련하여 관련 법조문들을 살펴보기로 한다. 첫째, 도로법은 입체적 도로구역제를 도입하고 있다. 즉, 도로법 제28조 제1항은 입체적 도로구역이라는 제목하에 "그 도로가 있는 지역의 토지를 적절하고 합리적으로 이용하기 위하여 필요하다고 인정하면 지상이나 지하 공간 등 도로의 상하의 범위를 정하여 도로구역으로 지정할 수 있다"고 규정하고 있다.

도로법이 공용지정된 도로에 대해 그 "지상이나 지하 공간 등"을 "적절하고 합리적으로 이용"하기 위해서는 "도로의 상하의 범위를 정하여" 도로구역으로 새로이 지정하도록 한 것을 반대로 해석하면 도로의 지상이나 지하 공간은 입체적 도로구역의 지정이 있기 전까지는 해당 도로에 대한 공용지정의 효력이 미치지 않는다고 보아야 할 것이다. 하지만 해당 도로에 대한 공용지정의 효력은 그 자체만으로 그의 "지상이나 지하 공간 등"에 미치는 것이고 입체적 도로구역제를 규정한 도로법 제28조 제1항은 그 효력이 어디까지인가를 명확하게 하기 위해 "도로의 상하의 범위를 정하여" 명시하라는 것을 의미할 뿐이라고 반론을 제기할 수도 있을 것이다.

사견으로는 입법자가 도로법 제28조 제1항에서 새로이 "지정"하라고 한 것으로 볼 때 도로의 지하공간은 별도의 공용지정행위 없는 한 도로에 대한 공용지정의 효력이 미치지 않는다고 본다.

둘째, 공용지정된 도로에 대해 사인이 특별사용하기 위해서는 도로점용허가를 얻어야 한다. 입법자가 도로의 지하공간에 대해 도로점용허가를 얻도록 규정하고 있다면 그 규정은 도로에 대한 공용지정의 효력이 그 지하공간에까지 미친 것으로 해석하는 법적 근거가 될 수 있을 것이다. 그런데, 우리 법에서는 도로의 지하공간에 대한 도로점용허가도 규정해놓고 있는데, 이 규정들은 도로의 지하공간도 공용지정의 효력이 미친다고 해석할 수 있는 입법적 근거가 될 수 있을까?

도로법상 허가를 받아 도로를 점용할 수 있는 공작물, 물건과 시설속에는 지하상가와 지하실도 해당되는데, 이 지하상가와 지하실에는 사무소·공연장·점포·차고·창고와 같은 건축물이 해당된다. 하지만 점용허가 대상인 지하실은 지하공간이 도시계획시설부지로 이용되고 있는 지하실이어야 한다.(도로법 제61조 제2항, 도로법시행령 제55조 제5호, 건축법 제2조 제1항 제2호) 즉, "지하에 일정한 공간적 범위를 정하여 도시·군계획시설이 결정되어 있고, 그 도시·군계획시설의 설치·이용 및 장래의 확장 가능성에 지장이 없는 범위에서 도시·군계획시설이 아닌 건축물 또는 공작물을 그 도시·군계획시설인 건축물 또는 공작물의 부지에 설치하는 경우"에 도로점용허가를 할 수 있다.(국토의 계획 및 이용에 관한 법률 시행령 제61조 제1호) 이 법령들의 내용을 보면 해당 지하공간은 그 표면의 도로에 대한 공용지정행위와는 별개로 도시계획시설부지로 결정되어 있는 공간임을 알 수 있다. 도시계획시설은 도로, 주차장, 수도설비, 체육시설 등 기반시설중 도시계획으로 결정된 시설(국토의 계획 및 이용에 관한 법률 제2조 제6호, 제7호) 등을 말하는데, 도시계획시설로 결정됨은 표면도로와는 별개의 공용지정행위가 있는 것으로 해석할 수 있을 것이다.

때문에 이 법령들에서 도로의 지하공간에 대해 점용허가를 규정하였지만, 대상판례에서 문제된 서초구 "참나리길"의 지하공간에 대한 점용허가에 대해서는 적용할 수 없는 규정들이라고 보여진다. 왜냐하면 이 사건에서 문제된 도로점용허가는 총 너비 12m의 참나리길의 지하부분 중 매우 넓은 부분인 '너비 7m × 길이 154m'의 지하 부분을 2010. 4. 9.부터 2019. 12. 31.까지 점용할 수 있도록 하는 내용의 허가처분인 것으로 볼 때, 참나리길의 지하공간이 도시계획시설부지로 결정된 바가 없었기 때문이다. 따라서, 참나리길의 지하공간은 서초구청의 일반재산으로 보아야 할 것이다.

2. 도로점용허가의 주민소송 대상여부와 위법평가

1) 일본 주민소송상 도로점용허가의 대상적격

도로점용허가가 주민소송의 대상인 재산의 관리행위에 해당되는가?

이에 대해서는 일본의 최고재판소의 판결례는 없고 하급심판결들은 나뉘어 있는 것으로 보인다.8)

오래된 하급심판결중에는 파이프라인의 매설을 위해 필요한 시도에 대해 점용허가를 한 것이 주민소송의 대상인 재산의 관리행위인가에 대하여 도로점용허가는 "도로행정의 관점에서 한 처분으로서 지방자치법 제242조 제1항 소정의 재무회계행위라고 할 수 없으므로 이 처분은 주민소송의 대상인 재산의 관리 또는 처분행위에 해당하지 않는다"는 판결이 있었다.(千葉地判 昭和53(1978)년 6월 16일 판결. 판례시보 922호 38면)

하지만, 최근에는 도로에 대한 사인의 불법점유를 지방자치단체가 방치한 행위들이 주민소송의 대상이 되는가에 관한 사건에서 이와 다른 하급심판결도 나왔다. 동경고등법원(東京高裁 平成 15(2003)년 4월 22일 판결. 판례시보 1824호 3면)은, "도로의 불법점유에 의해 도로부지의 재산적 가치가 훼손된 경우에는 도로행정상 관리의 필요 유무에 관계없이 도로를 소유하는 지방자치단체의 장은 그의 명도를 구하여 재산적 가치를 회복할 의무가 있고 명도청구의 해태는 주민소송의 대상이 된다"고 판시했다. 이 판결은 사인의 도로점용에 대한 지방자치단체의 대응행위가 도로경찰작용에 속하므로 주민소송의 대상에서 제외되어야 한다는 당사자의 주장을 부인한 것이었다.

도로는 무료로 개방되어 있어서 사인에 의해 불법점유당한다고 해도 지방자치단체의 수입이 줄어드는 것은 아니라는 반박도 제기될 수 있을 것인데, 이에 대해서 이 판결은 "토지소유권의 완전한 행사가 방해되는가의 여부에 의해 판단할 수 있는 것"이라고 하여, 수입이 있는 것과는 상관없이 토지소유권의 완전한 행사가 방해받았으면 재산적 가치의 훼손이 있는 것이라고 보았다. 도로점용허가의 경우 보통 점용료를 받기 때문에 점용료를 받지 않는 불법점유를 방치하거나 점용료를 받는 경우

---

8) 주민소송의 대상에 관한 일본판례들에 대한 개괄적 소개는, 함인선, 주민소송의 대상에 대한 법적 검토, 공법연구 제34집 제4호, 2006, 37-38면 참조.

에도 기간도 장기이고 그 점용료액수도 지나치게 낮은 경우에는 지방자치단체에게 위법하게 손해를 끼친 것으로 보아야 할 것이다.

이 경우 발생한 손해액은 어떤 방법으로 확정할 수 있을까? 도로의 불법점유에 의해 주민이 통행할 수 없다고 해도 통행을 통해 주민이 얻는 이익을 산출하는 데 있어서는 좁거나 약간 불편하더라도 대체가능한 도로가 있는지 여부가 중요한 변수가 될 것이다. 이 판결에서 동경고등법원은 "공유토지의 불법점유에 의한 손해액은 적정한 지대의 액에 의해 산출될 수 있는 것"이라고 하면서 토지의 점용료의 기준으로 제시했다.

2) 서울행정법원의 판결이유에 대한 분석과 비판

서울행정법원은 도로지하공간에 대한 점용허가가 주민소송의 대상인 재산의 관리행위에 해당되지 않는다고 보았다. 그 이유는 주민소송의 대상인 "'재산'은 지방자치단체가 '보유'하는 '재산적 가치'가 있는 물건과 권리를 의미한다고 할 것이고, 따라서 지방자치단체가 관리하더라도 그 소유가 아닌 재산의 관리·처분에 관한 사항은 원칙적으로 주민소송의 대상이 될 수 없다"는 점, "도로점용허가권한은 적정한 도로관리를 위하여 도로의 관리청에게 부여된 권한이라 할 것이지 도로부지의 소유권에 기한 권한이라고 할 수 없다"는 점, 도로점용허가 시에 점용료의 징수가 필수적이라고 단정할 수 없으므로 재산관리행위가 아니라는 점 등이었다.

하지만 주민소송의 대상으로 문제되는 재산은 소유권에 한정되지 않을 뿐만 아니라, 이 사건에서 문제된 도로에 대해 점용허가권자인 서초구청은 소유권도 갖고 있었다는 점에서 서울행정법원의 판결이유는 잘못되었다고 본다.

첫째, 주민소송의 대상으로 문제되는 재산이 서울행정법원의 판결처럼 반드시 소유권에 한정되는 것으로 보는 것은 입법문언에도 반하고 재산에 관한 법학일반의 일반적 이해에도 반한다고 생각한다.[9) 우선, 주민소송을 도입하고 있는 지방자치법의 제142조의 제3항에서 재산에 대해 "현금 외의 모든 재산적 가치가 있는 물건 및 권리"라고 하고 있으므로 지방자치단체의 재산이 반드시 소유권에 한정되는 것은 아니라고 본다. 또, 헌법의 재산권이나 민법상의 재산적 가치있는 권리 개념에 대한 일반적 이해에 따를 때 재산의 개념에는 소유권은 물론 용익물권이나 채권 등도 당연히 포함될 것이다. 따라서, 법령에서 소유자 아닌 자에게 공공시설의 관리권을 부여하고 있고 그 관리권을 기초로 공공시설의 점용허가권을 행사하면서 점용료를 부과할 수 있는 경우라면 그 관리권도 지방자치단체의 재산에 속한다고 보는 것이 지방자치법의 재산규정에 적합한 해석이라 할 것이다.

둘째, 대상 판결에서 문제된 참나리길은 서초구청의 소유라는 점에서 서울행정법원의 견해는 잘못된 것이라고 생각한다. 도로의 경우 사도도 있으므로 서울행정법원이 인용한 대법원 2005. 11. 25. 선고 2003두7194 판결과 같이 도로의 관리권과 도로의 소유권이 나뉠 수도 있으나, 우리 도로법은 "도로에 관한 계획, 건설, 관리의 주체가 되는 기관"(도로법 제2조 제5호)을 도로관리청이라고 하여 원칙적으로 공공기관이 도로를 소유한 경우 도로의 소유권자와 도로의 관리권자를 일치시키고 있을 뿐만 아니라, 이 사건에서 문제된 참나리길은 대법원판결에서도 명백해지듯이 도로관리청인 "서울특별시 서초구 소유의 국지도로인 참나리길"이다. 때문에 서초구청이 소유자로서 도로의 지하공간의 특별이용권을 부여한

---

9) 최계영, 주민소송의 대상과 도로점용허가-대법원 2016. 5. 27. 선고 2014두8490 판결-, 법조 제720호, 2016. 12, 432-433면도 "적법하게 성립된 공물의 경우 공물의 관리주체는 소유권을 갖거나 적어도 지상권·임차권·사용권과 같은 권리를 보유하는 것이 일반적이다. 지상권·임차권·사용권도 재산적 가치가 있는 권리로서 지방자치단체의 재산에 해당하므로 그 관리에 관한 사항은 주민소송의 대상이 된다. 지방자치단체가 공물에 대한 소유권이나 사용할 권리 없이 공물관리권을 갖게 되는 경우는 ① 소유자의 동의에 의한 경우거나 ② 권원 없이 위법하게 공용을 개시한 경우와 같이 예외적인 사안에 한정된다."고 한다.

행위를 주민소송의 대상인 재산의 관리행위에서 배제하는 것은 타당하지 않다고 본다.

셋째, 도로는 일반공중의 교통에 제공되는 것을 목적으로 하므로 도로에 방치된 낙석을 제거하거나 패인 곳을 복구하거나 교통사고차량을 치우는 등의 행위는 공물경찰작용에 속하는 것이지만, 점용료라는 일정한 금전의 부과행위가 발생하는 도로점용허가는 지방자치단체의 재산관리행위라고 볼 수밖에 없다고 본다.[10] 도로점용료의 부과기준에 대해 도로법 제66조 제4항에서 대통령령이나 조례로 정하도록 하고 있고, 도로법 제68조에서 공익목적에 부합하는 비영리사업이나 국민경제에 중대한 영향을 미치는 공익사업을 위해서 점용료를 감면할 수 있도록 하고 있는 것을 볼 때, 입법자는 아무런 공익적 정당화사유없이 도로관리청이 임의로 점용료를 감면하는 것을 허용하지 않고 있는 것으로 볼 수밖에 없다.

따라서, 서울행정법원이 "점용료의 징수가 필수적"이라고 단정할 수 없다는 것을 이유로 도로점용허가가 재산관리행위에 속하지 않다고 보아 법적 통제에서 배제하려는 것은 공공공재산인 도로를 점용허가하면서 도로관리청이 임의로 정당화사유없이 점용료징수를 받지 않더라도 문제될 것이 없다는 입장인 것으로 그것은 입법자의 의도에 반하는 해석이라 보여진다.

3) 대법원판결의 내용과 그의 분석

(1) 대법원판결의 내용

대상판결에서 대법원은 이 도로의 지하공간에 대한 "점용허가의 목적

---

10) 최계영, 위의 글, 435면은 도로점용허가와 같은 공물관리행위 내에도 임대유사한 성격을 갖는 것도 있을 수 있으므로, "공물관리행위의 태양과 목적이 다양하다면, 공물관리행위 일반에 대하여 일률적으로 재산의 관리에 해당한다거나 해당하지 않는다고 판단하는 것은 타당하지 않다"고 한다.

은 특정 종교단체인 참가인으로 하여금 그 부분을 지하에 건설되는 종교시설 부지로서 배타적으로 점유·사용할 수 있도록 하는 데 있는 것"이라는 점을 인정하고, 또, "위 도로점용허가로 인해 형성된 사용관계의 실질은 전체적으로 보아 도로부지의 지하 부분에 대한 사용가치를 실현시켜 그 부분에 대하여 특정한 사인에게 점용료와 대가관계에 있는 사용수익권을 설정하여 주는 것이라고 봄이 상당하다. 그러므로 이 사건 도로점용허가는 실질적으로 위 도로 지하 부분의 사용가치를 제3자로 하여금 활용하도록 하는 임대 유사한 행위"라고 하여, 도로지하공간에 대한 점용허가가 주민소송의 대상이 된다고 하였다. 판시내용으로 보아 대법원은 서울행정법원이 간과하였던 문제를 깊이 느끼고 있었던 것으로 보인다. 즉, 도로의 지하공간은 공용지정의 효력이 미치지 않아 공공용재산을 포함하는 행정재산이 아니고 일반재산에 불과할 수도 있다는 점을 인식한 것으로 보인다.

이 점에 대해서는 이 사건에 대한 서울특별시의 주민감사청구결과에서도 명확하게 지적되었다. 즉, "참가인의 지하예배당은 보통의 시민들이 모두 이용할 수 있는 공공용 시설이 아닐 뿐만 아니라 <u>도로점용허가를 받을 수 있는 공작물·물건, 그 밖의 시설의 종류를 정하고 있는 「도로법 시행령」 제28조 제5항 중 제5호 소정의 '지하실'에 해당하지 않고</u>"라고 했다. 때문에 이 지하공간은 일반재산일 뿐이므로 공용지정의 효력 범위에서 벗어나 점용허가를 할 수 있는 대상이 아니라는 것이다.

(2) 도로 지하공간에 대한 특별이용권 부여의 법형식과 그의 위법여부

사인이 도로의 지하공간을 특별이용하기 위해서는 어떤 법형식을 취해야 하는가? 점용허가를 얻어야 하는가 아니면 사법상의 계약 등을 통해 특별이용권을 취득해야 하는가? 여기 검토대상이 되는 도로의 지하공간은 입체적 도로구역의 지정도 별도로 없었고 도시계획시설로 지정되지도

않은 채 지표면에 존재하는 도로에 대한 공용지정만 되어 있었다.

도로의 지하공간은 특별한 별도의 공용지정행위가 없는 한 위에서 살펴보았듯이 일반재산의 성격을 갖는다. 다만, 보다 엄밀히 살펴보면 공용지정의 효력이 미치는 도로의 표면부분과 그의 유지에 필수적인 지하공간까지는 해당 도로에 대한 공용지정의 효력이 미칠 수 있을 것으로 본다. 왜냐하면 도로관리청은 도로의 유지관리의무를 지고 있는데(도로법 제31조 제1항) 도로를 보수하는 등의 필요에 의해 일정한 지하공간까지는 굴착할 필요가 있을 수 있기 때문이다. 하지만, 공용지정의 효력이 미치는 지하공간의 깊이는 매우 제한적일 것이다.

일반재산인 도로의 지하공간에 대한 특별이용의 법형식에 관하여 관계법령들과 행정실무 및 판례들을 살펴본다.

첫째, 공공용물인 도로의 특별이용형식과 관련하여 도로법 제61조 제1항은 "공작물·물건, 그 밖의 시설을 신설·개축·변경 또는 제거하거나 그 밖의 사유로 도로를 점용하려는 자는 도로관리청의 허가를 받아야 한다"고 규정하고 있다. 또, 공유재산 및 물품관리법 제20조 제1항도 "지방자치단체의 장은 행정재산에 대하여 그 목적 또는 용도에 장애가 되지 아니하는 범위에서 사용 또는 수익을 허가할 수 있다"고 규정하고 있다. 이 규정들을 통해 도로에 대한 특별사용권을 부여하는 법형식은 행정행위로서 허가임을 알 수 있다.

둘째, 공유재산 및 물품관리법 제28조 제1항은 "일반재산은 대부·매각·교환·양여·신탁하거나 사권을 설정할 수 있으며, 법령이나 조례로 정하는 경우에는 현물출자 또는 대물변제를 할 수 있다"고 규정하고 있고, 동 제2항에서는 "일반재산의 사권설정, 현물출자 및 대물변제의 범위와 내용은 대통령령으로 정한다"고 하고 있는데, 공유재산 및 물품 관리법 시행령 제23조에서는 일반재산에 설정가능한 사권에 대해 공익사업을 위해 "공중 또는 지하에 지상권을 설정하는 경우"와 외국인투자기업이 사회간접자본시설을 건설하는 경우 저당권을 설정하는 경우를 규정하고 있다. 이 규정들로부터 일반재산의 처분이나 사용에 대해서 사법 상의 법형식을 이용하여야 함을 알 수 있고, 이 사건의 대상인 도로의 지하공간이 일반재산이라면 그의 특별이용을 위해서는 사법상의 대부계 약을 하여야 할 사항인 것으로 이해된다.

셋째, 우리 행정실무에서는 도로의 지하공간에 대해 그 공간이 도시 계획시설로 지정되어 있지 않거나 입체적 도로구역으로 지정되지 않은 경우에도 구별하지 않고 도로점용허가의 법형식을 통해 특별이용권을 부여하고 있는 것으로 보인다. 다른 대법원판례에서 그러한 상황을 알 수 있는 것이 있다. 즉, 어떤 교회가 도로를 마주하고 교회건물과 그 부 속건물을 건설한 다음 교회 건물 지하주차장과 교회 부속건물의 지하를 연결하는 지하연결통로를 건설하고자 한 건축허가변경신청에 대해 처분 청이 한 거부처분의 적법여부와 도로 지하부분에 대한 점용허가거부의 적법여부를 논하면서 처분청은 물론 하급심이나 대법원 모두 그것이 허 가대상이 아니라 사법상의 계약이라는 점을 전혀 문제삼지 않았다.(대법 원 2008. 11. 27. 선고 2008두4985 판결)

하지만, 대법원은 또 다른 도로점용료처분에 관한 사건에서 도로 지 하공간에 대한 특별이용권의 부여형식으로 점용허가방식의 선택이 위법 하다고 판시한 원심판결의 이유와 논리를 전혀 문제삼지 않아 소극적이 지만 그 논리를 지지한 것으로 보이는데 이 글과 관련된 부분은 다음과 같다.

"행정재산이라 하더라도 공용폐지가 되면 행정재산으로서의 성질을 상실하여 일반재산이 되므로, 그에 대한 공유재산법상의 제한이 소멸되 고, 강학상 특허에 해당하는 행정재산의 사용·수익에 대한 허가는 그 효 력이 소멸된다. 따라서 도로 용도를 폐지하고 재건축아파트의 부지 등 일반재산으로 사용하게 되면 구 도로법이 정한 도로로서의 기능을 상실 하게 되므로 이에 대한 점용허가는 더 이상 불가능하다. 또한 도로에 대 한 점용허가 처분을 하였을 경우에 인정되는 점용료 부과처분과 같은 침익적 행정처분의 근거가 되는 행정법규는 엄격하게 해석·적용되어야 하므로, 일반재산에 관하여 대부계약을 체결하고 그에 기초하여 대부료를 징수하는 절차를 거치는 대신 관리청의 처분에 의하여 일방적으로 점용료를 부과할 수 있다고 해석하는 것은 행정의 법률유보원칙과 행정법관계의 명확성원칙에도 반한다."(대법원 2015. 11. 12. 선고 2014두5903 판결)

대상판결에서 대법원이 이 도로의 지하공간에 대한 특별이용권의 부여형식에 관한 것을 문제삼지 않은 것은 이 쟁점이 본안사항이었던 주민소송의 대상적격에 관한 것이 아니고 위법의 문제에 속한다고 보았기 때문인 것으로 보인다. 하지만, 대법원은 이 판결에서 이미 "이 사건 도로점용허가는 실질적으로 위 도로 지하 부분의 사용가치를 제3자로 하여금 활용하도록 하는 임대 유사한 행위"라고 하여 그 입장을 시사하고 있는 것으로 보인다.

이 사건에서 문제된 도로의 지하공간과 같이 공용지정의 효력이 미치지 않는 부분에 대해 특별이용하고자 하는 사인은 도로관리청이 점용허가권을 갖지 못하기 때문에 도로 지하공간의 소유자로부터 특별이용의 권리를 얻어야 한다. 독일에서도 도로의 관리권이 아니라 소유권이 문제된 사례들에서, 공용지정목적에 따라 도로관리청에게 인정된 도로에 대한 물적 지배권과는 관계가 없기 때문에 도로관리청으로부터 점용허가를 얻을 필요는 없지만, 도로에 대해 소유권과 같은 처분권을 가진 자로부터 사법상의 계약 등을 통해 그 특별이용의 권리를 얻어야 한다고 한다.[11]

국가나 지방자치단체가 사인에게 도로의 지하공간에 대해 계약형식에 의해 특별이용권을 부여함에 있어서도 도시지역에 있는 도로의 지하공간은 잠재적으로 지하철의 건설이나 하수도관의 설치 통신선의 이동 등

---

11) Wolf/Bachof/Stober/Kluth, Verwaltungsrecht II, 7.Aufl., 2010, §78 Rn.13.

대중들을 위해 필수적인 공공서비스의 제공을 위해 매우 필요한 공간일 가능성이 높다는 점에서 사람들이 거의 살지 않는 지역의 국유지나 공유지에 대한 것과는 다르게 접근할 필요가 있다고 본다. 도로의 안전을 보호할 시설을 설치하도록 요구하거나 도로표면의 교통하중을 지탱하기 위해 지하공간중 일정 부분 이상에 대해서는 특별이용을 허용하지 않거나 기간을 보다 짧게 설정하거나 공공필요가 있을 때 특별이용권을 부여하는 계약을 취소할 수 있는 권리를 유보해두는 등의 조치가 필요하다고 본다.

3. 항고소송의 보완수단으로서 주민소송의 가치

국민의 권리구제는 사법제도적으로 흠결이 없어야 하므로, 주민소송의 대상 여부는 다른 행정소송제도와의 관계에서 주민소송제도가 갖는 의미를 고려하여 판단하지 않으면 안된다.[12]

도로이용에 있어 이해관계인은 도로를 통행하는 불특정 다수라 할 수 있으나 그들에게 항고소송에서 말하는 법률상 이익이 인정된다고 볼 수 있는지는 의문이 많다. 도로점용허가는 수익적 처분이기 때문에 처분의 당사자가 처분의 취소를 주장하며 소송을 제기할 가능성도 없고, 이 사건에서와 같이 법률상 이익이 침해된 제3자도 존재하지 않는 경우가 보통일 것이기 때문에 항고소송이 이용되기는 어려울 것이다. 따라서, 주민소송을 허용하지 않는다면 도로점용허가와 같은 행정의 조치가 주민

---

12) 문상덕, 주민소송의 대상 확장 : 위법성승계론의 당부, 지방자치법연구 제27호, 2010, 320면도 "현행법상 주민소송의 대상은 공금의 지출 등 재무회계행위에 한정되어 있는데 이와 관련하여 주민소송의 대상범위를 실정법의 의미를 벗어나서 지나치게 확대하는 것도 문제겠지만 이를 너무 엄격하게 또는 형식적으로 해석 운용하는 것도 재정관리나 예산집행의 적정 확보라는 주민소송의 본래의 취지를 제대로 살릴 수 없다는 점에서 바람직하지 않을 수 있다"고 한다.

다수의 도로이용권을 장기간 그리고 광범위하게 제한하는 것과 같이 손
해를 야기할 수 있는 상황에서도 행정의 불법적 의무태만이나 권한남용
에 대해서도 실효적인 사법적 통제는 가능하지 않을 것이다.

주민소송은 이러한 헌법적 상황에서 항고소송의 미비점을 보완하여
주권자로서 주민의 복리증진에 필수적인 공공시설의 이용권 보장을 위
해서 이용가능해야 한다.

일반재산의 장기임대가 당연히 주민소송의 대상이 되고 그 위법여부
및 손해유무의 평가를 받아야 하는 것처럼 행정재산을 장기간 점용허가
하는 것과 같은 특별이용권의 부여행위도 주민소송의 대상이 되어 위법
여부의 심사를 받아야 할 것이다.

Ⅳ. 결어

현대사회에서 지방자치단체가 공공용물로서 제공하고 있는 공원, 도
서관, 문화관이나 도로 등은 주민들의 복리와 밀접한 관련이 있다. 때문
에 이러한 공공시설물의 관리에 있어 지방자치단체장과 공무원들에게
감사와 같은 내부적 통제장치이외에는 다른 외부적 통제권은 미치지 않
는다고 보는 것은 지방자치단체의 물적 기초의 형성을 위하여 세금을
납부하고 주권자로서 헌법적 지위가 부여된 주민의 법적 지위에 비추어
타당하지 않다.

주민감사청구와 주민소송은 지방재정의 건전성을 보호하기 위해 지방
자치단체가 입은 손해를 회복시킨다는 목적도 갖지만, 직접민주적 통제
장치의 하나로서 공무원의 재량남용과 행정부패의 방지를 위하여 지방
자치단체의 재무처리과정을 공개하여 공론장에서 그 시시비비를 검토하
게 하는 의미도 갖는다.

대법원은 대상판결에서 주민소송의 이용을 활성화시키려는 의지를 보여주었다. 입법적으로도 주민소송의 활성화를 가로막는 장벽들이 하나씩 하나씩 제거되기를 바란다.

제4절 4호 주민소송과 후속 책임소송에 있어 소송대상과 주관적 책임요건

Ⅰ. 주민소송제도의 역할과 사안의 내용

1. 주민소송의 역할에 관한 인식의 혼란

우리나라에서 주민소송은 2006년 1월 1일 도입되어 그 역사가 짧을 뿐만 아니라, 우리 재판실무에는 낯선 공익소송이자 객관소송에 속한다. 최근 주민소송사건들이 점차 늘어나고 있지만 아직까지는 사건수도 그다지 많지 않고,[1] 그 때문인지 학자들과 법관들 그리고 행정공무원들 사이에 주민소송의 역할과 성격에 대해 상당한 의구심과 혼란도 존재하는 듯하다. 이로 인해 민사소송이나 취소소송의 운용과정과 비교할 때, 주민소송의 법문언에 대한 해석에 있어 상당한 어려움을 느끼고 있는 듯하다.

현재 지역주민들과 지방정치인들은 지역발전정책과 재정부실방지라는 충돌하는 두 목적들 사이에서 심각한 혼란을 겪고 있는 듯하다. 한편으로는 지방소멸과 저발전을 극복하려 시도하는 발전정책의 추구를 지

---

[1] 우리나라의 경우 주민소송은 주민감사청구단계에서 많은 수의 주민연서를 요구한 결과 제기된 주민소송건수는 초기의 기대에 비하여 아직까지는 많지 않다. 우리나라에 주민소송이 도입된 2006년 1월 1일부터 2017년 7월 31일까지 약 11년 동안 제기된 주민소송건수는 33건이지만, 일본의 경우 1999년 4월 1일부터 2014년 3월 31일까지 15년 동안 제기된 주민소송건수는 기초자치단체에 대한 것은 2783건, 광역자치단체에 대한 것은 956건이 제기되었다 한다. 조경애, 주민소송제도의 문제점 및 최근 판례에 관한 검토-일본 주민소송제도와의 비교를 바탕으로-, 일감법학 제39호, 2018, 175-176면에서 재인용.

지하는 사람들도 상당히 존재하지만, 선거승리를 목표로 무분별한 선심성 공약을 추구하는 지방의 정치인들과 이를 무비판적으로 추종하는 공무원들과 그들을 이용하는 사기업들의 행태에 대한 비판의 목소리도 매우 높다.2)

우리나라에서 주민소송은 지역발전정책의 추구와 자치재정의 건전성 보호의 과제 사이에서 어떤 역할을 담당해야 하는가, 그리고 위법행위를 한 사기업들이나 공무원들의 책임에 대해서 다른 제도들과 관계에서 주민소송을 어떻게 이해해야 하는가 하는 의문에 대해 아직 미해결문제들이 다수 존재하고 있다.

일본에서 주민소송은 1948년 연합군 최고사령부(GHQ)의 지시로 미국 판례법상 인정되어 온 미국의 납세자소송(Taxpayers' suit)을 모델로 지방자치법을 개정하여 도입되었다.3) 우리나라의 주민소송은 노무현정부 당시 우리 자발적으로 지방자치법을 개정하여 2006년 1월 1일부터 도입시행되게 되었다.4)

우리 주민소송의 해석과 관련하여 대법원판례에 의하여 해석기준으로 이미 확립된 것들도 존재하고 아직 답해져야 할 문제들도 존재한다.5) 이 글에서는 우리 법규정들의 해석과 관련하여 나타난 문제들 중 가능한 한 아직 미해명된 문제들을 중심으로 고찰할 것이다.6)

---

2) 미국, 독일 일본 등의 지방자치단체들과 비교하여 우리나라 지방자치단체의 재정자립도는 매우 낮은 상태에서 기획과 집행단계에서 전문성이 낮고 장래를 생각하지 않는 무책임한 선거공약의 추진으로 파산의 위험에 처한 도시들도 나타나고 있다. 인천시나 용인시와 같은 사례는 오랜 세월 지역사회에 심각한 후유증을 낳기도 한다.

3) 宇賀克也, 地方自治法槪說, 제7판, 2017, 364면.

4) 일본과 우리나라에서 주민소송의 탄생에 관한 차이, 즉, 그 출현이 타의에 의한 것인지 아니면 자의에 의한 것인지 하는 문제는 시일이 흘러가면서 판례의 정착과 변화를 통해 또는 입법의 개정을 통해 제도의 운용을 보다 보수적이거나 아니면 보다 진보적인 방향으로 변화시키는 하나의 원인이 될 수도 있을 것이다.

5) 예를 들어 우리 판례(대법원 2011. 12. 22. 선고 2009두14309 판결 [손해배상청구])는 주민소송에서 지출원인행위와 선행행위의 관계에서 위법성의 승계문제와 관련하여 일정한 판단기준을 제시하고 있는 것이다.

2. 사안의 내용과 쟁점의 정리

1) 사건의 배경과 경과

용인시의 경전철 사업은 20년간 지속되면서 예산이 이미 1조원이 넘게 투입되었고 그 과정에서 세 명의 시장(이하 A, B, C라고 하고 정책보좌관은 D라 할 것임)이 교체되었다. 경전철이 완공되어 2013년 4월 개통되었으나 경전철의 기획 및 건설과정에서 많은 예산이 투입되었음은 물론, 현재 운영과정에서도 계속 적자가 누적되어 앞으로도 오랫동안 용인시재정에 심각한 후유증과 재난을 안기게 될 것이다.

용인시 주민들은 2013년 10월 주민소송을 제기하여 2017년 1월 16일 수원지방법원에서 1심판결(수원지법 2017.01.16., 2013구합9299)이 있었고, 2017년 9월 24일 원심인 서울고등법원의 판결(서울고법 2017.09.24., 2017누35082)을 거쳐 현재 대법원에 상고중이다. 20년간 계속되었던 사업이기 때문에 경전철의 기획, 건설과 운영과정에서 주요한 의사결정과 용인시의 재정지출에 중대한 영향을 미친 사람들이 다수 관련되어 있다.

이 소송에서 원고들은 지방자치법 제17조 제2항 제4호에서 규정한 주민소송, 즉, 손해배상청구 또는 부당이득반환을 할 것을 요구하는 소송

---

6) 우리 주민소송의 해석과 관련하여 일본 주민소송의 해석론은 긍정적인 영향을 미칠 수도 있지만 우리 법문언을 벗어나서 잘못된 해석으로 유도하는 중대한 편견을 야기할 위험도 있다. 필자로서는 우리 주민소송의 대상과 관련하여 주민감사청구의 대상과의 관계를 검토하는 문제, 어떤 계약이 주민소송의 대상인가의 문제, 그리고 4호소송과 관련하여 공무원의 주관적 배상책임의 요건의 문제, 사인의 배상책임의 성립여부와 관련된 문제의 해석에 있어 그 위험성을 심각하게 느꼈다. 어렵더라도 주민소송과 관련된 일본의 법해석론의 심각한 영향력을 성찰적으로 재검토해서 우리나라 법문언에 충실한 해석론을 재구성해야 하는 것은 아닌가 하고 생각하게 되었다. 이러한 시도를 하게 되면 판례들이 쌓이기 전까지는 하급심에 일정기간 동요와 혼란을 초래할 위험도 있을 것이다. 하지만, 이러한 잠정적 혼란의 회피심리가 양국의 법구조의 차이와 법문언의 차이를 무시한 잘못된 해석을 정당화해주지는 못할 것이다.

을 제기하였다. 이 글에서는 1심판결문과 원심판결문에 나타난 원고의 청구취지를 기초로 주민소송의 대상여부 및 관련 당사자들에 대한 책임의 인정과 관련하여 원고의 주장과 법원의 판결내용들을 정리해보고자 한다. 이 사건에서 원고들은 각각 다른 행위들을 8개의 부류로 나누어 손해배상청구 또는 부당이득반환청구를 하였다. 이 글에서는 다음의 4가지 사항들을 중심으로 사안을 요약했다. 필자의 부주의로 다른 쟁점을 고려하지 못했을 수도 있다.

2) 1심과 원심 판결의 개요

(1) A시장의 행위의 평가─주민소송의 대상 여부 및 개인적 책임요건

원고들은 A시장에 대해 철제차량선정 및 공사비과다지출, 최소운영수입보장규모 협상을 잘못 했다는 점, 용인경전철의 개통연장을 예상했음에도 연장지연시 줄어든 탑승객에 대한 손실을 보상해주기로 합의하였다는 점, 하도급건설업체의 선정과정에 개입하여 1만 달러 상당의 금전을 제공받는 등 피해를 입힌 점, 건설사에 대한 관리감독을 소홀히 하여 건설사 임직원들의 공사비횡령을 방치한 점, 지방의회의 의결을 거치지 않은 점 등을 지적하며 손해배상청구를 하였다.

1심은 "감사청구사항에 포함되지 않았던 사실"이라거나, A시장의 고의 또는 과실을 인정할 수 없다고 하거나, A시장이 미화 1만달러를 수수하여 수뢰죄로 유죄판결을 받았다는 사실만으로 용인시에 상당한 손해가 발생했다고 보기 어렵다고 판시하였다. 또, 지방의회의 의결을 거치지 않은 점은 절차위반은 위법하다고 할 것이나 A시장에게 고의 또는 과실이 있었다거나, 이로 인하여 용인시에게 어떠한 손해가 발생하였다고 보기 어렵다고 하였다.

원심도 동일한 판단을 하였다.

(2) 지방자치단체와 건설회사의 계약체결행위의 주민소송대상여부

원고들은 용인경전철의 자금을 횡령하여 유죄가 확정된 사업관계자에 대하여 손해배상 또는 부당이득반환의 청구를 하였다. 또, 원고들은 용인경전철의 건설을 위한 토목공사를 맡은 3개의 건설회사들이 하도급을 맡기면서 하도급비율을 위반하여 부당이득을 취하여 결국 용인시에게 부당한 공금의 지출을 하게 하였고, 실제 조경공사는 하도급업체에게 맡기면서도 부당이득을 취했다는 이유로 건설회사들에 대해 부당이득반환 청구소송을 제기했다.

이에 대해 1심은 사업관계자인 하도급업체의 운영자가 그 운영자금을 횡령한 행위는 주민소송의 대상판단기준인 '해당 지방자치단체와 그 장의 권한에 속하는 사무'에 해당하지 않는다고 하여 주민소송의 대상적격을 부인하였다. 또, 1심은 가사 건설회사들의 부당이득에 관해 '원고들이 주장하는 내용이 모두 사실이라고 하더라도', 공사를 수급한 업체가 그 공사를 진행하면서 부당이득을 취한 행위 자체가 '해당 지방자치단체와 그 장의 권한에 속하는 사무'라고 볼 수 없다고 하면서 주민소송의 대상적격을 부인하였다.

원심은 사업관계자들과 건설회사의 청구내용에 대해 1심과 동일하게 주민소송의 대상적격을 부인하였다.

(3) 지방자치단체가 과학자와 체결한 과학적 감정의견에 관한 용역계약의 주민소송대상여부

원고들은 용인경전철의 수요예측을 담당했던 한국교통연구원 연구원들에 대해 사업시행자인 용인경전철과 유착하여 2013년부터 2016년까지 탑승객은 수요예측의 5~14% 수준이고 운영수입은 수요예측의 3~4.5% 수준에 불과할 정도로 수요예측에 명백한 오류를 범하였고 이에 중대한 과실이 인정된다는 이유로 손해배상청구를 하였다. 구체적으로 보면 용인경전철의 개통 이후에도 하루 이용객이 2014년 1만3,922명, 2015년 2만3,406명 등 한국교통연구원이 예측한 16만1,000명에 한참 못 미쳐 재정난을 겪어왔다.

1심은 용인시와 연구원들은 용역계약(3억 1450만원)을 체결하여 용역비를 지출한 사실은 인정하면서도 "전문연구기관의 수요예측행위 자체는 지방자치단체의 재무회계행위에 직접적으로 해당하는 것으로 볼 수 없다"는 이유로 주민소송의 대상이 아니라고 판단했다.

원심은 주민소송의 대상이 됨은 인정하면서도 연구원들의 수요예측이 실제수요를 예측하지 못했다는 사정만으로는 손해배상책임을 인정할만한 위법행위, 고의과실을 인정하기 어렵다고 판단했다.

(4) 4호 손해배상청구소송에서 지방자치단체직원과 시장의 주관적 책임요건의 구별여부

C시장과 정책보좌관인 D의 책임에 관하여 1심법원과 원심법원은 지방자치단체직원은 경과실에 대해서 책임을 져야 하지만 시장의 경우 경과실에 대해서는 면책되는지 여부에 관하여 견해를 달리하였다.

1심은 다음과 같이 판시했다.

C시장은 경전철에 관한 업무를 독자적으로 처리할 권한을 부여할 목적으로 직제에도 없는 부서를 설치하여 D를 정책보좌관으로 임명하여 관계법령을 위반하였고, 정책보좌관 D는 아무런 감독없이 경전철에 관한 대부분의 업무를 독자적으로 처리했으며, 문서의 대부분을 시장단독으로 결재하여 처리한 점 등의 이유로 A시장에 대해 경과실에 의한 불법행위책임을 인정하고 D정책보좌관에게도 불법행위에 기한 배상책임을 긍정하면서 양자는 부진정연대책임을 진다고 했다. 이 때, "제4호 주민소송에서 지방자치단체의 장이 부담하는 손해배상책임의 주관적 요건

은 민법상 채무불이행 또는 불법행위의 규정에 따라 경과실이 포함"된
다고 했다.

하지만, 원심은 다음과 같이 판단했다.

"갑 제28호증의 2의 기재, 제1심 증인 김학규의 증언에 위 인정사실과
앞서 제7의 가.항 1)에서 설시한 인정사실을 더하여 알 수 있는 다음과
같은 사정, 즉 ① 용인시를 대리하여 국제중재업무를 대리할 소송대리
인을 선정한 것은 정책보좌관인 D의 주도로 이루어졌고, D가 평소 친분
이 있는 변호사를 통하여 법무법인을 소개받고 그 법무법인을 소송대리
인으로 선정하기로 결정하고, 시장에게는 더 낮은 수임료를 제기한 다른
법무법인에 관하여는 보고하지 않은 채 해당 법무법인에 대하여만 '행
정소송에서 승소율이 높아 소송대리인으로 적합하다'는 취지로 이야기
하였던 것으로 보이는 점, ② 용인시장 C는 이미 경량전철 운영 활성화
프로젝트팀의 운영과 관련한 핵심적인 사항들을 D에게 일임하고 있었
으므로 위와 같은 D의 의견에 찬성하였던 것으로 보이고, D가 시장실을
찾아갔을 때는 법무법인 선정과 관련한 논의는 사실상 끝난 상태였던
것으로 보이는 점, ③ D가 '시장님 지시대로 법무법인을 당장 선임해야
한다', '시장님 뜻이다'라고 말한 것은 D 자신이 내정한 사실을 감추고
시장의 뜻이라고 말함으로써 다른 공무원들을 설득하기 위한 것으로 보
이며, 이러한 D의 발언이 있었다는 사실만으로 C시장이 법무법인의 선
정에 관여하였다고 볼 수는 없는 점, ④ D가 법무법인 선정을 주도하였
으며 자신은 법무법인 선정과정에 대하여 거의 알지 못한다는 C시장의
증언은 일관성이 있으며, 앞서 검토한 바와 같이 경량전철 운영 활성화
프로젝트팀의 실질적인 의사결정과 핵심역할은 정책보좌관인 D가 행하
였다는 점에서 신빙할 수 있는 점(용인시 위임전결규정에 의하면 소송
대리인의 선임은 시장이 하지 않는 것으로 보인다)을 종합하여 보면, 자
격요건에 해당하지 않는 D를 정책보좌관으로 임명하고 경량전철 운영
활성화 프로젝트팀에 실질적인 의사결정을 일임한 것과 관련하여 C시장

에게 과실이 있음을 부정하기는 어려우나, C시장이 직접적으로 법무법인 선정에 개입하거나 그 선정과정의 위법을 알면서도 묵인하였음을 인정할 증거가 없는 이상 경과실을 넘어 중과실이 있다고 보기는 어렵다. 따라서 원고들의 이 부분 주장은 이유 없다."

구체적으로 1심은 법무법인의 선임과 관련된 정책보좌관(D)과 용인시장(C)에게 5억 5000만원 상당의 책임을 인정하였으나, 원심은 시장(C)에 대한 손해배상청구 부분은 인정하지 않고, 정책보좌관(D)에 대한 책임은 10억 2천 500만원으로 증액하였다.

3) 쟁점의 정리

(1) 주민소송의 대상

1심과 원심은 주민소송의 대상에 관하여 주민감사청구에 관하여 규정하고 있는 지방자치법 제16조 제1항의 규정, 즉, '해당 지방자치단체와 그 장의 권한에 속하는 사무'에 속하는지 여부에 의하여 판단하고 있다.

하지만, 주민소송에 관한 직접적 규정은 지방자치법 제17조 제1항이고, 감사청구와 관련하여 표현된 주민소송대상에 관한 법문언은 '그 감사청구한 사항과 관련이 있는 위법한 행위와 업무를 게을리 한 사실'이다.

1심과 원심은 감사청구사항과 관련이 있거나 그것으로부터 파생되는 사항이라면 주민소송의 대상이 될 수 있음에도 주민소송의 대상을 너무 협소하게 파악하고 있는 것은 아닌지 하는 점이 검토될 필요가 있다.

(2) 계약의 체결과 이행행위의 주민소송대상여부, 그리고 계약의 체결 및 이행과정에 대한 감독태만이 주민소송의 대상인지 여부

1심과 원심은 지방자치단체와 건설도급계약을 체결한 건설회사에 대한 손해배상청구와 수요예측을 위한 도급계약을 체결한 한국교통연구원의 연구원들에 대한 손해배상청구와 관련하여 주민소송의 대상의 판단기준인 '해당 지방자치단체와 그 장의 권한에 속하는 사무'에 속하지 않는다는 이유로 대상적격을 부인하였다.

지방자치법 제17조 제1항에서는 계약의 체결과 이행은 주민소송의 대상이 됨을 명시하고 있고 그 중에서 도급계약도 열거되고 있는데 어떤 이유로 주민소송의 대상이 되지 않는다고 판단했는지 상세한 이유는 밝히지 않고 있다. 이에 대한 검토도 필요하다.

또한, 계약의 체결과 이행을 감독할 공무원들의 감독태만도 지방자치법 제17조 제1항에서 명시한 대상유형인 '업무를 게을리 한 사실'에 해당되지 않는지 검토가 필요하다.

(3) 건설도급계약 및 과학자와의 용역계약에 있어 위법과 주관적 책임요건

가. 건설회사 임직원들의 형사범죄의 성립과 공무원의 불법행위책임의 성립의 관계

원고들은 시장이 경전철의 건설에 관한 하도급건설업체의 선정과정에 개입하여 1만 달러 상당의 금전을 제공받았다는 점, 건설사 임직원들의 공사비횡령을 방치할 정도로 건설사에 대한 관리감독을 소홀히 하였다고 주장했다.

지방자치단체와의 계약상대방들이 뇌물을 제공하고 공무원들이 뇌물을 수령한 것은 기업들과 공무원들의 불법행위성립을 위한 책임요건의 충족에 어떤 영향을 미치는지, 그리고 하도급을 받은 업체의 선정과 건설감독과정에서 기업임직원들이 횡령죄를 범하였음에도 감독을 소홀하게 한 것은 공무원의 주관적 책임요건의 충족에 어떤 영향을 미치는지 규명될 필요가 있다. 행정법상 재량행위론에서 동기의 부정이 재량처분을 위법하게 하듯이 기업이나 공무원 모두에게 행위의 불법성은 인정되는지도 검토될 필요가 있다.

나. 과학자의 용역결과의 하자 및 그의 고의·과실과 과학적 감정의견에 대한 공무원의 심사하자

지방자치단체와 계약을 체결하여 수행된 과학자들의 수요예측보고에 대해 1심은 우요예측행위는 재무회계행위에 직접 해당되지 않는다는 이유로 주민소송의 대상성을 부인했다. 원심은 주민소송의 대상성은 긍정했지만 수요예측의 오류만으로는 손해배상책임을 인정할만한 위법행위, 고의과실을 인정하기 어렵다고 판단했다.

우리나라에서 법원은 행정전반에 널리 이용되고 있는 과학적 감정의견에 관한 평가법리를 아직 발전시키지 못하고 있다. 독일의 경우 하자있는 감정의견을 제출한 전문가에 대해서는 계약책임의 불이행이나 불완전이행 또는 불법행위의 책임을 추궁할 수 있다고 보고 있다.

과학자의 교통수요예측보고가 주민소송의 대상인지 어떤 경우에 하자가 있고 책임요건을 충족시키는지 검토가 필요하다.

과학자의 감정의견을 원용하여 정책결정을 내린 지방자치단체의 장과 직원들의 행위는 정책재량에 대한 사법적 평가의 문제가 된다. 경전철사업의 실시여부 및 그 방식과 관련하여서도 지방자치단체의 장은 사업의 실시여부 및 그 내용의 형성과 관련하여 정책재량을 가지고 있지만, 우리 판례는 정책재량에 관한 통제법리를 발전시켜왔다. 판례에서 통제기준으로 삼았던 사유들에 대해서 검토가 필요하겠지만, 특히 이 사안과 관련하여서는 공무원들이 과학자들에게 특정 평가의견을 유도하는 행위들을 했다면 계약의 불완전하고 하자있는 이행을 고의로 유발시켰다고 볼 수 있는지를 검토할 필요도 있을 것이다.

(4) 공무원의 불법행위 책임은 고의 또는 중과실이 있는 경우에 한정되는지 여부

1심과 원심은 정책보좌관에 대해서는 경과실의 면책을 적용하지 않고 손해배상책임을 인정했다. 하지만 지방자치단체장의 면책요건에 대해서 1심과 원심은 견해를 달리 하였다.

1심은 "제4호 주민소송에서 지방자치단체의 장이 부담하는 손해배상 책임의 주관적 요건은 민법상 채무불이행 또는 불법행위의 규정에 따라 경과실이 포함"된다고 하면서 시장에 대해서도 경과실로 인한 손해배상 책임을 긍정하였다.

하지만, 원심은 지방자치단체의 직원과 달리 그 장에 대해서는 경과 실의 경우 면책을 인정했다. 따라서, 이 쟁점에 대한 검토도 필요하다. 또, 지방자치단체의 장이나 직원의 행위가 중과실인가 경과실인가는 무 엇을 기준으로 판단할 것인가도 검토되어야 한다. 뇌물의 수수와 같은 동기의 부정이 명백한 경우에도 중과실을 부인하고 경과실만 인정된다 고 할 수 있는지도 검토될 필요가 있다.

II. 일본의 주민소송

1. 일본 주민소송의 법적 구조와 주요 규정내용의 개관

우리나라에서 2004년말 입법화되어 2006년 1월부터 본격 시행되는 주 민소송제도는 시행착오를 줄이고자 일본의 주민소송제도를 모델로 만들 어진 것이다. 일본 주민소송제도는 미국의 연합군사령부(GHQ)의 지시에 의해 미국의 납세자소송을 모델로 하여 1948년 일본 지방자치법의 제2 차 개정에 의해 일본에 처음으로 도입되었다.[7]

일본 지방자치법에서 주민감사청구는 제242조에서 규정하고 주민소송은 제242조의2, 242조의3에서 규정하고 있다.

일본의 주민감사청구제도와 우리나라의 주민감사청구제도는 비슷한 부분이 있지만 그 내용에 있어 상당한 차이가 있다. 또, 일본의 주민소송에 관한 규정내용들은 감사청구전치주의와 소송유형의 측면에서는 우리나라와 거의 동일하지만, 원고와 피고에 관한 규정, 소송대상과 2단계 절차에서의 개인책임의 실행절차 등에서 우리 주민소송과 규정내용에서 조금씩 차이가 있다. 비교법검토는 이러한 입법적 차이를 면밀히 고려할 때 그 유용성도 드러나고 한계도 명확해질 수 있다.

일본과 우리나라는 법문화가 비슷한 점도 있어 입법구조의 차이를 무시하고 학설과 판례의 조사분석에 의존하여 법해석상의 시사점을 도출하는 경향이 있으나, 실정법조문에 차이가 있으면 해석의 준거점이 달라지기 때문에 실정법의 차이는 면밀하게 조사되고 그 차이는 충분히 존중되어야 한다.

1) 주민감사청구

일본의 주민감사청구제도는 지방자치법 제242조에서 규정하고 있다. 일본은 우리나라와 달리 주민감사청구의 대상을 이른바 재무회계행위에 한정하도록 규정하였다. 즉, 4종류의 행위로서 위법한 공금의 지출, 위법한 재산의 취득, 관리 또는 처분, 위법한 계약의 체결 또는 이행, 위법한 채무 그 외의 의무의 부담을 규정하고, 2종류의 사실로서 위법하게 공금의 부과 또는 징수를 해태한 사실, 위법하게 재산의 관리를 해태한 사실에 대해서는 주민 1인이라도 감사청구할 수 있도록 했다.(제242조 제1항)

이와 달리 우리 지방자치법 제16조 제1항에서는 1인이 아닌 다수의

---

7) 宇賀克也, 地方自治法槪說, 제7판, 2017, 346면.

주민이 연서하여 감사청구를 하는 대신에 감사청구의 대상을 "지방자치단체와 그 장의 권한에 속하는 사무"로 규정하였다.

2) 주민소송 규정내용의 개관

① 일본 주민소송의 경우 우리나라와 마찬가지로 원고는 주민으로 하면서 자기이익관련성을 요구하지 않은 객관소송으로 규정하였다. 다만, 원고요건과 관련하여 감사청구전치주의를 도입하면서도 다수의 주민의 연서를 요구하지 않고 1인이라도 소제기가 가능하도록 하여 요건이 매우 완화되어 있다.(일본 지방자치법 제242조의 제1항)

② 주민소송의 대상에 대해서 주민소송을 규정하고 있는 일본 지방자치법 제242조의2는 직접적으로 규정하고 있지 않다. 주민감사청구에 관해 규정하고 있는 제242조 제1항에서 주민감사청구대상을 규정하고 나서, 제242조의 2에서는 감사조치를 할 권한이 있는 감사위원, 의회, 장, 집행기관 직원의 조치에 불복하는 때, 일정 기간내에 감사를 하지 않거나, 감사권고에 따른 조치를 하지 않을 때, 주민감사청구와 관련된 위법행위나 태만한 사실에 대해서 주민소송을 제기할 수 있다고 규정하고 있다. 우리나라에서 일본 주민소송의 대상으로 설명하고 있는 유형들은 주민감사청구의 대상을 규정한 제242조에서 명시하고 있을 뿐이다.

③ 주민소송의 유형에 대해서는 우리나라와 마찬가지로 4가지 유형을 인정하고 있다.

1호 : 행위의 전부 또는 일부의 중지청구.(제242조의 2 제1항 제1호)

2호 : 행정처분인 해당 행위의 취소 또는 무효확인의 청구.(제242조의 2 제1항 제2호)

3호 : 해당 집행기관 또는 직원에 대한 해당 해태한 사실의 위법확인의 청구.(제242조의 2 제1항 제3호)

4호 : 해당 직원 또는 해당 행위 혹은 해태한 사실과 관련된 상대방에게 손해배상 또는 부당이득반환청구를 할 것을 해당 보통지방자치단체의 집행기관 또는 직원에게 요구하는 청구. 다만, 해당 직원 또는 해당 행위 혹은 해태한 사실과 관련된 상대방이 제243조의 2 제3항의 규정에 의하여 배상명령의 대상이 되는 자인 경우에는 해당 배상명령을 요구하는 청구.(제242조의 2 제1항 제4호)

④ 일본 주민소송의 피고는 다음과 같다.

1호 소송의 피고는, '해당 집행기관 또는 직원'이다. 즉, 중지청구의 대상행위를 할 권한을 갖는 해당 지방자치단체의 집행기관 또는 그 보조기관으로서 직원을 말한다.

2호 소송의 피고는, 취소 또는 무효확인을 요구 받고 있는 '행정처분을 한 행정청'이다.

3호 소송의 피고는, '공금의 부과 징수' 또는 '재산의 관리'를 위법하게 해태한 기관으로서의 '집행기관 또는 직원'이다. 즉 '해태한 사실'이 있다고 지목된 '해당 집행기관 또는 직원'이다.

4호 소송의 피고는, '해당 지방자치단체의 집행기관 또는 직원'이 피고가 된다. 4호 소송에서 주민이 승소할 때, 장에 대한 변상청구는 '대표감사위원'이 수행하도록 하고 있다.

⑤ 우리나라의 경우는 단순화하여 '지방자치단체의 장'을 피고로 규정하였다.(지방자치법 제17조 제1항) 다만, 4호 소송에서 주민이 승소한 경우, 장에 대한 변상청구는 해당 '지방의회의 의장'이 수행하도록 규정하였다.

⑥ 4호소송과 관련하여 지방자치단체가 패소한 경우 원인이 있는 자를 상대로 손해배상 또는 부당이득의 반환을 구하는 **2단계절차**가 진행된다. 여기에서 **개인책임의 내용**이 결정된다.

일본 지방자치법은 4호소송의 2단계절차에 관하여 제242조의3에서 규정하고 있다. 우리나라 주민소송의 입법당시 일본의 2단계절차의 내용과 문제점을 명확히 인식한 상태에서 우리나라의 입법내용을 둘러싸고 많은 논란이 있었고 진통을 겪었다.

우선 공무원의 불법행위로 인한 손해배상책임에 관해 규정하고 있는 우리 헌법 제29조 제1항과 일본 헌법 제17조는 규정내용이 다르다.8) 아래 설명하듯이 법률의 규정내용도 다르다. 개인의 배상책임과 관련하여 법운용자들이 일본법의 해석례를 따르는 것은 입법의도와도 다르고 우리 법문언에도 위반되는 해석이 될 수도 있다. 주의를 요한다 할 것이다.

일본 지방자치법 제242조의 3은 4호소송의 1단계에서 지방자치단체의 집행기관이나 직원 등이 패소한 경우 이제 위법행위를 한 직원이나 사인을 상대로 손해배상이나 부당이득의 반환을 위한 절차를 규정하고 있다. 이 때 지방자치단체의 장은 판결이 확정된 날로부터 60일 이내에 손해배상이나 부당이득의 반환을 불법행위자인 직원이나 에게 사인에게 청구하여야 한다.(제242조의3 제1항) 60일 이내에 배상 또는 반환이 이루어지 않은 경우 해당 지방자치단체는 손해배상 또는 부당이득의 반환을 목적으로 소송을 제기해야 한다.(제242조의 3 제2항) 일본에서 이 소송은 민사소송의 일종으로 이해되고 있다. 이 소송에서 지방자치단체의 장이 피고가 되는 경우에는 대표감사위원이 당해 지방자치단체를 대표한다.(제242조의3 제5항)

이와 관련하여 우리 지방자치법 제17조 제2항 4호 단서는 "그 지방자치단체의 직원이 「회계관계직원 등의 책임에 관한 법률」 제4조에 따른 변상책임을 져야 하는 경우에는 변상명령을 할 것을 요구하는 소송"을

---

8) 우리 헌법 제29조 제1항은 "공무원의 직무상 불법행위로 손해를 받은 국민은 법률이 정하는 바에 의하여 국가 또는 공공단체에 정당한 배상을 청구할 수 있다. 이 경우 공무원 자신의 책임은 면제되지 아니한다."고 규정하고 있다. 헌법은 직무상 불법행위에 관한 공무원의 배상책임과 관련하여 "공무원 자신의 책임은 면제되지 아니한다"고 규정하고 있을 뿐 경과실에 대하여 책임을 면제한다고 규정하지는 않고 있다. 이와 달리 일본에서 국가와 공무원의 손해배상에 대해 규정하고 있는 일본 헌법 제17조는 "누구든지 공무원의 불법행위에 의하여 손해를 당한 때에는 법률이 정하는 바에 의하여 국가 또는 공공단체에게 그의 배상을 청구할 수 있다"고 규정하고 있을 뿐, 우리나라와 달리 공무원의 책임은 면제되지 아니한다는 규정을 두고 있지 않다.

제기하도록 규정하면서, 그 후속절차로서 지방자치법 제19조에서는 행정
처분으로서 변상명령과 행정소송을 규정하고 있는데 제19조는 일본 지방
자치법에는 없는 규정으로서 그 규정의 의미를 천착해볼 필요가 있다.

2. 일본 지방자치법상 주민소송의 대상

1) 주민감사청구사항과 주민소송대상의 관계

일본에서 지방자치단체에 대한 감사는 분권자치가 촉진되면서 국가와
상급자치단체에 의한 감사는 약화되고 매우 수평적으로 제도화되어 지
방자치단체의 감사위원에 의한 감사와 지방자치단체와 계약을 맺은 외
부 전문가가 감사를 실시하는 외부감사계약에 의한 감사 등 지방자치단
체의 자체감사가 우리나라보다 더 다양하게 제도화되어 있다.9)

일본의 경우 주민감사청구는 지방자치법 제242조에서 규정하고 있는
데, 제1항에서 주민감사청구할 수 있는 자는 주민 1인이라도 가능하도록
하고 있고, 감사청구대상도 공금의 지출, 재산의 취득, 계약의 체결, 공
금의 징수태만 등 이른바 재무회계행위로규정하 있다.

그런데, 일본 지방자치법 제242조의2 제1항에서는 주민소송의 대상에
관해서 '감사청구에 관련된 위법한 행위 또는 태만한 사실'('同條第一項
の請求に係る違法な行爲又は怠る事實につき')이라고 하고 있다. 이
규정의 해석상 주민소송의 대상은 주민감사청구의 대상과 정확히 일치
하지는 않는다.10)

---

9) 허전, 일본의 지방자치단체 감사제도의 우리에의 수용가능성, 공법학연구 16권 2호,
   2015, 160-170면 참조.
10) 일본의 재판소도 대상의 동일성을 '실질적 동일성'으로 이해함으로써 주민소송의 대
    상을 확대하려는 판결들도 존재한다. 東京高判 昭和57年 2月 25日, 昭和5(行コ)102.
    岡山地判 昭和52年 12月 27日, 昭和4(行ウ)59. "주민소송의 대상인 행위 또는 사실

더 나아가 일본에서는 감사의 대상이 아니었다 하더라도 후행행위의 심사단계에서 무효인 선행행위의 하자가 승계되어 후행행위를 위법하게 하는가 하는 등의 논의로 사실상 선행행위의 하자도 심사하는 방식으로 주민소송의 대상을 확대하려는 시도도 줄기차게 전개되어 왔다.

2) 주민소송의 대상

일본의 학설과 판례에서 주민소송의 대상은 무엇인가, 특히, 재무회계행위와 비재무회계행위의 구별 및 양자의 관계에 관해서는 다양한 견해들이 나와 있다. 그 내용들은 검토하는 학자들이나 판결례에 따라 내용과 표현에 차이가 존재하는데, 대별하여 위법성(하자)의 승계론과 재무회계법상의 의무위반론으로 나누어 그 내용을 살펴보는 것이 보통인 것 같다.

이하의 설명은 다음 각주에 열거된 한국 학자들과 일본 학자들의 설명과 분류를 참고한 것이다.11)

(1) 위법성의 승계론

위법성의 승계론은 행정법총론에서 단계적 행정절차에서 출현한 법리로 선행 처분의 하자가 후행 처분의 하자의 존부에 미치는 영향문제를

은 감사청구에 관계된 행위 및 사실과 동일한 것에 한정될 것을 요하지 않고, 이로부터 파생되거나 이를 전제로 후속하는 것이 당연히 예측되는 행위 및 사실을 포함한다고 해석하는 것이 상당하다."

11) 같은 분류방법을 채택한 우리나라의 글로는, 함인선, 주민소송에 있어서 이른바 '위법성의 승계'에 관한 검토-일본의 학설·판례를 중심으로 하여-, 공법연구 제42집 제4호, 2014, 345면 이하.(이 글은 함인선교수가 2014.5.12. 제193차 대법원 특별소송실무연구회에서 발표한 글을 토대로 작성된 것이다.); 문상덕, 주민소송의 대상 확장 : 위법성승계론의 당부-수원지법 2006구합4586 판결 및 서울고법 2008누35943 판결을 소재로-, 지방자치법연구 제27호, 2010, 311면 이하. ; 白藤博行, 住民訴訟における財務會計行爲の違法性-二子玉川東地區再開發事業公金支出差止訴訟を素材にして-, 早法 85卷 3 号, 2010, 641-644면.

다루기 위해 출현했다. 그런데, 일본 주민소송에서 선행행위가 처분이거나 처분이 아닌 행위이더라도 하자가 존재할 때 그 하자가 후행 재무회계행위의 위법여부에 영향을 미칠 수 있는 경우가 있을 수 있다는 입장을 취하는 사람들이 행정법총론의 하자승계론에서 그 판단기준을 찾으려고 했다.

주민소송에서 위법성의 승계론은 선행행위와 후행행위가 직접적이거나 매우 밀접한 관계를 가질 때를 전제로 하여 적용된다고 주장하고 있다.12) 이에 따라 구체적으로는 선행행위가 무효인 하자를 지닐 때 선행행위의 위법성은 승계된다. 선행행위가 단순위법인 경우가 문제된다. 이에 관해서 학자들에 따라 약간씩 편차가 있는 주장들이 제시되고 있어 모두 소개하기는 어렵다.

이 주장들 중 주목할만한 견해는 선행행위와 후행행위를 하는 행정기관이 동일하거나 상이하더라도 후행행위를 하는 행정기관이 선행행위를 하는 행정기관의 행위에 대해 감독권이나 심사권을 갖는 상황에서 선행행위의 위법이 후행행위의 위법에 승계된다고 보는 입장이다. 이 경우도 후행행위를 하는 행정기관이 선행행위의 위법성을 명백하게 인식하였으면서도 후행행위로 나아간 경우도 있을 수 있고 선행행위와 후행행위의 관계가 직접적이거나 매우 밀접하여 선행행위의 위법여부를 심사하였어야 함에도 불구하고 부주의하게 인식하지 못한 경우도 있을 수 있을 것이다. 하지만, 위법성의 승계론은 행정법총론의 하자승계론을 참조하여 선행행위와 후행행위의 관계가 직접적이거나 매우 밀접한 경우 행정기관의 인식여부와는 상관없이 선행행위의 하자가 후행행위에 승계된다는 입장을 취한다.

행정법총론에서 하자의 승계론은 선행행위가 행정행위로서 불가쟁력이 발생한 경우의 문제점을 극복하기 위해 두 행위의 밀접성의 정도에

---

12) 이에 대해서는 金子芳雄, 住民訴訟の諸問題, 慶応義塾大學法學硏究會, 1985, 30면 이하, 그리고 關 哲夫, 住民訴訟論(新版), 勁草書房, 1997, 80면 이하 참조.

대해 '두 행위가 결합하여 하나의 법적 효과를 완성하는 경우'일 것을
요구하여 매우 예외적으로 승계를 인정하고 있다.

　주민소송의 대상적격이 문제되는 선행행위가 재무회계적 관점에서 재
정부실의 중요한 원인이 되고 있지만 불가쟁력의 발생과는 관계없는 비
처분적 행위일 수도 있다. 때문에 하자의 승계론은 주민소송의 대상적격
의 판단에 있어 기준으로서 참조할 수 있는 수준을 벗어나서 그 해석론
을 그대로 적용하는 것은 타당하지 않다고 할 것이다. 오히려 중요한 쟁
점은 선행행위와 관련하여 후행행위를 하는 공무원에게 어떤 재무회계
법상의 의무가 있다고 볼 수 있는가라고 판단된다.

(2) 재무회계법상의 의무위반론

　주민소송의 대상을 재무회계법상의 의무를 위반한 행위로 파악하는
입장이다. 주민소송의 본질이 지방자치단체 직원의 행위중 지방재정의
건전성을 위협하는 행위의 위법성을 통제하는데 있다고 보고 소송대상
도 재무회계의 처리를 직접 목적으로 하는 행위에 한정되지 않고 재무
회계법규를 위반하는 행위는 모두 소송대상에 포함되어야 한다고 본
다.[13] 이 입장에서는 주민소송의 대상을 위법성의 승계론보다 더 넓게
보고 필요하다면 위법성의 승계론에서의 선행행위도 주민소송의 대상으
로 파악하기 때문에 선행행위와 후행행위의 구별과 같은 논리적 도구는
필요하지 않다고 본다.

　사견으로는 일본과 우리나라의 지방자치법은 주민소송의 대상을 법률
에서 몇가지 유형으로 나누어 규정하고 있는데, 이 행위들과 별도로 단
지 재무회계법규의 위반방지라는 주민소송의 도입취지만을 내세워 주민
소송의 대상을 지나치게 불확정적으로 파악하는 것은 입법자의 의도를

---

13) 水野忠恒, 住民訴訟, 南博方編, 條解行政事件訴訟法, 1987, 208면. 210면.

벗어나고 법적 안정성을 해칠 우려가 있다고 본다.

다만, 우리 판례에 나타나듯이 재무회계행위를 하는 공무원에게 선행하는 비재무회계행위의 하자유무를 심사하여 취소·정지권이나 시정권을 갖는 경우나 선행행위가 무효라고 볼 수 있는 경우 재무회계법상의 의무위반론은 사실상 선행행위의 교정을 의무지우는 것으로 의미를 갖는다고 본다.[14)]

3. 후속 책임소송에 있어 지방자치단체의 장과 직원의 주관적 책임의 내용

4호 소송이후 책임있는 자에게 손해배상을 청구하기 위해서는 지방자치단체장 등의 재무회계법상 의무위반에 고의 또는 과실이 필요하다. 이 때 손해배상책임의 주관적 성립요건으로서 경과실만 있으면 되는지 아니면 중과실이 있어야 하는지 문제된다.[15)]

일본의 학설과 판례는 지방자치단체장과 직원을 구별하여 논의하는 경향이 있다. 지방자치단체장의 책임의 주관적 요건에 관해서는 1987년 일본최고재판소의 판결이 있다.[16)] 일본 최고재판소는 이 판결에서 "법

---

14) 대법원 2011. 12. 22. 선고 2009두14309 판결.
15) 이에 관하여 일본에서는 최근 지방자치단체장의 배상책임을 제한하기 위해 지방의회의 배상청구권의 포기의결 등의 허용성을 둘러싸고 변화의 움직임이 있다. 즉, 손해배상이나 부당이득반환을 해야 할 당사자가 지방자치단체의 장이면 지방의회의 의장이 단체장을 대신해서 단체장을 상대로 손해배상 등을 청구하여야 하는데, 이 상황에서 의장이 지방의회의 결의로 청구권을 포기할 수 있는가를 놓고 찬반논의가 있다. 이에 관해서는, 최우용, 주민소송제도의 한·일 비교-일본의 현황, 과제 그리고 한국에의 활용방안-, 지방자치법연구 제28호, 2010, 89-92면 참조.
   하지만 이 부분은 우리 주민소송법제의 운용과는 거리가 있어 더 이상 소개하지 않는다.
16) 最判 昭和61년(1987년) 2월 27일. 判例時報 1186호 3면.

제243조의2 제1항 소정의 직원에는 당해 지방자치단체의 장은 포함되지 않고, 지방자치단체장이 당해 지방자치단체에 대해 지는 배상책임에 관해서는 민법의 규정에 따른다고 해석하는 것이 상당"하고, "지방자치단체장의 행위에 대한 손해의 배상을 구할 때에는 실체법적으로도 법 제243조의 2의 규정을 고려할 필요가 없다"고 했다.

이 판례이후 지방자치단체장의 배상책임의 성립요건으로는 경과실이 있으면 족하다는 입장이 하급심판례에서도 이어져 왔고 학설상으로도 이 견해는 거의 확립된 견해라고 인정하고 있다.[17]

지방자치단체장의 경우에는 지방자치단체의 사무를 자신의 판단과 책임하에서 성실하게 관리하고 집행할 의무가 있고, 예산안 편성 및 제출권, 재의요구권, 예산집행권 등 광범위한 권한을 갖고 있기 때문에 배상책임에 관하여는 민법의 규정에 따라 경과실의 경우에도 책임을 져야한다는 것이다.

한편, 직원의 책임의 주관적 요건에 관해서는 견해가 나뉘고 있다. 일본 국가배상법 제1조 제2항이 공무원의 고의 또는 중과실의 경우에만 불법행위를 한 공무원에게 구상권을 행사할 수 있도록 규정하고 있고, 일본 지방자치법 제243조의2 제1항에서 회계관계자 또는 회계관계직원의 변상책임을 규정하면서 동산 등의 경우에는 고의 또는 중과실(현금의 경우에는 고의 또는 과실)이 있는 때만 개인책임을 규정하고 있다.

이 규정들을 들어, 주민소송의 경우에도 지방자치단체장 외의 직원에 대해서는 고의 또는 중과실만을 요구해야 한다는 견해가 존재한다.[18]

하지만, 4호 주민소송에 있어 회계관계직원의 행위에 대해서는 일본 지방자치법 제243조의2 제1항이 적용되어 고의 또는 중과실이 존재할 때 변상책임을 물을 수 있지만, 일반 직원의 불법행위에 대해서는 일본 지방자치법 제242조의2 제1항 제4호와 민법의 불법행위의 주관적 성립

---

17) 伴義聖·大塚康男, 實務住民訴訟, ぎょうせい, 1997, 152면.
18) 伴義聖·大塚康男, 實務住民訴訟, ぎょうせい, 1997, 152-153면.

요건규정에 따라 고의 또는 과실이 존재하면 책임을 물을 수 있다고 보는 견해도 존재한다.[19)

Ⅲ. 우리나라 4호 주민소송과 후속 책임소송에 있어 소송대상

1. 주민감사청구와 주민소송의 관계

현행 지방자치법 제16조 제1항은 "그 지방자치단체와 그 장의 권한에 속하는 사무의 처리가 법령에 위반되거나 공익을 현저히 해친다고 인정되면 감사를 청구할 수 있다."고 하여 주민감사청구제도를 도입하고 있다.

연혁적으로 주민감사청구는 주민소송(2006년 1월 1일 시행)이 도입되기 전에 이미 구지방자치법 제13조의4(2000년 3월 1일 시행)에 규정되어 시행되고 있었다. 규정내용도 "당해 지방자치단체와 그 장의 권한에 속히는 사무의 처리가 법령에 위반되거나 공익을 현저히 해한다고 인정되는 경우"로 현행 지방자치법 제16조 제1항의 규정과 동일하다.

행정법학에서 감사권은 행정계층제적 감독권의 내용에 속하는 것으로 상급기관은 감독권에 기하여 행정내부적 자기통제권의 일종으로서 하급기관의 행정처분에 대한 교정적인 시정명령권과 취소·철회권을 갖는 것으로 보아왔다.[20)

---

19) 秋田仁志·井上元, 住民訴訟の上手な對處法, 民事法研究會, 2003, 172면.
20) 판례도 같은 견해이다. "지방자치법이 상급 지방자치단체의 장에게 하급 지방자치단체의 장의 위임사무 처리에 대한 지휘·감독권을 규정하면서 하급 지방자치단체의 장의 자치사무 이외의 사무처리에 관한 위법하거나 현저히 부당한 명령·처분에 대하여 취소·정지권을 부여하고 있는 점에 비추어 볼 때, 동일한 지방자치단체 내에서 상급 행정관청이 하급 행정관청에 사무를 위임한 경우에도 위임관청으로서의 수임관청에 대한 지휘·감독권의 범위는 그 사무처리에 관한 처분의 합법성뿐만 아니라 합목적성

감사절차에는 소송절차와 같은 제한, 즉 변론주의와 당사자주의에 의한 제한은 없으므로 감사도중 위법 또는 부당에 해당하는 사유의 단서가 발견되면 감독기관은 감독권의 범위내에서는 직권으로라도 감사대상을 확대할 수도 있는 것이다.

주민감사청구는 상급기관에 대해 감독권에 속하는 감사를 해달라는 주민들의 청구로 원칙적으로 국가와 상급기관의 감독권이 미치는 범위내에서만 가능한 것이다. 때문에, 지방자치법 제16조 제1항에서 감사대상으로 "그 지방자치단체와 그 장의 권한에 속하는 사무"를 규정한 것은 전통적인 행정법학의 해석론상 당연한 것이라 할 것이고, '지방자치단체장의 권한'이라는 것이 주민감사청구에 있어서도 감사권의 중대한 한계가 될 수밖에 없다.

일본과 우리나라의 주민감사청구제도는 그 이름은 동일하지만 상당히 중요한 차이를 가지고 있다.

첫째, 우리의 경우 지방행정에 대한 감사제도는 주민감사청구제도 이외에 국가와 상급자치단체에 의한 감사로 구성되어 있어 주민감사청구를 제외하고는 매우 계층적이고 권력적인 감사제도를 유지하고 있다.

둘째, 우리의 경우 수백명의 주민들의 연서(지방자치법 제16조 제1항, 구체적인 숫자는 조례로 규정)가 있어야 감사청구를 할 수 있도록 하여 감사청구의 진입관문을 높이고 있다.[21]

의 확보에까지 미친다."(대법원 1996. 12. 23. 선고 96추114 판결 [읍·면위임조례중개정조례안의결무효확인])

21) 일본과 우리나라에 있어 감사청구요건 또는 원고적격에 있어 주민수에 대한 요구정도의 현격한 차이는 주민감사청구와 주민소송의 성격을 이해하고 주민감사청구와 주민소송 관련 규정들을 해석하는데 있어서도 의미있게 반영되어야 한다. 왜냐하면, 우리나라에 있어 주민소송은 "'소송'의 형식을 취하고 있으나 실질적으로 참정권적 '주민참여'의 성격을 가짐으로써 주민에 의한 민주적 통제의 기능을 수행"하고 있기 때문이다. 김태호, 부당이득반환청구를 요구하는 주민소송, 행정판례연구 제21-1집, 2016, 148면.

생각하건데 우리나라에서 주민소송절차는 소송절차이면서 동시에 준정치과정이기도 셋째, 일본의 경우 감사청구대상을 재무회계행위에 한정하고 있지만, 우리나라의 경우에는 "그 지방자치단체와 그 장의 권한에 속하는 사무"(지방자치법 제16조 제1항)라고 규정하여 모든 사무를 감사청구대상으로 규정함으로써 그 대상에 제한을 두고 있지 않다.

일본의 경우 주민감사청구사항과 주민소송의 대상이 동일하기 때문에 감사단계를 거치면서 주민소송의 대상이 훨씬 명확해진 상태로 특정될 수 있지만, 우리나라의 경우에는 주민감사청구의 대상과 주민소송의 대상이 달라 주민소송단계에서 그 대상의 특정이 훨씬 어렵고 갈등이 많을 수밖에 없으며 법해석에도 심각한 어려움을 발생시키고 있다.

2. 주민감사청구의 대상과 주민소송의 대상의 관계

1) 주민소송대상의 결정

재판에서 소송대상의 결정은 원고와 피고의 공격방어를 효과적으로 수행할 수 있게 하고 법원의 심리범위가 무한대로 확상되는 것을 막으며 소송경제에도 기여하므로 가능한 한 명확하게 특정될 필요가 있다.

주민소송의 대상과 관련하여 우리 판례는 다음과 같이 명확화를 위해 노력해왔다.

첫째, '재무회계행위'라는 기준을 제시하였다.

"주민소송 제도는 지방자치단체 주민이 지방자치단체의 위법한 재무회계행위의 방지 또는 시정을 구하거나 그로 인한 손해의 회복 청구를 요구할 수 있도록 함으로써 지방자치단체의 재무행정의 적법성과 지방재정의 건전하고 적정한 운영을 확보하려는 데 목적이 있다".(대법원

하다고 보아야 할 것이다.

2016. 5. 27. 선고 2014두8490 ; 대법원 2015. 9. 10. 선고 2013두16746)

"재무회계와 관련이 없는 행위는 그것이 지방자치단체의 재정에 어떤 영향을 미친다고 하더라도, 주민소송의 대상"이 되지 않는다. "이 사건 청구 중 이행강제금 부과에 관한 부분을 제외한 나머지 부분, 즉 사용승인처분, 사용승인의 취소 또는 시정명령, 건축물대장에의 위반내용 기재처분, 원상회복, 대집행, 시정조치 등과 관련한 부분은 주민소송의 대상이 되는 재무회계 행위에 해당하지 아니함이 명백하므로, 이에 관한 소는 부적법하다."(대법원 2015. 9. 10. 선고 2013두16746 판결)

"특히 도로 등 공물이나 공공용물을 특정 사인이 배타적으로 사용하도록 하는 점용허가가 도로 등의 본래 기능 및 목적과 무관하게 그 사용가치를 실현·활용하기 위한 것으로 평가되는 경우에는 주민소송의 대상이 되는 재산의 관리·처분에 해당한다."(대법원 2016. 5. 27. 선고 2014두8490 판결 [도로점용허가처분무효확인등])

"주민소송의 대상으로서 '공금의 지출에 관한 사항'이란 지출원인행위 즉, 지방자치단체의 지출원인이 되는 계약 그 밖의 행위로서 당해 행위에 의하여 지방자치단체가 지출의무를 부담하는 예산집행의 최초 행위와 그에 따른 지급명령 및 지출 등에 한정되고, 특별한 사정이 없는 한 이러한 지출원인행위 등에 선행하여 그러한 지출원인행위를 수반하게 하는 당해 지방자치단체의 장 및 직원, 지방의회 의원의 결정 등과 같은 행위는 포함되지 않는다고 보아야 한다."(대법원 2011. 12. 22. 선고 2009두14309 판결)

둘째, 일본에서 논의되었던 하자의 승계론에 관해 공금의 지출이 문제되었던 사건에서 다음과 같이 우리 입장을 제시하고 있다.

"주민소송의 대상인 '공금의 지출에 관한 사항'에는 지출원인행위에 선행하는 당해 지방자치단체의 장 및 직원, 지방의회 의원의 결정 등과 같은 행위가 포함되지 않으므로 선행행위에 위법사유가 존재하더라도 이는 주민소송의 대상이 되지 않는다. 그러나 지출원인행위 등을 하는 행정기관이 선행행위의 행정기관과 동일하거나 선행행위에 대한 취소·정지권을 갖는 경우 지출원인행위 등을 하는 행정기관은 지방자치단체에 직접적으로 지출의무를 부담하게 하는 지출원인행위 단계에서 선행행위의 타당성 또는 재정상 합리성을 다시 심사할 의무가 있는 점, 이러한 심사를 통하여 선행행위가 현저하게 합리성을 결하고 있다는 것을 확인하여 이를 시정할 수 있었음에도 그에 따른 지출원인행위 등을 그대로 진행하는 것은 부당한 공금 지출이 되어 지방재정의 건전하고 적정한 운용에 반하는 점, 지출원인행위 자체에 고유한 위법이 있는 경우뿐만 아니라 선행행위에 간과할 수 없는 하자가 존재하고 있음에도 이에 따른 지출원인행위 등 단계에서 심사 및 시정의무를 소홀히 한 경우에도 당해 지출원인행위를 위법하다고 보아야 하는 점 등에 비추어 보면, 선행행위가 현저하게 합리성을 결하여 그 때문에 지방재정의 적정성 확보라는 관점에서 지나칠 수 없는 하자가 존재하는 경우에는 지출원인행위 단계에서 선행행위를 심사하여 이를 시정해야 할 회계관계 법규상 의무가 있다고 보아야 한다. 따라서 이러한 하자를 간과하여 그대로 지출원인행위 및 그에 따른 지급명령·지출 등 행위에 나아간 경우에는 그러한 지출원인행위 등 자체가 회계관계 법규에 반하여 위법하다고 보아야 하고, 이러한 위법사유가 존재하는지를 판단할 때에는 선행행위와 지출원인행위의 관계, 지출원인행위 당시 선행행위가 위법하여 직권으로 취소하여야 할 사정이 있었는지 여부, 지출원인행위 등을 한 당해 지방자치단체의 장 및 직원 등이 선행행위의 위법성을 명백히 인식하였거나 이를 인식할 만한 충분한 객관적인 사정이 존재하여 선행행위를 시정할 수 있었는지 등을 종합적으로 고려해야 한다."(대법원 2011. 12. 22. 선고 2009두14309 판결 [손해배상청구])

　대법원판례의 노력으로 공금의 지출이나 재산의 처분 및 관리, 공금의 징수의 해태에 대해서는 주민소송의 대상과 관련한 불명확성이 제거되어가고 있다. 하지만, 계약의 체결과 이행과 관련된 문제나 계약업무에 대한 감독태만으로 나타나는 문제들에 대해서는 아직 아무런 기준이 제시되고 있지 않다. 계약과 관련된 문제들에 대해 공금의 지출문제로만 보거나 회계관계직원등의 책임에 관한 법률의 적용문제로만 인식하는 것은 지방자치법, 지방재정법, 지방자치단체를 당사자로 하는 계약에 관한 법률, 사회기반시설에 대한 민간투자법 등 매우 중요한 다른 법률들의 해석적용을 태만하게 하는 것이 될 것이다.

지방재정의 부실화에 미치는 영향력의 측면에서 계약의 문제는 다른 3유형과는 비교할 수 없을 정도로 파급력도 크고 문제도 복잡하게 얽혀 있는 경우가 많다. 그렇다고 해서 주민소송의 대상유형으로 명시되어 있는 계약의 체결과 이행, 그리고 계약에 대한 이행감독의 문제를 주민소송의 대상에서 제외할 수는 없을 것이다.

일본에 비해 지방행정에 대한 감사제도가 다양화되어 있지 않고 부족한 우리나라의 전반적인 감사체계내에서 주민감사청구 및 주민소송이 갖는 의미를 고려할 때, 우리 법원이 일본과 같은 정도로 엄격하게 주민소송의 대상에 대해 특정을 요구하거나 그 범위를 제한하려는 태도를 갖는 것은 주민소송의 성공적인 정착과 안정을 위해서 바람직하지 않고 사회적으로 지지를 받기는 어렵다 할 것이다.

2) 지방자치법 제17조 제1항에 나타난 2개의 기준

주민감사청구의 대상은 "당해 지방자치단체와 그 장의 권한에 속하는 사무"(지방자치법 제16조 제1항)이다.

지방자치법상 주민소송의 대상은 "제16조제1항에 따라 공금의 지출에 관한 사항, 재산의 취득·관리·처분에 관한 사항, 해당 지방자치단체를 당사자로 하는 매매·임차·도급 계약이나 그 밖의 계약의 체결·이행에 관한 사항 또는 지방세·사용료·수수료·과태료 등 공금의 부과·징수를 게을리 한 사항을 감사청구한 주민은 다음 각 호의 어느 하나에 해당하는 경우에 그 감사청구한 사항과 관련이 있는 위법한 행위나 업무를 게을리 한 사실"(제17조 제1항)이다.

지방자치법이 제17조 제1항에서 주민감사청구의 대상과 관련하여 주민소송의 대상을 명시적으로 표현한 법문언은 "감사청구한 사항과 관련이 있는 위법한 행위나 업무를 게을리 한 사실"이다.

따라서, 우리 지방자치법에 표현된 법문언상 주민소송의 대상은 2가지 기준에 의해 판단해야 한다. 첫째, 공금, 재산, 계약 등과 관련된 4유형의 행위나 사실(지방자치법 제17조 제1항)일 것(**4유형**), 둘째, 감사청구한 사항과 관련이 있는 위법한 행위나 업무를 게을리 한 사실일 것(**대상의 관련성**).

3) 대상의 관련성

이 사안에서 1심과 원심은 주민소송의 대상에 관하여 지방자치법 제17조 제1항에서 규정한 4유형의 행위나 사실이면서 동시에 주민감사청구에 관하여 규정한 지방자치법 제16조 제1항에서 규정한 기준, 즉, '해당 지방자치단체와 그 장의 권한에 속하는 사무'에 해당하여야 한다고 보고 있다.

하지만, 필자의 생각으로는 이 견해는 재검토될 필요가 있다. 왜냐하면 주민소송에 관한 규정은 지방자치법 제17조 제1항인 것이고 여기에는 4유형의 행위이면서 동시에 '감사청구한 사항과 관련이 있는 위법한 행위나 업무를 게을리 한 사실일 것'만을 요구하고 있을 뿐이기 때문이다.

소송절차와 달리 감사절차에서는 변론주의나 당사자주의가 적용되는 것이 아니어서 감사의 범위가 그렇게 사전에 명확하게 확정될 수 있는 것이 아니고 감사기관은 재량권을 가지고 민원인들이나 감사청구자들이 얼마나 상세하게 감사청구를 했는지는 상관없이 직권으로라도 피감사기관의 업무처리내용 중 위법 또는 부당의 사유가 있으면 그 사유와 대상들에 대해서도 감사활동을 할 수 있는 것이다. 이 점은 주민감사청구절차에서도 크게 달라지는 것이 아니므로 감사청구인들이 간단하게 위법 또는 부당이 의심되는 사실을 적시하는 경우에도 감사기관은 감사활동을 할 수 있는 것이고 그것에 어떤 법적 한계가 있는 것도 아니다.[22] 더구나, 우리나라는 일본과 달리 주민감사청구의 대상에도 제한이 없다. 따라서, 우리나라에서 주민소송의 대상은 감사청구를 얼마나 상세하고 구체적으로 했는가 하는 문제나 감사권의 한계와 지나치게 엄격하게 연계시키는 것은 타당하지 않다고 생각한다. 때문에 우리 법상 주민소송의 대상은 일본과 달리 주민감사청구와 '물적 동일성'이 요구되는 것이 아니라 '대상의 관련성'이 요구될 뿐이라고 보는 것이 우리 법의 문언에 충실한 것으로 보인다.[23]

우리 법은 4호 주민소송으로서 지방자치단체의 장에게 계약의 상대방인 사인에 대해서 부당이득의 반환이나 손해의 배상을 할 것을 요구하는 이행소송을 인정하고 있는데, 이것은 주민소송의 대상으로 규정한 '감사청구한 사항과 관련이 있는 위법한 행위'속에는 사기업의 행위이기 때문에 본격적인 감사대상은 아니었던, 지방자치단체와 계약 등을 체결한 사인의 불법행위도 주민소송에서 본격적인 심사대상이 된다는 것을 전제로 하고 있는 것이다.

행정감독권의 내용으로서 한계를 갖는 감사제도의 특성상 상급기관이 사기업의 불법행위에 대해 본격적으로 감사하는 것은 감사권의 범위밖

---

22) 감사기관은 시·도지사나 주무부장관만 될 수 있는 것도 아니다. 예를 들어, 지방자치법 제16조 제4항과 제17조 제1항 2호에 따를 때 감사원이 감사기관으로 나타날 수도 있다. 감사원법 제24조 제1항 제2호는 직무감찰의 범위안에 "지방자치단체의 사무와 그에 소속한 지방공무원의 직무"를 포함시키고 있고, 감사원법 제43조 제1항은 심사의 청구라는 제목아래 "감사원의 감사를 받는 자의 직무에 관한 처분이나 그 밖의 행위에 관하여 이해관계가 있는 자는 감사원에 그 심사의 청구를 할 수 있다"고 하고 있다. 즉, 이른바 민원인에 의한 감사청구도 인정되고 있다.

23) 동지의 견해로는, 조성규, 지방자치단체의 책임성 제고수단으로서 주민소송제도의 의의와 한계, 지방자치법연구 제7권 제4호, 2007, 13-14면.

의 일이 된다. 하지만, 4호 주민소송에서는 지방자치단체와 계약을 체결
한 사기업이 계약의 체결과 이행과정에서 불법행위를 하여 지방자치단
체에게 손해를 발생시켰는지 대해서도 본격적인 심리를 하지 않으면 안
된다. 따라서, 주민감사청구의 대상에 관한 규정, 즉, 제16조 제1항에서
제시된 '해당 지방자치단체와 그 장의 권한에 속하는 사무'인지 여부에
의해 4호 주민소송의 대상을 판단하는 것은 잘못이라고 생각한다.[24][25]

---

24) 사건으로는 하급심 법원들의 입장을 취한다고 해도 지방자치단체의 장이 계약상대방
이 계약의 체결과 이행의 과정에서 사기 등으로 지방자치단체에게 손해를 끼쳤는지
를 조사하지 않는 것은 업무해태라고 볼 수 있다고 본다. 이렇게 본다면 계약의 체결
과 이행의 과정에서 계약상대방의 사기 등에 대한 조사업무는 지방자치단체장의 권
한에 속하는 일이 된다.

25) 박형순, 주민소송의 이론과 실무-지방자치법 제17조 제2항 제4호소송을 중심으로
한 고찰-, 사법논집 제65집, 2017, 17-18면은 주민감사청구와 주민소송 사이에는
'관련성'이 요구된다고 하면서, '관련성' 요건을 둘로 나누어 인적 동일성과 물적 동
일성으로 나눈 후 인적 동일성에 대해서는 엄격하게 평가해야 하지만, 물적 동일성에
대해서는 요건을 완화하는 입장을 취한다. 사회적 사건으로서의 동일성을 요구하는
견해와 실질적 동일성으로 족하다는 견해를 소개한 후 사회적 사건으로서의 동일성
을 요구하는 견해를 지지하고 있다.
사건으로는 대상에 관한 판단기준으로서 일본에서는 주민감사청구의 대상과 주민소
송의 대상이 동일하기 때문에 물적 동일성 기준이 유효할 수 있으나, 우리나라에서는
주민감사청구의 대상과 주민소송의 대상은 명백히 다르기 때문에 일본의 학설을 따
를 수는 없고 '대상의 관련성' 또는 '물적 관련성' 기준만이 가능하다고 본다.
보다 실질적으로 검토할 때, '사회적 사건으로서의 동일성'이라는 기준은 개인의 법
익이 침해된 주관소송에서 발달된 법리라는 점도 주민소송을 위해 유추해서 해석론
을 전개할 때 고려되어야 한다. 즉, 우리 판례는 주관소송인 "행정처분의 취소소송에
서 당초의 처분사유와 기본적 사실관계의 동일성이 없는 별개의 사실을 처분사유로
주장하거나 인정할 수 없다"고 하면서 이 논리를 사용하고 있다.(대법원 2001. 3.
23., 선고, 99두6392 판결. 의료보험요양기관지정취소처분취소)
객관소송이자 공익소송인 주민소송에서 용인경전철의 건설이라는 대규모 정책결정
과 그 이행행위를 둘러싼 다양한 행위들과 사실들이 서로 연결되어 감사대상이 되고
소송대상이 될 때, '사회적 사건으로서의 동일성'이라는 기준이나 '기본적 사실관계
의 동일성'이라는 기준이 얼마나 객관적으로 설득력있는 기준이 될 것인지는 의문이
다. 그 개념을 좁게 파악하거나 서로 연결된 행위들을 엄격하게 분리해서 파악하려
한다면 그렇게 좁히거나 분리시키는 법적 근거가 무엇인지 선례가 있는지 심각한 의
구심을 갖게 될 가능성도 있다고 본다.

3. 주민소송의 대상으로서 '계약의 체결·이행에 관한 사항' (지방자치법 제17조 제1항)과 '지출원인행위'(지방회계법 제29조)의 관계

우리 지방자치법 제17조 제1항에서는 '해당 지방자치단체를 당사자로 하는 매매·임차·도급 계약이나 그 밖의 계약의 체결·이행에 관한 사항' 을 주민소송의 대상으로 규정하고 있다.

일본의 지방자치법 제242조의 2 제1항은 계약의 유형에 관한 예시 없 이 단순히 "계약의 체결·이행"이라고 규정하고 있다. 하지만, 우리 지방 자치법은 주민소송의 대상이 되는 계약의 유형으로 "매매·임차·도급 계 약 등"이라고 규정하고 있는데, 이것들은 단지 예시규정일 뿐 다른 종류 의 계약들도 주민소송의 대상이 될 수 있다고 보아야 할 것이다. 다만, 이 사건에서 문제되었던 교통수요예측에 관한 용역계약이나 건설도급계 약들은 도급계약으로서 우리 지방자치법이 주민소송의 대상으로 명시적 으로 밝히고 있다는 점은 주의를 요한다.[26]

지방자치단체의 계약에 관한 사항들을 계약의 이행에 관한 사항과 계 약의 체결에 관한 사항으로 나누어 살펴본다. 특히, 일본의 학자들이나 우리나라에서 일본의 실무를 소개한 글들에서는 지방회계법에서 분류한 지출행위, 지급명령행위와 지출원인행위와 관련시켜서 논의를 전개하는 경우가 많은데 여기서도 이 분류와 관련시켜서 검토할 것이다.

1) 계약의 이행행위

계약의 이행에 관한 사항들 중에는 구체적 계약내용에 따라 달라질

---

26) 지방자치법 제17조 제1항에서 주민소송의 대상으로 명시하지 않은 지출원인행위론이 나 선행행위와 후행행위론 등을 적용하여 명확한 법적 근거도 없이 그리고 특별한 정당화사유도 밝히지 않은 채 어떤 도급계약은 주민소송의 대상이 되지 않는다고 판 단하는 것은 성급한 것이 아닌가 본다.

수 있지만 공금의 지출행위가 포함되는 경우가 많을 것이다. 그런데 지방자치단체의 공금의 지출에 관해서 규정하고 있는 지방회계법 제5장에서는 지출행위, 지급명령행위와 지출원인행위를 나누어 규율하고 있다.

지방자치단체가 건설회사와 건축물이나 시설의 도급계약을 체결하거나 어떤 전문가의 감정의견이 필요하면 해당 용역에 대한 도급계약을 체결하고 나서 그 결과에 따라 공금의 지출을 수반하는 계약의 이행행위를 하게 된다.

계약의 이행행위 과정을 살펴보면 지방회계법 제31조와 제32조가 규정하듯이 지방자치단체의 장이 임명한 공무원인 지출원이 지급명령을 내리고 그 다음 지출행위가 뒤따르게 된다.

우리 지방자치법은 계약의 이행행위가 주민소송의 대상이 되도록 규정했으므로 지급명령과 지출행위는 계약의 이행행위로서 당연히 주민소송의 대상이 된다. 하지만, 계약의 이행행위란 이미 계약의 체결단계에서 중요한 내용이 결정된 이후의 절차에 불과한 것으로 계약의 이행행위 과정에서 불법을 막는 것이 지방재정의 부실화를 방지하기 위한 주민소송제도의 주된 목적이었다고 말할 수는 없을 것이다.

2) 계약의 체결행위

주민소송의 대상과 관련하여 일본과 우리나라에서 나온 견해들의 다툼은 주로 지출원인행위들의 범위를 어디까지 주민소송의 대상범위에 포함시켜야 하는가에 집중되고 있다. 다툼이 여기에 집중된 이유를 이해하기는 어렵지 않다. 왜냐하면 지방자치단체에게 위법한 손해를 야기하는 업무처리내용 중 주민들이나 감사주체들이 가장 저지하고 책임을 묻고 싶은 것은 지방자치단체가 부담해야 할 부담과 관련하여 부담의 감수여부와 그 금액을 결정적으로 형성하는 행위이지 단순히 확정된 금액을 집행하는 행위가 아니기 때문이다.

하지만, 필자로서는 지출원인행위(지방회계법 제29조)라는 매우 모호한, 통합된 하나의 개념으로 지출명령과 지출행위에 선행하는 행위들의 법형식상의 차이를 무시하고 주민소송에 관한 대상적격을 판단하려는 시도는 그 정당성도 발견하기 어렵고 실익도 약하다고 본다.[27] 왜냐하면 주민소송의 대상을 규정한 법문에서 지출원인행위라는 표현은 사용하지도 않았을 뿐만 아니라 지출원인행위로 제시되는 처분이나 계약의 체결행위는 그 문제양상이 전혀 다르기 때문이다.

이러한 이유로 지방자치법 제17조 제1항에 표현된 법문 그대로 계약의 이행행위와 계약의 체결행위를 나누어서 살펴보고 그 중에서 지방자치단체의 재정부담에 대해 결정적 영향을 미치는 행위인 계약의 체결행위들에 대해서 그 유형이나 내용에 따라 주민소송의 대상적격여부를 검토하는 것이 더 법문에 충실한 입장이 아닌가 생각한다.

계약의 체결행위가 계약의 이행행위와 다른 점은 계약의 체결내용이 지방자치단체가 지불하여야 금전의 액수와 기간 등 지방자치단체가 부담해야 할 부담의 내용을 형성한다는 점이다. 계약의 체결여부 및 그 내용의 형성에 따라 지방자치단체가 부담해야 할 재정적 의무의 내용을 뒤집는 것이 매우 어렵거나 불가능하게 된다는 점에서 결정적이거나 최종적인 효과를 갖게 된다. 때문에 지방자치단체의 계약체결이 주민소송의 주된 대상이 되어야 한다.[28]

---

27) 지방회계법에 규정된 분류방식으로 주민소송의 대상적격을 판단하는 것은 지방자치법이라는 일반법에 규정되어 지방공무원들 일반과 상대방인 사인들의 행위에 대해서 적용되는 주민소송을 주로 현금의 지출을 다루는 회계공무원의 행위들의 위법을 통제하는 소송으로 좁혀 이해하겠다는 의도를 암묵적으로 내포하고 있는 것으로 보여진다. 이러한 입장에서 볼 때 지출원인행위론을 대상적격판단에 도입하는 것은 잘못된 해석론으로 유도할 위험이 크다고 본다.

28) 박형순, 전게논문, 45-46면. "지방자치단체장의 경우 당해 지방자치단체에서 행해지는 사무의 최종적 결정권자이자 지휘감독책임자로서 대개 주요한 예산지출이 일어나는 재무회계 관련 사항에 관하여 결제, 보고, 진행사항의 관리감독 등을 통해 위법한 재무회계행위와 관련된 연관성을 폭넓게 인정할 수 있을 것으로 보인다". 특히, 지방

이 사건에서 나타난 경전철의 건설과 운영과정에서 체결된 계약들을 살펴볼 때, 이 계약들을 통해 비로소 경전철의 설계, 건설과 운영과 관련해서 지방자치단체가 지불해야할 금액이 정해지게 되는데, 금액이 얼마가 되고 그 금액이 어떻게 결정되는가에 의해 지방자치단체의 부담과 손해의 여부와 그 정도가 결정되고 있으므로 당연히 계약의 체결이 주민소송의 가장 중요한 대상이 된다고 보아야 한다.[29]

4. 주민소송의 대상으로서 계약상대방의 불법행위 또는 부당이득, 그리고 계약상대방의 계약이행에 대한 감독태만[30]

지방자치단체에게 발생한 심각한 재정적 손실의 주된 원인이 사기업의 악의적인 편취행위이고 공무원들의 사업계획서에 대한 평가능력의 부족이나 부주의 또는 계약이행에 대한 감독태만 등이 함께 부수적으로 문제된 경우 재정결손의 극복과 예방을 위해 주민소송의 운용을 어떻게 해야 하는가를 고민해야 한다.

지방재정으로부터 사기업들의 악의적인 편취행위의 방지는 우리 주민소송의 핵심목적이 되어야 한다. 이 사건에서도 경전철공사의 계획과 결정이 문제되는 것이 아니라, 경전철공사를 위한 계약의 체결에 있어 공사대상, 공사금액, 건설비용과 운영비용 등에서 지방자치단체가 감당하

자치단체장의 재임기간 중 치적으로서의 의미를 지니는 중점 역점사업과 관련되어 행해진 재무회계행위에서 이러한 필요성은 크다고 할 것이다.

29) 김태호, 지방자치법상 손해배상청구를 요구하는 주민소송의 대상과 위법사유의 심사방법, 대법원판례해설 89호, 2011, 1022면에서도, 도로확장계획→공사도급계약→자금지출행위로 이루어지는 행위들 중 공사도급계약과 자금지출행위를 주민소송의 대상에 포함시켜 이해하고 있다.

30) 박형순, 전게논문, 46면. "손해배상이나 부당이득반환의 청구 대상자인 '해당 행위와 관련된 상대방'의 범위는 '위법한 당해 재무회계행위와 관련이 있는 상대방'과 '위법한 해태사실과 관련이 있는 상대방'을 포함하는 것으로 해석함이 일반적"이다.

기 어려울 정도로 불합리하게 비경제적인 방법으로 처리되어 큰 손해를 야기했다는 것에 초점을 맞추어 이의 극복을 위해 주민소송이 기여할 수 있도록 운영되어야 한다.

　향후 수십년간 해당 지방자치단체의 재정에 파탄적 재앙을 초래하는 계약은 왜 출현하는가? 이는 우리나라 지방행정에 만연해 있는 지방자치단체장들의 무책임한 선심성 공약의 추진, 지방공무원들의 전문성부족이나 책임의식부족(예, 비이성적인 충성경쟁)을 이용하는 사기업들의 악의적인 편취행위가 그 원인이 되는 경우가 많다. 이러한 문제들을 주민소송이 효과적으로 다루기 위해서는 주민소송 관련규정들의 해석에 있어서 가능한 한 문제의 주된 원인인 사기업들의 악의적인 편취행위를 적극적으로 방지하거나 제거하고 손해를 배상시키며 지방자치단체의 장이나 그 정책을 추진한 주요 담당자들에게 책임을 물을 수 있어야 한다. 오직 공무원의 과실의 존부, 중과실의 존부만을 검토하다가 주민소송의 더 중요한 기능인 사기업들에 대한 손해배상청구소송의 가능성을 차단시키는 방향으로 4호 주민소송을 해석해서는 안될 것이다.

　민사판례는 이미 계약책임과 불법행위책임에 관해 많은 판례들을 축적시켜왔으므로 여기서는 어떤 경우에 채무불이행책임이 발생하고 하자담보책임이 발생하는가를 검토하지 않을 것이고, 다만 행정법학과 행정판례에 나타났던 사례들을 중심으로 검토할 것이다.

　우리 행정법학과 행정판례도 이미 정책결정행위들과 같이 폭넓은 재량이 인정되는 행정작용들에 대한 사법심사의 기법을 발전시켜왔다.

　우선 지방자치단체가 사기업들과 계약을 체결하면서 계약의 내용과 관련하여 중요한 사항들을 부주의하게 다루거나 계약의 이행과정에 관한 감독의 소홀로 지방자치단체에 중대한 손해를 끼친 경우가 있을 수 있다. 이와 관련하여 이미 지방자치법 제17조 제1항에서 규정한 "업무를 게을리 한 사실"도 주민소송의 대상에 포함시켜 손해배상청구소송 등의 대상이 될 수 있도록 규정하고 있다.

4호 주민소송에서 손해배상 등이 문제될 수 있는 경우란, 예를 들어, 사인이 지방자치단체와 계약 등을 체결할 때 제공하는 상품이나 서비스에 비하여 고의로 가격을 부풀려 지방재정에 피해를 주거나, 계약의 이행과정에서 건설회사가 의무를 위반하여 지나치게 저가의 건축자재를 사용하거나 2중 장부를 작성하여 실제보다 건축비를 과도하게 부풀리고 있음에도 지방공무원들이 그 사실들을 모르고 무모하게 계약이행의 감독을 태만하게 한 경우 등이다. 당해 상품이나 서비스와 관련한 시장가격동향을 성실하게 조사하였다면 적정한 범위의 가격을 발견했을 것임에도 충분한 노력을 기울이지 않은 경우, 또는 다양한 노력을 했지만 사업자가 제시한 가격의 적정성을 평가할 수 없는 경우에도 불구하고 부주의하게 사업자가 제시한 가격에 유리하게 계약을 체결하는 것은 무모한 계약이라 할 수 있을 것이다. 이 때 공무원에게는 충분한 사실조사를 하지 않았다는 점에서 선량한 관리자의 주의의무를 다하지 않은 업무태만이 있었다고 평가할 수 있을 것이다.

경전철과 같은 공공시설의 설치관리업무는 기간도 매우 길고 투자되는 자본의 규모도 크기 때문에 지방자치단체와 계약이 체결된 상대방에 대해서 그 후속조치로서 지방자치단체의 장에게 인허가 등 처분권이나 계약이행의 감독을 위한 제재권이 부여되는 경우가 있다.[31] 그 때, 그

---

31) 사회기반시설에 대한 민간투자법은 다음과 같이 규정하고 있다.

제45조 (감독·명령) ①주무관청은 사업시행자의 자유로운 경영활동을 저해하지 아니하는 범위에서 대통령령으로 정하는 경우에 한정하여 사업시행자의 민간투자사업과 관련된 업무를 감독하고 감독에 필요한 명령을 할 수 있다"고 규정하고 있다.

제46조(법령 위반 등에 대한 처분) 주무관청은 다음 각 호의 어느 하나에 해당하는 경우에는 그 위반행위를 한 자에게 이 법에 따른 명령이나 처분의 취소 또는 변경, 사회기반시설공사의 중지·변경, 시설물 또는 물건의 개축·변경·이전·제거 또는 원상회복을 명하거나 그 밖에 필요한 처분을 할 수 있다.

1. 거짓이나 그 밖의 부정한 방법으로 이 법에 따른 지정·승인·확인 등을 받은 경우

2. 이 법 또는 이 법에 따른 명령이나 처분을 위반한 경우

3. 사업시행자가 실시계획에서 정한 사업기간에 정당한 사유 없이 공사를 시작하지 아니하거나 공사 시작 후 사업시행을 지연 또는 기피하여 사업의 계속 시행이 불

처분권이나 제재권의 행사유무 및 행사내용과 관련하여 지방자치단체의 장에게 재량권이 인정되어 있는 경우도 있다.

지방자치단체의 장이나 직원에게 인정된 재량권의 남용여부는 인허가 처분의 내용여하, 감독조치의 필요유무와 그 내용 등 실체법적 사유를 살펴 판단할 수도 있을 것이다.

우리 판례는 도시계획결정과 관련하여 다음과 같이 실체적 기준에 의한 위법심사방법을 제시하고 있다.

"도시계획은 도시정책상의 전문적·기술적 판단에 기초하여 도시의 건설·정비·개량 등과 같은 특정한 행정목표를 달성하기 위하여 서로 관련되는 행정수단을 종합·조정함으로써 장래의 일정한 시점에 있어서 일정한 질서를 실현하기 위한 활동기준을 설정하는 것으로서 재량행위"로서, "행정주체가 구체적인 도시계획을 입안·결정함에 있어서 비교적 광범위한 계획재량을 갖고 있지만, 여기에는 도시계획에 관련된 자들의 이익을 공익과 사익에서는 물론, 공익 상호간과 사익 상호간에도 정당하게 비교·교량하여야 한다".(대법원 1998. 4. 24. 선고 97누1501)

하지만, 정책결정의 대상이 되는 행위들과 관련하여 행정청은 상당히 넓은 재량을 갖는 경우가 많고 그러한 경우 실체법적 사유보다는 행정청이 수단의 선택과 관련하여 법적으로 규정된 행정절차를 충실하게 거쳤는지가 통제수단으로 더 유용할 수도 있다.[32] 재량행위의 위법사유로 판례가 인정하고 있듯이 지방자치단체가 필요한 사실조사를 하지 않거나 전문적인 검토가 필요할 때 경제적·과학적 분석을 하지 않은 경우, 그리고 자문위원회나 심의위원회 등 필요한 절차를 거치지 않은 경우는

    가능하다고 인정되는 경우

  4. 제14조제3항에 따라 설립된 법인이 제14조제4항을 위반한 경우

32) 형식적 절차를 거쳤다 하더라도 헌법상의 적법절차원리를 적극적으로 적용하여 해당 규범을 목적론적으로 해석하여 해당 절차규정을 '실질적으로' 준수한 것으로 볼 수 없어 위법하다고 평가할 수도 있을 것이다. 동지의 견해는, 김태호, 부당이득반환청구를 요구하는 주민소송, 행정판례연구 제21-1집, 2016, 144면 참조.

위법하게 손해를 발생시킨 것으로 평가할 수 있을 것이다. 헌법 결정권을 갖는 장이나 담당공무원들의 뇌물수수는 동기의 부정으로서 당해 재량권의 행사를 위법하게 할 수도 있을 것이다.

아래에서는 재량행위와 관련하여 우리 판례들을 살펴본다.

대법원은 지방의원의 의정활동비에 대한 주민소송에서 주민소송의 대상성을 긍정하고 나서 절차적 위법여부를 심사하여 다음과 같이 판시하고 있다.

"원심은 증거에 의하여 판시와 같은 사실을 인정한 다음, 그 인정 사실로부터 알 수 있는 다음과 같은 사정, 즉 이 사건 심의회가 전문 여론조사기관에 의뢰하여 에이알에스(ARS) 여론조사 방식으로 지역주민 1,000여명을 상대로 의견조사를 실시한 점, 그 의견조사의 기초가 된 설문조사안은 참석 심의위원 9명이 토론을 거쳐 만장일치로 마련한 것인 점, 설문 가운데 의정활동비 등 인상에 유리한 문항과 선택 답변이 포함되어 있으나 성동구의회 의원이 현재 지급받고 있는 의정활동비 등을 함께 적시함으로써 설문이 의정활동비 등 인상 취지임을 알 수 있도록 한 점, 에이알에스 방식의 설문조사에서 응답률을 높이기 위해서는 답변에 필요한 다양한 고려요소에 대한 정보를 충분히 제공하기보다는 핵심적인 사항에 대해 간략한 설문에 의한 조사가 불가피한 면이 있는 점, 관계 법령의 규정상 심의회가 의정활동비 등을 결정함에 있어 지역주민 의견수렴절차에서 얻어진 결과를 참작하여야 하나 반드시 그 결과에 구속된다고 볼 수는 없는 점과 그밖에 이 사건 설문문항의 합리성 등 제반 사정을 종합하면, 이 사건 심의회가 시행한 지역주민의 의견수렴절차가 시행령 제34조 제6항에 위반되고, 나아가 이에 근거한 이 사건 조례가 위법·무효라고 볼 수 없다는 취지로 판단하였다.

앞에서 본 법리에 비추어 살펴보면, 원심의 이러한 판단은 정당하고, 거기에 상고이유의 주장과 같은 심의회의 지역주민 의견수렴절차에 관한 법리오해의 위법이 없다."(대법원 2014. 2. 27. 선고 2011두7489 판결

[주민소송(부당이득반환)])

또, 대법원은 대규모공공시설의 설치와 관련된 환경영향평가절차를 형식적으로만 거친 사건에서 그것을 다음과 같이 위법으로 평가했다.

"특히 이 사건 사업과 같은 대규모 국책사업을 시행함에 있어서는 그 영향이나 파급효과가 중대하고 이해관계인이 많은 점을 충분히 고려하여 더더욱 관련 법률에 어긋나지 않도록 절차를 진행하여야 할 뿐만 아니라 그로 인하여 법률상 보호하여야 할 국민의 권익이 부당하게 침해되지 않도록 유의하여야 한다.", "환경영향평가법의 입법 취지를 몰각하거나 환경영향평가법이 보호하고자 하는 평가대상지역 주민들의 이익이 침해되는 결과가 생기지 않게 했어야 한다.", "행정의 필요성 등을 빌미로 위와 같은 행정기관으로서의 기본적이고도 중요한 의무에 반하여 이 사건 승인처분을 하였으므로, 이는 입법기관이 만든 법률의 한계를 벗어난 것일 뿐만 아니라 사법부의 법률해석에도 반하는 위법한 행정이 아닐 수 없다."고 했다.(대법원 2012. 7. 5. 선고 2011두19239 전원합의체 판결 [국방·군사시설사업실시계획승인처분무효확인등])

또, 도시계획안을 입안하면서 두 차례에 걸쳐 일간신문에 그에 관한 공고를 하였으나 도로에 관한 내용은 전체적인 면적과 총길이만 표시하고 개별 도로의 신설·변경 여부나 그 위치·면적 등과 같은 최소한의 기본적인 사항을 밝히지 아니한 사례에서, 대법원은 다음과 같이 판시했다.

"도시계획의 입안에 있어 해당 도시계획안의 내용을 공고 및 공람하게 한 것은 다수 이해관계자의 이익을 합리적으로 조정하여 국민의 권리자유에 대한 부당한 침해를 방지하고 행정의 민주화와 신뢰를 확보하기 위하여 국민의 의사를 그 과정에 반영시키는데 있는 것이므로 이러한 공고 및 공람 절차에 하자가 있는 도시계획결정은 위법하다"(대법원 2000. 3. 23. 선고 98두2768 판결 [도시계획결정취소]).

또, 일반적인 재량행위와 관련해서도 대법원은 "재량권의 일탈·남용 여부에 대한 심사는 사실오인, 비례·평등의 원칙 위배, 당해 행위의 목적 위반이나 동기의 부정 유무 등을 그 판단 대상으로 한다"고 하면서 통제기준을 제시한 바 있다.(대법원 2001. 2. 9. 선고 98두17593)

이상에서 살펴보았듯이 우리 판례는 기업의 채무불이행이나 불법행위의 심사나 그에 대한 행정청의 감독태만 등과 관련하여 통제를 위한 법리를 발전시켜왔다.

경전철과 같은 대규모 공공시설의 설치관리업무와 관련된 처분, 계약체결과 설치관리의 감독에 있어서는 처분이나 계약의 기초가 되는 사실의 확인유무, 합리적인 절차의 설계와 그의 준수 여부, 일반적으로 승인된 평가심사방법이나 기준의 준수여부 등이 업무처리의 위법여부를 평가하는데 중요한 역할을 수행할 것이다.

지방재정으로부터 사기업들의 악의적인 편취행위의 방지소송으로서 4호 주민소송이 기능하기 위해서는 계약상대방의 불법행위 또는 부당이득, 그리고 계약상대방에 대한 공무원들의 감독태만에 대해서도 적극적으로 주민소송의 대상으로 파악하여 본안에서 그의 위법여부와 주관적 책임의 유무를 평가하여야 할 것이다.

Ⅳ. 우리나라 4호 주민소송과 후속 책임소송에 있어 위법과 주관적 책임요건

1. 지방자치단체의 장과 직원의 주관적 책임요건

1) 지방자치단체의 장과 직원의 주관적 책임요건을 구별하거나 중과실과 경과실을 구별하여 책임의 유무를 논하는 것의 타당성 유무

주관적 책임요건에 관하여 지방자치단체의 장과 직원을 구별하여 다루거나 중과실과 경과실에 차이를 두고 책임의 유무를 논하는 것이 타당한가? 아래의 몇 가지 이유로 필자로서는 장과 직원을 구별하거나 중과실과 경과실을 구별하는 것은 적절한 해석이라고 보지 않는다.

첫째, 우리 헌법 제29조 제1항은 "공무원의 직무상 불법행위로 손해를 받은 국민은 법률이 정하는 바에 의하여 국가 또는 공공단체에 정당한 배상을 청구할 수 있다. 이 경우 공무원 자신의 책임은 면제되지 아니한다."고 규정하고 있다. 즉, 헌법은 직무상 불법행위에 관한 공무원의 배상책임과 관련하여 "공무원 자신의 책임은 면제되지 아니한다"고 규정하고 있을 뿐 경과실에 대하여 책임을 면제한다고 규정하지는 않고 있다.

이와 달리 일본에서 국가와 공무원의 손해배상에 대해 규정하고 있는 일본 헌법 제17조는 "누구든지 공무원의 불법행위에 의하여 손해를 당한 때에는 법률이 정하는 바에 의하여 국가 또는 공공단체에게 그의 배상을 청구할 수 있다"고 규정하고 있을 뿐,[33] 우리나라와 달리 공무원의 책임은 면제되지 아니한다는 규정을 두고 있지 않다. 우리나라와 일본의 헌법규정의 차이는 4호 주민소송에서 개인책임에 관한 법해석에서 차이를 가져올 수도 있을 것인데, 우리나라에서 일본의 관련 학설과 판례들을 소개하고 참조할 때 이 차이는 주목받지 못했던 같다.

둘째, 주민소송중 이른바 4호소송에 대하여 규정하고 있는 지방자치법 제17조 제2항 제4호는 "해당 지방자치단체의 장 및 직원, 지방의회의원, 해당 행위와 관련이 있는 상대방에게 손해배상청구 또는 부당이득반환청구를 할 것을 요구하는 소송"이라고 규정하여 손해배상청구소송과 부당이득반환청구소송을 동등하게 규정하고 있다.

주지하듯이 부당이득반환청구소송은 이득자가 법률상 원인없이 타인의 재산 등으로부터 이득을 얻으면 성립하는 것으로 이득자의 행위가 적법한 경우에도 성립하며 이득자의 고의나 과실과 같은 심리적 요인은

---

33) 일본국헌법 제17조. 何人も、公務員の不法行爲により、損害を受けたときは、法律の定めるところにより、國又は公共團體に、その賠償を求めることができる。

요구하지 않는다. 이것은 주민소송이 객관소송으로서 지방자치단체에게 발생한 손실 또는 손해를 객관적으로 반환 또는 배상시키는 것이 주된 목적이고 원인행위자의 주관적 상태를 고려하여 책임을 묻는 것은 제2 차적인 고려사항이기 때문에 당연한 것이라 할 수 있다.

객관소송이자 공익소송으로서 손해배상청구소송의 제1차적 목적은 손해발생의 원인을 제공한 자가 지방자치단체에게 발생시킨 손해를 배상시켜 지방자치단체의 재정건전성을 회복시키는 것이므로 불법행위자의 주관적 직위나 심리상태의 경중, 즉, 경과실과 중과실을 구별하여 책임의 성립을 논하는 것은 타당하지 않다고 할 것이다.

셋째, 정책결정과 정책집행행위들과 관련하여 주요 행위자들의 고의 또는 과실을 평가하는 것은 일상적인 민사사건들에서 가행행위자의 과실 등을 평가하는 것과는 상당한 차이가 있다. 공공정책과 예산을 다루는 단체장은 그것들이 사유물이 아니기 때문에 도덕적 해이상태에 빠져 무분별한 판단을 할 가능성이 사유재산이 문제된 경우보다는 훨씬 높다고 보아야 한다. 그럼에도 원심과 1심은 그러한 차이를 경시한 것으로 보인다.

민주주의 사회에서 주권자인 주민들의 권리행사결과로 나타난 주민소송은 피해자 1인이라도 소제기가 가능한 국가배상소송이나 보통 소수의 회계관계직원들이 실수나 회계착오 또는 감시가 소홀한 상황에서의 욕심에 기인하여 지방자치단체에 끼치는 소액의 피해액에 대한 변상책임의 추구와는 민주적 정당성에서 큰 차이가 있다.

주민소송은 객관소송으로서 재무회계행위의 위법방지와 지방자치단체에게 발생한 객관적 손해의 회복이 목적인데 반하여 회계관계직원에 대한 배상소송이나 국가배상소송은 주관소송으로서 주민소송과는 그 성격이 다르다.

다수의 주민들을 대변하여 제기됨으로써 지역사회에서 민주적 정당성을 갖는 주민소송의 관련규정들을 해석함에 있어 아무런 명시적인 명문의 근거도 없이 국가배상소송이나 회계관계직원에 관한 규정들을 유추해석하거나 확대해석하여 위법한 재무행위를 한 공무원의 책임을 감면하는 것으로 해석하는 것은 지나친 관우위의 해석으로 타당한 것이라고 보기 어렵다.

2) 4호 주민소송에서 공무원등의 배상책임과 국가배상법 제2조의 적용가능성

국가배상소송에서는 국가나 지방자치단체의 공무원 또는 공무를 위탁받은 사인이 위법한 직무행위를 하여 타인에게 손해를 끼친 경우 국가 또는 지방자치단체에게 손해배상을 청구할 수 있도록 하고 있다.(국가배상법 제2조 제1항) 또, 국가 또는 지방자치단체가 피해자에게 손해를 배상한 경우, "공무원에게 고의 또는 중대한 과실이 있으면 국가나 지방자치단체는 그 공무원에게 구상할 수 있다"고 규정하고 있다.(국가배상법 제2조 제2항)

국가배상법 제2조 제1항의 해석과 관련하여 판례는 피해자는 고의 또는 중과실이 있는 경우는 물론 경과실이 있는 경우에도 국가에게 배상청구를 할 수 있지만, 가해공무원에 대해서는 피해자는 고의 또는 중과실이 있는 경우에만 가해공무원 자신에게 직접 선택적으로 배상청구할 수 있다고 한다.(대법원 1996. 2. 15. 선고 95다38677 전원합의체 판결)

국가배상법 제2조 제2항의 해석과 관련하여 판례는 가해공무원에게 중과실이 있더라도 "국가 등은 당해 공무원의 직무내용, 당해 불법행위의 상황, 손해발생에 대한 당해 공무원의 기여정도, 당해 공무원의 평소 근무태도, 불법행위의 예방이나 손실분산에 관한 국가 또는 지방자치단체의 배려의 정도 등 제반사정을 참작하여 손해의 공평한 분담이라는 견지에서 신의칙상 상당하다고 인정되는 한도 내에서만 당해 공무원에 대하여 구상권을 행사할 수 있다고 봄이 상당하다"고 한다.(대법원 1991.

05.10. 선고 91다6764 판결[구상금])

위와 같은 국가배상법 제2조 제1항과 제2항에 관한 해석론이 4호 주민소송에서 공무원의 개인책임이 문제된 경우에도 적용되어야 하는가? 사견으로는 다음과 같은 이유로 4호 주민소송에서 공무원의 개인책임의 문제와 관련하여 국가배상법의 적용은 타당하지 않다고 생각한다.

첫째, 지방자치법에서 4호 주민소송을 규정하면서 위법행위를 한 공무원들에 대하여 고의 또는 중과실과 경과실을 구별해서 배상책임을 지도록 규정하지 않았다.

둘째, 행정법령의 적용상 의문이 생긴 경우 헌법합치적 해석의 원칙상 관계 헌법조문의 존부를 살펴야 하는데, 우리 헌법 제29조 제1항 2문은 공무원의 직무상 불법행위로 배상책임에 관하여 규정하면서 "이 경우 공무원 자신의 책임은 면제되지 아니한다."고 하여 일본과 달리 공무원의 개인책임을 강조하는 국민적 의지를 표현하고 있다. 국가배상법 제2조 제2항에 대한 우리 판례의 해석에 따르면 불법행위를 한 공무원에게 중과실이 있는 경우에도 구상권의 행사는 여러 사정을 참작하여 제한될 수도 있는데, 개인적 피해 전액을 배상받은 피해자 1인이 아니라 지역주민들의 다수의견을 반영하여 제기된 주민소송에서 국가배상법상의 구상권규정을 적용하는 것은 적절하지 않은 것으로 보인다.[34]

셋째, 국가배상소송법 제2조 제2항에서는 피해자는 지방자치단체 등으로부터 피해액을 배상받은 후 불법행위를 한 공무원에 대한 구상권행사의 문제로 나타나지만, 주민소송에서는 피해자가 지방자치단체인 상황에서 불법행위를 한 공무원에게 손해액을 배상받지 못하면 피해자는

---

34) 박형순, 전게논문, 49-50면도 지방자치단체장에 대해서는 경과실의 경우에도 손해배상책임을 져야한다는 입장을 취하면서 그 이유로 국가배상법상 경과실면책규정은 내부적 구상에 관한 것이고 대외적 책임에 관한 것이 아니라는 점, 그리고 지방자치단체장은 회계관계공무원으로 볼 수 없다는 점, 최종결정권자로서 보다 무거운 책임을 지우는 것이 타당하다는 점 등을 제시한다.

손해액을 전혀 배상받지 못하게 된다. 구상권은 적어도 피해자에 대한
배상의 성립에 관한 문제는 아니다. 때문에 양자를 동일한 문제로 인식
하고 법논리를 구성하는 것은 타당하지 않다고 할 것이다.

3) 지방자치단체의 장과 직원에 대한 회계관계직원의 변상책임의 적용가능성

　지방자치법 제17조 제4항 단서는 "그 지방자치단체의 직원이 「회계관
계직원 등의 책임에 관한 법률」 제4조에 따른 변상책임을 져야 하는 경
우에는 변상명령을 할 것을 요구하는 소송을 말한다."고 규정하고 있다.
이 규정은 무엇을 의미하고 있는가? 사견으로는 이 규정은 회계관계공
무원이 회계사무를 집행할 때에 한정하여 적용되는 것이고 회계행위이
외의 다른 재무행위, 즉, 지방자치법 제17조 제1항에서 규정한 계약 등
의 업무의 처리에는 적용되지 않는다고 본다.[35] 이하에서는 이 규정의
의미를 살펴본다.

　법문언에 충실하게 이 규정을 해석할 때 세 측면에서 중요한 사항을
규정하고 있다.

　첫째, '지방자치단체의 직원'(지방자치법 제17조 제4항 단서)이 회계
관계직원으로서 지방자치단체의 '재산에 손해를 끼친 경우'(회계관계직
원등의 배상책임에 관한 법률 제4조 제1항) 변상책임을 진다는 것을 규
정하고 있다.

　여기서 회계관계직원은 "지방재정법 등 지방자치단체의 예산 및 회계
에 관계되는 사항을 정한 법령에 따라 지방자치단체의 회계사무를 집행
하는 사람으로서 징수관, 경리관, 지출원, 출납원, 물품관리관, 물품사용

---

35) 지방자치단체장 등 재무회계행위를 행하는 공무원은 회계관계공무원등의 책임에 관
　한 법률 이외에 지방공무원법에 규정된 직무상의 의무와 지방재정법, 지방자치단체
　를 당사자로 하는 계약에 관한 법률 등 다수의 재무회계법령을 준수하여야 할 의무를
　지고 있다.

공무원 및 이들이 집행하는 회계사무에 준하는 사무를 처리하는 자"이다.(회계관계직원 등의 책임에 관한 법률 제2조)

회계관계직원등의 책임에 관한 법률 제1조에 따를 때, "이 법은 회계관계직원 등의 책임을 명확히 하고 법령이나 그 밖의 관계 규정 및 예산에 정하여진 바를 위반하는 회계관계행위를 방지함으로써 국가, 지방자치단체, 그 밖에 감사원의 감사를 받는 단체 등이 회계사무를 적정하게 집행하게 하는 것을 목적으로 한다"고 하고 있다. 때문에 이 법은 '회계사무'에 한정하여 적용되는 법률일 뿐 지방자치단체의 회계를 제외한 다른 재무행정에 적용하기 위해 제정된 법률이 아니다. 따라서, 이 법률이 회계사무를 넘어 지방자치단체의 재무행정 전반에까지 적용되도록 확장해석되어 무분별하게 공무원의 개인책임을 면제하거나 주민소송의 대상을 제한하는 도구로 이용되어서는 안된다 할 것이다.

우리 법상 회계관계직원은 명시적으로 정의되어 있는 개념으로 지방자치단체들의 일반공무원들은 여기에 해당되지 않지만 4호 주민소송에서 개인책임을 질 수도 있을 것이다. 예를 들어, 도로점용허가를 한 자나 사인과 계약을 체결한 자는 회계관계공무원은 아니지만 4호 주민소송에서 개인책임을 지는 공무원이 될 수도 있을 것이다.

회계관계직원등의 배상책임에 관한 법률은 개인적 책임요건에 관하여 두 유형으로 나누어 규정하고 있다. "현금 또는 물품을 출납·보관하는 회계관계직원은 선량한 관리자로서의 주의를 게을리" 한 때에는 변상책임을 진다고 규정하고 있다.(동법 제4조 제2항)[36] 이 때에는 개인적 책임요건으로서 경과실까지 포함시키고 있다. 현금이나 물품을 관리하는

---

36) 2005년 8월 4일 제정된 공유재산 및 물품관리법 제88조와 회계관계직원등의 책임에 관한 법률 제6조 제1항이 등장하면서 회계관계직원은 물품관리에 있어 경과실에 대해서도 책임을 지게 되었다. 이 법률이 등장하기 전 구 지방재정법 제115조 제1항 단서는 물품관리에 대해서는 고의 또는 중대한 과실이 있는 경우에만 책임을 지도록 규정했었다. 우리나라에서는 입법적으로 회계관계직원의 책임도 경과실에 대해서 책임을 지도록 점차 강화되고 있음을 알 수 있다.

직원에 대해서 경과실까지 책임지도록 한 이유는 부패의혹을 차단하고 그의 취급에 신중을 기하도록 하기 위해서이다.(대법원 2002.9.24. 선고 2001다56386) 일본 지방자치법 제243조의2 제1항은 우리나라와 달리 현금은 물론 물품의 관리에 있어서도 회계관계직원에게 경과실의 경우는 책임을 묻지 않고 있다.

하지만, 현금과 물품의 출납이나 보관 이외의 회계행위로 지방자치단체의 '재산에 손해를 끼친 경우' 그 직원은 변상책임을 지는데 개인적 책임요건은 '고의 또는 중대한 과실'을 요구하고 있다.

법문언을 확장하여 비회계공무원이나 지방자치단체의 장의 책임을 완화하고자 회계관계직원등의 배상책임에 관한 법률중 현금과 물품 이외의 재산침해행위에 관하여 고의 또는 중과실을 요구하는 규정을 확대적용하는 것은 우리 헌법 제29조 제1항 단서에도 반하고 주민소송에 관한 법문언에도 반하는 것으로 보여진다.[37]

둘째, 지방자치법 제19조에 따르면 회계관계직원에 대해 변상을 명하는 판결이 확정되면 지방자치단체의 장은 판결확정일로부터 60일 이내에 변상명령을 내려야 하고 그 명령을 불이행하면 지방세체납처분의 예에 따라 징수를 할 수 있으며 변상명령에 불복하는 자는 행정소송을 제기할 수 있다. 행정심판은 제기할 수 없다.

---

37) 지방자치단체장 이외의 공무원에 대해 경과실의 경우 면책을 주장하는 견해도 있다. 이 견해에 따르면, 4호 소송의 손해배상청구 자체가 "재무회계행위와 관련하여" 위법한 행위를 한 공무원에 대해 손해배상청구 등을 하는 경우에 인정되는 제도로서 변상책임제도와 근본적인 취지를 공유하고 있어, 일반공무원이 회계관계공무원에 비하여 더 중한 책임을 부담하는 것으로 볼 합당한 근거를 찾기 어렵다는 이유를 제시한다. 박형순, 전게 논문, 48면.
하지만, 이 견해는 동의하기 어렵다. 왜냐하면 이 견해는 4호소송에 관한 법문언에 명시되어 있지 않음에도 헌법 제29조 제1항 단서에 반하여 공무원에 대하여 경과실 면책을 주장하고 있고, 회계관계공무원의 경우에도 '현금과 물품'에 관련된 경우 경과실책임을 규정하고 있는데 왜 일반공무원에 대해 더 후하게 경과실로 인한 책임추궁으로부터 면제해주려고 하는지 납득하기 어렵기 때문이다.

체납처분절차를 활용할 수 있도록 변상명령을 요구하는 주민소송의 경우 금액을 결정하여 판결하도록 했다.(지방자치법 제19조 제1항) 회계관계직원등의 배상책임에 관한 법률에 따른 변상명령은 이의가 제기되면 감사원에 의한 변상판정을 받아야 되고 행정청에게 강제집행권도 인정되지 않지만, 주민소송의 후속절차로서 변상명령은 감사원의 변상판정을 받을 필요도 없고 조세체납절차가 준용되어 강제집행도 가능하다.

우리 주민소송에서 변상명령을 행정행위로서 인식하고 행정행위의 강제집행방법과 불복방법인 체납처분과 행정소송을 이용하도록 한 것은 일본의 주민소송제도에는 존재하지 않는 우리나라에 특유한 제도이다.38) 우리나라에서 체납처분에 의한 강제징수제도를 채택한 이유는 이 방법이 소송에 의한 방법보다 간편하고 신속하게 그 목적을 달성할 수 있기 때문이다.39)

2. 과학자 등 전문가의 과학적 감정의견에 관한 용역계약에 있어 전문가와 공무원의 책임

지방자치단체들은 대규모 공공사업의 실시여부 및 그 내용의 형성에 필요한 과학적 지식의 부족을 보완하기 위하여 또는 중요한 정책결정을 할 때 전문가의 감정의견을 구하는 경우가 많다. 감정의견을 구하는 것이 법적 의무로 규정되어 있거나 자치단체장의 재량이기도 한다. 수요예측조사나 사업타당성조사와 같은 전문가의 감정서는 지방자치단체가 용역계약을 통해 전문가에 의뢰해서 수행되는 경우들이 많다. 하지만, 우

---

38) 일반직원에 대해서도 주민소송의 후속절차로서 행정행위인 변상명령, 체납절차와 행정소송을 활용할 수있어야 한다는 입법개정론은, 김용찬/선정원/변성완, 주민소송, 2005, 251면.

39) 김용찬/선정원/변성완, 주민소송, 2005, 256면.

리 행정현실에서는 가습기살균제사건에서 드러나듯이 과학적 평가의견의 경우 공무원들과 이해관계인들에게 그 영향력이 매우 크기 때문에 적절한 통제의 필요성도 매우 크다.

전문가의 감정의견의 하자를 평가하는 것은 대인적 허가에 대한 심사기준과 비슷하다. 즉, 인간의 전문지식, 경험이나 기술과 같은 전문성과 그 일을 하는 인간의 신뢰성을 평가해야 한다. 전문가의 감정의견에 대한 평가도 그의 전문성과 신뢰성에 대한 평가를 해야 한다.

전문가의 감정서에 하자가 있다고 판단할 때에는 용역계약의 내용에 전문가들이 이행해야 할 의무의 내용이 기술되어 있고 그것을 이행하지 못했을 때 책임내용도 기술되어 있는 경우가 보통이다. 이 때 그 계약내용에 따라 보고서의 보완을 요청하거나 재작성을 요구할 권리를 유보해 두고 재작성을 요구하기도 한다.

전문가의 감정의견의 하자는 객관적 측면과 주관적 측면 모두에서 평가할 수도 있다. 객관적 측면에서는 전문성에 하자가 있는 것으로 판단의 기초가 되는 사실을 틀리게 인식했거나 결론도출에 필요한 설문조사나 조사실험 등을 하지 않거나 부실하게 하였거나 관련이 없는 사실을 인용해 결론을 도출했거나 합리적 근거없이 추측에 기초하여 결론을 도출하게 되면 감정의견에는 하자가 존재할 수 있다.[40)

감정의견의 하자가 신뢰성의 측면에 기인할 수도 있다. 지방자치단체장이나 지방공무원으로부터 이미 결론을 제시받고 그에 맞추어 합리적인 절차를 거치지 않고 결론을 도출할 수도 있다. 때문에 법원은 지방자치단체와의 용역계약에 따른 수요예측결과에 대해서도 단체장과 간부직원들의 의중이 반영된 형식적인 보고서인지도 평가하여야 한다. 이 과정에서 뇌물수수가 윤리성이나 신뢰성의 측면에서 하자의 증거가 되기도 한다. 실험결과를 조작할 수도 있고 설문조사결과를 조작할 수도 있다.

---

40) Patick Scholl, Der private Sachverständige im Verwaltungsrecht, 2005, S.403.

전문가가 일반적으로 승인된 평가심사방법이나 기준을 준수하지 않았을 경우 감정의견의 결과를 전문적으로 평가하기 어렵더라도 신뢰성의 하자를 일단 의심해볼 수도 있을 것이다.

용인경전철의 수요예측과 관련해서는 과학자들이 미래의 교통수요에 대한 평가를 하면서 적절한 평가절차를 거쳤는지, 충분하고 진실한 사실정보를 수집하려 노력했는지, 그리고 그 평가를 위해 이용한 수단들이 당시의 과학적 상식에 비추어 자의적이고 불합리한 것으로 볼 수 있는지 하는 점들을 검토했었어야 한다.

하자있는 감정의견을 제출한 전문가에 대해서는 계약책임의 불이행이나 불완전이행 또는 불법행위의 책임을 추궁할 수 있을 것이다.[41]

과학자의 감정의견을 원용하여 정책결정을 내린 지방자치단체의 장과 직원들의 행위의 평가는 정책재량에 대한 사법적 평가의 문제가 된다.

이미 우리 법원이 환경영향평가자료 등의 합리성에 대해서 그 절차 등의 실질적 준수 여부 등을 살피는 것과 같은 방법을 사용하여 정책재량권의 남용을 평가했었다.[42]

경전철사업의 실시여부 및 그 방식과 관련하여서도 지방자치단체의 장은 사업의 실시여부 및 그 내용의 형성과 관련하여 정책재량을 가졌다. 공무원들이 과학자들에게 특정 평가의견을 유도하는 행위들을 했다

---

41) 지방자치단체에 감정의견을 제출한 민간전문가는 그 감정의견이 중요한 원인이 되어 사인에게 손해가 발생하였을 때 국가배상법 제2조 제1항에서 규정한 '공무를 위탁받은 사인'에 해당되어 국가의 배상책임과 그의 개인의 배상책임을 발생시킬 수도 있다. Patick Scholl, Der private Sachverständige im Verwaltungsrecht, 2005, SS.406-408.

최근 우리나라에서 발생한 가습기살균제사건에서 드러났듯이 민간전문가가 지방자치단체와 용역계약을 체결하여 살균제의 인체유해성에 대한 과학적 감정의견을 제출했고 그 의견이 그 살균제사용허가의 중요한 과학적 근거가 되었고 그로 인해 수많은 유아들의 인명사고가 났을 때 위와 같은 법리가 적용될 수도 있을 것이다.

42) 대법원 2012. 7. 5. 선고 2011두19239 전원합의체 판결 [국방·군사시설사업실시계획승인처분무효확인등].

면 계약의 불완전하고 하자있는 이행을 고의로 유발시켰다고 볼 수 있는지를 검토할 필요가 있을 것이다.

V. 결어 및 사안의 검토

1. 주민소송의 대상

① 1심과 원심은 감사청구사항과 관련이 있거나 그것으로부터 파생되는 사항이라면 주민소송의 대상이 될 수 있음에도 주민소송의 대상을 너무 협소하게 파악하였다.

우리 지방자치법상 주민감사청구사항과 주민소송의 대상은 그 범위가 다르게 규정되어 있어서 주민소송의 대상규정의 판단에 있어서는 지방자치법 제17조 제1항의 규정을 해석함으로써 파악하여야 함에도 불구하고 1심과 원심이 일치해서 주민감사청구의 규정에서 주민소송의 대상을 파악한 것은 명백히 잘못이라고 본다. 우리 지방자치법과 일본 지방자치법에서 주민감사청구와 주민소송의 관계는 매우 다르게 규정되어 있어서 외국법운용에 관한 정보도 그 시사점에 한계가 있을 수밖에 없을 것이다.

우리 법상 주민소송의 대상을 판단함에 있어서는 4가지 유형을 중심으로 법문언에 충실하게 신중하게 판단했었어야 한다고 본다. 특히, 아직 판례가 구체화되어 있지 않은 계약에 대해서는 보다 신중한 검토를 했었어야 한다고 본다.[43] 예를 들어, 지방재정에 특정한 손해를 가하는

---

43) 입법적으로 정치하게 규정되어 있는 공금의 지출(지방회계법 제5장에서 규정하고 있음), 재산의 관리(공유재산 및 물품관리법)보다는 계약의 내용은 계약에 따라 달라지고 그 계약이 지방재정에 미치는 영향도 달라질 것이기 때문에 계약의 체결과 그 이행행위가 주민소송의 대상이 되는가를 확정하는데 보다 신중하게 접근할 필요가 있

행위들이나 사실들이 존재할 때, 지방자치단체의 손해발생에 보다 결정적이고 직접적인 행위가 주민소송의 대상이 된다고 판단하는 것도 하나의 방법일 것이다.

또, 주민감사청구에 따른 감사나 다른 종류의 감사는 행정조직법상 계층제적 감독권의 내용으로 행사되는 것으로 감사범위의 판단도 감사권자의 재량에 속한다. 때문에 주민소송의 대상을 감사청구를 얼마나 상세하게 하였는가, 또는 감사를 어디까지 했는가에 의존시켜서 확정해서는 안된다. 그리고, 감사권은 계층제적 감독권에 속한 행정내부의 일이기 때문에 민간인에 대한 감사는 원칙적으로 허용되지 않는다.

지방자치단체가 사인과 체결한 계약과 그 이행행위를 주민소송의 대상으로 포함시키지 않는 입장은 지방자치법 제17조 제2항 제4호에서 규정한 유형, 즉, 지방자치단체에 대한 계약행위 등으로 손해를 끼치거나 부당이득을 한 사인에 대한 소송을 도입한 입법취지를 몰각시키는 견해로 우리 지방자치법상 허용되지 않는 입장이 아닌가 생각한다.

이러한 입장에서 볼 때, 지방자치단체장의 행위들 중 감사청구한 사항이 아니라 하여 소송대상에서 제외시킨 행위들 중의 일부, 지방자치단체가 건설회사와 체결한 계약과 그 이행행위, 그리고 한국교통연구원의 연구원들과 체결한 용역계약과 그 이행행위, 그리고 그에 대한 감독태만 등이 주민소송의 대상이 아니라고 하거나 소송대상으로 검토하지 않은 것은 잘못이라고 본다.

② 우리 법의 법문상으로 주민소송의 대상을 재무회계행위로 한정한다는 표현은 없다. 주민소송의 대상을 재무회계행위로 한정한 것은 일본의 학설과 판례가 형성한 것이다.[44]

다고 본다. 너무 단순하게 공금의 지출론에서 개발된 지출원인행위로 접근하는 것은 대부분의 계약을 주민소송에서 제외하게 될 것이다.

44) 이에 대해서는, 동일취지의 글로는, 이창범, 주민소송제도에 관한 연구 — 일본과의 비

우리 판례중에는 주민소송의 대상과 관련하여 '재무회계행위'라는 표현도 등장하지만, 이 개념은 법문에 없는 표현임에도 너무 단순하여 해석자에 따라서는 마치 회계행위에 한정되는 듯이 해석하여 공익소송과 객관소송인 주민소송의 주된 목적인 지방재정의 부실방지라는 목적으로부터 주민소송을 유리시키고 주민소송의 대상을 극도로 좁혀서 파악하게 할 우려도 있다.

우리 법원은 우리 주민소송의 목적이 '행정 전반의 적정한 운영'이 아니라 '재무행정의 적정한 운영'에 있다는 점도 동시에 밝히고 있는 것을 볼 때, 지방자치법 제17조의 주민소송의 대상의 각 유형에 관한 문언에 충실하면서 '재무행정의 적정한 운영'을 위해 보다 결정적이고 직접적인 기준들을 탐색하는 것을 반대하는 것은 아니라고 본다.

주민소송은 지방재정의 건전성 보호라는 목적을 가진 객관소송이라는 특징을 갖는다는 점을 고려하되 우리 지방자치법 제17조에서 주민소송의 대상유형으로 규정한 것을 중심으로 대상여부를 판단하여야 할 것이다.

③ 주민소송의 대상으로 인정하더라도 위법심사단계에서 계약체결시 관행적으로 또는 사회상식에 의해 인정될 수 있는 가격의 부풀림이라든가 계약의 이행과정에서의 계약의 변경행위 또는 자재의 교체행위 등에 대해서도 그의 불법여부를 평가할 수 있을 것이다. 또, 행정의 정책결정에 따르는 재량의 필요를 충분히 고려할 수도 있을 것이다. 또, 그 행위로 지방자치단체에게 발생한 손해액의 산정단계에서 여러 요인들을 고려하여 사인과 공무원 사이에서 배상책임을 분배하여 정책결정의 위축을 방지할 수도 있을 것이다.

교법적 연구를 중심으로, 고려대 박사논문, 2010, 115면. 공물의 점용허가에 대해 일본의 판례는 주민소송의 대상으로 인정하지 않지만(東京地裁 1969. 12. 4., 行集20卷12号1654頁), 우리 대법원판례는 도로점용허가에 대해 주민소송의 대상적격을 긍정하고 있다(대법원 2016. 5. 27. 선고 2014두8490 판결).

1심과 원심과 같이 지방자치단체와 계약을 체결한 행위가 있음에도 주민소송의 대상판단을 지방자치단체의 권한범위내인가라는 모호한 기준에 의존시키는 태도를 취하거나 아니면 주민소송의 허용여부를 사기업의 불법행위 등의 존부가 아니라 공무원의 과실 또는 중과실 유무에만 의존시키는 것은 주민소송을 도입한 정신과 법문언에 반하여 부당하게 주민소송을 위축시키는 것이 될 것이다.

2. 위법과 주관적 책임요건

① 건설회사 임직원들의 횡령으로 인한 건설회사의 손해배상책임의 성립문제와 공무원들의 감독태만이나 공동불법행위의 성립가능성에 대해서는 다음과 같이 본다.

지방자치단체의 계약상대방이 횡령을 한 경우에는 계약의 체결과 그 이행과정에서 지방자치단체에게 손해를 끼쳤을 가능성이 있다. 때문에 계약의 내용과 계약의 이행과정을 살펴 불법행위여부 그리고 고의·과실 여부를 확인했어야 한다.

계약상대방으로부터 공무원들이 하도급을 받은 업체의 선정과 건설감독과정에서 뇌물죄를 범하거나 기업임직원들이 횡령죄를 범하였거나 그 의심이 있음에도 감독을 소홀하게 한 것은 행정법상 재량행위론에서 동기의 부정이 재량처분을 위법하게 하듯이 행위의 위법성은 인정된다고 본다. 행위자에 따라 고의(뇌물죄의 경우) 또는 과실(사업자의 횡령죄의 경우)을 구별하여 배상을 결정하여야 할 것이다. 사업자와의 공동불법행위의 성립가능성도 살필 필요가 있을 것이다.

② 우리나라에서 법원은 행정전반에 널리 이용되고 있는 과학적 감정의견에 관한 평가법리를 발전시키지 못하고 있다. 독일의 경우 하자있는

감정의견을 제출한 전문가에 대해서는 계약책임의 불이행이나 불완전이행 또는 불법행위의 책임을 추궁할 수 있다고 보고 있다.

과학자의 교통수요예측보고와 같은 과학적 감정의견이 지방자치단체에게 치명적 재정부담을 지우는 비이성적인 대규모공사를 추진하는 것이 정치사회적 쟁점이 된 경우, 정치인들, 관료들과 주민들에게 정책을 강행하기 위해 중요한 설득무기가 되는 경우가 많다. 때문에 과학자의 용역과 관련된 계약의 체결내용과 그 이행결과도 주민소송의 대상이 되어 그 하자 및 고의·과실이 심리되어야 할 것이다.

과학자의 감정의견을 원용하여 정책결정을 내린 지방자치단체의 장과 직원들의 행위는 정책재량에 대한 사법적 평가의 문제가 된다. 경전철사업의 실시여부 및 그 방식과 관련하여서도 지방자치단체의 장은 사업의 실시여부 및 그 내용의 형성과 관련하여 정책재량을 가지고 있지만, 우리 판례는 이미 정책재량에 관한 통제법리를 발전시켜왔다. 예를 들어, 공무원들이 과학자들에게 특정 평가의견을 유도하는 행위들을 했다면 계약의 불완전하고 하자있는 이행을 고의로 유발시켰다고 볼 수 있을 것이다.

③ 지방자치단체의 장과 직원의 개인책임요건의 해석에 있어서는 1차적으로는 지방자치법의 관련규정들을 고려하되, 불명확할 때에는 헌법규정을 참조하여 해석하여야 하고 헌법규정이 불명확할 때에는 다른 법률의 관련규정들을 참조할 수 있을 것이다.

우리 지방자치법 제17조 제2항 제4호에서는 4호 주민소송을 규정하면서 불법행위에 대한 손해배상청구소송을 제기하도록 있도록 규정했고, 단서에서 회계관계직원이 변상책임을 질 경우에 변상명령을 할 것을 요구하고 있을 뿐, 지방자치단체의 장이나 직원에 대해 경과실에 대한 면책을 규정하고 있지 않다.

이 조문의 해석에 있어 경과실의 면책여부에 의문을 품는다면 행정법령의 해석에 있어서는 헌법합치적 해석을 해야 하므로 우리 헌법 제29조의 규정내용을 살펴야 한다. 그런데 우리 헌법 제29조 제1항 2문은 공무원의 직무상 불법행위로 배상책임에 관하여 규정하면서 "이 경우 공무원 자신의 책임은 면제되지 아니한다."고 하여 일본 헌법 제17조와 달리 공무원의 개인책임을 강조하는 국민적 의지를 표현하고 있다. 우리나라와 일본의 헌법규정의 차이는 4호 주민소송에서 개인책임에 관한 법해석에서 차이를 가져올 수도 있을 것인데, 우리나라에서 일본의 관련 학설과 판례들을 소개하고 참조할 때 이 차이는 주목받지 못했던 같다.

사견으로는 4호 주민소송에서 공무원의 개인책임의 문제와 관련하여 지방자치단체의 장이나 직원에 대하여 국가배상법 제2조를 적용하여 경과실의 경우 면책된다고 해석하는 것은 적어도 우리 헌법에 적합한 해석이라고 보기 어렵지 않나 생각한다.

지방자치법 제17조 제2항 제4호 단서는 "그 지방자치단체의 직원이 「회계관계직원 등의 책임에 관한 법률」 제4조에 따른 변상책임을 져야 하는 경우에는 변상명령을 할 것을 요구하는 소송을 말한다."고 규정하고 있다. 사견으로는 이 규정은 회계관계직원이 회계사무를 집행할 때에 한정하여 적용되는 것이고 회계행위이외의 다른 재무행위, 즉, 지방자치법 제17조 제1항에서 규정한 계약 등의 업무의 처리에는 적용되지 않는다고 본다. 회계관계직원의 변상책임은 그 손실이 현금 및 물품(일본의 경우 제외)에 관한 것일 때에는 경과실에 대해서도 변상책임을 지고 다른 재산관리행위일 경우에는 고의·중과실에 대해서만 책임을 지도록 규정하고 있으므로 주민소송에서도 이 면책규정에 따라 해석하면 된다고 본다.(회계관계직원등의 책임에 관한 법률 제4조 제1항, 제2항)

제5절 국민소송제도의 도입과 그 남소방지방안

I. 서론

1. 공공재정의 팽창에 따른 공사협력적 재정통제제도의 필요

우리 사회는 한계기업들의 구조조정과 실업인구의 증가, 노령화의 급속한 진전에 따른 의료비 증가, 저출산이나 사회적 약자들에 대한 복지확대 등 다양한 요인들로 인해 공공재정의 규모가 급격하게 증가하고 있다. 조세로 충당되는 전통적인 공공재정이외에도 국민연금과 국민건강보험기금 등 다른 공공기금의 규모도 확대됨에 따라 다양한 불법적인 방법들을 사용하여 공공재정으로부터 사익을 추구하는 행태들도 급증하여 선후진국 모두에서 심각한 문제로 대두되고 있다.

공적 자금의 부실관리, 무기와 군수품의 도입 과정에서의 부정부패, 사회간접자본의 부실건설과 감리부실 등 과거부터 익숙한 부정부패행위들뿐만 아니라, 선심성공약의 방만한 이행으로 인한 자치단체들의 재정적자 규모의 증가, 건강보험공단에 대한 대형병원과 의사들의 의료보험금 과장허위청구와 리베이트의 근절실패, 어린이집 등 보조금집행과정에서의 부패확산 등 현대형 부정부패사례들에서 알 수 있듯이, 사회 각 부문에서 '눈먼 돈은 먼저 먹는 사람이 임자다'라고 할 정도로 편취행위가 빈발하고 있고 증가하여 문제인 정부에서는 이른바 '적폐청산'이 국가정책의 화두로 등장하기까지 하였다.

공공재정으로부터 불법적인 사익추구행위의 방치는 공공재정의 규모가 급팽창하고 있는 상황에서는 사회의 통합적 발전에 치명적 위험 요인이 될 수 있다. 이미 납세자, 연금과 보험금의 납입자 등 공공재정의 주요한 비용부담자들이 급증하는 기업부담과 개인부담 때문에 정부에 대한 불만이 매우 커지고 있다.

재정규모가 커지고 분권화된 사회에서 다양한 장소에서 지출이 이루어지면서 공무원들에 의한 단독적인 재정관리와 부패방지노력의 효율성은 점점 떨어지고 있다. 이제 공공재정의 부실화방지와 불법적인 사익추구의 방지를 위하여 정부와 국민은 상호 협력적으로 부패극복의 과제를 이행할 수 있도록 새로운 제도를 설계해내지 않으면 안되게 되었다.

2. 주관적 권리구제소송의 한계, 형사법적 처벌의 한계와 객관적 공익소송 도입의 필요

전통적인 행정법학은 행정개입으로 인해 개인의 이익이 사법상의 권리에 상응할 정도로 침해되는 경우에만 권리로서 인정하였다. 미국에서도 전통 행정법에서 채택되었던 '사법모델'('Private Law Model of Standing')은 소송을 제기할 수 있는 원고적격을 사법상의 권리와 같이 협소하게 보았었다. 이로 인해 행정개입영역 중 사법적 통제에서 배제되는 영역이 있게 되는데, 그 영역은 정치적 통제나 행정의 내부적 통제에 맡겨 왔었다. 하지만, 권위주의시대가 종식되면서 정치인들의 권위나 행정 내부의 계층적 권위에 기초한 통제력은 점점 약화되고 있어, 점증하는 공공재의 불법적인 사유화를 방지하기 위한 새로운 통제방법들이 나타나고 있다.

서구 선진사회에서도 공공재의 불법적인 사유화 문제를 근원적으로 해결하기는 매우 어려운 것으로 인식되고 있다. 인적 평등에 기초한 다수결주의로 운영되는 민주주의와 금액평등에 기초한 다액주의로 운영되는 시장경제간의 고질적인 사회적 갈등은 회피하기가 지극히 어렵기 때문이다. 집단행동의 딜레마에 빠져 있는 다수의 인간들이 소수의 이기적인 행동주의자들과 부도덕한 관리자들에 의해 이용당하고 착취당하는 문제가 현대사회에 들어와서 오히려 심화되고 있기까지 한다.[1)

부패행위자를 엄중하게 형사처벌한다고 해서 문제가 해결되는 것도 아니다. 형사법적 수단은 검사가 기소여부를 결정하므로 반드시 기소되는 것도 아니고 기소된다고 해도 기소자가 반드시 처벌받는 것도 아니다. 형법원리상 고의가 없는 이상 원인행위자의 과실은 특별한 규정이 없는 한 처벌되지 않는 것이 원칙이기 때문이다. 또한 무죄추정의 원칙 때문에 검사는 과실입증에 대한 많은 부담을 지게 되는데, 이로 인해 기소자의 처벌이 상당히 어렵다.

특히, 형사법적 제재수단은 공무원이나 기업의 경영자 및 대주주 등을 감금과 벌금이라는 수단에 의해 처벌하는데, 현실적으로 기업의 경영자나 대주주는 기업의 운명과 수많은 종업원들의 고용에 중대한 영향을 미칠 뿐만 아니라 유능한 변호사들의 조력을 얻기 때문에 처벌하기가 매우 어렵다.

이러한 점 때문에 전통적 행정법학에서 채택하고 있던 사법모델의 약점, 즉, 공익에 대한 보호능력의 한계를 극복하고자, 원고적격을 넓게 확장시킨 공법모델과 공익소송들이 현대 미국행정법학에서 크게 각광받게 되었다.[2)

현대행정법의 영역은 확대되고 소송의 성격도 크게 변하고 있다. 입법자는 시민혁명 당시의 생명, 자유와 재산권과 같은 권리 이외에 환경오염, 노동차별, 보험사기, 독점금지위반 등의 방지를 입법적 보호대상으로 추가하였다. 또한 행정이 예산이나 인력의 제한이나 기업가에의 포

---

1) Amy L. Chua, Markets, Democracy, and Etnicity : Toward a New Paradigm for Law and Development, The Yale Law Journal 1998, pp.1-107.
2) Cass R. Sunstein, Standing and the Privatization of Public Law, Columbia Law Review 1988, pp.1439-1444.

획 등의 이유로 공익보호를 위한 법집행을 소홀히 하는 경우, 사법부는 공익소송을 통해 법을 실효성있게 집행할 수 있도록 시민들을 사적 법무장관으로 적극 활용하고 있다. 이 때, 원고적격의 인정을 위해 중요한 것은 전통적인 의미에서 사법상의 권리가 침해되었는가가 아니라, 입법자가 보호하는 이익과 보호할 가치가 있는 이익을 공권으로 구성하여 그것이 침해되고 있는가를 기준으로 삼는다.

위와 같은 제도변화의 맥락에서 납세자소송이나 허위청구방지소송과 같은 공익소송은 중심적 위치를 차지해가고 있다.[3)]

3. 공공재정의 불법적인 사유화의 방지, 정보의 편재와 국민소송의 도입필요

국민소송은 국민의 참여로 국가와 공공기관의 재정을 보호하기 위한 소송으로서 특정인의 허위청구에 의한 사익추구를 방지하고 공공재정의 손해를 회복시키기 위한 소송이다.

국가의 재정규모와 공공기금의 규모가 엄청나게 팽창한 오늘날, 국회에 의한 국정감사와 감사원에 의한 감사, 그리고 검찰의 형사절차만으로는 예산의 집행과 공공기금의 지출과정에서 은밀하고 다양한 방법으로 이루어지는 부패행위와 재정부실을 방지하는 것은 한계가 있다. 국가기관 등은 무엇보다 현장에서 떨어져 있어 정보가 부족하고 감시인원도 제한될 수밖에 없기 때문이다.

허위청구행위는 기업이나 사인들에 한정하여 나타나는 문제는 아니다. 예산 등 공적 자금의 이용과정에서 퇴직금의 과다지출이나 임금의

---

3) Kerrigan/Berrettini/Callahan/Entas, The Decriminalization of Administrative Law Penalties, Civil Remedies, Alternatives, Policy, and Constitutional Implications, Administrative Law Review 1993, pp.374-379.

과잉인상 등으로 공공기관의 직원들에 의하여서도 이루어질 수 있다. 때문에 허위청구를 하여 불법적인 이익을 얻은 자는 사인이거나 공무원 또는 법인이나 단체 모두 국민소송의 대상이 되도록 할 필요가 있다.

공공재정의 누수를 막고 불법적인 사익추구의 확산을 막는 노력을 전개함에 있어 국가가 국민소송과 같은 방법으로 국민의 협력을 얻는 것은, 문제현장에서 근무하거나 살고 있는 다수 국민들을 감시자로 활용하여 기존의 감사방법이나 형사소추방법과 상호보완적으로 기능하게 하는 것을 의미한다. 주관적 소송과는 다른 방법으로 한국사회발전에 치명적 위협이 될 수 있는 재정부실과 부패에 대한 감시능력을 강화시킬려고 하는 것이다.

국민소송은 인터넷의 발달로 대표되는 정보사회에 아주 적합한 재정감시수단이라고 할 수 있다. 부패는 은밀하게 이루어지고 나태함은 소극적이어서 잘 보이지 않기 때문에, 부패와 재정낭비의 정보는 파악하기가 곤란하다. 기존의 감사원감사로 대표되는 감사방법에 비하여, 기업의 직원이나 행정기관 소속의 공무원 등 국민 전부가 잠재적 감시자로 등장하는 국민소송은 감시자의 대폭적 증가와 재정투입사업에 대한 현장에서의 높은 이해도 때문에 기존 감사와는 다른 장점을 갖는다고 할 수 있을 것이다.

4. 2005년의 법안과 2017년의 법안의 비교

주민소송 제도는 미국의 납세자소송 이외에 일본의 주민소송제도가 중요한 입법모델이 되었다. 2005년 제출하였던 국민소송법안은 일본과 우리나라의 주민소송을 모델로 삼았었다. 하지만, 지방자치단체와 국가의 재정관련 문제상황은 매우 다른 특성들을 가지고 있고, 2005년 법안에 대해서는 국회 중심으로 여러 차례 의원입법안들이 제출되었으나 중앙부처 중심으로 반대가 매우 강했었다.

2017년의 법안에서는 2005년의 법안보다 더욱 적극적으로 미국의 허위청구방지소송을 모델로 국민소송법안을 제안하였다. 그 이유는 주로 지방재정통제를 위해 운영되는 주민소송은 국민소송의 모델로서 부적합한 측면이 있고 미국의 허위청구방지소송은 국가와 전국적 공공기금의 운용행위를 상대로 성공적으로 작동되었기 때문에 우리나라에서 도입하고자 하는 국민소송을 위한 모델로서 더 적합하다고 보았기 때문이다.

2017년의 법안에서는 해방이후 우리 사회가 달성한 법치주의의 운영성과를 국민소송제도의 구조에 반영하려 하였는데 한국의 행정과 사법의 관계를 적절히 고려한, 한국 실정에 적합한 제도를 창출하려 노력했다. 한국의 법치행정의 경험을 성찰적으로 고려하여 외국법제도를 비판적으로 수용하고자 하였다.

일본과 우리나라의 주민소송을 입법모델로 작성된 2005년의 국민소송법안은 중지등청구소송을 중심으로 소송유형을 구성하고 손해배상등소송도 도입되어 있었으나 이중의 소송구조를 취하고 있어 활성화되기 극히 어려운 입법안이었다. 또, 2005년 법안의 중지등청구의 대상이 실질적으로 정책결정과 정책집행을 중단시킬 우려 때문에 중앙부처들과 사법부에서 참석한 토론자들로부터 법안에 대한 우려가 많이 제기되었었다.

일본 주민소송의 입법모델은 미국의 납세자소송이었는데, 이 소송은 중지등청구소송이 중요한 역할을 하고 있다. 하지만, 미국에서도 납세자소송은 연방정부나 주정부가 아니라 보다 작은 규모의 정치공동체로서 주민참여가 보다 활성화된 지방자치단체(city, county, town 등)에서 널리 이용되고 있다는 점에서 우리나라 국민소송의 입법모델이 되기에는 부적합한 측면이 있었던 것도 사실이라고 본다.

2017년의 제안에서는 2005년 제안했던 법안과 달리 객관적 국민소송으로서 가장 활성화된 미국의 허위청구방지소송(손해배상등청구소송중심)을 입법모델로 채택하기로 하면서 관련 쟁점들을 더욱 상세히 살펴

볼 필요성을 느꼈다. 이러한 판단은 그 동안 국회의원입법안들과 시민단체의 법안 그리고 과거 법안들에 대한 주제발표자들과 토론자들의 의견들이 점차 중지등청구소송보다는 손해배상등소송을 중시하는 방향으로 변화하고 있는 것을 반영한 것이기도 하다.

Ⅱ. 국민소송과 유사한 외국의 소송제도들

1. 미국의 허위청구방지소송(Qui Tam Action)

1) 연혁, 개요와 주요 내용

(1) 미국법상 허위청구방지소송의 도입과 활성화

미국법상 허위청구방지소송(Qui Tam Action)은 연방정부의 예산낭비를 막고자 연방정부를 상대로 악의적으로 사기의 방법을 이용해 과잉지출을 하게 하거나 자기의 지급의무를 면제받거나 이행하지 않은 기업이나 개인에 대하여 과잉수령한 금전을 연방정부에 반납하게 하는 소송으로서 고발자소송(Whistleblower)이라고도 부르고 있다. 허위청구방지소송의 특징은 시민이 개인적인 이익침해가 없는 경우에도 정부를 위해 소송을 제기할 수 있다는 점, 그리고 허위청구한 금액의 3배를 연방정부에 반납하게 한다는 점이다.

과거 지방자치단체의 재정손실이나 위법한 활동을 막기 위해 널리 이용되어 왔던 것은 납세자소송(Taxpayer's Suit)이었으나, 최근에는 허위청구방지소송이 주와 지방자치단체들에도 납세자소송과 별도로 도입되어 효과적으로 작동하고 있다.

허위청구방지소송은 영국에서 유래하였는데, '국왕을 위한 소송'(*Qui*

Tam Action)으로 불리웠다.4) 13세기 중세 영국에서는 보통법(common law)상 시민이 정부를 대신하여 국왕법정(royal court)에 소송을 제기할 수 있는 권한을 부여하였는데,5) 그것은 중세시대 영국은 법을 집행할 정부의 능력이 부족하였기 때문에 시민의 원조를 받아 법의 집행을 보완하고자 하였기 때문이었다. 시민은 국왕을 위해 소송을 제기함으로써 보상금과 같은 일정한 보상을 받을 수 있었다.

미국의 허위청구방지소송은 링컨대통령이 남북전쟁당시 군납물품을 공급하는 사업자들의 사기로부터 정부예산을 보호하고자 제정한 1863년 허위청구방지법(1863 False Claims Act)에 실정법적 근거를 두고 도입되었다.

이 법에서는 소송을 제기한 사람이 승소하여 연방정부가 부당지출하거나 징수하지 못한 금전을 반환시킨 경우, 그 금액의 2분의 1을 보상금으로 받을 수 있었다. 하지만, 이 법은 허위청구방지소송을 제기한 원고가 정부예산을 낭비하고 있다는 정보를 어디서 얻었는가를 묻지 않았다. 그 결과, 사기행위를 한 기업주들에 대해 검사가 형사소송절차를 진행하는 것을 보고, 거기에서 정보를 얻어 허위청구방지소송을 제기해 막대한 보상금을 받아가는 행위를 막을 수 없었다. 이것은 입법자들도 예상하지 못한 문제이었다. 왜냐하면, 이 법의 제정 취지는 정부가 획득하기 어려운 정보를 내부고발자나 시민이 얻어 소송을 제기함으로써, 정부예산낭비를 막자는 데 있었기 때문이다.6)

그 후 의회는 1943년 법을 개정하여 정부가 가지고 있는 정보를 근거

---

4) Qui Tam 이라는 말은 라틴어로서 줄인 말인데, 라틴어 원문은 'qui tam pro domino rege quam pro se ipso in hac parte sequitur'이다. 영어번역어로는 'he who brings the action for the king as well as for himself'이다. 즉, '왕과 자신을 위해 소송을 수행하는 사람'이라는 뜻이다.

5) Brief History of Qui Tam Provisions, The False Claims Act Resource Center. http://www.falseclaimsact.com/history.html.

6) Michael Lawrence Kolis, COMMENTS: Settling for Less: The Department Of Justice's Command Performance Under The 1986 False Claims Amendments Act, Adminstrative Law Journal 1993, pp.414-415.

로 해서는 허위청구방지소송을 제기하지 못하도록 하였고, 승소한 후 받
는 인센티브도 정부에 반환시킨 금액의 10~25%(정부참가시 10%, 정부
불참가시 25%)로 제한하였다. 이처럼 소송제기요건을 엄격하게 하고 보
상금도 줄이자 허위청구방지소송은 현저하게 줄어들게 되었다. 특히, 허
위청구방지소송을 제기하기 전에 원고될 사람이나 해당 정보를 알고 있
는 사람들은 감사기관이나 수사기관 등에 제보를 하고 그래도 시정이
되지 않을 때 허위청구방지소송을 제기하는 경우가 많은데, 1943년의 개
정법에서는 이러한 경우 해당 정보는 정부가 아는 내용이 되기 때문에
소송을 제기할 수 없게 되었다.

(2) 1986년 허위청구방지소송법의 개정과 소송의 활성화

미국에서 레이건대통령이 집권하면서 군사예산을 대폭 증액하게 되었
는데, 1985년경에는 무기와 군수품 조달 기업들 중 45%와 상위대기업
90%가 정부를 상대로 기망행위를 통해 이득을 얻고 정부예산을 낭비하게
하는 것으로 조사되었다.[7] 이로 인해 연방예산의 거의 10% 정도가 사기
행위를 하는 기업 등에 과잉지출된 것으로 밝혀졌다. 이에 따라, 정부(특
히, 법무부)와 시민(사적 법무장관으로 불림)이 협력하여 정부예산낭비를
막을 필요성이 생겨났는데, 이때 허위청구방지소송은 시민들이 정부예산
낭비를 막기 위해 동원할 수 있는 가장 중요한 수단으로 평가받았다.
미국 의회는 허위청구방지소송이 처음 도입된 이후 122년이 흐른
1986년 공익침해적 불법행위에 대하여 공사협력에 의한 방지필요성을
인정하여 법을 개정하여 허위청구방지소송의 제기요건을 완화하였다.

---

7) Christopher C. Frieden, COMMENT: PROTECTING THE GOVERNMENT
INTERESTS: QUI TAM ACTIONS UNDER THE FALSE CLAIMS ACT AND
THE GOVERNMENTS RIGHT TO VETO SETTLEMENTS OF THOSE ACTIONS,
Emory Law Journal 1998, p.1042.

그 내용은 공공기관의 정보에 대한 이용제한을 완화하고 보상금을
15~30%로 높였으며, 내부고발자가 자기조직으로부터 받게 되는 보복과
인사상 불이익을 방지하고 피해를 회복할 수 있도록 하며 제소기간을
연장하였다.

법개정이후 허위청구방지소송이 여러 행정분야에서 크게 활성화되면
서 1차적으로는 부당하게 지출된 비용을 회수하는 성과를 거두었지만,
잠재적인 기망행위의 발생을 방지시키는 방지적 효과(deterrence effect)
도 거두게 되었다. 그 이후 주와 시에게까지 허위청구방지소송이 확산되
게 되었다.

(3) 허위청구방지소송의 운용현황, 이용분야와 의료분야에서의 활성화

1986년 법개정의 결과, 허위청구방지소송의 이용은 급격하게 증가하
고 있다. 미국 연방법무부는 허위청구방지소송에 관한 통계를 정기적으
로 발간하고 있는데, 이에 관해서는 여러 로펌들에서 정보를 제공하고
있다.8) 이에 따르면, 연방 허위청구방지법에 따른 허위청구방지소송을
통해 1986년에서 2015년까지 480억 달러를 회수했다. 이 중에서 사인이
직접 소송을 수행하여 330억 달러를 반환시켰고 보상금으로 53억 달러
를 수령하였다.

법개정이후 연방정부의 재정지출을 야기하는 모든 정부활동영역에서
허위청구방지소송의 이용이 확대되고 있다. 그 분야를 예시적으로 살펴
보면 다음과 같다. 첫째, 보조금의 교부영역에서 교육보조금, 주택보조
금, 농업보조금, 긴급구조지원금의 부정지출과 관련된 분야. 둘째, 무기
구매계약 등 병무행정분야와 조달행정분야. 셋째, 의료행정분야에서도
의료기관의 부당과잉청구나 의사서명의 부정사용과 관련된 분야. 넷째,

---

8) 미국에서 이 소송은 법률회사들에게 매우 인기 있어 많은 법률회사들이 이 소송에
관한 정보를 제공하고 있다. 아래의 정보는 www.falseclaimsact.com에서 참조함

환경법규위반자를 묵인하면서 허위의 확인서를 교부하는 경우. 다섯째, 연금과 고용보험금 등의 부당청구와 관련된 분야.

2015년에 한정하여 보면 737건의 연방법에 따라 허위청구방지소송이 제기되었다. 소송이 가장 많이 제기된 분야는 건강보험과 의약분야이었다. 정부의 공공기금이 지원된 주택관련 대출이나 보조금지급과 같은 재무분야에서도 증가했다.

현재 허위청구방지소송의 제기가 가장 활발한 분야는 의료분야이다. 의료기업들은 의료보험기관에 부당하게 과잉청구거나, 환자들의 무지를 이용하여 비싼 의약품이나 기자재 사용을 권하는 방법 등으로 공공기금에 막대한 부당지출요인을 발생시키고 있다. 미국 감사원(Government Accountinf Office)은 1992년도 의료비 지출의 10% 정도가 사기행위로 인한 과잉지출이라고 진단했었다.[9]

이러한 기망행위에 대해 법무부 등 법집행기관의 정보수집능력과 수사능력이 한계를 드러내게 되면서, 시민들이 연방정부를 위하여 법집행의 파트너의 역할을 수행하는 허위청구방지소송이 가장 강력한 무기로 각광받고 있다. 예를 들어, 대형병원에 근무하는 사람들이 내부고발자로서 또는 환자들이 허위청구방지소송을 제기하는 경우가 증가하고 있다. 그리하여, 1988년 허위청구방지소송으로 회수되는 금액의 불과 1%정도를 차지했던 의료사기에 대한 회수금액이 1993년에는 46%에 이르게 될 정도로 그 금액이 급증하고 있다.

(4) 주와 시로 확대

1986년 개정된 법이 성공하면서 허위청구방지소송은 예산낭비라는 똑

---

9) Lewis Morris and Gary W. Thompson, Reflections on the Government's Stick and Carrot Approach to Fighting Health Care Fraud, Alabama Law Review 1999, pp.321-322.

같은 문제로 고민하고 있던 주정부들과 시정부들로 확산되고 있다. 2017년 12월 현재 허위청구방지법을 제정한 주들은 캘리포니아주, 뉴욕주와 텍사스주를 포함하여 32개 주들이다. 그리고 뉴욕과 시카고를 비롯한 7개의 시들도 허위청구방지법을 시행하고 있다.

주와 시들에서 허위청구방지소송을 도입하면서 중요한 교훈을 얻게 되었다. 연방보다도 오히려 주와 시의 영역에서 허위청구방지소송이 지방재정의 손실을 초래하는 불법행위를 방지하는 효과가 더 크다는 점이다.[10]

미국에서의 경험은 우리나라에서 지방재정의 부실을 초래하는 불법행위를 막기 위해서 주민소송제도를 개정하든지 아니면 주민소송과 별개로 허위청구방지소송을 도입할 필요가 있음을 시사한다고 하겠다.

(5) 허위청구방지소송에 관한 약간의 남소논란의 근거

미국에서 허위청구방지소송을 검토하는 대부분의 연구논문들은 좋은 입법정책인 것으로 평가하고 있으나, 소수이지만 우려를 포함하는 글들도 존재한다. 그러한 글들에서 제시된 논거들은 다음과 같이 4가지로 요약할 수 있다.[11]

첫째, 허위청구방지소송이 인간의 최악의 본능, 즉, 탐욕과 자아도취의 본능을 자극한다. 둘째, 소송을 제기한 원고들은 돈에만 관심이 있을 뿐 정부이익의 보호에는 관심이 없다. 셋째, 허위청구가 기업들에 상당한 부담을 주므로 소송이 아니라 정부의 조사절차에 맡기는 것이 더 타당하다. 넷째, 허위청구방지소송에 성공하지도 못하는 실익없는 남소를 유발한다.

---

10) Christina Orsini Broderick, QUI TAM PROVISIONS AND THE PUBLIC INTEREST: AN EMPIRICAL ANALYSIS, Columbia Law Review 107, 2007, p.992.
11) Christina Orsini Broderick, a.a.O., pp.961-962 참조.

하지만, 대부분의 연구결과들은 이러한 우려들에 대해 재반박을 가하
며 허위청구방지소송을 합헌적이며 좋은 입법정책인 것으로 평가하고
있다.

2. 허위청구방지법의 내용소개와 검토

미국에서 허위청구방지소송에 관해서는 미국통합법전(U.S.C.) 제31권
제3729조에서 제3733조가 규정하고 있다.

1) 원고적격과 피고적격

(1) 원고적격

미국헌법 제3조에 따를 때 누군가가 재판을 청구하기 위해서는 현실
적인 침해나 손해(injury in fact)를 입었어야 하는데, 허위청구방지소송에
서도 원고가 되기 위해서는 자신의 현실적인 손해를 입증하도록 요구해
야 하는 것이 아닌가 하는 점에 의문이 생긴다. 실제로 미국에서도 자신
의 고유한 손해를 입증하지 못하고 연방정부의 손해만를 알고 있는 자
에게는 원고적격(standing)을 인정할 수 없다는 입장에서 허위청구방지소
송의 위헌소송이 여러 차례 제기되었다.

그래서 입법자는 허위청구방지소송에서 원고가 자기의 이름이 아니라
'정부의 이름으로(in the name of the Government)' 소송을 제기하도록 규
정하여(제3730호 (b)항 (1)호), 원고적격 여부는 자신의 손해에서가 아니
라 연방정부의 손해에서 나오도록 함으로써 원고의 개인적 손해는 불필
요하도록 규정했다.

허위청구방지법은 사인이 신속하게 소송을 제기하는 것을 장려하기

위해 둘 이상의 사인이 소송을 각자 별도로 제기하면 첫 번째 소송을 제기한 사람의 소송만 유지하고 다른 소송들은 각하하도록 규정했다. 정부가 이미 불법행위를 한 자를 상대로 제재처분절차를 진행하고 있거나 소송을 진행중일 때에는 동일한 사안과 관련하여 사인의 소송제기는 허용되지 않는다.(제3730호 (e)항 (3)호)

원고가 되기 위해서는 "독자적이고 직접적인 허위청구정보"("original source")를 알고 있어야 하고 공적으로 공개되지 않은 정보이어야 한다. 즉, 언론기관에 의해 공개되거나, 의회회의, 행정청문절차나 감사절차, 다른 형사소송절차, 민사소송절차 등에서 드러난 정보이어서는 안된다. (제3730조 (e)항 (4)(A)호) 공적으로 공개되지 않은 정보라면 그가 직접적이거나 최초로 그 정보를 획득했을 필요는 없다. 따라서, 직장동료로부터 전해들은 정보를 토대로 허위청구방지소송을 제기할 수도 있다.

하지만, 당해 정보가 이미 공적으로 공개된 정보라 하더라도 자신이 직접적으로 기망사실을 목격했거나 관계서류를 가지고 있는 직접적인 정보원이라면 허위청구방지소송을 제기할 수 있다.(제3730조 (e)항 (4)(A)호)

(2) 피고적격

허위청구방지법 제3729조는 허위청구방지소송의 피고에 관하여 규정하고 있는데, 피고는 연방정부에 고의 또는 중과실로 허위청구를 하여 연방정부에게 부당한 지출을 하게 한 자이다. 하지만, 현실적으로 정부에 허위청구서를 제출한 자에 한정되지는 않고 그 문서 자체는 타인이 정부에 제출했다 하더라도 자신이 작성한 허위의 정보가 제공되게 하여 허위청구서가 작성되게 한 자도 피고가 될 수 있다. 예를 들어, 정부에 완성품을 납품하는 계약을 체결한 자에게 부품을 공급하는 부품회사가 부실부품을 공급하여 결과적으로 완성품에 하자가 있거나 정부가 원하는 것보다 저가품을 공급한 경우 이 부품을 공급한 회사도 피고가 될 수 있다.

의료보험의 영역에서 허위청구는 의사가 보험금청구를 하면서 실시하지 않은 진료나 치료행위를 한 것까지 포함시켜 보험금을 청구하거나 불필요하거나 불합리하게 과다하거나 고가의 의약품을 처방전에 포함시킨 경우도 포함된다.[12]

청구를 한 자가 고의로 허위청구를 했을 필요는 없고 청구를 하면서 기초정보의 진위를 의도적으로 확인하지 않거나(in deliberate ignorance, 제3729조 (b)항 (2)호), 기초정보의 진위를 무모하게 무시(in reckless disregard, 제3729조 (b)항 (3)호)한 경우도 포함된다. 미필적 고의나 묵시적 용인 그리고 의도적인 무지 등도 포함된다. 사기적인 행위는 고의에 기인한 경우가 보통이지만 반드시 고의가 있을 것을 요구하지 않고 피고가 정부에 제출한 정보가 허위라는 것을 알고 있을 필요도 없다는 점에서 입법자들은 허위청구방지소송의 적용범위를 확대하려는 의지를 보여주었다. 고의와 의도적 확인태만 또는 무모한 무시 등의 사유들 상호간에는 허위청구의 성립이나 배상해야 할 금액에 차이가 없고 원고에게 지급해야할 보상금에도 차이가 없다.

미국의 규정내용들은 우리 법의 관점에서 볼 때 약간의 차이는 있을 수 있겠지만 허위청구자의 고의 또는 중과실을 요구하는 것으로 이해할 수 있을 것이다.

2) 소송대상

제3729조는 허위청구방지소송의 대상이 되는 행위들을 규정하고 있는데 그 내용은 다음과 같다.

① 미 정부의 공무원이나 고용인 또는 미국 군대의 군인 또는 군무원

---

12) Linda A. Baumann, Health Care Fraud and Abuse : Practical Perspectives, 2. ed., 2012, p.229.

에게 대금 지불에 관한 허위 청구나 승인서를 제출하거나 제출되도록 하는 행위.

② 연방 정부가 허위 청구를 승인하거나 대금을 지불하도록 허위의 기록 또는 주장을 만들거나 이용하거나 또는 이용되도록 하는 행위.

③ 허위 청구가 승인되거나 대금이 지불되도록 하기 위해 정부를 속일 공모를 하는 행위.

④ 정부가 사용했거나 사용할 물건 또는 현금을 소유, 관리, 보관하고 있는 자가 정부를 속이거나 정부 재산을 은닉할 목적으로 자신이 받은 증명서 또는 영수증에 기재된 양보다 적은 양을 제공하거나 제공되도록 하는 행위.

⑤ 정부가 사용했거나 사용할 물건의 수령을 증명하는 서류를 작성하거나 송달할 권한을 부여받은 자가 정부를 속일 목적으로 영수증의 내용의 진실여부를 확인하지 않고 영수증을 작성하거나 송달하는 행위.

⑥ 정부의 공무원이나 고용인 또는 군대의 군인이나 군무원으로부터 팔거나 담보로 제공할 수 없는 공공 재산을 구입하거나 담보로 제공받는 행위.

⑦ 정부에 대하여 현금 또는 재산을 지불하거나 전달할 의무를 숨기거나 회피 또는 줄이기 위하여 허위의 기록이나 진술을 만들거나 이용하거나 또는 이용되도록 하는 행위.

3) 정부의 개입과 허위청구방지소송

(1) 허위청구소송의 전 과정에 대한 공익보호목적의 정부개입권의 중요성

미국 허위청구방지소송의 입법 및 운영과 관련하여 미국 의회는 충돌하는 두 관점을 조화시켜야만 했다.[13] 한편으로는 사인들에게 불법적인

---

13) Beverly Cohen, KABOOM! THE EXPLOSION OF QUI TAM FALSE CLAIMS

허위청구행위를 적발하여 소송으로 제기하도록 격려하기 위해 충분한
인센티브를 제공해야 했다. 하지만, 다른 한편으로는 연방정부가 스스로
허위청구행위를 이미 적발하여 법집행을 하고 있는 상황에서는 사인들
에 의한 소송제기를 막아야 했다. 특히, 이미 허위청구정보가 공개되어
있어 수사중인 사안에서 특별한 정보도 없이 제기되는 기생적인 허위청
구소송을 방지해야 했다.

　이 소송을 도입한 주들에서 그 성공정도에는 차이가 나타나고 있는데
법내용들에도 차이가 있기 때문에 그 성패의 원인은 우리에게도 매우
흥미롭다.14) 허위청구방지소송을 성공적으로 운영하고 있는 Illinois 주
허위청구방지소송제도의 특징은 일리노이주 법무부장관이 허위청구방
지소송의 전 과정에 대해 공익의 보호를 위해 더 효과적으로 개입할 수
단들을 갖고 있었다.

　Illinois 주법무부장관은 사인들의 성공가능성없는 남소를 제한하여 소
송의 성공확률을 높일 수 있었고, 사인들이 소송수행중 유리한 보상약속
등 피고의 유혹으로 인해 정부에 지불할 배상금을 줄이고 원고의 보상
을 늘리는 방식으로 피고와 담합하여 쉽게 화해하고자 하는 유혹을 막
기 위해 사인의 화해를 거부할 권한을 가지고 있었다.

(2) 사인에 의한 허위청구방지소송의 제기와 정부의 조사절차

　사인은 연방지방법원에 정부를 위하여 정부의 이름으로 허위청구방지
소송을 제기할 수 있다(제3730조 (b)항 (1)호). 사인이 허위청구방지소송
을 제기할 때에는 그가 소지한 실질적 물증 및 정보에 관한 서면을 법원
에 제출하여야 한다. 또, 사인은 이 소장사본과 원고가 소지한 실질적

　　UNDER THE HEALTH REFORM LAW, Penn State Law Review 116, 2011,
　　pp.78-79.
14) Christina Orsini Broderick, a.a.O., pp.992-993.

물증 및 정보에 관한 서면을 정부에 제공하여 정부가 개입하여 조사를 하고 소송을 수행할 것인지 판단할 기회를 주어야 한다.

정부는 이 문서와 증거들을 받은 날로부터 60일 이내에 소송참가여부를 결정하여 소송을 수행할 수 있다.15) 60일 동안 법원은 피고에게 비밀로 유지하기 위해 소장을 피고에게 송달하지 말아야 한다.(제3730조 (b)항 (2)호)16) 정부는 정당한 이유를 제시하여 이 기간을 연장받을 수도 있다. 대부분의 경우 정부는 60일의 기간을 연장받아 120일 동안 당해 사안을 조사하고 소제기자를 면담하며 증거 등을 조사한다.

(3) 정부에 의한 허위청구방지소송의 수행

a. 소송의 수행과 취하 등

법무부가 개입하기로 결정하였다면 이제부터 수사하고 소송을 수행하는 주된 책임은 정부가 지며 이 때 정부는 소를 제기한 사람의 주장이나 증거 등에 구속받지 않는다. 다만, 이 때에도 소송을 제기한 사인은 제한된 범위에서 소송수행을 계속할 수 있다.

그는 허위청구사실의 적발에 참여할 수도 있다. 그러나 소송을 제기한 사인이 소송에 무제한적으로 참여함으로써 정부의 소송수행을 방해하거나 부당하게 지연됨을 정부는 입증함으로써, 그리고 피고는 해당 사인의 활동이 피고에게 고통을 줄 목적이라거나 피고에게 부당한 부담이나 불필요한 비용을 야기시킨다는 것을 입증함으로써, 법원의 결정을 받

---

15) 미국의 허위청구방지소송에서도 사인의 소송수행전 정부가 주도적으로 관련 소송을 수행할 우선권을 주는 것을 볼 때, 우리나라에서도 국민소송의 제기 전 조사청구절차나 감사청구절차를 전치시켜 국가기관 등이 해당 불법사실을 적발하여 적절한 조치를 취하도록 하는 것이 타당성을 가질 수 있다는 것을 시사한다고 본다.

16) 이 규정은 우리나라에서 국민소송제도를 도입하면서 조사청구전치절차 또는 감사청구전치절차를 도입할 때 국가기관 등이 불법행위를 한 자에게 관련 정보가 알려지지 않도록 조치를 취할 필요가 있음을 시사한다.

아 사인의 소송수행활동을 제한할 수 있다.(제3730조 (c)항 (2)호)

정부는 소를 제기한 사인에게 청문기회를 준 후 소를 취하할 수도 있고 적정하고 합리적이기만 한다면 그에게 청문기회를 준 후 그의 반대에도 불구하고 피고와 화해할 수도 있다.17) 정부가 소를 취하하거나 화해한 경우에도 소를 제기한 사인은 계속해서 소송의 일방당사자로서 소송을 계속 수행할 수 있다.

b. 보상금

정부가 개입한 경우 허위청구방지소송을 제기한 사인은 정부가 배상받은 돈의 15~25%와 합리적인 범위내의 변호사비용을 보상금으로 받을 수 있다.(제3730조 (d)항 (1)호) 구체적인 보상금의 액수는 그가 제공한 정보의 중요성과 기여도 그리고 정부에 대한 허위청구와 관련하여 그가 어떤 역할을 했는지 등에 따라 법원이 결정한다.

1986년의 개정법에서 변호사비용을 보상금으로 받을 수 있도록 한 것은 허위청구금액이 소액인 경우에도 이 소송이 활성화되게 한 계기가 되었다고 평가받고 있다.

4) 사인의 의한 허위청구방지소송의 속행

(1) 소송의 수행과 취하 등

정부가 개입하지 않기로 결정한 경우 사인은 스스로 허위청구방지소송을 속행시킬 수 있다. 이 경우 다른 사인들은 동일한 사안에 대하여

---

17) Christopher C. Frieden, COMMENT: PROTECTING THE GOVERNMENT INTERESTS: QUI TAM ACTIONS UNDER THE FALSE CLAIMS ACT AND THE GOVERNMENTS RIGHT TO VETO SETTLEMENTS OF THOSE ACTIONS, Emory Law Journal 1998, p.1050.

소송을 제기하지 못한다.(제3730조 (b)항 (5)호)

정부가 개입하지 않기로 하여 본래의 소제기자가 소송을 속행한 경우에도 소송도중에 정부는 타당한 이유를 제시하고 소송참가를 할 수는 있다.(제3730조 (c)항 (3)호) 또, 사인이 단독으로 소송을 수행하는 경우에도 소를 취하하거나 피고와 소송상 화해를 하려면 사전에 정부와 법원의 서면동의를 얻어야 한다.(제3730조 (b)항 (1)호)[18]

(2) 보상금

정부가 개입하지 않기로 결정하였음에도 사인이 소송을 속행시켜 승소한 경우 사인은 정부가 반환받을 금액의 25~30%와 합리적인 범위내의 변호사비용을 보상금으로 받을 수 있다.(제3730 (d)항 (2)호) 하지만 패소한 경우 소를 제기한 사인은 소송수행에 지출한 변호사비용 등 비용을 스스로 부담하여야 한다.

5) 제소기간, 배상금액과 내부고발자 보호

(1) 제소기간

허위청구방지소송은 국가의 재정손실을 초래하는 사실이 일어났던 날

---

18) 이 규정은 우리나라의 국민소송절차의 형성에도 시사하는 점이 있다고 본다. 즉, 사인이 조사나 감사를 거쳐 불법행위를 한 자를 상대로 국민소송을 제기한 경우에도 법무부 등 국가기관은 국가의 이익보호를 위하여 소제기자가 불법행위를 한 자의 로비 등에 포획되어 담합하는 것을 방지하는 것을 막기 위해 그의 소송수행과정을 적절하게 통제할 권한을 가져야 함을 시사한다.

또, 국가기관 등이 기간이 제한된 조사절차나 감사절차에서는 불법행위사실을 적발하지 못했지만 사인에 의한 국민소송의 제기 후 소송수행중 새로운 사실을 적발하여 조사절차나 수사절차를 개시할 필요성이 생겼지만 사인의 화해나 패소 등으로 당해 사안과 관련하여 기판력이 생겨 국가기관 등의 조사절차를 방해받을 가능성도 있다.

Stephen M.Kohn, Concepts and procedures in whistleblower law, 2001, p.211 참조.

로부터 6년 이내이거나 배상청구권의 행사에 중요한 사실이 당해 행위를 방지할 책임있는 관계공무원에게 알려졌거나 알려졌을 합리적인 날로부터 3년 이내에 제기되어야 한다.(제3731조 (b)항)

(2) 배상금액

기망행위를 통해 정부에 손실을 준 피고에 대하여 각각의 허위청구에 대하여 5,500~11,000 달러(2016.8.1.부터는 10,781~ 21,563 달러)의 민사벌금(civil penalty)을 부과하고 정부가 입은 손해의 3배를 배상하도록 하여야 한다.(제3729조 (a)항)

군수품의 공급계약이나 의료계약 등에 있어서 비록 소액이지만 장기적으로 수많은 계약행위를 통해 정부에 손해를 끼쳤을 때에는 각각에 대하여 민사벌금을 부과할 수 있다.[19)

(3) 내부고발자의 보호

허위청구방지소송을 제기하거나 증언하거나 조사에 협력하는 등의 이유로 자신이 재직하는 회사 등에서 보복조치를 당한 사람에 대해서는 지위회복에 필요한 구제조치들을 청구할 수 있다. 이 구제조치의 내용에는 보복 또는 차별을 당하지 않았더라면 차지했을 선임자의 지위를 회복하고 받아야 했을 임금의 2배와 이자를 청구하며, 그밖에 차별로 입은 특별한 손해를 배상청구하고 변호사비용을 포함한 소송비용을 청구할 수 있다.(제3730조 (h)항)

---

19) Stephen M.Kohn, Concepts and procedures in whistleblower law, 2001, p.210.

2. 미국의 납세자소송과 일본의 주민소송

1) 미국 납세자소송 (Taxpayer's Suit)

미국의 납세자소송(Taxpayer's Suit)은 주나 지방행정기관의 부당한 예산집행이나 공금지출 또는 징수해태 등을 대상으로 해서 일정한 요건을 갖춘 납세자가 행정기관이나 공무원 등에게 제기하는 공익소송의 일종이다.

미국에서 납세자 소송은 19세기 중반 경부터 인정되기 시작하여 현재는 지방자치단체들은 물론 거의 모든 주에서 인정되고 있는데, Flast v. Cohen(1968) 사건 이후 연방정부에 대해서도 납세자소송 제기가 가능해졌다.

1) 영국 납세자소송의 계수

미국의 납세자소송은 영국법을 계수한 것이다. 영국에서 최초로 납세자소송이 인정된 것은 1826년 Bromley v. Smith 판결인데,[20] 이 판결은 사법장관(the Attorney General)이 아니라 지방세 납세자가 직접 출납공무원의 위법한 공금 지출을 금지시킬 것을 요구하고 이미 지출된 공금의 환급을 청구하여 그것을 인정한 판결이었다.[21]

하지만, 영국에서 납세자소송이 일반적으로 인정되게 된 것은 1835년 지방자치법(Municipal Corporation's Act of 1835)이 제정되면서부터이다. 이 법에서 지방자치단체의 공금을 공공신탁재산(public trusts)으로 규정하고 공무원에게 법이 정하는 방법과 목적에 따라 공금을 공정하게 취급할 것을 의무화하였다. 그 결과 납세자는 공무원의 위법한 공금처리를

---

20) 1 Sim. 8, 57 Eng. Rep. 482(Ch. 1826).
21) 김명연, 주민소송의 입법화방향에 관한 연구, 한국법제연구원 행정법제분석 98-3, p.31.

신탁위반이라고 주장하여 형평법원에 구제를 청구하는 것이 용이하게
되었다.

　그러나 영국의 납세자소송은 납세자의 고발에 따라 사법장관이 출소
하는 간접적인 제도로 흡수되면서 사법장관의 허가가 없는 한 납세자소
송이 인정되지 않게 되어 매우 위축되게 되었다. 이러한 법시스템에서는
사인의 고발에 따라 사법장관이 자신의 이름으로 출소하고 소송의 당사
자 역시 사법장관이지만 현실적으로는 고발자인 사인이 소송을 수행하
고 있는데 이를 고발자소송(relator action)이라고 부른다.22)

　영국법상 현재 고발자소송의 제기가능성은 사법장관의 완전한 재량사
항이며 고발자로서 소송을 수행하고자 하는 자는 사법장관의 허가를 얻
어야 한다. 사법장관이 고발을 수리하지 않거나 또는 소를 취하하더라도
고발자는 사법장관의 결정에 대하여 이의를 제기할 수 없다. 고발자소송
에 있어 소송당사자는 어디까지나 고발자가 아니라 사법장관이기 때문
이다. 사법장관의 결정에 대한 통제를 할 수 있는 것은 오직 의회뿐이다.

　이와 같이 영국의 납세자소송이 고발자소송으로 변질되어 납세자나
시민에 의한 사법통제가 미국과 같이 활발하게 인정되지 않게 된 것은
행정통제에 관한 제도발전의 차이에 기인한다고 한다. 영국에서 1830년
대의 제도개혁에 의하여 회계감사(audit of account), 행정서비스제공에
대한 조사, 차입허가, 보조금의 통제를 비롯해 현재 중앙정부의 지방자
치단체에 대한 포괄적인 행정통제제도의 전형이 되고 있는 제도들이 확
립되고, 지방자치단체의 행위나 결정에 의하여 손해를 받은 자로 하여금
중앙정부에 대하여 불복신청을 하고 소송을 제기할 수 있도록 하는 방
식으로 중앙정부에 의한 감독수단이 확립되어감에 따라 납세자소송은
더 이상 크게 발전하지 못하고 쇠퇴하게 된 것이다.

---

22) Louis L. Jaffe, **STANDING TO SECURE JUDICIAL REVIEW: PUBLIC ACTIONS**,
　　Harvard Law Review 74, 1961, pp.1273-1274.

2) 미국의 지방자치단체 및 주의 납세자소송

　미국의 납세자소송은 영국의 납세자소송을 계수한 것이나 영국과는 대조적으로 독자적인 발전을 하였다. 미국의 납세자소송은 중앙정부의 감독적 통제제도를 대체하는 수단으로 발전하였고, 지방자치단체에서 주로, 주에서 연방으로 단계적인 발전을 하였다.

(1) 지방자치단체의 납세자소송

　미국에서는 1847년 처음으로 뉴욕시 시장을 피고로 하는 납세자소송이 인정되었으며,23) Massachusetts주는 같은 해에 지방자치단체의 예산남용에 대한 납세자소송을 허용하는 성문법을 제정하였다.

　초기의 납세자소송은 모두 지방자치단체 차원에서 제기되었으나 지방자치단체의 경우 재정지출과 활동이 상대적으로 한정되어 있었기 때문에 제기건수도 많지 않았다. 그러나 남북전쟁후 경제분야에 있어 지방자치단체의 역할이 증대되고 행정서비스도 확대됨에 따라 납세자소송의 제기건수는 비약적으로 증가하였으며, 또한 공채에 의한 재원조달, 공공계약의 체결, 특허 또는 면허의 발급에 대해서도 제기할 수 있게 되었다.

　19세기 후반 인정된 지방자치단체들에 대한 대부분의 납세자소송은 공무원의 무사안일이나 부정부패에 대한 불신 때문에 주민투표나 주민소환과 같은 지방자치단체의 활동에 대한 주민의 직접참여가 강하게 주장되던 민주주의의 발전시기에 제기된 것들인데, 현재는 모든 주에서 지방자치단체에 대한 납세자소송을 인정하고 있다.

---

23) Adriane v. Mayer of New York, 1 Barb. 19(N. Y. Sup. Ct. 1847)

(2) 주의 납세자소송

미국에서는 시정부나 카운티정부 등 주에 속한 지방자치단체의 납세자소송이 널리 인정되었을 때에도 처음에는 주에 대한 납세자소송은 거의 인정되지 않았다. 하지만, 납세자소송에 관한 판례가 축적되어감에 따라 납세자소송은 점차 주차원으로 확대도입되었다.

주에 납세자소송이 도입되는 과정에서는 주는 연방제하에서 국가적 주권을 갖는다는 것, 주의 납세자는 주의 재정활동에 대하여 직접적이고 긴밀한 관계에 있지 않다는 등의 이유로 주 차원의 납세자소송을 인정하는 것에는 저항도 없지 않았다. 이러한 이유로 오랜 기간 동안 New York주와 New Mexcico주 등은 주의 납세자소송을 인정하지 않았으나 1976년 New York주가 이를 인정하는 법을 제정하였기 때문에 현재는 거의 모든 주에서 주를 상대로 한 납세자소송이 인정되고 있다.

(3) 지방자치단체와 주의 납세자소송의 유형과 절차

지방자치단체와 주의 납세자소송은 실정법에 규정되어 있는 경우가 많으나 형평법에 근거를 두고 수행되기도 한다. 납세자소송은 비슷한 상황에 있는 납세자들을 대표하여 제기되는 경우가 많지만, 가끔은 혼자서 소송을 제기하는 경우도 있다.

납세자소송에서 가장 흔한 소송유형은 중지소송(injunction)으로서, 납세자는 지방자치단체 등을 상대로 공금의 불법적 지출의 금지를 요구하거나, 공유재산의 불법적인 사용의 중지를 요구하거나, 행정계약의 불법적인 지출의 중지를 요구하거나, 지방채의 부적절한 발행의 중지를 요구하거나, 세금의 불법적인 부과의 중지를 요구하는 소송을 제기한다.

납세자소송이 이행소송이나 확인소송의 성격을 갖는 경우도 있다. 예를 들어, 공무원에게 법적인 지출의무를 이행하도록 하는 명령을 납세자소송으로 구하거나, 불법적으로 지출된 공금의 회수를 요구하는 소송을 제기할 수도 있다. 또, 세금의 부과나 공금의 지출을 규정하고 있는 자치법규들의 유효확인을 구하는 확인소송을 납세자소송으로 제기할 수도 있다.

납세자소송의 다른 형태는 지방자치단체를 대위하여 제3자를 상대로 소송을 제기하는 형태이다. 지방자치단체를 대위하여 납세자가 제기하는 소송의 제기권은 납세자의 지위로부터 오는 것이 아니라 지방자치단체의 권한으로부터 오는 것이기 때문에, 이 소송을 제기하기 위해서는 사전에 납세자가 당해 지방자치단체에게 소송을 제기하도록 요구한 후 그 지방자치단체가 소제기를 거절한 이후에야 소제기가 허용된다.[24]

3) 주 및 지방자치단체의 영역에서 납세자소송의 공익소송화

납세자소송은 장래의 세무부담을 회피하기 위하여 위법한 공금지출 등의 위법행위를 사전에 방지할 필요가 있다는 것에서 출발한 것이다. 따라서 지방자치단체와 주의 납세자소송 역시 초기에는 원고적격이 인정되기 위해서 당해 행위가 위법하다는 것만으로는 불충분하고 당해 위법행위가 지방자치단체의 재정에 손해를 끼치고 또한 다른 납세자나 주민과 달리 자신이 특별한 손해를 입었거나 입을 것이라는 것을 입증하여야 했다.

하지만, 주법원은 연방법원과 달리 성실하고 효율적인 정부를 유지하기 위한 수단으로 전통적으로 납세자소송에 매우 우호적이었기 때문에, 원고적격, 소송대상 등이 점차 현저히 자유화되고 확대되어 지방자치단체 및 주의 납세자소송은 사실상 시민소송과 공익소송으로 기능하게 되었다.

---

24) Susan L. Parsons, **TAXPAYERS' SUITS : STANDING BARRIERS AND PECUNIARY RESTRAINTS**, Temple Law Quarterly 59, 1986, p.964.

(1) 납세자의 범위 확대와 원고적격의 자유화

납세자소송이 납세자의 이익보호를 실질적 목적으로 한다면 법원은 일차적으로 원고적격을 심사함에 있어 "조세" 및 "납세자"의 범위를 확정할 필요가 있다. 그러나, 법원은 이에 대해서 그다지 검토를 하지 않고 있으며, "조세"에는 세목의 제한이 없어 재산세뿐만 아니라 납세자의 범위를 거의 확정할 수 없는 소비세25) 등 모든 조세를 포함시켰다.26)

이로 인해 납세자의 범위는 실질적으로 주민과 거의 유사하게 되었다. 한편, 납세자의 이익보호의 견지에서 보면 납세자는 반드시 당해 지방자치단체의 주민일 필요가 없지만 납세자소송은 많은 경우 주민인 납세자에 의하여 제기되고 있어 객관소송인 주민소송과 거의 차이가 없다고 할 수 있다.

결과적으로 납세자소송은 연혁적으로는 특정 납세자의 조세부담증가의 회피라는 주관소송이었으나 실제로는 재무행위를 중심으로 한 행정의 부정부패의 방지를 목적으로 하는 제도로 발전되었기 때문에 납세자의 원고적격은 엄격하지 않았다고 할 수 있다. 사실상의 이익침해를 요구하는 경우에도 이는 의제에 지나지 않으며 다분히 형식적이고 명목적인 것에 지나지 않았었다.

예를 들어, 미국 테네시주에서는 주민이 납세자소송을 제기하기 위해서는 일정한 원고적격을 가져야 하는데, 1989년 이전에는 주정부의 부당한 공금지출로 어떤 주민이 다른 주민들이 입지 않은 개인적 손해나 이익의 침해(individualized harm, special injuries, or interests)를 주장해야 했다. 하지만, 1989년 Cobb v. Shelby County Board of Commissioners 사건

---

25) Putman v. Murden, 97 Ind. App. 313, 184 N. E. 796 ; Regan v. Bablock, 188 Minn. 192, 247 N.W. 12.

26) Collins & Myers, The Public Interest Litigation in Callifornia : Observation on Taxpayers' Actions, Loyola L. A. L. Rev. 10, 1977, p.329.

에 대해 테네시주 최고법원이 다른 주민들과 다른 특별한 손해를 주장할 필요가 없다고 판시하면서, 납세자소송을 제기할 수 있는 원고적격은 크게 확장되었다. 또, California주나 Florida주의 법원은 원고적격의 인정을 위해 개인적 손해를 입증할 필요가 없다고 하고 있고,27) Missouri주의 법원은 원고적격의 판단에서 지출담당기관의 위법 여부나 목적의 불공정 여부만을 심사하고 있다.28) New York주는 성문법으로 기금·재산의 위법한 지출에 의하여 특별한 침해가 있는지의 여부와 관계없이 소송을 제기할 수 있다고 규정하고 있다.29)

이를 통해 지방자치단체 및 주에서 납세자소송은 연방에서와 달리 법원에 의하여 공금의 보호와 행정기관의 책임을 확고히 하기 위한 수단으로 인정되고 있음을 알 수 있다.30)

한편, 납세자소송을 제기하는 주민은 직접 불법적인 공금지출을 한 공무원을 상대로 하여서도 제기할 수 있다.31)

(2) 납세자소송의 대상확대

주법원은 재무사항뿐만 아니라 비재무적 사항도 납세자소송의 대상으로 인정하고 있다. 판례상 공적 지출을 수반하지 않는 비재무적 사항에 대한 납세자소송이 인정된 예로서는 지방자치단체의 조직변경, 시청사 등의 입지선정 및 이전, 공공기록의 검사, 공무원 조합비의 사전공개 등이 있다.

---

27) City of Compton v. Bunner, 243 Cal. Rptr. 100, at 118(1988) ; Sands v. Morogo Unified School District, 262 Cal. Rptr. at 456(1989).

28) Tichenour v. Missouri State Lottery Commission, 742 S. W. 2d 170(Mo. 1988).

29) N. Y. State Fin. Law § 123.

30) Hobit v. Commissioner of Natural Resources, 678 P. 2d 1337, 1340(Alaska, 1984).

31) Juanita R. Brown, Taxpayer Standing in Tennessee: Challenging the Illegal Use of Public Funds, The Tennessee Journal of Practice & Procedure 4, 2002, pp.5-8.

4) 미국법상 연방의 납세자소송 부인의 전통과 최근의 제한적 승인의 예

미국 연방정부에 있어 납세자소송은 지방자치단체나 주의 납세자소송과 달리 매우 제한적인 범위에서 인정될 뿐 아니라,[32] 지방자치단체의 납세자소송과는 논리적 근거를 달리하고 특이한 소송 형태를 취하고 있다.

미국 연방대법원은 사법권의 발동대상은 연방헌법 제3조에 규정된 사건성과 쟁송성의 원칙(case and controversies)에 한정된다는 이유로 비교적 최근까지 연방납세자의 연방 재정지출에 대한 납세자소송의 원고적격을 부정하였다.

연방정부의 납세자소송을 부정한 선례로 자주 인용되는 판례는 Frothingham v. Mellon 판결이다.[33] 이 사건은 원고가 연방납세자의 자격으로 연방정부가 주모자보건병원에 대하여 근거없이 보조를 하였다는 이유로 연방정부의 재정지출의 적법성을 다툰 사건이었다. 연방대법원은 이 사건에서 지방자치단체의 납세자의 경우 지방자치단체의 재정지출에 대한 납세자의 이익은 직접적인 것이며 따라서 부정한 지출을 방지하기 위하여 금지소송(injunction)이 적당한 구제방법이라는 것을 인정하면서도 연방 납세자와 연방정부의 관계는 이와는 현저히 다르다고 하여 연방납세자소송을 부정하였다.

연방대법원은 연방정부에 대한 연방납세자의 이익은 비교적 경미하여 확정할 수 없는 것이고 연방공금의 지출이 장래의 과세에 미치는 영향도 매우 관련성이 적고 유동적이며 불확정적이기 때문에 금지소송을 제기할 이유가 될 수 없다고 판시하였다. 그리고 원고적격이 인정되기 위해서는 구체적이고 직접적 손해를 받거나 받을 우려가 있다는 것을 입증하여야 하며 단순히 불특정한 일반대중과 공통된 불이익을 받는 것에

---

32) Susan L. Parsons, **TAXPAYERS' SUITS : STANDING BARRIERS AND PECUNIARY RESTRAINTS**, Temple Law Quarterly 59, 1986, p.952.
33) Frothingham v. Mellon, 262 U.S. 447(1923)

지나지 않는 때에는 원고적격은 인정될 수 없다고 하였다.

이 판결(Frothingham v. Mellon)은 1968년 Flast v. Cohen판결에 의하여 연방납세자소송이 인정될 때까지 오랜 기간 선례의 역할을 하였었다. 연방납세자소송을 인정한 Flast v. Cohen 판결에서 문제된 사안은 다음과 같았다.[34]

1965년에 제정된 연방초중등교육법(Elementary and Secondary Education Act of 1965)은 저소득층 가정의 교육을 보조하기 위하여 공립 및 사립 초중등학교 학생 및 교사가 사용할 교과서 등의 구입비를 재정적으로 원조하기 위하여 제정된 법률이었다. Flast v. Cohen 사건은 소득세를 납부하는 연방납세자 7명이 특정종교단체부속 사립학교에 교과서를 무상 공급하는 것은 연방수정헌법 제1조의 국교수립금지조항에 위반한 불공정한 재정지출이라는 이유로 연방공금의 지출금지를 구한 건이었다.

연방대법원은 Flast v. Cohen 판결에서 연방대법원의 사법권이 미치는 범위는 연방헌법 제3조에 의하여 제한된다는 전제에 입각하면서 동법 제3조는 연방의 과세 및 지출계획의 위헌을 이유로 제기되는 연방납세자소송에 대하여 절대적인 장애가 되는 것은 아니라고 하여 연방납세자소송이 일반적으로 부정되지 않는다는 점을 분명히 하였다.

이 사건에서 연방대법원은 연방납세자가 연방지출계획의 합헌성을 다투는 원고적격의 인정여부는 납세자로서 연방헌법 제3조의 요건을 충족할 수 있는 이해관계를 증명할 수 있는가에 달려 있다고 하고, 원고적격을 판단함에 있어 연방납세자가 주장하는 지위와 소송상 청구간에 이중의 논리적 관련성(이중관련의 원칙)을 존재하여야 한다고 하면서 그 기준으로 다음을 제시하였다.

첫째, 납세자는 납세자 자신과 쟁점 법령간의 관련성을 입증하여야 한다. 이것에 의하여 연방헌법 제1조 제8절의 과세·지출조항에 의한 의

---

34) Flast v. Cohen, 392 U.S. 83(1968). Susan L. Parsons, **a.a.O.**, p.957ff.

회권한의 행사에 대하여 그 위헌성을 주장할 수 있는 적절한 당사자인
지를 평가할 수 있다는 것이다.[35]

둘째, 원고가 주장하고 있는 헌법의 위반과 원고인 납세자의 관련성을
입증하여야 한다. 이 요건에 의하여 납세자는 쟁점이 되고 있는 법률이
의회의 과세 및 지출권한의 집행에 대한 특별한 헌법상의 제약(specific
constitutional limitation)을 위반하고 있고 그것이 자신의 신분 및 이익과
관련이 있음을 입증하게 된다. 단순히 법률이 연방헌법 제1조 제8절에
의하여 의회에 부여된 권한을 일반적으로 일탈하고 있다는 것을 입증하
는 것만으로 불충분하다.

이상의 이중관련성을 입증하는 때에 원고는 당해 소송에 대하여 납세
자로서의 이해관계를 가지는 것이며 따라서 연방법원의 심판을 받을 수
있는 적절한 당사자가 되는 것이다. 연방대법원은 Flast v. Cohen사건에
서 원고의 이중관련성을 긍정하여 원고적격을 긍정하였다. 이후 이 판결
은 하급연방법원들의 판결들의 지침이 되고 있으나 여전히 원고적격은
제한적으로 인정되고 있다.[36]

2. 일본의 주민소송

1) 일본 주민소송제도의 도입연혁과 이용현황

우리나라에서 22006년 1월부터 시행되고 있는 주민소송제도는 근본적
으로 시행착오를 줄이고자 일본의 주민소송제도를 모델로 하여 만들어

---

35) 헌법 제1조 제8절은 연방의회가 일반의 복지목적으로 조세, 관세, 수입세, 소비세를
부과·징수할 수 있는 권한을 정하고 있다.
36) Nancy C. Staudt, TAXPAYERS **IN COURT: A SYSTEMATIC STUDY OF A
(MISUNDERSTOOD) STANDING DOCTRINE**, Emory Law Journal 52, 2003,
p.810.

진 것이다. 일본 주민소송제도는 미국의 연합군사령부(GHQ)의 지시에 의해 미국의 납세자소송을 모델로 하여 1948년 일본 지방자치법의 제2차 개정에 의해 일본에 처음으로 도입되었다. 일본 주민소송제도의 이용 현황을 살펴보면 다음과 같았다.37)

첫째, 소의 이유는 감사의 결과 또는 권고에 불복이 있는 경우가 압도적으로 많았다. 약 80%이상이 감사청구에 대한 불복의 형태로 나타나고 있다.

둘째, 청구사항은 직원에 대한 손해배상의 청구가 가장 많고(52.8%), 다음은 위법한 행위의 금지 청구가 11.4%이다.

셋째, 소송대상은 공금의 지출이 가장 많고(623%), 다음으로 계약의 체결 또는 이행(11.5%), 재산의 취득 관리 또는 처분 순으로 되어 있다.

2) 일본 주민소송의 주요 법적 구조

일본의 주민소송은 일본 지방자치법 제242조의2, 242조의3에서 규정하고 있다. 원고와 피고에 관한 규정에서 우리나라의 주민소송과 차이가 있으나, 감사청구전치주의, 소송대상과 소송유형의 측면에서 우리나라와 거의 동일하다.

(1) 원고

우리나라와 마찬가지로 **원고**는 주민으로 하면서 자기이익관련성을 요구하지 않은 객관소송으로 규정하고 있다. 다만, 원고요건과 관련하여

---

37) 최우용, 주민소송제도의 한·일 비교－일본의 현황, 과제 그리고 한국에의 활용방안－, 지방자치법연구 제28호, 2010, 71-72면 참조. ; 園部逸男編, 住民訴訟(地方自治法講座4), ぎょうせい, 2002, 7-8면. 이 통계자료는 조금 오래된 것으로 1993년부터 4월1일부터 1998년 3월31일까지의 5년간 일본의 통계자료를 참조한 것이다. 다만, 현재도 비슷한 경향이 지속되리라 추정하였다.

우리나라와 마찬가지로 감사청구전치주의를 도입하면서도 다수의 주민의 연서를 요구하지 않고 1인이라도 소제기가 가능하도록 하여 요건이 매우 완화되어 있다.

(2) 소송대상

주민소송의 **대상**에 대해서는 4종류의 행위로서 위법한 공금의 지출, 위법한 재산의 취득, 관리 또는 처분, 위법한 계약의 체결 또는 이행, 위법한 채무 그 외의 의무의 부담을 규정하고, 2종류의 사실로서 위법하게 공금의 부과 또는 징수를 해태한 사실, 위법하게 재산의 관리를 해태한 사실을 규정하였다.

이 행위나 사실들은 모두 지방자치단체의 재무회계행위로서 주민소송의 대상은 우리나라의 주민소송과 거의 동일하다고 볼 수 있다.

(3) 소송유형

주민소송의 유형에 대해서는 우리나라와 마찬가지로 4가지 유형을 인정하고 있다.

1호 : 행위의 전부 또는 일부의 중지청구,

2호 : 행정처분인 해당 행위의 취소 또는 무효확인의 청구,

3호 : 해당 집행기관 또는 직원에 대한 해당 해태한 사실의 위법확인의 청구,

4호 : 해당 직원 또는 해당 행위 혹은 해태한 사실과 관련된 상대방에게 손해배상 또는 부당이득반환청구를 할 것을 해당 보통지방자치단체의 집행기관 또는 직원에게 요구하는 소송.

다만, 일본의 경우, 지방의회의원이나 의장의 경우는 제외되어 있다.

(4) 피고

일본의 경우는 다음과 같다.

1호 소송의 피고는, '해당 집행기관 또는 직원'임. 이는 중지청구의 대상행위를 해야 하는 권한을 가지는 해당 지방자치단체의 집행기관 또는 그 보조기관으로서의 직원'이다.

2호 소송의 피고는, 취소 또는 무효확인을 요구 받고 있는 '행정처분을 한 정청'이다.

3호 소송의 피고는, '공금의 부과 징수' 또는 '재산의 관리'를 위법하게 해태한 기관으로서의 '집행기관 또는 직원'임. 즉 '해태한 사실'이 있다고 지목된 '해당집행기관 또는 직원'이다.

4호 소송의 피고는, '해당 지방자치단체의 집행기관 또는 직원'이 피고가 된다. 4호 소송의 경우, 주민 승소의 경우 장에 대한 변상청구는 '대표감사위원'이 수행하도록 하고 있다.

우리나라의 경우는 단순화하여 '지방자치단체의 장'을 피고로 규정하였다. 다만, 4호 소송에서 주민이 승소한 경우, 장에 대한 변상청구는 해당 '지방의회의 의장'이 수행하도록 규정하였다.

3) 일본 주민소송에 있어 대상의 특정의 정도와 정책의 결정·집행행위에 대한 소송의 실제운영결과

지방자치단체의 정책결정과 집행행위들은 결국 지방자치단체의 일정한 예산집행행위를 수반하기 때문에 주민소송의 대상인 재무회계행위가 될 수 있다. 때문에 정책결정자들은 주민소송의 대상이 명확하지 않고 주민소송의 활성화로 지방자치단체의 정책집행이 방해되지 않을까 우려를 하기도 했다.[38]

---

38) 때문에 우리나라에서 국민소송의 도입논의과정에서 국민민소송을 도입하면 정책결정

일본의 경우 주민소송대상의 특정 정도라는 논점으로 실제 소송사건에서 다루어진 적이 있어 흥미를 불러일으킨다. 이 사건은 일본 오다가 해변의 인근 해면매립공사에 대해 제기된 소송이었다.[39] 주민들은 이 매립면허는 관련법령에 위반하여 위법하고, 동 면허에 따른 매립행위도 위법하다고 하여, 매립공사와 관련된 공금지출의 중지를 청구하는 1호 소송을 제기하였다. 이 소송에서 주민소송 대상의 특정 정도가 문제되었다.

제1심은 원인행위인 매립면허의 위법성은 그것이 중대하고 명백한 경우에 한하여 공금지출의 중지를 인정할 만한 위법성을 지닌다고 하면서, 이 건의 경우는 위법하다고 할 수 없다고 하면서 청구를 기각하였다.

항소심에서는 주민소송으로 중지청구를 할 때에는 대상인 재무회계행위의 특정이 필요한데, 이 건에서는 그 특정이 없기 때문에 법원으로서는 판단이 불가능하며, 원고인 주민들이 해변의 자연환경의 파괴와 주민의 환경권의 침해를 이유로 중지의 필요성을 주장하지만, 이러한 청구는 쟁송성이 없다는 이유로 원심판결을 취소하고 소 자체를 각하하였다.

상고심은, '복수의 행위를 포괄적으로 취급하여 중지청구의 대상으로 하는 경우, 그 하나하나의 행위를 다른 행위와 구별하여 특정하여 인식할 수 있도록 개별, 구체적으로 적시할 것까지 항상 필요로 하는 것은 아니다'고 판시하여 대상을 엄격히 특정하여 제소할 것까지는 요구하지 않았다.

4) 일본 주민소송의 운영경험이 우리 국민소송의 도입논의에 주는 시사점

첫째, 국민소송을 중지등청구소송과 손해배상등청구소송의 2유형으로

권자의 정책결정과 집행상의 재량을 억제하여 다양하고 급변하는 경제사회환경에의 대응을 위축시킬 우려가 있지 않은가 하는 관점에서 비판이 있어 왔다. 다만, 이 논점은 국민소송중 주로 중지등청구소송과 관련된 논점이다.

39) 織田が浜埋立埋立工事費用差止訴訟. 이 사건에 대한 소개는 함인선, 주민소송, 2008, 301-303면 참조.

도입할 때, 국민소송은 손해배상등청구소송을 주된 유형으로 설계되어
야 한다는 시사해주고 있다. 일본 주민소송의 운용결과를 보더라도 4호
소송이 손해배상소송인데 이 소송유형이 가장 많이 이용되고 있다.

일본과 우리나라의 주민소송은 모델인 미국의 납세자소송과 달리 최
종적으로 지방자치단체에게 손해를 배상시키기 위해서는 2번의 승소를
해야 하는 번거로운 우회절차를 도입하였는데 국민소송에서는 제도의
효율적 운영을 위해서 이와 같은 불합리한 실수를 되풀이하지 않아야
할 것이다.

둘째, 국민소송에 중지등청구소송을 도입하는 경우 정책결정과 그 집
행행위에 관하여 미성숙하거나 불특정한 상태에서 소송이 남용될 우려
도 있다.

3. 독일과 프랑스의 소송제도

1) 주관소송으로서 독일의 행정소송제도

독일 기본법 제19조 4항은 "누구든지 공권력에 의해 그의 권리가 침
해된 사람은 재판을 청구할 수 있다. 관할권이 다르게 규정되어 있지 않
으면 보통재판을 제기할 수 있다"고 규정하고 있다. 이에 따라 독일에서
는 국민은 권리침해가 있을 때, 그리고 다른 특별 규정이 없으면 민사사
건과 형사사건을 다루는 보통법원에 관련 소송을 제기할 수 있다.

독일 기본법에 따라 행정소송에 대해서 규정하고 있는 법은 독일 연
방행정법원법(VwGO)이다. 독일 연방행정법원법은 행정소송은 헌법재판
소의 관할에 속하지 않은 비헌법적 성질의 공법사건을 다룬다고 규정하
고 있다.(연방행정법원법 제40조)

독일 소송제도의 핵심적 특징은 주관소송이라는 점이다. 독일 연방행

정법원법은 우리 행정소송법과 달리 객관소송으로서 민중소송과 같은 것을 법률의 특별규정을 통해 도입할 수 있게 하는 규정도 없다.

우리나라에서 국민소송의 유형으로 손해배상등청구소송과 중지등청구소송으로 나누어 도입하려 할 때, 이 소송들은 그 성격상 대부분 이행소송의 성질을 갖게 된다. 독일 행정법원법 제42조는 이행소송에 관하여 다음과 같이 규정하고 있다.

제42조 제1항 "소송을 통하여 행정행위의 취소(취소소송) 또는 거부되거나 부작위된 행정행위의 이행청구(의무이행소송)를 할 수 있다".

제42조 제2항 "다른 법률에서 다르게 규정하지 않는 한, 원고가 행정행위, 또는 그의 거부나 부작위에 의해 그의 권리가 침해된 것을 주장한 경우에만 소송은 허용된다".

독일 연방행정법원법은 주관소송만을 인정하지만 공권력행사에 대해 행정행위뿐만 아니라 사실행위를 상대로 일반이행소송을 제기하는 것이 허용되는 등 국민의 권리가 침해되기만 한다면 소송유형에는 거의 제한이 없을 정도로 다양한 소송이 인정되고 있다. 조세사건 등을 전담하기 위해 재정법원도 별도로 존재하고 있다.

우리나라 행정소송법은 아직 거부처분 등을 대상으로 한 의무이행소송도 도입하지 않고 있고 사실행위를 대상으로 한 일반이행소송도 도입하지 않고 있으며 행정계약이나 손해배상 등에 관한 당사자소송도 활성화되어 있지 않다. 어떤 소송제도의 필요유무는 각국의 제도현실에서 결핍된 수요를 충족하여야 하기 때문에 다양한 유형의 소송제도를 도입하고 있는 독일과 우리나라를 평면적으로 비교하는 방식으로는 시사점을 얻을 수 없을 것이다.

2) 프랑스의 소송제도의 특징

프랑스의 경우 국가작용에 대한 행정재판은 나폴레옹시대 까지 거슬러 올라가는 오랜 역사를 가지고 있다. 행정법원(국참사원 또는 꽁세이 데타(Conseil d'Etat)로 불리우기도 함)에서 행정재판을 담당해왔는데, 이 기관은 사법기관이 아니라 행정부에 소속된 기관이라는 특징을 가진다.

행정소송은 우리의 항고소송에 해당하는 월권소송, 그리고 당사자소송에 해당하는 완전심리소송으로 나누어져 있고 이외에도 해석소송과 처벌소송이 존재한다. 행정법원은 재판뿐만 아니라 국가기관들에 대한 자문의 역할도 담당하고 있다. 행정소송으로서 주목할 것은 프랑스에서는 개별적 행정행위뿐만 아니라 법규명령적 행정처분도 행정법원에서 담당하고 있다는 것이다.

프랑스 행정법원은 국가배상사건도 우리나라의 당사자소송에 해당하는 완전심리소송을 통해 처리하고 있는데 우리와 달리 매우 활성화되어 있다. 원고적격에 대해서는 완전심리소송의 경우에는 권리를 침해받은 자이어야 한다. 하지만 월권소송의 경우는 매우 객관화된 소송이라는 점에서 독일이나 우리나라의 항고소송의 운용상황과는 차이가 있으나, 개인이익관련성을 완전히 제거해서 운영하지는 않는다는 점에서 완전한 의미의 객관소송은 아니라고 할 수 있다. 월권소송의 경우에도 계쟁 행정행위로 초래된 피해를 요구하고 있고, 다만, 그것이 반드시 권리일 필요는 없다.[40]

프랑스의 제도로부터 우리의 국민소송의 설계와 운영을 위한 직접적 시사점을 얻기는 힘들다. 특히, 권리침해를 소제기요건으로 하면서 국가배상사건 등을 다루는 프랑스의 완전심리소송으로부터 국민소송의 유형 중 손해배상등청구소송을 위한 시사점을 얻기는 힘들다.

다만, 2005년 사법개혁추진위원회의 안에 나타나고 우리의 주민소송에 나타난 정책결정과 정책집행을 중지시키는 중지청구소송의 대상이 된 사례들 중 특정할 수 있는 행위들에 대해서는 프랑스의 월권소송의

---

40) 프랑스의 행정소송제도를 소개한 글은 드물다. 이상의 내용은, 사법연수원 편, 프랑스법1, 2001을 참조하였음. 다만, 이책은 출판사에 의해 출판된 것은 아니다.

운영으로부터 시사점을 얻어 취소소송의 요건을 보다 객관화된 방향으로 해석함으로써 상당 부분 처리할 수 있을 것으로 보인다.

3) 독일과 프랑스의 소송제도의 고찰로부터의 종합적 시사점

독일과 프랑스의 소송제도는 국민소송법안의 중지등청구소송의 도입 및 운영에 일정한 시사점을 제공하고 있다. 필자로서는 2017년 제안하는 국민소송에서는 중지등청구소송을 2005년의 법안과는 매우 다르게 도입하는 것이 적절할 것이라는 교훈을 얻었다. 이미 우리나라에서도 우리의 취소소송제도가 정책결정 및 정책집행행위를 관할하는 소송제도로서 기능할 가능성이 있음을 시사하는 판결들도 나타나고 있다.

예, 새만금간척개발사업에 대한 취소소송(대법원 2006. 3. 16. 선고 2006두330 전원합의체 판결 [정부조치계획취소등])

이 사건은 새만금간척종합개발사업을 위한 공유수면매립면허 및 사업시행인가처분의 취소를 구한 사건이었는데, 새만금간척개발사업은 수조 원의 예산이 투입되고 복수의 인허가처분이 관련되는 사건이다. 정책의 결정과 집행행위가 행정행위가 될 정도로 특정된다면 법률상 이익이 침해된 주민들이 취소소송을 제기할 수 있음을 보여준다.

다만, 한계도 보여주었다. 독일이나 미국에서는 가능했었을 복수의 인허가의 중지청구소송도 우리나라에서는 허용되지 않고, 프랑스에서는 소의 제기가 가능했었을 많은 사람들이 우리나라에서는 '법률상 이익'이라는 협소한 원고적격 개념에 의해 소를 제기할 수 없는 상황에 놓여 있다.

시사점은 국가의 정책결정행위와 집행행위에 관한 소송의 활성화를 위해서는 행정소송법의 개정을 통해 소송유형을 다양화하고 원고적격요건을 보다 완화함으로써 접근하는 것이 적절해 보인다는 점이다.

2017년 제안하는 법안에서는 정책결정행위나 집행행위로 이루어진 재무회계행위가 중지청구의 대상이 되는 것이 아니라, 국가기관 등에게 손해를 발생시키는 사인 등의 허위청구행위의 중지에 필요한 조치를 국가 기관 등을 대위하여 권한과 책임을 지고 자에게 요구하는 소송으로 도입할 것을 제안했다.

손해배상등소송의 경우에는 일본, 독일 및 프랑스의 제도로부터 시사점을 얻기는 힘들고 미국의 허위청구방지소송을 모델로 입법안을 설계하는 것이 적절하다고 판단하게 되었다.

Ⅲ. 2017년까지 제안되었던 국민소송법안들의 개요

1. 주민소송형 국민소송으로서의 공통점

2017년까지 각계각층에서 제안되었던 국민소송법안들은 주민소송을 입법모델로 하면서 약간씩 차이를 두고 있었다는 공통점을 가진다.

우리나라의 주민소송제도는 1. 감사청구전치주의 채택하고 있고, 2. 지방자치단체의 재무회계행위를 소송대상으로 하며, 3, 재무회계행위를 한 지방자치단체의 장 등을 피고로 한다는 점을 특징으로 하고 있고, 손해배상과 관련해서는 "해당 행위와 관련이 있는 상대방에게 손해배상청구 또는 부당이득반환청구를 할 것을 요구하는 소송"을 감사청구한 주민이 지방자치단체의 장에게 제기하도록 하고 있다.

주민소송의 기본적 특징은 중지등청구소송의 성격이 강하고 손해등배상소송으로서의 성격을 일부 가지고 있으나 매우 우회적이고 간접적인 방법을 사용하도록 하였는데, 그 이유는 권위주의적/후견주의적 국가관에 기초하여 제도가 설계되었기 때문이다.

일반적인 실체법이론과 소송법이론에 따를 때, 불법행위로 이익을 얻은 자가 피고가 되는 것이 타당함에도 주민소송에서는 불법적인 이익을 얻은 사인은 피고가 되지 않고 지방자치단체의 장이 피고가 되도록 했는데, 그 이유는 일본의 입법자가 후견주의적 입장에서 지방자치단체와 거래한 사기업을 보호하기 위해 그 사기업을 대신하여 지방자치단체의 장이 피고로서 소송을 수행하도록 해야겠다고 판단했기 때문이다.

2005년 필자가 사법개혁추진위원회의 의뢰를 받아 국민소송법을 제안할 당시는 우리 역사상 처음으로 국민이 자기이익관련성 없이 객관소송으로서 국민소송이라는 새로운 제도의 도입을 논의하게 되어 수많은 시행착오가 발생할 수 있기 때문에 객관소송이면서도 지방재정의 건전성을 보호하기 위한 소송인 일본과 우리나라의 주민소송을 모델로 제안할 수밖에 없었다.

하지만, 2005년 사법개혁추진위원회에 제출된 보고서에서도 그 한계를 인식하고 국민소송으로서 다수의 성공적인 사례들을 축적하고 있던 미국의 허위청구방지소송을 우리나라에서 처음으로 상세하게 소개하였던 것이다.

그 당시 국민소송법안에 대한 근본적인 의구심은 국가재정손실의 직접적 수혜자인 허위청구로 이득을 얻은 자는 왜 피고가 되지 않고 그를 방어하기 위해 국가가 소송수행의 노고를 대신하여야 하는가, 그리고 그로부터 손해등배상을 받아내는 것을 왜 이렇게 어렵도록 설계해야 하는가 하는 점이었다.

2. 2005.12. 사법개혁추진위원회의 안

2005년 12월 사법개혁추진위원회는 '국가와 공공단체의 재정보호를 위한 국민소송에 관한 법'안을 '국민소송제도의 도입방안'이라는 보고서를 통해 제안하였다. 이 안은 필자가 중심이 되어서 작성하였다.

이 법안은 주민소송에서와 유사하게 감사청구전치주의를 채택하고 19세 이상의 국민이 100명이 연서하여 감사청구를 거쳐 국민소송을 제기하도록 하였다. 감사청구의 대상이자 소송대상인 행위는 국가와 공공단체의 재무회계행위이었고, "국가에 속하는 당해 행정기관의 장 또는 공공단체에 속하는 당해 기관의 장"이 피고가 되었다.

국민소송의 종류에 대해서는 제17조 제1항에서 규정하였는데 다음과 같았다.

제17조 (국민소송의 종류)

① 이 법에 따른 소송의 종류는 다음 각호와 같다.

1. 당해 행위를 계속할 경우 회복이 곤란한 손해를 발생시킬 우려가 있는 경우에는 당해 행위의 전부 또는 일부의 중지를 구하는 소송
2. 행정처분인 당해 행위의 취소 또는 변경을 구하거나 효력의 유무 또는 존재여부의 확인을 구하는 소송
3. 당해 태만사실의 위법확인을 구하는 소송
4. 국가 등을 대위하여 사인에게 행하는 손해배상청구소송, 부당이득반환청구소송 및 원상회복청구소송
5. 당해 국가 또는 공공단체의 공무원 및 직원 등 당해 행위와 관련이 있는 자에게 행하는 손해배상청구소송, 부당이득반환청구소송 및 원상회복청구소송. 다만, 당해 공무원 또는 직원이 다른 법령에 의하여 변상책임을 져야 하는 경우에는 당해 변상명령을 할 것을 요구하는 소송

소송종류에서 있어 이 안이 주민소송과 다른 점은 두 가지이었다. 첫째, 국민소송의 경우는 주민소송과 달리 사인에 대한 직접적인 대위소송을 인정하고 공무원 또는 직원이 소송상대방인 경우와 구별했다. 둘째, 국민소송의 경우는 손해배상청구소송, 부당이득반환청구소송 이외에 원상회복청구소송을 포함시켰다.

국민소송이 제기되어 원고가 승소한 경우 법원은 감사청구와 소송수

행을 위한 비용의 3배의 범위에서 이익을 얻은 기관으로부터 비용 및 보상금을 지급받을 수 있도록 규정했다.

3. 의원입법안

1) 이상민 의원 대표발의안 – 납세자소송에 관한 특별법(2004.11.17. ; 2008.11.20. ; 2012.12.4. ; 2016.8.5.)

특징은 다음과 같았다.

첫째, 납세자소송이라는 명칭을 사용하였다.

둘째, 국가, 지방자치단체, 대통령령이 정하는 공공기관(이하 "공공기관"으로 한다)의 재무행위를 대상으로 소송을 제기할 수 있게 하고, 지방자치단체도 대상기관으로 하였다. 감사청구전치주의를 채택하지 않았다.

셋째, 5년 이내에 소송을 제기하도록 하였다. 승소한 원고에게 보상금으로 '그 이익의 10분의 1(10억원을 한도로 한다)'을 지급하도록 규정하였다.

이 안은 폐기된 후 2008.11.20. 다시 제안되었다. 다시 제출된 2012. 12.4. 법안에서는 새롭게 비용의 상환을 규정했고, 보상금에 대해서도 "경제적 이익의 100분의 10에서 100분의 30에 상당하는 금액의 범위 내에서 소송가액과 개별적인 소송상황을 고려하여 해당 국가기관의 보상금심의위원회가 정하되 그 총액은 10억원을 초과할 수 없다"고 규정했다.

다시 제출된 2016.8.5. 법안은 2012.12.4. 법안과 동일한 내용을 담고 있었다.

2) 권영길 의원 대표발의안 – 국민소송에 관한 법률(2010.12.14.)

특징은 다음과 같았다.

첫째, 국민소송이라는 명칭을 사용했다.

둘째, 주민소송에서와 동일하게 국가기관 등 공공기관의 재무회계행위를 대상으로 소송을 제기하도록 규정했다.

셋째, 감사청구전치주의를 채택하지 않았다.

넷째, 비용의 상환과 승소한 원고에게 이익의 10분의1(10억원을 한도로 한다)을 지급하도록 규정했다.

3) 김현미 의원 대표발의안 – 재정민주화를 위한 국민소송법 (2014.10.29.)

특징은 다음과 같았다.

첫째, '재정민주화를 위한 국민소송법'이라는 명칭을 사용했다. 국가기관 등의 재쟁행위를 소송대상으로 하되, "국가기관 등"에 대해 "「정부조직법」에 의한 국가행정기관, 「공공기관의 운영에 관한 법률」에 의한 공공기관, 「지방자치법」에 의한 지방자치단체"라고 정의하여 지방자치단체까지 포함하여 규정했다.

둘째, 국민소송의 종류를 중지등청구소송과 손해배상청구등소송으로 2분했다. 중지등청구소송에 대해서만 감사청구전치주의를 규정했다. 손해배상등청구소송의 경우에는 "위법한 재정행위와 관련 있는 자를 피고로 한다"(제29조)고 규정함. 감사청구를 거치지 않고 국민이 위법한 사인을 상대로 직접 소송을 제기할 수 있도록 하였다.

셋째, 손해배상책임과 관련해서는 "손해의 10배를 넘지 아니하는 범위에서 배상책임"을 지도록 규정했다(제32조). 비용의 상환을 규정하고, 보상금에 관해서는 "100억 한도 내에서 그 가액의 10분의 1이상 2분의 1의 한도에서 원고와 공익제보자에게 보상금"을 지급하도록 규정했다.

4) 천정배 의원 대표발의안 – 위법한 재정행위에 관한 국민소송법 (2016.9.12.)

특징은 다음과 같았다.

첫째, '위법한 재정행위에 관한 국민소송법'이라는 명칭을 사용했다.

둘째, 주민소송에서와 유사하게 국가기관등의 재정행위를 소송대상으로 규정하고 감사청구전치주의를 규정했다.

셋째, 증거보전, 자료제출명령 제도를 도입하고 손해배상등청구소송을 별도로 규정했다. 이 소송유형에서는 원고가 국기기관 등 이외에 이득을 얻은 사인에게도 직접 소송을 제기할 수 있도록 규정했다. 손해배상등청구소송에서 승소판결을 얻은 경우 국가기관등의 장이 상대방에게 지불청구를 할 수 있도록 규정했다.

5) 시민단체의 법률안 – 참여연대, 재정민주화를 위한 국민소송법 (2017.2.2.)

특징은 다음과 같았다.

첫째, '재정민주화를 위한 국민소송법'이라는 명칭을 사용했다.

둘째, 국가기관 등의 위법한 재정행위를 소송대상으로 규정함. 지방자치단체를 포함시키지 않았다.

셋째, 국민소송을 중지등청구소송과 손해배상청구등소송으로 2분했다. 중지등청구소송에 대해서만 감사청구전치주의를 규정했다.

넷째, 비용의 상환을 규정하고, 보상금의 지급과 관련해서는 "100억 한도 내에서 그 가액의 10분의 1이상 2분의 1의 한도에서 원고와 공익제보자에게 보상금을 지급한다"고 했다. 국민소송에 대한 공익제보자에 대해서는 공익신고자보호법에 의해 보호되도록 규정하였다.

IV. 2017년 국민소송법안의 개요와 입법이유

필자는 2017년 12월 법무부의 의뢰로 다시 한번 국민소송법안을 작성하여 법무부에 제출하였다. 보고서 전문은 법무부 홈페이지에 게재되어 있다. 이하에서는 그 내용을 요약 설명한다.

1. 그 동안의 논의과정 개괄

사법개혁추진위원회에서 2005년 국민소송이라는 명칭으로 법안을 제안한 이래 우리나라에서 국회와 시민단체들을 중심으로 입법화를 위한 노력이 여러 차례 시도되었다. 그 법안들은 처음에는 납세자소송과 주민소송을 모델로 하던 것에서 점차 미국의 허위청구방지소송에 관심을 가지는 방향으로 변해왔다.

법안과 관련하여 논문발표나 토론의 기회에서 제시되었던 의견들은 행정부나 법원 쪽에 재직중인 공무원들은 입법필요성을 긍정하면서도 남소에 대한 우려를 표시했다. 이와 달리 국회의원들이나 시민단체회원들은 재정상의 손해의 배상에서 더 나아가 예산결정과 집행, 정책의 결정과 집행에 대한 통제수단으로서 국민소송이 기능해주기를 바라는 의견들도 있었으나 2017년에 가까워질수록 중지등청구소송과 손해배상등청구소송 중에서 미국의 허위청구방지소송 모델을 더 반영할 수 있는 손해배상등청구소송을 독립적으로 다루거나 더 강조하는 견해들이 많이 등장했다.

2. 법안의 초점과 입법모델

1) 2017년 법안의 촛점

2017년의 제안에서는 세가지 사항에 초점을 맞추었다. 첫째, 2005년 이래 나왔던 여러 법안들과 각계의 의견들의 흐름을 반영하고, 둘째, 행정부와 법원의 남소우려를 적절히 반영하여 정부의 정책결정과 정책집행을 불합리하게 방해하는 것을 막고, 셋째, 국민소송이 국가 재정상 손해의 회복수단으로서 효율적이고도 실효적으로 작동할 수 있도록 하되 국가기관 등의 소송수행상의 부담을 최소화하려고 하였다.

이 작업은 기존의 사법개혁추진위원회안의 입법모델인 주민소송형 국민소송을 버리고 미국의 허위청구방지소송의 장점을 살려 허위청구방지형 국민소송이라는 입법모델을 따르되 해방이후 우리나라가 축적해온 법치주의의 성과를 충실히 반영하려는 노력으로 나타났다.

미국의 허위청구방지소송은 기본적으로 전형적인 사례형태에서는 피고를 불법행위를 한 사기업일 것으로 상정하고 소송대상도 국기기관 등에게 손해를 발생시키는 불법행위인 허위청구행위로 파악하고 있다. 우리나라에서는 그 동안 감사와 행정조사/특별수사 등을 통해 전문성과 감독권을 가진 상급기관이 재판절차이전에 개입하여 재판절차보다 경제적이면서 신속하게 문제를 해결하는 경험을 쌓아왔는데 여기서는 이러한 경험이 우리나라의 법치주의의 발전에 있어 소중한 것으로 평가하고 그 장점을 법안에 충분히 수용하려고 노력했다.

2) 입법목적과 입법모델

2017년 제안하고자 하는 국민소송법은 국민과의 협력에 의해 국가기관 등에 발생하는 위법 또는 부당한 재정상 손해의 회복을 제1차적 목적으로 하면서, 국가기관 등의 재정권력의 남용을 통제하여 재정을 보호하는 것도 제2차적 목적으로 추구한다. 즉, 사인의 허위청구행위로 인한 국가기관 등의 손해의 방지·회복을 우선적 목표로 추구하면서 재무회계 행위에 있어 국가기관 등의 권한남용의 방지·제거도 2차적으로 추구하고자 하였다.

2017년 안과 비교하여 볼 때, 2005년 12월 사법개혁추진위원회가 제안한 국민소송법안은 미국의 납세자소송, 일본의 주민소송 및 우리나라의 주민소송제도를 입법모델로 한 것으로서 국가기관 등의 재정권력의 남용을 통제하여 재정을 보호하는 것이 더 전면에 등장한 입법목적이었다고 볼 수 있을 것이다.

하지만, 미국의 납세자소송(예외적으로 국가기관 등의 재정상의 손해도 대상으로 함), 일본의 주민소송 및 우리나라의 주민소송은 모두 지방정부 또는 지방자치단체의 재무회계행위의 통제수단으로서 국가기관 등의 재정상의 손해의 회복을 목표로 하는 제도가 아니었기 때문에 우리나라에서 제정하고자 하는 국민소송제도의 모델로서 부적합하였다고 평가했다.

2017년 안은 국가기관 등의 재정상의 손해의 배상을 위해 활성화되어 있는 미국의 허위청구방지소송(영국에서 기원함)을 입법모델로 하여 우리나라에서 법치행정원칙의 구현과정에서 나타났던 장점들을 수용하여 제안했다. 이 점은 2005년 사법개혁추진위원회 법안 이후 등장했던 이상민 의원이 대표발의한 법안 등 국회에서 의원입법으로 제안되었던 법안들이나 시민단체들에서 제시되었던 법안들과 2017년 법안이 크게 다른 점이다.

3. 법안의 개요

위법 또는 부당하게 국가기관 등에 발생한 손해는 직접적으로 재정의 외부법질서와 관련된 것으로 그 손해와 직접적이면서도 가장 근접한 행위는 사인의 적극적·소극적 허위청구행위라고 할 수 있다.

때문에 국민소송제도에서 핵심적 관건이 되는 문제는 첫째, 국가기관 등에게 불법 또는 부당한 손해가 발생했는가, 또는 국가기관 등의 행위로 인해 사인에게 불법 또는 부당한 이득이 발생했는가, 둘째, 그 손해 또는 이득의 직접적인 원인행위자이나 수익자로서 사인의 적극적·소극적 허위청구행위가 있었는가를 확인하는 문제이다.

2017년의 국민소송법안은 손해배상등소송과 중지등청구소송을 중심으로 행정의 전문성과 실효적 통제능력을 활용하기 위하여 사인의 허위청구행위의 유무를 조사하기 위한 조사(특별수사포함)전치주의를 도입할 것을 제안했고, 공무원 또는 직원의 직접적인 허위청구행위의 유무 및 사인의 허위청구행위에의 적극적 가담행위 유무를 감사하도록 감사전치주의를 제안했다. 국가기관 등의 감사권의 범위와 한계를 고려하여 사인의 경우와 공무원의 경우를 분리하여 국민소송의 제기전 필수적인 전치절차를 다르게 도입할 것을 제안했다.

다른 쟁점들을 요약한다.

첫째, 국가기관 등에 의한 조사 또는 감사를 거친 후 위법 또는 부당한 손해 등이 발견되면 그것의 집행수단으로서 손해배상명령이나 부당이득반환명령을 행정행위로서 명령할 수 있도록 규정하고 그 불이행에 대해서는 체납처분절차를 준용하여 집행하도록 하여 신속한 국고환수를 가능하도록 했다.

둘째, 허위청구자에 의한 불법 또는 부당한 행위를 중지시키거나 원상복구시키기 위해 손해배상등청구 이외에 중지등명령을 내리는 것도 가능하도록 규정하였다.

셋째, 국민소송의 피고는 2005년의 사법개혁추진위원회 안과 달리 허위청구를 한 자로서 손해를 끼치거나 이익을 얻은 사인이나 공무원 등이다. 2005년의 안에서는 국가기관 등의 장을 피고로 하였으나 국가가 비용과 노력을 들여서 불법적인 이익을 얻은 자를 변호하는 것은 타당하지 않다는 비판을 받았다. 이에 따라 2017년의 안에서는 위법 또는 부당하게 손해를 끼치거나 이익을 얻은 사인이나 공무원을 피고로 하였다.

넷째, 조사청구 또는 감사청구를 할 수 있는 자와 국민소송을 제기할 수 있는 자는 1인이라도 가능하도록 하였다. 왜냐하면 국가의 정책결정 행위를 직접 소송대상으로 하는 것도 아니고 사인 등의 허위청구행위를 소송대상으로 하고 피고도 국가기관 등의 장이 되는 것도 아니어서 국가가 남소의 부담을 지는 것도 아닐 뿐만 아니라, 소송을 통해 국가기관 등에게 발생한 손해를 대신해서 배상해주겠다는 것이므로, 조사청구 또는 감사청구나 소송의 제기에 있어 다수가 연서하도록 원고적격을 제한할 이유가 사라졌기 때문이다.

다섯째, 허위청구를 한 사인이 고의 또는 중과실로 그 행위를 하여 국가기관 등에게 불법 또는 부당하게 손해를 끼치거나 이득을 얻은 경우 책임있는 자에게 300만원 이하의 과태료를 부과하고 발생한 손해와 이득의 3배까지 배상하거나 반환하도록 명령할 수 있도록 하여 국가기관 등에게 손해를 끼쳤을 뿐만 아니라 조사에서 소송에 이르기까지 국민과 국가기관의 에너지를 낭비하게 한 행위를 계획적으로 다시 반복할 유인을 막고 일반예방적 효과를 거두고자 하였다.

여섯째, 공무원 또는 직원의 경우 위법 또는 부당한 손해나 위법 또는 부당한 이득을 얻도록 사인과 공모하거나 그 행위나 사실을 알고 있으면서도 필요한 조치를 취하지 않은 때 300만원 이하의 과태료를 부과하고 발생한 손해와 이득의 3배까지 배상하거나 반환하도록 명령할 수 있도록 규정하여 가중적으로 제재하고자 하였다. 다만, 과실의 경우에는 중한 제재의 요건에서 제외하여 복지부동의 폐해를 막고자 했다.

일곱째, 조사청구 도는 감사청구를 하거나 국민소송을 제기하여 국가에게 발생한 손해를 회복시켜준 행위를 한 자에게는 조사청구 등에 필요한 비용과 소송의 제기와 유지에 필요한 변호사비용 등의 실비를 상환받을 수 있도록 했다.

여덟째, 조사청구 또는 감사청구를 하여 국가기관 등이 손해 등의 배상이나 중지 등의 조치를 하게 한 자나 소송을 제기하여 승소한 원고에 대해서는 100억 한도 내에서 그 가액의 10분의 1이상 2분의 1의 한도에서 지급하도록 명령할 수 있도록 하되, 보상금의 결정에 있어서는 제출한 증거의 중요도나 국가재정에의 기여도 등을 고려하여 결정하도록 했다.

아홉째, 조사청구 또는 감사청구를 하거나 소송을 제기하거나 관련된 정보를 제공한 자는 「공익신고자보호법」에 따라 보호를 받도록 했다.

4. 법안의 구성에 있어 고려한 사항들

1) 손해배상 등의 실효성확보와 남소방지의 조화

제도의 실효성확보와 남용의 방지는 입안시 충분히 주의를 기울여야 하는 문제이다. 국민소송의 경우 이 문제는 대상적격, 당사자적격, 사전절차전치주의 유무, 소송유형, 감사기관 등의 효과적인 교정수단의 존부, 소송의 입증절차에서 국가정보의 활용가능성, 실비변상과 보상금의 존부와 크기, 공익신고자보호의 여부와 그의 효과성 등을 통해 조화점을 찾도록 했다.

2) 전형적 대상행위들의 성격

법안에서 규율하고자 하는 전형적인 대상행위들은 국가기관 등의 재무회계활동으로서 일상적으로 반복하여 대량으로 이루어지는 것들이 되도록 하였다.

이러한 영역에서 재정상 손해의 주요 원인은 사인의 악의적인 편취행위(미국의 경우 주요영역은 의약/공공보험영역 및 국방조달영역, 한국의 경우는 이 영역들 이외에 공공도급공사의 영역과 보조금교부의 영역까지 포함될 것으로 봄)이고 공무원이나 직원의 행위는 경과실행위일 뿐이거나 일상적으로 이루어져 행정내부에서 그 불법성을 제거하는 것이 구조적으로 어려운 경우가 많다.

예를 들어, 국민건강보험공단에 의한 대량의 보험금지출에서 공무원의 과실을 입증하는 것은 쉽지 않다. 대량행정에서는 제한된 수의 공무원들이 수많은 청구건수들을 처리하기 때문에 대부분 서류로 업무를 처리하므로 현장사정을 신속하고 정확하게 알기는 어렵다. 대개 일정 기간 동안의 자료를 토대로 비슷한 사업자들의 청구건수 등을 비교하여 이상 현상이 발견될 때만 재조사하는 경향이 있다. 이로 인해 공금의 구조적 낭비가 존재할 수밖에 없는 상황이다. 하지만, 사인에 의한 보험금청구 서류의 조작사실을 알고 있는 자는 해당 사인을 상대로 국가로 부정수급한 금액을 배상하거나 환불하도록 하는 소송을 제기하도록 하는 것이 필요하다고 판단했다.

의약분업의 특징상 의사, 약사, 환자와 건강보험공단이 분리되어 운영되고 있다. 이 상황에서 과잉진료, 과잉치료와 과잉처방이 존재할 때, 그것이 불법행위인지 단지 부당한 행위인지 확실하지 않거나, 의사가 과잉처방한 의약품을 조제공급한 약사가 얻은 이익은 의사의 처방을 따른 것이기 때문에 양자의 공모사실을 입증하지 않는 이상 불법성을 입증하기는 어렵다. 때문에 부당이득도 반환명령과 반환소송의 대상이 되도록 한 것이다.

재정상 손해의 중요 원인행위들이 사인의 허위청구행위들인 경우 국가의 감사권이 미치지 않는 곳에서 이루어지는 경우가 많을 것이다. 이 경우 국가기관 등의 지급행위는 국가의 손해발생에 있어 부수적인 역할 밖에 하지 않았을 것이므로 국가의 재무회계행위를 소송대상으로 하는 것은 적절하지 않은 것으로 판단했다.

이 영역들을 주된 대상으로 한 국민소송은 관련 사안의 처리절차가 정치화되지 않고 국가의 정책수행에 중대한 지장을 초래하지 않으면서 국가와 공공기관의 재정상 손해를 방지하고 회복할 수 있는 제도로서 의의를 가질 것이다.

3) 국가감사권이 미치지 않는 민간영역과 소송전 국기기관 등의 자기교정절차의 필요성

(1) 민사관계 및 민간기업들에 대한 국가기관 등의 감사의 원칙적 불허용성

국가의 감사권 대상은 국가의 공무원이나 공공기관의 직원의 행위이다. 때문에, 민사관계 및 민간기업들에 대한 직접적인 국가감사는 정부의 보조금이 지급되는 등 특별한 사정이 없는 한 허용되지 않는다. 감사원법 제23조 제2호도 "국가 또는 지방자치단체가 직접 또는 간접으로 보조금·장려금·조성금 및 출연금 등을 교부하거나 대부금 등 재정 원조를 제공한 자의 회계"를 선택적 감사사항으로 규정하고 있다.

납세자소송을 모델로 한 주민소송제도는 감사청구전치주의를 도입하고 있는데, 민간영역에서 이루어지는 기업들의 불법적인 허위청구행위, 예를 들어 병원에서 건강보험공단에 제출한 허위청구행위에 대해서는 국가의 직접적 감사권이 미치지 않아 감사청구전치주의는 원칙적으로 채택하기가 어렵다.

(2) 소송전 국가기관 등에 의한 자기교정절차의 필요성

민간기업들에 대해서 국가기관 등은 신청 또는 직권으로 현장조사권/특별수사권을 행사할 수 있다. 때문에, 국가의 감사권이 미치지 않는 민간영역에 대하여 국가재정에 손해를 발생시키거나 발생시킬 행위나 사실을 알고 있는 사인이 국민소송을 제기하기전 조사권을 갖는 현장기관의 상급기관에게 현장조사와 특별수사를 청구하는 조사를 전치시키는 방안을 도입할 필요가 있다.

서구 국가들과 달리 동아시아 국가에서는 상대적으로 국가의 권한이 크고 사회에 대한 개입의 권한도 강해서 경제사회의 발전에 있어 적극적 역할을 수행해 왔고, 민주화된 현대사회에서도 국민들은 국가에 대해 높은 기대와 강한 비판의식을 보여주고 있다.

때문에, 불법 또는 부당한 허위청구행위를 조사할 권한을 가진 현장 행정기관의 상급기관이 갖는 전문성을 살리고 재판절차에 비하여 갖는 신속성의 장점을 살려 불법행위를 신속히 시정시키며 남소의 위험을 줄이기 위해 행정조사(현장조사/특별수사) 전치주의를 도입할 필요가 있다. 이 부분은 미국의 허위청구방지소송에서와는 매우 다른 것이다.

조사(현장조사/특별수사 포함)를 필수적으로 거치도록 하면서, 조사절차에서 주장내용으로 보아 손해와의 구체적 관련성의 존재를 요구하고 조사의 필요를 소명하도록 요구할 수 있을 것이다. 조사청구서의 주장내용이나 제출증거로 보아 국가재정이나 공공기금에 대한 손해나 부당이득 등과 관련된 주장이 없거나 제출된 증거로 보아 주장내용을 소명할 만한 단서나 사실이 포함되지 않은 경우 조사의 필요없음을 의미하는 조사종결과 각하의 통지를 보내는 것은 남소를 방지하는 데에도 기여할 것이다.

상급기관에 의한 현장조사권/ 특별수사권의 발동을 위한 상세한 요건과 절차가 대통령령에서 규정될 필요가 있을 것이다. 공금에 대하여 허위청구하여 직접 이익을 편취한 공무원이나 직원 등에 대한 감사의 경우도 조사와 마찬가지로 다루면 될 것이다.

4) 손해배상명령, 이득반환명령과 중지조치등

행정조사청구가 있었는가와 상관없이 사인의 불법행위가 발견될 경우 발생한 손해의 배상방법과 관련하여 법적 수단의 효율성을 높일 필요가 있다. 이를 위해 국가기관 등이 사인의 허위청구로 국가에게 손해가 발생한 사실을 확인한 경우 신속하고 효과적인 법치회복수단으로서 행정처분형식의 배상명령, 이득반환명령과 중지조치등을 발할 수 있도록 하는 규정을 도입할 필요가 있다.

이러한 경우 국가기관 등이 사기업 등을 상대로 민사소송을 제기하여 손해를 배상받을 수밖에 없는 것인지 하는 의문이 제기할 수 있을 것이다. 주민소송제도의 도입과정에서 주민이 지방자치단체를 상대로 제기한 주민소송에서 승소하면 다시 지방자치단체가 불법행위로 지방자치단체에 손해를 준 자에게 손해배상소송을 제기해야 배상받을 수 있다는 주장도 있었다. 하지만, 이러한 주장은 배상책임의 집행을 매우 번거롭게 하고 비효율적으로 만드는 것이다.[41]

행정청이 배상명령 등을 내리고 그것을 불이행할 때 조세체납절차에 준하여 강제집행할 수 있게 하는 규정을 도입할 필요도 있다.

5) 원고적격, 피고적격과 소송참가

허위청구방지소송을 모델로 한 국민소송에서는 사인의 불법 또는 부

---

41) 이 경우 배상명령 등 행정처분의 형식으로 배상받도록 규정하는 것도 가능하다고 보아야 할 것이다. 처분형식의 도입여부는 공익적 필요유무에 달린 문제라고 본다. 예를 들어 부동산등기는 민법상 채권행위로서 계약이 완전하게 효력을 발생시키는 행위로서 물권행위라고 이해된다. 하지만, 우리나라의 '부동산 실권리자명의 등기에 관한 법률'은 실명등기의무를 위반한 명의신탁자에 대하여 형사처벌과 과징금은 물론 이행강제금까지 부과할 수 있도록 규정하고 있다. 오늘날 공사법혼합현상은 광범위하여서 과거의 단순한 시각은 교정될 필요가 있다고 생각한다.

당한 허위청구행위에 관한 정보의 보유와 입증의 여부가 소송승패의 결정적 관건이 되는데 소송제기자로서 내부고발자가 가장 적합한 사람이라 할 수 있다. 이 경우 다수가 연서해야 현장조사청구/특별수사청구가 가능하다고 규정하면 내부고발자는 해당 정보를 알지 못한 다수의 동의를 얻기 위해 편취사실을 설명해야 한다. 그렇게 되면 해당 기업 등에 근무하는 다른 직원들의 동의를 얻고자 하는 과정에서 회사 경영진 등에 그 정보가 들어가 내부고발의욕을 가진 자가 더 이상의 절차를 포기할 가능성이 크다. 때문에 미국의 허위청구방지소송에서는 1인이라도 소송을 제기할 수 있게 한 것이다. 우리나라에서 허위청구방지소송을 모델로 한 국민소송을 채택하려면 다수의 연서를 조사청구나 소송의 제기요건으로 규정하는 것은 불필요하고 또 피해야 할 것이다.

재정상 손해의 중요원인행위들이 사인의 허위청구행위인 경우 국가기관 등의 지급행위는 국가의 손해발생에 있어 부수적이거나 소극적인 역할밖에 하지 않았을 것이고 국가기관 등은 이득을 얻은 자도 아니므로 국가기관 등이 아니라 허위청구를 한 자가 피고가 되어야 할 것으로 보았다. 다만, 국가기관 등의 공무원이나 직원 등이 공금을 불법적으로 지급받아 이익을 얻은 경우에는 그 공무원이나 직원도 허위청구행위를 통해 이익을 얻은 자이므로 피고가 되어야 할 것이다.

국민소송은 소송당사자의 측면에서 소송제기자인 국민이 국가기관 등에 불법적으로 손해를 끼친 사인이나 사기업을 상대로 국가를 대위하여 소송을 제기하는 소송구조인데 국가기관 등이나 현장기관 등은 소송참가자로 참가할 수 있을 것이다.

6) 소송유형

국민소송의 본질은 국가 등이 입은 손해를 국가에게 배상시키는 제도이기 때문에 주된 소송유형은 손해배상등소송이 되어야 한다. 때문에,

국가후견주의적 입장에서 제도의 본질을 변경시켜 주민소송과 같이 중지등청구소송을 중심으로 제도를 도입하는 것은 합리성이 떨어진다고 본다.

현재 우리나라의 주민소송은 지방자치단체의 불법적인 재무회계행위를 중지시키는 것을 주된 목적으로 하면서 더불어 지방재정의 손해 회복을 위해 손해배상소송을 도입하고 있으나 다양한 제약요인으로 인해 그의 실효성은 매우 낮은 실정이다.

우리 민법상 손해배상소송은 피해자가 불법적인 이득을 얻은 자에게 직접 배상소송을 제기하도록 하고 있다. 이에 비추어 국민소송에서 도입하는 손해배상등소송은 그의 실효성을 확보하기 위해 불법적인 이득을 얻은 주체가 피고가 되도록 설계되어야 할 것으로 본다. 주민소송에서와 같이 국민이 국가기관 등을 상대로 손해배상소송을 제기하고, 국민이 승소하면 그 국가기관 등이 다시 불법행위를 한 자를 상대로 소송을 제기하도록 제도를 설계하는 방식은 지극히 불합리하다고 본다.

손해배상등청구소송 이외에 불법행위를 하고 있거나 할 우려가 있는 자가 조사기관이나 감사기관의 중지등조치에 대해 따르지 않거나, 조사기관 또는 감사기관이 필요한 조치를 취하지 않는 경우 국민은 중지등청구소송을 제기할 수 있도록 할 필요도 있을 것이다.

7) 공무원 등에 대한 전치주의의 적용과 국민소송

국가기관 등에 소속한 공무원이나 직원 등이 허위청구를 하여 이익을 취한 경우 허위청구를 한 사인들과 마찬가지로 국민소송의 대상이 될 필요가 있다. 이 경우 피청구인이나 피고는 직접 이익을 얻은 공무원이나 직원 개인이 되는 것으로 국가기관 등이 피고가 되지 않을 것이다. 정책결정행위나 정책집행행위를 통해 부주의하게 국가에게 손해를 발생시켰다 하더라도 관련 공무원이나 직원 자신이 직접 그로부터 금전적

이득을 취하지 않는 이상 직접 감사피청구인이나 소송의 피고가 되지는 않을 것이다. 이때는 이익을 얻거나 손해의 직접원인인 허위청구를 한 사인이 피청구인이나 피고가 될 것이다.

다만 법안에서는 몇 가지 사항에 대해서는 사인이 피청구인이나 피고가 되는 경우와 다르게 규율하도록 제안하였다.

공무원이나 직원에 대해서는 국가의 감사권이 미치므로 감사청구전치주의를 채택하여 신속하게 조치가 취해지도록 하였고 손해배상명령, 부당이득반환명령 또는 중지등의 조치도 취할 수 있도록 규정하였다.

허위청구를 한 사인과 달리 공무원과 직원의 경우 형사처벌과 징계절차 등의 방법으로 다른 제재조치가 취해질 수 있음을 고려하여 허위청구를 한 공무원이나 직원에게 손해배상등명령을 내리고 징계를 포함한 중지등조치를 취하도록 규정하였을 뿐 아래와 같은 경우를 제외하고는 징벌적 조치를 취하도록 규정하지는 않았다.

공무원이나 직원 등이 사인의 허위청구과정에서 공모하거나 알고 있으면서도 묵인하여 사인에게 불법 또는 부당한 이익이 발생하도록 한 경우 사인과 함께 책임비율에 따라 배상책임과 반환책임 등을 지도록 하였다. 다만, 피해금액의 입증이 어렵거나 적은 경우를 고려하여 300만원 이하의 과태료를 함께 부과할 수 있도록 규정하였다. 사인에게 고의 또는 중대한 과실이 있을 경우 3배까지 징벌적 배상책임을 함께 지도록 했다.

8) 징벌적 배상

허위청구를 한 사인이 피청구인이나 피고가 되는 경우 고의 또는 중대한 과실로 허위청구를 해서 손해를 발생시키거나 이득을 얻은 경우 300만원 이하의 과태료를 부과하고 발생한 손해와 이득의 3배까지 배상하거나 반환하도록 명하는 제도를 도입하였다. 손해금액 등의 입증이 어

럽거나 적은 경우를 고려하여 300만원 이하의 과태료를 부과하도록 제
안하였다.

　허위청구를 하여 손해배상 등의 조치를 취하게 되기까지 국가와 국민
에게 많은 비용을 발생하게 하였고 과거에 적발하지 못하였던 피해를
고려하며 다른 유혹을 느끼는 잠재적 허위청구자들에게 위하의 효과도
주기 위하여 징벌적 배상제도를 도입할 것을 제안하였다.

9) 보상금, 내부고발자의 보호와 정보의 불균형의 시정 등

　사인의 주장내용에 구체성이 떨어지고 틀리거나 제출된 증거도 매우
불충분하지만, 국가의 현장조사/특별수사 필요를 유발시킨 경우가 문제
될 수 있다. 국가기관 등이 조사에 의해 대부분의 중요증거를 확보한 경
우의 처리도 문제된다. 이러한 경우 조사단계에서 종료시키되 기여도에
맞게 조사청구자에게 일정한 실비와 보상금을 제공하고 공익신고자보호
법에 따라 보호조치를 취해주도록 하면 될 것으로 판단했다. 감사의 경
우도 마찬가지로 다루도록 했다.

　소송이 제기되었을 때 사인의 불법행위의 적발을 태만하게 수행한 현
장기관 등이 정보제공에 비협조적일 수 있는데, 정보의 불균형문제를 극
복하기 위해 법원에 의한 자료제출결정제도를 도입할 필요가 있다. 다
만, 대외비문서와 관련될 경우에는 법원만의 제한적 열람제도도 함께 도
입할 필요도 있다고 보았다.

국가와 공공기관의 재정보호와 허위청구의 방지를 위한 국민소송에 관한 법(2017년도 안)

제1장 총칙

제1조 (목적) 이 법은 국민의 참여로 국가와 공공기관의 재정을 보호하기 위하여 허위청구를 방지하고 손해를 회복시키기 위해 국민의 권리를 보장하고 조사 및 감사의 절차와 소송절차에 관하여 규정함을 목적으로 한다.

제2조 (정의) 이 법에서 사용하는 용어의 정의는 다음과 같다.

① "국가기관 등"이라 함은 「정부조직법」에 의한 국가행정기관, 「공공기관의 운영에 관한 법률」에 의한 공공기관을 말한다.

1. 이 법에서 국가기관은 국회·법원·헌법재판소·중앙선거관리위원회의 행정사무를 처리하는 기관, 중앙행정기관(대통령 소속기관 및 국무총리 소속기관을 포함한다. 이하 같다) 및 그 소속기관을 말한다.

2. 이 법에서 공공기관은 국가에 속하는 행정기관이 아니면서 정부투자기관, 기금관리기본법 제3호의 기금관리주체, 국민건강보험공단 등 공공목적으로 국민의 세금, 공공자금 또는 공적 자금 등이 투자되어 사업을 수행하거나, 기여금, 보험료 등을 관리·지출하는 기관을 말한다.

3. "중앙사무관장기관의 장"이라 함은 국회 소속기관에 대하여는 국회사무총장, 법원 소속기관에 대하여는 법원행정처장, 헌법재판소 소속기관에 대하여는 헌법재판소사무처장, 중앙선거관리위원회 소속기관에 대하여는 중앙선거관리위원회사무총장, 중앙행정기관의

장을 말한다.

② "허위청구행위"라 함은 다음 각 호와 관련된 행위를 말한다.

1. 국가기관 등에게 위법 또는 부당하게 허위로 청구하는 행위를 계획·공모·청구하거나 위법 또는 부당한 지급을 고의 또는 과실로 수령하는 행위

2. 청구서의 금액산정의 기초가 되는 허위의 자료나 주장을 만들거나 이용하거나 묵인하는 행위

3. 국유재산 등을 은닉하거나 편취하거나 사용료를 위법하게 감면받는 행위 등을 말한다.

제3조 (국민의 권리 등) ① 국민은 위법 또는 부당한 허위청구행위를 예방, 중지 및 시정시키고, 이미 발생한 국가기관 등의 손해를 회복시킬 수 있는 권리를 가진다.

② 국민은 국가기관 등의 재무회계의 현황과 그 행위에 관한 정보를 충분하고도 신속하게 제공받을 권리를 가진다.

③ 누구든지 제1항과 제2항의 권리를 행사하였다는 이유로 국민에게 해고, 징계, 전보, 그 밖의 불이익을 줄 수 없다.

제4조 (국가기관 등의 의무)

① 국가기관 등은 재정을 보호하기 위해 위법 또는 부당한 허위청구행위를 예방, 중지, 시정시키고, 이미 발생한 국가기관 등의 손해를 회복시켜야 한다.

② 국가기관 등은 건전재정의 보호와 재정낭비의 방지를 위한 계획을 수립하여 시행하고 그 내용을 공표하여야 한다.

제5조 (국민소송의 종류)

1. 손해배상등청구소송 : 국가기관 등에게 허위로 위법 또는 부당한 청구를 하여 손해를 발생시키거나 국가기관 등의 행위로 위법 또는 부당한 이득을 얻은 자를 상대로 국가기관 등을 대위하여 손해의 배상과 이득의 반환 등을 구하는 소송.

2. 중지등청구소송 : 국가기관 등에게 허위로 위법 또는 부당한 청구를 하여 손해를 발생시키는 것을 방지하고 국가기관 등의 행위로 위법 또는 부당한 이득을 얻는 것을 방지하기 위해 책임있는 자를 상대로 국가기관 등을 대위하여 중지청구 등 필요한 조치를 요구하는 소송

제6조 (준용규정) 국민소송의 재판절차에 관하여는 이 법에 특별한 규정이 있는 경우를 제외하고는 「행정소송법」과 「민사소송법」의 규정을 국민소송의 성질에 반하지 않는 범위에서 준용한다.

제2장 국민의 조사청구와 감사청구

제1절 국민의 조사청구

제7조 (조사청구전치주의) ① 사인이 국가기관 등에게 위법 또는 부당하게 허위로 청구하여 발생하거나 발생할 손해나 국가기관 등의 행위로 사인에게 발생하거나 발생할 위법 또는 부당한 이득에 대해 알고 있는 국민은 누구나 조사기관에게 조사하여 조치할 것을 청구할 수 있다.
② 다음 각 호의 어느 하나에 해당하는 사항은 조사청구의 대상에서 제외하고, 그 사실을 조사를 청구한 자에게 서면으로 즉시 알려야 한다.

1. 수사나 재판에 관여하게 되는 사항
2. 개인정보보호법 제15조 제1항에 따라 수집과 이용이 허용되지 않는 개인정보를 침해할 우려가 있는 사항
3. 다른 기관에서 조사하였거나 조사 중인 사항. 다만, 다른 기관에서 조사한 사항이라도 새로운 사항이 발견되거나 중요 사항이 조사에서 누락된 경우에는 그러하지 아니하다.
4. 동일한 사항에 대하여 제5조 제1항 각 호의 어느 하나에 해당하는 소송이 진행 중이거나 그 판결이 확정된 사항

제8조 (조사기관) ① 허위청구행위가 중앙사무관장기관의 재무회계사무의 처리에 관련된 경우에는 당해 중앙사무관장기관의 장이나 법무부에 조사를 청구하여야 한다.

② 소속기관, 부속기관 또는 정부투자기관 등 중앙사무관장기관에 속하는 기관이나 단체, 그리고 공공기금 등을 관리하는 기관 또는 단체에 대해서는 중앙사무관장기관의 장에게 조사를 청구하여야 한다.

③ 중앙사무관장기관의 장은 조사청구가 있으면 독립적이고 공정한 조사위원회를 설치하여 조사를 실시하거나 법무부에 조사를 의뢰하여야 한다. 그 구체적 방식과 내용은 대통령령으로 정한다.

제9조 (조사기관의 권한) ① 조사기관은 제7조 제1항의 청구에 따라 조사한 후 위법 또는 부당한 손해나 이득을 발견하거나 그의 발생가능성을 확인한 경우 손해발생이나 이득에 책임있는 자에게 일정 기간을 정하여 그 손해의 배상이나 이득의 반환명령을 발하거나 관계법령에 따라 그 위법행위 등의 중지와 예방에 필요한 조치를 취해야 한다.

② 조사기관은 위법 또는 부당한 행위 등의 중지와 예방에 필요한 조치를 할 권한을 다른 국가기관 등이 갖고 있는 경우 해당 기관에게 일정한 기한내에 필요한 조치를 취하도록 요구하여야 한다. 이

경우 그 국가기관 등의 장은 이를 성실히 이행하여야 하고 그 조치결과를 조사기관에게 통보하여야 한다.

제10조 (고의 또는 중대한 과실에 의한 손해의 배상책임) ① 사인이 고의 또는 중대한 과실에 의한 위법 또는 부당한 행위로 국가기관 등에게 손해를 발생시키거나 이득을 얻은 경우 조사기관은 책임있는 자에게 300만원 이하의 과태료를 부과하고 발생한 손해와 이득의 3배까지 배상하거나 반환하도록 명할 수 있다. 이 경우 조사를 받는 자가 고의 또는 중대한 과실이 없음을 입증한 경우에는 그러하지 아니하다.

② 300만원 이하의 과태료, 배상금액 또는 반환금액의 산정기준과 명령의 불이행에 따른 절차는 조세체납처분의 예에 따르되 그 구체적 기준과 절차는 대통령령에서 정한다.

제2절 국민의 감사청구

제11조 (감사청구전치주의) ① 국가기관 등에 속한 공무원이나 직원이 국가 또는 공공기관 등에게 위법 또는 부당하게 허위로 청구하여 발생하거나 발생할 손해나 국가나 공공기관 등의 행위로 공무원이나 직원에게 발생하거나 발생할 위법 또는 부당한 이득에 대해 알고 있는 자는 감사기관에게 감사하여 조치할 것을 청구하여야 한다.

② 다음 각 호의 어느 하나에 해당하는 사항은 감사청구의 대상에서 제외하고, 그 사실을 감사를 청구한 자에게 서면으로 즉시 알려야 한다.

1. 수사나 재판에 관여하게 되는 사항
2. 개인정보보호법 제15조 제1항에 따라 수집과 이용이 허용되지 않는 개인정보를 침해할 우려가 있는 사항
3. 다른 기관에서 감사하였거나 감사 중인 사항. 다만, 다른 기관에서

감사한 사항이라도 새로운 사항이 발견되거나 중요 사항이 감사에서 누락된 경우에는 그러하지 아니하다.

4. 동일한 사항에 대하여 제5조 제1항 각 호의 어느 하나에 해당하는 소송이 진행 중이거나 그 판결이 확정된 사항

제12조 (감사기관) ① 허위청구행위가 중앙사무관장기관의 재무회계사무의 처리에 관련된 경우에는 당해 중앙사무관장기관의 장이나 감사원에 감사를 청구하여야 한다.

② 소속기관, 부속기관 또는 정부투자기관 등 중앙사무관장기관에 속하는 기관이나 단체, 그리고 공공기금 등을 관리하는 기관 또는 단체에 대해서는 중앙사무관장기관의 장에게 감사를 청구하여야 한다.

③ 중앙사무관장기관의 장은 감사청구가 있으면 독립적이고 공정한 감사위원회를 설치하여 조사를 실시하거나 감사원에 감사를 의뢰하여야 한다. 그 구체적 방식과 내용은 대통령령으로 정한다.

제13조 (감사기관의 권한) ① 감사기관은 제11조 제1항의 청구에 따라 감사한 후 위법 또는 부당한 손해나 이득을 발견하거나 그의 발생가능성을 확인한 경우 손해발생이나 이득에 책임있는 자에게 일정 기간을 정하여 그 손해의 배상이나 이득의 반환명령을 발하거나 관계법령에 따라 그 위법행위 등의 중지와 예방에 필요한 조치를 취해야 한다.

② 감사기관은 위법 또는 부당한 행위 등의 중지와 예방에 필요한 조치를 할 권한을 다른 국가기관 등이 갖고 있는 경우 해당 기관에게 일정한 기한내에 필요한 조치를 취하도록 요구하여야 한다. 이 경우 그 국가기관 등의 장은 이를 성실히 이행하여야 하고 그 조치결과를 감사기관에게 통보하여야 한다.

③ 제1항에 따른 배상금액이나 반환금액의 산정기준과 명령의 불이행에 따른 절차는 조세체납처분의 예에 따르되 그 구체적 기준과 절

차는 대통령령에서 정한다.

제3절 조사 또는 감사의 절차와 공무원 등의 책임

제14조 (조사청구 또는 감사청구의 기간) ① 제7조 제1항 또는 제11조 제1항에 따른 청구는 위법 또는 부당하게 발생하거나 발생할 손해나 이득의 직접적 원인이 되는 행위나 사실이 있었던 날이나 끝난 날부터 5년이 지나면 제기할 수 없다.

② 조사기관 또는 감사기관은 60일 이내에 조사 또는 감사를 청구한 자에게 서면으로 처리결과를 알려야 한다.

③ 조사 또는 감사를 청구한 내용이 중대한 공익에 관련되어 그 위법 또는 부당 여부나 손해 또는 이득의 존부의 판단이 어렵거나 대상 행위의 성질상 조사에 상당한 기간이 필요하거나 기타 정당한 사유가 있는 경우 조사기간 또는 감사기간을 연장할 수 있다. 이 때 조사 또는 감사를 청구한 자에게 그 연장사실을 즉시 서면으로 알려야 한다.

제15조 (의견진술 및 증거제출의 기회의 보장) ① 조사기관 또는 감사기관은 조사청구 또는 감사청구를 처리(각하를 포함한다)할 때 조사 또는 감사를 청구한 자에게 반드시 의견 진술 및 증거 제출의 기회를 주어야 한다.

② 제9조 제1항, 제10조 제1항과 제3항, 제13조 제1항과 제3항에 따른 명령과 조치에 대해서는 그 상대방에게 사전 통지하여 의견을 제출할 수 있음을 고지하여야 한다. 이 때 제출기간, 제출기관 및 불복하고자 하는 경우 그 구제방법 등을 고지하여야 한다.

제16조 (조사종료 또는 감사종료에 따른 후속조치) ① 조사기관 또는 감

사기관은 조사 또는 감사 후 제9조, 제10조, 제13조에 따라 취한 조치의 결과를 조사 또는 감사를 청구한 자에게 서면으로 신속히 통지하여야 한다.

② 조사기관 또는 감사기관은 조사 또는 감사 후 조사 또는 감사를 청구한 자가 제출한 주장 및 증거, 그리고 직권으로 조사하거나 감사한 내용으로부터 손해의 원인이 되는 불법 또는 부당한 행위나 사실, 이득의 원인이 되는 불법 또는 부당한 행위나 사실 등을 발견하지 못한 경우 조사 또는 감사를 종결하고 그 사실을 조사 또는 감사를 청구한 자에게 서면으로 신속히 통지하여야 한다.

제17조 (공무원 또는 직원의 책임) ① 국가기관 등에 속한 공무원이나 직원이 사인의 허위청구행위로 국가기관 등에게 발생하거나 발생할 위법 또는 부당한 손해나 위법 또는 부당한 이득을 공모하거나 알고 있으면서도 필요한 조치를 취하지 않은 때에는 조사기관이나 감사기관은 해당 공무원이나 직원에게 300만원 이하의 과태료를 부과하고 허위청구한 자에게 발생한 손해배상책임 또는 이득반환책임에 대해 대통령령이 정하는 책임비율에 따라 배상하거나 반환하도록 하여야 한다.

② 국가기관 등에 속한 공무원 또는 직원이 사인의 허위청구행위로 국가기관 등에게 발생하거나 발생할 위법하거나 부당한 손해나 위법 또는 부당한 이득을 알지 못하거나 필요한 조치를 취하지 못한 것에 과실이 있을 때에는 조사기관 또는 감사기관은 국가공무원법이 정하는 기준에 따라 징계를 하거나 권한있는 기관에게 징계를 하도록 요구하여야 한다.

③ 제1항에 따른 300만원 이하의 과태료, 배상금액이나 반환금액의 산정기준과 명령의 불이행에 따른 절차는 조세체납처분의 예에 따르되 그 구체적 기준과 절차는 대통령령에서 정한다.

제18조 (대통령령) 국민의 조사 또는 감사의 청구방법, 절차 기타 필요한
사항은 대통령령으로 정한다.

제3장 국민소송

제19조 (소의 제기) 국가기관 등에게 위법 또는 부당하게 허위로 청구하
여 국가기관 등에게 발생하거나 발생할 손해나 이득을 이유로 조사기
관 또는 감사기관에게 조사청구나 감사청구를 한 자는 다음 각 호의
어느 하나에 해당한 경우에 손해배상등청구소송이나 중지등청구소송
을 제기할 수 있다.

1. 조사기관 또는 감사기관이 그 청구를 수리한 날로부터 60일 또는
   연장된 경우는 연장된 기간이 지나도 조사 또는 감사를 끝내지 아
   니한 때
2. 제16조에 따라 통지된 조사결과 또는 감사결과에 불복하는 경우
3. 제9조 제2항, 제13조 제2항, 제17조 제2항에 따른 조사기관 또는 감사
   기관의 조치요구를 해당 국가기관 등의 장이 이행하지 아니한 경우
4. 제16조 제1항에 따라 통지된 조사결과 또는 감사결과에 따른 조치
   가 상당한 기간내에 이행되지 않은 경우

제20조 (관할) ① 이 법에 따른 소송의 제1심 관할법원은 피고의 소재지
를 관할하는 행정법원(행정법원이 설치되지 아니한 지역의 경우에는
행정법원의 권한에 속하는 사건을 관할하는 지방법원본원합의부를 말
한다)으로 한다.
② 제7조 제1항에 따른 조사청구나 제9조 제1항에 따른 감사청구를
거쳐 제19조에 따라 소송이 제기된 경우, 제9조, 제10조, 제13조,
제17조에 따른 배상명령, 반환명령 또는 중지등 처분을 받은 자는

이에 불복하는 행정소송을 제기할 수 있다. 다만, 행정심판법에 의한 행정심판청구는 제기할 수 없다.

③ 제2항에 따라 제기된 행정소송은 제19조에 따라 제기된 소송에 병합할 수 있다.

④ 이 법에 따른 소송은 민사소송등인지법 제2조 제4항의 규정에 의한 소정의 비재산권을 목적으로 하는 소송으로 본다.

제21조 (제소기간) 제19조에 따른 소송은 다음 각 호의 어느 하나에 해당하는 날부터 90일 이내에 제기하여야 한다.

1. 제19조 제1호의 경우 : 해당 60일이 끝난 날(조사기간이나 감사기간이 연장된 경우에는 연장기간이 끝난 날을 말한다)
2. 제19조 제2호의 경우 : 해당 조사결과 또는 감사결과에 대한 통지를 받은 날
3. 제19조 제3호의 경우 : 해당 이행 조치결과에 대한 통지를 받은 날
4. 제19조 제4호의 경우 : 해당 조치가 이행되지 않아 관계법령에 따라 체납절차를 개시할 수 있었거나 강제로 집행할 수 있었던 날

제22조 (중복제소의 금지) 제19조에 따른 소송이 진행 중인 경우 다른 국민은 같은 사항에 대하여 동일한 피고를 상대로 별도의 소송을 제기할 수 없다.

제23조 (소송참가) 조사기관이나 감사기관, 그리고 관계법령에 따라 명령과 처분 등의 권한을 갖는 기관은 제19조에 따라 제기된 소송에 참가할 수 있다.

제23조 (소송고지) ① 제19조에 따라 소송을 제기한 자는 그 소송 결과에 따라 권리나 이익의 침해를 받을 제3자가 있으면 그 제3자에게 소

송고지를 하여 줄 것을 법원에 신청하여야 한다. 법원은 신청이 없는 경우에도 직권으로 그 제3자에게 소송고지할 수 있다.

② 제19조에 따른 소송이 제기되어 피고가 된 사인의 신청이 있으면 법원은 그 소송의 결과에 따라 권리 또는 이익의 침해를 받을 제3자에게 소송고지할 수 있다.

③ 원고와 피고는 제17조에 의한 책임이 발생할 국가기관 등의 공무원 또는 직원에 대하여 소송고지를 하여 줄 것을 법원에 신청하여야 한다. 법원은 신청이 없는 경우에도 직권으로 해당 공무원 또는 직원에게 소송고지할 수 있다.

제24조 (증거보전조치) 법원은 증거의 소멸 우려 등 긴급한 필요가 있는 때에는 당사자의 신청에 따라 소송제기 전에 증거보전에 필요한 조치를 취할 수 있다.

제25조 (자료제출결정) ① 법원은 소제기 후 사건의 심리를 위하여 필요하다고 인정하는 경우 또는 소송당사자의 자료제출결정신청이 있는 경우에는 국가기관 등이나 관계 행정청에 대하여 행위나 처분과 관련된 자료를 소송자료로 제출하도록 자료제출결정을 할 수 있다.

② 국가기관 등이나 관계행정청은 제1항의 규정에 의하여 요구받은 자료를 지체 없이 법원과 소송당사자에게 공개되는 소송자료로 제출하여야 한다. 다만, 그 자료를 공개하는 것이 공공의 안정과 이익을 해할 우려가 있는 경우나 법률상 또는 그 자료의 성질상 비밀로 유지할 필요가 있는 경우에는 자료제출을 거부하거나 법원에 한해 열람하도록 요구할 수 있다.

③ 법원은 제2항 단서의 규정에 의한 국가기관 등이나 관계행정청의 자료제출의 거부결정이나 제한적 열람결정이 적법한지 여부를 심리하기 위한 기일을 열어야 한다.

④ 법원은 제3항의 규정에 의한 심리를 함에 있어서 필요하다고 인정
하는 때에는 자료제출을 요구받은 국가기관 등 또는 관계행정청에
게 그 자료를 법원에 한해 제시하도록 요구할 수 있다. 이 경우 법
원은 그 자료를 다른 사람이 보도록 하여서는 아니 된다.

⑤ 법원은 국가기관 등 또는 관계행정청의 자료제출의 거부나 제한적
열람요구를 인용하거나 기각한다. 이 때 가분하여 일부 인용할 수
있다.

제26조 (시효중단 등) ① 제19조에 따른 소송이 제기된 경우에 그 소송
에 관한 손해배상청구권 또는 부당이득반환청구권의 시효는 중단된
다. 제23조에 따라 권한있는 기관이 한 소송고지신청은 그 제3자에 대
한 손해배상청구권 또는 부당이득반환청구권의 시효중단에 관하여 「민
법」 제168조제1호에 따른 청구로 본다.

② 제1항에 따른 시효중단의 효력은 그 소송이 끝난 날부터 6개월 이
내에 재판상 청구, 파산절차참가, 압류 또는 가압류, 가처분을 하
지 아니하면 효력이 생기지 아니한다.

제27조 (소송중단 등) ① 소송의 계속 중 소송을 제기한 자가 사망하거
나 소송을 진행할 수 없는 경우에는 소송절차는 중단된다. 소송대리인
이 있는 경우에도 같다.

② 제7조에 따른 조사나 제11조에 따른 감사를 공동으로 청구한 다른
국민이 있을 때 그 국민은 제1항에 따른 사유가 발생한 사실을 안
날부터 6개월 이내에 소송절차를 수계할 수 있다. 이 기간에 수계
절차가 이루어지지 아니할 경우 그 소송절차는 종료된다.

③ 19세 이상의 다른 국민은 제1항과 제2항에 따른 사유가 발생한 사
실을 안 날로부터 6개월 이내에 소송절차를 수계할 수 있다.

제28조 (당사자의 처분권 제한) ① 이 법에 따른 소송에 있어서 당사자는 법원의 허가를 얻지 아니하고는 소의 취하, 화해 또는 청구의 포기를 할 수 없다.

② 제1항의 경우 법원은 허가하기 전에 국가기관 등이나 조사청구 또는 감사청구에 연서한 다른 국민이 있을 경우 그에게 이를 알려야 하며, 알린 때부터 1개월 이내에 허가 여부를 결정하여야 한다. 법원은 국가기관 등의 반대가 있으면 허가할 수 없다.

③ 법원은 연서한 다른 국민이 있을 경우 조사청구 또는 감사청구에 적힌 주소로 통지서를 우편으로 보낼 수 있고, 우편물이 통상 도달할 수 있을 때에 통지사실을 안 것으로 본다.

제4장 국고귀속, 보상 및 보호

제29조(국고귀속) 이 법에 따른 조사, 감사 또는 소송으로 발생한 손해배상금과 이득반환금은 국고로 귀속한다.

제30조 (비용의 상환) ① 제19조에 따라 소를 제기한 원고가 승소한 때에는 피고는 원고가 실제 지출한 변호사보수 등의 소송비용, 그 밖의 소송의 준비, 제기, 수행을 위하여 실제 지출한 비용을 보상하여야 한다. 일부 승소 시에는 비율에 따른다.

② 제7조 제1항에 따른 조사청구 또는 제11조 제1항에 따른 감사청구를 한 국민은 조사청구절차 또는 감사청구절차의 진행 등을 위하여 사용된 여비, 그 밖에 실제로 든 비용을 국가기관 등에게 청구할 수 있다. 국가기관 등은 조사청구하거나 감사청구한 사실을 전부 또는 일부 인정하거나 위법 또는 부당한 행위의 발견에 기여한 것으로 판단한 경우, 청구된 금액의 범위에서 그 청구를 준비하고

청구절차를 진행하는 데에 객관적으로 사용된 것으로 인정되는 금액을 지급하여야 한다.

제30조 (보상금 등의 지급) ① 이 법에 따라 조사청구 또는 감사청구를 하여 국가기관 등이 손해 등의 배상이나 중지 등의 조치를 하게 한 자에 대하여 조사기관 또는 감사기관은 신청 또는 직권에 의하여 허위청구를 한 자에게 100억 한도 내에서 그 가액의 10분의 1이상 2분의 1의 한도에서 지급하도록 명령할 수 있다.

② 소송을 제기하여 승소한 원고에 대하여 신청 또는 직권에 의하여 법원은 허위청구를 한 자에게 100억 한도 내에서 그 가액의 10분의 1이상 2분의 1의 한도에서 지급하도록 명령할 수 있다.

③ 제1항과 제2항에 따른 보상금의 결정에 있어서는 다음 각 호의 사항을 종합적으로 고려하여 정하되, 그 구체적 기준은 대통령령으로 정한다.

1. 최초의 조사청구 또는 감사청구, 기여도 등 청구자의 형태
2. 제출한 주장 및 증거의 독자성과 중요성
3. 소송수행자의 태도와 승소에의 기여도
4. 해당 청구 또는 소송이 국가재정과 국민이익에 기여한 정도
5. 공익신고로 인한 공익신고자등의 피해

④ 수인의 공익신고자, 조사 및 감사의 청구자, 소송제기자 사이의 보상금의 배분, 보상금의 지급신청 및 절차에 관한 사항은 대통령령으로 정한다.

제34조(조사청구자 등의 보호) ① 이 법에 따라 조사청구 또는 감사청구를 하거나 소송을 제기하거나 관련된 정보를 제공한 자는 「공익신고자보호법」 제2조에서 정한 공익신고자 또는 공익신고자등으로 본다.

② 이 법에 따라 조사청구 또는 감사청구를 하거나 소송을 제기하거

나 관련된 정보를 제공한 자에 대해서는 「공익신고자보호법」 제3
장의 규정을 준용하여 보호하여야 한다.

부   칙

이 법은 공포 후 6개월이 경과한 날부터 시행한다.

참고문헌

제1장

Albert Bleckmann, Vom subjektiven zum objektiven Rechtsstaatsprinzip, JÖR
    Bd.36, 1987.

Amy L. Chua, Markets, Democracy, and Etnicity : Toward a New Paradigm for
    Law and Development, The Yale Law Journal, 1998.

Anna Leisner, Kontinuität als Verfassungsprinzip, 2002.

Anthoney Giddens, Modernity and Self-Identity, in ; Malcolm Waters(ed.),
    Modernity Vol.II, 1999.

Axel Görlitz, Politische Funktion des Rechts, 1976.

Axel Görlitz / Rüdiger Voigt, Rechtspolitologie－eine Einführung-, 1985.

Axel Görlitz, Rechtspolitik als Forschungsgegenstand, in : Axel Görlitz / Rüdiger
    Voigt (hg.), Rechtspolitologie und Rechtspolitik, 1989.

Becker, G.S., Human Capital, 1964.

Bernhard Peters, Rationalität, Recht und Gesellschaft, 1991.

Cass. R. Sunstein, Constitutionalism after the New Deal, Havard Law Review
    vol.101, 1987.

Cass R. Sunstein, Paradoxes of the regulatory State, University of Chicago Law
    Review 1990.

Cass R. Sunstein, Deliberative Trouble? Why Groups go to Extremes, Yale Law
    Journal 2000.

Christian Calliess, Rechtsstaat und Umweltstaat, 2001.

Christoph von Mettenheim, Recht und Rationalität, 1984.

David M. Trubek, Toward a social Theory of Law : An Essay on the Study of
    Law and Development, The Yale Law Journal 1972.

Dieter Strempel, Der Beitrag der Rechtspolitologie zur praktischen Rechtspolitik, in
    : Rüdiger Voigt (hg.), Rechtspolitologische Forschungskonzepte, 1988.

Ernst Benda, Rechtsstaat im sozialen Wandel, AöR 101.

Ernst-Wolfgang Böckenförde, Entstehung und Wandel des Rechtsstaatsbegriffs,

Staat, Gesellschaft, Freiheit, 1976.

Gecas, V./Burke, P.J., Self and identity, in ; Cook/Fine/House,(Ed.), In Sociological Perspectives on Social Psychology, 1995.

George F. Gant, Development Administration—Concepts, Goals, Methods, 1979.

Gunna Folke Schuppert, Rückzug des Staates?—Zur Rolle des Staates zwischen Legitimationskrise und politischer Neubestimmung—, DÖV 1995.

Gunnar Folke Schuppert, Verwaltungsrechtswissenschaft als Steuerungswissenschaft —Zur Steuerung des Verwaltungshandelns durch Verwaltungsrecht-, in : Hoffmann-Riem/ Schmidt-Aßmann/Schuppert(Hg.), Reform des Allgemeinen Verwaltungsrechts, 1993.

Harald Kindermann, Orientierungssicherheit durch einen Allgemeinen Teil des Rechts?, in : Schäffer/ Triffterer(hg.), Rationalisierung der Gesetzgebung, 1984.

Hermann Hill, Akzeptanz des Rechts—Notwendigkeit eines besseren Politikmanagements, JZ 1988.

James E.Côté, Sociological perspectives on identy formation : the culture-identity Link and identity capital, Journal of Adolescence 19, 1996.

Joachim Wege, Positives Recht und sozialer Wandel im demokratischen und sozialen Rechtsstaat, 1977.

Jobst Fiedler, Aufgabenkritik und Konzentration auf Kernaufgaben, in : Blanke/von Bandemer/Nullmeier/Wewer (hg.), Handbuch zur Verwaltungreform, 1998.

Jody Freeman, Private Parties, public Functions and the new administrative Law, Administrative Law Review 52, 2000.

John C. Dernbach, SUSTAINABLE DEVELOPMENT AS A FRAMEWORK FOR NATIONAL GOVERNANCE, Case Western Reserve Law Review, 1998.

John S. Dryzek, Policy Sciences of Democracy, The Science of Public Policy II, 1999.

John Hart Ely, Democracy and Distrust, 1980.

K.Hesse, Der Rechtsstaat im Verfassungssystem des Grundgesetzes, in : E. Forsthoff(hg.), Rechtsstaatlichkeit und Sozialstaatlichkeit, 1968.

Martin Kriele, Rechtsgefühl und Legitimität, in : ders, Recht Vernunft Wirklichkeit, 1990.

Martin Laclau, The Genesis and Limits of abstract Reason in juridical Thought, in

: Eckhoff/Friedman (hg.), Vernunft und Erfahrung im Rechtsdenken der Gegenwart, 1986.

Martin Morlok, Selbstverständnis als Rechtskriterium, 1993.

Maurice Hauriou, La Théorie de l'Institution et de la Fondation: Essai de Vitalisme social, Cahiers de la Nouvelle Journeé, 4, 1925.

Michael P. Van Alstine, The Costs of Legal Change, UCLA Law Review 49, 2002.

Niklas Luhmann, Grundrechte als Institution, 1965.

Niklas Luhmann, Legitimation durch Verfahren, 2.Aufl., 1975.

Peter Badura, Verwaltungsrecht im liberalen und im sozialen Rechtsstaat, 1966.

Rainer Pitschas, Verwaltungsverantwortung und Verwaltungsverfahren, 1990.

Robert Alexy, Rechtssystem und praktische Vernunft, Rechtstheorie 18, 1987.

Roman Schnur, Die Theorie der Institution und der Gründung, Die Theorie der Institution, 1965.

Rüdiger Voigt, Grenzen rechtlicher Steurung, 1986.

Sidney A. Shapiro, Administrative Law after the Counter-Reformation : Restoring Faith in pragmatic Government, University of Kansas Law Review 2000.

Steffen Heitmann, Rechtsstaat und Rechtsbewußtsein―die besondere Situation in den "neuen" Ländern, Recht und Politik, 1995. 3.

Stewert, Reconstitutive Law, Maryland Law Review 46, 1986.

Thomas M. Franck, The new Development : Can american Law and legal Institutions help developing Countries ?, Wisconsin Law Review 1972.

Ulrich Penski, Rechtsbegriff und Rechtspolitologie, in : Rüdiger Voigt (hg.), Rechtspolitologische Forschungskonzepte, 1988.

Von Savigny, Friedrich Carl, Über den Zweck dieser Zeitschrift, in: Zeitschrift für geschichtliche Rechtswissenschaft, 1815.

Wilhelm Hennis, Legitimität―Zu einer Kategorie der bürgerlichen Gesellschaft-, in; Peter Graf Kielmansegg (hg.) Legitimationsprobleme politischer Szsteme, 1975.

강문용, 법치행정의 원리―특히 법의 지배와 법치주의를 중심으로―, 법조 제8권 제8호, 1959. 8.

김광수, 동아시아 행정법의 발전과 법치주의의 전망, 공법연구 제29집 제3호,

2001. 5.

김대환, 제도보장에 있어서 핵심영역의 보호-기본권의 본질적 내용보장과 관련
하여-,헌법학연구 제6권 제4호, 2000.

김상겸, 법치국가의 실현가능성에 관한 고찰, 공법연구 제28권 제4-2호, 2000. 6.

김성수, 분권, 자율, 책임－분권화시대 한국 지방재정법의 현황과 정책과제, 지
방분권추진개혁법안에 관한 대토론회(한국지방자치법학회 제6회 정기
학술대회발표문), 2003. 10.

김유환, 지방자치단체의 행정사무에 대한 감사체계, 지방자치법연구 제1권 제2
호, 2001. 12.

남경희. 한국 전통의 규범관 및 법의식에 대한 비교연구, 법학연구(연세대학교)
제9·10권.

남궁근, Robert D. Putnam의 사회자본과 시민공동체론, 행정학의 주요이론(오석
홍외 편저), 2000.

문상덕, 일본의 자치체 행정법학에 있어서 「정책법무론」일고, 행정법연구 제3
호, 1998.

문상덕, 정책중시의 행정법학과 지방자치행정의 정책법무에 관한 연구, 2000.
(서울대 박사).

문상덕, 지방자치행정에 있어서의 정책법무의 확립－지방분권시대의 법치행정
의 강화를 위하여－, 지방자치법연구 제1권 제1호, 2001. 9.

박병호, 법치주의 실현에의 역사적 교훈, 법제연구 제1호, 1991.

박영도, 입법평가제도에 관한 연구, 법제 제531호 2002. 3, 29-33면. ; 신상환, 정
부입법과정의 발전적 법제화방안, 법제연구 제22호, 2002. 6.

박정훈, 행정부패와 행정법적 집단분쟁－병리적 행정현실에 대응한 법윤리적
행정법학 방법론의 모색－, 법학 제39권 1호, 1998.

백종인, 지방분권강화를 위한 법적 과제, 지방자치법연구 제3권 제1호, 2003. 6.

서원우, 행정국가와 법치국가, 고시계 1969. 7.

선정원, 직업공무원의 법지식의 개선과 법집행의 합리성증대, 공법연구 제28권
제2호, 2000. 1.

선정원, 공무원과 법지식, 행정법연구, 2000.

선정원, 행정과정의 공개와 인터넷-서울시의 '민원처리온라인공개시스템'의 분
석과 함께-, 공법연구 제29권 제1호, 2000. 11.

선정원, 전자정부와 개인정보보호, 공법연구 제29집 제3호, 2001. 5.

선정원, 규제개혁과 정부책임-건설산업의 규제개혁실패와 공법학의 임무-, 공법

연구 제30권 제1호, 2001. 12.

선정원, 행정절차법상 처분절차의 개정방향, 공법연구 제30권 제4호, 2002. 6.

선정원, 새로운 행정조직모델과 중앙행정조직개편의 방향, 공법연구 제31권 제2호, 2002. 12.

선정원, 민원배심원제에 관한 고찰, 공법연구 제31권 제3호, 2003. 3.

선정원, 패러다임의 변화와 기업의 불법행위에 대한 제재시스템의 현대화, 법제 제545호, 2003. 5.

선정원, 일본의 구조개혁특구제도의 분석과 규제자유특구제도의 한국에의 도입방안, 법제 제549호, 2003. 9.

何剖泰隆, 政策法學の基本指針, 1996.

양건, 한국의 법문화와 법의 지배, 법철학연구 제5권 제1호, 2002.

양승두, 한국의 역사적 단절과 법문화, 법학연구(연세대학교) 제9·10권, 2000.

오동석, 지방자치제의 형성과정－해방 후부터 지방자치법 제정까지－, 공법연구 제31권 제4호, 2003.

오석홍, 행정학, 1998.

윤이흠, 한국종교연구, 1988.

유재원, 사회자본과 자발적 결사체, 한국정책학회보 제9권 제3호, 2000. 12.

劉恒煥, 중국정치법률사상의 발전패턴, 저스티스 제27권 2호, 1994.

이광윤, 중국의 딜레마 "법치주의", 토지공법연구 제17집 2003. 2.

정극원, 제도보장론의 성립과 현대적 전개, 헌법학연구 제4권 제3호, 1998. 10.

정용덕외 저, 신제도주의연구, 1999.

최대권, 선한 사회의 조건 : 법치주의를 위한 담론, 법학(서울대학교) 제40권 제3호, 1999.

최봉철, 한국의 법문화와 법치주의의 과제, 법학연구(연세대학교 법학연구소), 제11권 제1호, 2001.

최송화, 한국 행정법학 50년의 성과와 21세기적 과제,(초출은 법학(서울대) 제36권 제2호, 1995), 법치행정과 공익, 2002.

최종고, 법치주의와 덕치주의 : 한국의 관점, 저스티스 제27권 제2호, 1994.

최창수, 사회적 자본의 형성을 위한 지방정부의 역할 : 미국의 예, 지방행정연구 제48호, 2000. 6.

하연섭, James G. March와 Johan P. Olsen의 신제도이론, 행정학의 주요이론.

홍준형, 제도화된 행정국가와 법치주의, 행정논총 제38권 제2호, 2000.

제2장 1절

Alfred C. Aman, Jr, Proposals for reforming the Administrative Procedure Act : Globalization, Democracy and the Futherance of a global public Interest, Indiana Journal of Global Legal Studies, 1999.

Alfred C. Aman, Jr, The Limits of Globalization and the Future of Administrative Law : from Government to Governance, Indiana Journal of Global Legal Studies, 2001.

Amy L. Chua, Markets, Democracy, and Etnicity : Toward a New Paradigm for Law and Development, The Yale Law Journal 1998.

Armin von Bogdandy, Gubernative Rechtsetzung, 2000.

B. Guy Peters, Governance and Comparative Politics, in ; John Pierre (ed.), Debating Governance, 2000.

Dagmar Felix, Einheit der Rechtsordnung, 1998.

Donald F. Kettl, The Transformation of Governance : Globalization, Devolution, and the Role of Government, PAR Vol.60, No. 6, 2000.

Eberhard Schmidt-Aßmann, Verwaltungsorganisation als Steuerungsressource — Einleitende Problemskizze-, in ; Eberhard Schmidt-Aßmann/Wolfgang Hoffmann-Riem (Hg.), Verwaltungsorganisationsrecht als Steurungsressource, 1997.

Hans-Heinrich Trute, Funktionen der Organisation und ihre Abbildung im Recht, in ; Eberhard Schmidt-Aßmann/Wolfgang Hoffmann-Riem (Hg.), Verwaltungsorganisationsrecht als Steurungsressource, 1997.

Harold Wolman, The Determinants of Program Success and Failure, in ; Tadao Miyakawa (ed.), The Science of Public Policy IV.

Herman M. Schwartz, Public Choice Theory and Public Choices — Bureaucrats and State Reorganization in Austria, Denmark, New Zealand, and Sweden in the 1980s, Administration & Society, 1994.

James A. Gazell, Peter F. Drucker and Decentralized Administration of the Federal Government, Administration and Society, 1992.

Jens-Peter Schneider, Das Neue Steuerungsmodell als Innovationsimpuls für Verwaltungsorganisation und Verwaltungsrecht, Eberhard Schmidt-Aßmann/Wolfgang Hoffmann-Riem (Hg.), Verwaltungsorganisationsrecht als Steurungsressource, 1997.

Karl-Heinz Ladeur, Von der Verwaltungshierarchie zum administrativen Netzwerk?, Die Verwaltung, 1993.

Mark C. Suchman/ Lauren B. Edelman, Legal Rational Myths : The New Institutionalism and the Law and Society Tradition, Law and Social Inquiry, 1996.

Martin Shapiro, Administrative Law Unbounded : Reflections on Government and Governance, Indiana Journal of Global Legal Studies, 2001.

Peter F. Drucker, Toward the New Organization, in ; Hesselbein/ Goldsmith/ Beckhard (ed.), The Organization of the Future, 1997.

Ralph Alexander Lorz, Interorganrespect im Verfassungsrecht, 2001.

R.A.W. Rhodes, Governance and Public Administration, in ; Jon Pierre, Debating Governance, 2000.

Thomas Groß, Das Kollegialprinzip in der Verwaltungsorganisation, 1999.

Wolfgang Kahl, Die Staatsaufsicht ― entstehung, Wandel und Neubestimmung unter besonderer Berücksichtigung der Aufsicht über die Gemeinden, 2000.

김광웅, 정보화사회에서의 역할 : 전자민주주의와 미래의 정부, 21세기의 정부조직 : 정부, 시장, 민주주의의 조화, 한국공공정책학회 발표문, 1998. 11.

김병섭, 정부조직개혁의 방향과 과제, 한국행정학회 2000년 추계학술발표대회 발표문, 2000.

문상덕, 행정법학에 있어서의 법과 정책―그 상관관계와 연구방법론을 중심으로―, 현대공법학의 과제(최송화교수화갑기념논문), 2002.

박천오외 공저, 비교행정론, 1999.

선정원, 규제개혁과 정부책임―건설산업의 규제개혁실패와 공법학의 임무―, 공법연구, 제30집 제1호, 2001. 12.

신봉기, 정부조직법의 법제적 검토―최근의 총리서리논쟁을 보고―, 한국법제발전연구소 제5회 세미나 발표자료, 2002. 8.

유진식, 대통령직속기관의 설치와 직무범위, 공법연구 제30집 제1호, 2001. 12.

조성한외3인, 일본의 정부조직, 1996. 12.

최송화, 공익론―공법적 탐색―, 2002.

허종렬, 교육부총리제와 대학의 자율성 보장을 위한 정부조직 개편 패러다임, 공법연구 제28권 제4-2호, 2000. 6.

홍준형, 정부조직개편의 법적 문제, 고시연구 1998. 2.

제2장 2절

강기홍, 정부조직법 개편의 기준과 한계, 법학연구 제21권 제1호, 2013.
김남진, 행정법Ⅱ, 1996.
김도창, 일반행정법론(하), 1993.
김동련, 정부위원회제도의 법리적 검토, 토지공법연구 제52집, 2011. 2.
김동희, 행정법Ⅱ, 2014.
김철용, 행정법Ⅱ, 2009.
김호정, 대통령 소속 위원회 운영과 행정조직법정주의, 외법논집 제27집, 2007. 9.
나채준, 정부조직법상 행정위원회제도의 문제점에 대한 재검토, 법제 2013. 12.
박균성, 행정법론(하), 2014.
박균성/선정원/김재광/김대인, 국민권익보호강화를 위한 법적 연구, 2011, 국민
    권익위원회 보고서.
박우순, 김대중 정부 조직개편의 성과와 전망, 한국행정연구 제11권 제2호, 2002.
박윤흔, 행정법강의(하), 2001.
박정훈, 행정법의 체계와 방법론, 2005.
박천오, 한국 정부조직개편에 대한 비판적 고찰, 한국조직학회보 제8권 제1호,
    2011.
선정원, 새로운 행정조직모델과 중앙행정조직의 개편방향, 공법연구 제31권 제2
    호, 2002.
성낙인, 21세기 바람직한 정부조직과 정부조직법, 법제연구 제44호, 2013.
신봉기, 정부조직법의 법제적 검토－최근의 총리서리 논쟁을 보고－, 토지공법
    연구 제16권 제2호, 2002.
심현정, 직제의 체계에 대한 검토, 법제 제464호, 1996. 8.
오준근, 정부조직개편에 대한 입법정책적 고찰, 한국행정학보 제47권 제3호,
    2013.
오재록, 정부조직의 네트워크 실증연구 : 43개 중앙행정기관의 수평적·수직적
    네트워크 측정, 한국행정연구 제15권 제4호, 2006.
이익현, 인·허가의제제도에 관한 연구, 법제 제437호, 1994. 5
이원우, 행정조직의 구성 및 운영절차에 관한 법원리－방송통신위원회의 조직

성격에 따른 운영 및 집행절차의 쟁점을 중심으로-, 경제규제와 법 제 2권 제2호, 2009. 11.

이재삼, 우리나라 정부조직개편에 대한 발전방안 연구, 법학연구 제49집, 2013.

이창원/임영제, 우리나라 민주화 이후의 정부조직개편의 특성에 대한 고찰 : '작은 정부론'의 시각을 중심으로, 한국정책과학회보 제13권 제4호, 2009.

이현수, 합의제 중앙행정관청의 조직법적 쟁점, 공법연구 제41집, 2013. 2.

임도빈, 지방행정조직의 개편방향 : 전략분석 게임이론적 시각에서, 지방행정연구 제23권 제4호, 2009. 12.

유진식, 대통령, 권력분립, 그리고 국가행정조직법-과잉권력을 창출하는 한국 대통령제의 법적 구조의 해명-, 공법연구 제31권 제2호, 2002.

유진식, 헌법개정과 독립위원회의 법적 지위, 공법연구 제18집, 2009. 12.

조석준/임도빈, 한국행정조직론, 2010.

주재현, 사회·문화행정조직, 한국행정 60년, 한국행정연구원, 2008.

한건우, 현대행정법신론2, 2014.

홍정선, 행정법원론(하), 2010.

Mark C. Suchman/ Lauren B. Edelman, Legal Rational Myths : The New Institutionalism and the Law and Society Tradition, Law and Social Inquiry 1996.

제2장 제3절

김남진, 조례제정의 법적 문제 : 조례제정권의 범위와 한계를 중심으로, 법제연구 제9호(한국법제연구원), 1995.

김명연, 지방자치행정의 제도적 보장의 의의와 내용, 공법연구 제32집 제5호.

김병섭, 정부조직개혁의 방향과 과제, 한국행정학회 2000년 추계학술대회 발표문.

서원우, 조례제정권의 범위와 한계, 고시계, 1993. 3, 188면; 박윤흔, 법령과 조례와의 관계, 고시계, 1992. 11.

유상현, 조례의 법적 한계에 관한 연구, 경희대학교 박사학위청구논문, 1994.

이명석, 정부투자기관임원의 정치적 임용과 경영실적, 한국행정학보 제35권 제4호, 2001.

이상철/성도경, 지방공기업의 책임경영을 위한 성공요건분석 : 뉴거버넌스의 관

점에서, 한국행정학보 제36권 제4호, 2002

정종섭, 헌법학원론, 박영사, 2006.

조성규, 지방자치제의 헌법적 보장의 의미, 공법연구 제30집 제2호.

행정자치부, 2006년 지방공사공단현황, 2006.

허영, 한국헌법론, 박영사, 2006.

Alfons Gern, Deutsches Kommunalrecht, 3. Aufl., 2003.

Birkenfeld-Pfeiffer/Gern, Kommunalrecht, 3.Auf., 2001.

David J. Barron, THE PROMISE OF COOLEY'S CITY: TRACES OF LOCAL
    CONSTITUTIONALISM, University of Pennsylvania Law Review 147,
    1999.

David J. Barron, A LOCALIST CRITIQUE OF THE NEW FEDERALISM, Duke
    Law Journal 51, 2001.

Jake Sullivan, THE TENTH AMENDMENT AND LOCAL GOVERNMENT, Yale
    Law Journal 112, 2003.

Mark C. Suchman/ Lauren B. Edelman, Legal Rational Myths : The New
    Institutionalism and the Law and Society Tradition, Law and Social
    Inquiry, 1996.

Osborne M. Reynolds, Local Government Law, 2.ed.

Richard Briffault/Laurie Reynolds, State and Local Government Law, 6.ed., 2004.

Richard C. Schragger, CITIES AS CONSTITUTIONAL ACTORS: THE CASE OF
    SAME-SEX MARRIAGE, Journal of Law and Politics 21, 2005.

Roderick M. Hills, Jr., IS FEDERALISM GOOD FOR LOCALISM? THE
    LOCALIST CASE FOR FEDERAL REGIMES, Journal of Law and
    Politics 21, 2005.

Rolf Stober, Kommunalrecht in der Bundesrepublik Deutschland, 3. Aufl., 1996.

Schmidt-Aßmann, Kommunalrecht, in ; Schmidt-Aßmann(Hg.), Besonderes
    Verwaltungsrecht, 12.Auf., 2003.

Thomas Groß, Das Kollegialprinzip in der Verwaltungsorganisation, 1999.

兼子仁, 自治體法學, 1988.

實井力, 行政手續法と自治體, 判例地方自治, 제123호, 1994.

小早川光郞/磯部力, 自治體行政手續法, 1993.

實井力/兼子仁, 基本法コンメンタール: 地方自治法, 1992.
阿部泰隆, 行政の法システム(下), 1992.

제2장 제4절

김동권, 주민투표의 의미와 법적 문제점, 지방자치법연구 제6권 제1호, 2006. 6.
김중권, 주민투표법안의 문제점에 관한 소고, 공법연구 제32권 제3호, 2004. 2,
　　123면.
방승주, 행정구역개편론의 헌법적 검토, 헌법학연구 제15권 제1호, 2009.3.
장재홍, 지역경제발전을 위한 새로운 정책패러다임 모색, 지역경제 제14호,
　　2008. 12.
정재황 외 4인, 지방자치의 헌법적 보장―지방자치와 입법권의 한계, 헌법재판
　　연구, 제17권, 헌법재판소, 2006. 10.
조기현, 새정부 지역발전정책의 추진방향과 지방자치단체의 대응전략, 자치행
　　정 제248호, 2008. 11.
허태열, 지방행정체제 개편과 추진방향, 자치행정 제250호, 2009.1.
홍정선, 지방자치단체 계층구조 개편의 공법적 문제, 지방자치법연구 제9권 제1
　　호, 2009. 3.
홍정선, 신지방자치법, 박영사, 2009.

제3장 제1절

Caprio, C. and D. Klingebiel, Bank Insolvencies: Cross-Country Experiences.
　　World Bank Working Papers, 1996.
Hermann Hill, Kommunikative Problembewältigung bei umweltrelevanten
　　Großvorhaven, DÖV, 1994.
Hermann Hill, Staatskommunikation, JZ 1993.
H.P.Bull, Telekommunikative Traum-Demokratie?―Auswirkungen der
　　Informationstechnik auf die verfassungsmäßige Ordnung―, in ; Alexander
　　Roßnagel (Hg.), Freiheit in Griff, 1998.
Ingeborg E. Schäfer, Demokratische Kontrolle der öffentlichen Verwaltung als

Strategie, DV, 1993.

Isabelle Häner, Öffentlichkeit und Verwaltung, 1990.

Neal D. Finkelstein, Introduction : Transparency in Public Policy, in ; Transpareny in Public Policy, 2000.

Peter Häberle, Die Wesensgehaltgarantie des Artikel 19 Abs.2 Grundgesetz, 1972.

Rainer Pitschas, Allgemeines Verwaltungsrecht als Teil der öffentlichen Informationsordnung, in, ; Hoffmann-Riem/Schmidt-Aßmann/Schuppert (Hg.), Reform des Allgemeinen Verwaltungsrechts, 1993.

Reiner Pitschas, Verwaltungsverantwortung und Verwaltungsverfahren, 1990.

Robert G.Vaughn, Federal Information Policy and Administrative Law, in ; Rosenbloom/Schwartz(ed.), Handbook of Regulation and Administrative Law, 1994.

경건, 전자행정절차에 관한 법제정비-전자정부법(안)을 중심으로-, 전자정부 구현을 위한 법제동향과 과제, 한국법제연구원, 2000. 10. 24.

김익한, 기록관리법의 시행과 국회 기록관리, 국회보 2000. 1.

김진호, 전자정부의 구현에 대하여, 인터넷법률 3호, 2000. 11.

남주희, 부실채권규모추정과 축소방안, 1998. 10. 13.

茶山硏究會 譯註, 譯註 牧民心書III, 戶典6條 穀簿上, 1988.

박정훈, 행정부패와 행정법적 집단분쟁-병리적 행정현실에 대응한 법윤리적 행정법학 방법론의 모색-, 법학 제39권 1호, 1998.

박홍윤/윤견수, 공공부문에 있어서 개인정보의 공동이용에 따른 문제점과 해결 방안, 정보화저널 1999년 06권 03호, 1999. 9. 1.

박흥식, 정부은폐, 1998, 한국행정학회 동계학술대회, 1998.

방석현, 전자정부 유형론과 한국 전자정부구상에 대한 평가, 행정논총 36(2), 1998.

보건복지부 약무식품정책과, 의약분업 종합 편람, 2000. 11. 16.

선우종성 외 3인, 전자정부구현을 위한 데이터웨어하우스 기술 및 표준화연구, 한국전산원, 1998. 12.

선정원, 행정과정의 공개와 인터넷-서울시의 '민원처리온라인공개시스템'의 분석과 함께-, 공법연구 제29집 제1호, 2000.

성락인, 인터넷과 헌법상의 과제, 법제연구 제18호, 2000. 6.

송영필/강신겸, 인터넷시대의 지자체웹사이트 기능강화방안, 삼성경제연구소,

1999. 12.

옥동석, 공공부문과 국가재정의 범주-현황, 문제점 및 개선방안, 재정논집(한국재정학회), 제12집 제2호, 1997. 12.

유평준, 전자정부에서의 행정서비스-미국의 사례와 교훈-, 정보화저널 제3권 제3호, 1996.

윤영진/이상근,금융부문 공적자금 투입의 납세자 부담 최소화 전략, 한국행정논집 제12집 제4호, 2000. 12.

임지봉, 전자투표에 관한 법제정비에 대한 연구, 전자정부구현을 위한 법제동향과 과제, 한국법제연구원, 2000. 10. 24.

임채호/이홍섭, 전자정부에서의 정보보호기반구축, 1998 한국행정학회 추계학술대회, 1998.

이윤식, 국가경쟁력강화를 위한 전자정부의 추진방향, 1998, 한국행정학회 동계학술대회 발표문, 1998.

전주성/황진우, 금융구조조정의 재정부담, 재정논집(한국재정학회) 제13집 제2호, 1999. 2.

정영화, 전자정부에서의 공공정보의 접근 및 유통, 공법연구 제27집 제2호, 1999. 6.

정용덕, 한국적 국정관리와 국가경쟁력, 한국행정연구원/행정자치부 공동주최 국제학술회의 (건국50년 회고와 전망) 발표논문. 1998.8.

정윤수, 초고속정보통신시대의 정보공개 : 서울시 운영사례를 중심으로, 정책분석평가학회보 9(1), 1999.

재정경재부·금융감독위원회, 공적자금백서: 금융구조완결을 위한 중간점검, 범신사, 2000.

최송화, 공익개념의 법문제화 : 행정법적 문제로서의 공익, 법학 제40권 제2호, 1999. 8.

황성돈, 지식정부의 미래모습과 정책과제, 한국행정연구 2000년 봄호, 제9권 1호, 2000.

황윤원/김성철/박기묵, 예산정보시스템 (Budget Information System)구축에 관한 연구, 한국행정학회 동계학술대회발표논문집, 1998.

황철중, 인터넷과 개인정보보호의 패러닥스, 정보화저널 1999년 06권 04호, 1999. 12.

제3장 2절

Frank I. Michelman, Formal and associational Aims in procedural due Process, Nomos 18, 1977.

Henry H. Perritt, Jr., The electronic Agency and the traditional Paradigms of administrative Law, ALR 1992, 1992.

Hermann Hill, Kommunikative Problembewältigung bei umweltrelevanten Großvorhaven, DÖV, 1994.

Hermann Hill, Staatskommunikation, JZ 1993.

Jim Rossi, Participation Run Amok : The Costs of Mass Participation for Deliberative Agency Decision Making, 92 Nw.U.L.Rev., 1997.

Peter Brandon, The Internet Myth : A Model for More Activist Government in a Knowledge Society, Government Information in Canada, number 14.

Phillip J. Cooper, Acquisition, Use and Dissemination of Information : A Consideration and Critique of the Public Law Perspective, ALR 1981, 1981.

Reiner Pitschas, Verwaltungsverantwortung und Verwaltungsverfahren, 1990.

Stephen M. Johnson, The Internet changes Everything : Revolutionizing public Participation and Access to Government Information through the Internet, ALR 1998, 1998.

Ulrich Scheuner, Zur Neubestimmung der kommunalen Selbstverwaltung, Staatstheorie und Staatsrecht, 1978.

경건, 정보공개청구제도에 관한 연구, 서울대 박사, 1998.

김용섭, 인터넷과 행정법상의 과제, 법제연구 제18호, 2000. 6.

茶山研究會 譯註, 譯註 牧民心書III, 戶典6條 穀簿上, 1988.

박통희, 행정정보화에 따른 민원행정의 변화와 정책적 합의-정보관리, 상호작용, 업무 구조를 중심으로-, 정보화저널 1997년 04권03호, 1997. 9. 1.

박홍윤/윤건수, 공공부문에 있어서 개인정보의 공동이용에 따른 문제점과 해결방안, 정보화저널 1999년 6권 3호, 1999 .9. 1.

방석호, 미국 문서감축법안(Paperwork Reduction Act of 1995)의 의미와 분석, 정보화저널 제3권 제2호, 1996.

서진완, 행정사무자동화의 종합평가 및 향후 발전방향, 한국행정연구원 연구보고서, 1996.

오준근, 정보화사회와 행정조직에 관한 일고찰, 공법연구 제28집 제4권 제1호, 2000. 6.

이기식, 전자정보공개촉진을 위한 제도적 측면의 연구ー미국의 경험을 바탕으로ー, 한국행정학보 제32권 제4호, 1998.

정영화, 전자정부에서의 공공정보의 접근 및 유통, 공법연구 제27집 제2호, 1999. 6.

최기조, 행정정보 공동이용 활성화를 위한 법적·제도적 개선 방안, 정보화저널 1997년 4권 3호, 1997. 9. 1.

최승원, 사이버스페이스에서의 개인과 국가, 공법연구 제28집 제4호, 2000. 6.

한국전산원, 제2부 :한국의 전자문서유통활성화방안ー일본사례의 시사점 및 향후 발전방안ー, 일본의 행정정보화 추진기본계획과 시사점, 1999. 3.

황철중, 인터넷과 개인정보보호의 패러닥스, 정보화저널 1999년 6권 4호, 1999. 12. 1.

제3장 3절

Alden F. Abbott, The Case against federal statutory and judicial Deadlines : a Cost-Benefit Appraisal, ALR. Vol.39, 1987.

Fritz Scharf, Komplexität als Schranke der politischen Planung, Planung als politischer Prozeß, 1973.

Hans D. Jarass, Konkurrenz, Konzentration und Bindungswirkung von Genemigungen, 1984.

Heinz Mayer, Genehmigungskonkurrenz und Verfahrenskonzentration, 1985.

Martin Bullinger, Beschleunigte Genehmigungsverfahren für eilbedürftige Vorhaben, 1991.

Michael A.Wagner, Die Genehmigung umweltrelewanter Vorhaben in parallen und konzentierten Verfahren, 1987.

Rudolf Steinberg, Komplexe Verwaltungsverfahren zwischen Verwaltungseffizienz und Rechtsschutzauftrag, DÖV 1982.

Steinberg/Allert/Grams/Scharioth, Zur Beschleunigung des Genehmigungsverfahrens für Industrieanlagen, 1991.

Udo Steiner, Beschleunigung der Planungen für Verkehrswege im Gesamten Bundesgebiet, Reform des Verwaltungsverfahrensrechts, 1994.

강현호, 집중효, 공법연구 제28권 제2호, 2000. 1.
이익현, 인·허가의제제도에 관한 연구, 법제 제437호, 1994. 5.
지방자치단체개혁박람회, 개혁사례집(상), 2000. 10.

제3장 4절

Bernd Holznagel, Der Einsatz von Konfliktmittlern, Schiedsrichtern und Verfahrenswaltern im americanischen Umweltrecht, Die Verwaltung 1989, 1989.

Christoph Gusy, Verwaltung durch Verhandlung und Vermittlung, ZfU 4, 1990.

David Seibel, To enhance the Operation of Government : Reauthorizing the Administrative Dispute Resolution Act, Havard Negotiation Law Review 1996.

Fisher and Brown, Getting Together : Building Relationships as We Negotiate. 1988.

Fisher and Ury, Getting to Yes: Negotiating Agreement without Giving In, 1981.

Fiss, Against Settlement, Yale Law Review 93, 1984.

Harry T. Edwards, Alternative Dispute Resolution : Panacea or Anathema?, Havard Law Review Vol. 99, 1986.

Jonathan D. Mester, The Administrative Dispute Resolution Act of 1996 : Will the new Era of ADR in federal administrative Agencies occur at the Expense of public Accountability?, Ohio State Journal on Dispute Resolution 1997.

Judith Resnik, Many Doors? Closing Doors? Alternative Dispute Resolution and Adjudication, Ohio State Journal on Dispute Resolution 1995.

Koren and Goodman, The Haggler's Handbook : One Hour to Negotiating Power, 1991.

Lisa B. Bingham, Negotiating for the Public Good, in ; James L. Perry(ed.) Handbook of Public Administration, 1996.

Lisa B. Bingham, Alternative Dispute Resolution in Public Administration, in ;

Phillip J. Cooper/Chester A. Newland, Handbook of Public Law and Administration, 1997.

Maria R. Lamari, The Role of Alternative Dispute Resolution in Government Construction Contract Disputes, Hofstra Law Review 1994.

Nancy J. Manring, ADR and Administrative Responsiveness : Challenges for Public Administrators, Public Administration Review 1994.

Stephenson and Pops, Public Administrators and Conflikt Resolution : Democratic Theory, Administrative Capacity, and the Case of Negotiated Rulemaking, in ; Mariam K. Mills (ed.), Alternative Dispute Resolution in the Public Sector, 1991.

Ury, Brett, and Goldberg, Getting Disputes Resolved : Designing Systems to Cut the Costs of Conflict, 1989.

Ury, Getting Past No : Negotiating with Difficult People, 1991.

Volkmar Wagner/Matthias Engelhardt, Mediation im Umwelt- und Planungsrecht als Alternative zur behördlichen order gerichtlichen Streitentscheidung, NVwZ 2001, 2001.

Wall and Lynn, Mediation : A Current Review, Journal of Conflict Resolution 37(1), 1993.

Wolfgang Hoffmann-Riem, Konfliktmittler in Verwaltungsverhandlungen, 1989.

제3장 5절

김수갑/김민우, 공익신고자 보호에 관한 법률(안)의 입법방향에 대한 소고, 공법학연구 제10권 제1호, 2009.

김승태, 반부패 정책수단으로서의 공익신고자 보호법 평가, 홍익법학 제14권 제2호, 2013.

박경철, 공익신고자보호법의 의의와 문제점, 공법연구 제40집 제1호, 2011.

박정훈, 미국의 내부공익신고자보호법제, 그리고 평가와 시사점, 경희법학 제48권 제4호, 2013.

선정원, 공무원과 법, 박영사, 2013.

이상수, 신제도주의적 관점에서 본 부패방지법의 한계와 개선방안연구: 내부고발자보호를 중심으로, 한국부패학회보 제8권 제1호, 2003.

이진국/황태정, 내부공익신고자 보호제도의 형사법적 검토, 형사정책 제17권 제
　　1호, 2005.

이호용, 공익신고제도의 법적 과제와 전망, 법학논총(단국대) 제37권 제2호, 2013.

전수일, 내부고발자와 보호문제에 관한 연구, 한국부패학회보 제4권, 1999.

조한상/이주희, 공익신고자보호법의 의의와 개선방안에 관한 소고, 한국부패학
　　회보 제19권 제2호, 2014.

최정학, '공익신고자 보호에 관한 법률(안)'에 대한 검토, 민주법학 제40호, 2009.

Elletta Sangrey Callahan/Terry Morehead Dworkin, THE STATE OF STATE
　　WHISTLEBLOWER PROTECTION, American Business Law Journal,
　　2000.

Jeanette Ashton, 15 years of whistleblowing protection under the Public Interest
　　Disclosure Act 1998: are we still shooting the messenger, Industrial Law
　　Journal 44(1), 2015.

Jenny Mendelsohn, CALLING THE BOSS OR CALLING THE PRESS: A
　　COMPARISON OF BRITISH AND AMERICAN RESPONSES TO
　　INTERNAL AND EXTERNAL WHISTLEBLOWING, Washington
　　University Global Studies Law Review 8, 2009.

Norman D. Bishara/Elletta Sangrey Callahan /Terry Morehead Dworkin, THE
　　MOUTH OF TRUTH, NYU Journal of Law &Business 10, 2013.

제3장 6절

Alan Morrison, The Administrative Procedure Act : A Living and Responsive Law,
　　Virginia Law Review vol.72, 1986.

Arthur Benz, Kooperative Verwaltung, 1992.

Attorney General's Committee Report, S. Doc. No.8, 77th Cong., 1st Sess.(1941),
　　1941.

Charles H. Koch, Effective Regulatory Reform hinges on Motivating the "Street
　　Level" Bureaucrat, ALR vol.38, 1986.

Dongsoo Song, Kooperatives Verwaltungshandeln durch Absprachen und Verträge
　　beim Vollzug des Immissionsschutzrechts, 2000.

Dose/Voigt (Hg.), Kooperatives Recht, 1995.

Ernst-Hasso Ritter, Der kooperative Staat, AÖR 1979, 1979.

Fritz Scharf, Komplexität als Schranke der politischen Planung, Planung als politischer Prozeß, 1973.

Hawkins, Keith, Environment and Enforcement : Regulation and the social Definition of Deviance, 1984.

Manfred Bulling, Kooperatives Verwaltungshandeln(Vorverhandlungen, Arragements, Aggregements, und Verträge) in der Verwaltungspraxis, DÖV 1989.

Martin Bullinger, Beschleunigte Genehmigungsverfahren für eilbedürftige Vorhaben, 1991.

Michael A.Wagner, Die Genehmigung umweltrelewanter Vorhaben in parallen und konzentierten Verfahren, 1987.

Nonet/Selznick, Law and Society in Transition : Towards Responsive Law, 1978; Bardach/Kagan, Going by the Book : the Problem of Regulatory Unreasonableness, 1982.

Philip J. Harter, The APA at Fifty : a Celebration, not a Puzzlement, ALR 48, 1996.

Richard J. Pierce, Jr, The APA and Regulatory Reform, Administrative Law Journal Vol. 10, 1996.

Ronald M. Levin, Administrative Procedure Legislation in 1946 and 1996 : Should we be jubilant at this Jubilee?, Administrative Law Journal Vol. 10, 1996.

Steinberg/Allert/Grams/Scharioth, Zur Beschleunigung des Genehmigungsverfahrens für Industrieanlagen, 1991.

Steven Kelman, Enforcement of occupational Safety and Health Regulations—a Comparision of Swedish and american Practices, in ; Hawkins/Thomas(ed.), Enforcing Regulation, 1984.

Steven P. Croley, The Administrative Procedure Act and regulatory Reform : A Reconciliation, Administrative Law Journal Vol. 10, 1996.

Walter Gellhorn, Birth Pangs of the Administrative Procedure Act, Administrative Law Journal Vol. 10, 1996.

경건, 전자적 행정절차를 위한 법제정비방안, 디지털경제시대의 법적 과제, 2001.

김유환, 미국의 행정분쟁해결법, 행정법연구 1999 하반기, 1999.

김태윤, 규제대안개발연구, 한국행정연구원, 1999.
박경효/정윤수, 규제순응의 확보전략 : 규제대안 및 규제다원주의 관점에서, 새
　　천년 행정학의 패러다임(I), 2000년 한국행정학회 동계학술대회, 2000.
선정원, 복합민원과 집중심사의 모델들, 공법연구 제29집 제3호, 2001.
선정원, 복합민원과 규제개혁의 과제, 전국경제인연합회, 2002. 5.

제5장 1절

Cass Sunstein, Interpreting Statutes in the Regulatory State, Havard Law Review
　　103, 1989.
Christian Friedrich Menger, Die Allgemeinen Grundsätze des Verwaltungsrechts als
　　Rechtsquellen, in : ders, Verfassung und Verwaltung in Geschichte und
　　Gegenwart, 1982.
Earl Malz, The Nature of Precedent, North Carolina Law Review 1988, 1988.
Ekkehart Stein, Methodische Probleme des Verwaltungsrechts, Staat Kirche
　　Verwaltung (Maurer Festschrift), 2001.
Erich Becker, Verwaltung und Verwaltungsrechtsprechung, VVDStRL 1956.
Ernst Höhn, Praktische Methodik der Gesetzesauslegung, 1993.
E. Schmidt-Aßmann, Das allgemeine Verwaltungsrecht als Ordnungsidee, 1998.
F.Kopp/N.Pressinger, Entlastung des VfGH und Abgrenzung der Kompetenzen von
　　VfGH und VwGH, Juristische Blätter, 1978.
Francis-Paul Bénoit, Les Fondements de la Justice Administrative, Mélanges
　　Waline(Le Juge et Droit Public), 1974.
Frederick Davis, Judicial Review of Rulemaking : New Patterns and New
　　Problems, Duke Law Journal, 1981.
Gerold Steinmann, Unbestimmtheit verwaltungsrechtlicher Normen aus der Sicht
　　von Vollzug und Rechtssetzung, 1982.
Günter Winkler, Die Wissenschaft vom Verwaltungsrecht, Theorie und Methode in
　　der Rechtswissenschaft, 1989.
G. Vedel, Les bases constitutionnelles du droit administratif, EDCE 1954, 1954.
Hans Klinger, Die Verordnung über die Verwaltungsgerichtsbarkeit in der
　　britischen Zone, 3.Aufl., 1954.

Jacques Hardy, Le Statut doctrinal de la Jurisprudence en Droit Administratif Francais, R.D.P.106, 1990.

Jean Rivero, Le Juge administratif : gardien de la légalité administrative ou gardien administratif de la légalité ?, Mélanges Waline(Le Juge et Droit Public), 1974.

Jean Rivero, Jurisprudence et doctrine dans l'élaboration du droit administratif, Pages de Doctrine, 1980.

Jeong Hoon Park, Rechtsfindung im Verwaltungsrecht, 1999.

John G. Osborn, Legal Philosophy and Judicial Review of Agency Statutory Interpretation, Havard Journal on Legislation Vol.36, 1999.

John J. Watkins/ Debora S. Beck, Judicial Review of Rulemaking under THE ADMINISTRATIVE PROCEDURE AND TEXAS REGISTER ACT, Baylor Law Review 1982.

Joseph Raz, The Authory of Law, 1983.

Klaus-Michael Groll, Die Qualität der Gesetze, In der Flut der Gesetze, 1985.

Klaus Obermayer, Verwaltungsakt und innerdienstlicher Rechtsakt, 1956.

L. K. Adamovich / B. C. Funk, Allgemeines Verwaltungsrecht, 9.Aufl..

Lucien Sfez, Essai sur la Contribution du Doyen Hauriou au Droit Administratif FRANÇAIS, 1966.

Otto Mayer, Deutsches Verwaltungsrecht Bd.1, 3. Aufl.

Otto Bachof, Die Dogmatik des Verwaltungsrechts vor den Gegenwartsaufgaben der Verwaltung, VVDStRL 30, 1972.

Pieter M. Schenkkan, WHEN AND HOW SHOULD TEXAS COURTS REVIEW AGENCY RULES?, Baylor Law Review 1995.

Peter Häberle, Auf dem Weg zum Allgemeinen Verwaltungsrecht, Verfassung als öffentlicher Prozeß, 1978.

P.P.Craig, Administrative Law, 4.Ed..

Reiner Wahl, Der Vorrang der Verfassung, Der Staat 20, 1981.

Reiner Wahl, Der Vorrang der Verfassung und die selbständigkeit des Gesetzesrechts, NVwZ 1984, 1984.

René Chapus, Droit administratif général Tome1, 15éd., 2001.

Richard B. Stewart and Cass R. Sunstein, Public Programs and Private Rights, Havard Law Review Vol.95, 1981.

Robert Alexy, Verfassungsrecht und einfaches Recht—Verfassungsgerichtsbarkeit und Fachgerichtsbarkeit, VVDStRL 61, 2002.

Robert G. Heiserman, The Case against Nonlawyer Practice, Administrative Law Review Vol.36, 1984.

Robert V. Percival/ Joanna B. Goger, ESCAPING THE COMMON LAW'S SHADOW: STANDING IN THE LIGHT OF LAIDLAW, Duke Environmental Law and Policy Forum, 2001.

Robert Walter, Überlegung zu einer Neuabgrenzung der Zuständigkeit zwischen Verwaltungs- und Verfassungsgerichtshof, ÖJZ 1979.

Rudolf Stammler, Theorie der Rechtswissenschaft, 1911.

Silvan Hutter, Die Gesetzeslücke im Verwaltungsrecht, 1989.

Stelkens/Bonk/Sachs, VwVfG, 4.Aufl., 1993.

Winfried Brohm, Die Dogmatik des Verwaltungsrechts vor den Gegenwartsaufgaben der Verwaltung, VVDStRL 30, 1972.

William S. Jordan, Legislative History and Statutory Interpretation : The Relevance of English Practice, University of Sanfrancisco Law Review 1994, 1994.

今村成和, 現代の行政と行政法の理論, 有斐覺, 1972.

藤田宙靖, 許可處分と 第3者の法律上保護された 利益, 行政法の發展と 變革(下), (塩野宏古稀論文集), 2001.

山村恒年, 法律上の 利益と 要件法規, 民商法雜誌 제83권 제5호, 1981.

塩野宏(유진식 번역), 일본에 있어서 행정소송법의 개정과 금후의 방향, 한·일 행정소송법제의 개정과 향후방향, 한국법제연구원/한국행정판례연구회, 2003. 4. 18.

田中二郎, 行政爭訟の 法理、有斐閣, 1954.

晴山一穗, 司法權の 限界, 行政救濟法1 (衫村敏正(編)).

土歧 寬, 東京都と 特別區, 地方分權下の 地方自治(木田 弘 / 下條美智彦 編著), 2002.

권형준, 프랑스 헌법재판소의 위헌심사절차, 법학논총(한양대) 제18집.

김광수, 대만 행정소송법의 개정과 실시현황, 행정법연구 제9호, 2003.

김남진, 법규명령과 행정규칙의 구분 등, 법제 1998. 5.

김동건, 대법원 판례에 비추어 본 법규명령과 행정규칙, 고시계 1998. 11.

김동희, 법규명령과 행정규칙, 법제 1999.1.

김성수, 주관적 공권과 기본권, 행정판례연구II, 1996.

김영환, 법도그마틱의 개념과 그 실천적 기능, 법학논총(한양대학교 법과대학), 제13집, 1997.

김용섭, 법규명령 형식의 제재적 처분기준, 판례월보 1999. 1.

김유환, 법규명령과 행정규칙의 구별기준 : 행정입법의 외부법적 효력의 인정기준과 관련하여, 고시계 1998. 11.

김유환, 미국행정법에서의 규제법규해석과 규제재량통제-한국적 상황에의 적용의 모색-, 서울대 박사, 1991.

김원주, 법규명령과 행정규칙 구별의 실익, 고시계 1998. 11.

김종보, 건축허가에 존재하는 재량문제, 행정법연구 제3호, 1998.

김종보, 행정법학의 새로운 과제와 건축행정법의 체계, 고시계 1999. 11.

김중권, 행정소송제도의 개편방향에 관한 소고, 공법연구 제31집 제3호, 2003. 3.

김철용, 이른바 법규명령형식의 행정규칙·행정규칙형식의 법규명령론, 법제 1999. 3.

박윤흔, 국가배상법 제2조 제1항 단서에 대한 한정위헌결정 및 그 기속력을 부인한 대법원판례에 대한 평석, 행정판례연구VII, 2002.

박정훈, 헌법과 행정법-행정소송과 헌법소송의 관계-, 법학(서울대) 제39권 제4호, 1999.

박정훈, 환경위해시설의 설치·가동 허가처분을 다루는 취소소송에서 인근주민의 원고적격, 행정법연구 제6호, 2000.

박정훈, 행정소송법개정의 주요쟁점, 공법연구 제31권 제3호, 2003. 3.

선정원, 오스트리아 행정법상 '절차로부터 자유로운 행정행위'와 그에 대한 권리구제, 행정법연구 제2호, 1998.

선정원, 독일행정법상 행정행위확장이론들의 등장과 발전, 공법연구 제27권 제2호, 1999.

선정원, 공무원과 법지식, 행정법연구 제6호, 2000.

선정원, 복합민원과 인허가의제, 행정판례연구VI, 2001.

선정원, 규제개혁과 정부책임-건설산업의 규제개혁실패와 공법학의 임무-, 공법연구 제30집 제1호, 2001. 12.

선정원, 공부변경 및 그 거부행위의 처분성, 인권과 정의 2002. 11.

선정원, 패러다임의 변화와 기업의 불법행위에 대한 제재시스템의 현대화, 법제, 2003. 5.

선정원, 항고소송의 대상에 관한 입법적 검토, 행정법연구 제9호, 2003. 5.

성정엽, 기본권충돌에 대한 헌법이론적 접근, 공법학연구(영남공법학회) 창간호, 1999.

소순무, 한정위헌결정의 법원에 대한 기속력－대법원 1996. 4. 9. 선고 95누 11405 판결－, 헌법문제와 재판(상), 1997.

송기춘, 헌법재판소 심판사건누계표에 나타난 법원의 헌법판단수준의 분석, 공법연구 제29집 제4호, 2001. 6.

심헌섭, 권위에 관하여－배제적 법실증주의에서 포괄적 법실증주의에로－, 법학 제39권 제2호, 1998.

양창수, 헌법과 민법－민법의 관점에서－, 법학 제39권 제4호, 1999.

양창수, 한국 민사법학 50년의 성과와 21세기적 과제, 법학(서울대학교), 제36권 제2호.

유남석, 재판에 대한 헌법소원금지의 논리 및 정책적 이유, 헌법문제와 재판, 1997.

유지태, 행정법 방법론 소고, 최송화교수화갑기념논문집, 2002.

이계수, 기본권론이 행정법학에 미친 영향, 사회과학논집(울산대) 제10권 제1호.

이광윤, 우리나라 지방자치법이론의 문제섬, 법제 2001. 1.

이동원, 헌법재판제도에 관한 일본에서의 논의, 헌법재판제도의 이해(재판자료 제92집), 2001.

이원우, 항고소송의 원고적격과 협의의 소의 이익확대를 위한 행정소송법개정 방안, 행정법연구 제8호, 2002.

이한성, 미국 환경법상의 원고적격에 관한 판례의 동향, 현대공법학의 과제(청담최송화교수화갑기념논문집), 2002.

이회창, 사법의 적극주의－특히 기본권보장기능과 관련하여, 법학(서울대) 제28권 제2호, 1987.

정종섭, 법률의 변경에 있어서 신뢰의 보호, 헌법연구3, 2001.

정재황, 프랑스에 있어 민·형사법원(사법법원)에 의한 기본권보장의 계기, 현대행정과 공법이론(서원우교수화갑기념논문), 1991.

정재황, 기본권규범간의 우열관계여부에 대한 논의－프랑스에서의 논의를 중심으로－, 세계헌법연구 제4호.

정하중, 독일 공법학에 있어서 권리의 개념, 행정법연구 제6호, 2000.

정하중, 행정소송법의 개정방향, 공법연구 제31권 제3호, 2003. 3.

조병륜, 프랑스에 있어서 헌법재판소에 대한 위헌심판제소권의 행정재판소 및 일반법원에로의 확장문제, 한국공법의 이론(김도창박사 고희기념논문), 1993.

최대권, 제정법의 해석, 법학(서울대) 제30권 1·2호, 1989.

최송화, 현행 행정소송법의 입법경위, 공법연구 제31집 제3호, 2003. 3.

최송화, 한국의 행정소송법의 개정과 향후방향, 한·일 행정소송법제의 개정과 향후방향, 2003. 4. 18.

황도수, 헌법재판실무연구, 2003.

황치연, 헌법재판에서의 가처분, 헌법실무연구회 제30회 발표문, 2002. 7. 12.

홍정선, 제재적 행정처분의 기준 : 법규명령인가, 행정규칙인가, 법제 1998. 11.

홍준형, 법규명령과 행정규칙의 구별 : 제재적 행정처분의 기준을 정한 시행규칙·시행령의 법적 성질을 중심으로, 법제 1998. 8.

제4장 2절

김도창, 일반행정법론(상), 청운사, 1993.

김도창 편, 행정판례집(상 중 하), 1976.

김남진, 행정법1, 법문사, 1994.

김동희, 행정법1, 박영사, 1994.

박윤흔, 행정법강의(상), 국민서관, 1993.

법원행정처, 법원실무제요 행정 소년 비송, 1986.

서원우, 현대행정법론(상), 박영사, 1985.

이상규, 신행정쟁송법, 법문사, 1990.

이석선, 판례실무 행정소송, 학성사, 1973.

홍정선, 행정법원론(상), 박영사, 1994.

홍준형, 행정구제법, 한울아카데미, 1993.

高林克巳, 訴訟參加, 實務民訴講座 8.

南博方 編, 條解 行政事件訴訟法, 有斐閣, 1987.

_____ 編, 註釋 行政事件訴訟法, 有斐閣, 1972.

渡部吉隆/園部逸夫 編, 行政事件訴訟法體系, 西神田編輯室, 1985.

山村恒年/阿部泰隆 編, 判例コンメンタル 行政事件訴訟法, 三省堂, 1984.

山村恒年, 訴訟參加, 行政事件訴訟法判例展望, ジュリスト 925호, 1989.

森順次, 行政處分取消訴訟の 補助參加人の 法律上の 地位, 民商法雜誌

54권 2호. 1966.

雄川一郎, 行政爭訟法, 有斐閣, 1957.

雄川一郎/鹽野宏/園部逸夫 編, 現代行政法大系 5, 有斐閣, 1985.

伊藤洋一, フランス行政訴訟の 硏究－取消判決의 對世效－, 東京大出版
    會, 1993.

Auby/Drago, Contentieux Administratif, t.1, 3 ed., 1984.

Bettermann, Streitgenossenschaft,Beiladung,Nebenintervention und Streitverkündung,
    ZZP 1977, 121.

Buhren, Probleme der notwendigen Beiladung im Verwaltungsprozeß－BVerwG
    DÖV 1979,815－, JuS 1976, 512.

Charles Debbasch, Contentieux Administratif, 3 ed., 1981.

C.H.Ule, Verwaltungsprozeßrecht, 9 Aufl.,1987.

Eyermann/Fröhler, Verwaltungsgerichtsordnung, 9 Aufl., 1988.

F.O.Kopp, Verwaltungsgerichtsordnung, 8 Aufl., 1989.

K.Schmidt, Grundfälle zum Gestaltungsprozeß, JuS 1986, 41.

Mußgnug, Die Beiladung zum Rechtsstreit um janusköpfige und privatrechtsrelevante
    Verwaltungsakte, NVwZ 1988, 33.

Redeker/v.Oertzen, Verwaltungsgerichtsordnung, 8 Aufl., 1986.

Stober, Beiladung im Verwaltungsprozeß, Menger-FS 1985, 401.

제4장 제3절

문상덕, 주민소송의 대상 확장 : 위법성승계론의 당부, 지방자치법연구 제27호, 2010.

최계영, 주민소송의 대상과 도로점용허가－대법원 2016. 5. 27. 선고 2014두8490
    판결－, 법조 제720호, 2016. 12.

최우용, 주민소송제도의 한·일 비교, 지방자치법연구 제28호, 2010.

함인선, 주민소송의 대상에 대한 법적 검토, 공법연구 제34집 제4호, 2006.

Hans-Jürgen Papier, Recht der öffentlichen Sachen, in ; Erichsen/Ehlers (Hg.),
    Allgemeines Verwaltungsrecht, 12.Aufl., 2002.

Jürgen Salzwedel, Wege- und Verkehrsrecht, ; Ingo von Münch, Besonderes

Verwaltungsrecht, 7.Aufl., 1984.

Thomas von Danwitz, Straßen−und Wegerecht, in ; Schmidt-Aßmann Hg.), Besonderes Verwaltungsrecht, 12.Aufl., 2003.

Wolf/Bachof/Stober/Kluth, Verwaltungsrecht Ⅱ, 7.Aufl., 2010.

제4장 4절

김용찬/선정원/변성완, 주민소송, 2005.

김태호, 부당이득반환청구를 요구하는 주민소송, 행정판례연구 제21-1집, 2016.

김태호, 지방자치법상 손해배상청구를 요구하는 주민소송의 대상과 위법사유의 심사방법, 대법원판례해설 89호, 2011.

문상덕, 주민소송의 대상 확장 : 위법성승계론의 당부−수원지법 2006구합4586 판결 및 서울고법 2008누35943 판결을 소재로−, 지방자치법연구 제27호, 2010.

박형순, 주민소송의 이론과 실무-지방자치법 제17조 제2항 제4호소송을 중심으로 한 고찰−, 사법논집 제65집, 2017.

이창범, 주민소송제도에 관한 연구−일본과의 비교법적 연구를 중심으로, 박사(고려대), 2010.

조경애, 주민소송제도의 문제점 및 최근 판례에 관한 검토−일본 주민소송제도와의 비교를 바탕으로−, 일감법학 제39호, 2018.

조성규, 지방자치단체의 책임성 제고수단으로서 주민소송제도의 의의와 한계, 지방자치법연구 제7권 제4호, 2007.

최우용, 주민소송제도의 한·일 비교−일본의 현황, 과제 그리고 한국에의 활용방안−, 지방자치법연구 제28호, 2010.

함인선, 주민소송에 있어서 이른바 '위법성의 승계'에 관한 검토−일본의 학설·판례를 중심으로 하여−, 공법연구 제42집 제4호, 2014.

허전, 일본의 지방자치단체 감사제도의 우리에의 수용가능성, 공법학연구 16권 2호, 2015.

金子芳雄, 住民訴訟の諸問題, 慶応義塾大學法學研究會, 1985.

關 哲夫, 住民訴訟論(新版), 勁草書房, 1997.

伴義聖·大塚康男, 實務住民訴訟, ぎょうせい, 1997.

白藤博行, 住民訴訟における財務會計行爲の違法性－二子玉川東地區再
　　開發事業公金支出差止訴訟を素材にして－, 早法 85卷 3 号, 2010.
水野忠恒, 住民訴訟, 南博方編, 條解行政事件訴訟法, 1987.
宇賀克也, 地方自治法槪說, 제7판, 2017.
秋田仁志·井上元, 住民訴訟の上手な對處法, 民事法硏究會, 2003.
Patick Scholl, Der private Sachverständige im Verwaltungsrecht, 2005.

제4장 4절

Amy L. Chua, Markets, Democracy, and Etnicity : Toward a New Paradigm for
　　Law and Development, The Yale Law Journal 1998.
Beverly Cohen, KABOOM! THE EXPLOSION OF QUI TAM FALSE CLAIMS
　　UNDER THE HEALTH REFORM LAW, Penn State Law Review 116,
　　2011.
Cass R. Sunstein, Standing and the Privatization of Public Law, Columbia Law
　　Review 1988.
Christina Orsini Broderick, QUI TAM PROVISIONS AND THE PUBLIC
　　INTEREST: AN EMPIRICAL ANALYSIS, Columbia Law Review 107,
　　2007.
Christopher C. Frieden, COMMENT: PROTECTING THE GOVERNMENT
　　INTERESTS: QUI TAM ACTIONS UNDER THE FALSE CLAIMS ACT
　　AND THE GOVERNMENTS RIGHT TO VETO SETTLEMENTS OF
　　THOSE ACTIONS, Emory Law Journal 1998.
Collins & Myers, The Public Interest Litigation in Callifornia : Observation on
　　Taxpayers' Actions, Loyola L. A. L. Rev. 10, 1977.
Juanita R. Brown, Taxpayer Standing in Tennessee: Challenging the Illegal Use of
　　Public Funds, The Tennessee Journal of Practice & Procedure 4, 2002.
Kerrigan/Berrettini/Callahan/Entas, The Decriminalization of Administrative Law
　　Penalties, Civil Remedies, Alternatives, Policy, and Constitutional
　　Implications, Administrative Law Review 1993.
Lewis Morris and Gary W. Thompson, Reflections on the Government's Stick and
　　Carrot Approach to Fighting Health Care Fraud, Alabama Law Review

1999, 1999.

Linda A. Baumann, Health Care Fraud and Abuse : Practical Perspectives, 2. ed., 2012.

Louis L. Jaffe, STANDING TO SECURE JUDICIAL REVIEW: PUBLIC ACTIONS, Harvard Law Review 74, 1961.

Michael Lawrence Kolis, COMMENTS: Settling for Less: The Department Of Justice's Command Performance Under The 1986 False Claims Amendments Act, Adminstrative Law Journal 1993.

Nancy C. Staudt, TAXPAYERS IN COURT: A SYSTEMATIC STUDY OF A (MISUNDERSTOOD) STANDING DOCTRINE, Emory Law Journal 52, 2003.

Stephen M.Kohn, Concepts and procedures in whistleblower law, 2001.

Susan L. Parsons, TAXPAYERS' SUITS : STANDING BARRIERS AND PECUNIARY RESTRAINTS, Temple Law Quarterly 59, 1986.

園部逸男編, 住民訴訟(地方自治法講座4), ぎょうせい, 2002.

최우용, 주민소송제도의 한·일 비교－일본의 현황, 과제 그리고 한국에의 활용 방안－, 지방자치법연구 제28호, 2010.

제4장 행정소송제도의 개혁과 공익소송

제1절 권위들의 충돌과 합법성심사의 발전방향.

　　　공법연구 제32권 제1호, 2003, 31-98면.

제2절 행정소송상 제3자보호와 소송참가에 관한 고찰.

　　　행정법연구 제1호, 1997, 63-87면.

제3절 도로점용허가와 주민소송.

　　　행정판례연구 제22권 제2호, 2017, 125-154면.

제4절 4호 주민소송과 후속 책임소송에 있어 소송대상과 주관적 책임요건.

　　　2019. 5. 2. 대법원 특별법실무연구회 발표문.

제5절 국민소송제도의 도입과 그 남소방지방안

　　　　－1편의 논문과 2편의 보고서를 요약 보완한 것임.

　1) 국민소송의 도입에 관한 법적 쟁점의 검토 : 미국의 허위청구방지소송.

　　　행정법연구 제15호, 2006, 39-66면.

　2) 지방자치법학회(홍정선/선정원). 국민소송제도의 도입방안.

　　　사법개혁추진위원회, 2005.

　3) 국민소송제도의 도입과 그 남소방지방안.

　　　법무부, 2017. 12.

지은이 **선정원**

서울대학교 법과대학 졸업
서울대학교 대학원 석사, 동대학원 박사
독일 Bayreuth 대학교 방문교수
미국 Texas Law School 방문교수
명지대학교 법과대학 학장
국회 입법지원위원
법제처 법령해석심의위원
중앙선거관리위원회 행정심판위원
명지대학교 법과대학 교수
현재 명지대학교 대학원장

저서
지방자치법주해(공저), 박영사, 2004
주민소송(공저), 박영사, 2005
공무원과 법, 박영사, 2013
규제개혁과 정부책임, 대영문화사, 2017
행정법의 작용형식, 경인문화사, 2019
의약법연구, 박영사, 2019

행정법의 연구 II
행정법의 개혁

초판 1쇄 발행   2020년 01월 10일
초판 2쇄 발행   2020년 10월 07일

지 은 이   선정원
발 행 인   한정희
발 행 처   경인문화사
편 집 부   김지선 한명진 유지혜 박지현 한주연
마 케 팅   전병관 하재일 유인순
출 판 번 호   제406-1973-000003호
주   소   파주시 회동길 445-1 경인빌딩 B동 4층
전   화   031-955-9300   팩   스   031-955-9310
홈 페 이 지   www.kyunginp.co.kr
이 메 일   kyungin@kyunginp.co.kr
ISBN   978-89-499-4853-9   93360
값 55,000원